高职高专土建大类十三五规划教材

（第二版）

市政工程施工技术

主　编 ◎ 吴伟民
副主编 ◎ 张金霖

编写者 ◎ 陈光吉
　　　　　林欣欣
　　　　　李林威

厦门大学出版社　国家一级出版社
XIAMEN UNIVERSITY PRESS　全国百佳图书出版单位

图书在版编目(CIP)数据

市政工程施工技术 / 吴伟民主编. -- 2版. -- 厦门：厦门大学出版社，2018.5(2022.12重印)
ISBN 978-7-5615-4479-2

Ⅰ. ①市… Ⅱ. ①吴… Ⅲ. ①市政工程-工程施工-高等职业教育-教材 Ⅳ. ①TU99

中国版本图书馆 CIP 数据核字(2013)第 013993 号

出 版 人	郑文礼
总 策 划	宋文艳
责任编辑	郑 丹
美术编辑	李嘉彬
技术编辑	许克华
出版发行	厦门大学出版社
社　　址	厦门市软件园二期望海路 39 号
邮政编码	361008
总 编 办	0592-2182177　0592-2181406(传真)
营销中心	0592-2184458　0592-2181365
网　　址	http://www.xmupress.com
邮　　箱	xmup@xmupress.com
印　　刷	厦门市明亮彩印有限公司

开本　787 mm×1 092 mm　1/16
印张　27.25
字数　660 千字
版次　2018 年 5 月第 2 版
印次　2022 年 12 月第 4 次印刷
定价　58.00 元

本书如有印装质量问题请直接寄承印厂调换

厦门大学出版社
微信二维码

厦门大学出版社
微博二维码

高等职业教育土建大类十三五规划教材

编审委员会

主　任	林松柏	黎明职业大学校长
副主任	江　勇	福建水利电力职业技术学院院长
副主任	陈卫华	黎明职业大学副校长

委　员

李伙穆	黎明职业大学土木建筑工程系原主任
林　辉	福建水利电力职业技术学院水利工程系主任
周志坚	福建船政交通职业学院交通土建工程系原主任、教务处处长
罗东远	闽西职业技术学院土木建筑工程系主任
薛奕忠	漳州职业技术学院建筑工程系主任
林春建	福建省第五建筑工程公司副总经理、教授级高工
林巧国	福建省第一建筑工程公司副总经理、副总工
吴延风	厦门城市职业学院土木建筑工程学部主任
林起健	福建信息职业技术学院建筑工程系主任
郑金兴	福建林业职业技术学院土木建筑工程系主任
宋文艳	厦门大学出版社总编辑
赖俊仁	台湾朝阳大学营建工程系教授
梁志满	黎明职业大学土木建筑工程学院院长
吴伟民	福建水利电力职业技术学院土木建筑工程系主任
卓维松	福建船政交通职业学院建筑工程系系主任

编审委员会办公室

主　任	王金选	黎明职业大学教务处副处长
副主任	陈俊峰	黎明职业大学土木建筑工程学院副院长
	吴伟民	福建水利电力职业技术学院土木建筑工程系主任

成　员

王金圳	黎明职业大学施工技术专业主任
颜志敏	福建水利电力职业技术学院工民建教研室主任

内容摘要

本书是高职高专土建大类十三五规划教材,教材依据《福建省教育厅关于组织实施"福建省高等职业教育教材建设计划"的通知》(闽教高[2010]60号)文件精神、土建类专业教材编委会研讨制定的《福建省土建类高等职业教育教材建设方案》及"市政工程施工技术"课程教学大纲编写完成。全书分为三篇,第一篇为道路工程施工技术篇,由路基施工技术、垫层及基层施工技术、沥青面层施工技术、水泥混凝土面层施工技术四个章节组成;第二篇为桥梁工程施工技术篇,由桥梁基础施工、桥梁墩台施工、混凝土和预应力混钢筋凝土构配件制作、桥跨结构施工、悬索桥施工、斜拉桥施工六个章节组成;第三篇为管道工程施工技术篇,包括市政管道工程概述、市政管道开槽施工、市政管道不开槽施工、附属构筑物施工及管道维护四个章节。

本教材主要作为高等职业教育市政类专业的教学用书,也可作为其他相关专业教学参考书,同时可供职业岗位培训或供市政工程技术人员学习参考。

前　言

"市政工程施工技术"是高等职业教育市政类专业的一门必修主干课程。其任务在于阐述市政工程中主要建设项目的施工原理、施工方法、构造要点，施工用材料的规格、标准、配合比设计，施工机械选用，现行市政、公路工程的行业规范和标准等内容。

本教材是根据《福建省教育厅关于组织实施"福建省高等职业教育教材建设计划"的通知》(闽教高[2010]60号)文件精神、土建类专业教材编写委员会研讨制定的《福建省土建类高等职业教育教材建设方案》及"市政工程施工技术"课程教学大纲编写的福建省土建类专业规划教材。教材以学生能力培养为主线，具有鲜明的时代特点，体现实用性、实践性、创新性的教材特色，是一套理论联系实际、教育面向生产的高职高专教育精品规划教材。

本教材的特色是以市政工程建设为对象，本着"突出重点、注重实用、避免重复"的原则，对市政工程中道路、桥梁和管道工程施工方法进行科学合理的整合，使其更加具有系统性。本书在编写时，注意与相关学科基本理论和知识的联系，注意反映新技术、新材料、新工艺、新标准在生产中的运用，注意突出对解决工程实践问题的能力培养，力求做到层次分明、条理清晰、结构合理。

本教材由福建水利电力职业技术学院吴伟民任主编。全书由三篇14章组成，编写人员及编写分工如下：第一篇的第1、2章由福建林业职业技术学院李林威编写，第3、4章由福建船政交通职业学院张金霖编写；第二篇的第1、2、3、4、5、6章由福建水利电力职业技术学院吴伟民编写；第三篇的第1、2、4章由黎明职业技术学院陈光吉编写，第3章由厦门城市职业学院林欣欣编写。吴伟民还承担了全书的统稿工作。

本教材在编写中引用了大量的规范、专业文献和资料，恕未在书中一一注明。在此，对有关作者表示诚挚的谢意。

对书中存在的缺点和疏漏，恳请广大读者批评指正。

编　者

2018年4月

目 录

第一篇 道路工程施工技术

第一章 路基施工技术 ··· 3
1.1 路基施工的准备工作 ··· 3
1.1.1 路基施工的基本程序与内容 ·· 3
1.1.2 路基施工的特点和原则 ·· 4
1.1.3 路基施工的基本方法 ·· 4
1.1.4 施工前的准备工作 ··· 4
1.2 土质路基施工 ··· 8
1.2.1 土质路基填筑 ·· 8
1.2.2 路堑开挖及其施工技术 ··· 15
1.2.3 挖方路基的边坡坡度要求与施工技术要点 ································· 17
1.2.4 土质路基机械化施工及施工机械选择 ······································ 18
1.3 石质路基施工 ··· 21
1.3.1 爆破的基本原理和应用范围 ··· 21
1.3.2 爆破施工技术 ··· 25
1.4 路基压实施工技术 ·· 28
1.4.1 土基压实标准及其应用 ··· 28
1.4.2 压实工作组织 ··· 31
1.5 路基的防护与加固 ·· 32
1.5.1 路基防护与加固的原则 ··· 32
1.5.2 坡面防护与加固方法 ·· 32
1.5.3 路基冲刷防护方法 ··· 35
1.5.4 支挡工程 ··· 37
1.5.5 路基边坡施工中易出现的问题及处理方法 ································ 37
1.6 路基排水设施施工 ·· 38
1.6.1 地面排水设施施工技术 ··· 38
1.6.2 地下排水设施施工技术 ··· 42
1.7 路基的整修维修与验收标准 ·· 46

  1.7.1 路基整修施工技术要点 ……………………………………… 46
  1.7.2 路基维修施工技术要点 ……………………………………… 46
  1.7.3 路基工程质量检查验收标准 ………………………………… 47
 复习思考题 ………………………………………………………………… 49

第二章 垫层及基层施工技术 …………………………………………… 51
 2.1 垫层、填隙碎石施工技术 ……………………………………………… 51
  2.1.1 垫层 ……………………………………………………………… 51
  2.1.2 填隙碎石 ………………………………………………………… 51
 2.2 级配碎(砾)石施工技术 ………………………………………………… 54
  2.2.1 材料要求 ………………………………………………………… 54
  2.2.2 施工程序与施工技术要点 ……………………………………… 56
 2.3 水泥稳定土施工技术 …………………………………………………… 59
  2.3.1 材料要求 ………………………………………………………… 59
  2.3.2 混合料组成设计要点 …………………………………………… 61
  2.3.3 路拌法施工程序与施工技术要点 ……………………………… 63
  2.3.4 中心站集中厂拌法施工技术要点 ……………………………… 67
  2.3.5 养生及交通管制 ………………………………………………… 68
  2.3.6 施工组织与作业段划分 ………………………………………… 69
  2.3.7 其他相关规定 …………………………………………………… 69
 2.4 石灰稳定土施工技术 …………………………………………………… 70
  2.4.1 一般规定 ………………………………………………………… 70
  2.4.2 材料要求 ………………………………………………………… 70
  2.4.3 混合料组成设计要点 …………………………………………… 72
  2.4.4 路拌法施工程序与施工技术要点 ……………………………… 72
  2.4.5 养生与交通管制要点 …………………………………………… 74
 2.5 石灰工业废渣稳定土施工技术 ………………………………………… 75
  2.5.1 材料要求 ………………………………………………………… 75
  2.5.2 混合料组成设计要点 …………………………………………… 76
  2.5.3 路拌法施工程序与施工技术要点 ……………………………… 78
  2.5.4 中心站集中厂拌法施工技术要点 ……………………………… 79
  2.5.5 养生及交通管制要点 …………………………………………… 80
 2.6 基层施工质量检验标准 ………………………………………………… 80
 复习思考题 ………………………………………………………………… 82

第三章 沥青面层施工技术 …………………………………………………… 83
 3.1 概述 ……………………………………………………………………… 83
  3.1.1 沥青路面的特点 ………………………………………………… 83
  3.1.2 沥青路面的分类 ………………………………………………… 83
  3.1.3 施工准备工作 …………………………………………………… 84
 3.2 沥青路面材料 …………………………………………………………… 85

  3.2.1 材料的一般规定 …………………………………………………………… 85
  3.2.2 沥青 ……………………………………………………………………… 86
  3.2.3 乳化沥青 ………………………………………………………………… 86
  3.2.4 液体石油沥青 …………………………………………………………… 87
  3.2.5 煤沥青 …………………………………………………………………… 87
  3.2.6 改性沥青 ………………………………………………………………… 87
  3.2.7 改性乳化沥青 …………………………………………………………… 88
  3.2.8 粗集料 …………………………………………………………………… 89
  3.2.9 细集料 …………………………………………………………………… 90
  3.2.10 填料 …………………………………………………………………… 91
 3.3 透层、黏层施工技术 ……………………………………………………………… 92
  3.3.1 透层施工技术要点 ……………………………………………………… 92
  3.3.2 黏层施工技术要点 ……………………………………………………… 93
 3.4 热拌沥青混合料路面施工技术 …………………………………………………… 94
  3.4.1 热拌沥青混合料的种类及基本要求 …………………………………… 94
  3.4.2 施工前的准备工作 ……………………………………………………… 95
  3.4.3 沥青混合料的拌和 ……………………………………………………… 97
  3.4.4 热拌沥青混合料的运输 ………………………………………………… 98
  3.4.5 热拌沥青混合料的摊铺 ………………………………………………… 99
  3.4.6 沥青路面的压实及接缝的处理 ………………………………………… 102
 3.5 沥青表面处治与封层施工技术 …………………………………………………… 104
  3.5.1 沥青表面处治施工技术要点 …………………………………………… 105
  3.5.2 上封层施工技术要点 …………………………………………………… 106
  3.5.3 下封层施工技术要点 …………………………………………………… 107
 3.6 沥青贯入式路面施工技术 ………………………………………………………… 107
  3.6.1 贯入式路面所用材料规格和用量 ……………………………………… 107
  3.6.2 贯入式路面施工准备 …………………………………………………… 110
  3.6.3 贯入式路面施工技术要点 ……………………………………………… 110
 3.7 沥青面层施工质量标准及验收 …………………………………………………… 110
  3.7.1 沥青面层施工质量验收应执行的基本规定 …………………………… 110
  3.7.2 交工验收阶段的工程质量检查与验收 ………………………………… 111
  3.7.3 沥青层压实度评定方法 ………………………………………………… 113
 复习思考题 ………………………………………………………………………… 115

第四章 水泥混凝土面层施工技术 ………………………………………………… 117
 4.1 概述 ………………………………………………………………………………… 117
  4.1.1 材料要求 ………………………………………………………………… 117
  4.1.2 混凝土配合比设计 ……………………………………………………… 119
  4.1.3 施工准备 ………………………………………………………………… 124
 4.2 混凝土的搅拌和运输 ……………………………………………………………… 128

4.2.1	搅拌设备	128
4.2.2	拌和技术要求	129
4.2.3	运输车辆	131
4.2.4	运输技术要求	132

4.3 混凝土面层铺筑施工技术 ……………………………………………… 133
    4.3.1 滑模机械摊铺施工技术要点 …………………………………… 133
    4.3.2 三辊轴机组施工技术要点 ……………………………………… 138
    4.3.3 小型机具铺筑施工技术要求 …………………………………… 139
    4.3.4 模板的架设与拆除 ……………………………………………… 142
    4.3.5 接缝与灌缝施工技术要点 ……………………………………… 144
    4.3.6 抗滑构造施工技术要点 ………………………………………… 147
    4.3.7 混凝土路面养生施工技术要点 ………………………………… 147

4.4 特殊气候条件下混凝土路面施工技术 ………………………………… 148
    4.4.1 一般规定 ………………………………………………………… 148
    4.4.2 雨季施工 ………………………………………………………… 148
    4.4.3 风天施工 ………………………………………………………… 149
    4.4.4 高温季节施工 …………………………………………………… 149
    4.4.5 低温季节施工 …………………………………………………… 150

4.5 水泥混凝土面层施工质量标准及验收 ………………………………… 150
    4.5.1 施工过程质量管理与检查 ……………………………………… 150
    4.5.2 交工质量检查验收 ……………………………………………… 151

复习思考题 …………………………………………………………………… 152

第二篇 桥梁工程施工技术

第一章 桥梁基础施工 …………………………………………………… 154

1.1 概述 ………………………………………………………………………… 154
    1.1.1 桥梁施工准备工作 ……………………………………………… 154
    1.1.2 桥位放样 ………………………………………………………… 155
    1.1.3 桥梁基础类型 …………………………………………………… 157

1.2 桥梁基础施工 …………………………………………………………… 158
    1.2.1 明挖基础施工 …………………………………………………… 158
    1.2.2 桩基础施工 ……………………………………………………… 160
    1.2.3 沉井基础 ………………………………………………………… 168

复习思考题 …………………………………………………………………… 173

第二章 桥梁墩台施工 …………………………………………………… 174

2.1 石砌墩台的施工 ………………………………………………………… 174
    2.1.1 定位放样 ………………………………………………………… 174
    2.1.2 材料运输 ………………………………………………………… 174

  2.1.3 圬工砌筑 ··· 175
  2.1.4 基础砌筑 ··· 177
  2.1.5 墩台身砌筑 ··· 177
  2.1.6 墩台帽施工 ··· 178
 2.2 装配式墩台的施工 ··· 179
  2.2.1 砌块式墩台施工 ·· 179
  2.2.2 柱式墩台施工 ·· 180
  2.2.3 后张法预应力混凝土装配墩施工 ································· 181
 2.3 就地浇筑混凝土墩台的施工 ·· 183
  2.3.1 墩台模板 ··· 183
  2.3.2 混凝土浇筑的施工要点 ··· 184
 2.4 高桥墩的滑动模板施工 ·· 186
  2.4.1 滑动模板构造 ·· 186
  2.4.2 滑动模板提升工艺 ··· 187
  2.4.3 滑模浇筑混凝土施工要点 ··· 188
 2.5 桥台附属工程施工 ··· 189
  2.5.1 桥头锥坡施工 ·· 189
  2.5.2 台后泄水盲沟施工要点 ··· 190
  2.5.3 导流建筑物施工要点 ·· 190
 复习思考题 ··· 190

第三章 混凝土及预应力钢筋混凝土构配件制作 ······················· 191
 3.1 钢筋混凝土和预制钢筋混凝土梁板的制作 ························ 191
  3.1.1 模板 ·· 191
  3.1.2 钢筋工程 ··· 193
  3.1.3 混凝土工程 ··· 197
 3.2 预应力钢筋混凝土梁板的制作 ··· 201
  3.2.1 预应力夹具和锚具 ··· 202
  3.2.2 先张法施工工艺 ·· 204
  3.2.3 后张法施工工艺 ·· 208
 复习思考题 ··· 214

第四章 桥跨结构施工 ··· 215
 4.1 悬臂施工法 ·· 215
  4.1.1 悬臂浇筑法 ··· 215
  4.1.2 悬臂拼装法 ··· 224
 4.2 顶推法施工 ·· 232
  4.2.1 梁段预制 ··· 234
  4.2.2 梁段顶推 ··· 235
  4.2.3 导梁和临时墩 ·· 238
  4.2.4 顶推施工中注意的问题 ··· 240

4.3 逐孔施工法 ... 241
4.3.1 用临时支撑组拼预制节段逐孔施工 ... 241
4.3.2 整孔吊装与分段吊装逐孔施工 ... 242
4.3.3 使用移动支架逐孔现浇施工 ... 242
4.4 预制安装施工法 ... 244
4.4.1 陆地架梁法 ... 245
4.4.2 浮运架梁法 ... 247
4.4.3 高空架梁法 ... 248
4.5 拱桥施工 ... 251
4.5.1 有支架施工 ... 251
4.5.2 无支架施工 ... 255
4.6 桥面及附属工程 ... 268
4.6.1 支座安装 ... 268
4.6.2 伸缩装置 ... 272
4.6.3 桥面防水与排水 ... 273
4.6.4 桥面铺装 ... 275
4.6.5 人行道及栏杆板的安装 ... 276
复习思考题 ... 277

第五章 悬索桥施工 ... 278
5.1 悬索桥简介 ... 278
5.1.1 悬索桥的构造 ... 278
5.1.2 悬索桥的施工程序 ... 279
5.2 锚碇施工 ... 281
5.2.1 锚碇的形式 ... 281
5.2.2 主缆锚固 ... 281
5.2.3 锚碇体施工 ... 282
5.3 索塔与主缆施工 ... 283
5.3.1 索塔的形式 ... 283
5.3.2 混凝土塔柱施工 ... 284
5.3.3 钢塔施工 ... 284
5.3.4 主索鞍施工 ... 285
5.3.5 主缆施工 ... 286
5.3.6 猫道 ... 289
5.4 加劲梁施工 ... 293
5.4.1 加劲梁的特点 ... 293
5.4.2 钢桁加劲梁施工 ... 295
5.4.3 钢筋混凝土加劲梁施工 ... 297
复习思考题 ... 299

第六章 斜拉桥施工 ... 300
6.1 斜拉桥简介 ... 300
6.1.1 斜拉桥 ... 300
6.1.2 斜拉桥布置形式 ... 301
6.2 索塔及主梁施工 ... 301
6.2.1 索塔施工 ... 301
6.2.2 起重设备的选择 ... 302
6.2.3 拉索锚固区塔柱的施工 ... 303
6.2.4 索塔施工质量要求 ... 305
6.2.5 斜拉桥主梁施工方法 ... 306
6.3 斜拉索施工 ... 306
6.3.1 斜拉索的施工 ... 306
6.3.2 斜拉索的防护 ... 311
6.3.3 斜拉索的安装 ... 312
复习思考题 ... 317

第三篇 管道工程施工技术

第一章 市政管道工程概述 ... 320
1.1 给水管道工程 ... 320
1.1.1 给水管道系统的组成 ... 320
1.1.2 给水管网系统的类型 ... 321
1.1.3 给水管网的布置 ... 323
1.1.4 给水管材 ... 324
1.1.5 给水管网附件 ... 326
1.2 排水管道工程 ... 328
1.2.1 排水管网系统的组成 ... 328
1.2.2 排水系统的体制 ... 329
1.2.3 排水管网系统的布置 ... 330
1.2.4 排水管渠材料 ... 332
1.3 其他市政管线工程 ... 338
1.3.1 燃气管道系统 ... 338
1.3.2 热力管网系统 ... 341
1.3.3 电力管线和电信管线的构造 ... 342
复习思考题 ... 345
第二章 市政管道开槽施工 ... 346
2.1 施工降排水 ... 346
2.1.1 明沟排水 ... 346
2.1.2 人工降低地下水位 ... 348

2.2 沟槽开挖 ·· 356
2.2.1 施工准备 ·· 356
2.2.2 沟槽断面形式 ····································· 357
2.2.3 沟槽及基坑土方量计算 ····························· 358
2.2.4 沟槽及基坑的土方开挖 ······························ 358
2.3 沟槽支撑 ·· 360
2.3.1 支撑的目的及要求 ·································· 360
2.3.2 支撑的种类及其使用的条件 ·························· 361
2.3.3 支撑的材料要求 ···································· 362
2.3.4 支撑的支设和拆除 ·································· 362
2.4 管道的铺设与安装 ·································· 364
2.4.1 下管与稳管 ······································· 364
2.4.2 排水管道的安装与铺设 ······························ 365
2.4.3 压力管道安装与铺设 ································ 367
2.4.4 管道压力试验及严密性试验 ·························· 370
2.5 沟槽回填 ·· 372
2.6 工程验收 ·· 373
复习思考题 ·· 374

第三章 市政管道不开槽施工 ······························· 375
3.1 掘进顶管法 ··· 376
3.1.1 人工掘进顶管 ····································· 376
3.1.2 机械掘进顶管 ····································· 379
3.1.3 管节顶进时的连接 ································· 381
3.1.4 延长顶进技术 ····································· 382
3.1.5 顶管测量和误差校正 ······························· 384
3.1.6 掘进顶管的内接口 ································· 386
3.2 挤压土顶管和管道牵引不开槽铺设 ···················· 387
3.2.1 挤压土顶管 ······································· 387
3.2.2 管道牵引施工简介 ································· 389
3.3 盾构法施工 ··· 391
3.3.1 盾构的组成及工作原理 ····························· 391
3.3.2 盾构的形式及特点 ································· 392
3.3.3 盾构施工的勘察和准备工作 ························· 394
3.3.4 盾构的下放与始顶 ································· 395
3.3.5 盾构掘进的挖土及顶进 ····························· 396
3.3.6 盾构的砌块及衬砌方法 ····························· 397
3.4 其他暗挖法简介 ···································· 398
3.4.1 浅埋暗挖法 ······································· 398
3.4.2 盖挖逆作法 ······································· 399

  3.4.3 管棚法 …………………………………………………………………… 400
 复习思考题 ……………………………………………………………………… 401
第四章 附属构筑物施工及管道维护 ……………………………………………… 402
 4.1 附属构筑物施工及阀件安装 ……………………………………………… 402
  4.1.1 检查井施工 …………………………………………………………… 402
  4.1.2 雨水口施工 …………………………………………………………… 403
  4.1.3 阀门井施工 …………………………………………………………… 405
  4.1.4 支墩施工 ……………………………………………………………… 406
  4.1.5 阀件安装 ……………………………………………………………… 407
 4.2 市政管道维护管理 ………………………………………………………… 409
  4.2.1 室外给水管道的维护 ………………………………………………… 409
  4.2.2 排水管道的维护 ……………………………………………………… 410
  4.2.3 地下燃气管道的维护 ………………………………………………… 410
  4.2.4 热力管道的维护 ……………………………………………………… 411
  4.2.5 通信管线、电力电缆的维护 ………………………………………… 414
 复习思考题 ……………………………………………………………………… 416

参考文献 ……………………………………………………………………………… 417

第一篇　道路工程施工技术

道路作为国民经济和社会发展的重要基础设施,在新中国成立后得到了迅速发展,至2021年底,我国公路网总里程达到528万公里,其中高速公路里程为16.1万公里,居世界第一位。

1. 城市道路的类型

(1)道路分类:城市道路的功能是综合性的,为发挥其不同的功能,保证城市中生产、生活正常进行和交通运输经济合理,按道路在道路网中的地位、交通功能以及对沿线建筑物的服务等,我国《城市道路工程设计规范》(CJJ 37-2012)将城市道路分为四类:

①快速路:城市道路中设有中央分隔带,具有四条以上机动车道,全部或部分采用立体交叉与控制出入,供汽车以较高速度行驶的道路,又称汽车专用道。

②主干路:以交通功能为主,连接城市各分区的主要道路。

③次干路:主要承担主干路与各分区间的交通集散,兼有服务功能。

④支路:次干路与街坊路(小区路)的连接线,以服务功能为主。

(2)道路分级:除快速路外,每类道路按照所占城市规模、设计交通量、地形等分为Ⅰ、Ⅱ、Ⅲ级。

①一般情况下,大城市应采用各类指标中的Ⅰ级标准,中等城市应采用各类指标中的Ⅱ级标准,小城市应采用各类指标中的Ⅲ级标准。

②我国各城市所处的位置不同,地形、气候条件等存在着较大的差异,同等级的城市也不一定采用同一等级的设计标准。无论提高或降低技术标准,均需经过城市总体规划审批部门批准。

(3)按功能分类:交通性道路、生活性道路。

(4)按交通目的分类:疏通性道路、服务性道路。

(5)按力学特性分类:柔性路面和刚性路面。其特点对比如下表:

分类	特点	破坏形式	代表路面
柔性路面	弯沉变形较大,抗弯强度小	取决于极限垂直变形和弯拉应变	各种沥青类路面
刚性路面	产生板体作用,抗弯拉强度大,弯沉变形小	取决于极限弯拉强度	水泥砼路面

2. 城市道路工程的结构与材料

不论是沥青路面还是混凝土路面,均包括面层、基层、垫层等结构层。

(1)沥青道路路面的结构:

①面层应具有较高的强度、刚度、耐磨、不透水和高低温稳定性,且表面层应具有良好的平整度和粗糙度。高等级路面的面层可划分为磨耗层、面层上层、面层下层,或称之为上面层、中面层、下(底)面层。

②基层是路面结构中的承重层,应具有足够的均匀的承载力即强度和刚度,在沥青类面层下应有足够的水稳定性。基层主要材料如下表:

名称	包含内容	特点	适宜层次
整体性材料	无机结合料基层,如石灰粉煤灰砂砾、石灰稳定砂砾、石灰煤渣、水泥稳定碎(砾)石	强度高、整体性好	适用于交通量大、轴载重的道路,其中工业废渣类适用于各种路面的基层

续表

名称	包含内容	特点	适宜层次
嵌锁型和级配型	级配碎(砾)石	在中湿和潮湿路段时,应掺石灰	天然沙砾可做基层,不符合要求时宜做底基层或垫层
	泥灰结碎(砾)石	骨料粒径宜≤40 mm	
	水泥结碎石	骨料粒径宜≤70 mm	

③垫层,介于基层与路基之间的层位,用于改善土基的湿度和温度状况。垫层材料应具备良好的水稳定性。垫层材料有粒料和无机结合料稳定土两类。粒料包括天然沙砾、粗砂、炉渣等。

(2)混凝土路面的结构

①面层一般采用设接缝的普通混凝土。面层板的平面尺寸较大或形状不规则,路面结构下埋有地下设施,在高填方、软土地基、填挖交界段的路基等可能产生不均匀沉降的地方,应采用设置接缝的钢筋混凝土面层。最终水泥混凝土面层应具有足够的强度、耐久性、表面抗滑性、耐磨性和平整性。

②基层类型宜依照交通等级按下表选用,混凝土预制块面层应采用水泥稳定粒料基层。

适宜各交通等级的基层类型

交通等级	基层类型
特重交通	贫混凝土、碾压混凝土或沥青混凝土基层
重交通	水泥稳定粒料或沥青稳定碎石基层
中等或轻交通	水泥稳定粒料、石灰粉煤灰稳定粒料或级配粒料基层

湿润和多雨地区,路基为低透水性细粒土的高速公路、一级公路、承受特重或重交通的二级公路,宜采用排水基层。排水基层可选用多孔隙的级配水泥稳定碎石、沥青稳定碎石或碎石,其孔隙率约为20%。

基层下未设垫层,上路床为细粒土、黏土质砂、级配不良砂(承受特重或重交通时)或者为细粒土(承受中等交通时),应在基层下设置底基层。底基层可采用级配粒料、水泥稳定粒料或石灰粉煤灰稳定粒料。无论何种基层都应具有足够的抗冲刷能力和一定的刚度。

③防冻垫层和排水垫层宜采用砂、砂砾等颗粒材料;半刚性垫层可采用低剂量无机结合料稳定粒料或土。

3. 城市道路施工的机械

(1)土方机械主要有:推土机、铲运机、挖掘机、装载机、平地机等。

①推土机是一种自行式的挖土、运土工具,运距在100 m以内(以30~60 m为最佳运距)的平土或移挖作业时常采用。推土机的特点是操作灵活,运输方便,所需工作面较小,行驶速度较快,易于转移。推土机的基本作业是铲土、运土、卸土和空回四个过程,通常有作业方式有:波浪式铲土法、接力式推土法、槽式推土法、并列推土法、下坡推土法。

②铲运机有拖式铲运机和自行式铲运机两种。铲运机的特点是能独立完成铲土、运土、卸土、填筑、压实等工作,对行驶道路要求较低,常用于坡度在20°以内的大面积场地平整,开挖大型基坑、沟槽,以及填筑路基等土方工程。铲运机可在Ⅰ~Ⅲ类土中直接挖土、运土,适宜运距为600~1500 m,当运距为200~350 m时效率最高。作业方式通常有:一次铲装法、交替铲装法、波浪式铲土法、下坡铲土法。

③挖掘机适用范围:当场地起伏高差较大、土方运输距离超过1000 m,且工程量大而集中时,可采用挖土机挖土,配合自卸汽车运土,并在卸土区配备推土机平整土堆。

④装载机兼有推土机和挖掘机两者的工作能力,适应性强、作业效率高、操纵简便。

⑤平地机是用装在机械中央的铲土刮刀进行土壤的切削、刮送和整平连续作业,并配有其他多种辅助作业装置的轮式土方施工机械。配置推土铲、土耙、松土器、除雪犁、压路辊等附属装置和作业机具时,可进一步扩大使用范围,提高工作能力或完成特殊要求的作业。通常的作业方式有:选择铲土直角、选择刮刀回转角、倾斜作业、刮刀移土作业。

(2)压实机械主要有:光轮压路机、轮胎压路机、振动压路机、捣实压路机羊足碾等。

(3)路面施工机械主要有:沥青摊铺机、混凝土搅拌机、切缝机等。

随着经济的发展,道路工程的施工机械的种类与品牌越来越多,施工机械的选择也更多。在保证质量顺利完成工程的情况下,可以根据施工实际情况与施工环境,选择高效合理的施工机械组合。

第一章 路基施工技术

教学要求：了解路基施工的基本程序内容、特点原则、基本施工方法，掌握施工前准备工作的内容与要求；掌握土质路基、土石路基、填石路基填筑施工的主要内容和施工技术要点，路堑开挖施工方案和施工技术要点，路基机械化施工的技术要点及施工机械选择；掌握石质路基的开挖和填筑方法；掌握路基压实标准和施工的技术要点；掌握路基地面水、地下水排除的方法和施工要点；路基、坡面、堤岸防护与加固施工要点；路基整修、维修及路基工程质量验收标准。

1.1 路基施工的准备工作

1.1.1 路基施工的基本程序与内容

1. 施工前的准备工作

施工前的准备工作是保证施工顺利进行的基本前提。其主要内容包括：劳动组织准备，物资准备，技术准备，施工现场准备，施工场外准备。

2. 修建小型构造物

小型构造物包括小桥、涵洞、挡土墙、盲沟等。这些工程通常与路基施工同时进行，但要求小型构造物先行完工，以利于路基工程不受干扰地全线展开，并避免路基填筑之后又开挖修建涵洞、盲沟等构造物。

3. 路基土石方工程

此程序包括路堤填筑、路堑开挖、路基压实、整平路基表面（有横坡要求）、整修边坡、修建排水设施及防护加固设施等工作，所包含的工程量大，构造物的种类繁多，且又相互关联制约，并涉及周边环境，是保质量、保工期和节省投资及降低成本的关键所在。因此，施工中应严格按照施工组织设计的规定和监理工程师的指令，精心开展工作。

4. 路基工程的竣工检查与验收

竣工检查与验收应按竣工验收规范规定进行。其检查与验收的主要项目有：路基及其有关工程的位置、高程、断面尺寸、压实度或砌筑质量等及其相关的原始记录、图纸及其他资料等，所有检验项目均应满足规定的要求。

1.1.2 路基施工的特点和原则

(1)路基工程范围广,线路地质条件复杂多变,影响因素较多,且路基为隐蔽工程,一旦施工质量不合格,留下隐患,处理和根治将十分困难。因此,必须采用合理的施工方法,选择合适的施工材料,采用先进的施工工艺和机械设备,进行周密的施工组织和科学的管理,确保路基工程的施工质量,使路基具有足够的稳定性和耐久性。

(2)路基工程施工不仅需考虑对自身技术问题的解决(如城市道路路基施工时,地面拆迁多、地下线路多、配套工程多、施工干扰多、场地布置难、临时排水难、用土处理难、土基压实难等),而且要考虑其他设施和项目的影响(如路面、桥涵、隧道、防护与加固工程、排水设施等)及保护生态环境。

(3)在保证施工质量符合工艺要求和标准的条件下,应积极推广使用经过鉴定的新材料、新设备、新工艺和新的检验方法,并因地制宜合理利用当地材料和工业废料。

(4)路基用地范围内的各种管线工程和附属构筑物,应按照"先地下,后地上"、"先深后浅"的原则施工,避免道路反复开挖。回填时,必须重视管线沟槽回填土的质量,使其达到与路基相同的设计强度。

(5)路基施工必须贯彻安全生产的方针,制定安全技术措施,加强安全教育,严格执行安全操作规程,确保安全生产。

1.1.3 路基施工的基本方法

1. 简易机械化施工

本方法以人力为主,配以机械或简易机械,能减轻工人的劳动强度,加快施工进度。

2. 机械化施工或综合机械化施工

本方法是使用配套机械,主机配以辅机,相互协调,共同形成主要工序的综合机械化作业,能极大地减轻劳动强度,显著加快施工进度,提高工程质量和劳动生产率,降低工程造价,保证施工安全。目前,我国城市道路的施工大多数采用这种方法。

3. 爆破法施工

本方法主要用于石质路基和冻土路基开挖,在隧道工程中,亦广泛应用,并配以相应的钻岩机钻孔与机械清理。亦可用于石料的开采与加工等。

4. 水力机械化施工

本方法是使用水泵、水枪等水力机械,喷射强力水流,冲散土层并流运至指定地点沉积,亦可作采取砂料或地基加固之用。对于砂砾填筑路堤或基坑回填,还可起密实作用(即水夯法)。适用于挖掘比较松散的土质及地下钻孔等施工。

1.1.4 施工前的准备工作

施工准备工作的基本任务是为拟建工程的施工建立必要的技术和物质条件,统筹安排施工力量和施工现场。实践证明,认真做好施工准备工作,对于保证工程施工的顺利进行、发挥企业优势、合理供应资源、加快施工速度、提高工程质量、降低工程成本、增加经济效益、赢得社会信誉、实现管理现代化等具有重要的意义。

1. 劳动组织准备

主要是建立健全施工队伍和组织机构,明确施工任务,制定必要的规章制度,确立施工应达到的目标等。劳动组织准备是做好一切准备工作的前提。

(1)建立健全施工组织机构

根据拟建工程项目的规模、结构特点和复杂程度,确定拟建工程项目的项目经理,设立项目经理部。

(2)组建施工队伍

根据所承揽工程的大小和工期,编制出施工总进度计划网络图,并进一步估算出全部工程的用工工日数、平均用工人数、施工高峰期用工人数,以及各专业、工种的合理配合,技工、普工的比例等,选择能适应其工程质量和进度要求的施工队组,并与其签订劳动合同,实行合同管理。

(3)建立健全各项管理制度

其内容包括:工程质量检验与验收制度,工程技术档案管理制度,建筑材料(构件、配件、制品)的检查验收制度,技术责任制度,施工图纸学习与会审制度,技术交底制度,职工考勤、考核制度,工地及班组经济核算制度,材料出入库制度,安全操作制度,机具使用和保养制度等。

2. 物资准备

材料、构(配)件、制品、机具和设备是保证施工顺利进行的物资基础,这些物资的准备工作必须在工程开工之前完成。根据各种物资的需要量计划,分别落实货源,安排运输和储备,使其满足连续施工的要求。

3. 技术准备

技术准备是施工准备工作的核心。由于任何技术的差错或隐患都可能引起人身安全和质量事故,造成生命、财产和经济的巨大损失。因此必须认真地做好技术准备工作。

(1)原始资料的调查分析

进行拟建工程的实地勘测和调查,获得有关数据的第一手资料,对于拟定一个先进合理、切合实际的施工组织设计是非常必要的。

①自然条件的调查分析。包括建设范围内水准点和绝对标高,地质构造、土的性质和类别、地基土的承载力、地震级别和裂度,河流流量与水质、最高洪水和枯水期的水位,地下水位的高低变化情况,含水层的厚度、流向、流量和水质,气温、雨、雪、风和雷电,土的冻结深度和冬雨季的期限等情况。

②技术经济条件的调查分析。包括地方建筑施工企业的状况,施工现场的动迁状况,当地可利用的地方材料状况,国拨材料供应状况,地方能源和交通运输状况,地方劳动力和技术水平状况,当地生活供应、教育和医疗卫生状况,当地消防、治安状况和参加施工单位的力量状况等。

(2)熟悉、审查施工图纸

根据建设单位和设计单位提供各类设计图、城市规划图、国家有关的设计、施工验收规范和技术规定,熟悉施工图纸,掌握施工对象的特点、要求和内容。

(3)编制施工预算

施工预算是根据中标后的合同价、施工图纸、施工组织设计或施工方案、施工定额等文件进行编制的,它直接受中标后合同价的控制。它是施工企业内部控制各项成本支出、考核用工、"两价"对比、签发施工任务单、限额领料、基层进行经济核算的依据。

(4)编制中标后的施工组织设计

建筑施工生产活动的全过程是非常复杂的物质财富再创造的过程,为了正确处理人与物、主体与辅助、工艺与设备、专业与协作、供应与消耗、生产与储存、使用与维修以及它们在空间布置、时间排列之间的关系,必须根据拟建工程的规模、结构特点和建设单位的要求,在原始资料调查分析的基础上,编制出一份能切实指导该工程全部施工活动的科学方案(施工组织设计)。

4. 施工现场准备

施工现场是施工的全体参加者为夺取优质、高速、低耗的目标,而有节奏、均衡连续地进行战术决战的活动空间。施工现场的准备工作,主要是为了给拟建工程的施工创造有利的施工条件和物资保证。其具体内容如下:

(1)征地与拆迁

根据划定的建设用地范围征用土地,拆迁房屋、电信及管线等各种障碍物;对路线范围内的垃圾堆、水潭、草丛、软土、淤泥进行妥善处理;复核地下隐蔽设施、外露的检查井、消防栓、人防通气孔的位置和标高,并在图纸上注明,以备施工交底;文物古迹、测量标志必须加以保护,园林绿地和公共设施应避免污染损坏。同时,做好场地排水,保证施工现场的道路、生产和生活用水、用电畅通。

(2)施工放样

路基开工前,应在现场恢复和固定路线,并标定用地范围。其内容主要包括:导线、中线及其水准点复测、增设水准点及其检查核对、横断面检查核对与补测,并提出改进设计的建议。具体要求:

①施工负责人应会同设计或勘测部门现场交接中线控制桩和设计水准点,并设置护桩。

②临设水准点应与设计水准点复测闭合,允许闭合差:快速路、主、次干路为 $\pm 12\sqrt{L}$ mm;支路为 $\pm 20\sqrt{L}$ mm(L 为水准线长度公里数)。

③控制点(包括直线上的转点、曲线上的交点、直缓、缓曲、曲中、曲缓、缓直等控制桩)的坐标闭合差。采用全站仪或 DS6 级经纬仪配以钢尺测量,允许误差:里程方向的纵坐标差不大于 10 cm,垂直中线的横向坐标差不大于 5 cm。

④恢复道路中心桩。用全站仪或钢尺丈量,桩距在直线地段宜为 15~20 m,曲线地段为 10 m,平、竖曲线起止点和地形变化点必须加桩。中线桩间的纵向误差为 1/2000,横向误差为 ± 50 mm,中线控制点间的纵向误差为 1/5000,横向误差为 ± 25 mm。量距允许误差:小于 200 m 为 $\pm 1/5000$,200~500 m 为 $\pm 1/10000$,大于 500 m 为 $\pm 1/20000$。

⑤中线桩高程测量。用水准仪测量,视线长度不大于 100 m,允许误差:$40\sqrt{L}$ mm(L 为水准线长度公里数)

⑥在不受施工影响的位置引测辅助基线,设平面控制桩,以备施工过程中及时补桩。

⑦定出路边线及上下边坡线桩,核对占地和拆迁是否满足施工需要,施工范围内尚存的障碍应作明显标志。

⑧临时设置的水准点距离应以测高不加转点为原则,平原不得大于 200 m,山区或丘陵宜为 100 m。临时设置的水准点必须坚固稳定,对跨年度工程或怀疑被移动的水准点应复测校核后方可使用。

⑨在中心桩两侧不受施工影响的位置设桩,定出路中心(或路肩边缘标高)。

⑩应按中心桩位置复测原横断面,加桩处应补测横断面,并计算土石方量。

⑪工地测量人员应复核原有桥涵和地下管线的位置和标高以及其他要求的有关测量。

(3)做好施工现场的补充勘探

对施工现场做补充勘探是为了进一步寻找枯井、防空洞、古墓、地下管道、暗沟和枯树根等隐蔽物,以便及时拟定处理隐蔽物的方案并实施。

(4)建造临时设施

按照施工总平面图的布置,建造临时设施,为正式开工准备好生产、办公、生活、居住和储存等临时用房。

(5)安装、调试施工机具

按照施工机具需要量计划,组织施工机具进场,根据施工总平面图将施工机具安置在规定的地点及仓库。对于固定的机具要进行就位、搭棚、接电源、保养和调试等工作。对所有施工机具都必须在开工之前进行检查和试运转。

(6)做好建筑构(配)件、制品和材料的储存和堆放

按照建筑材料、构(配)件和制品的需要量计划组织进场,根据施工总平面图规定的地点和指定的方式进行储存和堆放。

(7)及时提供建筑材料的试验申请计划

按照建筑材料的需要量计划,及时提供建筑材料的试验申请计划。如钢材的机械性能和化学成分等试验;混凝土或砂浆的配合比和强度试验等。

(8)做好冬雨季施工安排

按照施工组织设计的要求,落实冬雨季施工的临时设施和技术措施。

(9)进行新技术项目的试制和试验

按照设计图纸和施工组织设计的要求,认真进行新技术项目的试制和试验。

(10)设置消防、保安设施

按照施工组织设计的要求,根据施工总平面图的布置,建立消防、保安等组织机构和有关的规章制度,布置安排好消防、保安等措施。

5. 施工场外准备

(1)材料的加工和订货

建筑材料、构(配)件和建筑制品大部分需外购,工艺设备更是如此。因此加强与加工部门、生产单位联系,签订供货合同,搞好及时供应,对于施工企业的正常生产是非常重要的。

(2)做好分包工作和签订分包合同

由于施工单位本身的力量所限,有些专业工程的施工、安装和运输等均需要向外单位委托或分包。根据工程量、完成日期、工程质量和工程造价等内容,与其他单位签订分包合同、保证按时实施。

(3)向上级提交开工申请报告

当材料的加工、订货和做好分包工作、签订分包合同等施工场外的准备工作完成后,应该及时地填写开工申请报告,并上报上级主管部门批准。

1.2 土质路基施工

1.2.1 土质路基填筑

1. 填筑方案

(1)分层填筑

①水平分层填筑。填筑时按照横断面全宽分成若干水平层次,从最低处逐层向上填筑,每层填土的厚度可按压实机具的有效压实深度和压实度确定,如图1.1(a)所示。

②纵向分层填筑。用推土机从路堑取土填筑距离较短的路堤,依纵坡方向分层填筑、压实、直至达到设计高程,如图1.1(b)所示。

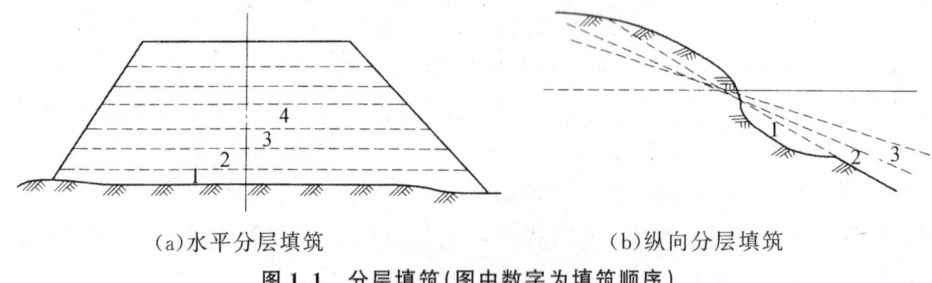

(a)水平分层填筑　　　　　　　　(b)纵向分层填筑

图 1.1　分层填筑(图中数字为填筑顺序)

(2)竖向填筑方案

在深谷陡坡地段,无法自下而上分层填筑路堤,只能从路堤的一端或两端按横断面全部高度逐步推进填筑,如图1.2所示。

(3)混合填筑方案

在深谷陡坡地段可采用上层水平分层填筑、下层竖向填筑的混合填筑方案,如图1.3所示。

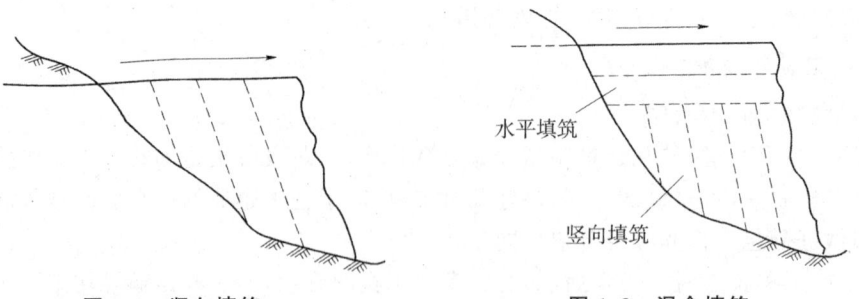

图 1.2　竖向填筑　　　　　　　　图 1.3　混合填筑

2. 土质路堤施工技术要点

(1)路堤基底的处理

路堤基底是指土石填料与原地面的接触部分。为使两者结合紧密,防止路堤沿基底发生滑动,或路堤填筑后产生过大的沉陷变形,则可根据基底的土质、水文、坡度和植被情况及填土高度采取相应的处理措施。

①密实稳定的土质基底。当地面横坡不陡于1:5,应将原地面草皮等杂物清除。地面横坡为1:5~1:2.5时,在清除草皮杂物后,还应将原地面挖成台阶,每级台阶宽度应不小于1 m,高度不大于30 cm,台阶顶面做成向内倾斜2%~4%的斜坡,如图1.4所示。当横坡陡于1:2.5时,必须检算路堤整体沿路基底及基底下软弱层滑动的稳定性,抗滑稳定系数不得小于规范规定

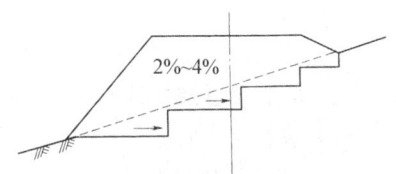

图1.4 斜坡基底的处理

值,否则应采取措施改善基底条件或设置支挡结构物等作防滑处治。

②覆盖层不厚的倾斜岩石基底。当地面横坡为1:5~1:2.5时,需挖除覆盖层,并将基岩挖成台阶。当地面横坡度陡于1:2.5时,应进行特殊处理,如设置护脚或护墙。

③耕地或松土基底。路堤基底为耕地或松土时,应先清除有机土、种植土,平整压实后再进行填筑。在深耕地段,必要时应将松土翻挖、土块打碎,然后回填、找平、压实。经过水田、池塘或洼地时,应根据具体情况采取排水疏干、挖除淤泥、打砂桩、抛填片石或砂砾石等处理措施,以保持基底的稳固。

④路堤基底原状土的强度不符合要求时。应进行换填,其深度应不小于30 cm,并予以分层压实,压实度应达到设计要求。

⑤加宽旧路堤时。所用填土宜与旧路相同或选用透水性较好的土,清除地基上的杂草,并沿旧路边坡挖成向内倾斜的台阶,其宽度不小于1 m。

⑥做好原地面临时排水设施,并与永久排水设施相结合。当路基稳定受到地下水的影响时,应予拦截或排除,引地下水至路堤基底范围以外。如处理有困难时,则应当在路堤底部填以渗水土或不易风化的岩块,使基底形成水稳性好的厚约30 cm的稳定层或采用土工织物设置隔离层的方法处理。

(2)路堤填料的选择

不得采用设计或规范规定的不适用土料作为路堤填料,路堤填料强度(采用单位压力与标准压力之比的百分数——承载比CBR来衡量)应符合规范和设计规定。应优先选用级配较好的砂类土、砾类土等粗粒土作为填料,填料最大粒径应小于150 mm。具体规定如下:

①路堤填料不得使用淤泥、沼泽土、冻土、有机土、含草皮土、生活垃圾、树根和含有腐朽物质的土,以及有机质含量大于5%的土。

②液限大于50,塑性指数大于26的土,以及含水量超过规定的土,不得直接作为路基填料。需要应用时,必须采取技术措施,使其满足设计要求并经检验合格后方可使用。

③当采用细粒土填筑时,路堤填料最小强度应符合下表1.1的规定。

表 1.1　路堤填料最小强度要求

项目分类	路面底面以下深度/m	填料最小强度(CBR)/%	
		快速路及主干路	次干路及支路
上路堤	0.8～1.5	4	3
下路堤	1.5 以上	3	2

(3)路堤填筑压实要求

路堤必须分层填筑压实,每层表面平整,路拱合适,排水良好。其施工要点如下:

①填筑路堤宜采用水平分层填筑法施工。

a. 严格控制碾压最佳含水量。当用透水性不良的土填筑路堤时,应控制其含水量在最佳含水量±2%之内。

b. 严格控制松铺厚度。采用机械压实时,快速路及主干路的分层最大松铺厚度不应超过 30 cm;次干路及支路,按土质类别、压实机具功能、碾压遍数等,经过试验确定,但最大松铺厚度不宜超过 50 cm。填筑至路床顶面最后一层的最小压实厚度,不应小于 8 cm。

c. 严格控制路堤几何尺寸和坡度。路堤填土宽度每侧应比设计宽度宽出 30 cm,压实合格后,进行削坡。

d. 掌握压实方法。压实应先边后中,以便形成路拱;先轻后重,以适用逐渐增长的土基强度;先慢后快,以免松土被机械推动。同时应在碾压前,先行整平,可自路中线向路堤两边整成 2%～4%的横坡。在弯道部分碾压时,应由低的一侧边缘向高的一侧边缘碾压,以便形成单向超高横坡,前后两次轮迹(或夯击)需重叠 15～20 cm。应特别注意控制均匀压实,以免引起不均匀沉陷。

e. 加强土的含水量检查。

②山坡路堤,当地面横坡不陡于 1∶5 且基底处理合格,路堤可直接修筑在天然的土基上。地面横坡陡于 1∶5 时,原地面应挖成台阶,并用小型夯实机加以夯实。填筑应由最低一层台阶开始,然后逐台向上填筑,分层夯实。所有台阶填完并合格后,即可按一般填筑要求进行。砂类土上则不挖台阶,但应将原地面以下 20～30 cm 的表土翻松。

横坡陡峻地段的半填半挖路基,必须在山坡上从填方坡脚向上挖成向内倾斜的台阶,其宽度不应小于 1 m。其中挖方一侧,在行车范围之内的宽度不足一个行车道宽度时,则应挖够一个行车道宽度,其上路床深度范围之内的原地面土应予以挖除换填,并按上路床填方的要求施工。

③若填方分几个作业段施工,两段交接处不在同一时间填筑,则先填地段应按 1∶1 坡度分层留台阶。若两个地段同时填,则应分层相互交叠衔接,其搭接长度不得小于 2 m。

④不同土质混合填筑路堤时,应符合下列规定:

a. 以透水性较小的土填筑路堤下层时,应做成 4%的双向横坡;如用于填筑上层时,除干旱地区外,不应覆盖在由透水性较好的土所填筑的路堤边坡上。

b. 不同性质的土应分别填筑,不得混填。每种填料层累计总厚宜不小于 0.5 m。

c. 凡不因潮湿或冻融影响而使其体积增大的土应填在上层。

⑤机械作业时,要注意:

a. 应根据工地地形、路基横断面形状和土方调配图等,合理地规定机械运行路线。土方集中的地点,应有全面、详细的机械运行作业图据以施工。

b. 两侧取土且填高在 3 m 以内的路堤,可用推土机从两侧分层推填,并配合平地机分层整平。土的含水量不够时,用洒水车控制洒水(注意控制洒水量,检查渗透均匀情况等),并适时用压路机碾压。

⑥填方集中地区路堤的施工,可按以下方法进行:

a. 取土场运距在 1 km 范围内时,可用铲运机运送,辅以推土机开道,翻松硬土,平整取土段,清除障碍和助推等。

b. 取土场运距超过 1 km 范围时,可用松土机械翻松,用挖掘机或装载机配合自卸汽车运输,用平地机平整填土,用洒水车洒水,并配合压路机碾压。

c. 挖掘机、装载机与自卸车配合运输时,要合理布置取土场地的汽车运输路线,并设置必要的标志。汽车配备数量,应根据运距的远近和车型确定,其原则是满足挖装设备能力的需要。

⑦整个施工期间,必须保证排水畅通。

(4)桥涵及其他构造物处的填筑施工要点

为了保证桥涵及其他构造物(主要指桥台背、锥坡、挡土墙墙背等)的稳定和使用要求,必须认真细致地进行填筑施工,其要点是:

①隐蔽工程需经监理工程师验收认可后,才能进行回填施工。

②桥涵及其他构造物处的填料,除设计文件另有规定外,应采用砂类土或透水性强的土。当采用透水性弱的土时,应在土中增加石灰、水泥等掺和料,以改良其性质。

③台背填土顺路线方向长度要求。顶部为距翼墙尾端不小于台高加 2 m;底部距基础内缘不小于 2 m;拱桥台背填土长度不应小于台高的 3~4 倍;涵洞填土长度每侧不应小于 2 倍孔径长度。

④做好压实工作。结构物处的填土应分层填筑,每层松铺厚度不宜超过 15 cm,路床顶面 2.5 m 以内应采用砂砾石等透水材料或石灰土填筑。结构物处的压实度要求从填方基底或涵洞顶部至路床顶面均应比紧临路段对应层次的压实度高出两个百分点。

⑤在回填压实施工中,应做到对称回填压实,并保持结构物完好无损。压路机压不到的地方,应使用小型机动夯具夯实,并达到规定的密实度。

⑥施工中注意安排桥台背后填土与锥坡填土同时进行,以取得更佳效果。

⑦涵洞缺口填土,应在两侧对称均匀分层回填压实。如使用机械回填,则涵台胸腔部分及检查井周围应先用小型压实机具压实后,方可用大机械进行大面积回填。

⑧涵洞顶面填土压实厚度大于 50 cm 后,方可允许重型机械和汽车通过。

⑨挡土墙填料宜选用砂石土或砂类土。墙趾部分的基坑,应注意及时回填,并做成向外倾斜的横坡。回填结束后,挡土墙顶部应及时封闭。

⑩若机动车车行道下的管、涵等结构物的埋深较浅,回填土压实度达不到规定数值时,可按表表 1.2 的规定执行。

3. 土石路堤施工技术要点

(1)认真做好基底处理。土石路堤的基底处理同填土路堤。

(2)控制填料质量。

表 1.2　管、涵、沟槽、检查井、雨水口周围回填土填料和压实度要求

部位			填料	最低压实度/%
胸腔	填料距路床顶<80 cm		石灰土	90/95
			砂、砂砾	93/95
	>80 cm		素土	90/95
管顶以上至路床顶	管顶居路床顶<80 cm	管顶上 30 cm 以内	石灰土	85/88
			砂、砂砾	88/90
		管顶上 30 cm 以外	石灰土	92/95
			砂、砂砾	95/98
检查井及雨水口周围	路床顶以下 0~80 cm		石灰土	92/95
			砂	95/98
	80 cm 以下		石灰土	90/92
			砂	93/95

注：①表中数字为最低压实度。分子为重型击实标准的压实度，分母为轻型击实标准的压实度，两者均以相应的标准击实试验法求得最大干密度为 100%。

②管顶距路床顶小于 30 cm 的雨水支管可采用水泥混凝土管包封。

③各地可根据具体情况选用与路基压实相同的击实标准。

天然土石混合材料中所含石料强度大于 20 MPa 时，石块的最大粒径不得超过压实厚度的 2/3，超过的应清除；当所含石料为软质岩（强度小于 15 MPa）时，石料最大粒径不得超过压实层厚，超过的应打碎。

(3)在土石混合料填筑时，不得采用倾填方法施工，应分层填筑、分层压实，且应注意避免硬质石块（特别是尺寸过大的硬质石块）集中。松铺厚度宜为 30~40 cm 或经试验确定（注意应根据压实机具类型和规格来考虑决定）。

(4)压实后渗水性差异较大的土石混合料应分层分段填筑，不宜纵向分幅填筑。如确需纵向分幅填筑，应将压实后渗水良好的土石混合料填筑于路堤两侧。

(5)当土石混合料来自不同路段，其岩性或土石混合比相差较大时，应分层分段填筑。如不能分层分段填筑，应将含硬质石块的混合料铺于填筑层的下面，且石块不得过分集中或重叠，上面再铺含软质石料的混合料，然后整平碾压。

(6)土石路堤的路床顶面以下 30~50 cm 范围内，应填筑符合路床要求的土并分层压实，填料最大粒径不大于 15 cm。

4. 填石路堤填筑施工技术要点

填石路堤是指用粒径大于 40 mm，石料含量超过 70% 的石料填筑的路堤。

(1)填石路堤的基底处理同填土路堤。

(2)填料的要求。膨胀性岩石、易溶性岩石、崩解性岩石和盐化岩石等均不得应用于路堤填筑。填石路堤的石料强度不应小于 15 MPa（用于护坡的不应小于 20 MPa），石料最大粒径不宜超过层厚的 2/3。

(3)施工中应将石块逐层水平填筑。分层厚度不宜大于0.5 m。大面向下摆放平稳,紧密靠拢,所有缝隙填以小石块或石屑。在路床顶面以下50 cm范围内应铺有适当级配的砂石料,最大粒径不超过15 cm。超粒径石料应进行破碎,使填料颗粒符合要求。

(4)填石路堤应使用重型振动压路机分层洒水压实,压实时继续用小石块或石屑填缝,直到压实层顶面稳定、不再下沉且无轮迹、石块紧密、表面平整为止。

(5)填石路基倾填前,路堤边坡坡脚应用粒径大于30 cm的硬质石料码砌。当设计无规定时,填石路堤高度小于或等于6 m时,其码砌厚度不应小于1 m;大于6 m时,不应小于2 m。

(6)当石块级配较差、粒径较大、填层较厚、石块间的空隙较大时,可于每层表面的空隙里扫入石渣、石屑、中粗砂,再以压力水将砂冲入下部,反复数次,使空隙填满;人工铺填块径25 cm以下石料时,可直接分层摊铺,分层碾压。

(7)填石路堤的填料如其岩性相差较大,则应将不同岩性的填料分层或分段填筑。如路堑或隧道基岩为不同岩种互层,允许使用挖出的混合石料填筑路堤,但石料强度不应小于15 MPa,最大粒径不宜超过层厚2/3。

(8)用强风化石料或软质岩石填筑路堤时,应按土质路堤施工规定先检验其CBR值。如CBR值不符合要求则不能使用;符合要求时,则按土质路堤的技术要求施工。

5. 路堤边坡施工技术要点

为保证路基稳定,路基两侧须做成具有一定坡度的坡面。其坡度是以边坡的高度 H 与宽度 b 之比来表示。为应用方便,将高度定为1,$m=b/H$,1:m 称为坡度,如1:0.5,1:1.5,如图1.5所示。其中(a)图 $m=b/H=2.5/5.0=0.5$,故其坡度表示为1:0.5。m 值愈大,边坡愈缓,稳定性愈好,但工程量大,占地多,

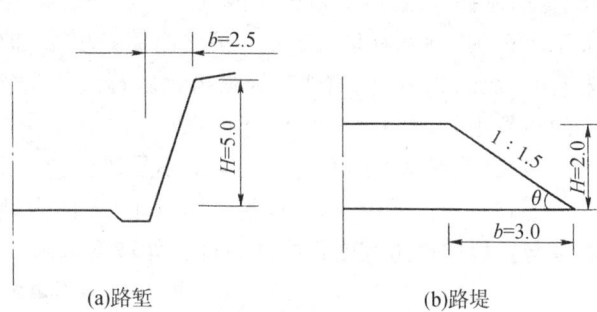

图1.5 路基边坡坡度示意图(尺寸单位:m)

且边坡过缓使暴露面积过大,易受雨雪侵蚀,容易损坏,增加了养护工作量。可见,路基边坡坡度及施工质量的好坏对路基的稳定和造价起着重要的作用。边坡施工的要点有:

(1)路堤边坡坡度应根据现场的填料种类、边坡高度和基底工程地质条件等确定。在核对设计文件时,应特别注意填料是否与设计要求相符,和基底情况相一致。

路堤基底良好时,边坡坡度的要求如表1.3所示。

表1.3 路堤边坡高度和边坡坡度

填料种类	边坡高度/m			边坡坡度		
	全部高度	上部高度	下部高度	全部高度	上部高度	下部高度
黏性土、粉质土、沙性土	20	8	12	—	1:1.5	1:1.75
沙、砾	12	—	—	1:1.5	—	—
漂(石)土、卵石土、砾(角砾)类土、碎石土	20	12	8	—	1:1.5	1:1.75
不易风化的石块	20	8	12	—	1:1.3	1:1.5

(2)对边坡高度超过表1.3所列全部高度的路堤,宜进行路基稳定性验算。对于非黏性土,可采用直线滑动面法进行验算;对于黏性土,可采用圆弧滑动面法进行验算。验算时,稳定系数不得小于1.25。

(3)填方边坡较高时,可在边坡中部每隔8~10 m设边坡平台一道,其宽度为1.3 m,用浆砌片石或水泥混凝土预制块防护。边坡平台内侧设排水沟时,平台应做成2%~5%向内侧倾斜的排水坡度,排水沟可用三角形或梯形断面。当水量大时,宜设置30 cm×30 cm的矩形、三角形或U形排水沟,排水沟可用水泥混凝土预制构件拼装,沟壁厚度5~10 cm。

(4)受水浸淹的路基边坡坡度,在设计水位以上部分视填料情况可采用1:1.75~1:2,在水位以下部分可采用1:2~1:3。如用渗水性好的土填筑或设边坡防护时,可采用较陡的边坡。

(5)填石路基应采用不易风化的开山石料填筑,边坡坡度可采用1:1,边坡坡面应选用大于25 cm的石块进行台阶式码砌,其厚度为1~2 m。填石路堤的高度不宜超过20 m。易风化岩石及软质岩石用作填料时,应按土质路堤边坡要求处理。

(6)护肩路基的护肩应采用当地不易风化的片石砌筑,高度一般不超过2 m,其内、外坡均直立,基底面以1:5坡度向内倾斜。当护肩高度小于1 m时,顶宽宜采用0.8 m;当高度大于1 m时,顶宽宜采用1 m。护肩内侧应填石,护肩的襟边宽度L:当地基为弱风化硬质岩石时,取0.2~0.6;当地基为强风化岩石或软质岩石时,取0.6~1.5;当地基为弱风化密实的粗粒土时,取1.0~2.0。

(7)砌石路基的砌石应选用当地不易风化的开山片石砌筑,内侧填石。

①砌石顶宽采用0.8 m,基底面以1:5向内倾斜,砌石高度为2~15 m。砌石的襟边宽度与护肩的襟边宽度相同,砌石内、外坡度依砌石高度按表1.4采用。

表1.4 砌石边坡坡度

序号	砌石高度/m	内坡坡度	外坡坡度
1	≤5	1:0.3	1:0.5
2	≤10	1:0.5	1:0.67
3	≤15	1:0.6	1:0.75

②砌石路基应每隔15~20 m设伸缩缝一道。当基础条件变化时,应分段砌筑,并设沉降缝;当地基为整体岩石时,可将地基做成台阶形,但最低一层台阶的宽度不应小于1.5 m。

③砌石顶部0.5 m高度范围内应采用M5水泥砂浆砌筑;高度超过8 m的砌石路基,底部0.5 m高度范围内应用M5水泥砂浆砌筑;从上往下每隔4 m用M5水泥砂浆砌筑一条水平加强带,肋带高度为0.5 m。

④受水浸淹的砌石路基,应视水流冲刷情况,选用下述方法之一砌筑:

a. 表面用M7.5水泥砂浆勾缝,其余部分为干砌;

b. 迎水墙面0.4~0.8 m厚度范围内用M5水泥砂浆砌筑,其余部分为干砌;

c. 全部砌石用M7.5水泥砂浆砌筑。

(8)护脚 路基的护脚由干砌片石砌筑,断面为梯形,顶宽不小于 1 m,内、外侧边坡坡度可采用 1∶0.5～1∶0.75,其高度不宜超过 5 m。护脚断面面积与路堤断面面积之比应为 1∶6～1∶7。护脚外侧的襟边宽度与护肩的襟边宽度相同。

1.2.2 路堑开挖及其施工技术

路堑是道路通过山区与丘陵地区的一种常见路基形式,由于是开挖建造,所以结构物的整体稳定是路堑设计和施工的中心问题。

1. 路堑开挖方案

土质路堑开挖,应根据挖方数量大小及施工方法的不同而确定开挖方案。

(1)纵向全宽掘进开挖(横挖法)

纵向全宽掘进开挖是在路线一端或两端,沿路线纵向向前开挖,如图 1.6 所示。单层掘进开挖,其高度即等于路堑设计深度,掘进时逐段成型向前推进,由相反方向运土送出。单层掘进的高度受到人工操作安全及机械操作有效因素的限制,如果施工紧迫,对于较深路堑,可采用双层或多层开挖纵向掘进开挖,上层在前,下层随后,下层施工面上留有上层操作的出土和排水通道,层高视施工方便且能保证安全而定,一般为 1.5～2.0 m。

(2)横向通道掘进开挖(纵挖法)

横向通道掘进开挖是先在路堑纵向挖出通道,然后分段同时由横向掘进,如图 1.7 所示。此法工作面多,既可人工施工,亦可机械施工,还可分层纵向开挖,即将路堑分为宽度和深度都合适的纵向层次向前掘进开挖。可采用各式铲运机施工;在短距离及大坡度时,可用推土机施工;如系较长较宽的路堑,可用铲运机并配以运土机具进行施工。

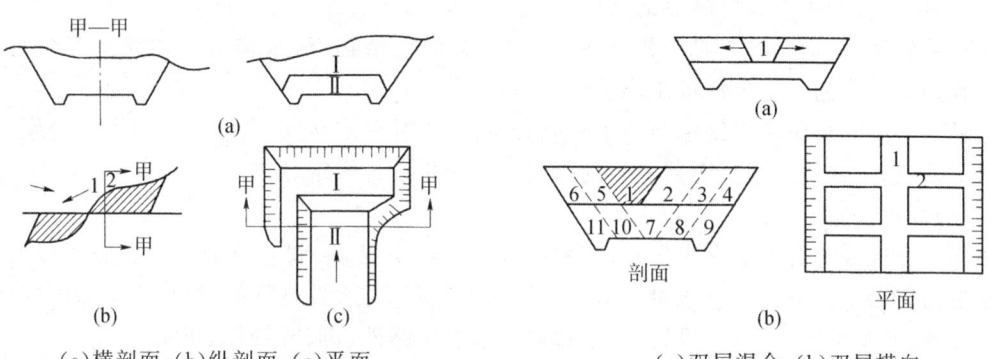

(a)横剖面;(b)纵剖面;(c)平面

图 1.6 纵向全宽掘进开挖示意图

(a)双层混合;(b)双层横向

图 1.7 横向和混合掘进开挖示意图

(3)混合式掘进开挖

混合式掘进开挖是上述二法的综合,即先顺路堑开挖通道,然后沿横向坡面挖掘,以增加开挖坡面,每一开挖坡面应能容纳一个施工组或一台开挖机械作业。在较大的挖土地段,还可沿横向再挖沟,配以传动设备或布置运土车辆。当路线纵向长度和深度都很大时,宜采用混合式开挖法。

2. 路堑开挖施工技术要点

(1)做好施工前的准备工作

包括复查施工组织设计、核实调整土方调运图表、施工现场清理、施工放样、临时排水设施施工、施工机械的准备及环保措施的落实等。

(2)进行土方开挖

①已开挖的适用于种植草皮和其他用途的表土,应储存于指定地点,以便取用。

②根据试验,对开挖出的适用于填筑的材料应分类存放。不适用于填筑的材料,应按相关规定妥善处理。

③严禁掏洞取土(俗称"挖神仙土")。土方开挖不论工程量和开挖深度大小,均应自上而下进行,在不影响边坡稳定的情况下采用爆破施工,需进行设计和经过施工方案审批。

(3)换填符合要求的土

当路堑路床下为有机土、难以晾干压实的土、CBR 值达不到规定要求的土等不宜做路床的土时,均应清除,换填符合要求的土。

(4)做好边沟与截水沟的开挖施工

①边沟、截水沟及其他引、截、排水设施应严格按照设计图纸施工,其出水口应通至桥涵进、出水口处。截水沟不应通过地面坑凹处,必须通过时,应按照路堤填筑要求将凹处填平压实后,再开挖沟槽,并防止不均匀沉陷和变形。

②平曲线边沟沟底内侧不得有积水,沟顶不得有水外溢现象发生。

③路堑和路堤交接处的边沟应平缓引向路堤两侧的天然沟或排水沟,不得冲刷路堤。路基坡脚附近不得积水。

④所有排水沟渠应从下游出口向上游开挖。

(5)所有排截水设施应满足的条件

沟基稳固,沟形整齐,沟坡、沟底平顺,沟内无浮土杂物,沟水排泄不对路基产生危害。严禁在未加处理的弃土上挖排水沟。

截水沟的弃土应用于路堑与截水沟间修筑土台,并分层压实(夯实),台顶设 2%倾向截水沟的横坡,土台边缘坡脚距路堑顶的距离不应小于设计规定。

(6)排水措施

当挖方地段遇有地下含水层时,应根据现场实际情况,采取有效的排水措施予以处理。当路堑路床顶部以下位于含水量较多的土层时,应换填透水性良好的材料,换填深度应满足设计要求,并整平凹槽底面,设置渗沟,将地下水引出路外,再分层回填压实。

(7)认真妥善处理弃土

①在开挖路堑弃土地段前,应提出弃土的施工方案(包括弃土方式、调运方案、弃土位置、弃土形式、坡脚加固方案、排水系统的布置及计划安排等),报有关单位批准后实施。

②路基弃土应堆放齐整,不得任意倾倒,并采取必要的排水、防护和绿化措施。山坡上弃土应注意避免破坏或掩埋路基下侧的林木、农田、自然形成的天然排水通道及其他工程设施,沿河弃土应避免堵塞河道或引起水流冲毁农田、房屋。

③弃土堆的边坡不应陡于 1:1.5,顶面向外应设不小于 2%的横坡,其高度不宜大于 3 m。路堑旁的弃土堆,其内侧坡脚与路堑顶之间的距离,对于干燥硬土不应小于 3 m;对于软湿土不应小于路堑深度加 5 m。

④在山坡上侧的弃土堆应连续而不中断,并在弃土前设截水沟;山坡下侧的弃土堆应每隔 50~100 m 设不小于 1 m 的缺口排水,弃土堆坡脚应进行防护加固。

⑤严禁在岩溶漏斗处、暗河口处、贴近桥墩台处弃土。

⑥尽可能与当地农田建设和自然环境相结合,利用弃土改地造田。

⑦路侧弃土堆一般可设在附近低地或路堑处原地面下坡的一侧,当地面横坡缓于 1:5 时,可设在路堑两侧。

1.2.3 挖方路基的边坡坡度要求与施工技术要点

1. 路基的边坡坡度

(1)土的挖方边坡坡度主要与边坡高度、土的湿度、密实程度、地下水、地面水情况、土的成因类型及生成时代等因素有关。

(2)岩石的挖方边坡坡度主要与岩性、地质构造、岩石的风化破碎程度、边坡高度、地下水及地面水等因素有关。

2. 施工技术要点

(1)土的挖方边坡坡度应根据调查路线附近已建工程的人工边坡及自然山坡稳定状况,并参照表 1.5 来确定。

表 1.5 土的挖方边坡坡度表

密实程度	边坡高度/m	
	<20	20~30
胶结	1:0.3~1:0.5	1:0.5~1:0.75
密实、中密	1:0.5~1:1.25	1:0.75~1:1.5
较松	1:1.0~1:1.5	1:1.5~1:1.75

(2)砾石类土的挖方边坡坡度主要与砾石土成因、岩块成分和大小、密实程度及休止角等有关,并应结合当地水文条件和边坡高度进行对比分析、论证确定边坡坡度大小。表 1.6 资料可供使用参考。

表 1.6 砾石类土路堑边坡坡度表

土体结合紧密程度	边坡高度/m		
	<10	10~20	20~30
胶结	1:0.3	1:0.3~1:0.5	1:0.5
密实、半胶结	1:0.5	1:0.5~1:0.75	1:0.75~1:1
中等密实	1:0.75~1:1	1:1	1:1.25~1:1.5
精密实	1:1~1:1.5	1:1.5	1:1.5~1:1.75
松散	1:1.5	1:1.5~1:1.75	

(3)岩石挖方边坡在一般情况下,可参照表1.7采用。

表1.7 岩石挖方边坡坡度表

岩石种类	风化程度	边坡高度/m	
		<20	20~30
各类岩、硬质灰岩、砾岩、砂岩、片麻岩、石英岩	微风化、弱风化	1:0.1~1:0.3	1:0.2~1:0.5
	强风化、全风化	1:0.5~1:1.0	1:0.5~1:1.25
各类页岩、泥岩、千枚岩、片岩等软质岩石	微风化、弱风化	1:0.25~1:075	1:0.5~1:1.0
	强风化、全风化	1:0.5~1:1.25	1:0.75~1:1.5

(4)在边坡施工中,由于设计时所采用的参数可能与现场的实际土质情况不相符合,因此,施工技术人员应根据实际情况,按相关规定考虑变更设计,以确保边坡稳定。

1.2.4 土质路基机械化施工及施工机械选择

常用的路基土方施工机械有推土机、松土机、平地机、铲运机、挖掘机、自卸汽车、各类压实机械及水力机械等。这些机械可以单机作业,亦可组合配套综合作业。

1. 机械化施工技术要点

(1)采用机械按横挖法开挖路堑,且弃土(或以挖作填)运距较远时,宜用挖掘机配合自卸汽车作业,每层台阶高度可较原有分层高度增加3~4 m。亦可用推土机开挖,但当弃土或以挖作填运距超过推土机的经济运距时,可用推土机推土堆积,再用装载机配合自卸汽车运土。

机械开挖路堑时,配以平地机或人工分层修刮平整边坡。其施工开挖图式见图1.8。

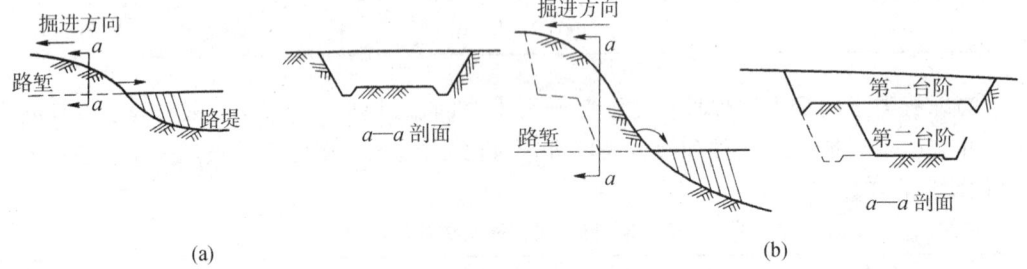

图1.8 横向全宽挖掘法

(2)采用机械按纵挖法开挖路堑时(图1.9),其施工要点是:

①当采用分层纵挖法挖掘的路堑长度较短(小于100 m),开挖深度不大于3 m,地面坡度较陡时,宜采用推土机作业。推土机作业时,每一铲挖地段的长度应能满足一次铲切达到满载的要求,一般为5~10 m。铲挖宜在下坡时进行,对普通土下坡坡度宜为10%~18%;对于松土下坡坡度宜为10%~15%。傍山卸土的运行道应设有向内稍低的横坡和向外排水的通道。

②当采用分层纵挖法挖掘的路堑长度较长(超过100 m)时,宜采用铲运机作业。对于

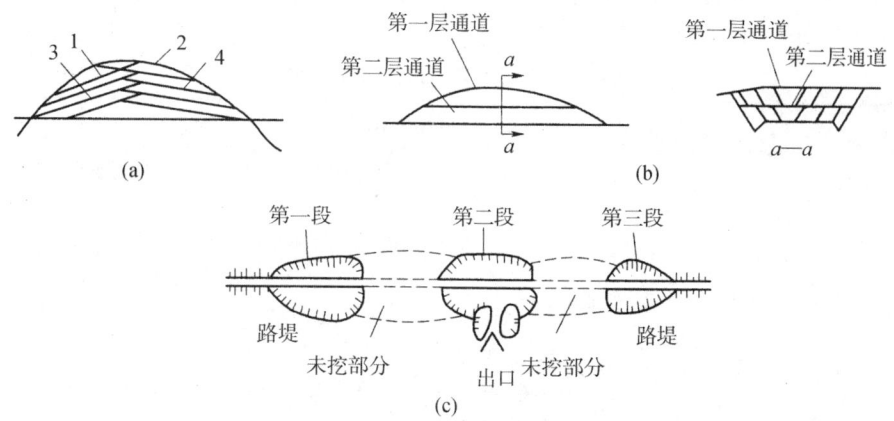

(a)分层纵挖法(图中数字为挖掘顺序);(b)通道纵挖法(图中数字为拓宽顺序);(c)分部纵挖法

图 1.9　纵向挖掘法

拖式铲运机和铲运推土机,其铲斗容积为 4～8 m³ 的适宜运距为 100～400 m;容积为 9～12 m³ 的适宜运距为 100～700 m。自行式铲运机适宜运距可参照上述运距加倍。铲运机在路基上的作业距离一般不宜小于 100 m。铲运机作业面的长度和宽度应能使铲斗易于达到满载。有条件时,宜配备一台推土机配合铲运机作业。

铲运机的运土道路,单道宽度不应小于 4 m,双道宽度不应小于 8 m。重载上坡纵坡不宜大于 8%,空驶上坡,纵坡不得大于 50%。弯道应尽可能平缓,避免急弯。路基表层应在回驶时刮平,重载弯道处表面应保持平整。

③铲运机卸土场的大小应满足分层铺卸的需要,并留有回转余地。填方卸土应边走边卸,防止成堆,行走路线外侧边缘至填方边缘的距离不宜小于 20 cm。

(3)当路线纵向长度和挖深都很大时,宜采用混合式开挖法,如图 1.10 所示。

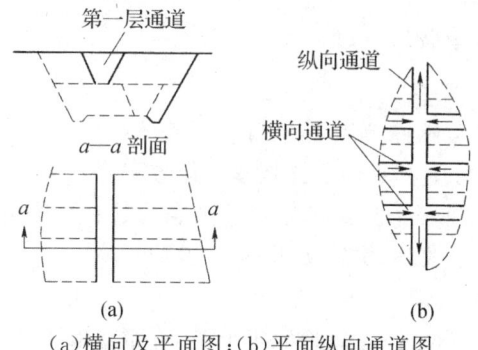

(a)横向及平面图;(b)平面纵向通道图

图 1.10　混合挖掘法

(4)开挖边沟、修筑路拱、刷刮边坡、整平路基表面时,宜采用平地机配合其他土方机械作业。

2. 土方工程施工机械的选择

各种土方工程机械,根据其性能,都有其适合的工作范围。因此,施工技术人员应根据工程性质、施工条件、工程的主要施工内容等来正确选择施工机械,安排和组织各种机械的作业,以发挥机械的使用效率,合理、保质、保时和经济地完成工程施工任务。常用土方机械的适用范围见表1.8,可供选用时参考。

表1.8 常用土方机械的适用范围表

机械名称	适用的作业项目		
	施工准备工作	基本土方作业	施工辅助作业
推土机	1. 修筑临时道路; 2. 推倒树木,拔除树根; 3. 铲草皮,除积雪及建筑碎屑; 4. 推缓陡坡地形,整平场地; 5. 翻挖回填井、坑、陷穴、坟	1. 高度3 m以内的路堤和路堑土方; 2. 运距100 m以内土方的挖、填与压实; 3. 傍山坡挖填结合路基土方	1. 路基缺口土方的回填; 2. 路基粗平,取弃土方的整平; 3. 填土压实,斜坡上挖台阶; 4. 配合挖掘机与铲运机松土、运土
铲运机	1. 铲除草皮; 2. 移运孤石	运距在60~700 m以内的挖土、运土、铺平与压实(高度不限)	1. 路基粗平; 2. 取土坑与弃土堆整平
自动平地机	除草、除雪、松土	修筑0.75 m以内路堤与0.6 m以内路堑,以及挖填结合路基的挖、运、填土	开挖排水沟,平整路基,整修边坡
松土机	翻松旧路面、清除树根及废土层、翻松硬土		1. Ⅲ—Ⅳ类土的翻松; 2. 破碎0.5 m以内的冻土层
挖掘机		1. 半径7 m以内的挖土与卸土; 2. 装土供汽车远运	1. 挖沟槽与基坑; 2. 水下捞土(反向铲土等)

3. 机械化施工组织及要求

(1)机械化施工的组织要点

①建立健全施工管理体制,实施全面质量管理。

②正确编制施工组织计划和正确选择技术操作方案。

③根据工程实际,抓住重点,兼顾一般,把主要精力放在技术复杂、工期长的项目上。

④加强技术培训和安全教育,实施文明施工,保护环境。

(2)机械化施工的具体要求

根据实施性的施工组织设计按"就地取土填筑、近距离取土填筑、远距离取土填筑、就地弃土及短距离弃土"等情况进行机械配置。

①就地取土填筑。如果工程不大,取土和平整工序可由平地机完成;压实和土的润湿工作,可分别由压路机和洒水车完成。机械配备数量,宜视需完成的工程量、工期和设备的能力而定。

②近距离取土填筑。宜划段分层以推土机和铲运机担任运土工作,平地机和压路机分别担任整平和压实工作。机械的配备数量,宜最大限度地满足机械产量的要求,充分发挥机械效率。

③远距离取土填筑。远距离取土填筑的土一般来源于取土场或路堑,宜以推土机完成挖土程序,装载机或挖掘机完成装土工序(当土质不坚时,亦可不用推土机,而直接用装土设备装土),以自卸汽车完成运土工序。汽车数量应按装车设备能力和运距的长短而定,其余各工序按上述①、②办理。

④就地弃土或短距离弃土。可用推土机或铲运机完成。

1.3 石质路基施工

1.3.1 爆破的基本原理和应用范围

1. 爆破作用的基本原理

为了爆破某一物体而在其中或表面放置一定数量的炸药,称为药包。它按形状可分为集中药包(药包的形状接近球形或立方体)、延长药包(药包的长边超过短边的四倍)、分集药包(将一个集中药包分为几个间隔一定距离的集中子药包)。

(1)药包在无限介质内的作用

药包在无限介质内爆炸时,炸药在瞬间通过化学反应由固态转化为气态,体积增加百倍乃至数千倍,并产生不小于 15000 MPa 的静压力,同时产生温度高达1500~4500 ℃、速度高达每秒上千米的冲击波,自药包中心按球面等量向外扩散,传递给周围介质,使介质产生各种不同程度的破坏和振动现象。这种现象随距药包中心的距离增大而逐渐消失。介质按破坏程度的不同,大致可分为四个爆破作用圈,如图1.11所示。

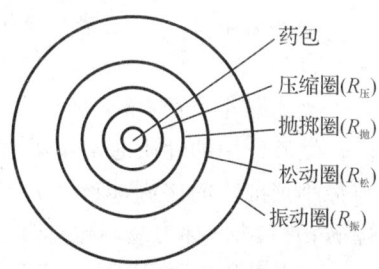

图 1.11 爆破作用圈示意图

①压缩圈($R_压$ 表示压缩圈半径)。在这个作用圈范围内,介质直接承受药包爆炸所产生的极其巨大的作用力。如果介质是可塑性的土,便会遭到压缩形成空腔;如果是坚硬的脆性岩石,便会被粉碎。所以把 $R_压$ 这个球形区叫做压缩圈或破碎圈。

②抛掷圈。在压缩圈范围以外至 $R_抛$ 的区间,所受的爆破作用力虽较压缩圈内小,但介质原有的结构受到破坏,分裂成为不同尺寸和形状的碎块,而且爆炸尚有余力,足以使这些碎块获得运动速度。如果在有限介质内,这个区间的某一部分处在临空的自由条件下,破坏了的介质碎块便会产生抛掷现象,因而叫做抛掷圈。但在无限介质内不会产生任何的抛掷现象。

③松动圈。在抛掷圈以外至 $R_松$ 的区间,爆炸力大大减弱,但仍能使介质结构受到不同程度的破坏,只是爆炸已无余力使破碎岩石产生抛掷运动,因而叫松动圈。

④振动圈。在松动圈以外到 $R_振$ 的区间,微弱的爆破作用力不能使介质产生破坏。这时介质只能在冲击波的传播下,发生振动现象,就叫做振动圈。振动圈以外爆破作用能量就会消失了。

(2)药包在有限介质内的爆破作用与爆破漏斗

药包在有限介质内爆炸时,在具有临空的表面上会出现一个爆破坑,一部分炸碎的土石被抛至坑外,一部分仍落在坑底。由于爆破坑形状如同漏斗,称为爆破漏斗,如图 1.12 所示。

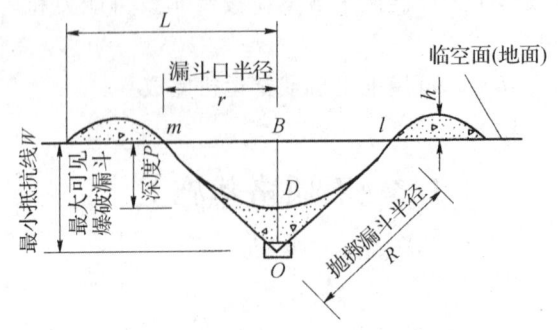

图 1.12 有限介质内的爆破漏斗示意图

爆破漏斗的形状和大小,不但与药量大小、炸药及介质的性能等有关,同时还与临空面的数量和所处的边界条件有关。爆破漏斗一般用以下几个要素表示:

最小抵抗线 W:药包中心到临空面的最短距离。药包爆炸作用首先沿着最小抵抗线方向(阻力最小的地方)使岩土产生破坏、隆起鼓包或抛掷出去,这就是作为爆破理论基础的"最小抵抗线原理"。

爆破漏斗口半径 r:最小抵抗线与临空面交点至漏斗口边缘的距离。当地面坡度等于零时,用 r_0 表示。

抛掷漏斗半径 R:从药包中心沿漏斗边缘至坑口的距离。

爆破作用的性质通常用爆破作用指数 n 来表示。爆破作用指数是指爆破漏斗口半径与最小抵抗线的比值,即 $n=r/W$。当 $n=1$ 时,称为标准抛掷爆破;$n>1$ 时,称为加强抛掷爆破;$n<1$ 时,称为减弱抛掷爆破。

地形平坦时,爆破漏斗呈倒置的圆锥体。图 1.12 中,mDl 称为可见的爆破漏斗;mOl 称为爆破漏斗。可见的爆破漏斗体积 V_{mDl} 与爆破漏斗体积 V_{mOl} 之比的百分率 E_0 称为平坦地形的抛掷率,即 $E_0=V_{mDl}/V_{mOl}$。

2. 工程爆破的适用范围

(1)松动爆破

松动爆破通常用于将岩石破碎而不大量抛掷岩块。其爆破方法有药室法、钻孔(深孔、浅孔)法和药壶法等。

①减弱松动爆破。多用于道路路堑开挖和边坡的整修。

②一般松动爆破。常用于岩土爆破。

③加强松动爆破。一般用于平坦或坡度较平缓地带微风化岩层中路堑、沟渠工程的开掘。其特点是既可抛出一定数量的岩块,又可保持边坡稳定。

(2)抛掷爆破

①标准抛掷爆破。常用于药室大爆破,特别是山区斜坡地形开掘路堑、渠道等。其中最有利地形条件是 30°~70°的坡地。

②加强抛掷爆破。多用于平坦地形中开挖基坑、路堑、沟渠等,既可开挖岩土,又能将大部分碎块抛掷到一定距离与位置。施工中的相弃爆破即是其中的一种类型。

③定向爆破。多用于移挖作填或直接利用挖方填筑路堤、水堤等工程。它是利用爆破能量将岩土集中抛掷到所要求的指定位置的爆破施工方法。

3. 常用的爆破方法、起爆器材与起爆方法

开挖岩石路基常用的爆破方法，一般可分为中小型爆破和大型爆破两大类。

(1)中小型爆破方法

①裸露药包法。将药包置于被炸物体表面或经清理的岩缝中，药包表面用草皮或稀泥覆盖，然后进行爆破。主要用于破碎大孤石或进行大块岩石的二次爆破。

②炮眼法(钢钎炮)。指炮眼直径和深度分别小于 7 cm 和 5 m 的爆破方法。一般情况下，单独使用钢钎炮爆破石方是不大经济的，这是因为：a. 炮眼直径小，炮眼浅，装药量受限制，一般最多装药为眼深的 1/3～1/2，每次爆破的石方量不大(通常不超过 10 m³)，所以工效低。b. 由于眼浅，爆破时爆炸气体很容易冲出，变成不做功的声波，以致响声大而炸下的石方不多，个别石块飞得很远，不利于爆破能量的利用。因此，在路基石方集中时，应尽可能少用这种炮型。但是，由于此法操作简便，对设计边坡的岩体振动损害小，平均耗药量也少，机动灵活，因此它又是一种不可缺少的炮型。常用于土石方量分散而小的工程以及整修边坡、开挖边沟、炸孤石等，也常用此法改造地形，为其他炮型服务。

炮眼的位置应选择在临空面多的地方。炮眼方向不要与岩石的节理和裂缝相平行，而应与之垂直，不可避免时则炮眼应与裂缝有一定距离，如图 1.13 所示，否则爆炸气体将会沿裂缝逸散，降低爆破效果。只有一面临空时，炮眼应与临空面斜交呈 30°～60°夹角。

炮眼深度通常等于要炸去的阶梯高度，也可根据岩石的坚硬程度按下式计算：

$$L=CH \tag{1-1}$$

式中，L—炮眼深度/m；

H—爆破岩石的厚度、阶梯高度/m；

C—系数，坚石采用 1.0～1.15，次坚石为 0.85～0.95，软石为 0.7～0.9。

用成排炮眼爆破时，同排各炮眼的间距可视岩石的硬度及黏结性参照下式计算确定：

$$a=bW \tag{1-2}$$

式中，a—炮眼间距/m；

W—最小抵抗线/m；

b—系数，采用火花起爆为 1.2～2.0，采用电力起爆为 0.8～2.3。

用多排炮眼爆破时，炮眼应按梅花形交错布置，排与排之间的距离约等于同排炮眼间距离的 0.86 倍。

装药高度一般为炮孔深度的 1/3～1/2，特殊情况下也不得超过 2/3。对于松动爆破或减弱爆破，装药高度可降到炮孔深度的 1/3～1/4。

提高爆破效果的措施：可选用空心炮(炮眼底部设一段不装药的空心炮孔)、石子炮(底部或中部装一部分石子)、木棍炮(用直径为炮孔直径 1/3，长 6～10 cm 的木棍装在炮眼底部或中部)进行爆破。

③药壶法(葫芦炮)。指在深 2.5 m 以上的炮眼底部用少量炸药经一次或多次烘膛，使炮眼底部扩大成葫芦形，集中埋置炸药，以提高爆破效果的一种炮型，如图 1.14 所示。它适用于结构均匀致密的硬土、次坚石、坚石。对炮眼深度小于 2.5 m、节理发达的软石或薄层岩石、渗水或雨季施工，不宜采用。

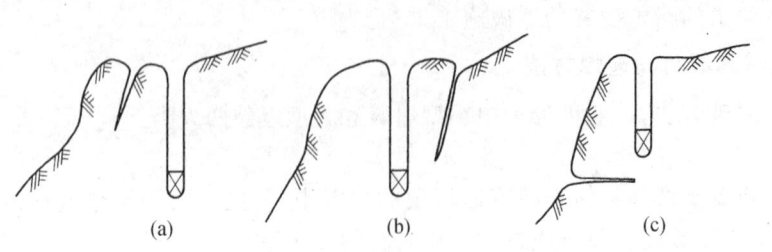
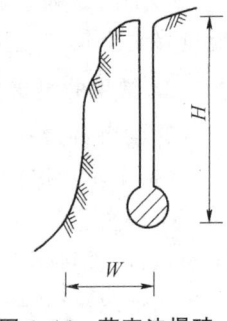

图 1.13　炮眼布置图　　　　　图 1.14　药壶法爆破

炮位应与阶梯高度相适应,遇高阶梯时,宜用分层分排的群炮。炮眼深度一般以 5～7 m 为宜。为避免超爆,药壶距边坡应预留一定间隙。扩大药壶时应不致将附近岩层震垮。

药壶法的用药量计算公式：

$$Q = KW^3 \tag{1-3}$$

式中,Q—炸药用量/kg;

W—最小抵抗线/m,一般为阶梯高度的 0.5～0.8 倍;

K—单位岩石的硝铵炸药消耗量/kg/m³,一般软石取 0.26～0.28,次坚石取 0.28～0.34,坚石取 0.34～0.35。

单排炮群用电雷管起爆时,每排药包间距为 $a = (0.8～1.0)W$;用火雷管起爆时,每排药包间距为 $a = (1.4～2.0)W$。当组织多排药壶炮群时,各排之间的药包间距为 $b = 1.5W$。炮眼布置成三角形时,上下层药包间距 $a = 2W_T$（W_T 为下层最小抵抗线）。

④猫洞炮。将集中药包直接放入直径为 0.2～0.5 m、眼深 2～6 m 的水平或略有倾斜的炮洞中,称猫洞炮,如图 1.15 所示。它适用于硬土、胶结良好的古河床、冰渍层、软石和节理比较发育的次坚石,坚石中则可利用裂缝整修成洞。此种炮型对独岩和特大孤石的爆破效果更佳。

其用药量计算公式：

当被炸松的岩体能坍滑出路基时:$Q = KW^3 f(\alpha) d$ （1-4）

当被炸松的岩体不能坍滑出路基时：

$$Q = 0.35 KW^3 d \tag{1-5}$$

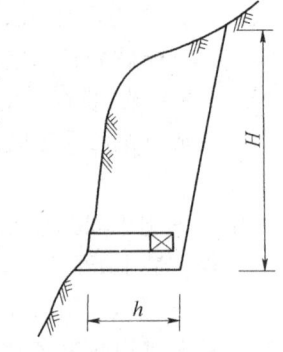

图 1.15　猫洞炮

式中,K—形成标准抛掷爆破的单位耗药量/kg/m³;

$f(\alpha)$—抛坍系数,$f(\alpha) = 26/\alpha$,其中 α 为地面横坡度;

d—堵塞系数,可近似用 $d = 3/h$ 计算,其中 h 为眼深/m。

药包间距 $a = (1.0～1.3)W$,W 为两相邻药包计算抵抗线的平均值。

(2) 大爆破

大爆破系采用导洞和药室装药,用药量在 1000 kg 以上的爆破,如图 1.16 所示。大爆破主要用于石方大量集中、地势险要或工期紧迫的路段施工。

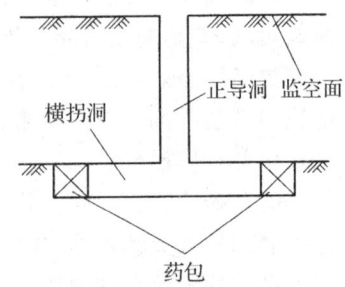

图 1.16　导洞和药室布置图

(3) 微差爆破(毫秒爆破)

微差爆破是指两相邻药包或前后排药包以毫秒的时间间隔(一般为 15～17 ms)依次起爆的爆破,可提高爆破效果。

(4) 光面爆破

光面爆破是指在开挖限界处,按适当间隔布置炮孔,在有侧向临空面的条件下(主爆孔的药包先爆破后),用控制抵抗线和药量的方法进行的爆破,可形成光滑平整的边坡。

(5) 预裂爆破

预裂爆破是指在开挖限界处,按适当间隔布置炮孔,在没有侧向临空面和最小抵抗线的情况下,即在开挖主爆孔的药包爆破前,用控制药量的办法,预先炸出一条裂缝,使拟爆破体与山体分开,作为隔振减振带,起保护开挖限界以外山体或建筑物和减弱地震破坏的作用。

(6) 起爆器材

①火雷管(也称普通雷管)。火雷管由雷管壳、正副装药、加强帽三部分组成,在管壳开口的一端留有 15 mm 长的空隙,以便插入导火索,另一端做成窝槽状。它是用导火索来引爆的。

②电雷管。电雷管的构造与火雷管基本相同,不同的是在管壳口的一端有一个电气点火装置,通电时,电流通过电桥丝将引燃剂点燃,使正起爆药爆炸。电雷管是用电流点火引爆炸药的。

电雷管又分为即发电雷管和迟发电雷管。即发电管用于同时点火同时起爆的爆破线路中,迟发电雷管用于同时点火,但不同时爆炸的爆破线路中。迟发电雷管构造与即发电雷管基本相同,只是在引火药与起爆药之间装有燃烧速度相当准确的缓燃剂。

(7) 起爆方法

①导火索及火花起爆法。导火索是点燃火雷管的辅助材料,外形为圆形索线,索心内装有黑火药,中间有纱导线,索心外紧缠着数层纱包线与防潮纸(或防潮剂)。对导火索的要求是燃烧完全,燃速恒定。根据使用要求导火索的正常燃烧速度为 100～120 s/m,缓燃燃速为 180～210 s/m。

②电力起爆法。电雷管是用点火器通过电爆导线起爆的。点火器即为产生电流的电源,如干电池组、蓄电池、手摇起爆机(小型发电机)等。

③传爆线及传爆线起爆法。传爆线又称导爆索,其索心用黑索金或泰安等高级烈性炸药制成,爆速为 6800～7200 m/s,内有双层棉织物,一层为防潮层,一层为缠绕着的纱线。为与导火索区别,表面涂成红色或红黄相间等色。传爆线着火较困难,使用时须在药室外的一段传爆线上捆扎一个 8 号雷管来起爆。传爆网路与药包的连接方式有并联、串联、并簇联等。由于传爆线的爆速快,故在大量爆破的药室中,使用传爆线起爆可以提高爆破效果,但必须严格遵守安全规程。

1.3.2 爆破施工技术

1. 爆破法施工开挖石方的程序

(1) 爆破法开挖石方应遵循的程序见图 1.17。

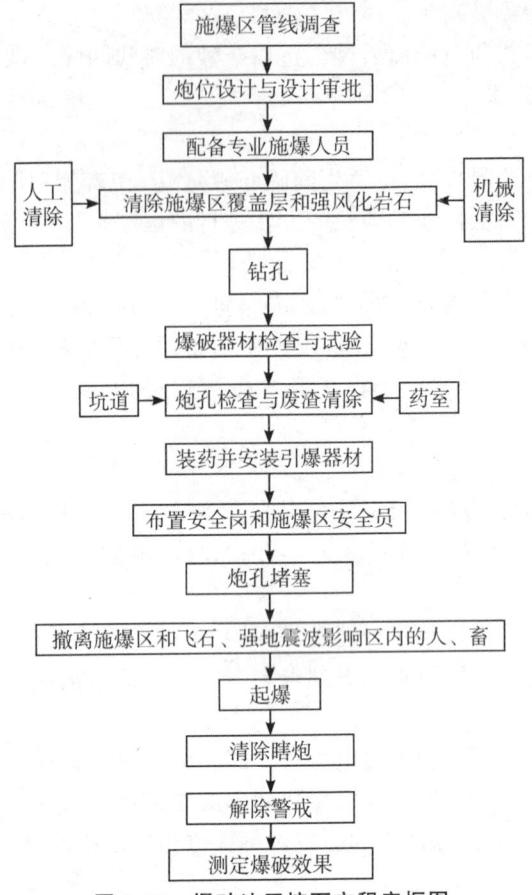

图 1.17 爆破法开挖石方程序框图

(2)爆破法施工简图如图 1.18 所示。

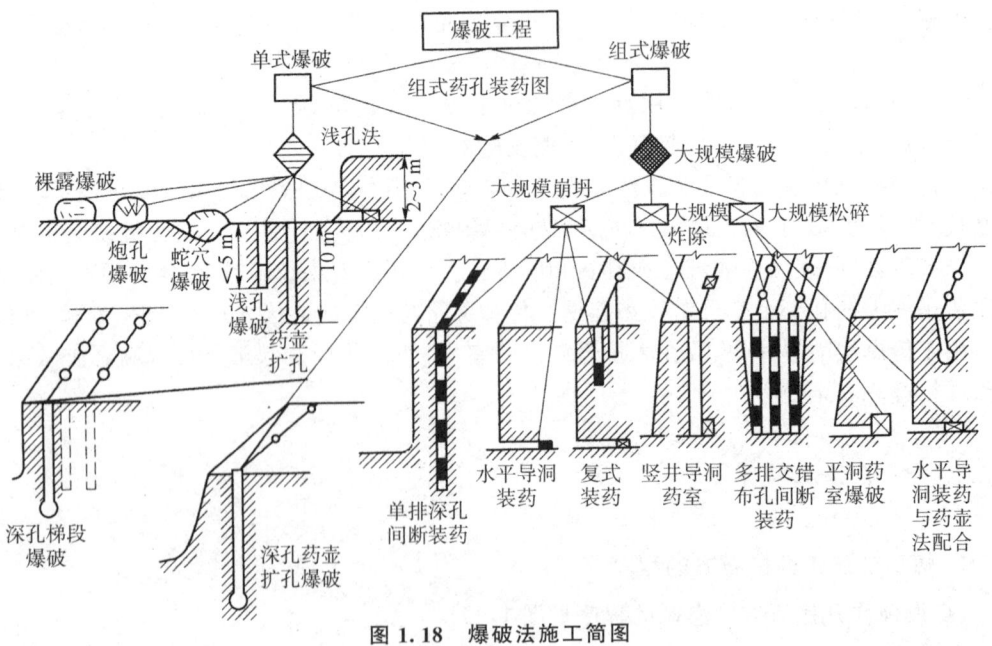

图 1.18 爆破法施工简图

2. 爆破施工技术要点

(1)爆破施工设计的基本文件包括:爆破工点的地质图、地形图;采用爆破方法的依据和相应的炮眼布置图,爆破规模较小时,可只提出钻孔、装药和起爆的说明或规定;主要爆破参数和控制装药量的设计计算书;爆破安全距离计算及其安全防护措施;起爆网路的说明或设计计算书;设计文件批准书。

(2)纵向开挖法适用于路堑拉槽、旧路降坡地段,根据不同的开挖深度和爆破条件,可采用台阶形分层爆破或全面爆破;横向开挖法适用于半挖半填路基和旧路拓宽,可沿路基横断面方向,从挖填交界处,向高边坡一侧开挖;综合开挖法适用于深长路堑,采用纵向开挖法的同时,可在横断方向开挖一个或数个横向通道,再转向两端纵向开挖。

(3)接近设计坡面部分的开挖,采用爆破施工时,应采用预裂光面爆破,以保护边坡稳定和整齐。爆破后的悬凸危石、碎裂块体,应及时清除整修。

(4)沟槽、附属结构物基坑的开挖,宜采用控制爆破,以保持岩石的整体性。在风化岩层上,应作防护处理。

(5)路基和基坑完工后,应按设计要求,对标高、纵横坡度和边坡进行检查,做好边坡基底的整修工作,碎裂块体应全部清除。超挖回填部分应严格控制填料的质量,以防渗水软化。

(6)填筑路段石料不足时,可在路基外部填石、内部填土或下部填石、上部填土,土石上下结合面应设置反滤层。

(7)路基岩石爆破,应根据爆破工点周围的环境及施工机具,结合地形、地质条件选择合理的爆破方案,制订爆破施工设计文件。爆破参数应通过现场试验,确认无误后方能在施工中正式采用。

(8)市区石方爆破应以小型爆破、控制爆破或静态破碎为主,郊区及有条件的市区可采用中型爆破。爆破施工应制定爆破设计文件和安全技术措施,经公安部门批准后实施。

(9)在市区及交通要道,应采用电力起爆和导爆管起爆。起爆炮孔装药,必须制作起爆药包,严禁将雷管直接投入炮孔装填。

(10)控制爆破适用于城市道路中各种建筑物及其设备和文物古迹近距离内的岩石爆破,并可用以拆除各种砖石、混凝土结构。

(11)采用控制爆破施工时,应减少一次同时起爆的炸药量;采用间隔装药和微差爆破;爆破的飞石安全距离仍需估算,为防止飞石带来破坏,应采用高强度填孔材料和安全防护措施;计算参数必须通过试验验证并达到预期效果时,方可采用。

(12)静态破碎法适用于切割或破碎混凝土和岩石设计。破碎混凝土时,对被破碎体的结构和强度,应先进行分析,然后选择设计参数;切割(破碎)岩石时,应对地质构造、岩石坚硬程度、层理、节理以及地下水状况进行调查了解,综合实际情况,然后选择设计参数;各种不同型号的破碎剂应通过有关部门鉴定后方可使用。

(13)一次起爆的用药量,对结构物地基产生的振动速度及其相应的危害程度,应通过试验确定。一次起爆的用药量对结构物地基引起的振动速度严禁超出其允许值。

3. 其他注意事项

(1)对需用爆破法开挖的路段,如空中有缆线,应查明其平面位置和高度;如地下有管线,应查明其平面位置和埋设深度;同时调查开挖边界线外的建筑物结构类型、完好程度、距开挖界距离,然后制定爆破方案。

(2) 进行爆破作业时,必须由经过专业培训并取得爆破证书的专业人员进行施爆。

(3) 开挖风化较严重、节理发育或岩层产状对边坡稳定不利的石方,宜用小型排炮微差爆破。小型排炮药室距设计边坡线的水平距离,不应小于炮孔间距的1/2。

(4) 当岩层走向与路线走向基本一致、倾角大于15°、且倾向道路或开挖边界线外有建筑物、施爆可能对建筑物地基造成影响时,应在开挖层的边界沿设计坡面打预裂孔,孔深同炮孔深度,孔内不装炸药和其他爆破材料,孔的距离不宜大于炮孔纵向间距的1/2。

(5) 开挖层靠近边坡的两列炮孔或靠顺层边坡的一列炮孔,宜采用减弱松动爆破。

(6) 开挖边坡外有必须保证安全的和重要的建筑物,即使采用了减弱松动爆破都无法保证建筑物安全时,应采用人工开凿、化学爆破或控制爆破。

(7) 在开挖区应注意排水,在纵向和横向形成坡面开挖面,其坡度应满足排水要求,以确保爆破出的石料不受积水浸泡。

(8) 炮眼位置选择:炮位设置应避开溶洞和大的裂隙;避免在两种岩石硬度相差很大的交界面处设置炮孔药室;非群炮的单炮或数炮施爆,炮孔宜选在抵抗线最小、临空面较多,且与各临空面大致距离相等的位置,同时应为下次布设炮孔创造更多的临空面;群炮宜分排或分段采用微差爆破;非群炮的单炮或数炮施爆,炮眼方向宜与岩石临空面大致平行,一般按岩石外形、节理、裂隙等情况,分别选择正眼炮、斜眼炮、平炮眼或吊眼炮等。

1.4 路基压实施工技术

路基压实是路基施工过程中的一个关键工序,是提高路基强度与稳定性的根本技术措施之一,也是保证道路质量最经济有效的基本手段。通过压实,使土颗粒位置重新组合,彼此挤紧,孔隙缩小,形成密实的整体,从而使土的单位质量增大、强度增加、稳定性提高,塑性变形、渗透系数、毛细水作用及隔温性能也得到明显改善。从某种意义上说,没有压实合格的路基,也就没有合格的道路。

1.4.1 土基压实标准及其应用

1. 土基压实标准

土基的压实程度用压实度来表示,以此来检查和控制压实的质量。压实度是指土被压实后的干密度与该土的标准最大干密度之比,用百分率表示。

标准最大干密度是指按照标准击实试验法,土在最佳含水量时得到的干密度。而土被压实后的干密度是指在施工条件下,获取施工压实后的土样通过试验所得到的干密度。

压实度按下述公式计算:

$$K = \frac{\rho_d}{\rho_0} \times 100\% \qquad (1-6)$$

式中,K——压实度/%;

ρ_d——压实土的干密度/kg/m^3；

ρ_0——压实土的标准最大干密度/kg/m^3。

我国现行规范《城镇道路工程施工与质量验收规范》(CJJ 1-2008)规定的压实标准见表1.9，表中给出轻、重两种击实标准的压实度，一般情况下应采用重型击实标准，特殊情况下可采用轻型击实标准。

表1.9 路基压实度表

挖填类型	深度范围/cm	最低压实度/%		
		快速路及主干路	次干路	支路
填方	0～80	95 / 98	93 / 95	90 / 92
	80～150	93 / 95	90 / 92	87 / 90
	>150	87 / 90	87 / 90	87 / 90
挖方	0～30	93 / 95	93 / 95	90 / 92

注：①表中数字为最低压实度，分子为重型击实标准的压实度，分母为轻型击实标准的压实度，两者均以相应的标准击实试验法求得最大干密度为100%。

②表列深度均由路床顶算起。

③填方高度小于80 cm及不填不挖路段，原地面以下0～30 m范围内，土的压实度应不低于表列挖方的要求。

2. 压实标准规定的应用

(1)表1.9规定仅适用于土质路基。

(2)对于土石路堤的压实程度可采用以下方法来判定：

①采用灌砂法或水袋法检测。其标准干密度应根据每一种填料的不同含石量的最大干密度作出标准干密度曲线，然后根据试坑取试样的含石量，从标准干密度曲线上查出对应的标准干密度。

②当采用灌沙法或水袋法检验有困难时，可在规定深度范围内，通过12 t以上振动压路机进行压实试验，当压实层顶面稳定，不再下沉时，可判为密实状态。采用强夯或冲击压路机施工时，其压实层厚与质量控制标准可通过现场试验或参照相应的技术规范确定。

③如几种填料混合填筑，则应从试坑挖取的试样中计算各种填料的比例，利用混合料中几种填料的标准干密度曲线查得对应的标准干密度，用加权平均的计算方法，计算所挖试坑的标准干密度。

(3)填石路堤的压实质量宜采用施工参数(压实功率、碾速度、压实遍数、铺筑层厚等)与压实质量检测联合控制判定。我国城市道路路基工程施工及验收规范规定，填石路堤须用重型压路机或振动压路机分层碾压，表面不得有波浪、松动现象，路床顶面压实度标准是12～15 t，压路机的碾压轮迹深度不应大于5 mm。填石用岩石分类及压实质量控制标准见表1.10～1.13。

(4)桥涵及其他构造物处填土压实标准是：高速路和主干道的桥台、涵身背后和涵洞顶部的填土压实标准为96%；其他道路为94%。

(5)零填、路堑路床及高填方路堤的压实标准参照表1.9执行。

表 1.10 岩石分类表

岩石类型	单轴饱和抗压强度/MPa	代表性岩石
硬质岩石	≥60	1. 花岗岩、闪长岩、玄武岩等岩浆岩类； 2. 硅质、铁质胶结的砾岩及砂岩、石灰岩、白云岩等沉积岩类； 3. 片麻岩、石英岩、大理岩、板岩、片岩等变质岩类
中硬岩石	30～60	
软质岩石	30～50	1. 凝灰岩等喷出岩类； 2. 泥砾岩、泥质页岩、泥岩等沉积岩类； 3. 云母片岩或千枚岩等变质岩类

表 1.11 硬质石料压实质量控制标准

分区	路面底面以下深度/m	摊铺层厚/mm	最大粒径/mm	压实干重度/kN/m³	孔隙率/%
上路堤	0.80～1.50	≤400	小于层厚2/3	由试验确定	≥23
下路堤	>1.50	≤600	小于层厚2/3	由试验确定	≥25

表 1.12 中硬石料压实质量控制标准

分区	路面底面以下深度/m	摊铺层厚/mm	最大粒径/mm	压实干重度/kN/m³	孔隙率/%
上路堤	0.80～1.50	≤400	小于层厚2/3	由试验确定	≥22
下路堤	>1.50	≤500	小于层厚2/3	由试验确定	≥24

表 1.13 软质石料压实质量控制标准

分区	路面底面以下深度/m	摊铺层厚/mm	最大粒径/mm	压实干重度/kN/m³	孔隙率/%
上路堤	0.80～1.50	≤300	小于层厚	由试验确定	≥20
下路堤	>1.50	≤400	小于层厚	由试验确定	≥22

3. 压实机具的选择

压实机具选择的主要依据是：

（1）土质。对于砂性土的压实效果，振动式压路机较好，夯击式机具次之，碾压式压路机较差；对于黏性土，则碾压式压路机和夯击式机具较好，振动式压路机较差甚至无效。

（2）土层厚度。不同压实机具，在最佳含水量条件下，适应于一定的最佳压实厚度，并具有相应的压实遍数。

（3）压实位置。压实面积大的地方适宜于采用大型的压实机具；压实面积小的地方，如桥台、台背、涵台胸腔部分、检查井周围等用小型压实机具才能确保压实质量。

（4）被压土的强度极限。为防止压实过度，失效而造成浪费，一般，压实时压实机具施加于土的单位压力不应超过土的强度极限。不同土的强度极限亦是选择机具和控制压实功能的参考因素。

压路机的技术性能及土的强度极限见表1.14和表1.15,供选择压实机具时参照。

表1.14　压路机的技术性能表

机具名称	最大有效压实厚度（实厚/m）	碾压行程次数				适宜的
		粘性土	亚粘土	粉砂土	砂性土	
人工夯实	0.10	3～4	3～4	2～3	2～3	粘性土与砂性土
牵引式光面碾	0.15	—	—	7	5	粘性土与砂性土
羊足碾(2个)	0.20	10	8	6	—	粘性土
自动式光面碾 5 t	0.15	12	10	7		粘性土与砂性土
自动式光面碾 10 t	0.25	10	8	6		粘性土与砂性土
气胎路碾 25 t	0.45	5～6	4～5	3～4	2～3	粘性土与砂性土
气胎路碾 50 t	0.70	5～6	4～5	3～4	2～3	粘性土与砂性土
夯击机 0.5 t	0.40	4	3	2	1	砂性土
夯击机 1.0 t	0.60	5	4	3	2	砂性土
夯板 1.5 t 落高 2 m	0.65	6	5	2	1	砂性土
履带式	0.25	6～8		6～8		粘性土与砂性土
振动式	0.40	—		2～3		砂性土

表1.15　碾压与夯实时土的强度极限

土类	土的极限强度/kPa		
	光面碾	气胎碾	夯板(直径70～100 cm)
低粘性土（砂土、低液限粘土、粉土）	294～588	294～392	294～686
中等粘性土（粉质中液限粘土、中液限粘土）	588～980	392～588	686～1176
高粘性土（高液限粘土）	980～1470	588～784	1176～1960
极粘的土（很高液限粘土）	1470～1764	784～980	1960～2254

注：表列值适用于最佳含水量下的土。

1.4.2　压实工作组织

(1)严格控制松铺层厚度,压实前可自路中线向路两边作2%～4%的横坡。
(2)严格控制在最佳含水量规定范围内进行压实。
(3)掌握"先轻后重、先慢后快"进行压实的原则组织压实;轮迹重叠达到规定要求。一般应在30～50 cm以上。

(4)正确合理地使用压实机具,保证全宽压实及压实的均匀性。

(5)做好各项技术交底,并加强经常性的检测。

(6)为保证路基边缘的压实度,施工中一般要超宽30~50 cm。

1.5 路基的防护与加固

1.5.1 路基防护与加固的原则

1. 路基的防护与加固工程可分为:边坡坡面防护,沿河、滨海路堤防护与加固,路基支挡工程三类。工程中应根据当地条件,因地制宜选用经济合理、耐久适用的防护措施,以改善环境,保护生态平衡。

2. 工程施工前应进行现场核对,如发现设计与实地不符,应及时作补充调查,进行变更设计并报有关部门批准后施工。

3. 路基防护与加固工程施工应严格执行砌筑砌体的有关规定和质量标准,材料必须符合设计规定的强度、规格和其他品质要求;防护工程的砂浆、混凝土,应用机械拌和,并应随拌随用;回填土宜选用砂性土,严格控制含水量,分层填筑,充分压(夯)实;泄水孔、伸缩缝的位置要准确,孔正缝直,尺寸符合设计要求。

4. 在路基土石方施工时或完毕后,应及时进行路基防护施工和养护。各类防护与加固应在稳定的基础或坡体上施工,施工前必须检查验收,严禁对失稳的土体进行防护。

1.5.2 坡面防护与加固方法

坡面防护包括植物防护和工程防护,施工必须适时,以防止水、气温、风沙等的作用破坏边坡的坡面。

1. 植物防护一般采用铺草、种草或植灌木(树木)等形式,应根据当地气候、土质、含水量等因素,选用易于成活、便于养护和经济的植物类种。

(1)种草防护。适用于边坡稳定、坡面冲刷轻微的路堤与路堑边坡,一般应选用根系发达、茎干低矮、枝叶茂盛、生长力强、多年生长的草种,并尽量用几种草籽混种。草籽应均匀撒布在已清理好的土质坡面或人工铺筑厚10~15 cm的种植土上。

(2)铺草皮防护。适用于边坡较陡、冲刷较严重、径流速度>0.6 m/s、附近草皮来源较易地区的路基,草皮品种与种草相仿。铺草皮前应将坡面整平,必要时加铺6~10 cm厚的种植土层。铺砌形式有平铺、水平叠铺、垂直叠铺、斜交叠铺及网格式等,每块草皮钉2~4根竹木梢桩,使草皮与坡面紧贴固定。

(3)灌木(树木)防护适用于土边坡。在坡面上植树与铺草皮相结合,可使坡面形成一个良好的覆盖层,植树品种,以根系发达、枝叶茂盛、生长迅速的低矮灌木为主。

2. 工程防护适用于不宜于草木生长的陡坡面,一般采用抹面、捶面、喷浆、勾(灌)缝、坡面护墙等形式。在施工前,应将坡面杂质、浮土、松动石块及表层风化破碎岩体等清除干净;

当有潜水露出时,应作引水或截流处理。

(1)抹面、捶面防护施工,应符合下列要求:

①抹面防护可采用水泥砂浆、水泥石灰砂浆或石灰煤渣混合砂浆等材料,其厚度及配合比见表 1.16。抹面防护适用于易风化而表面平整、尚未剥落的岩石,如页岩、泥岩、千枚岩、泥炭岩等软质岩层边坡。抹面可以分片或满布,施工前岩体的表面要冲洗干净,抹面宜分两次进行,底层抹全厚的 2/3,面层 1/3,面积较大时,每隔 5～10 m 设缝宽 2 cm 的伸缩缝一道,缝中用沥青麻丝或油毛毡填塞紧密,必要时坡顶设天沟,并用相同材料对沟壁进行抹面。

表 1.16 抹面混合材料配合比及厚度参考表

材料名称	石灰炉渣混合灰浆 (两层共厚 3～4 cm)			石灰炉渣三合土 (厚 6～7 cm)		水泥石灰砂浆 (厚 3 cm)		四合土 (厚 8～10 cm)	
	体积比		每平方米用料	质量比	每平方米用料	体积比	每平方米用料	质量比	每平方米用料
	表层 (1.5～2.5 cm)	底层 (1.5～2.5 cm)							
水泥						1	3.5 kg		
石灰	1	1	7.5 kg	1	230 kg	2	3.0 kg	1	12 kg
炉渣	2～2.5	3～4	0.03 m³	5	1.1 m³			9	118 kg
粘土				1	0.3 m³			3	36 kg
砂						6	72 kg	9(7)	0.03 m³
纸(竹)筋			0.5 kg						
卤水			0.14 kg						

注:本表是根据成都、广州、西安、兰州等铁路局的资料汇编而成。

②捶面防护材料为多合土。捶面防护适用于土质边坡,边坡土体的表面要平整、密实、湿润,捶面多合土的配合比应经试捶确定。经拍(捶)打后,多合土应与坡面紧贴,厚度均匀,表面光滑。

(2)喷浆、喷射混凝土(或带锚杆铁丝网)防护可承受土侧压力,防止坡面土侧滑,施工时应符合下列要求:

①施工前,坡面如有较大裂缝、凹坑时,应先嵌补,使坡面平顺整齐;岩体表面要冲洗干净,土体表面要平整、密实、湿润。

②打孔至稳定岩(土)层,锚杆孔冲洗干净,然后插入锚杆,并用水泥砂浆固定。

③铁丝网应与锚杆连接牢固,均不得外露,并与坡面保持设计规定的间隙。

④喷层厚度应均匀,喷后应养护 7～10 d,喷层周边与未防护坡面的衔接处应做好封闭处理,并按有关规定留够试件。

(3)对岩体坡面进行勾缝、灌缝防护施工时,应先将缝内冲洗干净,并依据缝宽和缝深不同,分别按下列要求施工:

①岩体节理多而细者,宜用勾缝,砂浆应嵌入缝中,与岩体牢固结合。

②缝宽较大,宜用砂浆灌缝,插捣密实,灌满到缝口抹平,砂浆体积配合比(水泥:砂)可用 1:4 或 1:5。

③缝宽而深,宜用混凝土灌缝,振捣密实,灌满至缝口抹平,混凝土体积配合比(水泥:砂:石子)可用1:3:6或1:4:6。

(4)坡面护墙防护适用于严重风化破碎、容易产生碎落、塌方的岩石路堑边坡或易受冲刷、膨胀性较大的不良土质路堑边坡。坡面护墙是不能承受土侧压力的结构物,因此坡面应平顺密实,边坡必须稳定(不陡于1:0.5)。护面墙的形式有满实体式、窗孔式和拱式等三种。窗孔内可干砌片石、植草或锤面,使用后两种,更能增加绿化景观和节省材料。坡面护墙防护构造如图1.19～1.22所示。其技术要求如下:

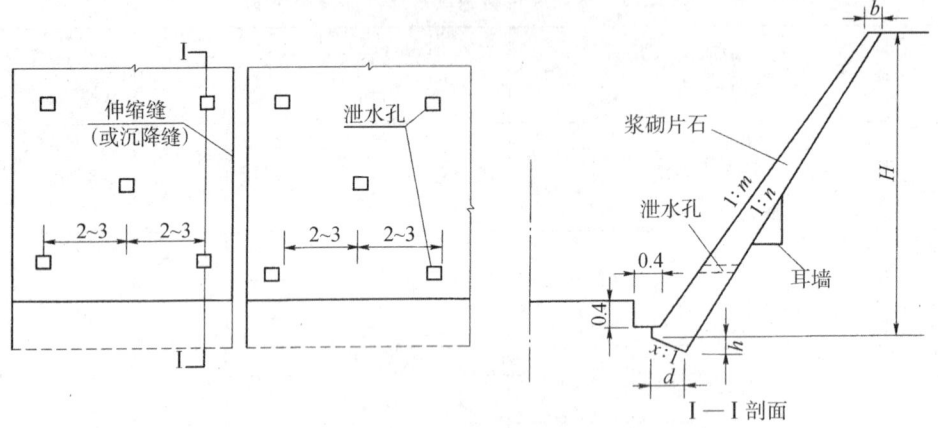

图1.19 实体式坡面护墙(尺寸单位:m)

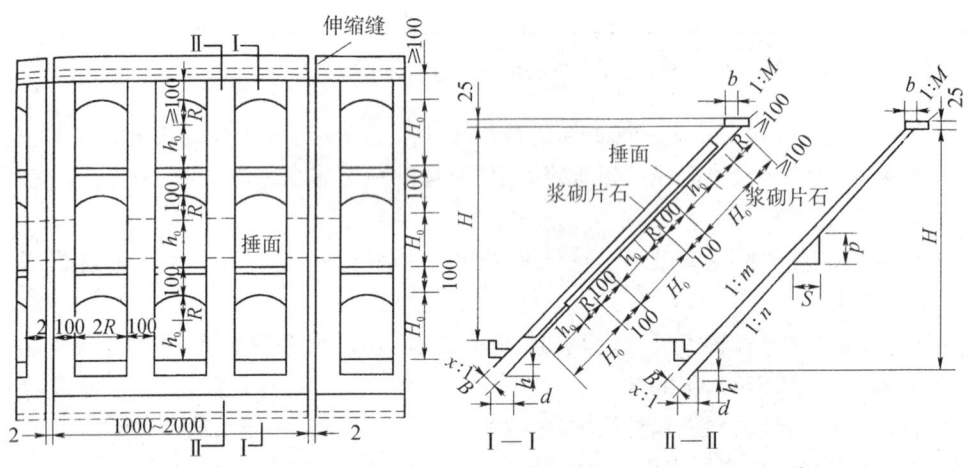

图1.20 窗孔式坡面护墙(尺寸单位:m)

①墙基应坚固可靠,基底强度不小于300 kPa,否则应适当采用加固措施。冰冻地基的墙基应埋置在冰冻线以下25 cm,若为软基,应采取加固措施或做成拱形跨越。

②护面墙墙底一般做成向内倾斜的反坡,其倾斜度根据地基状态决定,土质地基取0.1～0.2,岩石地基取0.2。

③为了增加护面墙的稳定性,在墙较高时,应分级修筑,视断面上基岩好坏,每6～10 m

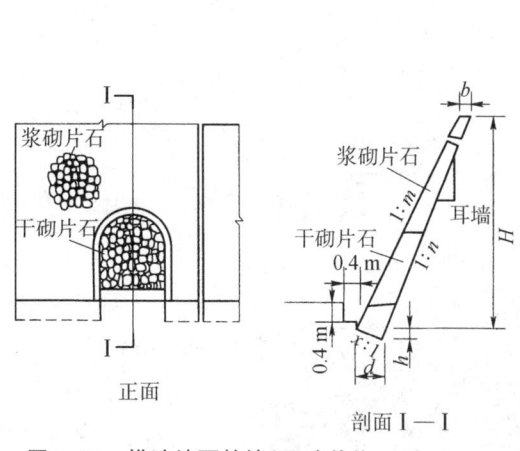

图 1.21　拱孔坡面护墙(尺寸单位:m)　　　　图 1.22　两级式坡面护墙(尺寸单位:m)

高为一级,并设不小于 1 m 宽的平台;墙背每 4~6 m 高设一耳墙(错台),其宽 0.5~1.0 m,墙背坡陡于 1∶0.5 时,耳墙宽 0.5 m,墙背坡缓于 1∶0.5 时,耳墙宽 1.0 m。

④砌体石质坚硬,石块间必须顶密、错缝,严禁通缝、叠砌、贴砌和浮塞,砌体勾缝应牢固、美观。墙面及两端面砌筑平顺,墙背与坡面密贴结合,墙顶与边坡间缝隙应封严。

⑤沿墙身长度每隔 10~15 m 或修筑在不同岩层时,应设置 2 cm 宽的伸缩(沉降)缝一道,用沥青麻(竹)丝填塞缝隙,深入 10~20 cm。泄水孔一般为 6 cm×6 cm 或 10 cm×10 cm,在泄水孔后面,用碎石和砂做成反滤层。

3. 植物防护的标准、规模及检查项目等应按路基设计及环境保护设计规定执行。

4. 工程防护的标准应满足:

(1)符合施工要求,原始资料齐全。

(2)各种胶结材料和石料的强度均达到设计要求,并按现行规范、标准检查验收。

(3)喷层厚度检查。每 50 m 长度内上、中、下部应各任意抽测一处,厚度均不应小于设计的 90%。

(4)砌体均为每 20 m 检查 3 处。其中厚度不应小于设计规定值,顶面高程允许偏差±3 cm,平面位置允许偏差±5 cm;坡面平整度不大于 5 cm。

1.5.3　路基冲刷防护方法

沿河、滨海路堤的防护与加固,可采用抛石、干砌或浆砌块(片)石、铺砌预制混凝土板、石笼、设置导流结构物和其他防护等方法。各种防护都必须加强基础处理和保证圬工质量,防止水流冲刷和淘空,保证路基稳定。冲刷防护构造如图 1.23、1.24 所示。

1. 抛石护坡可用于防护路基或河岸水下部分的边坡和坡脚,抛石大致成梯形石垛,石料尺寸宜为 30~50 cm,总厚度约为石块尺寸的 3~4 倍,且不得小于 2 倍,抛石宜在低水位时进行。

2. 干砌块(片)石护坡可用于水流方向较平顺的河岸或一般路堤边坡,护坡可分单层或双层铺砌,厚度不宜小于 20 cm,边坡不宜陡于 1∶2,选用的石料应符合质量标准,砌筑应垫

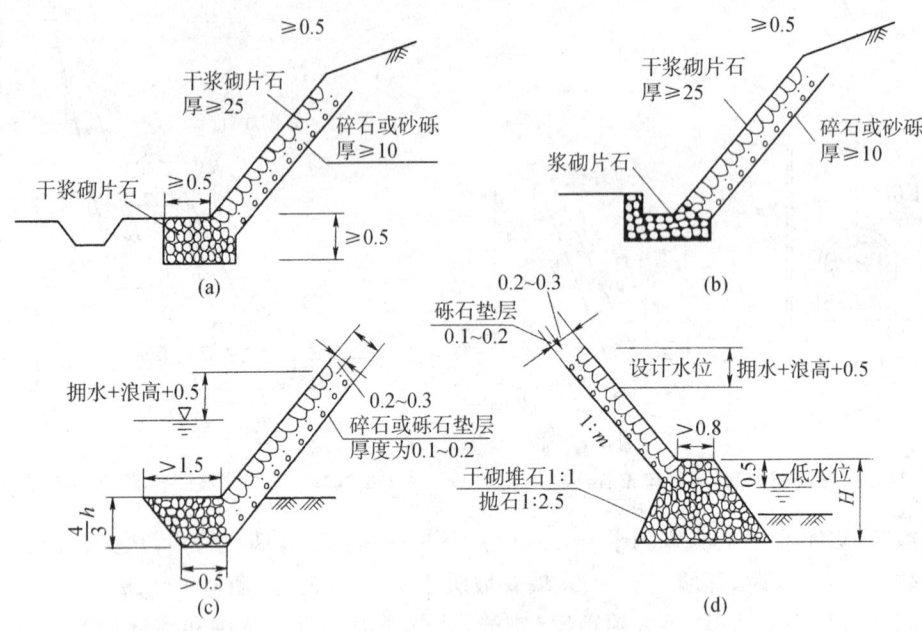

(a)干砌片石基础；(b)浆砌片石基础；(c)墁石铺砌基础；(d)干砌抛石、堆石垛基础

图1.23 铺砌片石护坡(尺寸单位：m)

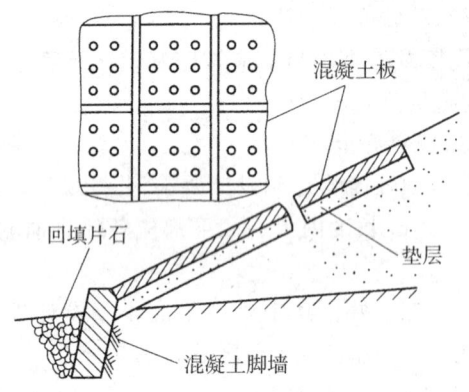

图1.24 混凝土板护坡

层平整，嵌挤紧密，大面平顺，上下错缝。当采用河卵石时，必须长方向垂直于坡面，成横行栽砌牢固。

3.浆砌块(片)石护坡可用于受主流冲刷的路堤边坡，砌石厚度宜为30～60 cm，石料应符合质量标准，砌筑应垫层平整，砂浆饱满，无干靠、空洞和蚯蚓缝等现象。

4.铺砌预制混凝土板时，应按设计规格和要求经检验合格后方可使用。当采用现浇筑混凝土板时，宜在混凝土中加入速凝剂，以提高早期强度，并注意在表面收浆时抹镘。

5.当水流湍急且当地缺乏较大石料时，可制作框笼，内部填石滚入水中。加固堤岸石笼的制作方法和规格，各地可根据条件确定。

此外，在上述的防护与加固施工中，还需做到：

(1)开挖基坑时,应核对地质情况。基础底面必须放置在设计高程上,基础完成后应及时用水稳性材料回填,并做好施工原始记录。

(2)坡面密实、平整、稳定后,方可铺砌(包括垫层)。

(3)使用的砂浆或混凝土必须有配合比和强度试验,并按有关规定留够试件。石材强度应符合设计要求。

(4)坡岸砌体两端及顶部边坡与岩坡衔接应牢固、平顺、密贴,防止水进入坡岸背面。

(5)分段施工时,每隔10~15 m宜设一道伸缩缝;基底土质变化处应设沉降缝,并做好伸缩沉降缝及泄水孔。泄水孔后面,应设置反滤层。

6. 为改变水流方向、调节水流速度,保护路基,一般采用顺坝和丁坝为导流构造物。

7. 防水林带防护。在沿河路基边坡外河滩上种植防水林带,能起到导流河水、防浪、减速、淤滩固滩和达到防护河岸使路基稳固的作用。

8. 综合防护:以工程措施与植物防护相结合,因地制宜的综合治理。

1.5.4 支挡工程

1. 路基的支挡工程主要指各类挡土墙。施工前应做好场地临时排水,土质基坑应保持干燥,墙后填料应适时分层回填压实,浆砌或混凝土墙体待水泥混凝土强度达设计强度的70%以上时方可回填。填料宜优先选用砂砾或砂性土,严禁用有机质土、杂填土、冻土或过湿土,并应土质均匀,含水量适中。墙趾部分的基坑应及时回填压实,填土过程中,应防止水的浸害,回填结束后,顶部应及时封闭。

2. 砌体用的水泥、石灰、砂、石等要求质地均匀,水泥不失效,砂石洁净,石灰充分消解,水中不得含有对水泥、石灰有害的物质;石料强度不得低于设计要求,且不应小于300 MPa,无裂缝,不易风化;河卵石无脱层、蜂窝,表面无青苔、泥土,厚度与大小相称;片石最小边长及中间厚度不小于15 cm,宽度不超过厚度的2倍;块石形状大致正方,厚度不宜小于20 cm,长、宽均不小于厚度,顶面与底面平整。用于镶面时,应打去锋棱凸角,表面凹陷部分不得超过2 cm;砂浆强度不低于设计标号,拌和均匀、和易性适中。

3. 混凝土挡土墙包括各种轻型结构和加筋土挡土墙,以及护墙、护肩、护脚等支挡工程,按设计要求及有关的规定施工。

1.5.5 路基边坡施工中易出现的问题及处理方法

1. 土质路基产生沉陷,致使边坡变形或破坏

(1)主要原因

由于施工中填料选择不当、填筑方法不合理、压实不足或地基处理未达到要求等所致。

(2)处理方法

①填料选择不当时,视情况采用换填、掺好料改善、做灰土桩等方法处理。

②填筑方法不合理造成沉陷的,应进行检测,视检测结果,尽量采用①中相应措施处理,否则应返工重做。

③压实不足,应视检验情况重新用重型压路机进行补压,如分析检测结果认为补压不

行,则应对压实度不足的压实层进行返工。

④基底处理不当,造成承载力不足时,则应对地基进行加固处理或返工。

由于路基沉陷而导致边坡破坏的处理,关键是防止路堤沉陷,而加强路基排水并保持排水设施有效可靠,是防止发生沉陷的基本措施之一。若路堤铺筑后,有相当一段时间不铺筑路面,亦可待其自然沉落后,再视具体情况进行处理。

2. 路基边坡塌方

路基边坡塌方按其破坏规模与原因的不同,可分为剥落、碎落、滑塌、崩塌、坍塌等多种形式。在施工过程中,出现这些问题,应认真进行分析,采取相应的措施予以处理。

(1)剥落、碎落

剥落是指边坡土层或风化岩层表面,在大气干湿或冷热的循环作用下,表面发生胀缩现象,使表层土或岩石呈片或带状从坡面上剥落下来,而且老的脱落后,新的又不断产生。

碎落是指坡面的岩石成碎块的一种剥落现象,其规模与危害程度比剥落严重。

处理方法:当设计文件中已有护坡设计时,应随着工程进展,及时进行护坡工程施工;若设计文件中没有护坡设计时,应视情况进行处理。

(2)滑塌、崩塌

滑塌是指路基边坡土体或岩石沿着一定的滑动面整体向下滑动,其规模与危害程度较碎落更为严重,有时滑动体可达数百方以上。

崩塌是指大的石块或土块脱离原有岩体或土体而沿边坡倾落下来,崩塌体的各部分相对位置在移动过程中完全打乱。

(3)坍塌(亦称堆坍)

坍塌是指由于土体(或土石混杂的堆物、松散地质层)遇水软化,整体性松散,而边坡坡度在45°~60°之间,且边坡无支撑的情况下产生的塌方。

(4)沿地质层面滑动

由于边坡中有许多地质构造层,且有些向路中线倾斜,这就可能造成沿地质层面的滑动。可采用植物防护(种草、铺草皮、植树)和工程防护(抹面与勾缝、灌浆与喷浆、坡面护墙、锚固)的方法处理,具体参见前述"坡面防护与加固"部分。

1.6 路基排水设施施工

1.6.1 地面排水设施施工技术

常用的路基地面排水设施,主要包括边沟、截水沟、排水沟、跌水、急流槽、渡槽、倒虹吸管等。它们分别按排水的需要,单独或综合设置于路基的不同部位。

1. 边沟的施工技术要点

边沟是指设置在挖方路基的路肩外侧,或低路堤的坡脚外侧,为汇集和排除路面、路肩及边坡的流水,在路基两侧设置的纵向水沟。常用边沟横断面布置如图1.25所示。

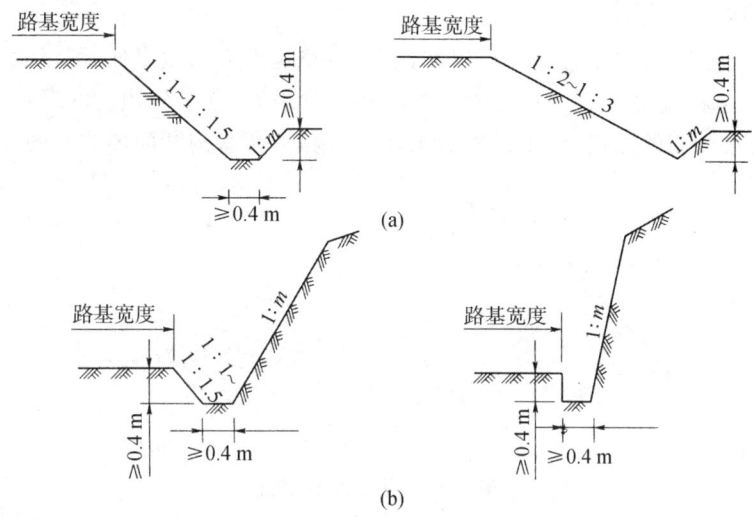

(a)填方；(b)挖方

图 1.25　边沟横断面图

(1)挖方地段和填土高度小于边沟深度的填方地段均应设置边沟；路堤靠山一侧的坡脚应设置不渗水的边沟。

(2)为了防止边沟水流漫溢或冲刷，在平原区和丘陵地区，边沟应分段设置出水口，多雨地区梯形边沟每段长度不宜超过 300 m，三角形边沟不宜超过 200 m。

(3)平曲线处边沟施工时，沟底纵坡应与曲线前后沟底纵坡平顺衔接，曲线外侧边沟应适当加深，其增加值等于超高值。

(4)土质地段当沟底纵坡大于 3% 时，应采取加固措施。采用干砌片石对边沟进行铺砌时，应选用有平整面的片石，各砌缝要用小石块嵌紧；采用浆砌片石铺砌时，砌缝砂浆应饱满，沟身不漏水；沟底采用抹面时，抹面应平整压光。

(5)在边沟与填方毗邻处设跌水或急流槽时，宜将水流直接引到填方坡脚之外，以免冲刷边坡，影响路基稳定。

(6)当边沟水流流向桥涵进水口时，为避免边沟流水冲刷，应在涵洞进口处设置窨井，见图1.26。也可根据地形需要，在进口前(或出口后)设置急流槽或跌水等构造物。

(7)在边沟的回头弯处，应顺着边沟方向沿山坡开挖排水沟，将水流引出路基范围以外的自然沟，或用急流槽引下山坡，以免增加对回头弯边沟的冲刷。

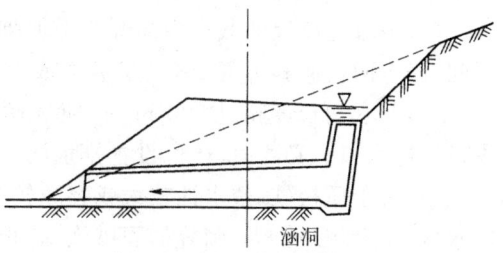

图 1.26　涵洞进口处窨井示意图

(8)在暴雨较大的地区，且挖方路基的纵坡陡长，下端接有小半径曲线或平缓的纵坡路段，可在变坡点附近或进入弯道前，设置横向排水沟。必要时增设涵洞，将边沟水排除于路基范围以外。

2. 截水沟的施工技术要点

截水沟设置在挖方路基边坡坡顶以外,或山坡路堤上方的适当处,用以截引路基上方流向路基的地面径流,防止冲刷与浸蚀挖方边坡和路堤坡脚,并减轻边沟的泄水负担。岩石裸露和坡面不怕水冲刷的路段,可不设置截水沟(天沟)。截水沟断面形式见图1.27。

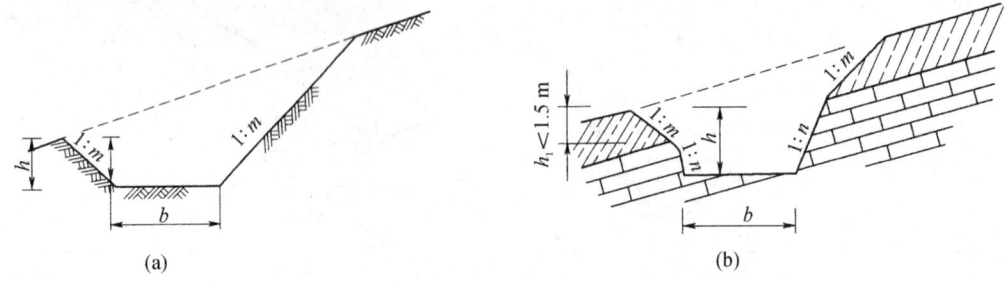

图1.27 截水沟断面图

(1)在无弃土堆的情况下,截水沟的边缘离开挖方路基坡顶的距离视土质而定,以不影响边坡稳定为原则。如系一般土质至少应离开5 m,对黄土地区不应小于10 m,并应进行防渗加固。截水沟挖出的土,可在路堑与截水沟之间修成土台并进行夯实,台顶应筑成2%倾向截水沟的横坡,见图1.28。

路基上方有弃土堆时,截水沟应离开弃土堆坡脚1～5 m,弃土堆坡脚离开路基挖方坡顶不应小于10 m,弃土堆顶部应设2%倾向截水沟的横坡,见图1.29。

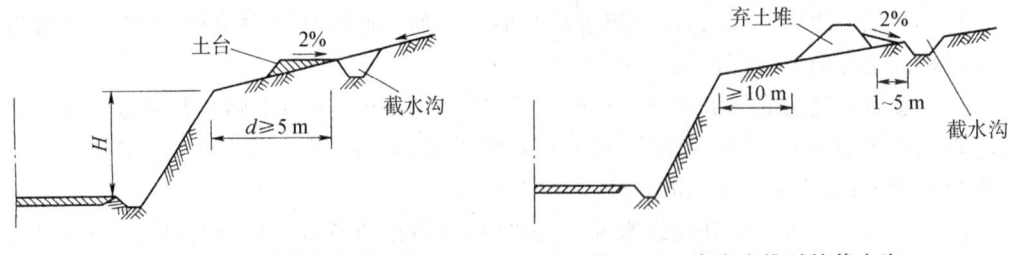

图1.28 挖方路段上的截水沟　　图1.29 有弃土堆时的截水沟

(2)山坡上路堤的截水沟离开路堤坡脚至少2 m,并用挖截水沟的土填在路堤与截水沟之间,修筑向沟倾斜坡度2%的护坡道或土台,使路堤内侧地面水流入截水沟。

(3)截水沟长度超过500 m时,应选择适当地点设出水口,将水引至山坡侧的自然沟中或桥涵进水口。必要时,还可设置排水沟、跌水或急流槽。

(4)对土质松软、透水性较大或裂隙较多的岩石路段、沟底纵坡较大的土质截水沟及其出水口,应采用培土、衬砌等加固措施,防止渗漏和冲刷沟底及沟壁。

3. 排水沟(泄水沟)的施工技术要点

排水沟是将边沟、截水沟和路基附近低洼处汇集的水引向路基以外的水沟。

(1)排水沟的线形要求平顺,尽可能采用直线形,转弯处宜做成弧线,其半径不宜小于10 m;排水沟长度根据实际需要而定,通常不宜超过500 m。

(2)排水沟沿线路布设时,应离路基尽可能远一些,距路基坡脚不宜小于3～4 m。

(3)当排水沟、截水沟、边沟因纵坡过大产生水流速度大于沟底、沟壁土的容许冲刷流速时,沟表面应采取加固措施。

4. 跌水与急流槽(吊沟)的施工技术要点

跌水是指在陡坡或深沟地段设置的沟底为阶梯形,水流呈瀑布跌落式通过的沟槽。跌水有单级式和多级式两种,其作用是降低流速,消减水的能量。

急流槽是指在陡坡或深沟地段设置的坡度较陡的沟槽。其作用是在很短的距离内、水面落差很大的情况下进行排水。多用于涵洞的进出水口、高路堤路段排泄路面汇水、道路超高段横向排水。

(1)跌水与急流槽必须采用浆砌圬工结构。跌水的台阶高度可根据地形、地质等条件决定,一般不应大于 0.5～0.6 m,通常是 0.3～0.4 m。多级台阶的各级高度可以不同,其高度与长度之比应与原地面坡度相适应。

(2)急流槽的纵坡不宜超过 1:1.5,同时应与天然地面坡度相配合。当急流槽较长时,槽底可用几个纵坡,一般是上段较陡,向下逐渐放缓。

(3)当急流槽很长时,应分段砌筑,每段不宜超过 10 m,接头处用防水材料填塞密实。急流槽的砌筑应使自然水流与涵洞进、出口之间形成一个过渡段,基础应嵌入地面以下,基底要求砌筑抗滑平台并设置端护墙。

(4)路堤急流槽的修筑,应能为水流入排水沟提供一个顺畅通道,路缘石开口及流水进入路堤边坡急流槽的过渡段应连接圆顺。

(5)在高路堤道路纵坡不大地段,急流槽进水口在路肩上可做成簸箕形,导引水流流入急流槽。在纵坡较大地段,急流槽进水口于路肩上增设拦水带,拦截上游来水使之进入急流槽。急流槽、跌水构造见图 1.30、图 1.31。

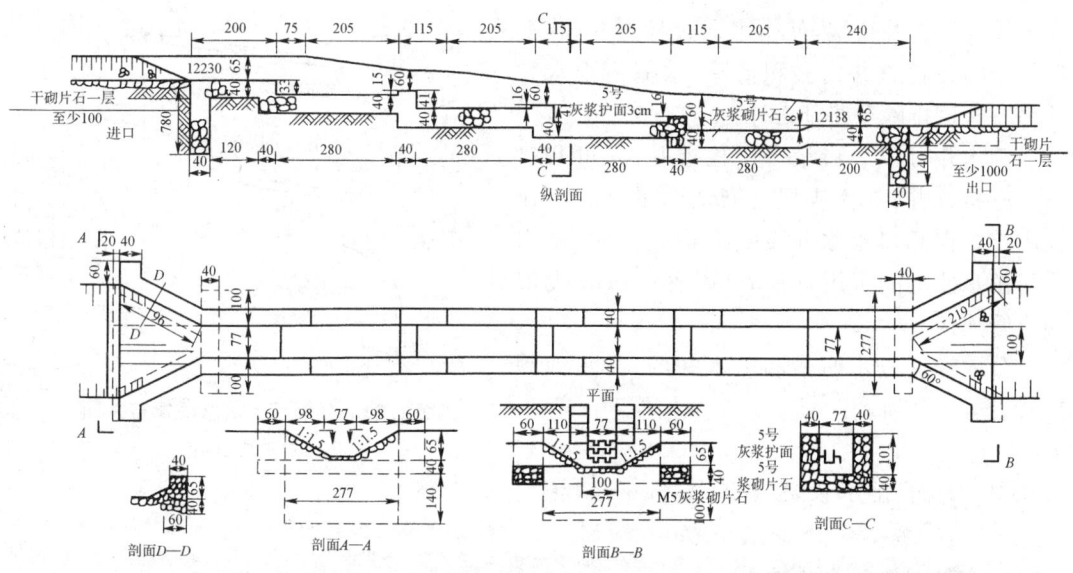

图 1.30 跌水结构图(尺寸单位:cm)

5. 雨水井与检查井的施工技术要点

在道路宽、车道多、雨量大的地段,可采用雨水井与检查井排除超高路段积水。处理分隔带旁积水的雨水井,可设置于分隔带旁的路缘带内,如无路缘带,则可直接设于路面的边

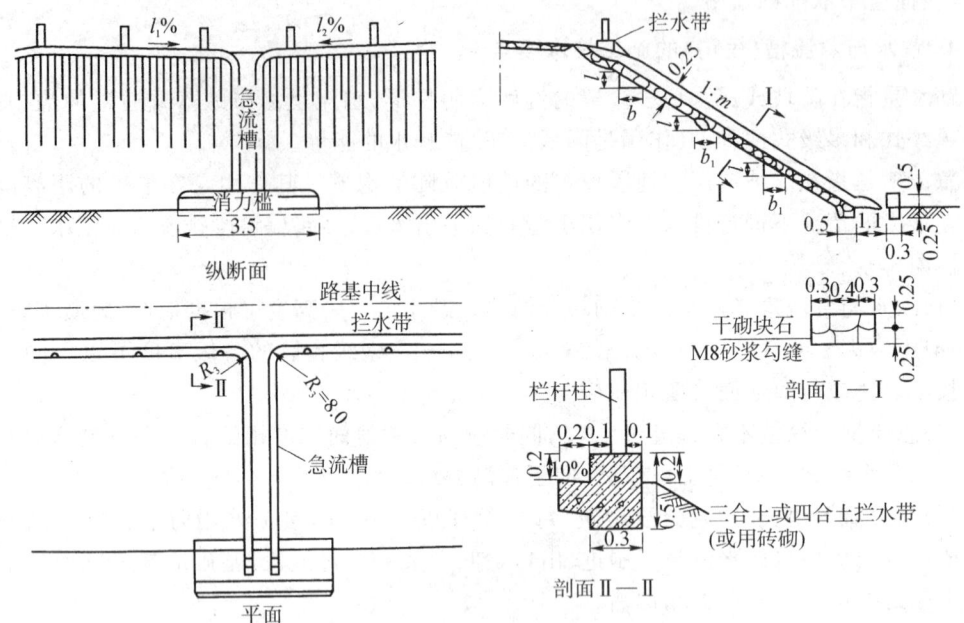

图 1.31 高路堤地段急流槽结构图(尺寸单位:cm)

缘。雨水井与检查井的设置距离应根据当地降雨量决定,弯道处约每隔 40 m 设一口。

雨水井断面尺寸,垂直于分隔带方向一般净宽为 38~41.5 cm,平行于分隔带方向,单箅式净宽为 60 cm(如为双箅式,上口净宽加倍),上加铁箅盖板,边墙用砖砌。

雨水井深约 60 cm,用 $\varphi 20\sim 30$ cm 水泥混凝土管与检查井衔接,使雨水通过检查井,将泥砂等杂物在检查井内淤积清除,水流由雨水井的另一管道排除至路基之外。

雨水井可以一口设一座检查井,亦可几口设一座检查井,具体应根据当地雨量与经济比较决定。在几口雨水井设一座检查井时,雨水井与雨水井之间可用直径 $\varphi 20\sim 30$ cm 水泥混凝土管连接。

分隔带上过水明槽和雨水井的构造,如图 1.32、图 1.33 所示。

图 1.32 分隔带上过水明槽布置图
(尺寸单位:cm)

1.6.2 地下排水设施施工技术

1. 暗沟的施工技术要点

暗沟为设在地面以下用以引导水流的沟渠,无渗水和汇水作用。

暗沟的构造比较简单。在路基填土之前,或挖出泉眼之后,按照泉眼范围的大小,剥除泉眼上层浮土,挖出泉井,砌筑井壁与沟壁,上盖混凝土(或石)盖板。井深应保证盖板顶面

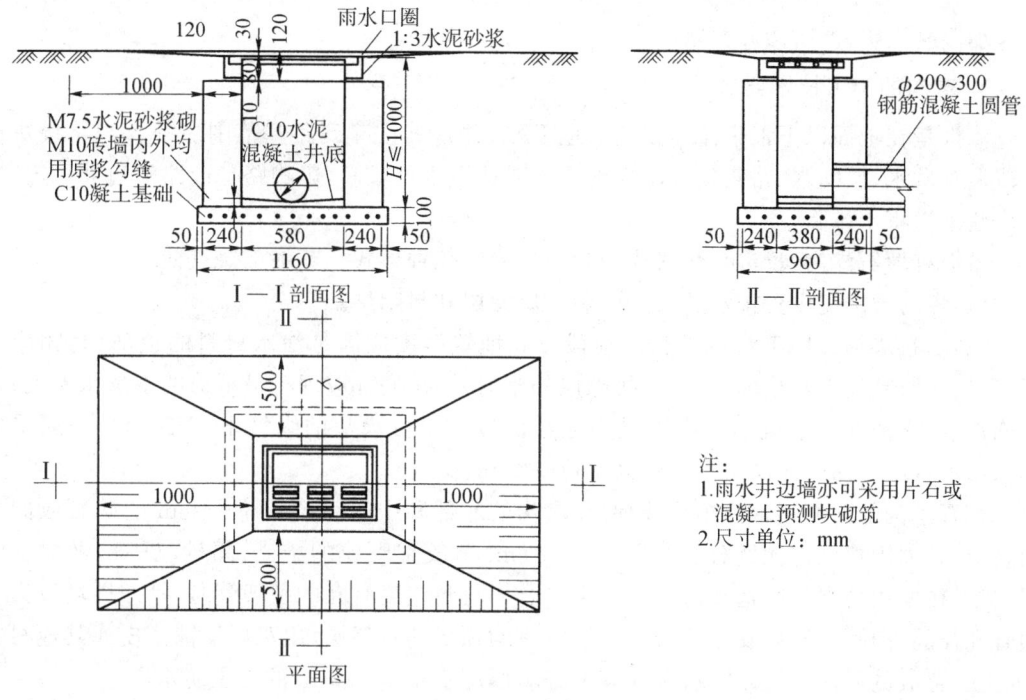

图 1.33 雨水井结构图

的填土厚度不小于 50 cm，井宽按泉眼大小决定。暗沟高约为 20 cm，宽 20~30 cm。过水暗沟（如两雨水井之间的水道连接），亦可采用混凝土水管。

(1) 当地下水位较高，潜水层埋藏不深时，可采用暗沟（或排水沟）截留地下水及降低地下水位，沟底宜埋入不透水层内。沟壁最下一排渗水孔（或裂缝）的底部宜高出沟底不小于 20 cm。暗沟设在路基旁侧时，宜沿路线方向布置，设在低洼地带或天然沟谷处时，宜顺山坡的沟谷走向布置。排水沟也可兼排地表水，但在寒冷地区不宜用于排除地下水。

(2) 暗沟（或排水沟）采用混凝土浇筑或浆砌片石砌筑时，应在沟壁与含水地层接触面的高度处设置一排或多排向沟中倾斜的渗水孔，沟壁外侧应填以粗粒透水材料或土工合成材料作反滤层。沿沟槽每隔 10~15 m 或当沟槽通过软硬岩层分界处时，应设置伸缩缝或沉降缝。

2. 渗井的施工技术要点

渗井（渗水井）是指为将边沟排不出的水渗到地下透水层中而设置的用透水材料填筑的竖井。其构造如图 1.34 所示。

(1) 渗井尺寸 50~60 cm，井内按层次在下层透水范围内填碎石或卵石，上层不透水层范围内填砂或砾石。填充料采用筛洗过的不同粒径的材料，应层次分明，不得粗细料混杂填塞。井壁和填充料之间应设反滤层。

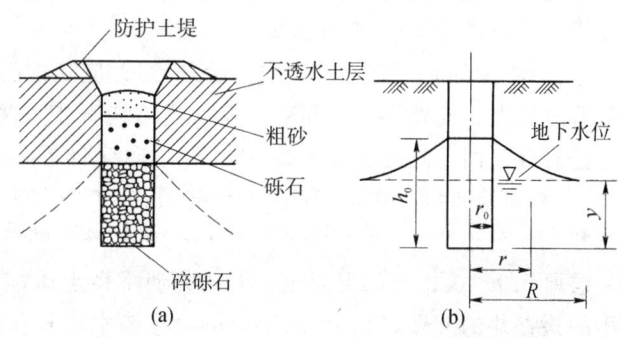

(a) 渗井构造图；(b) 渗水扩散曲线图

图 1.34 渗井构造及渗水扩散曲线图

(2)渗井离路堤坡脚不应小于 10 m,渗井顶部四周(进口部分除外)用黏土筑堤维护,井顶应加混凝土盖,严防渗井淤塞。

3. 渗沟的施工技术要点

渗沟是在地面以下汇集流向路基的地下水,并将其排除到路基范围之外。当路线所经地段遇有潜水、层间水、路堑顶部出现地下水或地下水位较高,影响路基或路堑边坡稳定时,需修建渗沟将水排除。

渗沟有填石渗沟(盲沟)、管式渗沟和洞式渗沟三种形式。其施工要点如下:

(1)渗沟周围应设置排水层(或管、洞)、反滤层和封闭层。

(2)填石渗沟适用于渗流不长的地段。其埋置深度应满足渗水材料的顶部(封闭层以下)不低于原有地下水位的要求;当排除层间水时,渗沟底部应埋于最下面的不透水层上;在冰冻地区,渗沟埋深不得小于当地最小冻结深度。填石渗沟的纵坡不小于 1%,一般采用 5%,出水口底面高程应高出沟外最高水位 0.2 m。

填石渗沟的断面通常为矩形或梯形,渗沟的底部和中间用粒径 3~5 cm 的碎石或卵石填筑,在其周围按一定比例分层(层厚约 15 cm)填较细颗粒的中砂、粗砂、砾石,做成反滤层,材料在使用前须经筛选和清洗。用土工合成材料包裹有孔的硬塑管时,管四周填以大于塑管孔径的等粒径碎、砾石组成渗沟。填石渗沟顶部的封闭层,用双层反铺草皮或其他材料(如土工合成的防渗材料)铺成,并在其上夯填厚度不小于 0.5 m 的黏土防水层。

(3)管式渗沟适用于地下水引水较长、流量较大的地区。当管式渗沟长度为 100~300 m 时,其末端宜设横向泄水管分段排除地下水。管式渗沟的泄水管可用陶瓷管、混凝土、石棉、水泥或塑料等材料制成,管壁应设泄水孔,交错布置,间距不宜大于 20 cm。渗沟的高度应使填料的顶面高于原地下水位。沟底垫枕一般采用干砌片石;如沟底深入到不透水层时宜采用浆砌片石、混凝土或土工合成的防水材料。

(4)洞式渗沟适用于地下水流量较大的地段,洞壁宜采用浆砌片石砌筑,洞顶应用盖板覆盖,盖板之间应留有空隙,使地下水流入洞内。洞式渗沟的高度要求同管式渗沟。

(5)渗沟的平面布置,除路基边沟下(或边沟旁)的渗沟应按路线方向布置外,用于截断地下水的渗沟轴线宜布置成与渗流方向垂直,用作引水的渗沟应布置成条形或树枝形。

(6)渗沟的出水口宜设置端墙,端墙下部留出与渗沟排水通道大小一致的排水沟,端墙排水孔底面距排水沟沟底的高度不宜小于 0.2 m,在寒冷地区不宜小于 0.5 m。端墙出口的排水沟应进行加固,防止冲刷。

(7)渗沟的开挖宜自下游向上游进行,并应随挖随加支撑并迅速回填,不可暴露太久,以免造成坍塌。支撑渗沟应间隔开挖。当渗沟开挖深度超过 6 m 时,宜选用框架式支撑,在开挖时自上而下随挖随加支撑,施工回填时应自下而上逐步拆除支撑。

(8)为检查维修渗沟,宜隔 30~50 m 或在平面转折和坡度由陡变缓处设置检查井。检查井一般采用圆形,内径不小于 1.0 m,在井壁处的渗沟底应高出井底 0.3~0.4 m,井底铺一层厚 0.1~0.2 m 的混凝土。井基如遇不良土质,应采取换填、夯实等措施。兼起渗井作用的检查井的井壁,应在含水层范围设置渗水孔和反滤层。深度大于 20 m 的检查井,除设置检查梯外,还应设置安全设备。井口顶部应高出附近地面约 0.3~0.5 m,并设井盖。

渗沟的布置及构造,如图 1.35~1.38 所示。

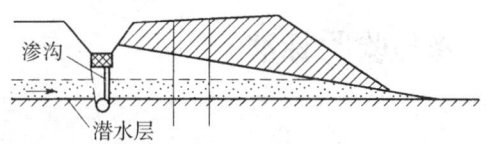

图 1.35 拦截潜水流向路堤的渗沟

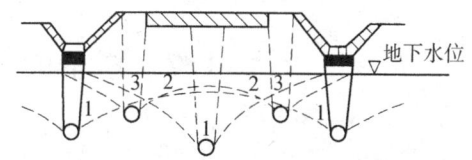

图 1.36 降低地下水的渗沟（图中数字为降低后的地下水位线）

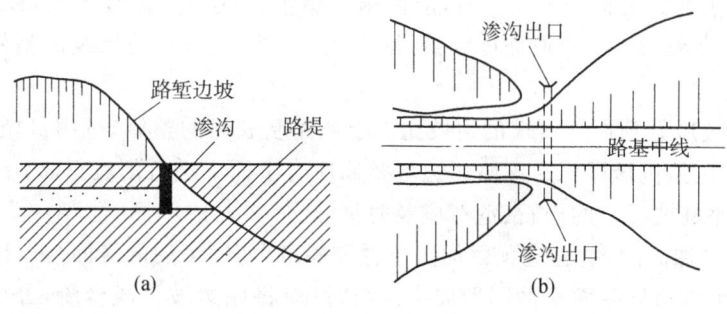

(a)剖面图；(b)平面图

图 1.37 截断路堑层间水的渗沟

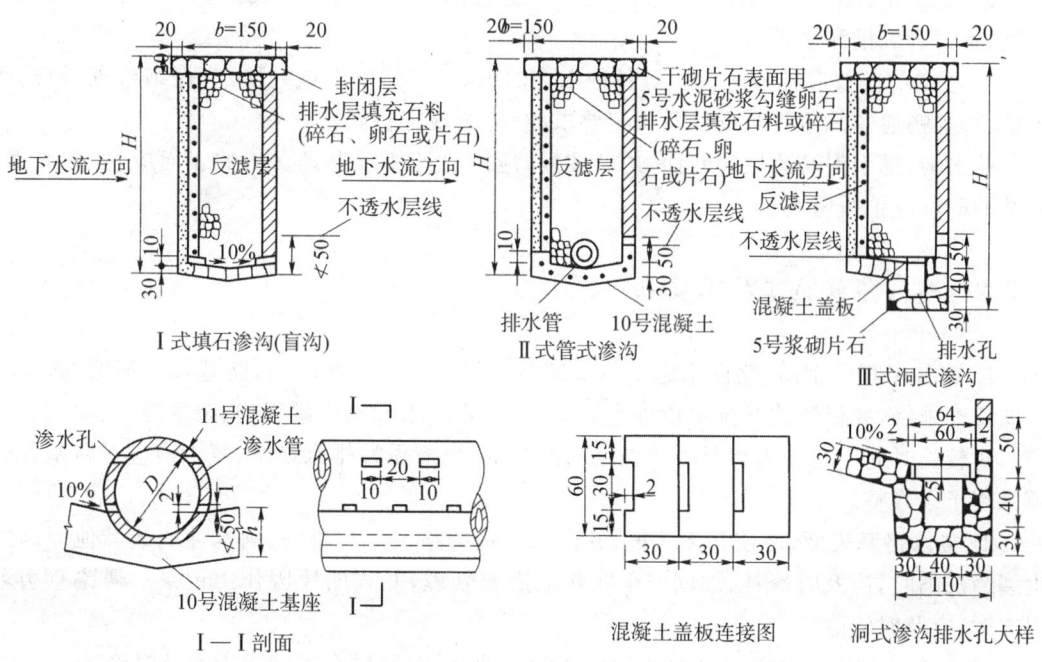

图 1.38 渗沟构造图（尺寸单位：cm）

1.7 路基的整修维修与验收标准

1.7.1 路基整修施工技术要点

1. 路基工程基本完成后,必须进行全线的竣工测量,包括中线测量、横断面测量及高程测量等,以作为竣工验收的依据。

2. 当路基土石方工程基本完工时,应由施工单位会同施工监理人员,按设计文件要求检查路基中线、高程、宽度、边坡坡度和截、排水系统。根据检查结果编制整修计划,进行路基及排水系统整修。

3. 路基边坡应做到设计要求的边坡比。土质路基表面的整修,可用机械辅以人工切土或补土,并配合压路机械碾压。深路堑边坡整修应自上而下进行削坡整修,不得在边坡上以土贴补。石质路基坡面上的松石、危石应及时清除。

4. 边坡需要加固的地段,应预留加固位置和厚度,使完工后的坡面与设计边坡一致。

当路堑或填方边坡受雨水冲刷形成小冲沟时,应将原边坡挖成台阶,分层填补,仔细夯实,再按设计坡面削坡。如填补的厚度很小(10~20 cm),而又非边坡加固地段时,可用种草整修的方法,以种植土来填补,但应顺适、美观、牢靠。

5. 填土经压实后,不得有松散、软弹、翻浆及表面不平整现象。反之,需重新处理。

6. 土质路基表面做到设计高程后宜用平地机刮平,石质路基表面应用石屑嵌缝紧密、平整,不得有坑槽和松石。

7. 边沟的整修应挂线进行。对各种水沟的纵坡(包括取土坑纵坡)应仔细检查,使沟底平整,排水畅通。凡不符合设计及规定要求的,应按规定整修。

截水沟、排水沟及边坡的断面、边坡坡度,应按设计要求办理。沟的表面应整齐、光滑,填补的凹坑应拍捶密实。

1.7.2 路基维修施工技术要点

1. 路基工程完工后、路面未施工前及道路工程初验后至终验前,路基如有损毁,施工单位应负责维修,并保证路基排水设施完好,及时清除排水设施中淤积物、杂草等。

对较长时间中途停工和暂时不做路面的路基,也应做好排水设施,复工前应对路基各分项工程予以修整。

2. 整修路基表面,应使其无坑槽,并保持规定的路拱。在路堤、雨水冲刷或其他原因发生裂缝沉陷时,应及时修补、加固或采取其他措施处理,并查明原因作出记录。遇路堑边坡坍方时,应及时清除。

3. 在未经加固的高路堤和路堑边坡或潮湿地区,对路堤有害的积雪应及时清除。

4. 当构造物有变形时,应详细查明原因,予以修复,并采取相应的稳定措施。

5. 路基工程完成后,当大雨、连日暴雨、积雪融化后,应控制施工机械和车辆在土质路基上通行。若不可避免时,应将碾压造成的坑槽中的积水及时排干,整平坑槽。

1.7.3 路基工程质量检查验收标准

1. 土质路基

(1)填土压实后,不得有松散、软弹、翻浆及表面不平整现象,路拱合适,排水良好。

(2)凡有影响路基质量及设计要求换土的路段,必须选点抽查,挖坑检验。坑深至 0.8 m,如发现不合格,必须重新处理。

(3)各类沟槽的回填土不得含污泥、腐植土及其他有害物质。

(4)土质路基的压实度必须满足表 1.13 规定,检验频率:每摊铺层每 1000 m^2 为一组,每组至少为三点,必要时可根据需要加密。检验方法可用环刀法或灌砂法。

2. 石质路基

(1)石方路堑的开挖宜采用光面爆破法。爆破后应及时清理险石、松石,确保边坡安全、稳定。

(2)填石要严格遵守《城镇道路工程施工与质量验收规范》(CJJ 1-2008)及 1.4 节的有关规定。修筑填石路堤时,应进行地表清理,逐层水平填筑石块,摆放平稳,码砌边部。填筑层厚度及石块尺寸应符合设计和规范规定。填石空隙用石渣、石屑嵌压稳定。上、下路床填料和石料最大尺寸应符合规范规定。采用振动压路机分层碾压,压至填筑层顶面石块稳定,20 t 以上压路机振压两遍无明显标高差异,经重型压路机或振动压路机分层碾压,表面不得有波浪、松动等现象

(3)路基表面应整修平整,石质路基允许偏差见表 1.17。

表 1.17 石质路基允许偏差表

序号	项目		允许偏差/mm	检验频数		检验方法
				范围/m	点数	
1	路中线标高※		+50 -200	20	3	用水准仪沿横断面测量左、中、右各一位
2	路基宽	路堑挖深≤3 m	+100 0	20	2	用尺量(沿横断面由路中心向两边各量点)
		路堑挖深>3 m	+200 -50	20	2	
		填方	不小于设计规定			
3	边坡		不陡于设计规定	20	2	用坡度尺量,每侧量一点

注:①在项目栏列有※者的合格率必须达到100%,以下同。

3. 路床

(1)土石路床必须用 12~15 t 压路机碾压检验,其轮迹不得大于 5 mm。

(2)石质路床必须嵌缝紧密,不得有坑槽和松石。

(3)土质路床不得有翻浆、软弹、起皮、波浪、积水等现象,压实度不得小于表1.9规定,每1000 m²至少测三点。

(4)路床允许偏差应符合表1.18的规定。

表1.18 路床允许偏差表

序号	项目	允许偏差		检验频数			检验方法
		石路床/mm	土路床/mm	范围/m	点数		
1	路中线标高※	±20	±20	20	1		用水准仪测量
2	平整度	30	20	20	路宽/m	<9	1	3 m直尺法,量取最大间隙值
						9～15	2	
						>15	3	
3	宽度	+100 0	+200 0	40	1		用尺量
4	横坡	±0.5%	±20且不大于±0.3%	20	路宽/m	<9	2	用水准仪测量
						9～15	4	
						>15	6	

4. 边坡和边沟

(1)土质边坡必须平整、坚实、稳定,严禁贴坡。

(2)边沟上口线应整齐直顺,沟底平整,排水畅通。

(3)边沟、边坡允许偏差应符合表1.19的规定。

表1.19 边坡、边沟允许偏差表

序号	项目	允许偏差/mm	检验频数		检验方法
			范围/m	点数	
1	边坡坡度	不陡于设计规定	20	2	用坡度尺量,每侧边坡各一点
2	沟底标高	0 -30	20	2	用水准仪测量,每侧边沟各一点
3	沟底宽	不小于设计规定	20	2	用尺量,每侧边沟各一点

5. 附属结构物

(1)砌体的砂浆必须配比准确,填筑饱满密实。

(2)灰缝整齐均匀,缝宽符合要求,勾缝不得空鼓脱落。

(3)应分层砌筑,层间咬合紧密,必须错缝。

(4)沉降缝必须直顺,上下贯通。

(5)预埋构件、泄水孔、反滤层、防水设施等必须符合设计要求。

(6)干砌石块不得松动、叠砌和浮塞。

(7)护坡、护脚、护面墙、挡土墙允许偏差应符合表1.20的规定。

表 1.20 护坡、护脚、护面墙、挡土墙允许偏差表

序号	项 目	允许偏差/mm				检验频数		检验方法
		浆砌料石、砖、砌块、挡土墙	浆砌片(块)石		干砌片(块)石、护底护坡	范围/m	点数	
			挡土墙	护底护坡				
1	※砂浆强度等级	平均值不低于设计强度等级						见注
2	断面尺寸	+10 0	不小于设计规定	不小于设计规定	不小于设计规定	20	2	用尺量,宽度上、下各一点
3	顶面高程	±10	±15			20	2	用水准仪测量
4	轴线位移	10	15			20	2	用经纬仪测量,纵横向各一点
5	墙面垂直度	0.5%H 且≤20	0.5%H 且≤30			20	2	用垂线检验
6	※平整度	料石 20	30			20	2	用 2m 直尺靠量
		砖、砌块 10	30					
7	水平缝平直度	10				20	2	拉 20m 小线检验
8	墙面坡度	不陡于设计规定				20	1	用坡度尺检验
9	基底高程	土方 ±30	±30			20	2	用水准仪测量
		石方 ±100	±100					

注:①表中 H 为构筑物高度,单位 mm;
②浆砌卵石的规格可参照浆砌块石的规定;
③各个构筑物或每 50 m³ 砌体制作一组(6块)砂浆试块,配合比变更时,也应制作试块。
④砂浆强度:砂浆试块的平均强度不低于设计规定,任意一组试块的强度最低值不低于设计规定的 85%;
⑤表中项目栏列有※者的合格率必须达到 100%。

复习思考题

1.1 路基施工的基本程序、特点和基本方法是什么?
1.2 路基施工前准备工作主要有哪些?
1.3 路堤填筑方案有哪几种?其适用条件如何?
1.4 土质路堤基底处理的施工要点有哪些?
1.5 路堤填料应符合哪些要求?

1.6 路基填筑压实的基本要求有哪些？采用水平分层填筑法进行路堤填筑压实施工时的施工要点有哪些？

1.7 土石路堤、填石路堤填筑施工技术要点有哪些？

1.8 路堑开挖有哪些方案，应如何选用？

1.9 路堑开挖施工技术要点有哪些？

1.10 土方工程施工机械的选择应考虑哪些因素？机械化施工的具体要求有哪些？

1.11 土基压实程度如何表示？计算公式如何？我国现行压实标准有几种？如何应用？

1.12 压实机具选择的依据是什么？压实工作的技术要点与要求有哪些？

1.13 爆破作用的基本原理是什么？

1.14 中小爆破方法主要有哪些？

1.15 爆破施工中，必须遵循的规定有哪些？

1.16 什么叫光面爆破？什么叫预裂爆破？

1.17 路基防护与加固的原则有哪些？

1.18 坡面防护加固有哪些方法？其施工技术要点是什么？

1.19 路基冲刷防护有哪些方法？其施工技术要点是什么？

1.20 路基边坡施工中易出现哪些问题？其处治方法及施工技术要点是什么？

1.21 常用的路基地面排水设施主要有哪些？

1.22 边沟施工技术要点主要有哪些？

1.23 截水沟主要的作用是什么？

1.24 排水沟施工技术要点有哪些？

1.25 暗沟的主要作用是什么？其施工技术要点有哪些？

1.26 渗沟的主要作用是什么？有哪几种主要形式？

1.27 路基整修施工技术要点是什么？

1.28 路基维修施工技术要点是什么？

1.29 路基检查验收的主要内容和标准是什么？

第二章　垫层及基层施工技术

教学要求：了解各种垫层、基层的施工程序与施工技术要点，掌握级配碎砾石、石灰稳定土、水泥稳定土、石灰工业废渣稳定土基层(底基层)的材料要求、混合料配合比设计方法及施工技术要点。

2.1　垫层、填隙碎石施工技术

2.1.1　垫层

垫层是设置于底基层与土基之间的结构层，起排水、隔水、防冻、防污等作用，以加强土基和改善基层的工作条件，通常设于路基处于潮湿和过湿及有冰冻翻浆的路段。铺设在地下水位较高地区能起隔水作用的垫层称隔离层；铺设在冰冻较深地区能起防冻作用的垫层称防冻层。垫层还能扩散由基层传下来的应力，以减小土基的应力和变形，且能阻止路基土挤入基层中，从而保证了基层的结构性能。路面垫层材料宜采用水稳性好的粗粒料或各种稳定类粒料，厚度一般多采用经验值，其施工技术要求和填筑标准可参照后续的相关内容，在此不做专门介绍。

2.1.2　填隙碎石

填隙碎石是指用单一尺寸的粗碎石做主骨料，用填隙料填满碎石间的孔隙，以增加密实度和稳定性，形成嵌锁结构。可作为各级道路的底基层和次干路或支路的基层。

1. 材料要求

(1)用做基层时，碎石的最大粒径不应超过53 mm；用做底基层时，不应超过63 mm。

(2)粗碎石可用具一定强度的各种岩石或漂石轧制，但漂石的粒径应为粗碎石最大粒径的3倍以上；也可以用稳定的矿渣轧制，但其干密度和质量应比较均匀，且干密度不小于960 kg/m^3。材料中的扁平、长条和软弱颗粒的含量不应超过15%。

(3)填隙碎石、粗碎石的颗粒组成见表2.1规定。填隙料的颗粒组成见表2.2。

表 2.1 填隙碎石、粗碎石的颗粒组成表

编号	标称尺寸/mm	通过质量百分率/% 筛孔尺寸/mm							
		63	53	37.5	31.5	26.5	19	16	9.5
1	30~60	100	25~60		0~15		0~5		
2	25~50		100		25~50	0~15		0~5	
3	20~40			100	35~70		0~15		0~5

表 2.2 填隙料的颗粒组成表

筛孔尺寸/mm	9.5	4.75	2.36	0.6	0.075	塑性指数
通过质量百分率/%	100	85~100	50~70	30~50	0~10	<6

(4)粗碎石的压碎值应符合下述规定:用做基层时不大于 26%,用做底基层时不大于 30%,细集料应干燥。

(5)应采用振动轮每米宽质量不小于 1.8 t 的振动压路机进行碾压。填隙料应填满粗碎石层内部的全部孔隙。碾压后,表面粗碎石间的孔隙应填满,但不得使填隙料覆盖粗集料而自成一层,表面应看得见粗碎石。碾压后基层的固体体积率应不小于 85%,底基层的固体体积率应不小于 83%。

(6)填隙碎石基层未洒透层沥青或未铺封层时,禁止开放交通。

2. 施工程序及技术要点

填隙碎石的施工程序如图 2.1 所示,施工技术要点如下:

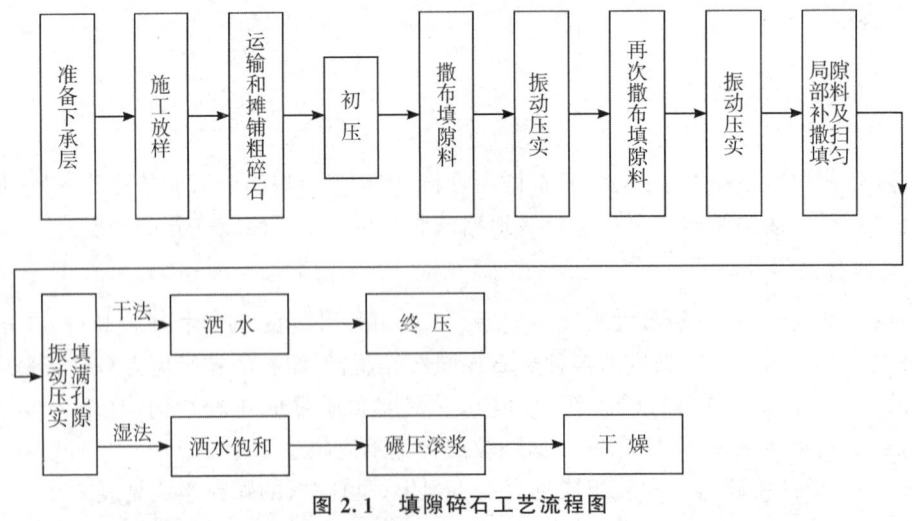

图 2.1 填隙碎石工艺流程图

(1)准备下承层。不论填隙碎石下是底基层、垫层或土基,都要求平整坚实、无松散或软弱点,压实度要符合要求。

(2)施工放样。在下承层上恢复中线。直线段每 15~20 m 设一桩,平曲线段每 10~15 m 设一桩,并在两侧路肩外设指示桩。同时要进行水平测量,在两侧指示桩上标出基层边缘的设计高程。

(3)备料。根据各路段基层或底基层的宽度、厚度及松铺系数,计算各段需要的粗碎石数量;根据运料车辆的车厢体积,计算每车料的堆放距离。填隙料的用量约为粗碎石质量的 30%~40%。

(4)运输和摊铺粗碎石。运输时,应控制每车装料的数量基本相等,在同一料场供料的路段内,由远到近将粗碎石按计算的距离卸于下承层上,应特别注意卸料距离的控制,防止出现有的路段料不够或料过多的现象。用平地机或其他合适的机具将粗碎石均匀地摊铺在预定的宽度上,表面应力求平整,并有规定的路拱,且应同时摊铺路肩用料。然后,检查松铺材料层的厚度是否符合要求,必要时,应进行减料或补料。

(5)撒铺填隙料和碾压。

①干法施工要点

a. 初压。用 8 t 两轮压路机碾压 3~4 遍,使粗碎石稳定就位。在直线和不设超高的平曲线段上,碾压从两侧路肩开始,逐渐错轮向路中心进行;在设超高的平曲线段上,碾压从内侧路肩开始,逐渐错轮向外侧路肩进行。错轮时,每次重叠 1/3 轮宽。在第一遍碾压后,应再次找平。初压终了时,表面应平整,并具有要求的路拱和纵坡。

b. 撒铺填隙料。采用石屑撒布机或类似的设备将干填隙料均匀地撒铺在已压稳的粗碎石层上,松铺厚度约 2.5~3.0 cm。必要时,用人工或机械扫匀。

c. 碾压。用振动压路机慢速碾压,将全部填隙料振入粗碎石间的孔隙中。如无振动压路机,可采用重型振动板。碾压方法与初压相同,但路面两侧应多压 2~3 遍。

d. 再次撒布填隙料。松铺厚度约为 2.0~2.5 cm。

e. 再次碾压。此时,应重点找补局部填隙料的不足处,多余的填隙料则予以扫除。

f. 整修。再次碾压后,如表面仍有未填满的孔隙,则应再补撒填隙料并用振动压路机继续碾压,直至全部孔隙被填满为止。

g. 分层铺筑。当需分层铺筑时,应将已压成的填隙碎石外露 5~10 mm,然后再在其上摊铺第二层粗碎石,并按前述各项要求进行施工。

h. 终压。填隙碎石表面孔隙全部填满后,用 12~15 t 三轮压路机再压 1~2 遍。碾压前,宜在表面先洒少量水,其量为 3 kg/m² 以上,在碾压过程中,不应有任何蠕动现象。

②湿法施工要点

a. 与上述(1)~(4)及干法施工中 a~f 各项要求相同。

b. 粗碎石层表面孔隙填满后,应立即用洒水车洒水,直至饱和,但应注意避免多余水浸泡下承层。

c. 用 12~15 t 三轮压路机跟在洒水车后进行碾压。在碾压过程中,将湿填隙料不断扫入所出现的孔隙中。需要时,应添加新料。洒水和碾压应一直进行到填隙料和水形成粉砂浆为止。粉砂浆应填塞全部孔隙,并在压路机轮前形成纹状微波。

d. 干燥。碾压完成的路段应让水分蒸发一段时间。结构层变干后,表面多余的细料或细料覆盖层均应扫除干净。

e. 当需分层铺筑时，应待结构层变干后，将已压成的填隙碎石层表面的填隙料扫去一些，使表面粗碎石外露 5～10 mm，然后在其上摊铺第二层粗碎石，再按上述要求施工。

应特别指出：填隙碎石基层未洒透层沥青或未铺封层时，禁止开放交通。填隙碎石基层质量的好坏，取决于两个关键：第一，从上到下粗碎石间的孔隙一定要填满，即应达到规定的密实度，压实良好的填隙碎石密实度通常约为固体体积率的 85%～90%；第二，表面粗碎石间的孔隙既要填满填隙料，填隙料又不能覆盖粗碎石而自成一层，表面应看得见粗碎石，其棱角可外露 5～10 mm，这对薄沥青面层非常重要，它可保证薄沥青面层与基层黏结良好，避免薄沥青面层在基层顶面发生推移破坏。

2.2 级配碎(砾)石施工技术

级配碎(砾)石是指粗、中、小碎(砾)石集料和石屑各占一定比例的混合料，当其颗粒组成符合规定的密实级配要求时，称为级配碎(砾)石。级配碎石可用做道路的基层和底基层及较薄沥青面层与半刚性基层之间的中间层；而级配砾石适用于轻交通道路的基层以及各种道路的底基层，天然沙砾如符合规定的级配要求，且塑性指数在 6 或 9 以下时，可以直接用做基层。

2.2.1 材料要求

1. 砾石为天然材料，碎石可用各种岩石(软质岩石除外)、漂石或矿渣轧制。漂石轧制碎石时，其粒径应是碎石最大粒径的 3 倍以上，矿渣应是已崩解稳定的，其干密度不小于 960 kg/m³，且干密度和质量比较均匀。碎(砾)石中针片状颗粒的总含量应不超过 20%，且不含黏土块、植物等有害物质。用做基层时，碎(砾)石的最大粒径不应超过 37.5 mm；用做底基层时，不应超过 53 mm。

2. 石屑及其他细集料可以使用一般碎石场的细筛余料或专门轧制的细碎石集料，亦可用天然沙砾或粗砂代替，但其颗粒尺寸应合适，且天然沙砾或粗砂应有较好的级配。

3. 压碎值要求。级配碎石或级配碎(砾)石所用石料的压碎值应满足表 2.3 的规定。

表 2.3 级配碎石或级配碎(砾)石压碎值要求表

道路类型	快速路及主干路	次干路	支路
基层	不大于 26%	不大于 30%	不大于 35%
底基层	不大于 30%	不大于 35%	不大于 40%

4. 级配碎石或级配碎(砾)石的颗粒组成范围见表 2.4～表 2.6。

表 2.4 级配碎(砾)石的颗粒组成范围表

项目	通过质量百分率/% 编号	1	2	3
筛孔尺寸/mm	53	100		
	37.5	90～100	100	
	31.5	81～94	90～100	100
	19.0	63～81	73～88	85～100
	9.5	45～66	49～69	52～74
	4.75	27～51	29～54	29～54
	2.36	16～35	17～37	17～37
	0.6	8～20	8～20	8～20
	0.075	0～7②	0～7②	0～7②
液限/%		<28	<28	<28
塑性指数		<6(或9①)	<6(或9①)	<6(或9①)

注：①潮湿多雨地区塑性指数宜小于6，其他地区塑性指数宜小于9。
②对于无塑性的混合料，小于 0.075 mm 的颗料含量应接近高限。

5. 材料的应用要求：

(1) 级配碎(砾)石用作次干路及支路的基层时，其颗粒组成和塑性指数应满足上表 2.4 中 2 号级配要求，同时级配曲线宜为圆滑曲线。

(2) 当塑性指数偏大时，塑性指数与 0.5 mm 以下细土含量的乘积应符合下述规定：在年降雨量小于 600 mm 的地区，地下水位对土基没有影响时，乘积不应大于 120；在潮湿多雨地区，乘积不应大于 100。

(3) 级配碎石用作快速路及主干路的基层或中间层时，其颗粒组成和塑性指数应满足上表 2.4 中 3 号级配要求。级配砾石用作底基层的颗粒组成和塑性指数应满足表 2.4 中 1 号级配要求，同时级配曲线宜为圆滑曲线。

(4) 未筛分碎石用作次干路及支路的底基层时，其颗粒组成和塑性指数应符合表 2.5 中 1 号级配的规定。用作快速路及主干路的底基层时，其颗粒组成和塑性指数应符合表 2.5 中 2 号级配的要求。

(5) 用做底基层的砂砾、砂砾土或其他粒状材料的级配，应位于表 2.6 的范围内。液限应小于 28%，塑性指数应小于 9。

表 2.5 未筛分碎石底基层颗粒组成范围表

项目	通过质量百分率/% 编号	1	2
筛孔尺寸/mm	53	100	
	37.5	85～100	100
	31.5	69～88	83～100
	19.0	40.65	54～84
	9.5	19～43	29～59
	4.75	10～30	17～45
	2.36	8～25	11～35
	0.6	6～18	6～21
	0.075	0～10	0～10
液限/%		<28	<28
塑性指数		<6(或 9①)	<6(或 9①)

注:①在潮湿多雨地区,塑性指数宜小于6,其他地区塑性指数宜小于9。

表 2.6 砂砾底基层的级配范围表

筛孔尺寸/mm	53	37.5	9.5	4.75	0.6	0.075
通过质量百分率/%	100	80～100	40～100	25～85	8～45	0～15

2.2.2 施工程序与施工技术要点

1. 路拌法施工程序与施工要点

路拌法施工程序如图 2.2 所示,其施工技术要点如下:

(1)备料

①计算材料用量。采用未筛分碎石或不同粒级的碎(砾)石和石屑组成级配碎(砾)石时,应按使用要求和相应的级配号(见表2.4、表2.5)计算不同粒级碎(砾)石和石屑的配合比;根据各路段基层或底基层的宽度、厚度及规定的压实干密度,并按确定的配合比分别计算各段需要的未筛分碎石、不同粒级碎(砾)石和石屑的数量,同时计算出每车料的堆放距离。

②未筛分碎石、级配碎(砾)石和石屑可按预定比例在料场混合,同时洒水加湿,使混合料的含水量超过最佳含水量约1%。

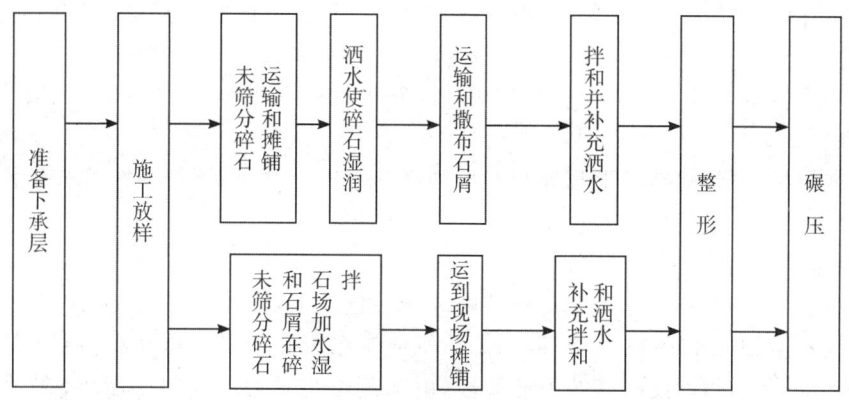

图 2.2　路拌法施工工艺流程图

(2)运输和摊铺集料

其施工要点基本同"填隙碎石",但还需注意:

①集料在下承层上的堆置时间不应过长,运送集料较摊铺集料工序只宜提前数天。未筛分碎石和石屑分别运送时,应先运送碎石,且料堆每隔一定距离应留一缺口。

②集料的松铺系数和厚度应通过试验确定。人工摊铺时,其松铺系数约为1.40～1.50;平地机摊铺时,约为1.25～1.35。

③现场拌和时,未筛分碎石摊铺平整后,在较潮湿的情况下,将石屑计算堆放距离丈量好,并卸下石屑,用平地机并辅以人工将石屑均匀摊铺在碎石层上。

④采用不同粒级的碎(砾)石和石屑时,应将大碎(砾)石铺于下层,中碎石铺于中层,小碎(砾)石铺于上层。洒水使碎(砾)石湿润后,再摊铺石屑。

(3)拌和与整形

①一般应采用专用稳定土拌和机拌和级配碎(砾)石,若无稳定土拌和机时,可采用平地机或多铧犁与缺口圆盘耙相配合进行拌和。其要点是:

a.用稳定土拌和机时,应拌和两遍以上,拌和深度应直到级配碎(砾)石层底。在进行最后一遍拌和之前,必要时先用多铧犁紧贴底面翻拌一遍。

b.用平地机进行拌和时,宜翻拌 5～6 遍,使石屑均匀分布于碎(砾)石料中。平地机拌和的作业长度,每段宜为 300～500 m。平地机刀片的安装角度宜符合表2.7和图2.3的要求。

表 2.7　平地机刀片安装角度表

拌和条件	平面角 α/°	倾角 β/°	切角 γ/°
干拌	30～50	45	3
湿拌	35～40	45	2

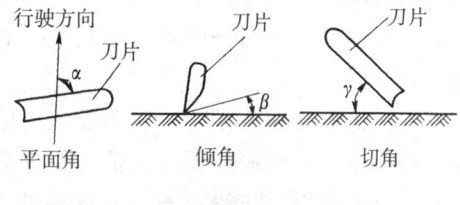

图 2.3　平地机刀片安装示意图

c.用缺口圆盘耙与多铧犁相配合拌和时,用多铧犁在前翻拌,圆盘耙紧跟后面拌和,即采用边翻边耙的方法,每一作业段长度宜为 100～150 m,共 4～6 遍,应注意随时检查调整翻耙的深度。并特别注意用多铧犁翻拌时,第一遍由路中心开始,将混合料向中间翻,且机械应慢速前进;第二遍从两边开始,将混合料向外翻。

②使用在料场已拌和均匀的级配碎(砾)石混合料时,摊铺后如有离析现象,应用平地机进行补充拌和。

③用平地机将拌和均匀的混合料按规定的路拱进行整平和整形,并注意消除粗细集料的离析现象。

④用拖拉机、平地机或轮胎压路机在已初平的路段上快速碾压一遍,以暴露潜在的不平整之处,再用平地机进行整平和整形。

(4)碾压

①整形后,当混合料的含水量等于或略大于最佳含水量时,立即用12 t三轮压路机(每层压实厚度不应超过15~18 cm)、振动压路机或轮胎压路机进行碾压(每层压实厚度不应超过20 cm)。直线和不设超高的平曲线段,由两侧路肩开始向路中心碾压;在设超高的平曲线段,由内侧向外侧路肩进行碾压。碾压时,后轮应重叠1/2轮宽,并必须超过两段的接缝处。后轮压完路面全宽时,即为一遍,碾压一直进行到要求的密实度,一般需压6~8遍,使表面轮迹深度不大于5 mm为止。压路机的碾压速度,头两遍以1.5~1.7 km/h为宜,以后用2.0~2.5 km/h。路面的两侧应多压2~3遍。

②严禁压路机在已完成的或正在碾压的路段掉头或急刹车。

③凡含土的级配碎石层,都应进行滚浆碾压,一直压到碎石层中无多余细土泛到表面为止。滚到表面的浆(或事后变干的薄土层)应清除干净。

(5)横缝的处理

两作业段的衔接处,应搭接拌和。第一段拌和后,留5~8 m不进行碾压;第二段施工时,前段留下未压部分与第二段一起拌和整平后,再进行碾压。

(6)纵缝的处理

首先应避免纵向接缝。在必须分两幅铺筑时,纵缝应搭接拌和。前一幅全宽碾压密实后,在后一幅拌和时,应将相邻的前幅边部约30 cm搭接拌和,整平后一起碾压密实。

2. 中心站集中厂拌法施工要点(以级配碎石为例)

(1)中心站采用强制式拌和机、卧式双转轴浆叶式拌和机、普通水泥混凝土拌和机等多种机械进行集中拌和。在正式拌和前,必须先调试所用厂拌设备。

(2)对于快速路及主干路的基层和中间层,宜采用不同粒级的单一尺寸碎石和石屑,按预定配合比在拌和机内拌制混合料。不同粒级的碎石和石屑等细集料应隔离分别堆放,细集料应有覆盖,防止雨淋。

(3)在采用未筛分碎石和石屑时,如未筛分碎石或石屑的颗粒组成发生明显变化,应重新调试设备。

(4)将级配碎石用于快速路及主干路时,应用沥青混凝土摊铺机或其他碎石摊铺机摊铺混合料,摊铺机后面应设专人消除粗细集料离析现象。

(5)采用振动压路机或三轮压路机进行碾压,其碾压方法同"路拌法"。

(6)对于次干路及支路,如没有摊铺机,也可用自动平地机(或摊铺箱)摊铺混合料。但应注意:①根据摊铺层的厚度和要求达到的压实干密度,计算每车混合料的摊铺面积;②将混合料均匀地卸在路幅中央,路幅宽时,亦可卸成两行;③用平地机将混合料按松铺厚度摊铺均匀。

(7)用平地机摊铺混合料后的整形和碾压与路拌法施工要点相同。

(8)接缝的处理要点

①横向接缝:a.用摊铺机摊铺混合料时,靠近摊铺机当天未压实的混合料,可与第二天摊铺的混合料一起碾压,但应特别注意对其含水量的检查控制。b.用平地机摊铺时,每天的工作缝按上述搭接拌和方法处理。

②纵向接缝:应避免纵向接缝。如一台摊铺机摊铺宽度不够时,宜采用两台一前一后相隔约5~8 m同步向前摊铺。如仅有一台时,可先在一条摊铺带上摊铺一定长度后,再开到另一条摊铺带上摊铺,然后一起进行碾压。

在不能避免纵向接缝的情况下,纵缝必须垂直相接,不应斜接,其处理要点是:①在前一幅摊铺时,后一幅的一侧应用方木或钢模板作支撑,其高度与级配碎石层的压实厚度相同,并在摊铺后一幅之前,将方木或钢模板除去。②如在摊铺前一幅时,未用方木或钢模板支撑,靠边缘的30 cm左右难于压实,且形成一个斜坡。则在摊铺后一幅时,应先将未完全压实部分和不符合路拱要求部分挖松并补充洒水,待后一幅混合料摊铺后,再一起进行整平和碾压。

需着重指出:施工中,主要应控制颗粒的级配组成,特别是其中的最大粒径5 mm以下及0.5 mm以下和0.075 mm以下的颗粒含量以及塑性指数。严格控制级配集料的均匀性(包括级配组成和含水量)和压实度。级配集料(含未筛分碎石)底基层不宜做成槽式,宜做成满铺式,以利排除进入路面结构层的水,否则两侧要设置纵向盲沟。对未筛分碎石,一定要在较潮湿情况下才能往上铺撒石屑,否则一旦开始拌和,石屑就会落到底部。级配碎石基层未洒透层沥青或未铺封层时,禁止开放交通。

2.3 水泥稳定土施工技术

水泥稳定土是指用水泥作结合料所得混合料的一个广义的名称,它包括用水泥稳定的各种细粒土、中粒土和粗粒土。在经过粉碎的或原来松散的土中,掺入足量的水泥和水,经拌和得到的混合料在压实和养生后,当其抗压强度符合规定的要求时,称为水泥稳定土。

用水泥稳定细粒土得到的强度符合要求的混合料,视所用土类而定,可简称为水泥土、水泥砂或水泥石屑等。用水泥稳定中粒土和粗粒土得到的强度符合要求的混合料,视所用原材料而定,可简称为水泥碎石,水泥砂砾等。

水泥稳定土适用于各种道路的基层和底基层,但水泥土不得作为快速路及主干路的基层。

2.3.1 材料要求

1. 对于次干路及支路所用的粗粒土、中粒土、细粒土应满足以下要求:

(1)用水泥稳定土做底基层时,土单个颗粒的最大粒径不应超过53 cm(指方孔筛,下同)。水泥稳定土的颗粒组成应在表2.8所列范围内,土的均匀系数应大于5。细粒土的液限不应超过40%,塑性指数不应超过17。对于中粒土和粗粒土,如土中小于0.6 mm的颗粒含量在30%以下,塑性指数可稍大。实际工作中,宜选用均匀系数大于10、塑性指数小于

12的土。塑性指数大于17的土,宜采用石灰稳定,或用水泥和石灰综合稳定。

表2.8　做底基层时水泥稳定土的颗粒组成范围

筛孔尺寸/mm	53	4.75	0.6	0.075	0.0026
通过质量百分率/%	100	50～100	17～100	0～50	0～30

(2)水泥稳定土做基层时,单个颗粒的最大粒径不应超过37.5 mm。其颗粒组成应在表2.9的范围内。集料中不宜含有塑性指数大于12的土。对于次干路及支路宜按接近级配范围的下限组配混合料,或采用表2.10中的2号级配。

表2.9　做基层时水泥稳定土的颗粒组成范围

筛孔尺寸(方孔)/mm	通过质量百分率/%	筛孔尺寸(方孔)/mm	通过质量百分率/%
37.5	90～100	2.36	20～70
26.5	60～100	1.18	14～57
19	54～100	0.6	8～47
9.5	39～100	0.075	0～30
4.75	28～84		

(3)级配碎石、未筛分碎石、砂砾、碎石土、煤矸石和各种粒状矿渣,均适宜用水泥稳定。碎石包括岩石碎石、矿渣碎石、破碎(砾)石等。

2. 用于快速路及主干路的粗粒土和中粒土应满足下列要求:

(1)用水泥稳定土做底基层时,单个颗粒的最大粒径不应超过37.5 mm。水泥稳定土的颗粒组成应在表2.10所列1号级配范围内,土的均匀系数应大于5。对于中粒土和粗粒土,宜采用表2.10中的2号级配,但小于0.075 mm的颗粒含量和塑性指数可不受限制。其余要求同"次干路及支路"情况。

表2.10　水泥稳定土的颗粒组成范围

项目	通过质量百分率/% 编号	1	2	3
筛孔尺寸/mm	37.5	100	100	
	31.5		90～100	100
	26.5			90～100
	19		67～90	72～89
	9.5		45～68	47～67
	4.75	50～100	29～50	29～49
	2.36		18～38	17～35
	0.6	17～100	8～22	8～22
	0.075	0～30	0～7①	0～7①
液限/%				<28
塑性指数				<9

注:①集料中0.5 mm以下细粒土有塑性指数时,小于0.075 mm的颗粒含量不应超过5%;细粒土无塑性指数时,小于0.075 mm的颗粒含量不应超过7%。

(2) 用水泥稳定土做基层时,单个颗粒的最大粒径不应超过 31.5 mm。水泥稳定土的颗粒组成在表 2.10 所列 3 号级配范围内。

(3) 用水泥稳定土做基层时,对所用的碎石或砾石,应预先筛分成 3~4 个不同粒级,然后配合,使颗粒组成符合表 2.10 所列级配范围。

3. 水泥稳定粒径为较均匀的砂时,宜在砂中添加少部分塑性指数小于 10 的黏性土或石灰土,也可添加部分粉煤灰,加入比例可按使混合料的标准干密度接近最大值确定,一般约为 20%~40%。

4. 水泥稳定土中碎石或砾石的压碎值应符合下列要求:
基层:快速路及主干路不大于 30%,次干路及支路不大于 35%。
底基层:快速路及主干路不大于 30%,次干路及支路不大于 40%。

5. 有机质含量超过 2% 的土,必须先用石灰进行处理,闷料一夜后再用水泥稳定。

6. 硫酸盐含量超过 0.25% 的土,不应用水泥稳定。

7. 普通硅酸盐水泥、矿渣硅酸盐水泥和水山灰质硅酸盐水泥都可用于稳定土,但应选用初凝时间 3 h 以上和终凝时间较长(宜在 6 h 以上)的水泥,不应使用快硬水泥、早强水泥以及已受潮变质的水泥,宜采用 32.5 级或 42.5 级的水泥。

8. 综合稳定土中用的石灰应是消石灰粉或生石灰粉。

9. 凡是饮用水(含牲畜饮用水)均可用于水泥稳定土施工。

2.3.2 混合料组成设计要点

1. 基本要求

(1) 各级道路用水泥稳定土的 7 d 浸水抗压强度应符合表 2.11 的规定。

表 2.11 水泥稳定土抗压强度标准

层位	道路等级	次干路及支路	快速路及主干路
基层/MPa		2.5~3.0	3.0~5.0
底基层/MPa		1.5~2.0	1.5~2.5

(2) 水泥稳定土的组成设计应根据表 2.11 的强度标准,通过试验选取最适宜于稳定的土,确定必需的水泥剂量和混合料的最佳含水量。在需要改善混合料的物理力学性质时,还应确定掺加料的比例。

(3) 综合稳定土的组成设计应通过试验选取最适宜于稳定的土,确定必需的水泥和石灰剂量以及混合料的最佳含水量。

(4) 采用综合稳定土时,如水泥用量占结合料总量的 30% 以上,应按相关的技术要求进行组成设计。水泥和石灰的比例宜取 60:40、50:50 或 40:60。

(5) 水泥稳定土的各项试验应按现行试验规程进行。

2. 原材料的试验

(1) 在稳定土施工前,应采集所定料场中有代表性的土样进行下列项目的试验:①颗粒分析;②液限和塑性指数;③击实试验;④碎石或砾石的压碎值;⑤有机质含量(必要时做);⑥硫酸盐含量(必要时做)。

(2)如碎石、碎石土、砂砾、砂砾土等的级配不好,宜先改善其级配。

(3)应检验水泥的等级和终凝时间。

3. 混合料的设计步骤

(1)分别按下列五种水泥剂量配制同一种土样、不同水泥剂量的混合料。

①做基层用

中粒土和粗粒土:3%,4%,5%,6%,7%;

塑性指数小于12的细粒土:5%,7%,8%,9%,11%;

其他细粒土:8%,10%,12%,14%,16%。

②做底基层用

中粒土和粗粒土:3%,4%,5%,6%,7%;

塑性指数小于12的细粒土:4%,5%,6%,7%,9%;

其他细粒土:6%,8%,9%,10%,12%。

(2)确定混合料的最佳含水量和最大干密度,至少应做三个不同水泥剂量混合料的击实试验,即最小剂量、中间剂量和最大剂量,其余两个混合料的最佳含水量和最大干密度用内插法确定。

(3)按规定的压实度,分别计算不同水泥剂量的试件应有的干密度。

(4)按最佳含水量和计算得的干密度制备试件。进行强度试验时,作为平行试验的最少试件数量应不小于表2.12中的规定。如试验结果的偏差系数大于表中规定的值,则应重做试验,并找出原因,加以解决。如不能降低偏差系数,则应增加试件数量。

表2.12 最少试件数量

土类 \ 偏差系数	<10%	10%~15%	15%~20%
细粒土	6	9	
中粒土	6	9	13
粗粒土		9	13

(5)试件在规定温度下保湿养生6 d,浸水24 h后,按现行试验规程进行无侧限抗压强度试验。

(6)计算试验结果的平均值和偏差系数。

(7)根据上述强度标准,选定合适的水泥剂量,此剂量试件室内试验结果的平均抗压强度$\overline{R}$应达到下述要求:

$$\overline{R} \geq \frac{R_d}{1 - Z_a C_V} \tag{2-1}$$

式中,R_d——设计抗压强度;

C_V——试验结果的偏差系数(以小数计);

Z_a——标准正态分布表中随保证率(或置级度 a)而变的系数,快速路和主干路应取保证率95%,即$Z_a=1.645$,其他道路取90%,即$Z_a=1.282$。

水泥改善土的塑性指数应不大于6,承载比应不小于240。

(8)工地实际采用的水泥剂量应比室内试验确定的剂量多0.5%～1.0%。采用集中厂拌法施工时,可只增加0.5%;采用路拌法施工时,宜增加1%。

(9)水泥最小剂量,见表2.13。

表2.13 水泥最小剂量表

土类 \ 拌和方法	路拌法	集中厂拌法
中粒土和粗粒土	4%	3%
细粒土	5%	4%

(10)综合稳定土的组成设计与上述步骤相同。

2.3.3 路拌法施工程序与施工技术要点

1. 施工程序(工艺流程)如下

准备下承层→施工放样→备料、摊铺土→洒水闷料→整平和轻压→摆放和摊铺水泥→拌和(干拌)→加水并湿拌→整形→碾压→接缝和掉头处的处理→养生。

2. 施工要点

(1)准备下承层

①下承层表面应平整、坚实,具有规定的路拱,下承层的平整度和压实度应符合检查验收要求。做基层时,要准备底基层;做老路面的加强层时,要准备老路面;做底基层时,要准备土基。所有准备工作均应达到相应的规定要求。

②施工要点:

a. 土基准备。不论是路堤还是路堑,都必须用12～15 t三轮压路机或等效的碾压机械进行3～4遍碾压检验。在碾压过程中,如发现土过干、表层松散,应适当洒水;如土过湿,发生"弹簧"现象,应挖开晾晒、换土、掺石灰或水泥,使其达到规定要求。

b. 底基层准备。检查压实度时,对于柔性底基层,还应进行弯沉检验。凡不符合设计要求的路段,必须视具体情况进行处理,使之达到规范规定的标准。

c. 老路面准备。检查其材料是否符合底基层材料的技术要求,如不符合要求,应翻松老路面并采取必要的措施处理,使其达到规定要求。

d. 底基层或老路面上的低洼和坑洞,应填补并压实;搓板和辙槽应铲除;松散处应耙松洒水并重新压实,使其达到平整密实。

e. 新完成的底基层或土基必须按规定项目进行检查验收,凡不合格路段,必须采取措施处理,使其达到验收标准后,方可在其上铺筑水泥稳定土层。

f. 按规定要求逐个断面检查下承层高程。

g. 对槽式断面的路段,两侧路肩上每隔一定距离(约5～10 m)交错开挖泄水沟(或做盲沟)。

(2) 施工放样

①在底基层、老路面或土基上恢复中线，直线段每15～20 m设一桩，平曲线段每10～15 m设一桩，并在两侧路肩边缘外设指示桩。

②在两侧指示桩上用明显标记标出水泥稳定土层边缘的设计高程。

(3) 备料

①利用老路面或土基上部材料时。清除其表面上的石块等杂物，每隔10～20 m挖一小洞，使洞底高程与预定的水泥稳定土层的底面高程相同，并在洞底做一标记，以控制翻松及粉碎的深度；用犁、松土机或装有强固齿的平地机或推土机将老路面或土基的上部翻松到预定的深度，土块应粉碎并达到要求；经常用犁将土向路中心翻松，使预定处治层的边部成一个垂直面，防止处治宽度超过规定；用专用机械粉碎黏性土，当无专用机械时，也可用旋转耕作机、圆盘耙粉碎塑性指数不大的土。

②利用料场的土(包括细、中、粗粒土)时。先将树木、草皮、树根和杂土清除干净；在预定的深度范围内采集合格的土，并筛除土中超尺寸的颗粒；对于塑性指数大于12的黏性土，可视土质和机械性能确定土是否需要过筛；根据各路段水泥稳定土层的宽度、厚度、预定的干密度及水泥剂量，计算各路段需要的干燥土及每平方米需要水泥的数量；根据料场土的含水量和所用运料车辆的吨位，计算每车土和水泥的堆放距离；堆料前，应先洒水湿润预定堆料的下承层表面，但不应过分潮湿而造成泥泞；材料运输时，应控制每车的数量基本相等；在同一料场供料的路段内，由远到近将料按上述计算距离卸置于下承层表面上，卸料距离应严格掌握，避免有的路段料不够或过多，料堆每隔一定距离应留一缺口；土在下承层上的堆置时间不宜过长，运送土只宜比摊铺土工序提前1～2 d；当路肩用料与稳定土层用料不同时，应先将两侧路肩培好，在路肩上每隔5～10 m交错开挖临时泄水沟，路肩料层与稳定土层的压实厚度应相同。

(4) 摊铺土

①通过试验确定土的松铺系数。人工摊铺混合料时，对水泥稳定砂砾，取1.30～1.35；对水泥土，取1.53～1.58。

②摊铺土应在摊铺水泥的前一天进行。其长度按日进度的需要量控制，满足次日完成掺加水泥、拌和、碾压成形即可。雨季施工，如第二天有雨，不宜提前摊铺土。

③土应均匀摊铺在预定的宽度上，表面应力求平整，并有规定的路拱。

④摊料过程中，应将土块(或粉碎)、超尺寸颗粒及其他杂物拣出。

⑤检验松铺土层的厚度，应达到规定要求。

⑥除洒水车外，严禁其他车辆在土层上通行。

(5) 洒水闷料

①如已整平的土(含粉碎的老路面)含水量过小，应在土层上洒水闷料。洒水应均匀，防止出现局部水分过多或水分不足现象，并严禁洒水车在洒水段内停留和掉头。

②细粒土应经一夜闷料，中、粗粒土视其中细土含量的多少，可缩短闷料时间。

③如为综合稳定土，应先将石灰与土拌和后一起闷料。

(6) 整平和轻压

对人工摊铺的土层整平后，再用6～8 t两轮压路机碾压1～2遍，使土表面平整并有一定的压实度。

(7)摆放和摊铺水泥

①按计算出的每袋水泥的纵横间距,在土层上安放标记。

②将水泥当日直接运送到摊铺路段,卸于做标记的地点,并检查有无遗漏或多余。运水泥的车应有防雨设备。

③用刮板将水泥均匀摊开,并注意使每袋水泥的摊铺面积相等。水泥铺完后,表面应无空白也无水泥过分集中情况。

(8)拌和(干拌)

①一般应采用专用稳定土拌和机进行拌和,并设专人跟随拌和机随时检查拌和深度,并配合机手调整拌和深度。拌和深度应达稳定层底,并侵入下承层5～10 mm,以利上下层黏结,严禁在拌和层底部留有素土夹层。通常应拌和两遍以上,在最后一遍拌和之前,必要时,可先用多铧犁紧贴底面翻拌一遍。直接铺在土基上的拌和层也应避免素土夹层。

②在无专用拌和机械情况下,可用农用旋转耕作机与多铧犁或平地机相配合进行拌和,也可以用缺口圆盘耙与多铧犁或平地机相配合拌和水泥稳定细粒土和中粒土。其施工方法与"级配碎(砾)石的拌和"相似,但应注意拌和效果,拌和时间不能过长。

(9)加水、湿拌

①在干拌后,如混合料含水量不足,应用喷管式洒水车(普通洒水车不适宜用作路面施工)补充洒水,水车起洒处和另一端掉头处都应超出拌和段2 m以上。洒水车不应在正进行拌和以及当天计划拌和的路段上掉头和停留,以防止局部水量过大。

②洒水后,再次进行拌和,使水分在料中均匀分布。拌和机械应紧跟在洒水车后面进行拌和,减少水分流失。

③洒水及拌和过程中,应及时检查含水量,含水量宜略大于最佳含水量。对稳定粗、中粒土,含水量宜大0.5%～1.0%,对稳定细粒土,宜大1%～2%。并应配合人工拣出超出尺寸的颗粒,消除粗细颗粒"窝"以及局部过分潮湿或过分干燥之处。

④要求拌和后混合料色泽一致,没有灰条、灰团和花面,即无明显粗细集料离析现象,且水分合适和均匀。

(10)整形

①混合料拌匀符合要求后,应立即用平地机初步整形。在直线段,平地机由两侧向路中心进行刮平,在平曲线段,则由内侧向外侧进行刮平。必要时,再返回刮一遍。

②用拖拉机、平地机或轮胎压路机立即在初平的路段上快速碾压一遍,以暴露潜在的不平整。

③用平地机再次进行整形,并将高处料直接刮出路外,将轮迹低洼处表层5 cm以上耙松,补充新拌料再碾压一遍。

④每次整形均应达到规定的坡度和路拱,并应特别注意接缝顺适平整。

⑤当用人工整形时,先用锹和耙将混合料摊平,用路拱板进行初步整形;再用拖拉机初压1～2遍后,根据实测的松铺系数,确定纵横断面的高程,并设置标记和挂线;最后用锹耙按线整形,再用路拱板校正成形。如为水泥土,在拖拉机初压后,可用重型框式路拱板(拖拉机牵引)进行整形。

⑥在整形过程中,严禁任何车辆通行,并保证无明显的粗细集料离析现象。

(11)碾压

①制订碾压方案。根据路宽、压路机的轮宽和轮距的不同,制订碾压方案,应使各部分

碾压到的次数尽量相同,路面的两侧应多压 2～3 遍。

②进行碾压施工,控制碾压质量。整形后,应在混合料的含水量等于或略大于最佳含水量时,立即用轻型压路机并配合 12 t 以上压路机在结构层全宽内进行碾压。碾压技术要求同"级配碎(砾)石碾压"。采用人工摊铺和整形的稳定土层,宜先用拖拉机或 6～8 t 两轮压路机或轮胎压路机碾压 1～2 遍,然后再用重型压路机碾压。

碾压过程中,稳定土的表面应始终保持湿润,如水分蒸发过快,应及时均匀补洒少量的水,但严禁洒大水碾压。如有"弹簧"、松散、起皮等现象,应及时翻开重新拌和(加适量的水泥)或用其他处治方法,使其达到质量要求。

经过拌和、整形的稳定土,宜在水泥初凝前及试验确定的延迟时间内完成碾压,并达到要求的密实度,在 12 t 以上压路机碾压下,轮迹深度不得大于 5 mm。

在碾压结束前,用平地机再终平一次,使其纵向顺适,路拱和超高符合设计要求。对局部低洼处,可不再进行找补,留待铺筑沥青面层时处理。

(12)接缝和掉头处的处理

①同日施工的两工作段的衔接处,应采用搭接。前一段拌和整形后,留 5～8 m 不碾压,后一段施工时,前段留下未压部分应再加部分水泥重新拌和,并与后一段一起碾压。

②经过拌和、整形的水泥稳定土,应在试验确定的延迟时间内完成碾压。

③应注意每天最后一段末端缝(即工作缝)的处理。工作缝和掉头处的处理方法:

a. 在已碾压完成的水泥稳定土层末端,沿稳定土挖一条横贯铺筑层全宽的宽约 30 cm 的槽,直挖到下承层顶面。此槽应与路的中心线垂直,靠稳定土的一面应切成垂直面,并放两根与压实厚度等厚、长为全宽一半的方木紧贴其垂直面(见图 2.4)。

b. 用原挖出的素土回填至槽内。

c. 如拌和机械或其他机械必须到已压成的水泥稳定土层上掉头,应采取措施保护掉头作业段。一般可在准备用于掉头的约 8～10 m 长的稳定土层上先覆盖一张厚塑料布或油毡纸,然后铺上约 10 cm 厚的土、砂或砂砾。

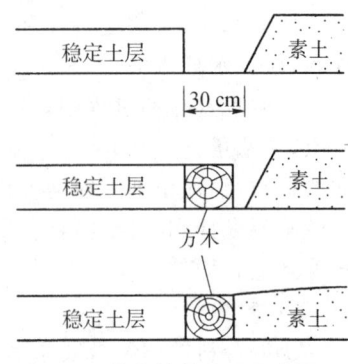

图 2.4 横向接缝处理示意图

d. 第二天,邻接作业段拌和后,除去方木,用混合料回填。靠近方木未能拌和的一小段,应人工进行补充拌和。整平时,接缝处的水泥稳定土应较已完成断面高出约 5 cm,以利形成一个平顺的接缝。

e. 整平后,用平地机将塑料布上大部分土除去(注意勿刮破塑料布),然后人工除去余下的土,并收起塑料布。

④纵缝的处理。水泥稳定土层的施工应该避免纵向接缝,必须分两幅施工时,纵缝必须垂直相接,不应斜接。纵缝方法处理如下:

a. 在前一幅施工时,靠中央一侧用方木或钢模板做支撑,方木或钢模板的高度与稳定土层的压实厚度相同。

b. 混合料拌和结束后,靠近支撑木(或板)的一部分,应人工进行补充拌和,然后整形和碾压。

c. 养生结束后,在铺筑另一幅之前,拆除支撑木(或板)。

d. 第二幅混合料拌和结束后，靠近第一幅的部分，应人工进行补充拌和，然后进行整形和碾压。

2.3.4 中心站集中厂拌法施工技术要点

1. 水泥稳定土可以在中心站用厂拌设备进行集中拌和（见图2.5）。集中拌和时需满足：土块应粉碎，最大尺寸不得大于15 cm，级配符合要求，配料准确，拌和均匀；含水量宜略大于最佳值，使混合料运到现场摊铺后碾压时的含水量不小于最佳值；不同粒级的碎石或砾石以及细集料（如石屑和砂）应隔离，分别堆放。

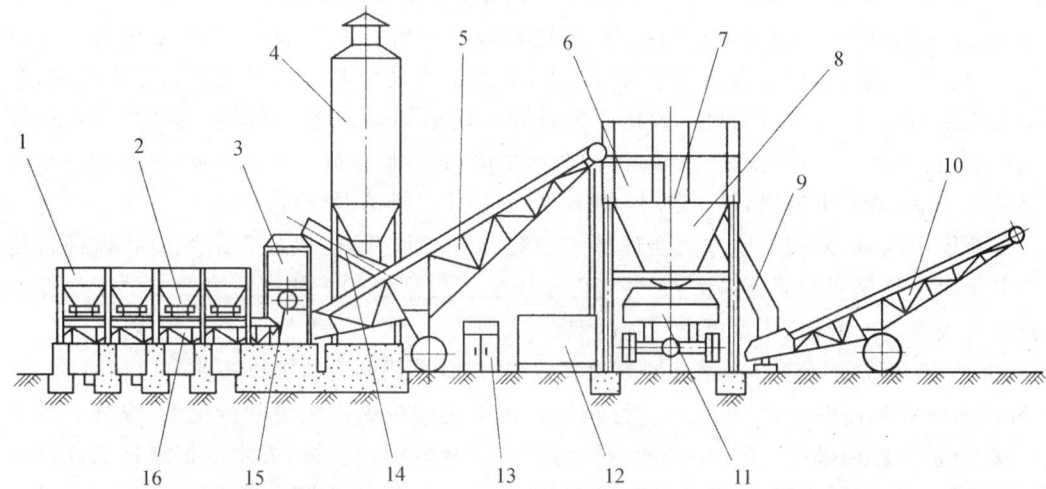

1—配料料斗；2—皮带给料机；3—小粉料仓；4—粉料筒仓；5—斜置集料皮带输送机；6—搅拌机；
7—平台；8—混合料储仓；9—溢料管；10—堆料皮带输送机；11—自卸汽车；12—供水系统；
13—控制柜；14—螺旋输送机；15—叶轮给料机；16—水平集料皮带输送机

图 2.5　WBC200型稳定土厂拌设备布置图

2. 在正式拌制混合料之前，必须先调试所用的设备，使混合料的颗粒组成和含水量都达到规定的要求。原集料的颗粒组成发生变化时，应重新调试设备。

3. 在潮湿多雨地区或其他地区的雨季施工时，应采取措施，保护集料，特别是细集料（如石屑和砂等）应有覆盖，防止雨淋。

4. 应根据集料和混合料含水量的大小，及时调整加水量。

5. 应尽快将拌成的混合料运送到铺筑现场，车上的混合料应该覆盖，减少水分损失。

6. 应采用沥青混凝土摊铺机或稳定土摊铺机摊铺混合料，如下承层是稳定细粒土，应先将下承层顶面拉毛，再摊铺混合料。

7. 拌和机与摊铺机的生产能力应互相匹配。摊铺机宜连续摊铺，拌和机的产量宜大于400 t/h。如拌和机的生产能力较小，在用摊铺机摊铺混合料时，应采用最低速度摊铺，减少摊铺机停机待料的情况。

8. 在摊铺机后面应设专人消除粗细集料离析现象，特别应该铲除局部粗集料"窝"，并用新拌混合料填补。

9. 宜先用轻型两轮压路机跟在摊铺机后及时进行碾压,后用重型振动压路机、三轮压路机或轮胎压路机继续碾压密实。

10. 没有摊铺机时,可采用摊铺箱摊铺或自动平地机摊铺混合料:
(1)根据铺筑层的厚度和要求达到的压实干密度,计算每车混合料的摊铺面积;
(2)将混合料均匀地卸在路幅中央,路幅宽时,也可将混合料卸成两行;
(3)用平地机将混合料按松铺厚度摊铺均匀;
(4)设一个 3～5 人的小组,携带一辆装有新拌混合料的小车,跟在平地机后面,及时铲除粗集料"窝"和粗集料"带",补以新拌的均匀混合料或细混合料,并与粗集料拌和均匀。

11. 用平地机摊铺混合料后的整形和碾压均与"路拌法施工"相同。

12. 集中厂拌法施工时横向接缝的施工应满足:用摊铺机摊铺混合料时,不宜中断,如因故中断时间超过 2 h,应设置横向接缝,摊铺机应驶离混合料末端;人工将末端含水量合适的混合料修整整齐,紧靠混合料放两根方木,方木的高度应与混合料的压实厚度相同,整平紧靠方木的混合料;方木的另一侧用砂砾或碎石回填约 3 m 长,其高度应高出方木几厘米;将混合料碾压密实;在重新开始摊铺混合料之前,将砂砾或碎石和方木除去,并将下承层顶面清扫干净;摊铺机返回到已压实层的末端,重新开始摊铺混合料。

如摊铺中断后,未按上述方法处理横向接缝,而中断时间已超过 2 h,则应将摊铺机附近及其下面未经压实的混合料铲除,并将已碾压密实且高程的平整度符合要求的末端挖成与路中心线垂直的断面,然后再摊铺新的混合料。

13. 应避免纵向接缝。道路基层分两幅摊铺时,宜采用两台摊铺机一前一后相隔约 5～10 m 同步向前摊铺混合料,并一起进行碾压。在不能避免纵向接缝的情况下,纵缝必须垂直相接,且前一幅摊铺时,在靠中央的一侧用方木或钢模板做支撑,方木或钢模板的高度应与稳定土层的压实厚度相同;养生结束后,在摊铺另一幅之前,拆除支撑木(或板)。

14. 用平地机摊铺混合料时,横向接缝和纵向接缝的处理方法与"路拌法施工"相同。

2.3.5 养生及交通管制

1. 水泥稳定土底基层分层施工时,下层水泥稳定土碾压完后,宜养生 7 d 后,再铺筑上层水泥稳定土。在铺筑上层稳定土之前,应始终保持下层表面湿润,铺筑时,还应在下层表面撒少量水泥或水泥浆。底基层养生 7 d 后,方可铺筑基层。

水泥稳定级配碎石(或碎石)基层分两层用摊铺机铺筑时,下层分段摊铺和碾压密实后,宜立即摊铺上层,否则在下层顶面应撒少量水泥或水泥浆。

2. 每一段碾压完成并经压实度检查合格后,应立即开始养生。

3. 应采用湿砂养生,且不得采用湿黏性土覆盖。砂层厚为 7～10 cm,砂铺匀后,应立即洒水,并在整个养生期间保持砂的潮湿状态。养生结束后,必须将覆盖物清除干净。

4. 对于基层,也可用沥青乳液进行养生。沥青乳液的用量按 0.8～1.0 kg/m^2(指沥青用量)选用,应分两次喷洒。第一次喷洒沥青含量约 35% 的慢裂沥青乳液,使其能稍透入基层表层。第二次喷洒浓度较大的沥青乳液。如不能避免施工车辆在养生层上通行,应在乳液喷洒后撒布 3～8 mm 的小碎(砾)石,作为下封层。

5. 无条件时,也可用洒水车经常洒水进行养生。每天洒水的次数应视气候而定。整个养生期间应始终保持稳定土层表面潮湿,必要时,还需用两轮压路机压实。

6. 如基层上为水泥混凝土面板,且面板是用小型机械施工的,则基层完成后可较早铺筑混凝土面层。

7. 在养生期间未采用覆盖措施的水泥稳定土层上,除洒水车外,应封闭交通。在采用了覆盖措施的水泥稳定土层上,应限制重车通行,且车速不得超过 30 km/h。

8. 养生期结束后,如其上为沥青面层,应先清扫基层,并立即喷洒透层沥青。在喷洒透层或黏层沥青后,宜再均匀撒布 5～10 mm 的小碎(砾)石,用量约为全铺一层用量的 60%～70%。如喷洒的透层沥青能透入基层,且运料车和面层混合料摊铺机在上行驶不会破坏沥青膜时,也可以不撒小碎(砾)石。

在清扫干净的基层上,先做下封层,可防止基层干缩开裂,同时保护基层免遭施工车辆破坏。沥青面层的底面层宜在铺设下封层后的 10～30 d 内开始铺筑,对于水泥混凝土面层,也不宜让基层长期暴晒,以免开裂。

如水泥稳定土层上为薄沥青面层,面层每边应展宽 20 cm 以上。在基层全宽上喷洒透层、黏层沥青或设下封层,沥青面层边缘向外侧做成三角形。如设置路缘石,必须注意防止路缘石阻滞路面上表面水和结构层中水的排除。

2.3.6 施工组织与作业段划分

1. 水泥稳定土施工时,必须采用流水作业法,使各工序紧密衔接。特别是要尽量缩短从拌和到完成碾压之间的延迟时间。

2. 应做水泥稳定土的延迟时间对其强度影响的试验,以确定合适的延迟时间。

3. 综合考虑水泥的终凝时间、延迟时间对混合料密实度和抗压强度的影响、施工机械和运输车辆的效率和数量、工人操作的熟练程度、接缝处理、施工季节和气候条件的影响等因素,确定出路拌法施工每一作业段的合理长度。

一般情况下,当稳定土层宽为 7～8 m 时,每一流水作业段以 200 m 为宜,但每天的第一个作业段应稍短,可为 150 m。如稳定土层较宽,则作业段应再缩短。

2.3.7 其他相关规定

1. 水泥剂量的确定。水泥剂量以水泥质量占全部粗细土颗粒(即砾石、砂粒、粉粒和黏粒)干质量的百分率表示,当用水泥稳定中粒土和粗粒土做基层时,水泥剂量不宜超过 6%,必要时应首先改善集料的级配后再用水泥稳定。但在只能使用水泥稳定细粒土做基层时或水泥稳定集料的强度要求明显大于规定时,水泥剂量不受 6% 的限制。

2. 施工季节。水泥稳定土结构层宜在春末和气温较高季节组织施工,施工期的日最低气温应在 5 ℃ 以上。冰冻地区,应在第一次重冰冻(-5～-3 ℃)到来之前半个月至一个月结束施工。降雨时,应停止施工,但已经摊铺的水泥混合料应尽快碾压密实。路拌法施工时,应采取措施排出下承层表面的水,勿使运到路上的集料过分潮湿。

3. 压实度要求。在混合料等于或略大于最佳含水量时进行碾压,应使其达到规范规定的压实度标准。

4. 严格控制基层厚度和高程，其路拱横坡应与面层一致。

5. 压路机与压实厚。应用12 t以上的压路机碾压。用12～15 t三轮压路机碾压时，每层的压实厚度不应超过15 cm；用18～20 t三轮压路机和振动压路机时，厚度不应超过20 cm；对水泥稳定中粒土和粗粒土，采用能量大的振动压路机或对水泥稳定细粒土采用振动羊足碾与三轮压路机配合碾压时，每层的压实厚度可根据试验结果适当增加。压实厚度超过上述厚度时，应分层铺筑，每层的最小压实厚度为10 cm，下层可稍厚。对于稳定细粒土以及用摊铺机摊铺混合料，均应采用先轻型、后重型压路机碾压。

6. 水泥稳定土基层施工中，严禁用薄层贴补法进行找平。

7. 支路的水泥稳定土基层和底基层可采用路拌法施工，对于次干路，应采用专用的稳定土拌和机或使用集中拌和法制备混合料，对于快速路及主干路，直接铺筑在土基上的底基层下层可以用稳定土拌和机进行路拌法施工，当土基上层已用石灰或固化剂处理时，底基层的下层也宜用集中拌和法拌制混合料。其上的各个稳定层都应采用集中厂拌法拌制混合料，并用摊铺机摊铺基层混合料。

8. 基层分两层施工时，在铺筑上层前，应在下层顶面先撒薄层水泥或水泥净浆。

9. 水泥土(含水泥石灰综合稳定土)禁止用做高级沥青路面的基层。这是因为：①水泥土的干缩系数和干缩应变以及温缩系数都明显大于水泥砂砾和水泥碎石，容易产生严重的收缩裂缝，并影响沥青面层，增加面层裂缝。②当水泥土的强度没有充分形成时，如表面水由沥青面层渗入，水泥土基层的表层会发生软化，即使是几毫米厚的软化层也会导致沥青面层龟裂破坏。③水泥土的抗冲刷能力明显小于水泥级配集料，一旦表面水由沥青面层的裂缝或由水泥混凝土面板的接缝透入，容易产生冲刷现象。

2.4 石灰稳定土施工技术

2.4.1 一般规定

1. 按照土中单个颗粒的粒径大小和组成，将土分为细粒土、中粒土和粗粒土三种。
2. 石灰剂量以石灰质量占全部粗细土颗粒干质量的百分率表示。
3. 石灰稳定土适用于各级道路的底基层，一般不作为城市道路的基层。
4. 石灰稳定土层应在春末和夏季组织施工。施工期的日最低气温应在5 ℃以上，并应在第一次重冰冻(−5～−3 ℃)到来之前一个月到一个半月完成。稳定土层宜经历半个月以上温暖和热的气候养生。多雨地区，应避免在雨季进行石灰土结构层的施工。
5. 在混合料处于最佳含水量或略小于最佳含水量(1%～2%)时进行碾压，应使其达到规范规定的压实度标准。

2.4.2 材料要求

石灰稳定土是指在粉碎的或原来松散的土(包括各种粗、中、细粒土)中，掺入足量的石灰和水,经拌和、压实及养生后得到的混合料,当其抗压强度符合规定要求时,称为石灰稳定土。

石灰土是指用石灰稳定细粒土得到的强度符合要求的混合料。

用石灰稳定中粒土和粗粒土得到的强度符合要求的混合料,原材料为天然沙砾或级配砂砾时,称石灰砂砾土;原材料为碎石或级配碎石时,称为石灰碎石土。

1. 土

塑性指数为 15～20 的黏性土以及含有一定数量黏性土的中粒土和粗粒土均适宜于用石灰稳定。塑性指数在 15 以上的黏性土更适宜于用石灰和水泥综合稳定。无塑性指数的级配砂砾、级配碎石和未筛分碎石,应在添加 15% 左右的黏性土后才能用石灰稳定。塑性指数在 10 以下的亚砂土和砂土用石灰稳定时,应采取适当的措施或采用水泥稳定。塑性指数偏大的黏性土,施工中应加强粉碎,其土块最大尺寸不应大于 15 mm。

(1)相关规定:

①石灰稳定土用做快速路及主干路的底基层时,颗粒的最大粒径不应超过 37.5 mm,用做次干路及支路的底基层时,颗粒的最大粒径不应超过 53 mm。

②级配碎石、未筛分碎石、砂砾、碎石土、砂砾土、煤矸石和各种粒状矿渣等均适宜用做石灰稳定土的材料。但石灰稳定土中碎石、砂砾或其他粒状材的含量应在 80% 以上,并应具有良好的级配。

③硫酸盐含量超过 0.8% 的土和有机质含量超过 10% 的土不宜用石灰稳定。

(2)石灰稳定土中的碎石或砾石的压碎值用做快速路及主干路的底基层时不大于35%,用做次干路及支路的底基层时不大于 40%。

2. 石灰

对石灰,其技术指标应符合表 2.14 的规定。并注意:①应尽量缩短石灰的存放时间,如在野外堆放时间较长时,应覆盖防潮;②使用等外石灰、贝壳石灰、珊瑚石灰等,应进行试验,只有当混合料的强度符合标准时,才可使用。

表 2.14 石灰的技术指标表

项目	类别	钙质生石灰			镁质生石灰			钙质消石灰			镁质消石灰		
	指标 等级	Ⅰ	Ⅱ	Ⅲ	Ⅰ	Ⅱ	Ⅲ	Ⅰ	Ⅱ	Ⅲ	Ⅰ	Ⅱ	Ⅲ
有效钙加氯化镁含量/%		≥85	≥80	≥70	≥80	≥75	≥65	≥65	≥60	≥55	≥60	≥55	≥50
未消化残渣含量(5 mm 圆孔筛的筛余)/%		≤7	≤11	≤17	≤10	≤14	≤20						
含水/%								≤4	≤4	≤4	≤4	≤4	≤4
细度	0.71 mm 方孔筛的筛余/%							0	≤1	≤1	≤0	≤1	≤1
	0.125 mm 方孔筛的累计筛余/%							≤13	≤20	—	≤13	≤20	—
钙镁石灰的分灰界限,氧化镁含量/%		≤5			>5			≤4			>4		

注:①硅、铝、镁氧化物含量之和大于 5% 的生石灰,有效钙加氧化镁含量指标,Ⅰ等≥75%,Ⅱ等≥70%,Ⅲ等≥60%;未消化残渣含量指标与镁质生石灰指标相同。

2.4.3 混合料组成设计要点

1. 原材料试验

(1)在稳定土施工前,应采集所定料场中有代表性的土样进行下列项目的试验:①颗粒分析;②液限和塑性指数;③击实试验;④碎石或砾石的压碎值;⑤有机质含量(必要时做);⑥硫酸盐含量(必要时做)。

(2)如碎石、碎石土、砂砾、砂砾土等的级配不好,宜先改善其级配。

(3)检验石灰的有效钙和氧化镁含量。

2. 混合料的设计步骤

(1)试样制备。按下列石灰剂量配制同一种土样、不同石灰剂量的混合料。

塑性指数小于12的黏性土:8%,10%,11%,12%,14%;

塑性指数大于12的黏性土:5%,7%,8%,9%,11%。

(2)确定混合料的最佳含水量和最大干密度,至少应做三个不同石灰剂量混合料的击实试验,即最小剂量、中间剂量和最大剂量,其余两个混合料的最佳含水量和最大干密度用内插法确定。

(3)按规定的压实度,分别计算不同石灰剂量的试件应有的干密度。

(4)按最佳含水量和计算得的干密度制备试件。进行强度试验时,作为平行试验的最少试件数量应不小于表2.12中的规定。

(5)试件在规定温度下保湿养生6 d,浸水24 h后,按现行试验规程进行无侧限抗压强度试验。

(6)计算试验结果的平均值和偏差系数。

(7)根据强度标准,选定合适的石灰剂量。用做快速路及主干路的底基层时,抗压强度标准值不小于0.5~0.7;用做次干路及支路的底基层时,抗压强度标准值不小于0.8。

(8)工地实际采用的石灰剂量应比室内试验确定的剂量多0.5%~1.0%。采用集中厂拌法施工时,可只增加0.5%;采用路拌法施工时,宜增加1%。

(9)综合稳定土的组成设计步骤与上述步骤相同。

2.4.4 路拌法施工程序与施工技术要点

1. 施工程序

准备下承层→施工放样→备料、摊铺土→洒水闷料→整平和轻压→卸置和摊铺石灰→拌和与洒水→整形→碾压→接缝和掉头处的处理→养生。

2. 主要施工程序的施工要点

(1)备料

除应满足上述"备料"的要求之外,还应满足:

①对于塑性指数小于15的黏性土,可视土质情况和机械性能确定是否需要过筛。

②当分层采集土时,应将土先分层堆放在一场地上,然后从前到后将上下层土一起装车

运送到现场，以利土质均匀。

③石灰应选择公路两侧宽敞、临近水源且地势较高的场地集中堆放。当堆放时间较长时，应覆盖封存，同时做好堆放场地的临时排水设施。

④生石灰块，应在使用前 7~10 d 消解，且消解的石灰应保持一定湿度，使不产生扬尘，也不过湿成团。消石灰宜过孔径 10 mm 筛，并尽快使用。

(2)通过试验确定土的松铺系数

人工摊铺混合料时，对石灰土砂砾，取 1.52~1.56(路外集中拌和)；对石灰土，取 1.53~1.58(现场拌和)或 1.65~1.70(路外集中拌和)。其他要求与水泥稳定土中"摊铺土"的要求相同。

(3)卸置和摊铺石灰

①按计算所得的每车石灰的纵横间距，用石灰在土层上做标记，同时画出摊铺的石灰标线。

②用刮板将石灰均匀摊开，表面应无空白位置。量测石灰的松铺厚度，根据石灰的含水量和松密度，校核石灰用量是否合适。

③铺土、铺灰的计算公式与示例

在稳定土施工备料时，往往需要把设计配合比中的材料质量比换算成体积比。然后将各种材料用自卸车或人工堆放于路槽中，并整成规则的现状，用皮尺或米绳丈量计数。

a. 消石灰与土由质量比换算成体积比的计算公式

$$石灰体积：土体积 = \frac{P_2}{\rho_2} : \frac{P_1}{\rho_1} \tag{2-2}$$

式中，P_2、P_1——分别为消石灰及土的质量百分比($P_1 = 100\%$)；

ρ_2——为消石灰的天然松方干密度/kg/m³；

$$\rho_2 = \frac{天然松方湿密度}{1+w2} (w2—消石灰的含水量) \tag{2-3}$$

ρ_1——为土的天然松方干密度/kg/m³；

$$\rho_1 = \frac{天然松方湿密度}{1+w1} (w1—土的含水量) \tag{2-4}$$

b. 土的松铺厚度(石灰亦同理)

$$h_1 = \frac{\rho_0 \dfrac{P_1}{P_1+P_2} h_0}{\rho_1} \tag{2-5}$$

式中，h_1——土的松铺厚度/cm；

ρ_0——石灰土的最大干密度/kg/m³；

h_0——石灰土压实(设计)厚度/cm。

c. 每延米铺张层的消石灰天然松方体积用量(土亦同理)

$$V_2 = \frac{b_0 \rho_0 \dfrac{P_2}{P_1+P_2} h_0}{\rho_2} \tag{2-6}$$

式中，V_2——每延米铺张层的消石灰天然松方体积用量/m³；

b_0——铺张层设计宽度/m；

h_0—铺张层设计(压实)厚度/cm。

例题:设剂量为 11% 的石灰土结构层,结构层宽度 6 m,压实厚度 15 cm。经试验:石灰土最大干密度 1680 kg/m³,消石灰天然松方湿密度为 495 kg/m³,土的天然松方湿密度为 1092 kg/m³,实测消石灰含水量 28%,土的含水量 4%。

解:① 消石灰与土的体积比

$$\frac{\frac{11}{495}}{1.28} : \frac{\frac{100}{1092}}{1.04} = 1 : 3.35$$

② 土的松铺厚度

$$h_1 = \frac{1680 \times 100 \times 15}{(100+11)\frac{1092}{1.04}} = 21.6 \text{ cm}$$

③ 每延米消石灰用量

$$V_2 = \frac{6 \times 0.15 \times 1680 \times 11}{(100+11)\frac{495}{1.28}} = 0.39 \text{ m}^3$$

(4)拌和与洒水

① 使用生石灰粉时,宜先用平地机或多铧犁将石灰翻到土层中间,但不能翻到底部。

② 在没有专用拌和机械的情况下,可用农用旋转耕作机与多铧犁或平地机相配合拌和三遍。先用耕作机拌和两遍、后用多铧犁或平地机将底部素土翻起,再用耕作机翻拌两遍,并随时检查调整翻犁的深度,使稳定土层全部翻透。

③ 如为石灰稳定级配碎石或砾石时,应先将石灰和需添加的黏性土拌和均匀,再均匀地摊铺在级配碎石或砂砾层上,一起进行拌和。

④ 用石灰稳定塑性指数大的黏土时,应采用两次拌和。第一次加 70%～100% 预定剂量的石灰进行拌和,闷放 1~2 d 后,再补足需用石灰,进行第二次拌和。

(5)接缝和掉头处的处理

对同日施工的两工作段的衔接处采用搭接形式,前一段拌和整形后,留 5~8 m 不进行碾压,后一段施工时,应与前段留下未压部分一起进行拌和。拌和机械及其他机械不宜在已压成的石灰稳定土层上掉头。如必须掉头,应采取措施保护掉头部分,使灰土层表层不受破坏。

其他工序的施工如准备下承层、施工放样、洒水闷料、整平和轻压、整型和碾压、纵缝的处理等均与水泥稳定土施工中所述要点相同。

2.4.5 养生与交通管制要点

石灰稳定土养生期不宜少于 7 d。养生期间,应使灰土层保持一定的湿度,不应过湿或忽干忽湿。且每次洒水后,应用两轮压路机将表层压实。石灰稳定土基层碾压结束后 1~2 d,当其表面较干燥(如灰土的含水量不大于 10%,石灰粒料土的含水量为 5%~6%)时,可以立即喷洒透层沥青,然后做下封层或铺筑面层。

石灰稳定土分层施工时,下层石灰稳定土碾压完成后,可以立即铺筑上一层石灰稳定土,但需有专门的养生期。

其余养生与交通管制要点与水泥稳定土相同。

中心站集中厂拌法施工程序与施工、路缘处理要点与水泥稳定土相同。

2.5 石灰工业废渣稳定土施工技术

石灰工业废渣稳定土是指将一定数量的石灰和粉煤灰或石灰和煤渣与其他集料相配合,加入适量的水(通常为最佳含水量)经拌和、压实及养生后得到的混合料,当其抗压强度符合规定要求时,称为石灰工业废渣稳定土(简称为石灰工业废渣)。

二灰、二灰土、二灰砂是指将一定数量的石灰和粉煤灰或一定数量的石灰、粉煤灰和土相配合以及一定数量的石灰、粉煤灰和砂相配合,加入适量的水(通常为最佳含水量),经拌和、压实及养生后得到的混合料,当其抗压强度符合规定的要求时,分别简称为二灰、二灰土、二灰砂。

二灰级配碎石、二灰级配砾石(称二灰级配集料)是指用石灰和粉煤灰稳定级配碎石或级配砾石得到的混合料,当其强度符合要求时,分别称为石灰、粉煤灰级配碎石或石灰、粉煤灰级配砾石。

石灰煤渣土和石灰煤渣集料是指用石灰、煤渣和土或石灰、煤渣和集料得到的强度符合要求的混合料,分别称为石灰煤渣土和石灰煤渣集料。

石灰工业废渣稳定土可用做各级道路的基层和底基层,但二灰、二灰土和二灰砂仅可用做高级路面的底基层,而不得用做基层。

石灰工业废渣混合料采用质量配合比计算,即以石灰:粉煤土:集料(或土)的质量比表示。

2.5.1 材料要求

1. 石灰工业废渣稳定土所用石灰质量应符合规定的Ⅲ级消石灰或Ⅲ级生石灰的技术指标,应尽量缩短石灰的存放时间。如存放时间较长,应采取覆盖封存措施,妥善保管。

有效钙含量在20%以上的等外石灰、贝壳石灰、珊瑚石灰、电石渣等,当其混合料的强度通过试验符合标准时,可以应用。

2. 粉煤灰中SiO_2、Al_2O_3和Fe_2O_3的总含量应大于70%,粉煤灰的烧失量不应超过20%;粉煤灰的比表面积宜大于2500 cm^2/g(或90%通过0.3 mm筛孔,70%通过0.075 mm筛孔)。干粉煤灰和湿粉煤灰都可以应用,但湿粉煤灰的含水量不宜超过35%。

3. 煤渣的最大粒径不应大于30 mm,颗粒组成宜有一定级配,且不宜含杂质。

4. 宜采用塑性指数12~20的黏性土(亚黏土),土块的最大粒径不应大于15 mm,有机质含量超过10%的土不宜选用。

5. 二灰稳定的中粒土和粗粒土不宜含有塑性类(指数的)土。

6. 用于一般道路的二灰稳定土应符合：二灰稳定土用做底基层时，石料颗粒的最大粒径不应超过 53 mm；二灰稳定土用做基层时，石粒颗粒的最大粒径不应超过 37.5 mm；碎石、砾石或其他粒状材料的质量宜占 80% 以上，并符合规定的级配范围。

7. 用于高等级道路的二灰稳定土应符合：各种细粒土、中粒土和粗粒土都可二灰稳定后用做底基层，但土中碎石、砾石颗粒的最大粒径不应超过 37.5 mm；二灰稳定土用做基层时，二灰的质量应占 15%，最多不超过 20%，石料颗粒的最大粒径不应超过 31.5 mm，其颗粒组成宜符合规定的级配范围，粒径小于 0.075 mm 的颗粒含量宜接近 0。

对所用的砾石或碎石，应预先筛分成 3~4 个不同粒级，然后再配合成颗粒组成符合表表 2.15、表 2.16 所列级配范围的混合料。

表 2.15 二灰级配砂砾石中集料的颗粒组成范围

通过质量百分率/% 筛孔尺寸/mm	编号 1	编号 2	通过质量百分率/% 筛孔尺寸/mm	编号 1	编号 2
37.5	100		2.36	25~45	27~47
31.5	85~100	100	1.18	17~35	17~35
19.0	65~85	85~100	0.60	10~27	10~25
9.50	50~70	55~75	0.075	0~15	0~10
4.75	35~55	39~59			

表 2.16 二灰级配碎石中集料的颗粒组成范围

通过质量百分率/% 筛孔尺寸/mm	编号 1	编号 2	通过质量百分率/% 筛孔尺寸/mm	编号 1	编号 2
37.5	100		2.36	18~38	18~38
31.5	90~100	100	1.18	10~27	10~27
19.0	72~90	81~98	0.60	6~20	6~20
9.50	48~68	52~70	0.075	0~7	0~7
4.75	30~50	30~50			

8. 碎石或砾石的压碎值应满足表 2.3 的规定。

9. 凡饮用水（含牲畜饮用水）均可使用。

2.5.2 混合料组成设计要点

1. 一般规定

(1) 石灰工业废渣稳定土的 7 d 浸水抗压强度应符合表 2.17 的规定。

表 2.17　二灰混合料抗压强度标准

层位 \ 道路等级	次干路及支路	快速路及主干路
基层	0.6～0.8	0.8～1.1
底基层	≥0.5	≥0.6

(2)石灰工业废渣稳定土的组成设计应根据表 2.17 的强度标准,通过试验选取最适宜于稳定的土,确定石灰与粉煤灰或石灰与煤渣的比例,确定石灰粉煤灰或石灰煤渣与土的质量比例,确定混合料的最佳含水量。

(3)对于 CaO 含量 2%～6% 的硅铝粉煤灰,采用石灰粉煤灰做基层或底基层时,石灰与粉煤灰的比例可以是 1:2～1:9。

(4)采用二灰土做基层或底基层时,石灰与粉煤灰的比例可用 1:2～1:4(对于粉土,以 1:2 为宜),石灰粉煤灰与细粒土的比例可以是 30:70～10:90。

(5)采用二灰级配集料做基层时,石灰与粉煤灰的比例可用 1:2～1:4,石灰粉煤灰与集料的比应是 20:80～15:85。

(6)采用石灰煤渣做基层或底基层时,石灰与煤渣的比例可用 20:80～15:85。

(7)采用石灰煤渣土做基层或底基层时,石灰与煤渣的比例可选用 1:1～1:4,石灰煤渣与细粒土的比例可以是 1:1～1:4。混合料中石灰不应少于 10%,或通过试验选取强度较高的配合比。

(8)采用石灰煤渣集料做基层或底基层时,石灰:煤渣:集料可选用(7～9):(26～33):(67～58)。

(9)为提高石灰工业废渣的早期强度,可外加 1%～2% 的水泥。

2. 原材料的试验

在石灰工业废渣稳定土施工前,应取有代表性的样品进行下列试验:土的颗粒分析;液限和塑性指数;料的压碎值试验;有机质含量(必要时做);石灰的有效钙和氧化镁含量;收集或试验粉煤灰的化学成分、细度和烧失量。

3. 混合料的设计步骤

(1)制备不同比例的石灰粉煤灰混合料(如 10:90,15:85,20:80,25:75,30:70,35:65,40:60,45:55 和 50:50),确定其各自的最佳含水量和最大干密度,确定同一龄期和同一压实度试件的抗压强度,选用强度最大时的石灰粉煤灰比例。

(2)根据试验所得的二灰比例,制备同一种土样的 4～5 种不同配合比的二灰土或二灰级配集料。其配合比宜在上述的配合比范围内选用。

(3)用重型击实试验法确定最佳含水量和最大干密度。并按规定达到的压实度,分别计算不同配合比时二灰土、二灰级配集料试件应有的干密度。

(4)按最佳含水量和计算得到的干密度制备试件。进行强度试验时,作为平行试验的试件数量应符合表 2.12 规定的数量。如试验结果的偏差系数大于表中规定值,则应重做试验,并找出原因加以解决。如不能降低偏差系数,则应增加试件数量。

(5)试件在规定温度下保湿养生 6 d,浸水 24 h 后,按试验规程规定进行无侧限抗压强度试验,并计算试验结果的平均值和偏差系数。

(6)根据上述强度标准,选定混合料的配合比。

(7)石灰煤渣混合料的配合比设计可参照上述步骤进行。

2.5.3 路拌法施工程序与施工技术要点

1. 施工程序,如图 2.6 所示。

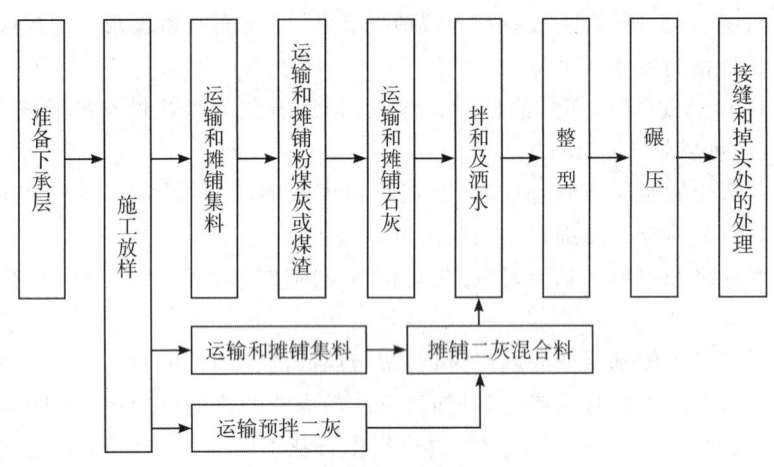

图 2.6 路拌法施工的工艺程序

2. 施工技术要点。

(1)备料

①粉煤灰应含有足够的水分,防止扬尘。对堆放过程中出现结块,使用时应将其打碎。

②集料和石灰的备料与石灰稳定土中的要求相同。

③计算材料用量。根据各路段石灰工业废渣稳定土层的宽度、厚度及预定的干密度,计算各路段需要的干混合料质量;根据混合料的配合比,材料的含水量以及所用运料车辆的吨位,计算各种材料每车料的堆放距离。

④培路肩。如路肩用料与稳定土层用料不同,应采取培肩措施,先将两侧路肩培好。路肩料层的压实厚度应与稳定土层的压实厚度相同。在路肩上每隔5～10 m应交错开挖临时泄水沟。

⑤在预定堆料的下承层上,在堆料前应先洒水,使其表面湿润。

(2)运输与摊铺

①材料装车时,应控制每车装料量基本相等。

②采用二灰时,应先将粉煤灰运到现场;采用二灰稳定土时,应先将土运到现场。在同一料场供料的路段内,由远到近按计算的距离卸置材料于下承层上,并且料堆每隔一定距离留一缺口。材料堆置时间不应过长。

③通过试验确定各种材料及混合料的松铺系数。二灰土的松铺系数约为1.5～1.7;二灰集料的松铺系数约为1.3～1.5;人工铺筑石灰煤渣土的松铺系数约为1.6～1.8;石灰煤渣集料的松铺系数约为1.4。用机械拌和及机械整型时,集料松铺系数约为1.2～1.3。

④采用机械路拌时,应采用层铺法。每种材料摊铺均匀后,宜先用两轮压路机碾压1～2遍,然后再运送并摊铺下一种材料。摊铺时,应力求平整,并具有规定的路拱。集料应较

湿润,必要时先洒少量水。

（3）拌和及洒水

对二灰级配集料,应先将石灰和粉煤灰拌和均匀,然后均匀摊铺在集料层上,再一起进行拌和。其余"拌和及洒水"施工要点与水泥稳定土及石灰稳定土相同。

人工整形及平地机整型,碾压、接缝和掉头处的处理、路缘处理施工要点与水泥稳定土及石灰稳定土相同。

2.5.4 中心站集中厂拌法施工技术要点

1. 对于高等级道路,应采用专用稳定土集中厂拌机械拌制混合料,石灰工业废渣稳定土的集中拌和流程如下图2.7所示。

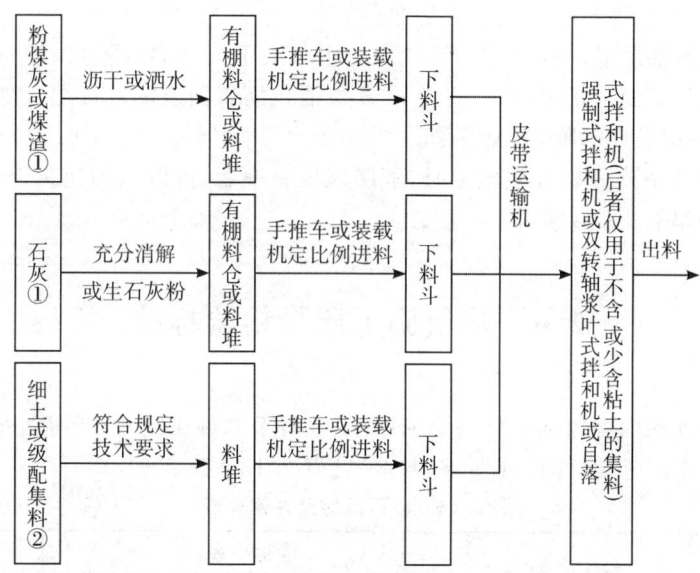

图 2.7 石灰工业废渣稳定土的集中拌和工艺流程图

注：①进入下料斗的粉煤灰、石灰、土和细集料都不应潮湿。
　　②如拌制基层用二灰级配集料,则至少应有三个集料下料斗,分装粗细集料。

2. 集中拌和的施工技术要求：

（1）土块最大尺寸不应大于15 mm；粉煤灰块不应大于12 mm,且9.5 mm和2.36 mm筛孔的通过量应分别大于95%和75%。

（2）各种粒级集料应分开堆放,石灰、粉煤灰和细集料应有覆盖。

（3）配料准确,拌和均匀。

（4）混合料含水量应略大于最佳含水量,使其运到现场碾压时的含水量能接近最佳值。

3. 拌成混合料的堆放时间,不宜超过24 h,宜当天运至铺筑现场。

4. 如压实层末端未用方木作支撑处理,在碾压后末端成一斜坡,则应在第二天开始接铺新混合料之前,将斜坡挖除,并挖成一横向（与路中线垂直）垂直向下的断面。挖出的混合料加水到最佳含水量拌匀后仍可使用。

5. 其他的施工要点要求与水泥稳定土中所述相同。

2.5.5 养生及交通管制要点

1. 碾压完成后的第二天或第三天开始养生，每天洒水次数视天气而定，应保持表面潮湿。亦可用泡水养生法。对二灰稳定粗、中粒土的基层，也可用沥青乳液和沥青下封层进行养生，养生期一般为 7 d。二灰层宜采用泡水养生法，养生期为 14 d。在养生期间，除洒水车外，应封闭交通。

2. 对二灰集料基层，养生结束后，宜先让施工车辆慢速通行 7～10 d，磨去表面的二灰薄层，或用带钢丝刷的机械扫去表面的二灰薄层。清扫和冲洗干净后再喷洒透层或黏层沥青。其后宜撒 5～10 mm 的小碎（砾）石，均匀撒布约 60%～70% 的面积（如喷洒的透层沥青能透入基层，当运料车辆和面层混合料摊铺机在上行驶不会破坏沥青膜时，可以不撒小碎（砾）石）。然后应尽早铺筑沥青面层的底面层。

在清扫干净的基层上，也可先做下封层，防止基层干缩开裂，同时保护基层免受施工车辆破坏。宜在铺设下封层后的 10～30 d 内开始铺筑沥青面层的底面层。如为水泥混凝土面层，也不宜让基层长期暴晒，以免开裂。

3. 石灰工业废渣底基层分层施工时，下层碾压完毕后，可以立即铺筑上一层，不需专门的养生期。也可养生 7 d 后铺筑上一层。

2.6 基层施工质量检验标准

基层的质量检验内容包括原材料要求（见上述各节）、施工过程中厚度、平整度、宽度、横坡、中线高程、压实度等，具体标准（允许偏差）见表 2.18～表 2.21。

表 2.18 砂石基层允许偏差表

序号	项目	允许偏差	检验频数 范围	检验频数 点数		检验方法
1	厚度	+20 mm -10%	1000 m²	1		用尺量
2	平整度	≤15 mm	20 m	路宽/m	<9 : 1 9～15 : 2 >15 : 3	用 3 m 直尺量取最大值
3	宽度	不小于设计规定	40 m	1		用尺量
4	横坡	±20 mm 且横坡差不大于±0.3%	20 m	路宽/m	<9 : 2 9～15 : 4 >15 : 6	用水准仪测量
5	中线高程	±20 mm	20 m	1		用水准仪测量
6	△压实密度	≥2.3 t/m³	1000 m²	1		灌砂法

注：①各类基层在 12 t 以上压路机碾压下，轮迹深度均不得大于 5 mm；
△为重点检查项目，合格率要达到 100%，下同。

表 2.19 碎石基层允许偏差表

序号	项目	允许偏差	检验频数 范围	检验频数 点数		检验方法
1	厚度	±10%	1000 m²	1		用尺量
2	平整度	≤15 mm	20 m	路宽/m	<9: 1 9~15: 2 >15: 3	用 3 m 直尺量取最大值
3	宽度	不小于设计规定	40 m	1		用尺量
4	横坡	±20 mm 且横坡差不大于±0.3%	20 m	路宽/m	<9: 2 9~15: 4 >15: 6	用水准仪测量
5	中线高程	±20 mm	20 m	1		用水准仪测量
6	△压实密度	嵌缝 ≥2.1 t/m³ 不嵌缝 ≥2.0 t/m³	1000 m²	1		灌砂法

注：①本表也适用于用工业废渣铺底的基层。

表 2.20 石灰土类基层允许偏差表

序号	项目	允许偏差	检验频数 范围	检验频数 点数		检验方法
1	厚度	+20 mm −10%	1000 m²	1		用尺量
2	平整度	≤10 mm	20 m	1		用 3 m 直尺量取最大值
3	宽度	不小于设计规定	40 m	1		用尺量
4	横坡	±20 mm 且横坡差不大于±0.3%	20 m	路宽/m	<9: 2 9~15: 4 >15: 6	用水准仪测量
5	中线高程	±15(20) mm	20 m	1		用水准仪测量
6	△压实度	轻型击实 98% 重型击实 95%	1000 m²	1		灌砂法

注：①本表包括掺入一定比例的碎(砾)石、天然砂砾或工业废渣等材料铺筑的基层。

表 2.21 水泥、石灰、粉煤灰类混合料基层允许偏差表

序号	项目	允许偏差	检验频数 范围	检验频数 点数	检验方法
1	厚度	±10 mm	50 m	1	用尺量
2	平整度	≤10 mm	20 m	1	用 3 m 直尺量取最大值
3	宽度	不小于设计规定	40 m	1	用尺量
4	横坡	±20 且横坡差不大于±0.3%	20 m	1	用水准仪测量
5	中线高程	±15(20)mm	20 m	1	用水准仪测量
6	△压实度	轻型击实 98% 重型击实 95%	1000 m²	1	用环刀法测定

复习思考题

2.1 什么叫填隙碎石,主要有什么作用,适用范围如何?施工程序如何?

2.2 级配碎石路拌法施工程序如何?其碾压程序的实施技术要点是什么?

2.3 级配砾石施工的程序如何?

2.4 什么叫水泥稳定土?混合料设计时应遵循哪些基本规定?

2.5 水泥稳定土路拌法施工程序如何?碾压程序应掌握哪些技术要点?

2.6 石灰稳定土一般应用要点有哪些?

2.7 石灰稳定土人工沿路拌和法的施工程序及施工技术要点是什么?

2.8 什么叫石灰工业废渣稳定土?

2.9 石灰工业废渣稳定土中心站集中厂拌法拌和程序如何?其施工技术要点有哪些?

第三章 沥青面层施工技术

教学要求：通过对本章的学习，使学生了解沥青路面的特点、沥青路面的分类，冷拌沥青混合料的施工方法，透水沥青、改性沥青等新材料的特点及施工工艺；熟悉透层、黏层施工技术和沥青贯入式路面施工技术；掌握热拌沥青混合料施工技术和沥青面层施工质量验收标准。

3.1 概 述

3.1.1 沥青路面的特点

沥青路面是指沥青混合料经过摊铺、碾压等一系列工艺而形成的路面面层结构。而沥青混合料是由沥青和矿质集料在高温条件下拌和而成的，沥青混合料的力学性质受温度、荷载大小和荷载作用时间长短的影响很大。沥青混合料的力学性质决定着沥青路面的使用性能。

由于沥青路面使用了黏结力较强、有一定弹性和塑性变形能力的沥青材料，使其与水泥混凝土路面相比具有足够的强度、表面平整无接缝、振动小、行车舒适、抗滑性能好、耐久性好、施工期短、养护维修方便等优点，因此在我国的城市道路和公路中被广泛采用，成为我国高等级公路和城市道路的主要路面形式。但它也存在表面易受硬物损坏、且容易磨光降低抗滑性等缺点，同时它对基层和路基的强度有很高要求。

3.1.2 沥青路面的分类

应用于各种道路上的沥青面层归纳起来主要有四种基本类型，即热拌沥青混合料、沥青表面处治与封层、沥青贯入式、冷拌沥青混合料。其中热拌及冷拌沥青混合料又可根据混合料的级配类型分为沥青混凝土（AC）、沥青稳定碎石（ATB）、沥青玛蹄脂碎石（SMA）、排水式沥青磨耗层（OGFC）、排水式沥青碎石基层（ATPB）和沥青碎石（AM）。

1. 热拌沥青混合料

用不同粒级的碎石、天然砂或机制砂、矿粉及沥青按一定设计配合比在拌和机中热拌所得的不同空隙率的混合料称热拌沥青混合料。热拌沥青混合料的级配类型有三种：密级配、开级配和半开级配，密级配又分为连续级配和间断级配。沥青混凝土就是其中的一种连续密级配。

热拌沥青混合料适用于各种等级道路的沥青面层。高速公路、一级公路的沥青上面层、中面层及下面层应采用沥青混凝土混合料铺筑,沥青碎石混合料仅适用于过渡层及整平层。其他等级道路的上面层宜采用沥青混凝土混合料铺筑。

2. 沥青表面处治与封层

沥青表面处治是我国早期沥青路面的主要类型,广泛使用于砂石路面以提高路面等级、解决晴雨通车所做的简易式沥青路面。现在除了三级公路以下的地方性公路上继续使用外,已逐渐为更高等级的沥青路面类型所代替。传统的表面处治使用喷洒法或称层铺法施工。喷撒法表面处治除在轻交通道路上用作沥青表面层外,还可在旧沥青面层或水泥混凝土路面上用作封层以封闭旧面层的裂缝和改善旧面层的抗滑性能。

封层是指为封闭表面空隙、防止水分浸入而在沥青面层或基层上铺筑的有一定厚度的沥青混合料薄层。铺筑在沥青面层表面的称为上封层,铺筑在沥青面层下面、基层表面的称为下封层。其实封层是属于表面处治的一种,近年来封层的用途越来越广泛,出现了石屑封层、微表处、超薄磨耗层等类型。

沥青表面处治与封层主要用来解决沥青路面的表面功能,对增加沥青路面的构造深度,提高表面抗滑、减少行车噪音起着决定作用。

在市政工程中,沥青表面处治适用于城市道路的支路和街坊路及在沥青面层或水泥混凝土面层上加铺的罩面或磨耗层。

3. 沥青贯入式路面

沥青贯入式路面是指在初步压实的碎石(或破碎砾石)上分层浇洒沥青、撒布嵌缝料或再在上部铺筑热拌沥青混合料封层,经压实而成的沥青面层。沥青贯入式是一种多孔隙结构,尤其是下部粗碎石之间的孔隙最大,作为面层,沥青贯入式必须有封面料,以密闭其表面,减少表面水透入路面结构层,并提高贯入式面层本身的耐用性。沥青贯入式是靠矿料颗粒间的嵌锁作用以及沥青的黏结作用获得所需的强度和稳定性。

沥青贯入式路面在市政工程中适用于城市道路的次干路和支路。

4. 冷拌沥青混合料

以乳化沥青或稀释沥青为结合料与矿料在常温或加热温度很低的条件下拌和,所得的混合料为冷拌沥青混合料。冷拌沥青混合料适用于城市道路支线的沥青面层和各级道路沥青路面的联结层或整平层及低等级城市道路的路面补坑。

3.1.3 施工准备工作

沥青路面在正式开始施工前,应做好技术、资源、现场等多方面的准备工作。

1. 技术准备

(1)进一步熟悉和核对设计文件。熟悉和核对设计文件特别是结构及各项技术指标、质量要求等,并考虑其技术经济的合理性和施工的可行性。应认真仔细进行现场核对,如发现有疑问、错误、漏洞等及其他与实际情况不符之处,应按有关规定及时变更设计。

(2)编制实施性施工组织设计。主要是编制实施性施工方案、施工进度计划、施工预算和安全生产技术措施设计等控制和指导施工的文件,要保证其内容实事求是,客观具体,具有可操作性。

(3)提前落实沥青路面所用混合料的施工配合比。一个完整的混合料设计应分三阶段进行,第一阶段是目标配合比设计阶段,第二阶段是生产配合比设计阶段,第三阶段是生产配合比验证阶段也即是施工配合比设计阶段。通过这三个阶段确定沥青混合料的材料品种、矿料级配及沥青用量。沥青混合料的配合比设计用马歇尔试验进行。

(4)技术交底。施工前应向参与施工的技术人员和班组长、工人分层次进行交底,必要时应举办短期有针对性的培训班,贯彻施工技术规范和操作规程、安全规程、质量保证、质量标准,进行技术交底,以确保工程质量。

(5)施工放样。在路面施工前,应根据设计文件和施工实际需要补钉中心桩,恢复中线、补测水准点、横断面等。还应根据各结构层宽度、厚度分别放样,以指导和规范施工。

2. 资源准备

(1)施工机械机具准备。应按照合同规定,配备足够的施工机械、设备和器具,并保证均处于良好的技术状态及满足施工的要求,并应有相匹配的维修措施。

(2)材料准备。面层施工所使用的材料必须经过选择和检验,按规定的规格、技术品质和数量按计划安排运至工地,凡不合格的材料,均不得进场;进场发现不合格者,应运出施工现场,不得用于施工。

(3)安全防护准备。应严格执行安全操作规程,加强安全教育,准备好各种安全防护和劳动防护用品。进一步核对安全防护措施的可靠性和有效性。

3. 施工现场准备

(1)交通管制。为了确保施工安全和有序进行施工,对施工范围内道路的两端路口,要采取有效的交通管制措施,确保施工段断交。

(2)沥青面层施工前应对基层进行检查,基层质量不符合要求的不得铺筑沥青面层。其要求是:具有足够的强度和适宜的刚度;具有良好的稳定性;干湿收缩变形较小;表面平整、密实、拱度与面层一致,高程符合要求。

(3)半刚性基层与沥青层宜在同一年内施工,以减少路面开裂。

(4)以旧沥青路面做基层时,应根据旧路面质量,确定对原有路面修补、铣刨、加铺罩面层。旧沥青路面的整平应按高程控制铺筑,分层整平的一层最大厚度不宜超过 100 mm。

(5)以旧的水泥混凝土路面做基层加铺沥青面层时,应根据旧路面质量,确定处理工艺,确认满足基层要求后,方能加铺沥青层。

(6)旧路面处理后必须彻底清除浮灰,根据需要并作适当的铣刨处理,洒布黏层油,再铺筑新的结构层。

3.2 沥青路面材料

3.2.1 材料的一般规定

1. 沥青路面使用的各种材料运至现场后必须取样进行质量检验,经评定合格后方可使用,不得以供应商提供的检测报告或商检报告代替现场检测。使用前必须由监理工程师认可。

2. 沥青路面材料的选择必须经过认真的料源调查,确认料源应尽可能就地取材。质量符合使用要求,石料开采必须注意环境保护,防止破坏生态平衡。

3. 集料粒径规格以方孔筛为准。不同料源、品种、规格的集料不得混杂堆放。

3.2.2 沥青

公路工程所用的沥青有多种,常见的有道路石油沥青、乳化沥青、液体石油沥青、煤沥青、改性沥青等。

1. 道路石油沥青

各个沥青等级的适用范围应符合表 3.1 的规定。道路石油沥青的质量应符合现行《公路工程沥青及沥青混合料试验规程(JTG E20-2011)》规定的技术要求,经建设单位同意,沥青的 PI 值、60 ℃动力黏度,10 ℃延度可作为选择性指标。

表 3.1 道路石油沥青的适用范围

沥青等级	适用范围
A 沥青	各个等级的公路,适用于任何场合和层次
B 沥青	1. 高速公路、一级公路沥青下面层及以下的层次,二级及二级以下公路的各个层次。 2. 用作改性沥青、乳化沥青、改性乳化沥青、稀释沥青的基质沥青。
C 沥青	三级及三级以下公路的各个层次

2. 沥青路面采用的沥青标号,宜按照公路等级、气候条件、交通条件、路面类型及在结构层中的层位及受力特点、施工方法等,结合当地的使用经验,经技术论证后确定。

(1)对高速公路、一级公路,夏季温度高、高温持续时间长,重载交通、山区及丘陵区上坡路段、服务区、停车场等行车速度慢的路段,尤其是汽车荷载剪应力大的层次,宜采用稠度大、60 ℃黏度大的沥青,也可提高高温地区气候分区的温度水平选用沥青等级;对冬季寒冷的地区或交通量小的公路、旅游公路宜选用稠度小、低温延度大的沥青;对温度日温差、年温差大的地区宜注意选用针入度指数大的沥青。当高温要求与低温要求发生矛盾时应优先考虑满足高温性能的要求。

(2)当缺乏所需标号的沥青时,可采用不同标号参配的调和沥青,其掺配比例由试验室确定。

3. 沥青必须按品种、标号分开存放。除长时间不使用的沥青可放在自然温度下存储外,沥青在储罐中贮存的温度不宜低于 130 ℃,并不得高于 170 ℃。桶装沥青应直立堆放,并加盖苫布。

4. 道路石油沥青在贮运、使用及存放过程中应有良好的防水措施,避免雨水或加热管道蒸气进入沥青中。

3.2.3 乳化沥青

乳化沥青是指石油沥青与水在乳化剂、稳定剂等作用下经乳化加工制得的均匀沥青产品,也称沥青乳液。

1. 乳化沥青适用于沥青表面处治路面、沥青贯入式路面、冷拌沥青混合料路面,修补裂缝,喷洒透层、黏层与封层等。乳化沥青的品种和适用范围宜符合表3.2的规定。
2. 高温条件下宜采用黏度较大的乳化沥青,寒冷条件下宜使用黏度较小的乳化沥青。
3. 乳化沥青类型根据集料品种及使用条件选择。阳离子乳化沥青适用于各种集料品种,阴离子乳化沥青适用于碱性石料。乳化沥青的破乳速度、黏度宜根据用途与施工方法选择。
4. 乳化沥青宜放在立式罐中,并保持适当搅拌,贮存期宜不离析、不冻结、不破乳。

3.2.4 液体石油沥青

1. 液体石油沥青适用于透层、黏层及拌制冷拌沥青混合料。根据使用目的与场所,可选用快凝、中凝、慢凝的液体石油沥青,其质量应符合规范中的规定。
2. 液体石油沥青宜采用针入度较大的石油沥青,使用前按先加热沥青后加稀释剂的顺序,掺配煤油或轻柴油,经适当的搅拌、稀释制成。参配比例根据使用要求由试验室确定。
3. 液体石油沥青在制作、贮存、使用的全过程中必须通风良好,并有专人负责,确保安全。基质沥青的加热温度严禁超过140 ℃,液体沥青的贮存温度不得高于50 ℃。

3.2.5 煤沥青

1. 道路用煤沥青的标号根据气候条件、施工温度、使用目的选用,其质量应符合规范中的规定。
2. 道路用煤沥青适用于下列情况:
(1)各种等级公路的各种基层上的透层,宜采用 T-1 或 T-2 级(规范中规定),其他等级不符合喷洒要求时可适当稀释使用;
(2)三级及三级以下公路铺筑表面处治或贯入式沥青路面,宜采用 T-5、T-6 或 T-7 级;
(3)与道路石油沥青、乳化沥青混合使用,以改善渗透性。
3. 道路用煤沥青严禁用于热拌热铺的沥青混合料,作其他用途时的贮存温度宜为70～90 ℃,且不得长时间贮存。

3.2.6 改性沥青

改性沥青是通过掺加橡胶、树脂、高分子聚合物、天然沥青、磨细的橡胶粉,或其他材料等外掺剂(改性剂)制成的沥青结合料,从而使沥青或沥青混合料的性能得以改善。

1. 改性沥青可单独或复合采用高分子聚合物、天然沥青及其他改性材料制作。
2. 制作改性沥青的基质沥青应与改性剂有良好的配伍性,其质量宜符合表3.2中 A 级或 B 级道路石油沥青的技术要求。供应商在提供改性沥青的质量报告时应提供基质沥青的质量检验报告或沥青样品。

表 3.2 乳化沥青品种及适用范围

分类	品种及代号	适用范围
阳离子乳化沥青	PC-1	表处、贯入式路面及下封层用
	PC-2	透层油及基层养生用
	PC-3	黏层油用
	BC-1	稀浆封层或冷拌沥青混合料用
阴离子乳化沥青	PA-1	表处、贯入式路面及下封层用
	PA-2	透层油及基层养生用
	PA-3	黏层油用
	BA-1	稀浆封层或冷拌沥青混合料用
非离子乳化沥青	PN-2	透层油用
	BN-1	与水泥稳定集料同时使用（基层路拌或再生）

3. 天然沥青可以单独与石油沥青混合使用或与其他改性沥青混融后使用。天然沥青的质量要求宜根据其品种参照相关标准和成功的经验执行。

4. 用作改性剂的 SBR 乳胶中的固体物含量不宜少于 45%，使用中严禁长时间暴晒或遭冰冻。

5. 改性沥青的剂量以改性剂占改性沥青总量的百分数计算，乳胶改性沥青的剂量应以扣除水以后的固体物含量计算。

6. 改性沥青宜在固定式工厂或在现场设厂集中制作，也可在拌和厂现场边制作边使用，改性沥青的加工温度不宜超过 180 ℃。胶乳类改性剂和制成颗粒的改性剂可直接投入拌和缸中生产改性沥青混合料。

7. 用溶剂法生产改性沥青母体时，挥发性溶剂回收后的残留量不得超过 5%。

8. 现场制作的改性沥青宜随配随用，需作短时间保存，或运送到附近的工地时，使用前必须搅拌均匀，在不发生离析的状态下使用。改性沥青制作设备必须设有随机采集样品的取样口，采集的试样宜立即在现场罐模。

9. 工厂制作的成品改性沥青到达施工现场后存贮在改性沥青罐中，改性沥青罐中必须加设搅拌设备并进行搅拌，使用前改性沥青必须搅拌均匀。在施工过程中应定期取样检验产品质量，发现离析等质量不符合要求的改性沥青不得使用。

3.2.7 改性乳化沥青

改性乳化沥青是指在制作乳化沥青的过程中同时加入聚合物乳胶，或将聚合物乳胶与乳化沥青成品混合，或对聚合物改性沥青进行乳化加工得到的乳化沥青产品。改性乳化沥青按表 3.3 选用。

表 3.3 改性乳化沥青的品种和使用范围

品种		代号	使用范围
改性乳化沥青	喷洒型改性乳化沥青	PCR	黏层、封层、桥面防水黏结层用
	拌和用乳化沥青	BCR	改性稀浆封层和微表处理

3.2.8 粗集料

1. 沥青层用粗集料包括碎石、破碎砾石、筛选砾石、钢渣、矿渣等，但高速公路和一级公路不得使用筛选砾石和矿渣。粗集料必须由具有生产许可证的采石场生产或施工单位自行加工。

2. 粗集料应该洁净、干燥、表面粗糙，质量应符合表 3.4 规定，当单一规格集料质量指标达不到表中要求，而按照集料配合比计算的质量指标符合要求时，工程上允许使用。对受热易变质的集料，宜采用经拌和机烘干后的集料进行检验。

表 3.4 沥青混合料用集料质量技术要求

指标	单位	高速公路及一级公路		其他等级公路	试验方法
		表面层	其他层次		
石料压碎值，不大于	%	26	28	30	T0316
洛杉矶磨耗损失，不大于	%	28	30	35	T0317
表观相对密度，不小于	—	2.60	2.50	2.45	T0304
吸水率，不大于	%	3.0	3.0	3.0	T0304
坚固性，不大于	%	12	12	—	T0314
针片状颗粒含量，不大于	%	15	18	20	T0312
其中粒径小于 9.5 mm，不大于	%	12	15	—	
其中粒径大于 9.5 mm，不大于	%	18	20	—	
水洗法＜0.075 mm 颗粒含量，不大于	%	1	1	1	T0310
软石含量，不大于	%	3	5	5	T0320

注：①坚固性试验可根据需要进行。
②用于高速公路、一级公路时，多孔玄武岩的视密度可放宽至 2.45 t/m³，吸水率可放宽至 3%，但必须得到建设单位的批准，且不得用于 SMA 路面。
③对 S14 即 3～5 规格的粗集料，针片状颗粒含量可不予要求，＜0.075 mm 含量可放宽至 3%。

3. 粗集料的粒径规格应按规范的规定生产和使用。

4. 采石场在生产过程中必须彻底清除覆盖层及泥土夹层。生产碎石用的原石不得含有土块、杂物，集料成品不得堆放在泥土地上。

5. 高速公路、一级公路沥青路面的表面层（或磨耗层）的粗集料的磨光值应符合表 3.5 的要求。除 SMA、OGFC 路面外，允许在硬质粗集料中掺加部分较小粒径的磨光值达不到要求的粗集料,其最大掺配比例由磨光值试验确定。

6. 粗集料与沥青的黏附性应符合表 3.5 的要求,当使用不符合要求的粗集料时,宜掺加消石灰、水泥或用饱和石灰水处理后使用,必要时可同时在沥青中掺加耐热、耐水、长期性能好的抗剥落剂,也可采用改性沥青的措施,使沥青混合料的水稳定性检验达到要求。掺加外加剂的剂量由沥青混合料的水稳定性的检验确定。

表 3.5　粗集料与沥青的黏附性、磨光值的技术要求

雨量气候区	1(潮湿区)	2(湿润区)	3(半干区)	4(干旱区)	试验方法
年降雨量/mm	>1000	1000～500	500～250	<250	附录A
粗集料的磨光值 PSV 不小于 高速公路、一级公路表面层	42	40	38	36	T0321
粗集料与沥青的黏附性不小于 (1)高速公路、一级公路表面层	5	4	4	3	T0616
(2)高速公路、一级公路的其他层次及其他公路的各个层次	4	4	3	3	T0663

7. 破碎砾石应采用粒径大于 50 mm,含泥量不大于 1% 的砾石轧制,破碎砾石的破碎面应符合表 3.6 的要求。

表 3.6　粗集料对破碎面的要求

路面部位及混合料类型	具有一定数量破碎面颗粒的含量/%		试验方法
	1个破碎面	2个或2个以上破碎面	
沥青路面表面层 高速公路、一级公路,不小于 其他等级公路,不小于	100 80	90 60	T0346
沥青路面中下面层、基层 高速公路、一级公路,不小于 其他等级公路,不小于	90 70	80 50	
SMA 混合料,不小于	100	90	
贯入式路面,不小于	80	60	

8. 筛选砾石仅适用于三级及三级以下公路的沥青表面处治路面。

9. 经过破碎且存放期超过 6 个月以上的钢渣可用作粗集料使用。除吸水率允许适当放宽外,各项质量指标应符合表 3.4 的要求。钢渣在使用前应进行活性检验,要求钢渣中的游离氧化钙含量不大于 3%,浸水膨胀率不大于 2%。

3.2.9　细集料

1. 沥青路面的细集料包括天然砂、机制砂、石屑。细集料必须由具有生产许可证的采石场、采砂场生产。

2. 细集料应洁净、干燥、无风化、无杂质,并有适当的颗粒级配,其质量应符合表3.7的规定。细集料的洁净程度,天然砂以小于0.075 mm含量的百分数表示,石屑和机制砂以砂当量(适用于0~4.75 mm)或亚甲蓝值(适用于0~2.36 mm或0~0.15 mm)表示。

表3.7 沥青混合料用细集料质量要求

项目	单位	高速公路 一级公路	其他等级 公路	试验方法
表观相对密度,不小于	—	2.50	2.45	T0328
坚固性(>0.3 mm 部分),不小于	%	12	—	T0340
含泥量(小于0.075 mm 的含量),不大于	%	3	5	T0333
砂当量,不小于	%	60	50	T0334
亚甲蓝值,不大于	g/kg	25	—	T0349
棱角型(流动时间),不小于	s	30	—	T0345

3. 天然砂可采用河砂或海砂,通常宜采用粗、中砂,其规格应符合规范中的规定。砂的含泥量超过规定时应水洗后使用,海砂中的贝壳类材料必须筛除。开采天然砂必须取得当地政府主管部门的许可,并符合水利及环境保护的要求。热拌密级配沥青混合料中天然砂的用量通常不宜超过集料总量的20%,SMA 和 OGFC 混合料不宜使用天然砂。

4. 石屑是采石场破碎石料时通过4.75 mm 或2.36 mm 的筛下部分,其规格应符合表3.8 的要求。采石场在生产石屑的过程中应具备抽吸设备,高速公路和一级公路的沥青混合料,宜将 S14 与 S16 组合使用,S15 可在沥青稳定碎石基层或其他等级公路中使用。

表3.8 沥青混合料用机制砂或石屑规格

规格	公称粒径/mm	水洗法通过各筛孔的质量百分率/%							
		9.5	4.75	2.36	1.18	0.6	0.3	0.15	0.075
S15	0~5	100	90~100	60~90	40~75	20~55	7~40	2~20	0~10
S16	0~3	—	100	80~100	50~80	25~60	8~45	0~25	0~15

注:①当生产石屑采用喷水抑制扬尘工艺时,应特别注意含粉量不得超过表中要求。

5. 机制砂宜采用专用的制砂机制造,并选用优质石料生产,其级配应符合 S16 的要求。

3.2.10 填料

1. 沥青混合料的矿粉必须采用石灰岩或岩浆岩中的强基性岩石等憎水性石料经磨细得到的矿粉,原石料中的泥土杂质应除净。矿粉应干燥、洁净,能自由地从矿粉仓流出,其质量应符合表3.9 的要求。

表 3.9 沥青混合料用矿粉质量要求

项目	单位	高速公路、一级公路	其他等级公路	试验方法
表观密度,不小于	t/m³	2.50	2.45	T0352
含水量,不大于	%	1	1	T0103 烘干法
粒度范围<0.6 mm	%	100	100	
<0.15 mm	%	90～100	90～100	T0351
<0.075 mm	%	75～100	70～100	
外观	—	无团粒结块	—	
亲水系数	—	<1		T0353
塑性指数	%	<4		T0364
加热安定性	—	实测记录		T0355

2. 拌和机的粉尘可作为矿粉的一部分回收使用。但每盘用量不得超过填料总量的 25%,掺有粉尘填料的塑性指数不得大于 4%。

3. 粉煤灰作为填料使用时,用量不得超过填料总量的 50%,粉煤灰的烧失量应小于 12%,与矿粉混合后的塑性指数应小于 4%,其余质量要求与矿粉相同。高速公路、一级公路的沥青面层不宜采用粉煤灰做填料。

3.3 透层、黏层施工技术

3.3.1 透层施工技术要点

1. 沥青路面各类基层都必须喷洒透层油,沥青层必须在透层油完全渗透入基层后方可铺筑。基层上设置下封层时,透层油不宜省略。气温低于 10 ℃ 或大风天气,即将降雨时不得喷洒透层油。

2. 根据基层类型选择渗透性好的液体沥青、乳化沥青、煤沥青作透层油,喷洒后通过钻孔或挖掘确认透层油渗透入基层的深度宜不小于 5 mm(无机结合料稳定集料基层)～10 mm(无结合料基层),并能与基层联结成为一体。透层油的质量应符合本章第 2 节的要求。

3. 透层油的黏度通过调节稀释剂的用量或乳化沥青的浓度得到适宜的黏度,基质沥青的针入度通常宜不小于 100。透层用乳化沥青的蒸发残留物含量允许根据渗透情况适当调整,当使用成品乳化沥青时可通过稀释得到要求的黏度。透层用液体沥青的黏度通过调节煤油或轻柴油等稀释剂的品种和掺量经试验确定。

4. 透层油的用量通过试洒确定,不宜超出表 3.10 要求的范围。

表 3.10 沥青路面透层材料的规格和用量表

用途	液体沥青		乳化沥青		煤沥青	
	规格	用量/L/m²	规格	用量/L/m²	规格	用量/L/m²
无结合料粒料基层	AL(M)-1、2 或 3 AL(S)-1、2 或 3	1.0~2.3	PC-2 PA-2	1.0~2.0	T-1 T-2	1.0~1.5
半刚性基层	AL(M)-1 或 2 AL(S)-1 或 2	0.6~1.5	PC-2 PA-2	0.7~1.5	T-1 T-2	0.7~1.0

注：①表中用量是指包括稀释剂和水分等在内的液体沥青、乳化沥青的总量。乳化沥青中的残留物含量以 50% 为基准。

5. 用于半刚性基层的透层油宜紧接在基层碾压成型后表面稍变干燥，但尚未硬化的情况下喷洒。

6. 在无结合料粒料的基层上洒布透层油时，宜在铺筑沥青层前 1~2 d 洒布。

7. 透层油宜采用沥青洒布车一次喷洒均匀，使用的喷嘴宜根据透层油的种类和黏度选择并保证均匀喷洒，沥青洒布车喷洒不均匀时宜改用手工沥青洒布机喷洒。

8. 喷洒透层油前应清扫路面，遮挡防护路缘石及人工构造物避免污染，透层油必须洒布均匀，有花白遗漏应人工补洒，喷洒过量的立即撒布石屑或砂吸油，必要时作适当碾压。透层油洒布后不得在表面形成能被运料车和摊铺机粘起的油皮，透层油达不到渗透深度要求时应更换透层油稠度或品种。

9. 透层油洒布后的养生时间随透层油的品种和气候条件由试验确定，确保液体沥青中的稀释剂全部挥发，乳化沥青渗透且水分蒸发，然后尽早铺筑沥青面层，防止工程车辆损坏透层。

3.3.2 黏层施工技术要点

1. 符合下列情况之一时，必须喷洒黏层油：
(1)双层式或三层式热拌热铺沥青混合料路面的沥青层之间。
(2)水泥混凝土路面、沥青稳定碎石基层或旧沥青路面层上加铺沥青层。
(3)路缘石、雨水口、检查井等构造物与新铺沥青混合料接触的侧面。

2. 黏层油宜采用快裂或中裂乳化沥青、改性乳化沥青，也可采用快、中凝液体石油沥青，其规格和质量应符合规范要求，所使用的基质沥青标号宜与主层沥青混合料相同。

3. 黏层油品种和用量，应根据下卧层的类型通过试洒确定，并符合表 3.11 的要求。

表 3.11 沥青路面黏层材料的规格和用量表

下卧层类型	液体沥青		乳化沥青	
	规格	用量/L/m²	规格	用量/L/m²
新建沥青层 旧沥青路面	AL(R)-3~AL(R)-6 AL(M)-3~AL(M)-6	0.3~0.5	PC-3 PC-3	0.3~0.6
水泥混凝土	AL(M)-3~AL(M)-6 AL(S)-3~AL(S)-6	0.2~0.4	PC-3 PC-3	0.3~0.5

注：①表中用量是指包括稀释剂和水分等在内的液体沥青、乳化沥青的总量。乳化沥青中的残留物含量以 50% 为基准。

4. 黏层油宜采用沥青喷洒车喷洒，并选用适宜的喷嘴，洒布速度和喷洒量保持稳定。当采用机动或手摇的手工沥青洒布机喷洒时，必须由熟练的技术工人操作，均匀洒布。气温低于10℃时不得喷洒黏层油，寒冷季节施工不得不喷洒时可以分成两次喷洒。路面潮湿时不得喷洒黏层油，用水洗刷需待表面干燥后喷洒。

5. 喷洒的黏层油必须呈均匀雾状，在路面全宽度内均匀分布成一薄层，不得有洒花漏空或呈条状，也不得有堆积。喷洒不足的要补洒，喷洒过量处应予刮除。喷洒黏层油后，严禁运料车外的其他车辆和行人通过。

6. 黏层油宜在当天洒布，待乳化沥青破乳、水分蒸发完成，或稀释沥青中的稀释剂基本挥发完成后，紧跟着铺筑沥青层，确保黏层不受污染。

3.4 热拌沥青混合料路面施工技术

3.4.1 热拌沥青混合料的种类及基本要求

1. 热拌沥青混合料种类

热拌沥青混合料（HMA）适用于各种等级的城市道路和公路的沥青路面。其种类按集料公称最大粒径、矿料级配、空隙率划分，分类见表3.12。

表3.12 热拌沥青混合料种类

混合料类型	密集配			开级配		半开级配	公称最大粒径/mm	最大粒径/mm
	连续级配		间断级配	间断级配		沥青碎石		
	沥青混凝土	沥青稳定碎石	沥青玛蹄脂碎石	排水式沥青磨耗层	排水式沥青碎石基层			
特粗式	—	ATB-40	—	—	ATPB-40	—	37.5	53.0
粗粒式	—	ATB-30	—	—	ATPB-30	—	31.5	37.5
	AC-25	ATB-25	—	—	ATPB-25	—	26.5	31.5
中粒式	AC-20	—	SMA-20	—	—	AM-20	19.0	26.5
	AC-16	—	SMA-16	OGFC-16	—	AM-16	16.0	19.0
细粒式	AC-13	—	SMA-13	OGFC-13	—	AM-13	13.2	16.0
	AC-10	—	SMA-10	OGFC-10	—	AM-10	9.5	13.2
砂粒式	AC-5	—	—	—	—	—	4.75	9.5
设计空隙率/%	3～5	3～6	3～4	>18	>18	6～12	—	—

注：①设计空隙率可按配合比要求适当调整。

2. 基本要求

(1)各层沥青混合料应满足所在层位的功能要求,便于施工不容易离析。各层应连续施工并连接成为一个整体。当发现混合料结构组合及级配类型的设计不合理时,应进行修改、调整,以确保沥青路面的使用性能。

(2)沥青面层集料的最大粒径宜从上至下逐渐增大,并应与压实层厚度相匹配,对热拌热铺密级配沥青混合料,沥青层一层的压实厚度不宜小于集料公称最大粒径的2.5~3倍,对SMA和OGFC等嵌挤型混合料不宜小于公称最大粒径的2~2.5倍,以减少离析便于压实。

3.4.2 施工前的准备工作

1. 铺筑沥青面层前,应检查基层或下卧沥青层的质量,不符合要求的不得铺筑沥青面层。旧沥青路面或下卧层已被污染时,必须清洗或经铣刨处理后方可铺筑沥青混合料。

2. 石油沥青加工及沥青混合料施工温度应根据沥青标号及黏度、气候条件、铺装层的厚度确定。

(1)普通沥青混合料的施工温度宜通过在135 ℃及175 ℃条件下测定的黏度—温度曲线按表3.13的规定确定。缺乏黏温曲线数据时,可参照表3.14的范围选择,并根据实际情况确定使用高值或低值。当表中温度不符合实际情况时,容许作适当调整。

表3.13 确定沥青混合料拌和及压实温度的适宜温度

黏度	适宜于拌和的沥青结合料黏度	适宜于压实的沥青结合料黏度	测定方法
表观黏度	(0.17 ± 0.02) P_{as}	(0.28 ± 0.03) P_{as}	T0625
运动黏度	(170 ± 20) mm²/s	(280 ± 30) mm²/s	T0619
赛波特黏度	(85 ± 10) s	(140 ± 15) s	T0623

表3.14 热拌沥青混合料的施工温度

℃

施工工序		石油沥青的标号			
		50号	70号	90号	110号
沥青加热温度		160~170	155~165	150~160	145~155
矿料加热温度	间歇式拌和机	集料加热温度比沥青温度高10~30			
	连续式拌和机	矿料加热温度比沥青温度高5~10			
沥青混合料出料温度		150~170	145~165	140~160	135~155
混合料贮料仓贮存温度		贮料过程中温度降低不超过10			
混合料废弃温度,高于		200	195	190	185
运输到现场温度,不低于		150	145	140	135
混合料摊铺温度,不低于	正常施工	140	135	130	125
	低温施工	160	150	140	135

续表

施工工序		石油沥青的标号			
		50号	70号	90号	110号
开始碾压的混合料内部温度,不低于	正常施工	135	130	125	120
	低温施工	150	145	135	130
碾压终了的表面温度,不低于	钢轮压路机	80	70	65	60
	轮胎压路机	85	80	75	70
	振动压路机	75	70	60	55
开放交通的路表温度,不低于		50	50	50	45

注:①沥青混合料的施工温度采用具有金属探测针插入式数显温度计测量。表面温度可采用表面接触式温度计测定。当采用红外线温度计测量表面温度时,应进行标定。
②表中未列入的130号、160号及30号沥青的施工温度由试验确定。

(2)聚合物改性沥青混合料的施工温度根据实践经验并参照表3.15选择。通常较普通沥青混合料的施工温度提高10~20 ℃。对采用冷态乳胶直接喷入法制作的改性沥青混合料,集中烘干温度应进一步提高。

表3.15 聚合物改性沥青混合料的正常施工温度范围

℃

工序	聚合物改性沥青品种		
	SBS类	SBR乳胶类	EVA、PE类
沥青加热温度	160~165		
改性沥青现场制作温度	~	—	165~170
成品改性沥青加热温度,不大于	175		175
集料加热温度	190~220	200~210	185~195
改性沥青SMA混合料出厂温度	170~185	160~180	165~180
混合料最高温度(废弃温度)	195		
混合料贮存温度	拌和出料后降低不超过10		
摊铺温度,不低于	160		
初压开始温度,不低于	150		
碾压终了的表面温度,不低于	90		
开放交通时的路标温度,不高于	50		

注:①沥青混合料的施工温度采用具有金属探测针插入式数显温度计测量,表面温度可采用表面接触式温度计测定,当采用红外线温度计测量表面温度时,应进行标定。
②当采用表列以外的聚合物或天然沥青改性沥青时,施工温度由试验确定。

(3)SMA混合料的施工温度应视纤维品种和数量、矿粉用量的不同,在改性沥青混合料的基础上作适当提高。

3.4.3 沥青混合料的拌和

沥青混合料的拌和是沥青面层施工的关键环节之一,拌和厂的材料、机械设备和产品质量都会直接影响着沥青混合料的各项技术指标以及面层的质量。

1. 材料

沥青混合料使用的材料分为两大部分,一是矿料,二是沥青。材料的技术指标应满足本章第2节中的相关规定。同时并注意细集料和沥青的存放,应避免潮湿和被雨淋。

2. 沥青混合料必须在沥青拌和厂(场、站)采用拌和机械拌制

(1)热拌沥青混合料的拌和工艺流程(如图3.1)所示

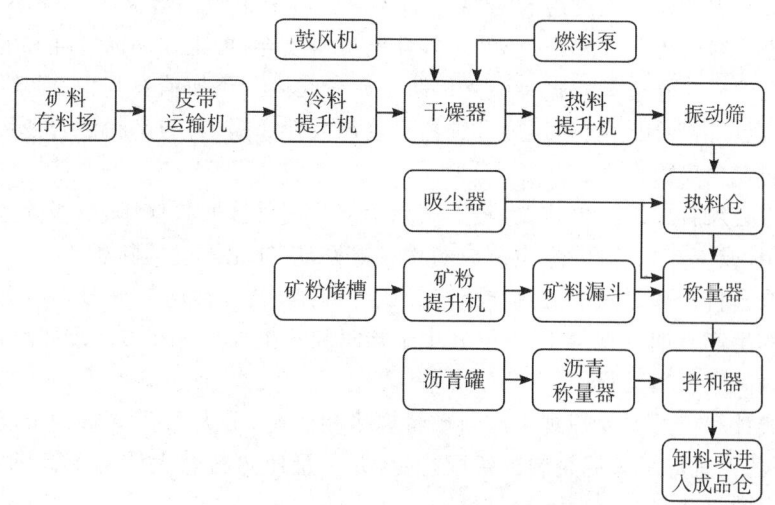

图 3.1 热拌沥青混合料拌和工艺流程

(2)热拌沥青混合料的拌制

①沥青拌和厂的设置除应符合国家有关环境保护、消防、安全等规定外,还应具备下列条件:

a. 拌和厂应设置在空旷、干燥、运输条件良好的地方。

b. 沥青应分品种、分标号密封储存。各种矿料应分别堆放在具有硬质基底的料仓或场地上,并不得混杂。矿粉等填料不得受潮。集料宜设置防雨顶棚。拌和厂应有良好的排水设施。

c. 拌和厂应配备试验室,并配置足够的仪器设备。

d. 拌和厂应有可靠的电力供应。

②热拌沥青混合料可采用间歇式拌和机或连续式拌和机拌制。高速公路、一级公路的沥青混凝土宜采用间歇式拌和机拌和。连续式拌和机使用的集料必须稳定不变,一个工程从多处进料、料源或质量不稳定时,不得采用连续式拌和机拌和。

③沥青混合料拌和设备的各种传感器必须定期标定,周期不少于每年一次。冷料供料装置需经标定得出集料供料曲线。

④间歇式拌和机应符合下列要求：

a. 总拌和能力满足施工进度要求。拌和机除尘设备完好，能达到环保要求。

b. 冷料仓的数量满足配合比需要，通常不宜少于5～6个。具有添加纤维、消石灰等外掺剂的设备。

⑤集料与沥青混合料取样应符合现行试验规程的要求。从沥青混合料运料车上取样时，必须在设置取样台分几处采集一定深度下的样品。

⑥集料进场宜在料堆顶部平台卸料，经推土机推平后，铲运机从底部按顺序竖直装料，减小集料离析。

⑦高速公路和一级公路施工用的间歇式拌和机必须配备计算机设备，拌和过程中逐盘采集并打印各个传感器测定的材料用量和沥青混合料拌和量、拌和温度等各种参数。每个台班结束时打印出一个台班的统计量，按规定的方法进行沥青混合料生产质量及铺筑厚度的总量检验。总量检验的数据有异常波动时，应立即停止生产，分析原因。

⑧沥青混合料的生产温度应符合规定的要求。烘干集料的残余含水量不得大于1%。每天开始几盘集料应提高加热温度，并干拌几锅集料废弃，再正式加沥青拌和混合料。

⑨拌和机的矿粉仓应配备振动装置以防止矿粉起拱。添加消石灰、水泥等外掺剂时，宜增加粉料仓，也可由专用管线和螺旋升送器直接加大拌和锅，若与矿粉混合使用时应注意二者因密度不同发生离析。

⑩拌和机必须有二级除尘装置，经一级除尘部分可直接回收使用，二级除尘部分可进入回收粉仓使用（或废弃）。对因除尘造成的粉料损失，应补充等量的新矿粉。

⑪沥青混合料拌和时间根据具体情况经试拌确定，以沥青均匀裹覆集料为度。间歇式拌和机每盘的生产周期不宜少于45 s（其中干拌时间不少于5～10 s）。改性沥青和SMA混合料的拌和时间应适当延长。

⑫间歇式拌和机的振动筛规格应与矿料规格相匹配，最大筛孔宜略大于混合料的最大粒径，其余筛的设置应考虑混合料的级配稳定，并尽量使热料仓大体均衡，不同级配混合料必须配置不同的筛孔组合。

⑬间隙式拌和机宜备有保温性能好的成品储料仓，储存过程中混合料温降不得大于10 ℃，且不能有沥青滴漏。普通沥青混合料的储存时间不得超过72 h；改性沥青混合料的储存时间不宜超过24 h；SMA混合料只限当天使用；OGFC混合料宜随拌随用。

⑭生产添加纤维的沥青混合料时，纤维必须在混合料中充分分散，拌和均匀。拌和机应配备同步添加投料装置，松散的絮状纤维可在喷入沥青的同时或稍后采用风送设备喷入拌和锅，拌和时间宜延长5 s以上。颗粒纤维可在粗集料投入的同时自动加入，经5～10 s的干拌后，再投入矿粉。工程量很小时，也可分装成塑料小包或由人工量取直接投入拌和锅。

⑮使用改性沥青时应随时检查沥青泵、管道、计量器是否受堵，堵塞时应及时清洗。

⑯沥青混合料出厂时应逐车检测沥青混合料的重量和温度，记录出厂时间，签发运料单。

3.4.4 热拌沥青混合料的运输

厂拌沥青混合料通常用自卸汽车运往铺筑现场。其所需运输的车辆数可按下式计算：

$$N=\frac{a(T_1+T_2+T_3)}{T} \tag{3-1}$$

式中,N—所需车辆数;

T_1—重载运程时间/min;

T_2—空载运程时间/min;

T_3—在工地卸料和等待的时间/min;

T—拌制一车混合料所需的时间/min;

a—储备系数,视交通情况而定,一般取 $a=1.1\sim1.2$。

1. 热拌沥青混合料宜采用较大吨位的运料车运输,但不得超载运输,或急制动、急弯掉头使透层、封层造成损伤。运料车的运力应稍有富余,施工过程中摊铺机前方应有运料车等候。对高速公路、一级公路,宜待等候的运料车多于5辆后开始摊铺。

2. 运料车每次使用前后必须清扫干净,在车厢板上涂一薄层防止沥青黏结的隔离剂或防黏剂,但不得有余液积聚在车厢底部。从拌和机向运料车上装料时,应多次挪动汽车位置,平衡装料,以减少混合料离析。运料车运输混合料宜用苫布覆盖保温、防雨、防污染。

3. 运料车进入摊铺现场时,轮胎上不得沾有泥土等可能污染路面的脏物,否则宜设水池洗净轮胎后进入工程现场。沥青混合料在摊铺地点凭运料单接收,若混合料不符合施工温度要求,或已经结成团块、已遭雨淋的,不得铺筑。

4. 摊铺过程中,运料车应在摊铺机前 100~300 mm 处停住,空挡等候,由摊铺机推动前进开始缓缓卸料,避免撞击摊铺机。在有条件时,运料车可将混合料卸入转运车经二次拌和后向摊铺机连续均匀地供料。运料车每次卸料必须倒净,尤其是对改性沥青或 SMA 混合料,如有剩余,应及时清除,防止硬结。

5. SMA 及 OGFC 混合料在运输、等候过程中,如发现有沥青混合料沿车厢板滴漏时,应采取措施予以避免。

3.4.5 热拌沥青混合料的摊铺

1. 热拌沥青混合料应采用沥青摊铺机摊铺,在喷洒有黏层油的路面上铺筑改性沥青混合料或 SMA 时,宜使用履带式摊铺机。摊铺机的受料斗应涂刷薄层隔离剂或防黏结剂。

2. 铺筑高速公路、一级公路沥青混合料时,一台摊铺机的铺筑宽度不宜超过 6 m(双车道)~7.5 m(3车道以上),通常宜采用两台或更多台数的摊铺机前后错开 10~20 m,呈梯队方式同步摊铺,两幅之间应有 30~60 mm 左右宽度的搭接,并躲开车道轮迹带,上、下层的搭接位置宜错开 200 mm 以上。

3. 摊铺机开工前应提前 0.5~1 h 预热熨平板不低于 100 ℃。铺筑过程中应选择熨平板的振捣或夯锤压实装置具有适宜的振动频率和振幅,以提高路面的初始压实度。熨平板加宽连接应仔细调节至摊铺的混合料没有明显的离析痕迹。

4. 摊铺机必须缓慢、均匀、连续不间断地摊铺,不得随意变换速度或中途停顿,以提高平整度,减少混合料的离析。摊铺速度宜控制在 2~6 m/min 的范围内,对改性沥青混合料及 SMA 混合料宜放慢至 1~3 m/min。当发现混合料出现明显的离析、波浪、裂缝、拖痕时,应分析原因,予以消除。

5. 摊铺机应采用自动找平方式,下面层或基层宜采用钢丝绳引导的高程控制方式,上面层宜采用平衡梁或雪橇式摊铺厚度控制方式,中面层根据情况选用找平方式。直接接触式平衡梁的轮子不得黏附沥青。铺筑改性沥青或 SMA 路面时宜采用非接触式平衡梁。

6. 沥青路面施工的最低气温应符合规定的要求,寒冷季节遇大风降温,不能保证迅速压实时不得铺筑沥青混合料。热拌沥青混合料的最低摊铺温度根据铺筑层厚度、气温、风速及下卧层表面温度按规定的要求执行,且不得低于表 3.16 的要求。每天施工开始阶段宜采用较高温度的混合料。

表 3.16　沥青混合料的最低摊铺温度

下卧层的表面温度/℃	相应于下列不同摊铺层厚度的最低摊铺温度/℃					
	普通沥青混合料			改性沥青混合料或 SMA 沥青混合料		
	<50 mm	(50~80) mm	>80 mm	<50 mm	(50~80) mm	>80 mm
<5	不允许	不允许	140	不允许	不允许	不允许
5~10	不允许	140	135	不允许	不允许	不允许
10~15	145	138	132	165	155	150
15~20	140	135	130	158	150	145
20~25	138	132	128	153	147	143
25~30	132	130	126	147	145	141
>30	130	125	124	145	140	139

7. 沥青混合料的松铺系数应根据混合料类型由试铺试压确定。摊铺过程中应随时检查摊铺层厚度及路拱、横坡,并按《公路沥青路面施工技术规范》(JTG F40-2004)中附录 G 的方法由使用的混合料总量与面积校验平均厚度。

8. 摊铺机的螺旋布料器应相应于摊铺速度调整到保持一个稳定的速度均衡地转动,两侧应保持有不少于送料器 2/3 高度的混合料,以减少在摊铺过程中混合料的离析。

9. 用机械摊铺的混合料,不宜用人工反复修整。当不得不由人工做局部找补或更换混合料时,需仔细进行,特别严重的缺陷应整层铲除。

10. 在路面狭窄处或加宽部分,以及小规模工程不能采用摊铺机铺筑时可用人工摊铺混合料。人工摊铺沥青混合料应符合下列要求:
①半幅施工时,路中一侧宜事先设置挡板。
②沥青混合料宜卸在铁板上,摊铺时应扣锹布料,不得扬锹远甩。铁锹等工具宜沾防黏结剂或加热使用。
③边摊铺边用刮板整平,刮平时应轻重一致,控制次数,严防集料离析。
④摊铺不得中途停顿,并加快碾压。如因故不能及时碾压时,应立即停止摊铺,并对已卸下的沥青混合料覆盖苫布保温。
⑤低温施工时,每次卸下的混合料应覆盖苫布保温。

11. 在雨季铺筑沥青路面时,应加强与气象台(站)的联系,已摊铺的沥青层因遇雨未行压实的应予以铲除。

12. 摊铺过程是自动倾卸汽车将混合料卸到摊铺机料斗后,经链式传送器将混合料往后传到螺旋摊铺器,随着摊铺机向前行驶,螺旋摊铺器即在摊铺带宽度上均匀地摊铺混合料。随后由振捣板捣实,并由摊平板整平。沥青混合料摊铺工艺流程见图 3.2。

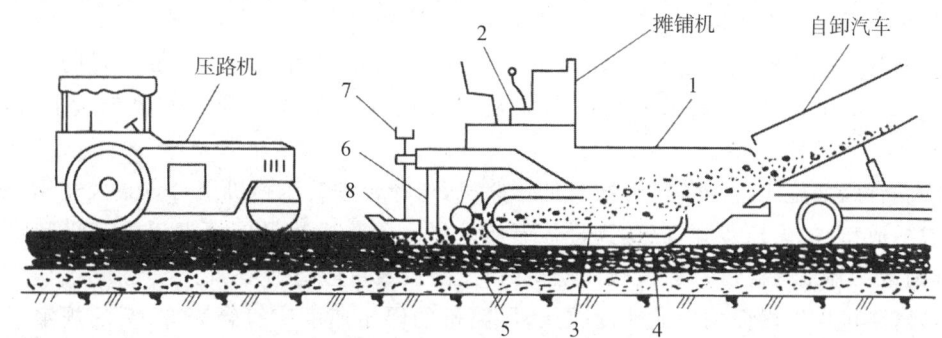

1—料斗;2—驾驶台;3—送料器;4—履带;5—螺旋摊铺器;6—振捣器;7—厚度调节杆;8—摊平板

图 3.2 沥青混合料摊铺工艺流程示意图

摊铺工序十分重要,其主要施工要点是:

(1)检查确认下层质量,当不合要求或未按规定洒布透层、黏层、铺筑下封层时,不得铺筑沥青面层。

(2)对高速公路、一级公路宜采用两台以上摊铺机成梯队作业进行摊铺,相邻两幅的摊铺应有 3~6 cm 左右宽度的重叠。相邻两台摊铺机宜相距 10~20 m,且不得造成前面摊铺混合料冷却。当混合料供应能满足不间断摊铺时,也可采用全宽度摊铺机一幅摊铺。摊铺机在开始受料前应在料斗内涂刷少量防止黏料的柴油。摊铺机应符合下列要求:

①具有自动或半自动式调节摊铺厚度及找平装置。

②具有足够容量的受料斗,在运料车换车时能连续摊铺,并有足够的功率推动运料车。

③具有可加热的振动熨平板或振动夯等初步压实装置。

④摊铺机宽度可以调整。

(3)摊铺机自动找平时,中、下面层宜采用一侧钢丝绳引导的高程控制方式。表面层宜采用摊铺层前后保持相同高差的雪橇式摊铺厚度控制方式。经摊铺机初步压实的摊铺层应符合平整、横坡的规定要求。

(4)高速公路、一级公路施工气温低于 10 ℃、其他等级公路低于 5 ℃时,不宜摊铺热拌沥青混合料。如必须摊铺时,应同时采取以下措施:

①提高混合料拌和温度,达到低温摊铺的温度要求。

②运料车覆盖保温。

③采用高密实度的摊铺机,熨平板应加热。

④摊铺后紧接着碾压,并缩短碾压长度。

(5)松铺系数由试铺试压确定。摊铺过程中应随时检查摊铺层厚度及路拱、横坡,并按《公路沥青路面施工技术规范》(JTG F40-2004)附录 G 的方法由使用的混合料总量与面积校验平均厚度,不合要求时,应视情况及时进行调整。

3.4.6 沥青路面的压实及接缝的处理

1. 沥青路面的压实

(1)压实成型的沥青路面应符合压实度及平整度的要求。

(2)沥青混凝土的压实层最大厚度不宜大于100 mm,沥青稳定碎石混合料的压实层度不宜大于120 mm,但当采用大功率压路机且经试验证明能达到压实度时允许增大到150 mm。

(3)沥青路面施工应配备足够数量的压路机,选择合理的压路机组合方式及初压、复压、终压(包括成型)的碾压步骤,以达到最佳碾压效果。压路机数量应根据道路等级和路面宽度综合确定。施工气温低、风大、碾压层薄时,压路机数量应适当增加。

(4)压路机应以慢而均匀的速度碾压,压路机的碾压速度应符合表3.17的规定。压路机的碾压路线及碾压方向不应突然改变而导致混合料推移。碾压区的长度应大体稳定,两端的折返位置应随摊铺机前进而推进,横向不得在相同的断面上。

表3.17 压路机碾压速度

Km/h

压路机类型	初压		复压		终压	
	适宜	最大	适宜	最大	适宜	最大
钢筒式压路机	2~3	4	3~5	6	3~6	6
轮胎压路机	2~3	4	3~5	6	4~6	8
振动压路机	2~3 静压或振动	3 静压或振动	3~4.5 振动	5 振动	3~6 静压	6 静压

(5)压路机的碾压温度应符合3.4.2规定的要求,并根据混合料种类、压路机、气温、层厚等情况经试压确定。在不产生严重推移和裂缝的前提下,初压、复压、终压都应在尽可能高的温度下进行。同时不得在低温状况下作反复碾压,使石料棱角磨损、压碎,破坏集料嵌挤。

(6)沥青混合料的初压应符合下列要求:

①初压应紧跟在摊铺机后碾压,并保持较短的初压区长度,以尽快使表面压实,减少热量散失。对摊铺后初始压实度较大,经实践证明采用振动压路机或轮胎压路机直接碾压无严重推移而有良好效果时,可免去初压,直接进入复压工序。

②通常宜采用钢轮压路机静压1~2遍。碾压时应将压路机的驱动轮面向摊铺机,从外侧向中心碾压,在超高路段则由低向高碾压,在坡道上应将驱动轮从低处向高处碾压。

③初压后应检查平整度、路拱,有严重缺陷时进行修整乃至返工。

(7)复压应紧跟在初压后进行,并应符合下列要求:

①复压应紧跟在初压后开始,且不得随意停顿。压路机碾压段的总长度应尽量缩短,通常不超过60~80 m。采用不同型号的压路机组合碾压时宜安排每一台压路机作全幅碾压,

防止不同部位的压实度不均匀。

②密级配沥青混凝土的复压宜优先采用重型的轮胎压路机进行搓揉碾压,以增加密水性,其总质量不宜小于 25 t,吨位不足时宜附加重物,使每一个轮胎的压力不小于 15 KN。冷态时的轮胎充气压力不小于 0.55 MPa,轮胎发热后不小于 0.6 MPa,且各个轮胎的气压大体相同,相邻碾压带应重叠 1/3～1/2 的碾压轮宽度,碾压至要求的压实度为止。

③对粗集料为主的较大粒径的混合料,尤其是大粒径沥青稳定碎石基层,宜优先采用振动压路机复压。厚度小于 30 mm 的薄沥青层不宜采用振动压路机碾压。振动压路机的振动频率宜为 35～50 Hz,振幅宜为 0.3～0.8 mm。层厚较大时选用高频率大振幅,以产生较大的激振力,厚度较薄时采用高频率低振幅,以防止集料破碎。相邻碾压带重叠宽度为 100～200 mm。振动压路机折返时应先停止振动。

④当采用三轮钢筒式压路机时,总质量不宜小于 12 t,相邻碾压带宜重叠后轮的 1/2 宽度,并不应少于 200 mm。

⑤对路面边缘、加宽及港湾式停车带等大型压路机难于碾压的部位,宜采用小型振动压路机或振动夯板作补充碾压。

(8)终压应紧接在复压后进行,如经复压后已无明显轮迹时可免去终压。终压可选用双轮钢筒式压路机或关闭振动的振动压路机,碾压不宜少于 2 遍,至无明显轮迹为止。

(9)碾压轮在碾压过程中应保持清洁,有混合料粘轮应立即清除。对钢轮可涂刷隔离剂或防黏结剂,但严禁刷柴油。当采用向碾压轮喷水(可添加少量表面活性剂)的方式时,必须严格控制喷水量且呈雾状,不得漫流,以防混合料降温过快。轮胎压路机开始碾压阶段,可适当烘烤、涂刷少量隔离剂或防黏结剂,也可少量喷水,并先到高温区碾压使轮胎尽快升温,之后停止洒水。轮胎压路机轮胎外围宜加设围裙保温。

(10)压路机不得在未碾压成型路段上转向、掉头、加水或停留。在当天成型的路面上,不得停放各种机械设备或车辆,不得散落矿料、油料等杂物。

2. 沥青路面的横向接缝

通常情况下,城市道路的施工横向接缝比公路发生的频率高,尤其是改建或扩建的城市道路,其横向接缝更多。要更好地处理横向接缝,使其符合规范要求的平整度,主要应注意以下几点:

(1)横向接缝形式。沥青混合料的横向接缝通常采用如图 3.3 所示的三种形式。道路的表面层横向接缝应采取平接缝的形式,而道路的中面层或下面层采取斜接缝或阶梯形接缝的形式。在施工时为保证水平接缝不在一个垂直面上,相邻两幅及上下层的横向接缝均应错位 1 m 以上。

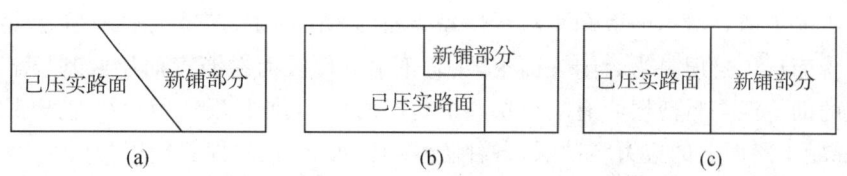

(a)斜接缝;(b)阶梯形接缝;(c)平接缝

图 3.3 横向接缝的三种形式

(2)横向接缝位置的确定。不管是哪种形式的接缝,最终都要达到表面平整的要求,接缝的具体位置应视接缝范围内路面的具体情况来定。用 3 m 直尺在预定接缝的范围内对已碾压完毕的混合料表面进行多次横向和纵向的测量,其间隙应控制在 4 mm 以下,找准位置后进行画线,画线要顺直并与道路中心线垂直。对于表面层的水平接缝要用切割机沿此线进行切割成垂直面;对于阶梯形接缝的形式应沿此线进行洗刨或人工剔除;对于斜接缝应以此为铺筑新结合料的衔接线。同时在接缝处涂刷薄层沥青或乳化沥青,以增强接缝处新旧铺筑层间的黏结。

(3)接缝处混合料温度的控制。混合料温度的控制对于整个沥青面层的施工起着至关重要的作用。在横向接缝处往往是摊铺机开始作业的第一车料,运输车的车斗、摊铺机的料斗及摊铺机烫平板的温度均是常温,混合料装入或倒入后,一部分料要预热车斗和料斗,其温度将有所下降,而这部分料又首先要预热烫平板后被摊铺到接缝处,其温度会连续下降。如果第一车料的温度按出厂的正常温度或偏下限温度控制,那么势必就会造成接缝处混合料的温度过低,影响施工质量。所以,对拌和厂第一车料温度的控制要更加严格,其温度应比正常的温度偏高,从而保证摊铺到接缝处的混合料的温度在规定的范围内。

(4)接缝混合料的及时测量和处理。摊铺机走过后,要马上对接缝处所摊铺的混合料进行测量,一是测量混合料的虚铺厚度,二是用 3 m 直尺测量其平整度。对于超厚或者欠厚的应及时进行人工铲除或填补,对于不平整的位置赶紧进行修平,可谓"趁热打铁",在最短的时间内将混合料修匀到满足要求。这项工作应设固定的专人负责,以提高面层的施工质量。

(5)横向接缝的碾压。接缝摊铺完毕后,压路机应尽快进行碾压,要求初压、复压和终压的温度均应在规定的范围内,否则,应重新摊铺混合料。由于接缝处的混合料温度下降较快,摊铺机开始工作时,所有的碾压设备都应处于待机状态,随时可以操作。初压时用轻型压路机可先平行于接缝向新铺层错轮 20 cm 进行碾压(骑缝碾压)两遍,然后再纵向碾压。为保证接缝处碾压温度,纵向碾压的距离可控制得较短一些(10~15 m 即可),这样可以缩短碾压所需的时间。当接缝处基本成型后,若发现新铺层略高于原来的路面,这时压路机应沿着前进方向适当放慢碾压速度,以尽量使混合料向前方向推挤,后退时适当加快速度以减少推挤。相反,当新铺层略低于原来的路面时,压路机前进的速度适当加快而后退时适当放慢,推挤混合料尽量使接缝处平顺,从而保证接缝的质量。

总之,沥青路面的施工必须接缝紧密、连接平顺,尽量使整个路面形成一个整体,不得产生明显的接缝离析。接缝施工应用 3 m 直尺检查,确保平整度符合要求。

3.5　沥青表面处治与封层施工技术

沥青表面处治是指用沥青和集料按拌和法和层铺法施工,厚度一般不超过 30 mm 的一种薄层沥青面层。封层是为封闭表面空隙、防止水分侵入而在沥青面层或基层上铺筑的有一定厚度的沥青混合料薄层。有上封层和下封层两种,各种封层适用于加铺薄层罩面、磨耗层、水泥混凝土路面上的应力缓冲层、各种防水和密水层、预防性养护罩面层。

沥青表面处治与封层宜选择在干燥和较热的季节施工,并在最高温度低于 15 ℃时期到来之前半个月及雨季前结束。

3.5.1 沥青表面处治施工技术要点

1. 沥青表面处治施工流程

沥青表面处治通常采用层铺法施工,按照洒布沥青和撒铺矿料的层次多少,沥青表面处治可分为单层式、双层式和三层式 3 种。三层式为洒布三次沥青,撒铺三次矿料,厚度为 2.5～3.0 mm,双层式厚度为 2.0～2.5 mm,单层式厚度为 1.0～1.5 mm。

层铺法沥青表面处治施工,一般采用"先油后料"法,即先洒布一层沥青,后撒铺一层矿料,其施工流程如下:

清扫基层→浇洒沥青→撒布集料→碾压→控制交通→初期养护→开放交通

2. 层铺法沥青表面处治施工技术要点

(1)沥青表面处治可采用道路石油沥青、乳化沥青、煤沥青铺筑,沥青标号应按 3.2 中相关规定选用。沥青表面处治的集料最大粒径应与处治层的厚度相等,其规格和用量宜按表 3.18 选用;沥青表面处治施工后,应在路侧另备 S12(5～10 mm)碎石或 S14(3～5 mm)石屑、粗砂或小砾石(2～3 m³/1000 m²)作为初期养护用料。

表 3.18 沥青表面处治材料规格和用量

沥青种类	类型	厚度/mm	集料/m³/1000 m²			沥青或乳液用量/kg/m²			
			第一层 规格用量	第二层 规格用量	第三层 规格用量	第一次	第二次	第三次	合计用量
石油沥青	单层	1.0	S12 7～9	—	—	1.0～1.2	—	—	1.0～1.2
		1.5	S10 12～14			1.4～1.6			1.4～1.6
	双层	1.5	S10 12～14	S12 7～8	—	1.4～1.6	1.0～1.2	—	2.4～2.8
		2.0	S9 16～18	S12 7～8	—	1.6～1.8	1.0～1.2	—	2.6～3.0
		2.5	S8 18～20	S12 7～8	—	1.8～2.0	1.0～1.2	—	2.8～3.2
	三层	2.5	S8 18～20	S10 12～14	S12 7～8	1.6～1.8	1.2～1.4	1.0～1.2	3.8～4.4
		3.0	S6 20～22	S10 12～14	S12 7～8	1.8～2.0	1.2～1.4	1.0～1.2	4.0～4.6
乳化沥青	单层	0.5	S14 7～9	—	—	0.9～1.0	—	—	0.9～1.0
	双层	1.0	S12 7～11	S14 4～6	—	1.8～2.0	1.0～1.2	—	2.8～3.2
	三层	3.0	S6 20～22	S10 9～11	S12 4～6 S14 3.5～4.5	2.0～2.2	1.8～2.0	1.0～1.2	4.8～5.4

注:①煤沥青表面处治的沥青用量可比石油沥青用量增加 15%～20%。
②表中的乳液用量按乳化沥青的蒸发残留物含量 60% 计算,如沥青含量不同应予折算。
③在高寒地区及干旱风沙大的地区,可超出高限 5%～10%。

(2)在清扫干净的碎(砾)石路面上铺筑沥青表面处治时,应喷洒透层油。在旧沥青路面、水泥混凝土路面、块石路面上铺筑沥青表面处治路面时,可在第一层沥青用量中增加10%～20%,不再另洒透层油或黏层油。

(3)层铺法沥青表面处治路面宜采用沥青洒布车及集料撒布机联合作业。沥青洒布车喷洒沥青时应保持稳定速度和喷洒量,并保持整个洒布宽度喷洒均匀。小规模工程可采用机动或手摇的手工沥青洒布机洒布沥青。洒布设备的喷嘴应适用于沥青的稠度,确保能呈雾状,与洒油管成15°～25°的夹角,洒油管的高度应使同一地点接受2～3个喷油嘴喷洒的沥青,不得出现花白条。

(4)喷洒沥青材料时应对道路人工构造物、路缘石等外露部分作防污染遮盖。

(5)沥青表面处治施工应确保各工序紧密衔接,每个作业段长度应根据施工能力确定,并在当天完成。人工撒布集料时应等距离划分段落备料。

(6)三层式沥青表面处治的施工工艺应按下列步骤进行:

①清扫基层,洒布第一层沥青。沥青的洒布温度根据气温及沥青标号选择,石油沥青宜为130～170 ℃,煤沥青宜为80～120 ℃,乳化沥青在常温下洒布,加温洒布的乳液温度不得超过60 ℃。前后两车喷洒的接茬处用铁板或建筑纸铺1～1.5 m,使搭接良好。分几幅浇洒时,纵向搭接宽度宜为100～150 mm。洒布第二、三层沥青的搭接缝应错开。

②洒布主层沥青后应立即用集料撒布机或人工撒布第一层主集料。撒布集料后应及时扫匀,达到全面覆盖、厚度一致、集料不重叠也不露出沥青的要求。局部有缺料时适当找补,集料过多的将多余集料扫出。两幅搭接处,第一幅洒布沥青应暂留100～150 mm宽度不撒布石料,待第二幅一起撒布。

③撒布主集料后,不必等全段撒布完,立即用6～8 t钢筒双轮压路机从路边向路中心碾压3～4遍,每次轮迹重叠约300 mm。碾压速度开始不宜超过2 km/h,以后可适当增加。

④第二、三层的施工方法和要求与第一层相同,但可以采用8 t以上的压路机碾压。

(7)双层式或单层式沥青表面处治浇洒沥青及撒布集料的次数相应减少,其施工程序和要求参照上条(6)进行。

(8)除乳化沥青表面处治应待破乳、水分蒸发并基本成型后方可通车外,沥青表面处治在碾压结束后即可开放交通,并通过开放交通补充压实,成型稳定。在通车初期应设专人指挥交通或设置障碍物控制行车,限制行车速度不超过20 km/h,严禁畜力车及铁轮车行驶,使路面全部宽度均匀压实。

(9)沥青表面处治应注意初期养护。当发现有泛油时,应在泛油处补撒与最后一层石料规格相同的嵌缝料并扫匀,过多的浮料应扫出路外。

3.5.2 上封层施工技术要点

1. 根据情况可选择乳化沥青稀浆封层、微表处、改性沥青集料封层、薄层磨耗层或其他适宜的材料。
2. 铺设上封层的下卧层必须彻底清扫干净,对车辙、坑槽、裂缝进行处理或挖补。
3. 上封层的类型根据使用目的、路面的破损程度选用。

(1)裂缝较细、较密的可采用涂洒类密封剂、软化再生剂等涂刷罩面。

(2)对于一级公路及其以下等级的公路的旧沥青路面可以采用普通的乳化沥青稀浆封层，也可在喷洒道路石油沥青并洒布石屑(砂)后碾压作封层。

(3)对于高速公路有轻微损坏的宜铺筑微表处。

(4)对用于改善抗滑性能的上封层可采用稀浆封层、微表处或改性沥青集料封层。

3.5.3 下封层施工技术要点

1. 多雨潮湿地区的高速公路、一级公路的沥青面层空隙率较大，有严重渗水可能，或铺筑基层不能及时铺筑沥青面层而需通行车辆时，宜在喷洒透层油后铺筑下封层。

2. 下封层宜采用层铺法表面处治或稀浆封层法施工。稀浆封层可采用乳化沥青或改性乳化沥青作结合料。下封层的厚度不宜小于 6 mm，且做到完全密水。

3. 以层铺法沥青表面处治铺筑下封层时，通常采用单层式，表 3.18 中的集料用量宜为 $5\sim8$ m^3/1000 m^2，沥青用量可采用要求范围的中高限。

3.6 沥青贯入式路面施工技术

沥青贯入式路面是指在初步压实的主层碎石料上分层浇洒沥青、撒布嵌缝料，或再在上部铺筑热拌沥青混合料封层经压实而成的沥青面层。适用于城市道路的次干路和支路。也可作为沥青路面的连接层或基层，厚度宜为 $40\sim80$ mm，但乳化沥青的厚度不宜超过 50 mm。当贯入层上部加铺拌和的沥青混合料面层成为上拌下贯式路面时，拌和层的厚度不宜小于 1.5 cm。沥青贯入式路面的最上层应撒布封层料或加铺拌和层。沥青贯入层作为联结层使用时，可不撒表面封层料。沥青贯入式路面宜选择在干燥和较热的季节施工，并宜在日最高温度降低至 15 ℃ 以前半个月结束，使贯入式结构层通过开放交通碾压成型。

3.6.1 贯入式路面所用材料规格和用量

1. 沥青贯入式路面的集料应选择有棱角、嵌挤性好的坚硬石料，其规格和用量宜根据贯入层厚度按表 3.19 和表 3.20 的要求选用。沥青贯入层主层集料中大于粒径范围中值的数量不宜少于 50%。表面不加铺拌和层的贯入式路面在施工结束后每 1000 m^2 宜另备 $2\sim3$ m^3 与最后一层嵌缝料规格相同的细集料等供初期养护使用。

表 3.19 沥青贯入式路面材料规格和用量

(用量单位:集料/m³/1000 m²;沥青及沥青乳液/kg/m²)

沥青品种	石油沥青					
厚度/cm	4		5		6	
规格和用量	规格	用量	规格	用量	规格	用量
封层料	S14	3～5	S14	3～5	S13(S14)	4～6
第3遍沥青		1.0～1.2		1.0～1.2		1.0～1.2
第2遍嵌缝料	S12	6～7	S11(S10)	10～12	S11(S10)	10～12
第2遍沥青		1.6～1.8		1.8～2.0		2.0～2.2
第1遍嵌缝料	S10(S9)	12～14	S8	16～18	S8(S6)	16～18
第1遍沥青		1.8～2.1		2.4～2.6		2.8～3.0
主层石料	S5	45～50	S4	55～60	S3(S4)	66～76
沥青总用量		4.4～5.1		5.2～5.8		5.8～6.4
沥青品种	石油沥青				乳化沥青			
厚度/cm	7		8		4		5	
规格和用量	规格	用量	规格	用量	规格	用量	规格	用量
封层料	S13(S14)	4～6	S13(S14)	4～6	S13(S14)	4～6	S13(S14)	4～6
第5遍沥青								0.8～1.0
第4遍嵌缝料							S14	5～6
第4遍沥青						0.8～1.0		1.2～1.4
第3遍嵌缝料					S14	5～6	S12	7～9
第3遍沥青		1.0～1.2		1.0～1.2		1.4～1.6		1.5～1.7
第2遍嵌缝料	S10(S11)	11～13	S10(S11)	11～13	S12	7～8	S10	9～11
第2遍沥青		2.4～2.6		2.6～2.8		1.6～1.8		1.6～1.8
第1遍嵌缝料	S6(S8)	18～20	S6(S8)	20～22	S9	12～14	S8	1～12
第1遍沥青		3.3～3.5		4.0～4.2		2.2～2.4		2.6～2.8
主层石料	S3	80～90	S1(S2)	95～100	S5	4045	S4	50～55
沥青总量		6.7～7.3		7.6～8.2		6.0～6.8		7.4～8.5

表 3.20　上拌下贯式路面的材料规格和用量

(用量单位:集料/m³/1000 m²;沥青及沥青乳液/kg/m²)

沥青品种	石油沥青					
厚度/cm	4		5		6	
规格和用量	规格	用量	规格	用量	规格	用量
第2遍嵌缝料	S12	5～6	S12(S11)	7～9	S12(S11)	7～9
第2遍沥青		1.4～1.6		1.6～1.8		1.6～1.8
第1遍嵌缝料	S10(S9)	12～14	S8	16～18	S8(S7)	16～18
第1遍沥青		2.0～2.3		2.6～2.8		3.2～3.4
主层石料	S5	45～50	S4	55～60	S3(S2)	66～76
沥青总用量		3.4～3.9		4.2～4.6		4.8～5.2
沥青品种	石油沥青		乳化沥青			
厚度/cm	7		5		6	
规格和用量	规格	用量	规格	用量	规格	用量
第4遍嵌缝料					S14	4～6
第4遍沥青						1.3～1.5
第3遍嵌缝料			S14	4～6	S12	8～10
第3遍沥青				1.4～1.6		1.4～1.6
第2遍嵌缝料	S10(S11)	8～10	S12	9～10	S9	8～12
第2遍沥青		1.7～1.9		1.8～2.0		1.5～1.7
第1遍嵌缝料	S6(S8)	18～20	S8	15～17	S6	24～26
第1遍沥青		4.0～4.2		2.5～2.7		2.4～2.6
主层石料	S2(S3)	80～90	S4	50～55	S3	50～55
沥青总用量		5.7～6.1		5.9～6.2		6.7～7.2

注:①煤沥青贯入式的沥青用量可较石油沥青的用量增加15%～20%。
②表中乳化沥青是指乳液的用量,并适用于乳液浓度约为60%的情况。
③在高寒地区及干旱风沙大的地区,可超出高限,再增加5%～10%。
④表面加铺拌和层部分的材料规格及沥青(或乳化沥青)用量按热拌沥青混合料(或乳化沥青碎石混合料路面)的有关规定执行。

2. 沥青贯入层的主层集料最大粒径宜与贯入层厚度相当。当采用乳化沥青时,主层集料最大粒径可采用厚度的0.8～0.85倍,数量宜按压实系数1.25～1.30计算。

3. 贯入式路面的结合料可采用道路石油沥青、煤沥青或乳化沥青,用量应按规范的规定选用。

4. 贯入式路面各层分次沥青用量应根据施工气温及沥青标号等在规定范围内选用。在寒冷地带或当施工季节气温较低、沥青针入度较小时,沥青用量宜用高限;在低温潮湿气候下用乳化沥青贯入时,应按乳液总用量不变的原则进行调整,上层较正常情况适当增加,下层较正常情况适当减少。

3.6.2 贯入式路面施工准备

1. 沥青贯入式路面施工前,基层必须清扫干净。当需要安装路缘石时,应在路缘石安装完成后施工。路缘石应予遮盖。
2. 乳化沥青贯入式路面必须浇洒透层或黏层沥青。沥青贯入式路面厚度小于或等于 5 cm时,也应浇洒透层或黏层沥青。

3.6.3 贯入式路面施工技术要点

1. 沥青贯入式路面的施工应按下列步骤进行:
(1)采用碎石摊铺机、平地机或人工摊铺主层集料。铺筑后严禁车辆通行。
(2)碾压主层集料。撒布后应采用 6~8 t 的轻型钢筒式压路机自路两侧向路中心碾压,碾压速度宜为 2 km/h,每次轮迹重叠约 30 cm,碾压一遍后检验路拱和纵向坡度,当不符合要求时,应调整找平后再压。然后用重型的钢轮压路机碾压,每次轮迹重叠 1/2 左右,宜碾压 4~6 遍,直至主层集料嵌挤稳定,无显著轮迹为止。
(3)浇洒第一层沥青。浇洒方法应按 3.5.1 中的(6)条进行。采用乳化沥青贯入时,为防止乳液下漏过多,可在主层集料碾压稳定后,先撒布一部分上一层嵌缝料,再浇洒主层沥青。
(4)采用集料撒布机或人工撒布第一层嵌缝料。撒布后尽量扫匀,不足处应找补。当使用乳化沥青时,石料撒布必须在乳液破乳前完成。
(5)立即用 8~12 t 钢筒式压路机碾压嵌缝料,轮迹重叠轮宽的 1/2 左右,宜碾压 4~6 遍,直至稳定为止。碾压时随压随扫,使嵌缝料均匀嵌入。因气温较高使碾压过程中发生较大推移现象时,应立即停止碾压,待气温稍低时再继续碾压。
(6)按上述方法浇洒第二层沥青、撒布第二层嵌缝料,然后碾压,再浇洒第三层沥青。
(7)按撒布嵌缝料方法撒布封层料。
(8)采用 6~8 t 压路机作最后碾压,宜碾压 2~4 遍,然后开放交通。
2. 沥青贯入式路面开放交通后应按规范的相关要求控制交通,作初期养护。
3. 铺筑上拌下贯式路面时,贯入层不撒布封层料,拌和层应紧跟贯入层施工,使上下成为一整体。贯入部分采用乳化沥青时应待其破乳、水分蒸发且成型稳定后方可铺筑拌和层,当拌和层与贯入部分不能连续施工,且要在短期内通行施工车辆时贯入层部分的第二遍嵌缝料应增加用量 2~3 m³/1000 m²,在摊铺拌和层沥青混合料前,应作补充碾压,并浇洒黏层沥青。

3.7 沥青面层施工质量标准及验收

3.7.1 沥青面层施工质量验收应执行的基本规定

1. 沥青路面施工应根据全面质量管理的要求,建立健全有效的质量保证体系,对施工各工序的质量进行检查评定,均须达到规定的质量标准,确保施工质量的稳定性。

2. 高速公路、一级公路沥青路面应加强施工过程质量控制,实行动态质量管理。

3. 施工技术及验收规范规定的技术要求是工程施工质量管理和交工验收的依据。

4. 所有与工程建设有关的原始记录、试验检测及计算数据、汇总表格,必须如实记录和保存。对已经采取措施进行返工和补救的项目,可在原记录和数据上注明,但不得销毁。

3.7.2 交工验收阶段的工程质量检查与验收

1. 工程完成后,施工单位应将全线以 1～3 km 作为一个评定路段;每一侧车行道按表 3.21、表 3.22 的规定频度,随机选取测点;对沥青面层进行全线自检,将单个测定值与表中的质量要求或允许偏差进行比较,计算合格率;然后计算一个评定路段的平均值、极差、标准差及变异系数。施工单位应在规定时间内提交全线检测结果及施工总结报告,早请交工验收。

表 3.21 公路热拌沥青混合料路面交工检查与验收质量标准

检查项目	检查频度 (每一侧车行道)	质量要求或允许偏差		试验方法
		高速公路、一级公路	其他等级公路	
外观	随时	表面平整密实,不得有明显轮迹、裂缝、推挤、油汀、油包等缺陷,且无明显离析		目测
面层总厚度	代表值	每 1 km 5 点	设计值的 −8%	T0912
	极值	每 1 km 5 点	设计值的 −15%	T0912
上面层厚度	代表值	每 1 km 5 点	—	T0912
	极值	每 1 km 5 点	—	T0912
压度值	代表值	每 1 km 5 点	试验室标准密度的 96%(98%) 最大理论密度的 92%(94%) 试验段密度的 98%(99%)	T0924
	极值(最小值)	每 1 km 5 点	比代表值放宽 1%(每 1 km) 或 2%(全部)	T0924
路表平整度	标准差	全线连接	1.2 mm	2.5 mm	T0932
	IRI	全线连接	2.0 m/km	4.2 m/km	T0933
	最大间隙	每 1 km 10 处,各连续 10 杆	—	5 mm	T0931
路表渗水系数	每 1 km 不少于 5 点,每 3 点处取平均值评定	不大于 300 ml/min(普通沥青路面)或 200 ml/min(SMA 路面)	—	T0971
宽度	有侧石	每 1 km 20 个断面	±20 mm	±30 mm	T0911
	无侧石	每 1 km 20 个断面	不小于设计宽度	不小于设计宽度	T0911

续表

检查项目	检查频度（每一侧车行道）	质量要求或允许偏差		试验方法
		高速公路、一级公路	其他等级公路	
纵断面高程	每1 km 20个断面	±15 mm	±20 mm	T0911
中线偏位	每1 km 20个断面	±20 mm	±30 mm	T0911
横坡度	每1 km 20个断面	±0.3%	±0.5%	T0911
弯沉 回弹弯沉	全线每20 m 1点	符合设计对交工验收的要求	符合设计对交工验收的要求	T0951
弯沉 总弯沉	全线每5 m 1点	符合设计对交工验收的要求	—	T0952
构造深度	每1 km H 5点	符合设计对交工验收的要求	—	T0961、62、63
摩擦系数摆值	每1 km 5点	符合设计对交工验收的要求	—	T0964
横向力系数	全线连续	符合设计对交工验收的要求	—	T0965

表3.22　公路沥青表面处治及贯入式路面交工检查与验收质量标准

路面类型	检查项目		检查频度（每一侧车行）	质量要求或允许偏差	试验方法
沥青表面处治	厚度	代表值	每200 m每车道1点	−5 mm	T0921
		极值	每200 m每车道1点	−10 mm	T0921
	路表平整度	标准差	全线每车道连接	4.5 mm	T0932
		IRI	全线每车道连接	7.5 m/km	T0931
		最大间隙	每1 km 10处，各连续10尺	10 mm	T0933
	宽度	有侧石	每1 km 20个断面	±3 cm	T0911
		无侧石	每1 km 20个断面	不小于设计宽度	T0911
	纵断面高程		每1 km 20个断面	±20 mm	T0911
	横坡度		每1 km 20个断面	±0.5%	T0911
	沥青用量		每1 km 1点	±0.5%	T0722
	矿料用量		每1 km 1点	±5%	T0722

续表

路面类型	检查项目		检查频度（每一侧车行）	质量要求或允许偏差	试验方法
沥青贯入式路面	外观		全线	密实,不松散	目测
	厚度	代表值	每 200 m 1 点	−5 mm 或 −8%	T0921
		极值	每 200 m 1 点	15 mm	T0921
	路表平整度	标准差	全线连接	3.5 mm	T0932
		IRI	全线连接	5.8 m/km	T0933
		最大间隙	每 1 km 10 处,各连续 10 尺	8 mm	T0931
	宽度	有侧石	每 1 km 20 个断面	±30 mm	T0911
		无侧石	每 1 km 20 个断面	不小于设计宽度	T0911
	纵断面高度		每 1 km 20 个断面	±20 mm	T0911
	横坡度		每 1 km 20 个断面	±0.5%	T0911
	沥青用量		每 1 km 1 点	±0.5%	T0722
	矿料用量		每 1 km 1 点	±5%	T0722

2. 沥青路面交工时应检查验收沥青面层的各项质量指标,包括路面的厚度、压实度、平整度、渗水系数、构造深度、摩擦系数等。

(1)需要作破损路面进行检测的指标,如厚度、压实度宜利用施工过程中的钻孔数据,检查每一个测点与极值相比的合格率,同时按本节 3.8.3 的方法计算代表值。厚度也可利用路面雷达连续测定路面剖面进行评定。压实度验收可选用其中的 1 个或 2 个标准,并以合格率低的作为评定结果。

(2)路表平整度可采用连续式平整仪和颠簸累积仪进行测定,以每 100 m 计算一个测值,计算合格率。

(3)路表渗水系数与构造深度宜在施工过程中在路面成型后立即测定,但每一个点为 3 个测点的平均值,计算合格率。

(4)交工验收时可采用连续式摩擦系数测定车在车行道测路表实测横向摩擦系数,如实记录测点数据。

(5)交验收时可选择贝克曼梁或连续式弯沉仪实测路面的回弹弯沉或总弯沉,如实记录测点数据(含测定的气候条件、测定车数据等),测定时间宜在道路的最不利使用条件下(指春融期或雨季)进行。

3. 工程交工时应对全线宽度、纵断面高程、横坡度、中线偏位等进行实测,以每个桩号的测定结果评定合格率,最后提出实际的竣工图。

3.7.3 沥青层压实度评定方法

1. 沥青路面的压实度采取重点进行碾压工艺的过程控制,适度钻孔抽检压实度校核的方法。钻孔取样应在路面完全冷却后进行,对普通沥青路面通常在第二天取样,对改性沥青及 SMA 路面宜在第三天以后取样。沥青面层的压实度按式 3-2 计算:

$$K = \frac{D}{D_0} \times 100\% \tag{3-2}$$

式中,K——沥青层某一测定部位的压实度/%;

D——由试验测定的压实沥青混合料试件实际密度/g/cm³;

D_0——沥青混合料的标准密度/g/cm³。

2. 施工及验收过程中的压实度检验不得采用配合比设计时的标准密度,应按如下方法逐日检测确定:

(1)以实验室密度作为标准密度,即沥青拌和厂每天取样 1~2 次实测的马歇尔试件密度,取平均值作为该批混合料铺筑路段压实度的标准密度。其试件成型温度与路面复压温度一致。当采用配合比设计时,也可采用其他相同的成型方法的实验室密度作为标准密度。

(2)以每天实测的最大理论密度作为标准密度。对普通沥青混合料,沥青拌和厂在取样进行马歇尔试验的同时以真空法实测最大理论密度,平行试验的试样数不少于 2 个,以平均值作为该批混合料铺筑路段压实度的标准密度;但对改性沥青混合料、SMA 混合料以每天总量检验的结果及油石比平均值计算的最大理论密度为准,也可采用抽提筛分的结果及油石比计算最大理论密度。

(3)以试验路密度作为标准密度。用核子密度仪定点检查至密度不再变化为止,然后以不少于 15 个的钻孔试件的平均密度为计算压实度的标准密度。

(4)可根据需要选用试验室标准密度、最大理论密度、试验路密度中的 1~2 种作为钻孔法检验评定的标准密度。

(5)施工中采用核子密度仪等无破损检测设备进行压实度控制时,宜以试验路密度作为标准密度,核子密度仪的测点数不宜少于 39 个,取平均值,但核子密度仪需经标定认可。

3. 压实度钻孔频率、合格率评定方法等按规范规定的要求执行。

4. 在交工验收阶段,一个评定路段的压实度以代表值和极值评定压实度是否合格。

(1)一个评定路段的平均压实度、标准差、变异系数按式 3-3~3-5 计算。

$$K_0 = \frac{K_1 + K_2 + \cdots + K_N}{N} \tag{3-3}$$

$$S = \sqrt{\frac{(K_1 - K_0)^2 + (K_2 - K_0)^2 + \cdots + (K_N - K_0)^2}{N-1}} \tag{3-4}$$

$$C_V = \frac{S}{K_0} \tag{3-5}$$

式中,K_0——该评定路段的平均压实度/%;

S——该评定路段的压实度测定值的标准差/%;

C_V——该评定路段的压实度测定值的变异系数/%;

K_1、$K_2 \cdots K_N$——该评定路段内各测定点的压实度/%;

N——该评定路段内各测定点的总数,其自由度为 $N-1$。

(2)一个评定路段的压实度代表值按下式计算。

$$K' = K_0 - \frac{t_a S}{\sqrt{N}} \tag{3-6}$$

式中：K'——一个评定路段的压实度代表值/%；

t_a——t 分布表中随自由度和保证率而变化的系数，见表 3.23。当测点数大于 100 时，高速公路的 t_a 可取 1.6449，对其他等级道路 t_a 可取 1.2815。

表 3.23 $t_a/\sqrt{N}$ 的值

测点数 N	高速公路、一级公路	其他等级道路	测点数 N	高速公路、一级公路	其他等级道路
2	4.465	2.176	20	0.387	0.297
3	1.686	1.089	21	0.376	0.289
4	1.177	0.819	22	0.367	0.282
5	0.953	0.686	23	0.358	0.275
6	0.823	0.603	24	0.350	0.269
7	0.734	0.544	25	0.342	0.264
8	0.670	0.500	26	0.335	0.258
9	0.620	0.466	27	0.328	0.253
10	0.580	0.437	28	0.322	0.248
11	0.546	0.414	29	0.316	0.244
12	0.518	0.393	30	0.310	0.239
13	0.494	0.376	40	0.266	0.206
14	0.473	0.361	50	0.237	0.184
15	0.455	0.347	60	0.216	0.167
16	0.438	0.355	70	0.199	0.155
17	0.423	0.324	80	0.186	0.145
18	0.410	0.314	90	0.175	0.136
19	0.398	0.305	100	0.166	0.129

注：①本表适用于压实度、厚度单边检验要求的情况。对高速公路、一级公路保证率为 95%；对其他等级公路，保证率为 90%。

复习思考题

3.1 沥青面层的特点和分类？
3.2 沥青类路面施工准备工作主要包括哪些内容？
3.3 沥青路面所用材料的类型及其要求？
3.4 透层、黏层的施工技术要点有哪些？
3.5 热拌沥青混合料的种类？
3.6 拌制沥青混合料的工艺流程为何？
3.7 热拌沥青混合料的运输要求？
3.8 热拌沥青混合料的摊铺温度如何控制？
3.9 热拌沥青混合料的摊铺及碾压成型施工技术要点主要有哪些？

3.10　如何进行横向接缝的施工？
3.11　层铺法沥青表面处治的施工技术要点主要有哪些？
3.12　上封层、下封层施工技术要点有哪些？
3.13　沥青贯入式路面施工的步骤为何？
3.14　冷拌沥青混合料的施工要点？
3.15　如何进行沥青面层施工的过程控制和交工验收？

第四章 水泥混凝土面层施工技术

教学要求：通过对本章内容的学习使学生了解混凝土面层施工材料的要求、混合料的配合比设计及混凝土混合料的搅拌和运输；熟悉特殊气候条件下混凝土面层施工要求及面层施工质量验收标准；掌握滑模机械摊铺施工技术、三辊轴机组施工技术、小型机具施工要求、接缝与灌封施工、抗滑构造施工及混凝土养生施工技术。

4.1 概 述

4.1.1 材料要求

在道路工程中，修筑路面用的混凝土材料比其他结构物所用混合料要有更高的要求，因为它受到动荷载的冲击、摩擦和反复弯曲作用，同时还受到温度和湿度反复变化的影响。面层混凝土混合料必须具有较高的弯拉强度和耐磨性，良好的耐冻性以及尽可能低的膨胀系数和弹性模量。此外，湿混合料还应具有适当的施工和易性，一般规定其坍落度为 0～30 mm，工作度约 30 s。在施工时应力求混凝土强度满足设计要求，通常要求面层混凝土 28d 抗弯拉强度达到 4.0～5.0 MPa，28d 抗压强度达到 30～35 MPa。

水泥混凝土路面材料主要有水泥、粗集料、细集料、水、外加剂等。为保证混合料拌制质量及混凝土路面的使用品质，应对混凝土的组成材料提出一定的要求。

1. 水泥

特重、重交通路面宜采用旋窑道路硅酸盐水泥，也可采用旋窑硅酸盐水泥或普通硅酸盐水泥；中、轻交通的路面可采用矿渣硅酸盐水泥；低温天气施工或有快通要求的路段可采用 R 型水泥，此外宜采用普通型水泥。各交通等级路面水泥抗折强度、抗压强度应满足《公路水泥混凝土路面施工技术细则》(JTG/T F30-2014)的规定。

各交通等级路面所使用水泥的化学成分、物理性能等路用品质要求应符合有关规定。当采用机械化铺筑路面时，宜选用散装水泥。

2. 粗集料

粗集料应使用质地坚硬、耐久、洁净的碎石、碎卵石和卵石，其技术指标应满足《公路水泥混凝土路面施工技术细则》(JTG/T F30-2014)的规定，宜选用岩浆岩或未风化的沉积岩碎石。

高速公路、一级公路、二级公路及有抗（盐）冻要求的三、四级公路混凝土路面使用的粗集料级别应不低于Ⅱ级，无抗（盐）冻要求的三、四级公路混凝土路面可使用Ⅲ级粗集料。有抗（盐）冻要求时，Ⅰ级集料吸水率不应大于1.0%；Ⅱ级集料吸水率不应大于2.0%。

路面混凝土的粗集料不得使用不分级的统料，应按最大公称粒径的不同采用2～4个粒级的集料进行掺配，并应符合《公路水泥混凝土路面施工技术细则》(JTG/T F30-2014)中粗集料级配范围的规定要求。卵石最大公称粒径不宜大于19.0 mm；碎卵石最大公称粒径不宜大于26.5 mm；碎石最大公称粒径不宜大于31.5 mm。碎卵石或碎石中粒径小于75 μm的石粉含量不宜大于1%。

3. 细集料

细集料应采用质地坚硬、耐久、洁净的天然砂、机制砂或混合砂，要求颗粒坚硬耐磨，具有良好的级配，表面粗糙有棱角，有害杂质含量少。

高速公路、一级公路、二级公路及有抗（盐）冻要求的三、四级公路混凝土路面使用的砂级别应不低于Ⅱ级，无抗（盐）冻要求的三、四级公路混凝土路面可使用Ⅲ级砂。特重交通、重交通混凝土路面宜采用河砂，砂的硅含量不应低于25%。

路面混凝土用天然砂宜为中砂，也可使用细度模数在2.0～3.5之间的砂。同一配合比用砂的细度模数变化范围不应超过0.3，否则，应分别堆放，并调整配合比中的砂率后使用。路面混凝土用机制砂还应检验砂浆磨光值，其值宜大于35%，不宜使用抗磨性较差的泥岩、页岩、板岩等水成岩类母岩品种生产机制砂。配制机制砂混凝土应同时掺高效引气减水剂。

细集料的技术指标与级配范围要求应满足《公路水泥混凝土路面施工技术细则》(JTG/T F30-2014)的规定。

4. 水

饮用水可直接作为混凝土搅拌和养护用水。对硫酸盐含量超过0.0027 mg/mm³（按SO_4^{2-}计）、含盐量超过0.005 mg/mm³、pH值小于4的酸性水和含有油污、泥和其他有害杂质的水，均不允许使用。

5. 外加剂

为提早开放交通，路面混凝土宜选用减水率大、坍落度损失小、可调控凝结时间的复合型减水剂。高温施工宜使用引气缓凝（保塑）（高效）减水剂；低温施工宜使用引气早强（高效）减水剂。

为了提高混凝土的和易性和抗冻性，可选用表面张力降低值大、水泥稀浆中起泡容量多而细密、泡沫稳定时间长、不溶渣少的产品。有抗（盐）冻要求的地区，各交通等级路面混凝土必须使用引气剂；无抗（盐）冻要求地区，二级及二级以上公路路面混凝土应使用引气剂。

在混凝土制备时掺加外加剂时，各外加剂产品的技术性能指标应满足《公路水泥混凝土路面施工技术细则》(JTG/T F30-2014)的规定。

6. 其他材料

路面混凝土中的粉煤灰掺和料、填缝材料、钢筋、钢纤维等，其技术指标应满足《公路水泥混凝土路面施工技术细则》(JTG/T F30-2014)的相关规定。

4.1.2 混凝土配合比设计

由于混凝土路面板厚设计计算是以混凝土的抗弯拉强度为依据,所以混凝土的配合比设计应根据设计弯拉强度、耐久性、耐磨性、和易性等要求和经济合理的原则选用原材料。通过计算、试验和必要的调整,确定混凝土单位体积中各种组成材料的用量,即设计配合比。再据现场浇筑混凝土的实际条件,如材料供应情况(级配、含水量等)、摊铺方法和机具、气候条件等,作适当调整后提出施工配合比。

这里仅介绍普通混凝土配合比设计的一般步骤,适用于滑模摊铺机、轨道摊铺机、三辊轴机组及小型机具四种施工方式。钢纤维混凝土、碾压混凝土、贫水混凝土的配合比设计方法参见《公路水泥混凝土路面施工技术细则》(JTG/T F30-2014)。

1. 普通混凝土路面的配合比应满足的技术要求

(1)弯拉强度

①各交通等级路面的28d设计弯拉强度标准值 f_r 应符合《公路水泥混凝土路面设计规范》(JTG D40-2011)的规定,根据交通等级不同,取 4.0~5.0 MPa。

②按式(4-1)计算配制28d弯拉强度的均值。

$$f_c = \frac{f_r}{1-1.04c_v} + ts \tag{4-1}$$

式中,f_c——配制28d弯拉强度的均值/MPa;

f_r——设计弯拉强度标准值/MPa;

s——弯拉强度试验样本的标准差/MPa;

t——保证率系数,应按表4.1确定;

c_v——弯拉强度变异系数,应按统计数据在表4.2的规定范围内取值;无统计数据时,弯拉强度变异系数应按设计取值;如果施工配制弯拉强度超出设计给定的弯拉强度变异系数上限,则必须改进机械装备和提高施工控制水平。

表 4.1 保证率系数 t

公路技术等级	判别概率 p	样本数 n/组				
		3	6	9	15	20
高速公路	0.05	1.36	0.79	0.61	0.45	0.39
一级公路	0.10	0.95	0.59	0.46	0.35	0.30
二级公路	0.15	0.72	0.46	0.37	0.28	0.24
三、四级公路	0.20	0.56	0.37	0.29	0.22	0.19

表 4.2 各级公路混凝土路面弯拉强度变异系数

公路技术等级	高速公路		一级公路		二级公路	三、四级公路
混凝土弯拉强度变异水平等级	低	低	中	中	中	高
弯拉强度变异系数 c_v 允许变化范围	0.05~0.10	0.05~0.10	0.10~0.15	0.10~0.15	0.10~0.15	0.15~0.20

(2)工作性

①滑模摊铺机铺筑的混凝土拌和物最佳工作性及允许范围应符合表4.3的规定。

表4.3 混凝土路面滑模摊铺最佳工作性及允许范围

指标 界限	坍落度 S_L/mm		振动黏度系数 η/N·s/m²
	卵石混凝土	碎石混凝土	
最佳工作性	20～40	25～50	200～500
允许波动范围	5～55	10～65	100～600

注:①滑模摊铺机适宜的摊铺速度应控制在0.5～2.0 m/min之间;
②本表适用于设超铺角的滑模摊铺机;对不设超铺角的滑模摊铺机,最佳振动黏度系数为250～600 N·s/m²;最佳坍落度卵石为10～40 mm;碎石为10～30 mm;
③滑模摊铺时的最大单位用水量卵石混凝土不宜大于155 kg/m³;碎石混凝土不宜大于160 kg/m³。

②轨道摊铺机、三辊轴机组、小型机具摊铺的路面混凝土坍落度及最大单位用水量,应满足表4.4的规定。

表4.4 不同路面施工方式混凝土坍落度及最大单位用水量

摊铺方式	轨道摊铺机摊铺		三辊轴机组摊铺		小型机具摊铺	
出机坍落度/mm	40～60		30～50		10～40	
摊铺坍落度/mm	20～40		10～30		0～20	
最大单位用水量/kg/m³	碎石 156	卵石 153	碎石 153	卵石 148	碎石 150	卵石 145

注:①表中的最大单位用水量系采用中砂、精细集料为风干状态的取值,采用细砂时,应使用减水率较大的(高效)减水剂;
②使用碎卵石时,最大单位用水量可取碎石与卵石中值。

(3)耐久性

①根据当地路面无抗冻性、有抗冻性或有抗盐冻性要求及混凝土最大公称粒径,路面混凝土含气量宜符合表4.5的规定。

表4.5 路面混凝土含气量及允许偏差

%

最大公称料径/mm	无抗冻性要求	有抗冻性要求	有抗盐冻要求
19.0	4.0±1.0	5.0±0.5	6.0±0.5
26.5	3.5±1.0	4.5±0.5	5.5±0.5
31.5	3.5±1.0	4.0±0.5	5.0±0.5

②各交通等级路面混凝土满足耐久性要求的最大水灰(胶)比和最小单位水泥用量应符合表4.6的规定。

③严寒地区路面混凝土抗冻标号不宜小于F250,寒冷地区不宜小于F200。

④在海风、酸雨、除冰盐或硫酸等腐蚀环境影响范围内的混凝土路面和桥面,在使用硅酸盐水泥时,应掺加粉煤灰、磨细矿渣或硅灰掺和料,不宜单独使用硅酸盐水泥,可使用矿渣

水泥或普通水泥。

表 4.6　混凝土满足耐久性要求的最大水灰(胶)比和最小单位水泥用量

公路技术等级		高速公路、一级公路	二级公路	三、四级公路
最大水灰(胶)比		0.44	0.46	0.48
抗冰冻要求最大水灰(胶)比		0.42	0.44	0.46
抗盐冻要求最大水灰(胶)比		0.40	0.42	0.44
最小单位水泥用量/kg/m³	42.5 级	300	300	290
	32.5 级	310	310	305
抗冰(盐)冻时最小单位水泥用量/kg/m³	42.5 级	320	320	315
	32.5 级	330	330	325
掺粉煤灰时最小单位水泥用量/kg/m³	42.5 级	260	260	255
	32.5 级	280	270	265
抗冰(盐)冻掺粉煤灰最小单位水泥用量(42.5 级水泥)/kg/m³		280	270	265

注：①掺粉煤灰，并有抗冰(盐)冻性要求时，不得使用 32.5 级水泥；
②水灰(胶)比计算以砂石料的自然风干状态计(砂含水量≤1.0%；石子含水量≤0.5%)；
③处在除冰盐、海风、酸雨或硫酸盐等腐蚀性环境中，或在大纵坡等加减速车道上的混凝土，最大水灰(胶)比可比表中数值降低 0.01~0.02。

(4)经济性

在满足上述三项技术要求的前提下，配合比应尽可能经济。各级公路混凝土路面最大水泥用量不宜大于 400 kg/m³；掺粉煤灰时，最大胶材总量不宜大于 420 kg/m³。

2. 外加剂的使用要求

(1)高温施工时，混凝土拌和物的初凝时间不得小于 3 h，否则应采取缓凝或保塑措施；低温施工时，终凝时间不得大于 10 h，否则应采取必要的促凝或早强措施。

(2)外加剂的掺量应由混凝土试配试验确定。引气剂的适宜掺量可由搅拌机口的拌和物含气量进行控制。实际路面和桥面引气混凝土的抗冰冻、抗盐冻耐久性，宜用《公路水泥混凝土路面施工技术细则》(JTG/T F30-2014)附录 F.1、F.2 规定的钻芯法测定。测定位置：路面为表面和表面下 50 mm；桥面为表面和表面下 30 mm；测得的上下两个表面的最大平均气泡间距系数不宜超过表 4.7 的规定。

表 4.7　混凝土路面和桥面最大平均气泡间距系数

公路技术等级		高速公路、一级公路/μm	其他公路/μm
严寒地区	冰冻	275	300
	盐冻	225	250
寒冷地区	冰冻	325	350
	盐冻	275	300

(3)引气剂与减水剂或高效减水剂等其他外加剂复配在同一水溶液中时,应保证其共溶性,防止外加剂溶液发生絮凝现象。如产生絮凝现象,应分别稀释、分别加入。

3. 配合比参数的计算与确定

(1)水灰(胶)比的计算和确定

①根据粗集料的类型,水灰比可分别按下列统计公式计算:

碎石或碎卵石混凝土:

$$\frac{W}{C}=\frac{1.5684}{f_c+1.0097-0.3595f_s} \tag{4-2}$$

卵石混凝土:

$$\frac{W}{C}=\frac{1.2618}{f_c+1.5492-0.4709f_s} \tag{4-3}$$

f_s——水泥实测 28 d 抗折强度(MPa)。

②掺用粉煤灰时,应计入超量取代法中代替水泥的那一部分粉煤灰用量(代替砂的超量部分不计入),用水胶比 $\frac{W}{C+F}$ 代替水灰比 $\frac{W}{C}$。

③应在满足弯拉强度计算值和耐久性两者要求的水灰(胶)比中取小值。

(2)砂率的选择

砂率应根据砂的细度模数和粗集料种类,查表 4.8 取值。在软做抗滑槽时,砂率在表 4.8 基础上可增大 1%~2%。硬刻槽时,则不必增大砂率。

表 4.8 砂的细度模数与最优砂率关系

砂细度模数		2.2~2.5	2.5~2.8	2.8~3.1	3.1~3.4	3.4~3.7
砂率 S_P/%	碎石	30~34	32~36	34~38	36~40	38~42
	卵石	28~32	30~34	32~36	34~38	36~40

注:①碎卵石可在碎石和卵石混凝土之间内插取值。

(3)计算单位用水量

由上述水灰比、砂率,根据粗料种类和表 4.3、表 4.4 中适宜的坍落度 S_L,分别按下列经验式计算单位用水量(砂石料以自然风干状态计):

$$碎石:W_o=104.97+0.309S_L+11.27\frac{C}{W}+0.61S_P \tag{4-4}$$

$$卵石:W_o=86.89+0.370S_L+11.24\frac{C}{W}+1.00S_P \tag{4-5}$$

式中,W_o——不掺外加剂与掺合料混凝土的单位用水量/kg/m³;

S_L——坍落度/mm;

S_P——砂率/%;

$\frac{C}{W}$——灰水比,水灰比之倒数。

掺外加剂时应计入外加剂减水作用,其混凝土单位用水量应按式(4-6)计算:

$$W_{ow}=W_o\left(1-\frac{\beta}{100}\right) \tag{4-6}$$

式中,

W_{ow}——掺外加剂混凝土的单位用水量$/kg/m^3$;

β——所用外加剂剂量的实测减水率/%。

单位用水量应取计算值和表 4.3 和 4.4 的规定值两者中的小值。若实际单位用水量仅掺引气剂不满足所取数值,则应掺用引气(高效)减水剂,三、四级公路也可采用真空脱水工艺。

(4)确定单位水泥用量

单位水泥用量应由式(4-7)计算,并取计算值与表 4.6 规定值两者中的大值。

$$C_o = \left(\frac{C}{W}\right) W_o \qquad (4-7)$$

式中,

C_o——单位水泥用量$/kg/m^3$。

(5)确定砂石料用量

砂石料用量可按密度法或体积法计算。按密度法计算时,混凝土单位质量可取 2400～2450 kg/m³;按体积法计算时,应计入设计含气量。采用超量取代法掺用粉煤灰时,超量部分应代替砂,并折减用砂量。经计算得到的配合比,应验算单位粗集料填充体积率,且不宜小于 70%。

需要注意,采用真空脱水工艺时,可采用比经验式(4-4、4-5)计算值略大的单位用水量,但在真空脱水后,扣除每立方米混凝土实际吸除的水量,剩余单位用水量和剩余水灰(胶)比分别不宜超过表 4.4 最大单位用水量和表 4.6 最大水灰(胶)比的规定。

另外,路面混凝土掺用粉煤灰时,其配合比计算应按超量取代法进行。粉煤灰掺量应根据水泥中原有的掺和料数量和混凝土弯拉强度、耐磨性等要求由试验确定。Ⅰ、Ⅱ级粉煤灰的超量取代系数可按表 4.9 初选。代替水泥的粉煤灰掺量:Ⅰ型硅酸盐水泥宜≤30%;Ⅱ型硅酸盐水泥宜≤25%;道路水泥宜≤20%;普通水泥宜≤15%;矿渣水泥不得掺粉煤灰。

表 4.9　各级粉煤灰的超量取代系数

粉煤灰等级	Ⅰ	Ⅱ	Ⅲ
超量取代系数 k	1.1～1.4	1.3～1.7	1.5～2.0

4. 配合比确定与调整

由上述各经验公式推算得出的混凝土配合比,应在实验室内按下述步骤和《公路工程水泥及水泥混凝土试验规程》(JTG E30-2005)规定方法进行试配检验和调整:

(1)首先检验各种混凝土拌和物是否满足不同摊铺方式的最佳工作性要求。检验项目包括含气量、坍落度及其损失、振动黏度系数、改进 VC 值、外加剂品种及其最佳掺量。在工作性和含气量不满足相应摊铺方式要求时,可在保持水灰(胶)比不变的前提下调整单位用水量、外加剂掺量或砂率,不得减小满足计算弯拉强度及耐久性要求的单位水泥用量。

(2)对于采用密度法计算的配合比,应实测拌和物视密度,并应按视密度调整配合比,调整时水灰比不得增大,单位水泥用量、钢纤维掺量不得减少,调整后的拌和物视密度允许偏差为±2.0%。实测拌和物含气量及其偏差应满足表 4.5 的规定,不满足要求时,应调整引气剂掺量直至达到规定含气量。

(3)以初选水灰(胶)比为中心,按 0.02 增减幅度选定 2~4 个水灰(胶)比,制作试件,检验各种混凝土 7 d 和 28 d 配制弯拉强度、抗压强度、耐久性等指标(有抗冻性要求的地区,抗冻性为必测项目,耐磨性及干缩为选测项目)。也可保持计算水灰(胶)比不变,以初选单位水泥用量为中心,按 15~20 kg/m³ 增减幅度选定 2~4 个单位水泥用量。

(4)施工单位通过上述各项指标检验提出的配合比,在经监理或建设方中心实验室验证合格后,方可确定为实验室基准配合比。

实验室的基准配合比应通过搅拌楼实际拌和检验和不小于 200 m 试验路段的验证,并应根据料场砂石料含水量、拌和物实测视密度、含气量、坍落度及其损失,调整单位用水量、砂率或外加剂掺量。调整时,水灰(胶)比、单位水泥用量不得减小。考虑施工中原材料含泥量、泥块含量、含水量变化和施工变异性等因素,单位水泥用量应适当增加 5~10 kg。满足试拌试铺的工作性、28 d(至少 7 d)配制弯拉强度、抗压强度和耐久性等要求的配合比,经监理或建设方批准后方可确定为施工配合比。

施工期间配合比的微调与控制应符合下列要求:

①根据施工季节、气温和运距等的变化,可微调缓凝(高效)减水剂、引气剂或保塑剂的掺量,保持摊铺现场的坍落度始终适宜于铺筑,且波动最小。

②降雨后,应根据每天不同时间的气温及砂石料实际含水量变化,微调加水量,同时微调砂石料称量,其他配合比参数不得变更,维持施工配合比基本不变。雨天或砂石料变化时应加强控制,保持现场拌和物工作性始终适宜摊铺和稳定。

4.1.3 施工准备

1. 施工机械选择

根据公路等级的不同,混凝土路面的施工宜符合表 4.10 规定的机械装备要求。

表 4.10 与公路等级相适应的机械装备

摊铺机械装备	高速公路	一级公路	二级公路	三级公路	四级公路
滑模摊铺机	√	√	√		○
轨道摊铺机	▲	√	√	√	○
三辊轴机组	○	▲	√	√	√
小型机具	×	○	▲	√	√
碾压混凝土机械		○	√	√	▲
计算机自动控制强制搅拌楼(站)	√	√	√	▲	○
强制搅拌楼(站)	×	○	▲	√	√

注:①符号含义:√应使用;▲有条件使用;○不宜使用;×不得使用;
②各等级公路均不得使用体积计量、小型自落滚筒式搅拌机,严禁使用人工控制加水量;
③碾压混凝土亦可用于高速公路、一级公路复合式路面的下面层和贫混凝土基层。

2. 施工组织

(1)开工前,建设单位应组织设计、施工、监理单位进行技术交底。

(2)施工单位应根据设计图纸、合同文件、摊铺方式、机械设备、施工条件等确定混凝土路面施工工艺流程、施工方案,进行详细的施工组织设计。

(3)开工前,施工单位应对施工、试验、机械、管理等岗位的技术人员和各工种技术工人进行培训。未经培训的人员不得单独上岗操作。

(4)施工单位应根据设计文件,测量校核平面和高程控制桩,复测和恢复路面中心、边缘全部基本标桩,测量精确度应满足相应规范的规定。

(5)施工工地应建立具备相应资质的现场试验室,能够对原材料、配合比和路面质量进行检测和控制,提供符合交工检验、竣工验收和计量支付要求的自检结果。

(6)各种桥涵、通道等构筑物应提前建成,确有困难不能通行时,应有施工便道。施工时应确保运送混凝土的道路基本平整、畅通,不得延误运输时间。施工中的交通运输应配备专人进行管制,保证施工有序、安全进行。

(7)摊铺现场和搅拌场之间应建立快速有效的通讯联络,及时进行生产调度和指挥。

3. 搅拌场设置

(1)搅拌场宜设置在摊铺路段的中间位置。搅拌场内部布置应满足原材料储运、混凝土运输、供水、供电、钢筋加工等使用要求,并尽量紧凑,减少占地。

(2)搅拌场应保障搅拌、清洗、养生用水的供应,并保证水质。供水量不足时,搅拌场应设置与日搅拌量相适应的蓄水池。

(3)搅拌场应保证充足的电力供应。电力总容量应满足全部施工用电设备、夜间施工照明及生活用电的需要。

(4)应确保摊铺机械、运输车辆及发电机等动力设备的燃料供应。离加油站较远的工地宜设置油料储备库。

(5)水泥、粉煤灰储存和供应要求:

每台搅拌楼应至少配备2个水泥罐仓,如掺粉煤灰还应至少配备1个粉煤灰罐仓。当水泥的日用量很大,需要两家以上的水泥厂供应水泥时,不同厂家的水泥,应清仓再灌,并分罐存放。严禁粉煤灰与水泥混罐。

应确保施工期间的水泥和粉煤灰供应。供应不足或运距较远时,应储备和使用袋包装水泥或袋装粉煤灰,并准备水泥仓库、拆包及输送入罐设备。水泥仓库应覆盖或设置顶篷防雨,并应设置在地势较高处,严禁水泥、粉煤灰受潮或浸水。

(6)砂石料储备:

施工前,宜储备正常施工10~15天的砂石料。

砂石料场应建在排水通畅的位置,其底部应做硬化处理。不同规格的砂石料之间应有隔离设施,并设标识牌,严禁混杂。

在低温天、雨天、大风天及日照强烈的条件下,应在砂石料堆上部架设顶篷或覆盖,覆盖砂石料数量不宜少于正常施工一周的用量。

(7)原材料与混凝土运输车辆不应相互干扰。搅拌楼下宜采用厚度不薄于200 mm的混凝土铺装层,并应设置污水排放管沟、积水坑或清洗搅拌楼的废水处理回收设备。

4. 摊铺前材料与设备检查

(1)在施工准备阶段,应依据混凝土路面设计要求、工程规模,对当地及周边的水泥、钢材、粉煤灰、外加剂、砂石料、水资源、电力、运输等状况进行实地调研,确认符合铺筑混凝土路面的原材料质量、品种、规格,原材料的供应量、供应强度和供给方式、运距等。通过调研优选,初步选择原材料供应商。

(2)开工前,工地实验室应对计划使用的原材料进行质量检验和混凝土配合比优选,监理应对原材料抽检和配合比试验验证,报请业主正式审批。

(3)应根据路面施工进度安排,保证及时地供应符合原材料技术指标规定的各种原材料,不合格原材料不得进场。所有原材料进出场应进行称量、登记、保管或签发。

(4)应将相同料源、规格、品种的原材料作为一批,分批量检验和储存。原材料的检测项目和频率应符合表 4.11 的规定。

表 4.11 混凝土原材料的检测项目和频率

材料	检测项目	检测频度	
		高速公路、一级公路	其他公路
水泥	抗折强度、抗压强度,安定性	机铺 1500 t 一批	机铺 1500 t、小型机具 500 t 一批
	凝结时间,标稠需水量,细度	机铺 2000 t 一批	机铺 3000 t、小型机具 500 t 一批
	f—CaO、MgO、SO_3 含量,铝酸三钙,铁铝酸四钙,干缩率、耐磨性,碱度,混合材料种类及数量		
	温度、水化热	冬、夏季施工随时检测	冬、夏季施工随时检测
粉煤灰	活性指数、细度、烧失量	机铺 1500 t 一批	机铺 1500 t、小型机具 500 t 一批
	需水量比、SO_3 含量	每标段不少于 3 次,进场前必测	每标段不少于 3 次,进场前必测
粗集料	针片状、超径颗粒含量、级配,表观密度,堆积密度,空隙率	机铺 2500 m³ 一批	机铺 5000 m³、小型机具 1500 m³ 一批
	含泥量、泥块含量	机铺 1000 m³ 一批	机铺 2000 m³、小型机具 1000 m³ 一批
	坚固性、岩石抗压强度、压碎指标	每种粗集料每标段不少于 2 次	每种粗集料每标段不少于 2 次
	碱集料反应	怀疑有碱活性集料进场前测	怀疑有碱活性集料进场前测
	含水量	降雨或湿度变化随时测	降雨或湿度变化随时测
砂	细度模数,表观密度,堆积密度,空隙率,级配	机铺 2000 m³ 一批	机铺 4000 m³、小型机具 1500 m³ 一批
	含泥量、泥块、石粉含量	机铺 1000 m³ 一批	机铺 2000 m³、小型机具 500 m³ 一批
	坚固性	每种砂每标段不少于 2 次	每种砂每标段不少于 2 次

续表

材料	检测项目	检测频度	
		高速公路、一级公路	其他公路
砂	云母含量，轻物质与有机物含量	目测有云母或杂质时测	目测有云母或杂质时测
	含盐量（硫酸盐、氯盐）	必要时测，淡化海砂每标段3次	必要时测，淡化海砂每标段2次
	含水量	降雨或湿度变化随时测	降雨或湿度变化随时测
外加剂	减水剂减水率，液体外加剂含固量和相对密度，粉状外加剂的不溶物含量	机铺5 t一批	机铺5 t、小型机具3 t一批
	引气剂引气量、气泡细密程度和稳定性	机铺2 t一批	机铺3 t、小型机具1 t一批
钢纤维	抗拉强度、弯折性能、长度、长径比、形状	开工前或有变化时，每标段3次	开工前或有变化时，每标段3次
	杂质、质量及其偏差	机铺50 t一批	机铺50 t、小型机具30 t一批
养生剂	有效保水率、抗压强度比、耐磨性、耐热性、膜水溶性	开工前或有变化时，每标段3次	开工前或有变化时，每标段3次
	含固量、成膜时间	试验路段测，施工每5 t测1次	试验路段测，施工每5 t测1次
水	pH值、含盐量、硫酸根及杂质含量	开工前和水源有变化时	开工前和水源有变化时

注：①开工前，所有原材料项目均应检验；当原材料规格、品种、生产厂、来源变化时，必检；
②机铺是指滑模、轨道、三辊轴机组和碾压混凝土摊铺，数量不足一批时，按一批检验。

（5）施工前必须对机械设备、测量仪器、基准线或模板、机具工具及各种试验仪器等进行全面检查、调试、校核、标定、维修和保养。主要施工机械的易损零部件应有适量储备。

5. 路基、基层和封层的检测与修整

（1）路基应稳定、密实、均质，对路面结构提供均匀的支承。对桥头、软基、高填方、填挖方交界等处的路基段，应进行连续沉降观测，并采取切实有效措施保证路基的稳定性。

（2）垫层、基层除应符合《公路水泥混凝土路面设计规范》(JTG D40-2011)和《公路路面基层施工技术细则》(JTG/T F20-2015)的规定外，尚应符合下列技术要求：（上）基层纵、横坡一般可与面层一致，但横坡可略大0.15%~0.20%，并不得小于路面横坡；硬路肩厚度薄于面板时，应设排水基层或排水盲沟。缘石和软路肩底部应有渗透排水措施；面层铺筑前，宜至少提供足够机械连续施工10 d以上的合格基层。

（3）面板铺筑前，应对基层进行全面的破损检查，当基层产生纵、横向断裂、隆起或碾坏时，应采取下述有效措施彻底修复：

所有挤碎、隆起、空鼓的基层应清除，并使用相同的基层料重铺，同时设胀缝板横向隔开,胀缝板应与路面胀缝或缩缝上下对齐。

当基层产生非扩展性温缩、干缩裂缝时,应灌沥青密封防水,还应在裂缝上粘贴油毡、土工布或土工织物,其覆盖宽度不应小于 1000 mm;距裂缝最窄处不得小于 300 mm。

当基层产生纵向扩展裂缝时,应分析原因,采取有效的路基稳固措施根治裂缝,且宜在纵向裂缝所在的整个面板内,距板底 1/3 高度增设补强钢筋网,补强钢筋网到裂缝端部不宜短于 5 m。

基层被碾坏成坑或破损面积较小的部位,应挖除并采用贫混凝土局部修复。对表面严重磨损裸露粗集料的部位,宜采用沥青封层处理

(4)在高速公路和一级公路的半刚性上基层表面,宜喷洒热沥青和石屑($2\sim 3$ m³/100 m²)做滑动封层,或做乳化沥青稀浆封层。沥青封层或乳化沥青稀浆封层的厚度不宜小于 5 mm。

(5)在各交通等级有可能被水淹没浸泡路面的路段,可采用较厚的坚韧塑料薄膜或密闭土工膜覆盖基层防水。

(6)当封层出现局部损坏时,摊铺前应采用相同的封层材料进行修补,经质量检验合格,并由监理签认后,方可铺筑水泥混凝土面层。

4.2 混凝土的搅拌和运输

施工前的准备工作完成以后,根据试验室确定的配合比,开始对混凝土进行拌和,并将其运送到施工现场。在此之前要做好搅拌设备的选择、拌和过程中的质量控制、运输设备数量和运输过程的技术要求等工作。

完成各项施工准备工作后,先进行开工申请,得到批准后,即可进行水泥混凝土路面正式施工。

4.2.1 搅拌设备

1. 搅拌场的拌和能力配置

搅拌场生产能力与容量必须与路面上的机械铺筑能力匹配,密切配合,形成具有计划摊铺能力的系统。

(1)总拌和生产能力

采用滑模、轨道、碾压、三辊轴机组摊铺时,搅拌场配置混凝土总拌和生产能力可按式(4-8)计算,并按总拌和能力确定所要求的搅拌楼数量和型号。

$$M = 60\mu \cdot b \cdot h \cdot V_t \tag{4-8}$$

式中,M—搅拌楼总拌和能力/m³/h;

b—摊铺宽速度/m;

V_t—摊铺速度/m/min($\geqslant$1 m/min);

h—面板厚度/m;

μ—搅拌楼可靠性系数,1.2~1.5。

μ 根据下述具体情况确定:搅拌楼可靠性高,μ 可取较小值;反之,μ 取较大值;拌和钢纤维混凝土时,μ 应取较大值;坍落度要求较低者,μ 应取较大值。

(2)拌和容量配套

不同摊铺方式所要求的搅拌楼最小生产容量应满足表 4.12 的规定。一般可配备 2~3 台搅拌楼,最多不宜超过 4 台。搅拌楼的规格和品牌尽可能统一。

表 4.12 混凝土路面不同摊铺方式的搅拌楼最小配置容量

m^3/h

摊铺宽度 \ 摊铺方式	滑模摊铺	轨道摊铺	碾压混凝土	三辊轴摊铺	小型机具
单车道 3.75~4.5 m	≥100	≥75	≥75	≥50	≥25
双车道 7.5~9 m	≥200	≥150	≥150	≥100	≥50
整幅宽≥12.5 m	≥300	≥200	≥200		

2. 搅拌楼的配备

每台搅拌楼应配备齐全自动供料、称量、计量、砂石料含水率反馈控制、有外加剂加入装置和计算机控制自动配料操作系统设备和打印设备。每台搅拌楼还应配齐生产所必需的外置设备:3~4 个砂石料仓;1~2 个外加剂池;3~4 个水泥及粉煤灰罐仓。使用袋装水泥时应配备拆包和水泥输送设备。

应优先选配间歇式搅拌楼,也可使用连续式搅拌楼。

搅拌场应配备适量装载机或推土机供应砂石料。

4.2.2 拌和技术要求

1. 配料精确度控制方法

每台搅拌楼在投入生产前,必须进行标定和试拌。在标定有效期满或搅拌楼搬迁安装后,均应重新标定。施工中应每 15 d 校验一次搅拌楼计量精确度。搅拌楼配料计量偏差不得超过表 4.13 的规定。不满足时,应分析原因,排除故障,确保拌和计量精确度。采用计算机自动控制系统的搅拌楼时,应使用自动配料生产,并按需要打印每天(周、旬、月)对应路面摊铺桩号的混凝土配料统计数据及偏差。

表 4.13 搅拌楼的混凝土拌和计量允许偏差

%

材料名称	水泥	掺和料	钢纤维	砂	粗集料	水	外加剂
高速公路、一级公路每盘	±1	±1	±2	±2	±2	±1	±1
高速公路、一级公路累计每车	±1	±1	±1	±2	±2	±1	±1
其他公路	±2	±2	±2	±3	±3	±2	±2

2. 拌和时间

应根据拌和物的黏聚性、均质性及强度稳定性试拌确定最佳拌和时间。一般情况下，单立轴式搅拌机总拌和时间宜为 80～120 s，全部原材料到齐后的最短纯拌和时间不宜短于 40 s；行星立轴和双卧轴式搅拌机总拌和时间为 60～90 s，最短纯拌和时间不宜短于 35 s；连续双卧轴搅拌楼的最短拌和时间不宜短于 40 s。最长总拌和时间不应超过高限值的 2 倍。

3. 砂石料要求

混凝土拌和过程中，不得使用沥水、夹冰雪、表面沾染尘土和局部曝晒过热的砂石料。

4. 外加剂使用

外加剂应以稀释溶液加入，其稀释用水原液中的水量，应从拌和加水量中扣除。使用间歇搅拌楼时，外加剂溶液浓度应根据外加剂掺量、每盘外加剂溶液筒的容量和水泥用量计算得出。连续式搅拌楼应按流量比例控制加入外加剂。加入搅拌锅的外加剂溶液应充分溶解，并搅拌均匀。有沉淀的外加剂溶液，应每天清除一次稀释池中的沉淀物。

5. 引气混凝土拌和

为提高路面混凝土的弯拉强度和耐久性，所有水泥混凝土路面都应使用引气剂，制成引气混凝土，并应按引气混凝土的拌和要求进行搅拌。

拌和物的含气量是在拌和过程中从空气中裹携进去的，如果搅拌锅是满的或密封的，没有给出空间让空气进入，即使掺用引气剂，也裹携不进空气，达不到要求的含气量。因此，搅拌楼一次拌和量不应大于其额定搅拌量的 90%，纯拌和时间应控制在含气量最大或较大时。

6. 粉煤灰混凝土拌和

粉煤灰或其他掺和料应采用与水泥相同的输送、计量方式加入。粉煤灰混凝土的纯拌和时间应比不掺时延长 10～15 s。当同时掺用引气剂时，宜通过试验适当增大引气剂掺量，以达到规定含气量。

7. 拌和物质量检验与控制

(1)检查项目和检查频率

搅拌过程中，拌和物质量检验与控制应符合表 4.14 的规定。低温或高温天气施工时，拌和物出料温度宜控制在 10 ℃～35 ℃。并应测定原材料温度、拌和物的温度、坍落度损失率和凝结时间等。

(2)匀质性和稳定性要求

拌和物应均匀一致，有生料、干料、离析或外加剂、粉煤灰成团现象的非均质拌和物严禁用于路面摊铺。

一台搅拌楼的每盘之间，各搅拌楼之间，拌和物的坍落度最大允许偏差为 ±10 mm。拌和坍落度应为最适宜摊铺的坍落度值与当时气温下运输坍落度损失值两者之和。

表 4.14 混凝土拌和物的质量检验项目和频率

检查项目	检查频度	
	高速公路、一级公路	其他公路
水灰比及稳定性	每 5000 m³ 抽检 1 次,有变化随时测	每 5000 m³ 抽检 1 次,有变化随时测
坍落度及其均匀性	每工班测 3 次,有变化随时测	每工班测 3 次,有变化随时测
坍落度损失率	开工、气温较高和有变化随时测	开工、气温较高和有变化随时测
振动黏度系数	试拌、原材料和配合比有变化时测	试拌、原材料和配合比有变化时测
钢纤维体积率	每工班测 2 次,有变化随时测	每工班测 2 次,有变化随时测
含气量	每工班测 2 次,有抗冻要求不少于 3 次	每工班测 2 次,有抗冻要求不少于 3 次
泌水率	必要时测	必要时测
视密度	每工班测 1 次	每工班测 1 次
温度、凝结时间、水化发热量	冬、夏季施工,气温最高、最低时,每工班至少测 1~2 次	冬、夏季施工,气温最高、最低时,每工班至少测 1 次
离析	随时观察	随时观察
VC 值及稳定性、压实度、松铺系数	碾压混凝土做复合式路面底层时,检查频率与其他公路相同	每工班测 3~5 次,有变化随时测

4.2.3 运输车辆

1. 运输车辆的配备

机械摊铺系统配套的运输车数量,可按式(4-9)计算。

$$N = 2n\left(1 + \frac{S\gamma_c m}{V_q g_q}\right) \tag{4-9}$$

式中,N——汽车辆数/辆;
n——相同产量搅拌楼台数;
S——单程运输距离/km;
γ_c——混凝土密度/t/m³
m——一台搅拌楼每小时生产能力/m³/h;
V_q——车辆的平均运输速度/km/h;
g_q——汽车载重能力/t/辆。

2. 车况和车型要求

可选配车况优良、载重量 5~20 t 的自卸车,自卸车后挡板应关闭紧密,运输时不漏浆撒料,车厢板应平整光滑。按施工运距或施工路面结构需要配置车型,远距离运输或摊铺钢筋混凝土路面及桥面时,宜选配混凝土罐车。

4.2.4 运输技术要求

1. 总运力要求

应根据施工进度、运量、运距及路况,选配车型和车辆总数。总运力应比总拌和能力略有富余。确保新拌混凝土在规定时间内运到摊铺现场。

2. 运输时间

运输到现场的拌和物必须具有适宜摊铺的工作性。不同摊铺工艺的混凝土拌和物从搅拌机出料到运输、铺筑完毕的允许最长时间应符合表 4.15 的规定。不满足时应通过试验,加大缓凝剂或保塑剂的剂量。

表 4.15 混凝土拌和物出料到运输、铺筑完毕允许最长时间

施工气温/℃	到运输完毕允许最长的时间/h		到铺筑完毕允许最长时间/h	
	滑模	三轴、小机具	滑模	三轴、小机具
5~9	2.0	1.35	2.5	2.0
10~19	1.5	1.0	2.0	1.5
20~29	1.0	0.75	1.5	1.25
30~35	0.75	0.50	1.25	1.0

注:①施工气温指施工时间的日间平均气温,使用缓凝剂延长凝结时间后,本表数可增加 0.25~0.5 h。

3. 混凝土拌和物运输注意事项

(1)运输混凝土的车辆装料前,应清洁车厢(罐),洒水润壁,排干积水。装料时,自卸车应挪动车位,防止离析。搅拌楼卸料落差不应大于 2 m。

(2)混凝土运输过程中应防止漏浆、漏料和污染路面,途中不得随意耽搁。自卸车运输应减小颠簸,防止拌和物离析。车辆起步和停车应平稳。

(3)超过表 4.15 规定摊铺允许最长时间的混凝土不得用于路面摊铺。混凝土一旦在车内停留超过初凝时间,应采取紧急措施处置,严禁混凝土硬化在车厢(罐)内。

(4)烈日、大风、雨天和低温天远距离运输时,自卸车应遮盖混凝土,罐车宜加保温隔热套。

(5)使用自卸车运输混凝土最远运输半径不宜超过 20 km。

(6)运输车辆在模板或导线区调头或错车时,严禁碰撞模板或基准线,一旦碰撞,应告知测量人员重新测量纠偏。

(7)车辆倒车及卸料时,应有专人指挥。卸料应到位,严禁碰撞摊铺机和前场施工设备及测量仪器。卸料完毕,车辆应迅速离开。

(8)碾压混凝土卸料时,车辆应在前一辆车离开后立即倒向摊铺机,并在机前 10~30 cm处停住,不得撞击摊铺机械,然后换成空挡,并迅速升起料斗卸料,靠摊铺机推动前进。

4.3 混凝土面层铺筑施工技术

目前,水泥混凝土面层常用的施工方法主要有滑模机摊铺施工、三辊轴机组施工以及小型机具施工等,其施工程序一般为模板安装、传力杆设置、混凝土的搅拌和运输、混凝土的摊铺与振捣、接缝制作、抹面和拆模、混凝土的养生与填缝。其中三辊轴机组和小型机具两种是固定模板施工水泥路面,而滑模摊铺机施工取消侧模,两侧设置有随机移动的固定滑模施工水泥路面。

混凝土面层是由一定厚度的混凝土板组成,它具有热胀冷缩的性质。由于一年四季气温的变化,混凝土板会产生不同程度的膨胀和收缩。而在一昼夜中,白天气温升高,混凝土板顶面温度较底面为高,这种温度坡差会形成板的中部隆起的趋势。夜间气温降低,板顶面温度较底面为低,会使板的周边和角隅发生翘起的趋势。由于翘曲而引起裂缝,在裂缝发生后被分割的两块板体尚不致完全分离,倘若板体温度均匀下降引起收缩,则将使两块板体被拉开,从而失去荷载传递作用。为避免这些缺陷,混凝土路面不得不在纵横两个方向设置许多接缝,把整个路面分割成许多板块(图4.1)。

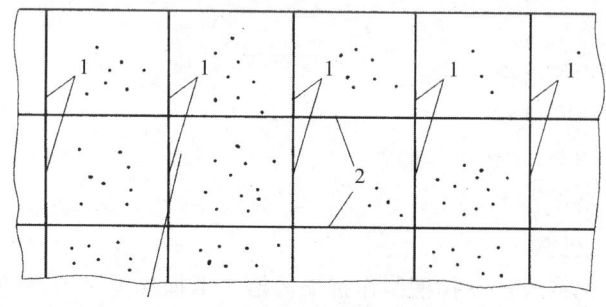

1—横缝;2—纵缝
图 4.1 路面接缝设置

为了满足混凝土路面的行车要求,要求面层有一定的构造深度,所以水泥混凝土路面要进行抗滑构造的制作。同时使混凝土达到要求的设计强度,必须对混凝土进行养生。

4.3.1 滑模机械摊铺施工技术要点

1. 机械配备

(1)滑模摊铺机选型

高速公路、一级公路施工,宜选配能一次摊铺2～3个车道宽度(7.5～12.5 m)的滑模摊铺机;二级及二级以下公路路面的最小摊铺宽度不得小于单车道设计宽度。硬路肩的摊铺宜选配中、小型多功能滑模摊铺机,并宜连体一次摊铺路缘石。滑模摊铺机可按表4.16的基本技术参数选择。

表 4.16 滑模摊铺的基本技术参数

项目	发动机功率/kW	摊铺宽度/m	摊铺厚度/mm	摊铺速度/m/min	空驶速度/m/min	行走速度/m/min	履带数/个	整机自重/t
三车道滑模摊铺机	200~300	12.5~16.0	0~500	0~3	0~5	0~15	4	57~135
双车道滑模摊铺机	150~200	3.6~9.7	0~500	0~3	0~5	0~18	2~4	22~50
多功能单车道滑模摊铺机	70~150	2.5~6.0	0~400	0~3	0~9	0~15	2~4	12~27
路缘石滑模摊铺机	≤80	<2.5	<450	0~5	0~9	0~10	2~3	≤10

(2)布料设备选择

滑模摊铺路面时,可配备 1 台挖掘机或装载机辅助布料。采用前置钢筋支架法设置缩缝传力杆的路面、钢筋混凝土路面、桥面和桥头搭板时,应选配下列适宜的布料机械:

①侧向上料的布料机。

②侧向上料的供料机。

③带侧向上料机构的滑模摊铺机。

④挖掘机加料斗侧向供料。

⑤吊车加短便桥钢凳,车辆直接卸料。

⑥吊车加料斗起吊布料。

(3)抗滑构造施工机械

可采用拉毛养生机或人工软拉槽制作抗滑沟槽。工程规模大、日摊铺进度快时,宜采用拉毛养生机。高速公路、一级公路宜采用刻槽机进行硬刻槽,其刻槽作业宽度不宜小于 500 mm,所配备的硬刻槽机数量及刻槽能力应与滑模摊铺进度相匹配。

(4)切缝机械

滑模摊铺混凝土路面的切缝,可使用软锯缝机、支架式硬锯缝机和普通锯缝机。配备的锯缝机及切缝能力应与滑模摊铺进度相适应。

(5)滑模摊铺系统机械配套

滑模摊铺系统机械配套宜符合表 4.17 的要求。选配机械设备的关键:一是按工艺要求配齐全,缺一不可;二是生产稳定可靠,故障率低。

表 4.17 滑模摊铺机施工主要机械和机具配套

工作内容	主要施工机械设备	
	名称	机型及规格
钢筋加工	钢筋锯断机、折弯机、电焊机	根据需要定规格和数量
测量基准线	水准仪、经纬仪、全站仪	根据需要定规格和数量
	基准线、线桩及紧线器	300 个桩、5 个紧线器、3000 m 基准线

续表

工作内容	主要施工机械设备	
	名称	机型及规格
搅拌	强制式搅拌楼	≥50(m³/h),数量由计算确定
	装载机	2~3 m³
	发电机	≥120 kw
	供水泵和蓄水池	≥250 m³
运输	运输车	4~6 m³ 数量由匹配计算确定
	自卸车	4~24 m³ 数量由匹配计算确定
摊铺	布料机、挖掘机、吊车等布料设备	根据需要定规格和数量
	滑模摊铺机1台	技术参数见规范
	手持振捣棒、整平梁、模板	根据人工施工接头需要定
抗滑	拉毛养生机1台	与滑模摊铺机同宽
	人工拉毛齿耙、工作桥	根据需要定规格和数量
	硬刻槽机 刻槽宽度≥500 mm,功率≥7.5 kw	数量与摊铺进度匹配
切缝	软锯缝机	根据需要定规格和数量
	常规锯缝机或支架锯缝机	根据需要定规格和数量
	移动发电机	12~60 kw,数量由施工需要定
磨平	水磨石磨机	需要处理欠平整部位时
灌缝	灌缝机或插胶条工具	根据需要定规格和数量
养生	压力式喷洒机或喷雾器	根据需要定规格和数量
	工地运输带	4~6 t,按需要定数量
	洒水车	4.5~8 t 按需要定数量

2. 基准线设置

(1)为保证路面施工的平整度,滑模摊铺混凝土路面的施工应设置基准线。基准线设置形式有单向坡双线式、单向坡单线式和双向坡双线式三种。单向坡单线式基准线必须在另一侧具备适宜的基准,路面横向连接摊铺,其横坡应与已铺路面一致。双向坡双线式的两根基准线直线段应平行,且间距相等,并对应路面高程,路拱靠滑模摊铺机调整自动铺成。滑模摊铺机应具备2侧4个水平传感器和1侧2个方向传感器,沿基准线滑行,摊铺出路面所要求的方向、平面、高程、横坡、板厚、弯道等。

(2)基准线宽度除应保证摊铺宽度外,尚应满足两侧650~1000 mm横向支距的要求。

(3)基准线桩纵向间距:直线段不应大于10 m,竖曲线、平曲线路段视曲线半径大小应加密布置,最小2.5 m。

(4)基准线材料应使用3～5 mm的钢绞线,总长度不少于3000 m。并应配有必要的基准线安装器具(紧线器、固定扳手、大锤及测量仪器)。

(5)单根基准线的最大长度不宜大于450 m。基准线拉力不应小于1000 N。

(6)基准线桩宜使用直径12 mm的圆钢筋,总高度宜为120 cm,一端打尖,每根桩应配备一个架臂扣和一个夹线臂。架臂扣在基准线桩上可上下移动并固定,并使夹线臂可左右移动并固定。基准线桩具不少于300套。线桩固定时,基层顶面到夹线臂的高度宜为450～750 mm。基准线桩夹线臂夹口到桩的水平距离宜为300 mm。基准线桩应钉牢固。

(7)基准线的设置精确度应符合表4.18规定。

表4.18 基准线设置精确度要求

项目	中线平面偏位/mm	路面宽度偏差/mm	面板厚度/mm		纵断高程偏差/mm	横坡偏差/%	连接纵缝高差/mm
			代表值	合格值			
规定值	≤10	≤+15	≥-3	≥-8	±5	±0.01	±1.5

(8)基准线设置后,严禁扰动、碰撞和振动。一旦碰撞变位,应立即重新测量纠正。多风季节施工,应缩小基准线桩间距。

3. 摊铺准备

(1)所有施工设备和机具均应处于良好状态,并全部就位。

(2)基层、封层表面及履带行走部位应清扫干净。摊铺面板位置应洒水湿润,但不得积水。

(3)横向连接摊铺时,前次摊铺路面纵缝的溜肩胀宽部位应切割顺直。侧边拉杆应校正扳直,缺少的拉杆应钻孔锚固植入。纵向施工缝的上半部缝壁应满涂沥青。

4. 布料要求

(1)滑模摊铺机前的正常料位高度应在螺旋布料器叶片最高点以下,亦不得缺料。卸料、布料应与摊铺速度相协调。

(2)当坍落度在10～50 mm时,布料松铺系数宜控制在1.08～1.15之间。布料机与滑模摊铺机之间施工距离宜控制在5～10 m。

(3)摊铺钢筋混凝土路面、桥面或搭板时,严禁任何机械开上钢筋网。

5. 滑模摊铺机的施工参数设定及校准

(1)振捣棒下缘位置应在挤压板最低点上,振捣棒的横向间距不宜大于450 mm,均匀排列;两侧最边缘振捣棒与摊铺边沿距离不宜大于250 mm。

(2)挤压底板前倾角宜设置为3°左右。提浆夯板位置宜在挤压底板前缘以下5～10 mm之间。

(3)两边缘超铺高程根据拌和物稠度宜在3～8 mm间调整。搓平梁前沿宜调整到与挤压板后沿高程相同,搓平梁的后沿比挤压底板后沿低1～2 mm,并与路面高程相同。

(4)滑模摊铺机首次摊铺路面,应挂线对其铺筑位置、几何参数和机架水平度进行调整和校准,正确无误后,方可开始摊铺。

(5)在开始摊铺的5 m内,应在铺筑行进中对摊铺出的路面标高、边缘厚度、中线、横坡度等参数进行复核测量。所摊铺的路面精确度应控制在表4.18的规定值范围内。

6. 铺筑作业技术要领

(1) 摊铺速度控制。操作滑模摊铺机应缓慢、匀速、连续不间断地作业。严禁料多追赶，然后随意停机等待，间歇摊铺。摊铺速度应根据拌和物稠度、供料多少和设备性能控制在 0.5~3.0 m/min 之间，一般宜控制在 1 m/min 左右。拌和物稠度发生变化时，应先调振捣频率，后改变摊铺速度。

(2) 松方控制板调整。应随时调整松方高度板控制进料位置，开始时宜略设高些，以保证进料。正常摊铺时应保持振捣仓内料位高于振捣棒 100 mm 左右，料位高低上下波动宜控制在 ±30 mm 之内。

(3) 振捣频率控制。正常摊铺时，振捣频率可在 6000~11000 r/min 之间调整，宜采用 9000 r/min 左右。应防止混凝土过振、欠振或漏振。应根据混凝土的稠度大小，随时调整摊铺的振捣频率或速度。摊铺机起步时，应先开启振捣棒振捣 2~3 min，再缓慢平稳推进。摊铺机脱离混凝土后，应立即关闭振捣棒组。

(4) 纵坡施工。滑模摊铺机满负荷时可铺筑的路面最大纵坡为：上坡 5%；下坡 6%。上坡时，挤压底板前仰角宜适当缩小，并适当调小抹平板压力；下坡时，前仰角宜适当调大，并适当调大抹平板压力。板底不小于 3/4 长度接触路表面时抹平板压力适宜。

(5) 弯道施工。滑模摊铺机施工的最小弯道半径不应小于 50 m；最大超高横坡不宜大于 7%。滑模摊铺弯道和渐变段路面时，在单向横坡段，使滑模摊铺机跟线摊铺，并随时观察和调整抹平板内外侧的抹面距离，防止压垮边缘。摊铺中央路拱时，在计算机控制下输入弯道和渐变段边缘及拱中几何参数，计算机自动控制生成路拱；手控条件下，机手应根据路拱消失和生成几何位置，在给定路段范围内分级逐渐消除和生成路拱。进出渐变段时，保证路拱的生成和消失，保证弯道和渐变段路面几何尺寸的正确性。

(6) 插入拉杆。单车道摊铺时，应视路面设计要求配置一侧或双侧打纵缝拉杆的机械装置。侧向打拉杆装置的正确插入位置应在挤压底板的下中间或偏后部，分手推、液压、气压几种方式。2 个以上车道摊铺时，除侧向打拉杆的装置外，还应在假纵缝位置配置拉杆自动插入装置，该装置有机前插和机后插两种配置。前插时，应保证拉杆的设置位置；后插时，要消除插入上部混凝土的破损缺陷，应有振动搓平梁或局部振动板来保证修复插入缺陷，保证其插入部位混凝土的密实度。带振动搓平梁和振动修复板的滑模摊铺机应选机后插入式，其他滑模摊铺机可选择机前插入式。打入的拉杆必须处在路面板厚中间位置，中间和侧向拉杆打入的高低误差均不得大于 ±2 cm，前后误差不得大于 ±3 cm。

(7) 抹面控制。应随时观察所摊铺的路面效果，注意调整和控制摊铺速度、振捣频率、夯实杆、振动搓平梁和抹平板位置、速度和频率。随时关注抹面施工效果。软拉抗滑构造时表面砂浆层厚度宜控制在 4 mm 左右，硬刻槽路面的砂浆表层厚度宜控制在 2~3 mm。

(8) 连续摊铺要求。养护 5~7 d 后，方允许摊铺相邻车道。

7. 问题处置

(1) 摊铺中应经常检查振捣棒的工作情况和位置。路面出现麻面或拉裂现象时，必须停机检查或更换振捣棒。摊铺后，路面上出现发亮的砂浆条带时，必须调高振捣棒位置，使其底缘在挤压底板的后缘高度以上。

(2) 摊铺宽度大于 7.5 m 时，若左右两侧拌和稠度不一致，摊铺速度应按偏干一侧设置,并应将偏稀一侧的振捣棒频率迅速调小。

(3)应通过调整拌和物稠度、停机待料时间、挤压底板前仰角、起步及摊铺速度等措施控制和消除横向拉裂现象。

(4)摊铺中的滑模摊铺机等料最长时间超过当时气温下混凝土初凝时间的 4/5 时,应将滑模摊铺机迅速开出摊铺工作面,并做施工缝。

8. 滑模摊铺路面修整

滑模摊铺过程中应采用自动抹平板装置进行抹面。对少量局部麻面和明显缺料部位,应在挤压板后或搓平梁前补充适量拌和物,由搓平梁或抹平板机械修整。滑模摊铺的混凝土面板在下列情况下,可用人工进行局部修整:

(1)用人工操作抹面抄平器,精整摊铺后表面的小缺陷,但不得在整个表面加薄层修补路面标高。

(2)对纵缝边缘出现的倒边、塌边、溜肩现象,应顶侧模或在上部支方铝管进行边缘补料修整。

(3)对起步和纵向施工接头处,应采用水准仪抄平并采用大于 3 m 的靠尺边测边修整。

9. 其他事项

滑模摊铺结束后,必须及时清洗滑模摊铺机,进行当日保养。并宜在第二天硬切横向施工缝,也可当天软作施工横缝。应丢弃端部的混凝土和摊铺机振动仓内遗留下的纯砂浆,两侧模板应向内各收进 20~40 mm,收口长度宜比滑模摊铺机侧模板略长。施工缝部位应设置传力杆,并应满足路面平整度、高程、横坡和板长要求。

4.3.2 三辊轴机组施工技术要点

1. 设备选择与配套

三辊轴整平机的主要技术参数应符合表 4.19 的规定。板厚 200 mm 以上宜采用直径 168 mm 的辊轴;桥面铺装或厚度较小的路面可采用直径为 219 mm 的辊轴。轴长宜比路面宽度长出 600~1200 mm。振动轴的转速不宜大于 380 r/min。

表 4.19 三辊轴整平机的主要技术参数

型号	轴直径/mm	轴速/r/min	轴长/m	轴质量/(kg/m)	行走机构质量/kg	行走速度/(m/min)	整平轴距/mm	振动功率/kw	驱动功率/kw
5001	168	300	1.8~9	65±0.5	340	13.5	504	7.5	6
6001	219	300	5.1~12	77±0.7	568	13.5	657	17	9

三辊轴机组铺筑混凝土面板时,必须同时配备一台安装插入式振捣棒组的排式振捣机,振捣棒的直径宜为 50~100 mm,间距不应大于其有效工作半径的 1.5 倍,并不大于 500 mm。插入式振捣棒组的振动频率可在 50~200 Hz 之间选择,当面板厚度较大和坍落度较低时,宜使用 100 Hz 以上的高频振捣棒。该机宜同时配备螺旋布料器和松方控制刮板,并具备自动行走功能。

当一次摊铺双车道路面时应配备纵缝拉杆插入机,并配有插入深度控制和拉杆间距调整装置。其他施工辅助配套设备可参照表 4.17 选配。

2. 工艺流程

布料→密集排振→拉杆安装→人工补料→三辊轴整平→(真空脱水)→(精平饰面)→拉毛→切缝→养生→(硬刻槽)→填缝。

3. 铺筑作业技术要求：

(1)布料。应有专人指挥车辆均匀卸料。布料应与摊铺速度相适应，不适应时应配备适当的布料机械。坍落度为 10~40 mm 的拌和物，松铺系数为 1.12~1.25。坍落度大时取低值，坍落度小时取高值。超高路段，横坡高侧取高值，横坡底侧取低值。

(2)振捣控制。混凝土拌和物布料长度大于 10 m 时，可开始振捣作业。密排振捣棒组间歇插入振实时，每次移动距离不宜超过振捣棒有效作用半径的 1.5 倍，并不得大于 500 mm，振捣时间宜为 15~30 s。排式振捣机连续拖行振实时，作业速度宜控制在 4 m/min 以内。具体作业速度视振实效果，可由式(4-10)计算。

$$V = 1.5 \frac{R}{t} \tag{4-10}$$

式中，V——排式振捣机作业速度/m/s；

t——振捣密实所需的时间/s，一般为 15~30 s；

R——振捣棒的有效作用半径/m。

排式振捣机应匀速缓慢、连续不断地振捣行进。其作业速度以拌和物表面不露粗集料，液化表面不再冒气泡并泛出水泥浆为准。

(3)安装纵缝拉杆。面板振实后，应随即安装纵缝拉杆。单车道摊铺的混凝土路面，在侧模预留孔中应按设计要求插入拉杆；一次摊铺双车道路面时，除应在侧模孔中插入拉杆外，还应在中间纵缝部位，使用拉杆插入机在 1/2 板厚处插入拉杆，插入机每次移动的距离应与拉杆间距相同。

4. 三辊轴整平机作业

(1)作业长度。三辊轴整平机按作业单元分段整平，作业单元长度宜为 20~30 m，振捣机振实与三辊轴整平两道工序之间的时间间隔不宜超过 15 min。

(2)料位高差的控制。三辊轴滚压振实料位高差宜高于模板顶面 5~20 mm，过高时应铲除，过低时应及时补料。三辊轴整平机在一个作业单元长度内，应采用前进振动、后退静滚方式作业，宜分别 2~3 遍。最佳滚压遍数应经过试铺确定。在三辊轴整平机作业时，应有专人处理轴前料位的高低情况，过高时，应辅以人工铲除，轴下有间隙时，应使用混凝土找补。

(3)整平。滚压完成后，将振动辊轴抬离模板，用整平轴前后静滚整平，直到平整度符合要求，表面砂浆厚度均匀为止。表面砂浆厚度宜控制在 (4±1) mm，三辊轴整平机前方表面过厚、过稀的砂浆必须刮除丢弃。应采用 3~5 m 刮尺，在纵、横两个方向进行精平饰面，每个方向不少于两遍。也可采用旋转抹面机密实精平饰面两遍。刮尺、刮板、抹面机、抹刀饰面的最迟时间不得迟于表 4.15 规定的铺筑完毕允许最长时间。

4.3.3 小型机具铺筑施工技术要求

1. 小型机具的配套

小型机具性能应稳定可靠，操作简易，维修方便，机具配套应与工程规模、施工进度相适应。选配的成套机械、机具应符合表 4.20 的要求。

表 4.20 小型机具施工配套机械、机具配置

工作内容	主要施工机械机具	
	机械机具名称、规格	数量、生产能力
钢筋加工	钢筋锯断机、折弯机、电焊机	根据需要定规格和数量
测量	水准仪、经纬仪	根据需要定规格和数量
架设模板	与路面厚度等高 3 m 长槽钢模板、固定钢钎	数量不少于 3 d 摊铺用量
搅拌	强制式搅拌楼,单车道≥25(m^3/h),双车道≥50(m^3/h)	总搅拌生产能力及搅拌楼数量,根据施工规模和进度由计算确定
搅拌	装载机	2～3 m^3
搅拌	发电机	≥120 kW
搅拌	供水泵和蓄水池	单车道≥100 m^3,双车道≥200 m^3
运输	5～10 t 自卸车	数量由匹配计算确定
振实	手持振捣棒,功率≥1.1 kW	每 2 m 宽路面不少于 1 根
振实	平板振动器,功率≥2.2 kW	每车道路面不少于 1 个
振实	振捣整平梁,刚度足够,2 个振动器功率≥1.1 kW	每车道路面不少于 1 个振动器,每车道路面不少于 1 根振动梁
振实	现场发电机功率≥30 kW	不少于 2 台
提浆整平	提浆滚杠直径 15～20 mm,表面光滑无缝钢管,壁厚≥3 mm	长度适应铺筑宽度,一次摊铺单车道路面 1 根,双车道路面 2 根
提浆整平	叶片式或圆盘式抹面机	每车道路面不少于 1 台
提浆整平	3 m 刮尺	每车道路面不少于 1 根
提浆整平	手工抹刀	每米宽路面不少于 1 把
真空脱水	真空脱水机有效抽速≥15 L/s	每车道路面不少于 1 台
真空脱水	真空吸垫尺寸不小于 1 块板	每台吸水机应配 3 块吸垫
抗滑构造	工作桥	不少于 3 个
抗滑构造	人工拉毛齿耙、压槽器	根据需要定数量
切缝	软锯缝机	根据需要定数量
切缝	手推锯缝机	根据进度定数量
磨平	水磨石磨机	需要处理欠平整部位时
灌缝	灌缝机具	根据需要定规格和数量
养生	洒水车 4.5～8.0 t	按需要定数量
养生	压力式喷洒机或喷雾器	根据需要定规格和数量
养生	工地运输车 4～6 t	按需要定数量

2. 摊铺、振实与整平

(1)摊铺

混凝土拌和物摊铺前,应对模板的位置及支撑稳固情况,传力杆、拉杆的安设等进行全面检查。修复破损基层,并洒水润湿。用厚度标尺板全面检测板厚与设计值相符,方可开始摊铺。

专人指挥自卸车,尽量准确卸料。人工布料应用铁锹反扣,严禁抛掷和搂耙。人工摊铺混凝土拌和物的坍落度应控制在 5~20 mm 之间,拌和物松铺系数宜控制在 K=1.10~1.25 之间,料偏干,取较高值;反之,取较低值。

因故造成 1 h 以上停工或达到 2/3 初凝时间,致使拌和物无法振实时,应在已铺筑好的面板端头设置施工缝,废弃不能被振实的拌和物。

(2)振实

①插入式振捣棒振实。在待振横断面上,每车道路面应使用 2 根振捣棒,组成横向振捣棒组,沿横断面连续振捣密实,并应注意路面板底、内部和边角处不得欠振或漏振。振捣棒在每一处的持续时间,应以拌和物全面振动液化,表面不再冒气泡和泛水泥浆为限,不宜过振,也不宜少于 30 s。振捣棒的移动间距不宜大于 500 mm;至模板边缘的距离不宜大于 200 mm。应避免碰撞模板、钢筋、传力杆和拉杆。振捣棒插入深度宜离基层 30~50 mm,振捣棒应轻插慢提,不得猛插快拔,严禁在拌和物中推行和拖拉振捣棒振捣。振捣时,应辅以人工补料,应随时检查振实效果、模板、拉杆、传力杆和钢筋网的移位、变形、松动、漏浆等情况,并及时纠正。

②振动板振实。在振捣棒已完成振实的部位,可开始振动板纵横交错两遍全面提浆振实,每车道路面应配备 1 块振动板。振动板移位时,应重叠 100~200 mm,振动板在一个位置的持续振捣时间不应少于 15 s。振动板须由两人提拉振捣和移位,不得自由放置或长时间持续振动。移位控制以振动板底部和边缘泛浆厚度(3±1) mm 为限。

③振动梁振实。每车道路面宜使用 1 根振动梁。振动梁应具有足够的刚度和质量,底部应焊接或安装深度 4 mm 左右的粗集料压实齿,保证(4±1) mm 的表面砂浆厚度。振动梁应垂直路面中线沿纵向拖行,往返 2~3 遍,使表面泛浆均匀平整。在振动梁拖振整平过程中,缺料处应使用混凝土拌和物填补,不得用纯砂浆填补;料多的部位应铲除。

(3)整平饰面

每车道路面应配备 1 根滚杠(双车道两根)。振动梁振实后,应拖动滚杠往返 2~3 遍提浆整平。第一遍应短距离缓慢推滚或拖滚,以后应较长距离匀速拖滚,并将水泥浆始终赶在滚杠前方。多余水泥浆应铲除。

拖滚后的表面宜采用 3 m 刮尺,纵横各 1 遍整平饰面,或采用叶片式或圆盘式抹面机往返 2~3 遍压实整平饰面。抹面机配备每车道路面不宜少于 1 台。

在抹面机完成作业后,应进行清边整缝,清除黏浆,修补缺边、掉角。应使用抹刀将抹面机留下的痕迹抹平,当烈日暴晒或风大时,应加快表面的修整速度,或在防雨篷遮阴下进行。精平饰面后的面板表面应无抹面印痕,致密均匀,无露骨,平整度应达到规定要求。

3. 真空脱水工艺要求

小型机具施工三、四级公路混凝土路面,应优先采用在拌和物中掺外加剂,无掺外加剂条件时,应使用真空脱水工艺,该工艺适用于面板厚度不大于 240 mm 混凝土面板施工。

使用真空脱水工艺时,混凝土拌和物的最大单位用水量可比不采用外加剂时增大 3~12 kg/m³;拌和物适宜坍落度:高温天 30~50 mm;低温天 20~30 mm。

(1)真空脱水机具

真空度稳定、有自动脱水计量装置,有效抽速不小于 15 L/s 的脱水机。

真空度均匀,密封性能好、脱水效率高、操作简便、铺放容易、清洗方便的真空吸垫。每台真空脱水机应配备不少于 3 块吸垫。

(2)真空脱水作业

脱水前,应检查真空泵空载真空度不小于 0.08 MPa,并检查吸管、吸垫连接后的密封性,同时应检查随机工具和修补材料是否齐备。

吸垫铺放应采取卷放,避免皱折;边缘应重叠已脱水的面板 50~100 mm。开机脱水,真空度应逐渐升高,最大真空度不宜超过 0.085 MPa。脱水量应经过脱水试验确定,但剩余单位用水量和水灰比不得大于表 4.4 和表 4.6 最大值的规定。混凝土拌和物真空脱水量(率)测定方法可参考《公路水泥混凝土路面施工技术细则》(JTG/T F30-2014)附录 E.2。

最短脱水时间不宜短于表 4.21 的规定。当脱水达到规定时间和脱水量要求后(双控),应先将吸垫四周微微掀起 10~20 mm,继续抽吸 15 s,以便吸尽作业表面和吸管中的余水。

表 4.21 最短脱水时间

min

面板厚度 h/mm	昼夜平均气温 T/℃					
	3~5	6~10	11~15	16~19	20~25	>25
18	26	24	22	20	18	17
22	30	28	26	24	22	21
25	35	32	30	27	25	24

真空脱水后,应采用振动梁、滚杠或叶片、圆盘式抹面机重新压实精平 1~2 遍。

真空脱水整平后的路面,应采用硬刻槽方式制作抗滑构造。

真空脱水混凝土路面切缝时间可比规定时间适当提前。

4.3.4 模板的架设与拆除

1. 模板技术要求

(1)公路混凝土路面板、桥面板和加铺层的施工模板应采用刚度足够的槽钢、轨模或钢制边侧模板,不应使用木模板、塑料模板等其他易变形的模板。模板的精确度应符合表 4.22 的规定。钢模板的高度应为面板设计厚度,模板长度宜为 3~5 m。需设置拉杆时,模板应设拉杆插入孔。每米模板应设置 1 处支撑固定装置,模板垂直度用垫木楔方法调整。

(2)横向施工缝端模板应按设计规定的传力杆直径和间距设置传力杆插入孔和定位套管。两边缘传力杆到自由边距离不宜小于 150 mm。每米设置 1 个垂直固定孔套。

表 4.22 模板加工允许偏差

施工方式	高度偏差/mm	局部变形/mm	垂直边夹角/°	顶面平整度/mm	侧面平整度/mm	纵向变形/mm
三辊轴机组	±1	±2	90±2	±1	±2	±2
轨道摊铺机	±1	±2	90±1	±1	±2	±1
小型机具	±2	±3	90±3	±2	±3	±3

(3)模板或轨模数量应根据施工进度和施工气温确定,并应满足拆模周期内周转需要。一般情况下,模板或轨模总量不宜小于 3~5 d 摊铺的需要。

2. 模板安装

(1)支模前在基层上应进行模板安装及摊铺位置的测量放样,每 20 m 应设中心桩;每 100 m 宜布设临时水准点;核对路面标高、面板分块、胀缝和构造物位置。测量放样的质量要求和允许偏差应符合相应规范的规定。

(2)纵横曲线路段应采用短模板,每块模板中点应安装在曲线切点上。

(3)轨道摊铺应采用长度为 3 m 的专用钢制轨模,轨模底面宽度宜为高度的 80%,轨道用螺栓、垫片固定在模板支座上,模板应使用钢钎与基层固定。轨道顶面应高于模板 20~40 mm,轨道中心至模板内侧边缘距离宜为 125 mm。

(4)模板应安装稳固、顺直、平整、无扭曲,相邻模板连接应紧密平顺,不得有底部漏浆、前后错茬、高低错台等现象。模板应能承受摊铺、振实、整平设备的负载,行进、冲击和振动时不发生位移。严禁在基层上挖槽,嵌入安装模板。

(5)模板安装检验合格后,与混凝土拌和物接触的表面应涂脱模剂或隔离剂;接头应粘贴胶带或塑料薄膜等密封。

3. 模板的安装精度

模板安装完毕,应用与设计板厚相同的测板作全断面检验,其安装精确度应符合表 4.23 的规定。

表 4.23 模板安装精确度要求

检测项目		施工方式 三辊轴机组	轨道摊铺机	小型机具
平面偏位/mm		10	5	15
摊铺宽度/mm		10	5	15
面板厚度/mm	代表值	−3	−3	−4
	合格值	−8	−8	−9
纵断高程偏差/mm		±5	±5	±10
横坡偏差/%		±0.10	±0.10	±0.20
相邻板高差/mm		1	1	2
顶面接茬 3 m 尺平整度/mm		1.5	1	2
模板接缝宽度/mm		3	2	3
侧向垂直度/mm		3	2	4
纵向顺直度/mm		3	2	4

4. 模板拆除及矫正

(1)当混凝土抗压强度不小于 8.0 MPa 方可拆模。当缺乏强度实测数据时,边侧模板的允许最早拆模时间宜符合表 4.24 的规定。达不到要求,不能拆除端模时,可空出一块面板,重新起头摊铺,空出的面板待两端均可拆模后再补做。

表 4.24 混凝土路面板的允许最早拆模时间

h

昼夜平均气温/℃	−5	0	5	10	15	20	25	≥30
硅酸盐水泥、R 型水泥	240	120	60	36	34	28	24	18
道路、普通硅酸盐水泥	360	168	72	48	36	30	24	18
矿渣硅酸盐水泥	—	—	120	60	50	45	36	24

(2)拆模不得损坏板边、板角和传力杆、拉杆周围的混凝土,也不得造成传力杆和拉杆松动或变形。模板拆卸宜使用专用拔楔工具,严禁使用大锤强击拆卸模板。

(3)拆下的模板应将黏附的砂浆清除干净,并矫正变形或局部损坏,矫正精度应符合表 4.22 的要求。

4.3.5 接缝与灌缝施工技术要点

1. 接缝施工

(1)纵缝施工

当一次铺筑宽度小于路面和硬路肩总宽度时,应设纵向施工缝,位置应避开轮迹,并重合或靠近车道线,构造可采用平缝加拉杆型。当所摊铺的面板厚度大于等于 260 mm 时,也可采用插拉杆的企口型纵向施工缝。采用滑模施工时,纵向施工缝的拉杆可用摊铺机的侧向拉杆装置插入。采用固定模板施工方式时,应在振实过程中,从侧模预留孔中手工插入拉杆。

当一次摊铺宽度大于 4.5 m 时,应采用假缝拉杆型纵缝,即锯切纵向缩缝,纵缝位置应按车道宽度设置,并在摊铺过程中用专用的拉杆插入装置插入拉杆。

钢筋混凝土路面、桥面和搭板的纵缝拉杆可由横向钢筋延伸穿过接缝代替。钢纤维混凝土路面切开的假纵缝可不设拉杆,纵向施工缝应设拉杆。插入的侧向拉杆应牢固,不得松动、碰撞或拔出。若发现拉杆松脱或漏插,应在横向相邻路面摊铺前,钻孔重新植入。当发现拉杆可能被拔出时,宜进行拉杆拔出力(握裹力)检验,混凝土与拉杆握裹力试验方法可参照《公路水泥混凝土路面施工技术细则》(JTG/T F30-2014)附录 C。

(2)横向缩缝施工

每天摊铺结束或摊铺中断时间超过 30 min 时,应设置横向施工缝,其位置宜与胀缝或缩缝重合,确有困难不能重合时,施工缝应采用设螺纹传力杆的企口缝形式。横向施工缝应与路中心线垂直。横向施工缝在缩缝处采用平缝加传力杆型,见图 4.2。在胀缝处其构造与胀缝相同,见图 4.3。

普通混凝土路面横向缩缝宜等间距布置。不宜采用斜缝。不得不调整板长时,最大板长不宜大于6.0 m;最小板长不宜小于板宽。

在中、轻交通的混凝土路面上,横向缩缝可采用不设传力杆假缝型,如图4.4(a)。

在特重和重交通公路、收费广场、邻近胀缝或路面自由端的3条缩缝应采用假缝加传力杆型。缩缝传力杆的施工方法可采用前置钢筋支架法或传力杆插入装置(DBI)法,支架法的构造见图4.4(b)。钢筋支架应具有足够的刚度,传力杆应准确定位,摊铺之前应在基层表面放样,并用钢钎锚固,宜使用手持振捣棒振实传力杆高度以下的混凝土,然后机械摊铺。传力杆无防黏涂层一侧应焊接,有涂料一侧应绑扎。用DBI法置入传力杆时,应在路侧缩缝切割位置作标记,保证切缝位于传力杆中部。

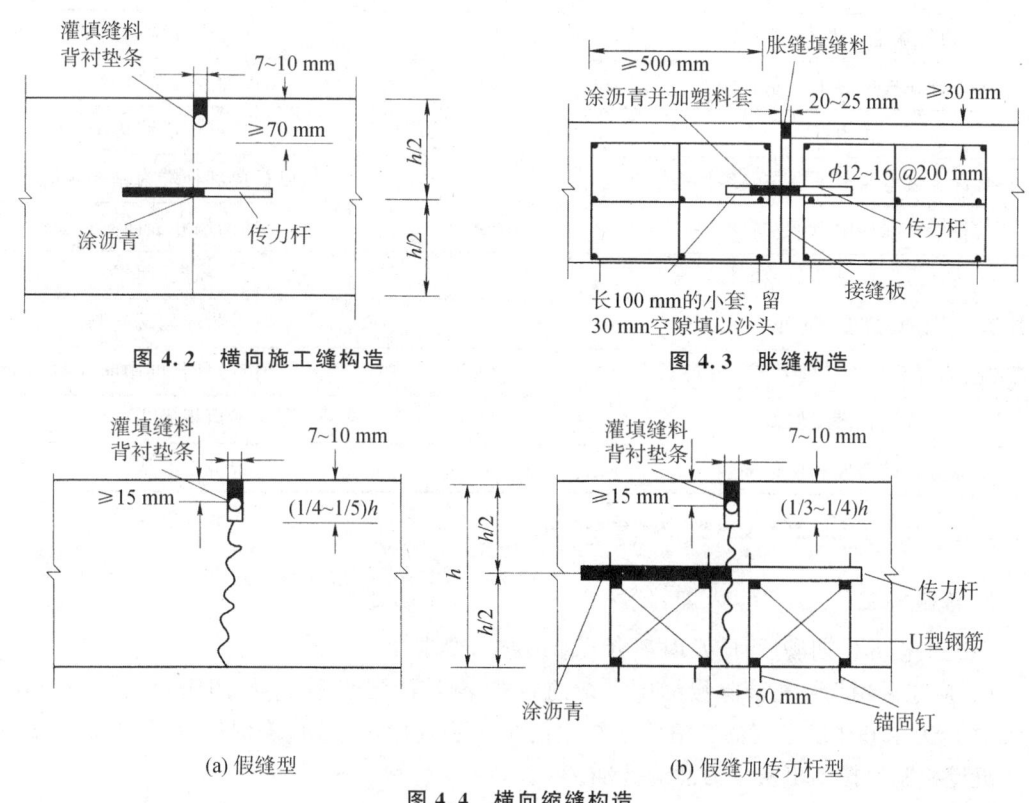

图4.2 横向施工缝构造　　　图4.3 胀缝构造

图4.4 横向缩缝构造

(3)胀缝设置与施工

普通混凝土路面、钢筋混凝土路面和钢纤维混凝土路面的胀缝间距视集料的温度膨胀性大小、当地年温差和施工季节综合确定:高温施工,可不设胀缝;常温施工,集料温缩系数和年温差较小时,可不设胀缝;集料温缩系数或年温差较大,路面两端构造物间距大于等于500 m时,宜设一道中间胀缝;低温施工,路面两端构造物间距大于等于350 m时,宜设一道胀缝。邻近构造物、平曲线或与其他道路相交处的胀缝应按《公路水泥混凝土路面设计规范》(JTG D40-2011)的规定设置。

普通混凝土路面的胀缝应设置胀缝补强钢筋支架、胀缝板和传力杆,胀缝构造如图4.3。钢筋混凝土和钢纤维混凝土路面可不设钢筋支架。胀缝宽20～25 mm,使用沥青或塑料薄膜滑动封闭层时,胀缝板及填缝宽度宜加宽到25～30 mm。传力杆一半以上长度的表面应涂防黏涂层,端部应戴活动套帽。胀缝板应与路中心线垂直,缝壁垂直;缝隙宽度一致;缝中完全不连浆。

胀缝应采用前置钢筋支架法施工,也可采用预留一块面板,高温时再铺封。前置法施工,应预先加工、安装和固定胀缝钢筋支架,并在使用手持振捣棒振实胀缝板两侧的混凝土后再摊铺。宜在混凝土未硬化时,剔除胀缝板上部的混凝土,嵌入(20～25)mm×20 mm的木条,整平表面。胀缝应连续贯通整个路面板宽度。

(4)拉杆、胀缝板、传力杆及其套帽、滑移端设置精确度应符合表4.25的要求。

表4.25 拉杆、胀缝板、传力杆及其套帽、滑移端设置精确度

项目	允许偏差/mm	测量位置
传力杆端上下左右偏斜偏差	10	在传力杆两端测量
传力杆在板中心上下左右偏差	20	以面板为基准测量
传力杆	30	以缝中心线为准
拉杆深度偏差及上下左右偏斜偏差	10	以板厚和杆端为基准测量
拉杆端及在板中上下左右偏差	20	杆两端和板面测量
拉杆沿路面纵向前后偏位	30	纵向测量
胀缝传力杆套帽长度不小于100 mm	10	以封堵帽端起测
缩缝传力杆滑移端长度大于1/2杆长	20	以传力杆长度中间起测
胀缝板倾斜偏差	20	以板底为准
胀缝板的弯曲和位移偏差	10	以缝中心线为准

注:①胀缝板不允许混凝土连浆,必须完全隔断。

2. 灌缝施工

混凝土板养生期满后,应及时灌缝。灌缝技术要求如下:

(1)应先采用切缝机清除接缝中夹杂的砂石、凝结的泥浆等,再使用压力大于等于0.5 MPa的压力水和压缩空气彻底清除接缝中的尘土及其他污染物,确保缝壁及内部清洁、干燥。缝壁检验以擦不出灰尘为灌缝标准。

(2)使用常温聚氨酯和硅树脂等填缝料时,应按规定比例将两组分材料按1 h灌缝量混拌均匀后使用;使用加热填缝料时应将填缝料加热至规定温度。加热过程中应将填缝料融化,搅拌均匀,并保温使用。

(3)灌缝的形状系数宜控制在2左右,灌缝深度宜为15～20 mm,最浅不得小于15 mm。先挤压嵌入直径9～12 mm多孔泡沫塑料背衬条,再灌缝。灌缝顶面热天应与板面齐平;冷天应填为凹液面,中心低于板面1～2 mm。填缝必须饱满、均匀、厚度一致并连续贯通,填缝料不得缺失、开裂和渗水。

(4)常温施工式填缝料的养生期,低温天宜为24 h,高温天宜为12 h。加热施工式填缝料的养生期,低温天宜为2 h,高温天宜为6 h。在灌缝料养生期间应封闭交通。

(5)路面胀缝和桥台隔离缝等应在填缝前,凿去接缝板顶部嵌入的木条,涂黏结剂后,嵌入胀缝专用多孔橡胶条或灌进适宜的填缝料,当胀缝的宽度不一致或有啃边、掉角等现象时,必须灌缝。

4.3.6 抗滑构造施工技术要点

1. 抗滑构造技术要求

各交通等级混凝土面层竣工时的表面抗滑技术要求应符合表 4.27 公路混凝土路面铺筑质量要求的规定。构造深度应均匀,不损坏构造边棱,耐磨抗冻,不影响路面和桥面的平整度。

2. 抗滑构造施工

摊铺完毕或精整平表面后,宜使用钢支架拖挂 1~3 层叠合麻布、帆布或棉布,洒水湿润后作拉毛处理。布片接触路面的长度以 0.7~1.5 m 为宜,细度模数偏大的粗砂,拖行长度取小值;砂较细,取大值。人工修整表面时,宜使用木抹。用钢抹修整过的光面,必须再拉毛处理,以恢复细观抗滑构造。

当日施工进度超过 500 m 时,抗滑沟槽制作宜选用拉毛机械施工,没有拉毛机时,可采用人工拉槽方式。在混凝土表面泌水完毕 20~30 min 内应及时进行拉槽。拉槽深度应为 2~4 mm,槽宽 3~5 mm,槽间距 15~25 mm。可施工等间距或非等间距抗滑槽,为减小噪音,宜使用后者。衔接间距应保持一致。

特重和重交通混凝土路面宜采用硬刻槽,凡使用圆盘、叶片式抹面机精平后的混凝土路面、钢纤维混凝土路面必须采用硬刻槽方式制作抗滑沟槽。可采用等间距刻槽,其几何尺寸与上款相同;为降低噪音宜采用非等间距刻槽,尺寸宜为:槽深 3~5 mm,槽宽 3 mm,槽间距在 12~24 mm 之间随机调整。路面结冰地区,硬刻槽的形状宜使用上宽 6 mm 下窄 3 mm 的梯形槽;硬刻槽机重量宜重不宜轻,一次刻槽最小宽度不应小于 500 mm,硬刻槽时不应掉边角,亦不得中途抬起或改变方向,并保证硬刻槽到面板边缘。抗压强度达到 40% 后可开始硬刻槽,并宜在两周内完成。硬刻槽后应随即将路面冲洗干净,并恢复路面的养生。

一般路段可采用横向槽或纵向槽,在弯道或要求减噪的路段宜使用纵向槽。

3. 恢复工作

新建路面或旧路面抗滑构造不满足要求时,可用硬刻槽或喷砂打毛等方法加以恢复。

4.3.7 混凝土路面养生施工技术要点

1. 混凝土路面铺筑完成或软作抗滑构造完毕后应立即开始养生。机械摊铺的各种混凝土路面、桥面及搭板宜采用喷洒养生剂同时保湿覆盖的方式养生。在雨天或养生用水充足的情况下,也可采用覆盖保湿膜、土工毡、土工布、麻袋、草袋、草帘等洒水湿养生方式,不宜使用围水养生方式。

2. 混凝土路面采用喷洒养生剂养生时,喷洒应均匀、成膜厚度应足以形成完全密闭水分的薄膜,喷洒后的表面不得有颜色差异。喷洒时间宜在表面混凝土泌水完毕后进行。喷洒高度宜控制在 0.5~1 m。使用一级品养生剂时,最小喷洒剂量不得少于 0.30 kg/m²;合格品的最小喷洒剂量不得少于 0.35 kg/m²。不得使用易被雨水冲刷掉的和对混凝土强度、表面耐磨性有影响的养生剂。当喷洒一种养生剂达不到 90% 以上有效保水率要求时,可采用两种养生剂各喷洒一层或喷一层养生剂再加覆盖的方法。

3. 覆盖塑料薄膜养生的初始时间,以不压坏细观抗滑构造为准。薄膜厚度(韧度)应合适,宽度应大于覆盖面 600 mm。两条薄膜对接时,搭接宽度不应小于 400 mm,养生期间应始终保持薄膜完整盖满。

4. 覆盖养生宜使用保湿膜、土工毡、土工布、麻袋、草袋、草帘等覆盖物保湿养生并及时洒水,保持混凝土表面始终处于潮湿状态,并由此确定每天的洒水遍数。昼夜温差大于 10 ℃以上的地区或日平均温度小于等于 5 ℃施工的混凝土路面应采取保温保湿养生措施。

5. 养生时间应根据混凝土弯拉强度增长情况而定,不宜小于设计弯拉强度的 80%,应特别注重前 7 d 的保湿(温)养生。一般养生天数宜为 14~21 d,高温天不宜少于 14 d,低温天不宜少于 21 d。掺粉煤灰的混凝土路面,最短养生时间不宜少于 28 d,低温天应适当延长。

6. 混凝土板养生初期,严禁人、畜、车辆通行,在达到设计强度 40% 后,行人方可通行。在路面养生期间,平交道口应搭建临时便桥。面板达到设计弯拉强度后,方可开放交通。

4.4 特殊气候条件下混凝土路面施工技术

4.4.1 一般规定

1. 混凝土路面铺筑期间,应收集月、旬、日天气预报资料,遇有影响混凝土路面施工质量的天气时,应暂停施工或采取必要的防范措施,制订特殊气候的施工方案。

2. 混凝土路面施工如遇下述条件之一者,必须停工:
(1)现场降雨;
(2)风力大于 6 级,风速在 10.8 m/s 以上的强风天气;
(3)现场气温高于 40 ℃或拌和物摊铺温度高于 35 ℃;
(4)摊铺现场连续 5 昼夜平均气温低于 5 ℃,夜间最低气温低于 -3 ℃。

4.4.2 雨季施工

1. 防雨准备

(1)地势低洼的搅拌场、水泥仓、备件库及砂石料堆场,应按汇水面积修建排水沟或预备抽排水设施。搅拌楼的水泥和粉煤灰罐仓顶部通气口、料斗及不得遇水部位应有防潮、防水覆盖措施,砂石料堆应防雨覆盖。
(2)雨天施工时,在新铺路面上,应备足防雨篷、帆布和塑料布或薄膜。
(3)防雨篷支架宜采用可推行的焊接钢结构,并具有人工饰面拉槽的足够高度。

2. 防雨水冲刷

摊铺中遭遇阵雨时,应立即停止铺筑混凝土路面,并紧急使用防雨篷、塑料布或塑料薄膜等覆盖尚未硬化的混凝土路面。

被阵雨轻微冲刷过的路面,视平整度和抗滑构造破坏情况,采用硬刻槽或先磨平再刻槽的方式处理。对被暴雨冲刷后,路面平整度严重劣化或损坏的部位,应尽早铲除重铺。

降雨后开工前,应及时排除车辆内、搅拌场及砂石料堆场内的积水或淤泥。运输便道应排除积水,并进行必要的修整。摊铺前应扫除基层上的积水。

4.4.3 风天施工

风天应采用风速计在现场定量测风速或观测自然现象,确定风级,并按表4.26的规定采取防止塑性收缩开裂的措施。

表4.26 刮风天混凝土路面防止塑性收缩开裂措施

风力	相应自然现象	风速/m/s	防止路面塑性收缩开裂措施
1级 软风	烟能表示风向,水面有鱼鳞波	≤1.5	正常施工,喷洒一遍养生剂,原液剂量0.30 kg/m²
2级 轻风	人面有感,树叶沙沙响,风标转动,水波显著	1.6～3.3	应加厚喷洒一遍养生剂,剂量0.45 kg/m²
3级 微风	树叶和细枝摇晃,旗帜飘动,水面波峰破碎,产生飞沫	3.4～5.6	路面摊铺完成后,立即喷洒第一遍养生剂,拉毛后,再喷洒第二遍养生剂。两遍剂量共0.60 kg/m²
4级 和风	吹起尘土和纸片,小树枝摇动,水波出白浪	5.7～7.9	除拉毛前后喷两遍养生剂外(两遍剂量共0.60 kg/m²),还需覆盖塑料薄膜
5级 轻劲风	有叶小树开始摇动,大浪明显,波峰起白沫	8.0～10.7	使用抹面机械抹面,加厚喷一剂量0.45 kg/m²的养生剂并覆盖塑料薄膜或麻袋草袋,使用钢刷做细观抗滑构造。无机械抹面措施时,应停止施工
6级 强风	大树枝摇动,电线呼呼响,出现长浪,波峰吹成条纹	10.8～13.8	必须停止施工

4.4.4 高温季节施工

1. 施工现场的气温高于30 ℃,拌和物摊铺温度在30～35 ℃,同时,空气相对湿度小于80%时,混凝土路面和桥面的施工应按高温季节施工的规定进行。
2. 高温天铺筑混凝土路面和桥面应采取下列措施:
(1)当现场气温≥30 ℃时,应避开中午高温时段施工,可选择在早晨、傍晚或夜间施工,夜间施工应有良好的操作照明,并确保施工安全。
(2)砂石料堆应设遮阳篷;抽用地下冷水或采用冰屑水拌和;拌和物中宜加允许最大掺量的粉煤灰或磨细矿渣,但不宜掺硅灰。拌和物中应掺足够剂量的缓凝剂、高温缓凝剂、保塑剂或缓凝(高效)减水剂等。

(3)自卸车上的混凝土拌和物应加遮盖。

(4)应加快施工各环节的衔接,尽量压缩搅拌、运输、摊铺、饰面等各工艺环节所耗费的时间。

(5)可使用防雨篷作防晒遮阴篷。在每日气温最高和日照最强烈时段遮阴。

(6)高温天气施工时,混凝土拌和物的出料温度不宜超过35℃,并应随时监测气温、水泥、拌和水、拌和物及路面混凝土温度。必要时加测混凝土水化热。

(7)在采用覆盖保湿养生时,应加强洒水,并保持足够的湿度。

(8)切缝应视混凝土强度的增长情况或按250温度小时计,宜比常温施工适当提早切缝,以防止断板。特别是在夜间降温幅度较大或降雨时,应提早切缝。

4.4.5 低温季节施工

1. 当摊铺现场连续5昼夜平均气温高于5℃,夜间最低气温在-3℃~5℃之间,混凝土路面和桥面的施工应按下述低温季节施工规定的措施进行:

(1)拌和物中应优选和掺加早强剂或促凝剂。

(2)应选用水化总热量大的R型水泥或单位水泥用量较多的32.5级水泥,不宜掺粉煤灰。

(3)搅拌机出料温度不得低于10℃,摊铺混凝土温度不得低于5℃。在养生期间,应始终保持混凝土板最低温度不低于5℃。否则,应采用热水或加热砂石料拌和混凝土,热水温度不得高于80℃,砂石料温度不宜高于50℃。

(4)应加强保温保湿覆盖养生,可选用塑料薄膜保湿隔离覆盖或喷洒养生剂,再采用草帘、泡沫塑料垫等保温覆盖初凝后的混凝土路面。遇雨雪必须再加盖油布、塑料薄膜等。

应随时监测气温、水泥、拌和水、拌和物及路面混凝土的温度,每工班至少测定3次。

2. 混凝土路面或桥面弯拉强度未达到1.0 MPa或抗压强度未达到5.0 MPa时,应严防路面受冻。

3. 低温天施工,路面或桥面覆盖保温保湿养生天数不得少于28 d,拆模时间应符合表4.24的规定。

4.5 水泥混凝土面层施工质量标准及验收

4.5.1 施工过程质量管理与检查

1. 施工中的质量管理

(1)开工许可

混凝土路面铺筑必须得到正式开工令后,方可开工。

(2)质量自检

施工方应随时对原材料、混凝土拌和物及路面施工质量进行自检。混凝土路面检验项目、方法和频率及路面各技术指标的质量要求应符合《公路水泥混凝土路面施工技术细则》(JTG/T F30-2014)中的规定。当施工、监理、监督人员发现异常情况时,应加大检测频率,找出原因,及时处理。在恢复正常后,再返回规定的检测频率。高速公路、一级公路应利用计算机实行动态质量管理。

(3) 控制质量稳定性

应由专门质量检验机构负责施工质量的检查与监督。除施工方自检外,监理及监督人员应按规定频率抽检。混凝土拌和物的稳定性取决于原材料质量稳定、搅拌楼配料精确稳定;路面铺筑的质量稳定性取决于路面铺筑的关键设备性能及操作工艺。

施工各环节均应控制质量稳定性,搅拌场对每台搅拌楼所生产的拌和物,应按相关要求检测,除了满足各种施工工艺的可摊铺性外,还应注重控制拌和物的匀质性和检验其工作性参数的稳定性。现场混凝土路面铺筑的关键设备(如摊铺机、压路机、布料机、三辊轴整平机、刻槽机、切缝机等)的操作应规范稳定。当发现路面三大质量指标即弯拉强度、平整度和板厚不稳定或其他指标未达标时,应停止施工,分析原因,并采取有效的改正措施,经监理批准后,方可复工。

4.5.2 交工质量检查验收

根据《公路工程质量检验评定标准》(JTG F80/1-2012)的要求,混凝土路面完工后,施工方应将全线以每 1 km 为一个评定路段,按表 4.27 规定的实测项目、方法、频率及质量要求,提交检测结果、试验数据、施工总结报告及全部原始记录等,申请交工验收。

表 4.27 水泥混凝土面层实测项目质量标准

项次	检查项目		规定值或允许偏差		检查方法和频率	权值
			高速公路、一级公路	其他公路		
1	弯拉强度/MPa		在合格标准之内		按规范要求检查	3
2	板厚度/mm	代表值	−5		按规范要求检查,每 200 m 每车道 2 处	3
		合格值	−10			
3	平整度	σ/mm	1.2	2.0	平整度仪:全线每车道连续检测,每 100 m 计算 σ、IRI	2
		IRI/m/km	2.0	3.2		
		最大间隙 h/mm	—	5	3 m 直尺:半幅车道板带每 200 m 测 2 处×10 尺	
4	抗滑构造深度	一般路段	0.7～1.1	0.5～1.0	铺砂法:每 200 m 测一处	2
		特殊路段	0.8～1.2	0.6～1.1		
5	相邻板高差/mm		2	3	尺量:每条胀缝 2 点;每 200 m 纵、横缝各 2 条,每条 2 点	2
6	纵、横缝顺直度/mm		10		拉 20 m 线;纵缝每 200 m 测 4 处;横缝每 200 m 测 4 条	1

续表

项次	检查项目	规定值或允许偏差		检查方法和频率	权值
		高速公路、一级公路	其他公路		
7	中线平面偏位/mm	20		经纬仪:每200 m测4点	1
8	路面宽度/mm	±20		尺量:每200 m测4处	1
9	纵断高程/mm	±10	±15	水准仪:每200 m测4个断面	1
10	横坡/%	±0.15	±0.25	水准仪:每200 m测4个断面	1

复习思考题

4.1 水泥混凝土面层所用材料的种类及要求有哪些?

4.2 简述普通混凝土路面配合比设计方法。

4.3 混凝土配合比设计中,满足耐久性要求的最大水灰比和最小单位水泥用量如何确定?

4.4 水泥混凝土施工前的准备工作有哪些?

4.5 水泥混凝土路面的施工工艺有哪些?

4.6 水泥混凝土路面混合料搅拌与运输的要求有哪些?

4.7 滑模摊铺机施工时,施工技术要点有哪些?

4.8 三辊轴机组施工的技术要点有哪些?

4.9 小型机具施工混凝土路面时,摊铺与振捣的要求有哪些?

4.10 如何进行水泥混凝土路面的施工质量控制和验收?

第二篇　桥梁工程施工技术

桥梁是城市交通的重要组成部分,其主要功能是跨越各种障碍,联系建筑物和各种交通设施,承受来往车辆、行人荷重。桥梁工程施工是一项综合性、技术性很强的工作,其涉及面十分广泛。主要内容有:

(1)桥梁主体工程施工。根据桥梁的组成,桥梁主体工程包括基础、墩台、桥跨结构(主梁、拱圈)、桥塔、桥面系等。

(2)桥梁辅助工程施工。辅助工程有永久性的构筑物和防护设施,如挡土墙、护坡、导流工程等;也有临时性的构筑物,如施工索道、工地预制场、便道、栈桥、支架等。

(3)桥梁附属工程施工。桥上照明、安全设施(灯柱、护栏)、过桥电缆及各种管道、管线、车辆行驶设备(电车天线、轨道)等设施的安装,以及桥梁竣工后的装饰及周围环境的绿化和防空设施的安装。

第一章 桥梁基础施工

教学要求:通过本章学习使学生了解桥梁施工准备工作的内容、桥位放样方法、桥梁基础类型等。掌握明挖基础施工程序和主要内容(基坑围堰、基坑排水、基坑开挖、基底处理与检验、基础砌筑及基坑回填);了解桩基础的类型,掌握钻孔灌注桩及打入桩的施工设备、技术要求和施工方法;掌握沉井基础适用条件和施工方法。

1.1 概 述

1.1.1 桥梁施工准备工作

桥梁在正式施工前,必须做好一系列准备工作。其主要内容有:

1. 组织相关人员对设计文件、图纸、资料进行认真细致的研究,了解设计意图,并和现场核对,必要时进行补充调查。在熟悉图纸与了解设计意图的过程中,如发现图纸资料有错误或矛盾之处,应及时向设计单位提出,以求补全、更正。

2. 在充分调查研究的基础上,根据施工单位的具体情况,综合考虑各种因素,拟定施工方案、编制施工预算、组织施工现场项目机构等,报请上级批准。

3. 应根据招、投标文件,施工合同,设计文件,有关规范及确定的施工方案,编制实施性施工组织设计。大致包括下面几项内容:

(1)工程概况。介绍工程规模、工程特点、工期要求、参建单位总体情况,简述工程结构特点、地质、水文、气候因素等对工程施工的影响和准备采取的措施。

(2)施工布置。宜按统筹法将主要工程项目的施工顺序和工程进度计划编成图表,对控制全桥进度的关键项目,应采取集中力量打歼灭战的方式解决。

(3)主要施工方法和技术措施。根据工程特点和施工单位的具体情况,详述主要工程的具体施工方法(包括冬、雨期施工措施及采用的新技术、新工艺、新材料、新设备等)。

(4)质量目标及保证措施。质量总目标、分项质量目标、实现质量目标的主要方法、手段和措施。

(5)安全目标及保证措施。

(6)文明施工、环保、节能和降耗措施。

(7)绘制施工场地布置图。绘制平面图,其中包括用地范围,临时性生产、生活用房,预制场地,各种材料的堆放场地,水、电供应及设备,临时道路,大中型施工机械设备及其他临时设施的布置等。

(8)补充设计图纸与资料。包括设计部门提供的设计文件和图纸中没有包括的施工结构详图、辅助设备图、临时设施图等。

(9)编制主要材料(钢材、木材、水泥、砂石等)、劳动力、机具设备、运输车辆的数量及供应计划。

(10)模板及支架、地下沟槽基坑支护、降水、施工便桥便线、构筑物顶推进、沉井、软基处理、预应力筋张拉工艺、大型构件吊运、混凝土浇筑、设备安装等专项设计。

4. 建立施工现场机构,明确项目经理、技术负责人、施工管理负责人及其他各部门主要负责人等,并相应地拟定必要的管理和规章制度。

5. 修建施工临时设施,安装调试施工机具和标定试验机具,进行施工测量及复核测量资料,做好材料的储存和堆放,做好开工前的试验检测工作。

6. 编制施工预算

根据施工图纸、施工组织设计或施工方案、施工定额等文件及现场的实际情况,由施工单位编制施工预算。投资额和主要材料一般不能突破设计概(预)算指标。施工预算编完后,按规定办理审批手续,经批准后的施工预算是银行拨款和施工单位核算建筑成本的依据。

以上系对独立大、中型桥梁而言。一般中、小型桥梁常和路线施工一并考虑,有些内容可以简化,但主要项目大致相同。

1.1.2 桥位放样

桥梁施工测量主要包括:桥梁施工控制测量、桥梁墩台定位、墩台施工细部放样、梁的架设及竣工后的变形观测等工作。

1. 桥梁施工控制测量

桥梁施工控制的主要任务是:布设平面控制网、布设施工临时水准点网、控制桥轴线、按照规定精度求出桥轴线的长度。根据桥梁的大小、桥址地形和障碍物情况的不同,桥轴线桩的控制方法有直接丈量法和间接丈量法两种。

(1)平面控制测量

①直接丈量法。当桥跨较小、河流浅水时,可采用直接丈量法测定桥梁轴线长度,如图1.1所示,$A-B$ 为桥梁墩台的控制桩。直接丈量可用测距仪或经过检定的钢尺按精密量距法进行。桥轴线丈量的精度要求不低于表1.1中的规定。

表 1.1 桥轴线丈量精度要求

桥轴线长度/m	<200	200~500	>500
精度不应低于	1/5000	1/10000	1/20000

②间接丈量法。当桥跨较大、水流深急、无法直接丈量时,可采用三角网法间接丈量桥轴线长。

a. 桥梁三角网布设的要求有:

各三角点应相互通视、不受施工干扰和易于永久保存,如图 1.1 所示。

基线不少于 2 条,基线一端应与桥轴线连接,并尽量接近于垂直,其长度宜为桥轴线长度的 0.7~1.0 倍。三角网中所有角度应布设在 30°~120° 之间。

b. 桥梁三角网的测量方法

用检定过的钢尺按精密量距法丈量基线 AC 和 AD 长度,并使其满足丈量基线精度要求,用经纬仪精确测出两三角形的内角(两个测回)α_1、α_2、β_1、β_2、γ_1、γ_2,并调整闭合差,以调整后的角度与基线用正弦定理按下式算得 AB。

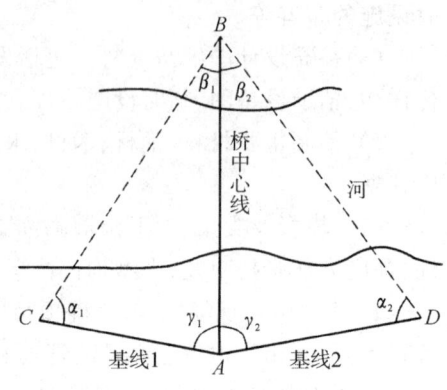

图 1.1 小三角网布置

角度闭合差容许值:

$$\lambda = 1.5\, t \sqrt{n} \tag{1-1}$$

式中,t——经纬仪直接读数精度,见表 1.2;

n——测角数目。

若 $t = 6''$,$n = 3$。则容许角度闭合差为:$\lambda = 1.5 \times 6'' \times \sqrt{3} = 15.6''$

$$S_{1AB} = \frac{AC \sin\alpha_1}{\sin\beta_1} \tag{1-2}$$

$$S_{2AB} = \frac{AD \sin\alpha_2}{\sin\beta_2} \tag{1-3}$$

精度:

$$K = \frac{\Delta S}{S_{AB}} = \frac{|S_{1AB} - S_{2AB}|}{S_{AB}} \tag{1-4}$$

平均值:

$$S_{AB} = \frac{S_{1AB} + S_{2AB}}{2} \tag{1-5}$$

c. 桥梁三角网测量技术要求

基线丈量精度、仪器型号、测回数和内角容许最大闭合差见表 1.2。

表 1.2 桥轴线丈量精度要求

项次	桥梁长度/m	测回数			基线丈量精度	容许最大闭合差
		DJ6	DJ2	DJ1		
1	<200	3	1		1/10000	30″
2	200~500	6	2		1/25000	15″
3	>500		6	4	1/50000	9″

(2)高程控制测量

桥梁施工需在两岸设立临时水准点,桥长在 200 m 以上时,每岸至少设两个;桥长在 200 m 以下时,每岸至少设一个;小桥可只设一个。水准点应设在不受水淹、不被扰动的稳固处,并尽可能接近施工场地,以便只安置一次仪器就可将高程传递到所需的部位上去。

临时水准点的高程从设计单位测定的水准点引出,其容许误差不得超过 $\pm 20\sqrt{K}$ (mm);对跨径大于 40 m 的 T 型钢构、连续梁和斜张桥等,不得超过 $\pm 10\sqrt{K}$ (mm)。式中 K 为两水准点间距离,以 km 计。其施测精度一般采用四等水准测量精度。

2. 桥墩中心测设

桥墩中心测设是根据桥梁设计里程桩号以桥位控制桩为基准进行的。直线桥梁的墩台定位方法有直接丈量法和方向交会法。

(1)直接丈量法

当桥墩位于干涸的河道上,且水面较窄时,可再用钢尺直接丈量,丈量方法用测定桥轴线方法。不同的只是此处是测设已知长度,所以应根据地形情况将已知长度(水平长度)化为设置的斜距,同时考虑尺长和温度修正。

(2)方向交会法

如果河水深,无法直接丈量,则可采用交会法来测定墩位。它是利用已有的控制点及墩位的坐标计算出在控制点上应该测设的角度。当计算出角度以后,两个方向的交点即为墩中心位置。

1.1.3 桥梁基础类型

桥梁工程中通常采用的基础形式见图 1.2。

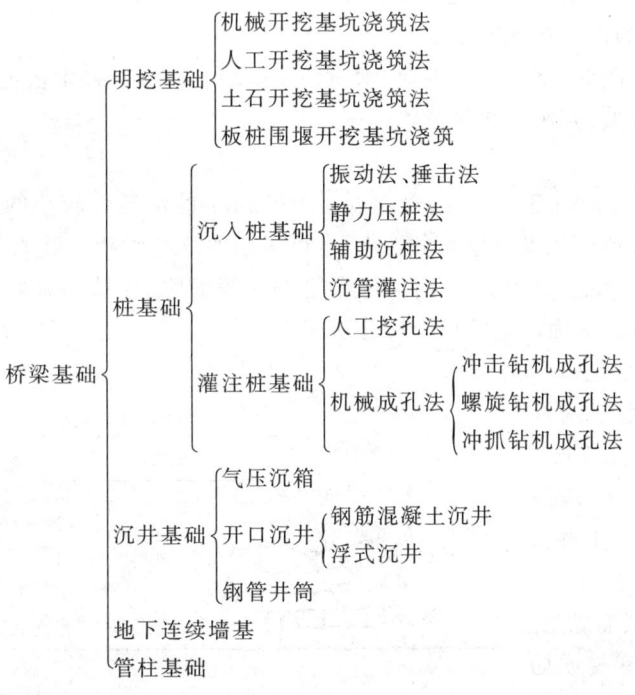

图 1.2 桥梁基础分类及施工方法

1.2 桥梁基础施工

1.2.1 明挖基础施工

天然地基上浅基础施工又称为明挖法施工,一般分为陆地基坑开挖和水上基坑开挖两种。陆地基坑开挖见本教材第三篇、第二章,本节主要介绍水上基坑开挖,其施工程序和主要内容有:基坑围堰、基坑排水、基坑开挖、基底处理与检验、基础砌筑及基坑回填等。

1. 基坑围堰

在水中修筑基础工程必须防止地表水和地下水的渗透和浸湿,常用的防水措施是围堰法。围堰是一种临时性的挡水结构物,其方法是在基坑开挖之前,在基础范围的四周修筑一个封闭的挡水堤坝,将水挡住,然后排除堰内水,使基坑的开挖在无水或很少水的情况下进行。待工作结束后,即可拆除。

(1)围堰的一般要求:

①堰顶应高出施工期间可能出现的最高水位 0.5~0.7 m;

②围堰的外形应与基础的轮廓线及水流状况相适应;

③围堰要坚固、稳定,防水严密,较少渗漏。

(2)常用围堰的形式和施工要求:

围堰主要有土围堰、草(麻)袋围堰、木(竹)笼围堰、卵石围堰、木板桩围堰、钢板桩围堰、钢筋混凝土板桩围堰、套箱围堰等形式。

①土围堰

土围堰适用于水深小于 1.5 m,流速低于 0.5 m/s 的渗透性较小的河床上。一般采用松散的黏性土作填料。如果当地无黏性土,也可采用河滩细砂和中砂填筑,这时最好设黏土心墙,以减少渗水现象。筑堰前,应将河底杂物淤泥等清除,先从上游开始,并填筑出水面,逐步填至下游合拢。水面以上的填土应分层夯实。

②土袋围堰

土袋围堰适用于水深 3.0 m 以下,流速小 1.5 m/s 的透水性较小的河床,堰底处理及填筑方向与土围堰相同。土袋内应装袋容量 1/3~1/2 松散的黏土或亚黏土。土袋可采用草包、麻袋或尼龙编织袋。叠砌土袋时,要求上下、内外相互错缝,堆码整齐(如图 1.3 所示)。

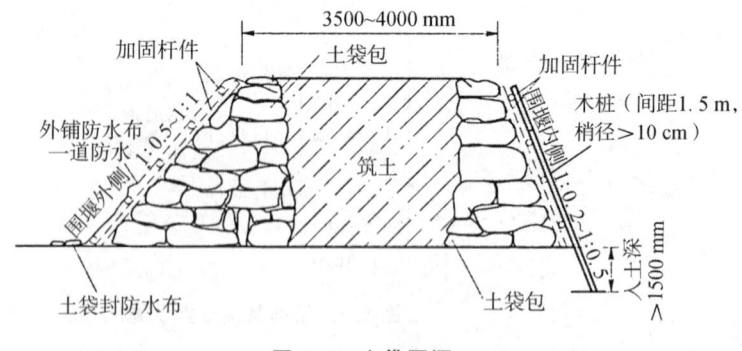

图 1.3 土袋围堰

③钢板桩围堰

钢板桩围堰适用水流较深、流速较大的河床。

插打钢板桩时必须备有可靠的导向设备,以保证钢板桩的垂直沉入。一般先将全部钢板桩逐根或逐组插打到稳定深度,然后依次打入至设计深度。插打的顺序按施工组织设计进行,一般自上游分两头插向下游合拢。插打前在锁口内涂以黄油、锯末等混合物,组拼桩时,用油灰和棉花捻缝,以防漏水。钢板桩顶达到设计高程时的平面位置偏差,在水上打桩时不得大于 20 cm,在陆地打桩时不得大于 10 cm。在插打过程中,应随时检查其平面位置是否正确、桩身是否垂直,发现倾斜时应立即纠正或拔起重插。

当水深较大时,常用围图(以钢或钢木构成的框架)作为钢板桩的定位和支撑。即先在岸上或驳船上拼装围图,运至墩位定位后,在围图内插打定位桩,把围图固定在定位桩上,然后在围图四周的导框内插打钢板桩。

2. 基坑排水

主要有集水坑排水和井点排水两种方法。

3. 基坑开挖

有加固坑壁的开挖和不加固坑壁的开挖(放坡法)两种方法。

基坑排水与基坑开挖的施工特点、适用情况、设计及布置方法与"陆地基坑开挖"基本相同,具体方法详见第三篇、第二章的有关内容。

4. 基底检验与处理

当基坑开挖至设计基底高程时,应由设计、地质勘查部门和施工单位人员,共同对基槽的位置、尺寸、地质、承载力等进行检验。

(1)基底检验内容

检查基底的平面位置、尺寸和高程是否符合设计要求;检查基底土质的均匀性、稳定性及承载力等;对特别复杂的地质条件应进行载荷试验;对大、中型桥,采用触探和钻探取样作土工试验;检查开挖基坑和基底处理施工过程中有关施工记录和试验等资料。

(2)基底处理

①岩石:清除风化层、松碎石块及泥污等,如岩层倾斜度大于 15°时,应挖成台阶状,使承重面与受力方向垂直,砌筑前应将岩石表面冲洗干净。

②砂砾层:整平夯实,砌筑前铺一层 2 cm 厚的浓稠水泥砂浆。

③黏土层:铲平坑底,尽量不扰动土的天然结构;不得用回填土的办法来平整基坑,必要时,加铺一层厚 10 cm 的碎石层,层面不得高出基底设计标高。

④软硬不均匀地层:如半边为岩石、半边为土质时,应将土质部分挖除,使基底全部落在岩石上。如经挖除后其岩层斜度大于 15°时,应挖成台阶。

⑤溶洞:暴露的溶洞,应用浆砌片石或混凝土填灌堵满,如处理有困难或溶洞仍继续发展时,应考虑改移墩台位置或桥址。

⑥泉眼:为了不让泉水浸泡或冲洗圬工,应将泉眼堵塞,如无法堵塞时,应将泉水引走,使泉水与圬工隔离开,待圬工达到一定强度后,方能让泉水泡浸圬工。

5. 基础浇(砌)筑

基础浇(砌)筑施工可分为无水砌筑、排水浇筑及水下灌注三种情况。

排水浇(砌)筑的施工要点是：确保在无水状态下砌筑施工；禁止带水作业及用混凝土将水赶出模板外的灌注方法；基础边缘部分应严密隔水；水下部分污工必须待水泥砂浆或混凝土终凝后才允许浸水。

水下灌注混凝土一般只有在排水困难时采用。目前，在桥梁基础施工中广泛采用的是垂直移动导管法。如图 1.4 所示，混凝土经导管输送至坑底，并迅速将导管下端埋没，随后混凝土不断输送到被埋没的导管下端，从而迫使先前输送的但尚未凝结的混凝土向上和四周推移。随着基底混凝土的上升，导管亦缓慢向上提升，直至达到要求的封底厚度时，停止灌注混凝土，并拔出导管。当封底面积较大时，易用多根导管同时或逐根灌注，按先低处后高处、先周围后中部的次序，并保持大致相同的高度进行，以保证

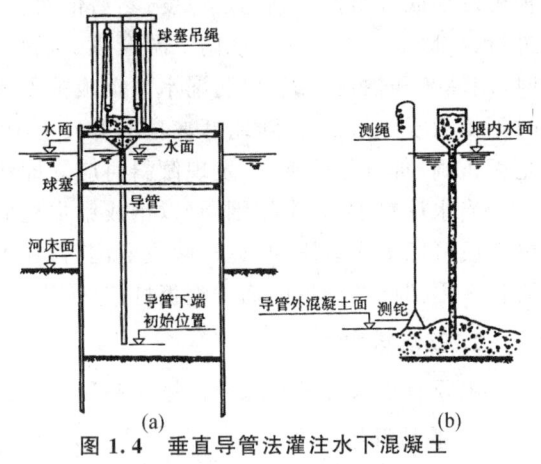

图 1.4 垂直导管法灌注水下混凝土

混凝土充满基底全部范围。导管的根数及在平面上的布置，可根据封底面积、障碍物情况、导管作用半径等因素确定。导管的有效作用半径则因混凝土的坍落度大小和导管下口超压力大小而异。

6. 基坑回填

基坑回填时，其结构的混凝土强度应不低于设计强度的 70%；在覆土线以下的结构必须通过隐蔽工程验收；填土前抽除基坑内积水，清除淤泥及杂物等；凡淤泥、腐殖土、有机物质超过 5% 的垃圾土、冻土或大石块不得回填，应采用含水量适中的同类亚黏土或砂质黏土；填土应水平分层回填夯实，每层松铺厚度一般为 30 cm，在其含水量接近最佳含水量时压实；填土经碾压、夯实后不得有翻浆、"弹簧"现象；填土施工中，应随时检查土的含水量和密实度。

1.2.2 桩基础施工

桩是竖直或微倾斜的基础构件，它的截面尺寸比长度小得多，桩基础是桥梁基础中的常用形式（如图 1.5 所示）。绝大多数桩基础采用钢筋混凝土桩，个别采用木桩或钢桩等。桩的种类繁多，按照建造材料的不同，桩可分为：钢筋混凝土桩、预应力钢筋混凝土桩、高强度混凝土桩、钢管混凝土桩、钢桩、木桩、板桩等；按受力条件不同，可分为摩擦桩与端承桩；按施工方法不同，可分为钻孔灌注桩、打入桩、振动下沉桩及管柱基础等。下文主要介绍钻孔灌注桩及打入桩的施工方法。

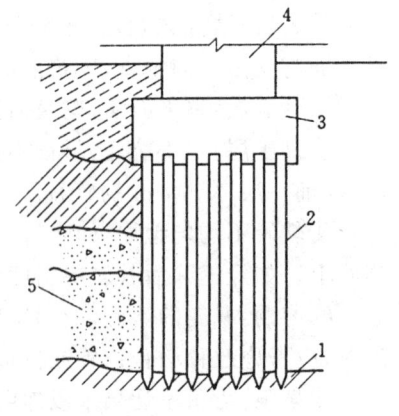

1—持力层；2—桩；3—桩基承台；
4—上部建筑物；5—软土层

图 1.5 桩基础示意图

1. 钻孔灌注桩基础的施工

灌注桩是应用比较广泛的一种桩型,由于它噪声小,能够适应城市中对环境影响的要求,直径最大可达 3~6 m,承载力远大于打入桩。钻孔灌注桩施工是采用不同的钻孔方法,在土中形成一定直径的井孔,达到设计标高后,再将钢筋骨架吊入井孔中,灌注混凝土形成桥梁桩基础。

(1)钻孔灌注桩施工工艺

钻孔灌注桩工艺适用性强,不受地质条件限制,能在松软底地层和地下水严重发育地区施工,钻孔深度可达 100 m 以上。由于施工地区、地质条件、现场状况、施工机具等的不同,工艺流程有所不同,但差别不是太大。机械成孔灌注桩的常规施工流程如图 1.6 所示。

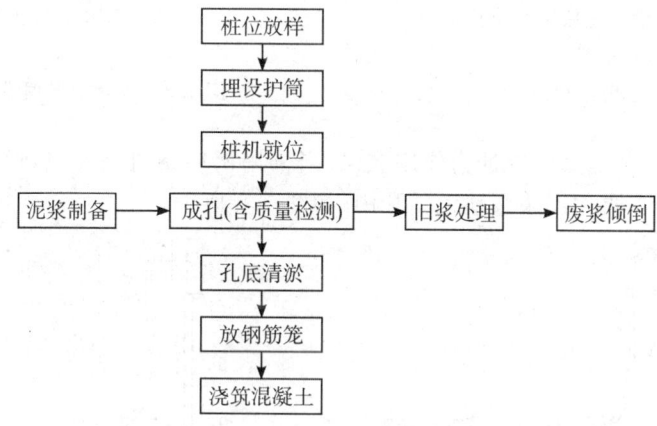

图 1.6 钻孔灌注桩工艺流程

(2)钻孔的准备工作

钻孔前应做好布置场地、桩位测量、埋设护筒、安装钻机、准备和回收泥浆等工作。

①场地布置

场地准备应查明施工场地的水文、地质、地下障碍物的情况,制定详尽的施工方案。旱地应清除杂物、平整坚实;浅水区可采用筑岛法钻孔;深水区可搭设工作平台钻孔。场地布置应对施工用水泥浆供应、排防水、动力供应、桩身灌注、钢筋骨架绑扎和吊运作统一安排。

②桩位测量

根据设计提供的桩与墩台中心的相对位置,准确放出钻孔灌注桩的桩位中心位置。

③埋设护筒

埋设护筒的目的是固定桩位,保护桩孔口不坍塌,隔离地面水,维护孔壁及钻孔导向等。护筒应坚实,不漏水,能多次使用,内径应比桩径稍大 200~400 mm。护筒埋设方法由桩位处的地质与水文情况决定。在旱地、浅水和深水处可分别采用挖埋法、筑岛法、平台沉入法等,如图 1.7、图 1.8 所示。

④泥浆工作

泥浆在钻孔时起悬浮钻渣、加固孔壁、防止坍孔等作用,此外还可冷却钻头,防止钻头冲击时因摩擦产生高温而变形。泥浆由水、黏土和添加剂按适当比例配制而成,黏土应该严格挑选,不得含砾、石、石膏等杂物,通常其塑性指数应大于 25,粒径小于 0.005 mm,黏粒含量大于 50%。泥浆的制备按照钻孔方法的不同,采用不同的制备方法;当采用冲击钻孔时,黏

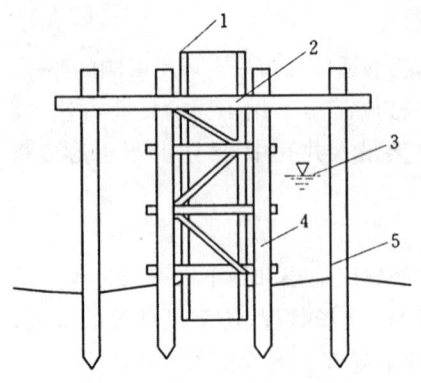

1—护筒；2—工作平台；3—施工水位；
4—导向架；5—支架

图1.7 搭设平台固定护筒

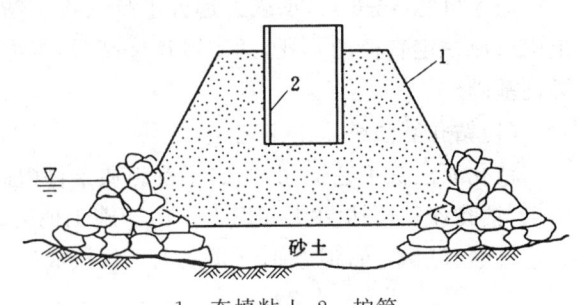

1—夯填粘土；2—护筒

图1.8 围堰筑岛埋设护筒

土直接投入钻孔内，依靠钻头的冲击作用成浆；当采用回旋钻机钻孔时，通过泥浆搅拌机成浆，贮存在泥浆池内，再用泥浆泵输入钻孔内（如图1.9所示）。

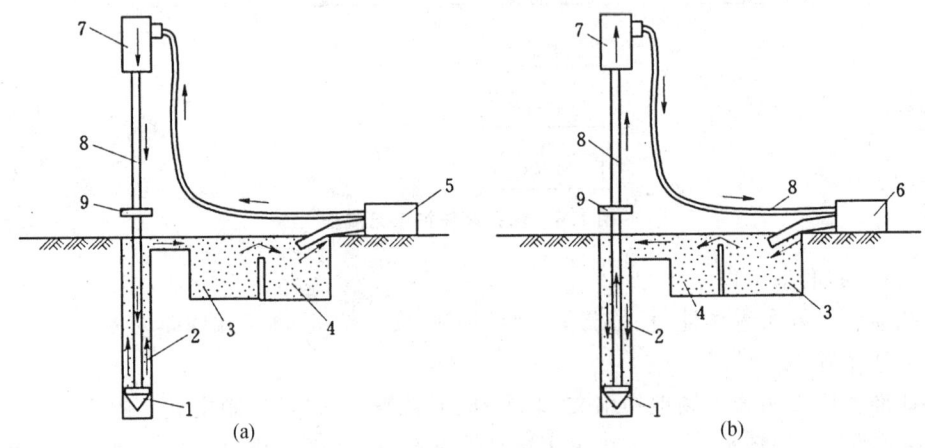

(a)正循环；(b)反循环

1—钻头；2—泥浆循环方向；3—沉淀池；4—泥浆池；5—泥浆泵；
6—砂石泵；7—水阀；8—钻杆；9—钻机回旋装置

图1.9 泥浆循环成孔工艺

⑤钻架、钻机就位

钻架是钻孔、吊放钢筋笼、灌注混凝土的支架。钻架应能承受钻具和其他辅助设备的重量，具有一定的刚度。钻机(架)安装就位前应先对钻架和各种钻具进行检查与维修，然后利用自身的动力移动就位。

(3)钻孔

目前市场上钻孔机具主要有螺旋式钻机（如图1.10所示）、冲击式钻机、冲抓式钻机三类，它们主要由塔架、钻头、抽渣筒等组成。各成孔设备适用的地层、孔径、孔深、是否需要泥浆浮悬钻渣，与钻机的功率大小、施工管理质量好坏有关。相应的成孔方法有旋转钻进成孔、冲击钻进成孔、冲抓钻进成孔。

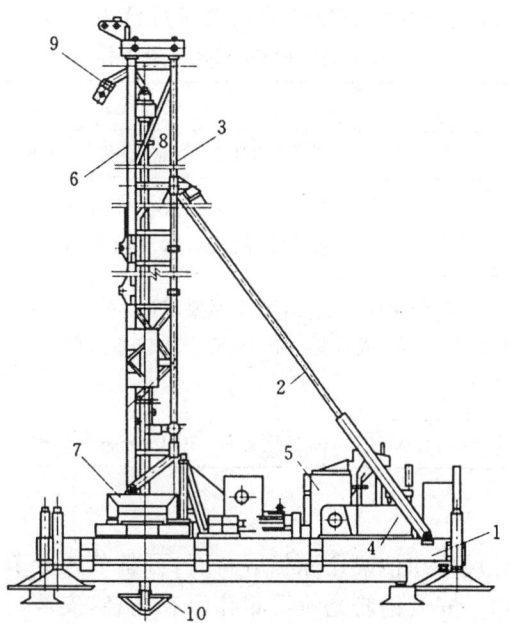

1—座盘；2—斜撑；3—塔架；4—电机；5—卷扬机；6—搭架；7—转盘；8—钻杆；9—泥浆输送管；10—钻头
图 1.10 回旋钻机

①旋转式钻进成孔

利用钻具的旋转切削土体钻进，并在钻进同时使用循环泥浆的方法护壁排渣，继续钻进成孔。钻机按泥浆循环程序的不同可分为正循环和反循环两种（如图 1.9 所示）。

旋转成孔适用于冲积层较厚的黏性土、砂性土、砂卵石等土层，还可钻进软岩或风化岩层。

②冲击式钻进成孔

利用钻锥(重 10～35 kN)不断地提锥、落锥反复冲击孔底土层，把土层中泥沙、石块挤向四壁或打成碎渣，钻渣悬浮于泥浆中，利用掏渣筒取出，重复上述过程冲击钻进成孔。

主要采用的机具有定型的冲击式钻机、冲击钻头、转向装置和掏渣筒等，钻头一般采用整体铸钢做成的实体钻锤，钻刃为十字形，采用高强度耐磨钢材做成。

冲击钻孔适用于各类土层，特别对漂卵石和基岩钻孔比其他类型钻机效果更好。

③冲抓式钻进成孔

利用兼有冲击和抓土作用的抓土瓣，通过钻架，由带离合器的卷扬机操纵，靠冲锥自重(重为 10～20 kN)冲下，使抓土瓣锥尖张开插入土层，然后由带离合器的卷扬机锥头收拢抓土瓣，将土抓出，弃土后继续冲抓而成孔。

冲抓成孔适用于黏性土、砂性土及夹有碎卵石的砂砾土层，不宜在大漂石和基岩中钻孔，成孔深度宜小于 30 m。

(4)清孔

钻孔过程中必定会有一部分泥浆和钻渣沉于孔底，必须将这些沉积物清除干净，才能使灌注的混凝土与地层紧密结合，以保证桩的承载力。清孔常用的方法有抽浆法、换浆法、掏渣法等。不论采用何种清孔方法，在清孔排渣时，必须注意保持孔内水头，防止坍孔，并及时从孔底提出泥浆试样进行性能指标试验,试验结果应符合表 1.3 的要求。

表 1.3　钻(挖)孔成孔质量指标

项目	允许偏差
倾斜度	钻孔:＜1%;挖孔:＜0.5%
孔深	摩擦桩:不小于设计规定 端承桩:比设计深度超深不小于 50 mm
沉淀厚度/mm	摩擦桩:符合设计要求,当设计无要求时,对于直径≤1.5 mm 的桩,≤300 mm;对桩径＞1.5 m 或桩长＞40 m 或土质较差的桩,≤500 mm;端承桩:不大于设计规定
清孔后泥浆指标	相对密度:1.03～1.10;黏度:17～20 Pa·s;含砂率:＜2%;胶体率:＞98%

(5)安放钢筋笼

钢筋笼根据图纸设计尺寸和钻架允许起吊高度,可整节或分节制作,应在清孔前制成,并经检查合格后方可使用。安放钢筋笼前需测孔深和孔径,安放时,注意对准桩位中心,轻轻下落,防止碰撞孔壁。钢筋骨架下到设计高程后,应在顶部采用措施反压,并固定孔口,防止混凝土在灌注过程中产生上浮,随后立即灌注混凝土。

(6)水下混凝土灌注

水下混凝土灌注常采用导管法施工,此方法是将导管插入到离孔底 0.30～0.40 m 处,导管上口接漏斗,并在漏斗中存备足够的混凝土,通过放开导管与漏斗接口处的隔水球向孔底猛落,这时孔内水位骤然外溢,说明混凝土已灌入孔内。

水下混凝土常用的强度等级为 C20～C35。为了保证质量,混凝土的配合比应按设计强度的混凝土标号提高 10%～20% 进行设计。

灌注应连续进行,一气呵成,严禁在中途停工。导管的埋置深度宜控制在 2～6 m,防止导管提升过猛,而使导管内进水造成断桩夹泥,也要防止导管埋入过深,造成导管被混凝土埋住而不能提升。为了确保桩顶质量,灌注的桩顶标高应比设计高出 0.5～1.0 m,待混凝土凝结前,挖除多余的桩头,但应保留 10～20 cm,以待修凿接筑承台。

(7)钻孔事故的预防及处理

常见的钻孔事故及处理分述如下:

①坍孔

各种钻孔方法都可能发生坍孔事故,坍孔的表征是孔内水位突然下降,孔口冒细密水泡,出渣量明显增加而不见进尺等。

为预防坍孔事故发生,在松散粉砂土或细砂中钻进时,应控制进尺速度,选用较大比重、黏度、胶体率的泥浆,汛期或潮汐地区水位变化过大时,应采取升高护筒、增加水头等措施保证水头相对稳定。

发生孔口坍塌时,可立即拆除护筒并回填黏土,重新埋设护筒再钻;如发生孔内坍塌,判别坍塌位置,回填砂和黏土混合物到坍孔以上 1～2 m 处,如坍孔严重时应全部回填,待回填物沉积密实后再进行钻进。

②扩孔和缩孔

扩孔是孔壁坍塌造成的结果,各种钻孔方法均可能发生,若仅孔内局部发生坍塌而扩孔,钻孔仍能达到设计深度则不必进行处理;若因扩孔后继续坍塌而影响钻进,应按坍孔事故处理。

由于钻锥焊补不及时,严重磨耗的钻锥往往钻出较设计桩稍小的孔。地层中有软塑土遇水膨胀后使孔径缩小,各种钻孔方法均可能发生缩孔,可采用反复扫孔的方法以扩大孔径。

③钻杆折断

在钻进过程中选用的转速不当、钻杆使用过久或地层坚硬进尺太快时,容易引起钻杆折断事故。人力、机动推锥和正反循环回转钻进时常发生此事故。

为预防此事故发生,应按设计要求选用合适直径的钻杆,不使用弯曲严重的钻杆,控制进尺,遇坚硬、复杂地层要仔细操作,如已发生钻杆折断事故,须将断落钻杆打捞上来,并检查原因,换用新的钻杆继续钻进。

④钻孔漏浆

在透水性强或有地下水流动的地层中,稀泥浆会向孔外漏失;护筒埋设太浅,回填土不密实或护筒接缝不严密,会在护筒刃脚或接缝处漏浆;也可能由于水头过高使孔壁渗浆。

为防止漏浆,可加稠泥浆或倒入黏土慢速转动,或用填土渗片、卵石,反复冲击增强护壁;在有护筒防护范围内,接缝处漏浆,可由潜水工用棉絮、快干水泥渗泥填塞,封闭接缝。

2. 打入桩基础的施工

打入桩施工靠桩锤的冲击能量将预制的钢筋混凝土桩、预应力混凝土桩或钢管桩打入土中。打入桩一般工序如图 1.11 所示。以下主要介绍钢筋混凝土预制桩的施工。

(1)钢筋混凝土桩制作

桥梁工程中常用方形与矩形桩和管桩,方形桩与矩形桩断面尺寸一般为 0.3 m×0.35 m、0.4 m×0.4 m、0.45 m×0.45 m 等几种,桩长一般为 10~28 m;管桩由工厂以离心成型法制成,断面尺寸外径为 0.4 m 和 0.5 m,每根桩超过三节,各节长度为 4、6、8 m 不等。

制桩场地应考虑吊桩设备的安装、拆卸和运桩便道的布置,并根据地基及气候条件,做好排水设计,以防场地浸水沉陷,使桩变形;地基应平整夯实,其上面铺压一层砾料或石灰土,表面用水泥砂浆抹平压光。

桩的主筋宜采用整根的钢筋,如需接长时,宜采用对焊法焊接,不允许绑扎接头。相邻钢筋的接头位置要相互错开,其距离不小于钢筋直径 30 倍,在同一截面中的钢筋接头不应超过主筋总数的 1/4。

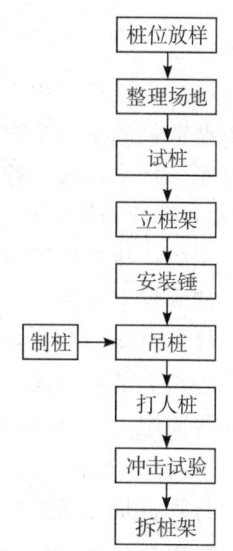

图 1.11 打入桩施工工序

同一根桩的混凝土配合比不能随意改变,并用拌和机搅拌,坍落度不能大于 6 cm,混凝土标号不低于 C25。灌注顺序由桩顶开始向桩尖连续灌注,中间不得停顿,不得留施工缝,并用振捣器严密捣实。混凝土浇筑完成后 1~2 h,应覆盖洒水养护,养护天数按采用的水泥种类和天气情况而定,不得少于 7 天。

(2)预制桩的起吊、搬运和堆放

预制桩在吊运和堆放时,多采用2支点,较长的桩可采用3个或4个支点。钢筋混凝土桩的搬运可采用超长平板拖车或轨道平板车搬运。如采用前后托架车时,前托架必须加设活动转盘。桩搬运时,其支承点与吊点位置相同,偏差不大于±20 cm。运输时,应将桩捆扎稳固。

桩的堆放场地应尽量靠近打桩地点,场地应平整坚实,防止不均匀沉陷。不同类型尺寸的桩,应考虑使用先后,分别堆放。堆放支点与吊点相同,偏差不应超过±20 cm。多层堆放时,各层支垫木应位于同一垂直面上,堆放层数一般不宜超过4层。

(3)桩的连接

钢筋混凝土桩常用的连接方法有:法兰盘连接、钢板连接和硫黄胶泥(砂浆)连接等。接桩必须牢固、直顺(如图1.12所示)。

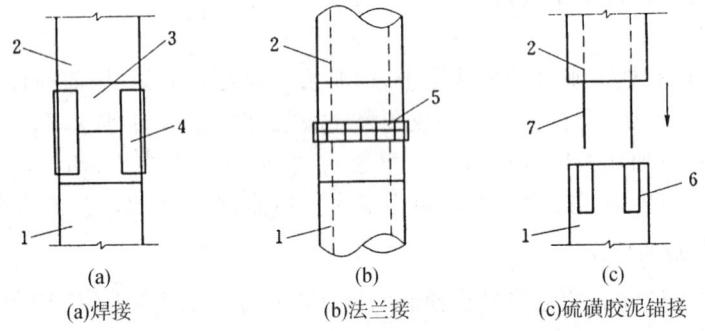

(a)焊接　　(b)法兰接　　(c)硫磺胶泥锚接

1—下节桩;2—上节桩;3—桩帽;4—连接角钢;5—连接法兰;6—预留锚筋孔;7—预埋锚接钢筋

图1.12　混凝土预制桩的接桩

法兰盘连接适用于管桩或实心方桩,制桩时,将法兰盘焊接在桩的主筋上。接桩时,将上下两节桩的法兰螺对好,并将上下两节桩的纵线对准,然后穿入螺栓,并对称的将螺帽逐步拧紧。待全部螺栓拧紧后,便可将螺帽点焊固接,以防打桩因振动而松弛。如采用高螺栓帽,也可不再点焊螺帽。然后在法兰盘上涂防锈油漆或防锈沥青胶泥。

钢板连接适用于方桩或钢管桩。制桩时,将桩的主筋上下端各焊2~4块方形钢板与主筋环四周焊上角钢。

接桩时将上节桩对准已打入的下节桩,下节桩在顶端预留4个周边方型螺纹的直孔,平面位置与上节桩的插筋相同,孔深大于伸出钢筋约5 cm,螺纹孔的直径为插筋的2.5倍,然后点焊固定,再伸缝焊接。

(4)打入桩机械设备

打入桩机械为桩锤与桩机,设备为与打入桩机械相连的桩架、桩帽和送桩等。

桩锤有吊锤、汽锤和柴油汽锤,工程上一般采用柴油汽锤。柴油汽锤是一种自身既是桩锤又是动力发生的联合装置,较汽锤优越,且沉桩效率较高。柴油锤结构简单、使用方便,不需从外部供应能源。但在过软的土中由于贯入度过大,燃油不易爆发,往往桩锤反跳不起来,会使工作循环中断。此外,柴油锤作业时造成噪音和空气污染等公害,故在城市中施工受到一定限制。桩锤的选用应根据地质条件、桩型、桩的密集程度、单桩竖向承载力及现有施工条件等决定,可参考表1.4进行选择。

表 1.4　柴油捶锤重选择表

锤型		柴油锤					
		20	25	35	45	60	72
锤的动力性能	冲击部分重/t	2.0	2.5	3.5	4.5	6.0	7.2
	总重/t	4.5	6.5	7.2	9.6	15.0	18.0
	冲击力/kN	2000	2000~2500	2500~4000	4000~5000	5000~7000	7000~10000
	常用冲程/m	1.8~2.3					
桩的截面	混凝土预制桩的边长或直径/cm	25~35	35~40	40~45	45~50	50~55	55~60
	钢管桩的直径/cm		40		60	90	90~100
持力层	黏性土、粉土 一般进入深度/m	1.0~2.0	1.5~2.5	2.0~3.0	2.5~3.5	3.0~4.0	3.0~5.0
	黏性土、粉土 静力触探比贯入度平均值/MPa	3	4	5	>5		
	砂土 一般进入深度/m	0.5~1.0	0.5~1.5	1.0~2.0	1.5~2.5	2.0~3.0	2.5~3.5
	砂土 标准贯入击数 N(未修正)	15~25	20~30	30~40	40~45	45~50	50
常用的控制贯入度(cm/10击)			2~3		3~5	4~8	
设计单桩极限承载力/kN		400~1200	800~1600	2500~4000	3000~5000	5000~7000	7000~10000

桩架在打入桩施工中,承担吊桩锤、吊桩、插桩、吊桩射水管及桩,在下沉过程中起导向作用等。工程中常用的是钢桩架。桩架在结构上必须有足够的强度、刚度和稳定性,保证在打桩过程的动力作用下桩架保持平稳,不发生移动和变位。桩架的高度应保证桩吊立就位时的需要及锤击的必要冲程。履带式桩架(如图 1.13 所示)以履带式起重机为底盘,增加立柱和斜撑用以打桩。性能较好桩架灵活,移动方便,可适应各种预制桩施工,目前应用较广。

(5)送桩

当桩顶被锤击低于龙门而须继续打入时,可用送桩将桩顶送达到必要的深度。

送桩的结构强度不应小于桩的强度。送桩的长度应为桩锤可能降到的最低标高与桩顶预计标高之差,并加以适当的富余量,送桩与桩的连接应使桩与送桩在同一中轴线上,当要打斜桩时,更应注意,否则桩顶与送桩受偏心锤击容易损坏。

(6)打桩

①打桩注意事项:

打桩前,应检查桩锤、桩帽和桩的中心是否一致,桩位是否正确,桩的垂直度或倾斜度是否符合设计要求,打桩架是否平稳牢固。开始打桩时应轻击慢打,在锤击过程中应重锤低击。打桩时,如遇贯入度突然发生急剧变化;桩身突然发生倾斜位移;桩不下沉,桩锤有严重回弹现象;桩顶破碎或桩身开裂、变形;桩侧地面有严重隆起现象等情况,应立即停止锤击,查明原因,采取措施后方可继续施工。

②打桩中出现的问题及其处理方法

桩贯入度突然减小,一般是桩由软土层进入硬土层,或桩尖遇到石块等障碍物,此时不可硬打,以免桩身被打坏,查明原因后,可加射水配合打桩将障碍物冲开,或改用能量较大的桩锤。

a. 桩身倾斜或位移,一般是桩尖不对称,或遇障碍物。如倾斜过多,则应换桩或加桩。若偏斜在桩顶,未入土部分或入土不深时,可用钢丝绳及滑车组施加水平力纠正,桩头不平时,可凿平或垫平再打。

b. 桩顶破损,桩顶混凝土强度低,锤击偏心,未安置桩帽、桩垫,重锤猛击所致。应确保桩的质量,锤击力顺桩轴方向,选用合适桩帽、桩垫和桩锤,且施工时每桩要一气呵成。

c. 桩不下沉,桩身颤动,桩锤回跳,为桩尖遇到障碍物,或桩身弯曲,或接桩后自由长度过大,可采取偏移桩位、加装铁靴、射水配合等方法穿过或避开障碍物,桩身过长可加夹杆,桩身弯曲过大须换接新桩。

d. 断桩处理,对于已打入后断裂破损的桩,应拔出重打或另补新桩。

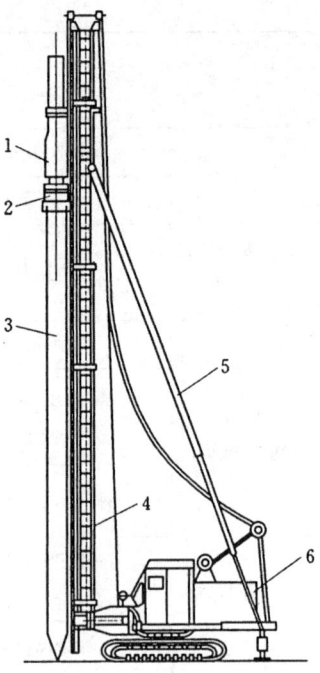

1—桩锤;2—桩帽;3—桩;
4—立柱;5—斜撑;6—车体

图 1.13 履带式桩架

e. 打桩施工结束后,工程桩应进行承载力检验。一般采用静载荷试验法进行检验,检验桩数不应少于总数的1%,且不应少于3根,当总桩数少于50根时,不应少于2根。此外,还应对桩身质量应进行检验。

1.2.3 沉井基础

沉井是一种历史悠久的施工方法,适用于地基表层较差而深部较好的地层,既可用在陆地上也可用在较深的水中。沉井是钢筋混凝土制成的井筒(下有刃脚,以利下沉和封底)结构物施工时,先按基础的外形尺寸,在基础的设计位置上,制成井筒,然后在井内挖土,使井筒克服刃脚正面阻力及沉井内壁摩阻力后依靠自重下沉至设计标高,经过混凝土封底,并填塞井孔,在顶部浇筑钢筋混凝土顶板,即成为深埋的实体基础(如图 1.14 所示)。

1. 沉井构造

沉井主要由井壁、刃脚、隔墙、封底及盖板等组成,如图 1.15 所示。

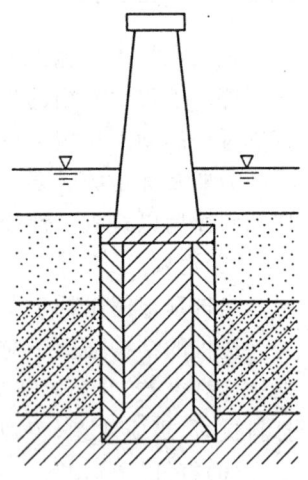

图 1.14 沉井基础

(1)井壁

井壁是沉井的主体部分。它在沉井下沉过程中起挡土、挡水及利用自重克服井壁摩擦力的作用,并将上部荷载传到地基上去。因此,井壁必须具有足够的强度和一定的厚度。井壁一般采用钢筋混凝土制作。

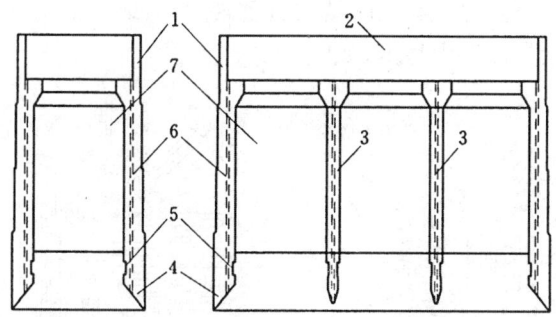

1—井壁；2—顶盖和封底；3—隔墙；4—刃脚；5—凹槽；6—射水管；7—井孔

图 1.15　沉井构造

(2)刃脚

井壁下端形如楔状的部分称为刃脚。其作用是在沉井自重作用下易于切土下沉。刃脚底面宽度一般为 100～200 mm。

(3)隔墙

沉井长宽尺寸较大，则应在沉井内设置隔墙，以加强沉井的整体刚度。

(4)底和盖板

沉井下沉至设计标高进行清基后，便进行浇筑封底混凝土。如井孔中不填料则应在沉井顶面浇筑钢筋混凝土盖板。

沉井基础的特点是埋置深度大、整体性强、稳定性好、刚度大，能承受较大的荷载作用。沉井本身既是基础，又是施工时挡土和挡水围堰结构物，施工工艺不复杂。沉井施工工艺流程如图 1.16 所示。

2. 沉井制作

(1)平整场地筑岛

在岸上制作底节沉井之前应先平整场地，使其具有一定的承载能力。若场地土质松软，应铺设一层 30～50 cm 厚的砂或砂砾层并夯实，以免沉井在浇筑过程中和拆除承垫木时，由于发生不均匀的下沉而产生裂缝。

沉井可在基坑中浇筑，但应防止基坑被水淹没，坑底应高出地下水面 0.5～1.0 m，宜在枯水期施工。

若沉井下沉位置在水中，需水中筑岛，再在岛上制作沉井。筑岛材料应选用透水性好、易于压实的砂土或碎石填土，应分层夯实，每层厚度不应大于 0.3 m。在沉井周围设置不小于 2 m 宽的护道，临水面边坡不应大于 1∶2。

(2)沉井制作

①沉井分节：沉井分节制作高度，应能保证其稳定，又有适当重力便于顺利下沉。底节

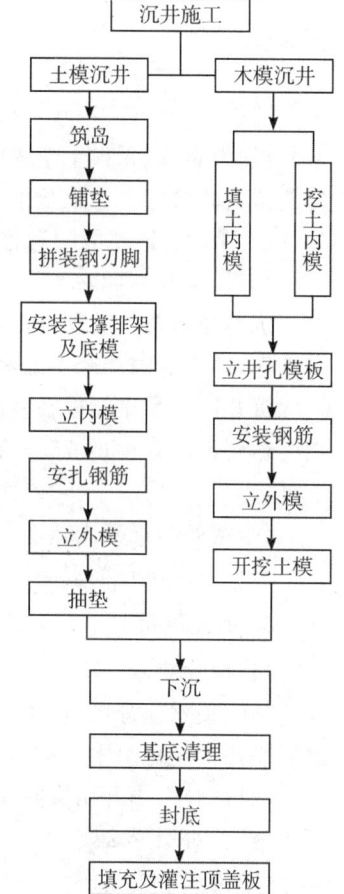

图 1.16　沉井施工工艺流程

沉井的最小高度,应能抵抗拆除承垫木或挖除土模时的竖向挠曲强度。

②铺设垫木:当沉井制作高度较高,结构自重较大,而地基土质较差,为了将沉井自重扩散到砂垫层及地基土上应铺设承垫木,如图1.17。

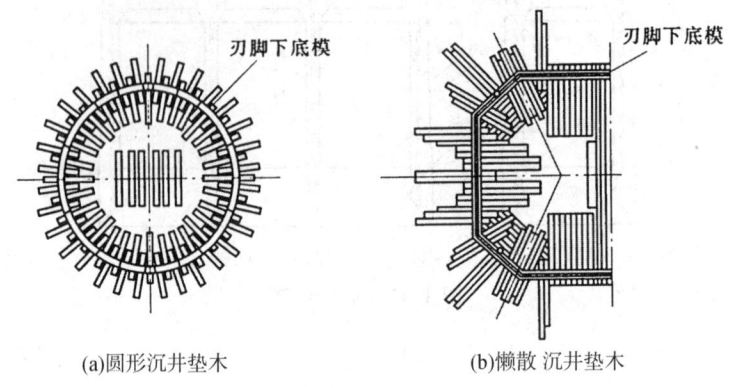

(a)圆形沉井垫木　　(b)懒散沉井垫木

图1.17　沉井垫木

铺设垫木时,应用水平仪进行抄平,要使刃脚踏面在同一水平面上。承垫木在平面布置上,应均匀对称,每根承垫木的长度中心应与刃脚踏面中线相重合,以便把沉井的重量能均匀地传到砂垫层上。承垫木可以单根或几根编成一组铺设,但组与组之间最少需留出20～30 cm的间隙,以便能顺利将承垫木抽出。

(3)模板及其拆除

沉井模板与一般现浇混凝土结构的模板基本上相同,应具有足够的强度、刚度、整体稳定性等,并使缝隙严密不漏浆。

沉井的非承重侧模在混凝土强度达到设计强度的50%可拆除;刃脚下的侧模在混凝土强度达到设计强度的75%方可拆除;当混凝土强度达到设计强度的100%时,沉井方可下沉。

(4)钢筋与混凝土

与一般现浇钢筋混凝土结构的要求基本上相同,可参阅第三章有关内容。

3. 沉井下沉

(1)抽除垫木

抽除垫木应分区、依次、对称、同步进行。以定位垫木为中心,由远到近,先短边后长边,最后撤四根定位垫木。抽出几组垫木后,应立即用砂或碎石分层回填夯实。

回填顺序:当开始拆除几组垫木时,可不回填,当抽出几组后,即进行回填,回填时分层,洒水夯实,每层厚20～30 cm。以定位垫木不压断为准,回填材料有碎石、砂砾石等。

(2)排水开挖下沉

排水开挖下沉适用于不透水或透水性差的土层,且土质稳定,排水时不产生流沙、涌水等。

排水开挖应从井中心向刃脚四周均匀对称除土,设计支承位置的土,应分层除土中最后同时挖除。由数个井窗组成的沉井,应控制各井窗之间除土面的高差,控制在50 cm以内,以利沉井均匀下沉。下沉至设计标高以上2 m左右时,应控制井内除土量和除土位置,以使沉井平稳下沉,正确就位。

(3)不排水开挖下沉

不排水开挖下沉适用于大量涌水、翻砂、土质不稳定的土层。

常用的挖土机械是抓斗、吸泥机等。开挖后为防止产生流沙现象,应向井内灌水以保持井内水位高于井外水位 1.0~2.0 m。沉井在下沉过程中,应经常进行观测,若发现有倾斜或偏移及时纠正。

(4)沉井下沉允许偏差(见表 1.5)

表 1.5 沉井下沉允许偏差表

序号	项目		允许偏差	检验频率		检验方法
				范围	点数	
1	轴线位移	顺桥纵轴线方向	1%H(H<10000 mm 时,允许 100 mm)	每根桩	2	用经纬仪测量
2		垂直桥纵轴线方向	1.5%H(H<10000 mm 时,允许 150 mm)		2	
3		沉井高程	±100 mm		4	用水准仪测量
		垂直度	2%H		2	用垂线或经纬仪检验,纵、横向各计 1 点

注:①表中 H 为沉井下沉深度(mm)。

(5)沉井接高

当底节沉井顶面下沉至离土面较近时,其上可接筑第二节沉井。接筑时应使底节竖直,上下两节沉井的轴线互相重合,各节井筒混凝土间隙紧密。接高的井筒一般不小于 3 m,当新接高的井筒具有足够的强度和稳定性后方可继续下沉。

4. 沉井封底

(1)排水封底

地基经检验及处理符合要求后,应立即进行封底。刃脚四周用黏土或水泥砂浆封堵后,井内无渗水时,可在基底无水的情况下浇筑封底混凝土,浇筑时应尽可能将混凝土挤入刃脚。

(2)不排水封底

封底在不排水情况下进行,用导管法灌注水下混凝土,若灌注面积大,可用多根导管同时依次浇筑,一根导管的作用半径为 2.5~4.0 m,浇筑应先周围后中间,先低后高进行。

5. 井孔填充和顶板浇筑

当封底混凝土养护达到所要求的强度后,才容许抽干水,进行井孔填充,填充前应清除封底混凝土面上的浮浆,若用砂夹卵石填充应分层夯实。

对于填充井孔的沉井,不需设置顶盖板,可直接在填充后的井顶浇筑承台或墩台,对于不填充井孔的沉井,需设置钢筋混凝土顶盖板,以便作为浇筑承台的底模板,盖板可预制后安装于井顶,也可就地浇筑。

6. 下沉时常见的问题及处理措施

(1)沉井下沉时的问题

①沉井开始下沉阶段,容易产生偏移和倾斜事故。在这个阶段,应严格控制挖土的程序和深度,以免出现偏斜现象。但沉井入土不深,出现偏斜后纠正尚比较容易。

②在下沉的中间阶段,可能开始出现下沉困难的现象,但待接高沉井后,重量增加,又可以下沉。在这一阶段中,仍可能发生偏斜事故,且纠正工作比较困难。

③当下沉到最后阶段,快达到设计标高时,一般情况下主要的问题是下沉困难,由于土体对沉井土的约束能力增大,偏斜可能性较小。下面介绍下沉时常见的问题及处理措施。

沉井下沉偏差产生的原因及其预防措施见表1.6。

表1.6 沉井下沉偏差产生的原因及其预防措施

序号	产生原因	预防措施
1	筑岛被水流冲坏或沉井一侧的土被水流冲空	事先加强对筑岛的防护,对水流冲刷的一侧可抛卵石或片石防护
2	沉井刃脚下土层软硬不均	随时掌握地层情况,多挖土层较硬地段,对土质较软地段应少挖,多留台阶或适当回填和支垫
3	没有对称地抽出垫木或未及时回填夯实	认真制订和执行抽垫操作细则,注意及时回填夯实
4	除土不均匀,使井内土面高低相差过大	除土时严格控制井内泥面高差
5	刃脚下掏空过多,沉井突然下沉	严格控制刃脚下除土量
6	刃脚一角或一侧被障碍物搁住没有及时发觉和处理	及时发现和处理障碍物,对未被障碍物搁住的地段,应适当回填或支垫
7	井外弃土或河床高低相差过大,偏土压对沉井的水平推移	弃土应尽量远弃,或弃于水流冲刷作用较大的一侧,对河床较低的一侧可抛土(石)回填
8	排水开挖时,井内大量翻砂	刃脚处应适当留有土台,不宜挖通,以免在刃脚下形成翻沙涌水通道,引起沉井偏斜
9	土层或岩面倾斜较大,沉井沿倾斜面滑动	在倾斜面低的一侧填土挡脚,刃脚到达倾斜岩面后,应尽快使刃脚嵌入岩层一定深度,或对岩层钻孔,以桩(柱)锚固
10	在塑态到流动状态的淤泥土中,沉井易于偏斜	可采用轻型沉井、踏面宽度宜适当加宽,以免沉井下沉过快而失去控制

(2)沉井下沉纠偏方法

①侧除土:当沉井向一侧偏斜时,可利用侧除土的方法使沉井在下沉过程中逐渐纠正偏差,方法简单,效果也好。

a. 纠正偏斜时,可在刃脚较高的一侧除土,除土范围与深度酌情而定,在刃脚较低的一侧加撑支垫,随着沉井的下沉,倾斜即可纠正。

b. 纠正位移时,可先有意侧除土使沉井向偏位的方向倾斜,然后沿倾斜的方向下沉,直至沉井底面中心与设计中心位置相合或接近时,再将倾斜纠正或纠至向相反方向倾斜一些,最后调正至倾斜和位移都在容许偏差范围内为止。

②顶牵正:在井顶施加水平力,可用卷扬机或千斤顶在刃脚低的一侧加设支垫纠偏。

③偏压重:由于弃土偏堆在沉井一侧,或由于上游河床受冲而形成沉井两侧土压力差,能使沉井产生偏差。同理,可在沉井偏斜的一侧抛石填土,使该侧土压力较彼侧为大或在刃脚较高的一侧的井壁或顶施加重物,也可纠正沉井的偏斜。

复习思考题

1.1　简述桥梁施工的主要内容及准备工作。
1.2　桥梁基础的主要类型有哪些？各方法的适用条件有何不同？
1.3　明挖基础的基底处理措施有哪些？
1.4　简述钻孔灌注桩的施工工艺。
1.5　简述沉井基础的施工工艺。
1.6　打入桩施工过程中容易的出现的问题及处理措施有哪些？
1.7　沉井下沉时常出现的问题及处理措施有哪些？

第二章　桥梁墩台施工

教学要求：通过本章学习使学生了解墩台的类型、组成及作用，掌握就地砌筑式墩台、装配式墩台、就地灌注钢筋混凝土墩台、高桥墩的滑动模板施工及桥台附属工程等的施工工艺、设备选择和技术要求。

桥梁墩台是桥梁结构的重要组成部分。它主要由墩(台)帽、墩(台)身和基础三部分组成。桥梁墩台承担着桥梁上部结构所产生的荷载，并将荷载有效地传递给地基基础，起着"承上启下"的作用。桥墩一般系指多跨桥梁中的中间支承结构物。桥台设置在桥梁两端，除了支承桥跨结构外，它又是衔接两岸接线路堤的构筑物；既能挡土护岸，又能承受台背填土上车辆荷载所产生的附加土侧压力。

桥墩按其构造的不同可分为实体墩、空心墩、柱式墩、框架墩等；按其受力特点的不同可分为刚性墩和柔性墩；按施工工艺的不同可分为就地砌筑或浇筑桥墩、预制安装桥墩；按其截面形状的不同可分为矩形、圆形、圆端形、尖端形及各种截面组合而成的空心桥墩。

2.1　石砌墩台的施工

石砌墩台具有就地取材和经久耐用等优点，在石料丰富地区建造墩台时，当施工期限许可，应优先考虑石砌墩台方案。

石砌墩台的施工主要包括定位放样、材料运输、圬工砌筑、养护和勾缝等工序。

2.1.1　定位放样

根据施工测量定出的墩台轴线放出砌筑石块的轮廓线，并在墩台转角处，设置标杆和挂线作为砌石的准绳。墩台放样定位的方法较多，常见的有垂线法、线架法和瞄准法等，可根据实际情况选用。

2.1.2　材料运输

施工时，材料需水平和垂直运送。水平运输主要靠车辆或人工担台；垂直运输靠机械和脚手架提吊。施工脚手架除用于吊运材料外，尚可供工人上下和操作，主要有固定式、梯子式、螺旋升高滑动式和简易活动式等多种。施工用的石料和砂浆在数量小、重量轻时，可用马凳跳板直接运送；距地面较高时，可采用各种绳索吊机和铁链、吊筐、夹石钳等捆装工具运送,也可用井架、固定式动臂吊机或桅杆式吊机吊运。若在漂流物或冲积物多的河中砌筑墩台,其表面应选择坚硬石料或强度等级高的混凝土预制块镶面,在低温或温差大的地区更要选用好料。因此,在选料时不仅要注意强度、耐久性和经济价值,而且要考虑石料吊运、安砌就位是否方便。

2.1.3 圬工砌筑

1. 砌体材料

(1)石料

墩台施工用的石料应符合设计规定的类别和强度,石质应均匀、不易风化、无裂缝。石料分片石、块石和料石三种。

(2)砂浆

常用的砂浆强度有 M20、M15、M10、M7.5、M5 及 M2.5 六个等级。砂浆中所用砂宜采用中砂或粗砂。砂的最大粒径选择与石料类型有关,砌筑片石时不宜超过 5 mm,砌筑块料石时不宜超过 2.5 mm。砂浆应具有良好的和易性,其沉入度宜为 50~70 mm,以用手能将砂浆捏成小团,松手后既不松散,又不会从灰铲上流下为度。

砂浆配置应采用质量比,砂浆应随拌随用。在运输过程或在贮存器中发生离析、泌水的砂浆,砌筑前应重新拌和;已凝结的砂浆,不得使用。

2. 砌体强度

影响圬工砌体强度的主要因素是石料强度,其他因素还有石料规格和砂浆强度。强度稍低的石料,如果形状方正平整,用较高强度等级的灰浆去砌,也可获得较高的砌体强度。如果形状不规则的石料(片石),则石料和砂浆强度都宜提高一些,否则砌体强度就较低。

3. 注意事项

为了使砌体结合紧密,能抵抗作用在其上的外力,砌筑时必须做到下列几点:

(1)石料在使用前应清除污泥、灰尘及其他杂质,以利于石块和砂浆间的结合。在砌筑前应将石块充分润湿,以免石块吸收砂浆中的水分。

(2)浆砌片石的砌缝宽度不应大于 4 cm,浆砌块石不应大于 3 cm,浆砌料石不应大于 2 cm;砌筑时应做到"砂浆饱满、横平竖直、上下交错、内外搭接"。

(3)应将块石大面向下,使其有稳定的位置,不许在石块下面垫小石块。

(4)浆砌砌体中石块都应以砂浆隔开,砌体中的空隙应用石块和砂浆填满。

(5)在砂浆尚未凝固的砌层上,应避免受外力碰撞或扰动;砌筑中断后应洒水润湿,进行养护;重新开始砌筑时,应将原砌层表面清扫干净,适当润湿,再铺浆砌筑。

4. 圬工砌体的砌筑方法

(1)浆砌片石

①灌浆法。砌筑时片石应水平分层铺放,每层高度为 15~20 cm,空隙应用碎石填塞;再灌以流动性较大的砂浆,边灌边撬。对于基础工程可用平板振捣器振动片石砌体。所用砂浆的流动性应为 2~3 cm,平板振捣器应放置在石块上面的砂浆层上振动,并应全部振实,当砂浆不再渗入砌体后,方可结束。

②铺浆法。先铺一层座灰,然后把片石铺上,用手使劲推紧,每层高度视石料尺寸而定,一般不应超过40 cm,并随时选择厚度适合的石块,用作砌平整理,空隙处先填满较稠的砂浆,用灰刀或捣固棒插实,再用适当的小石块卡紧填实,然后再铺上层座灰。以同样方法继续铺砌上层石块。

③挤浆法。应分层砌筑,每分层的高度宜在70～120 cm之间(约3～4层片石)。分层与分层间的砌缝应大致砌成水平,即每层3～4层片石找平一次,分层内的每层石块之间不必铺通层找平砂浆,而按石料高低不平形状,逐段铺好安砌上层石块的座灰。砂浆的流动性一般为5～7 cm。

除基底为土质的第一层砌体之外,每砌一块片石,均应先铺座灰,再将石块安放,经左右轻轻揉动,再用手锤轻击石块,将灰缝砂浆挤压密实。在已砌好片石侧面继续安砌时,应在相邻侧面先抹砂浆,再砌片石,并向底面及抹浆的侧面用手挤压,用锤轻击,使底面和侧面的砂浆密实。

(2)浆砌块石

一般块石砌体,多采用挤浆法或铺浆法砌筑,砌体应分层平砌,对形状规则的块石砌体,其层次分明,一般可将一批石块砌成一个工作层,平整的水平缝和竖向交错的垂直缝。平缝宽应小于3 cm,竖缝宽应小于4 cm。

对于大小不等、形状很不规则的石块,应剔除尖凸棱角型的石块,浆砌时应注意避免同缝,而且应充分利用石块形状组成相互交错的接缝。对于形状比较复杂的工程,应先做出如图2.1所示的配料设计图。

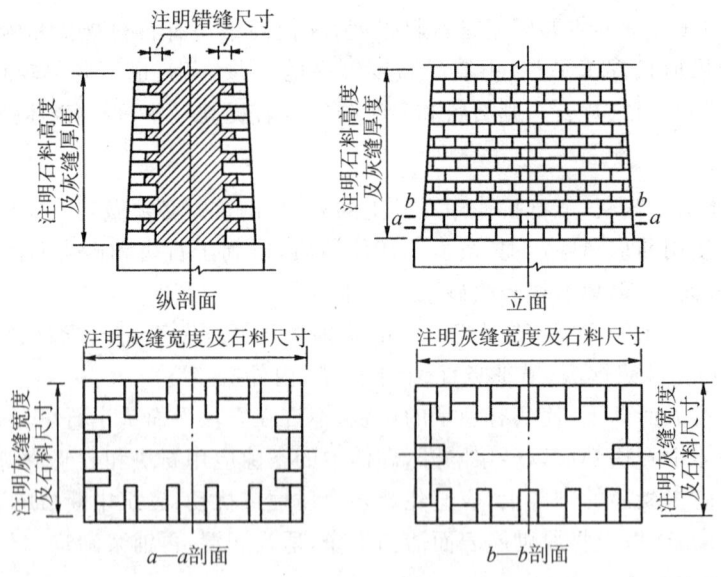

图2.1 桥墩配料

(3)浆砌粗料石

一般也采用挤浆法或铺浆法,砌筑前应按石料及灰缝厚度预先计算层数,使其符合砌体竖向尺寸。石块顶底面和两侧修凿面都应和石料表面垂直,同一层石块和灰缝厚度应取一致。砌筑时严格控制平面位置和标高,镶面石丁顺相间,横平竖直,缝宽不大于20 mm。

砌筑时宜先将已经修凿的石块试摆,为求水平缝一致,可先横放于木条或铁棍上,然后将石块沿边棱 A—A 翻开,在石块砌筑地点的砌石上及侧缝处铺抹砂浆一层将其摊平,再将石块翻回放于原位上,用木槌轻击,使石块结合严密,垂直缝中砂浆若有不满,应补填插捣至溢出为止。石块下垫放的木条或铁棍,在砂浆捣实后即可取出,空隙处再以砂浆填补压实。

2.1.4 基础砌筑

当基础开挖完毕并处理后,即可砌筑基础。砌筑时,应自最外缘开始(定位行列),砌好外圈后填砌腹部。

基础一般采用片石砌筑。当基底为土质时,基础底层石块直接干铺于基土上;当基底为岩石时,则应先铺座灰再砌石块。第一层砌筑的石块应尽可能挑选大块的,平放铺砌,且交替丁放和顺放,并用小石块将空隙填塞,灌以砂浆,然后开始一层一层平砌。每砌 2~3 层就要大致找平后再砌。

2.1.5 墩台身砌筑

当基础砌筑完毕,检查平面位置和标高均符合设计要求后,即可砌筑墩台。砌筑前应将基础顶洗刷干净。砌筑时,桥墩先砌上下游圆头石或分水尖;桥台先砌四角转角石,然后在已砌石料上挂线,砌筑边部外露部分,最后填砌腹部,如图 2.2 所示。砌筑方法常采用挤浆法。墩台身可采用浆砌片石、块石或粗料石砌筑(内部均用片石填腹)。表面石料一般采用一丁一顺的排列方法,使之连接牢固。墩台砌筑时应均匀升高,高低不应相差过大,每砌 2~3 层应大致找平。

墩台平面尺寸误差:片、块石砌体不超过±3 cm;粗料石砌体不超过±1.5 cm。

尖端桥墩的顶点不应有垂直灰缝,砌石应从顶端开始先砌石块①(如图 2.2 所示),然后依丁顺相间排列,接砌四周镶面石。尖端底层顺石宜稍长,以利于逐层减短收坡,使丁石位置保持不变。尖端及转角不得有垂直接缝,同样应先砌石块①,再砌转角石②。然后丁顺相间排列,接砌四周镶面石。砌石时应大面朝下,安放稳定,砂浆饱满,并不得在石块间垫塞小石块。

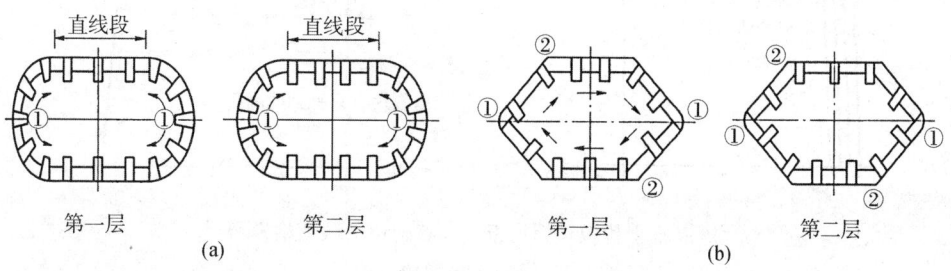

(a)圆端形桥墩;(b)尖端形桥墩

图 2.2 桥墩的砌筑

2.1.6 墩台帽施工

墩台帽是用以支承桥跨结构的,其位置、高程及垫石表面平整度等均应符合设计要求,以避免桥跨结构安装困难,或出现压碎或裂缝,影响墩台的正常使用功能与耐久性。墩台帽施工的主要工序如下。

(1)墩、台帽放样。墩台混凝土(或砌石)浇筑至离墩、台帽底下约30～50 cm高度时,即需测出墩台纵横中心轴线,并开始竖立墩、台帽模板,安装锚栓孔或安装预埋支座垫板、绑扎钢筋等。台帽放样时,应注意不要以基础中心线座位台帽背墙线,浇筑前应反复核实,以确保墩、台帽中心、支座垫石等位置方向与水平高程等不出差错。

(2)墩、台帽模板。墩台帽系支承上部结构的重要部分,其尺寸位置和水平高程的准确度要求较严,浇筑混凝土应从墩台帽下约25～30 cm处至墩台帽顶面一次浇筑,以保证墩、台帽底有足够厚度的紧密混凝土。图2.3为混凝土桥墩墩帽模板图,墩帽模板下面的一根拉杆可利用墩帽下层的分布钢筋,以节省铁件。台帽背墙模板应特别注意纵向支撑或拉条的刚度,防止浇筑混凝土时发生鼓肚,侵占梁断空隙。

(3)钢筋和支座垫板的制作安装。墩、台帽筋绑扎应遵照现行《公路桥涵施工技术规范》(JTG/T 3650-2020)有关钢筋工程的规定。墩、台帽上支座垫板的安设一般采用预埋支座垫板和预留锚栓孔的方法。前者须在绑扎墩台帽和支座垫石钢筋时,将焊有锚固钢筋的钢垫板安设在支座的准确位置上,即将锚固钢筋和墩、台帽骨架钢筋焊接固定,同时将钢垫板作一木架,固定在墩、台帽模板上。此法在施工时垫板位置不易准确,应经常检查与校正。后者须在安装墩台帽模板时,安装好预留孔模板,在绑扎钢筋时注意将锚栓孔位置留出。此法优点是支座安装施工方便,支座垫板位置准确。

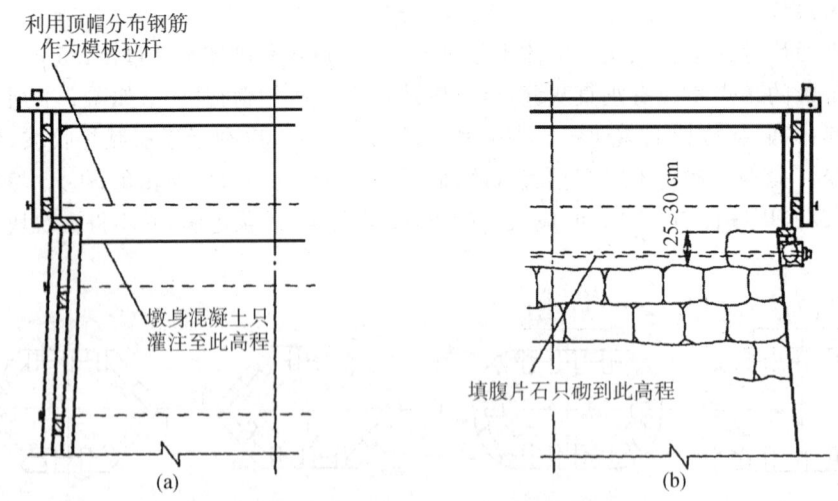

(a)混凝土桥墩顶帽模板;(b)石砌桥墩墩顶帽模板

图2.3 混凝土桥墩墩帽模板

2.2 装配式墩台的施工

装配式墩台适用于跨越山谷、平缓无漂流物的河沟或河滩等地形的桥梁,特别对工地干扰多、施工场地狭窄、缺水或砂石供应困难地区,其效果更为显著。装配式墩台具有结构形式轻便、建桥速度快、圬工省、预制构件质量有保证等优点。目前常采用的墩台形式有砌块式、柱式、管节式或环圈式等。

2.2.1 砌块式墩台施工

砌块式墩台的施工大体上与石砌墩台相同,只是预制砌块的形式因墩台形状不同而有很大变化。例如1975年建成的浙江兰溪大桥,主桥墩身系采用预制的素混凝土壳块分层砌筑而成。壳块按其砌筑位置和具体尺寸分为5种型号,每种块件等高,均为35 cm。块件单元重量为900~1200 N,每砌三层为一段落。该桥采用预制砌块建造桥墩,不仅节约混凝土约26%、木材50 m³和大量铁件,而且砌缝整齐外貌美观,更重要的是加快了施工速度,避免了洪水对施工的威胁。图2.4所示为预制块件与空腹墩施工。

砌块式墩台安装技术要求如下:

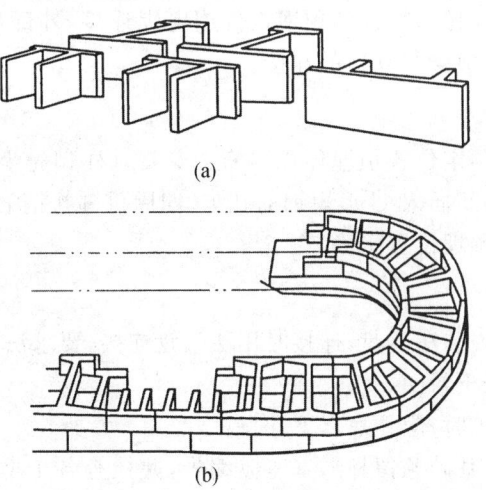

(a)空腹墩壳块;(b)空腹墩砌筑过程
图2.4 兰溪大桥预制砌块墩身施工示意图

1. 砌块在使用前必须浇水湿润,表面如有泥土、水锈,应清洗干净。
2. 基底应加清理,非砾类土地基应加铺薄层砂砾夯平,预制块安装前必须坐浆,基础预制块安装时,应水平放落,如放落不平,位置不对,应吊起重放,不得用橇棍拨移,以免造成基底凹陷。
3. 各砌层的砌块应安放稳固,砌块间应砂浆饱满,黏结牢固,不得直接贴靠或脱空。
4. 安装高度每升高1 m左右时应抹平,并测量纵横向轴线,以控制砂浆缝厚度、标高及

5. 砌筑上层砌块时,应避免振动下层砌块;砌筑工作中断后恢复砌筑时,已砌筑的砌层表面应加以清扫和湿润。

2.2.2 柱式墩台施工

装配式柱式墩台系将墩台分解成若干轻型部件,在工厂或工地集中预制,再运送到现场装配而成。其形式有双柱式、排架式、板凳式和刚架式等,如图2.5所示。施工工序为预制构件、安装连接与混凝土填缝养护等,其中拼装接头是关键工序,既要牢固、安全,又要结构简单便于施工,常用的拼装接头有:

1. 承插式接头

将预制构件插入相应的预留孔内。插入长度一般为1.2~1.5倍的构件宽度,底部铺设2 cm砂浆,四周以半干硬性混凝土填充。此法常用于立柱与基础的接头连接。

2. 钢筋锚固接头

构件上预留钢筋或型钢,插入另一构件的预留槽内或将钢筋互相焊接,再灌注半干硬性混凝土。多用于立柱与墩帽处的连接。

3. 焊接接头

将预埋在构件中的铁件与构件的预埋铁件用电焊连接,外部再用混凝土封闭。这种接头易于调整误差,多用于横梁与立柱的连接。

4. 扣环式接头

相互连接的构件按预定位置预埋环式钢筋。安装时柱脚先坐落在承台的柱芯上,上下环式钢筋互相搭接,扣环间插入U形短钢筋扎牢,四周再绑扎钢筋一圈,立模浇筑外围接头混凝土。要求上下扣环预埋位置正确。

5. 法兰盘接头

在相连接构件两端安装法兰盘,连接时用法兰盘连接,要求法兰盘预埋位置必须与构件垂直,接头处可不用混凝土封闭。

装配式柱式墩台施工时,应注意以下几点:

(1)装配式柱构件与基础预留杯形基座应编号,并检查各个墩、台高度和基底标高是否符合设计要求,基杯口四周与柱边的空隙不得小于2 cm。

(2)墩台柱吊入基杯内就位时,应在纵横方向测量,使柱身竖直度或倾斜度以及平面位置均符合设计要求,对重大、细长的墩柱需用风缆或撑木固定,方可摘除吊钩。

(3)在墩台柱顶安装盖梁前,应先检查盖梁上预留槽眼位置是否符合设计要求,否则应先修凿。

(4)柱身与盖梁(顶帽)安装完毕并检查符合要求后,可在基杯空隙与盖梁槽眼处灌筑稀砂浆,待其硬化后,撤除楔子、支撑或风缆,再在楔子孔中灌填砂浆。

2.2.3 后张法预应力混凝土装配墩施工

装配式预应力钢筋混凝土墩分为基础、实体墩身和装配墩身三大部分,如图 2.6 所示。装配墩身由基本构件、隔板、顶板及顶帽四种不同形式的构件组成,用高强钢丝穿入预留的上下贯通的孔道内,张拉锚固而成。实体墩身是装配墩身与基础的连接段,其作用是锚固预应力钢筋,调节装配墩身高度及抵御洪水时漂流物的冲击等。

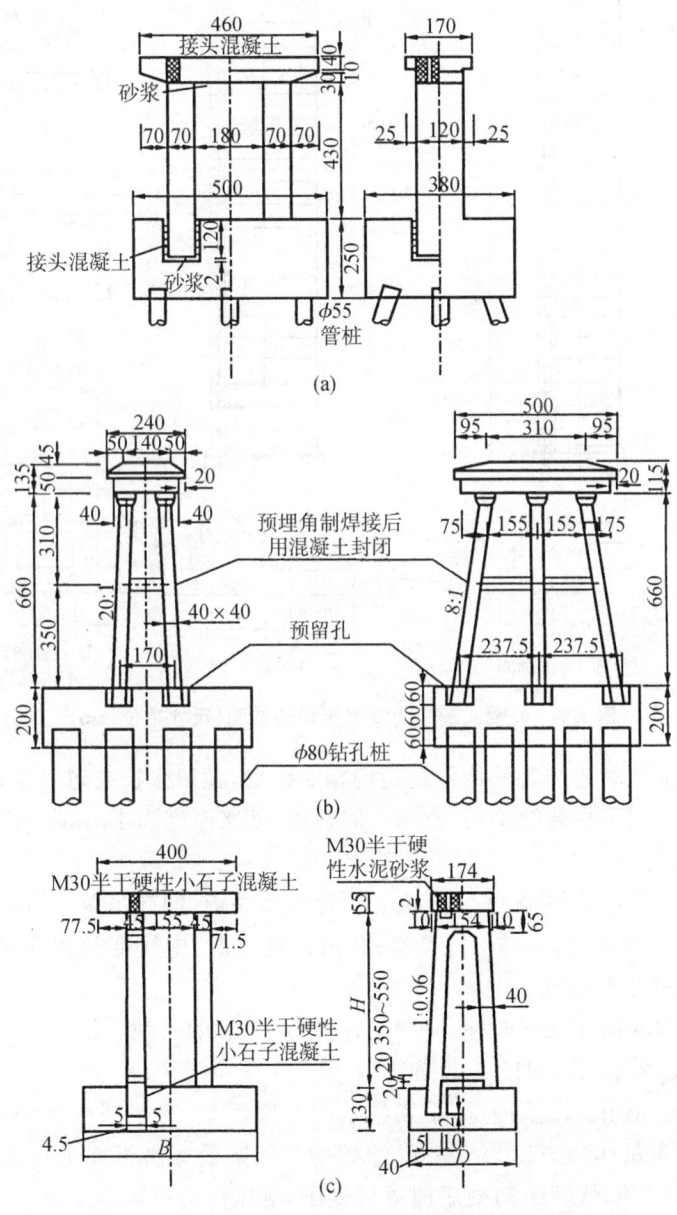

(a)双柱式拼装墩;(b)排架式拼装墩;(c)钢架式拼装墩
图 2.5 装配柱式墩示意图(尺寸单位:cm)

装配式预应力桥墩主要施工程序:基础开挖→模板制作→弯扎钢筋→灌注混凝土实体墩身→拼装构件→张拉预应力筋束→压浆→封锚作防水层→清理场地,全过程应贯穿着质量检查工作,具体要求如下:

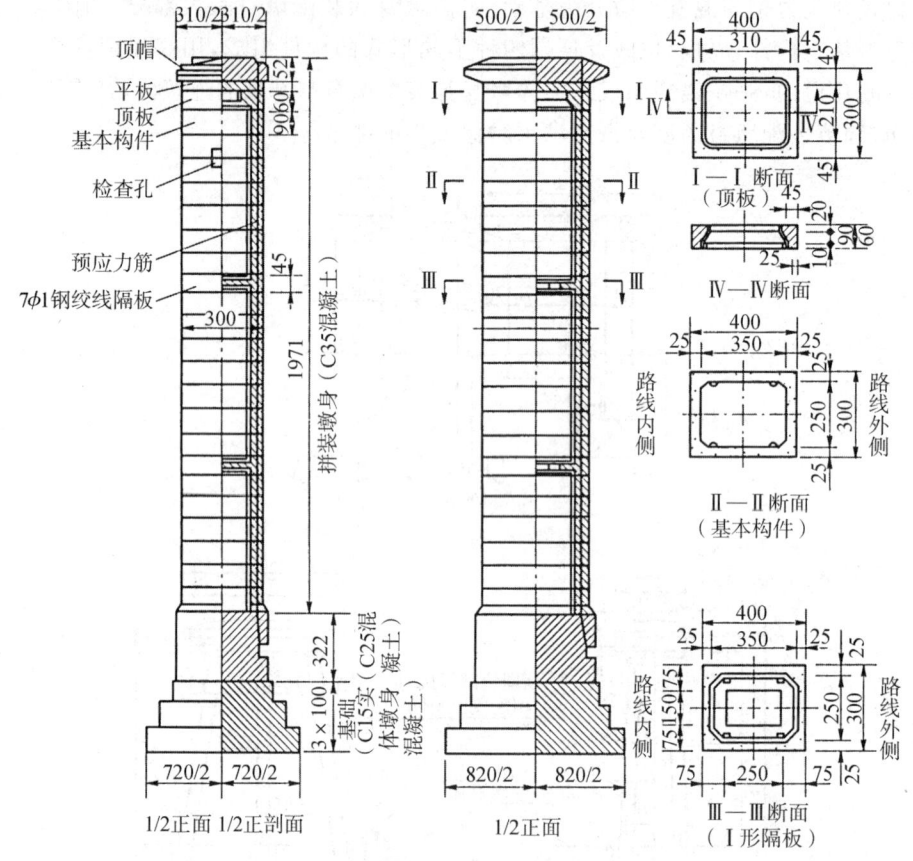

图 2.6　装配式预应力混凝土墩构造图(尺寸单位:cm)

1. 实体墩身灌注时要按装配构件孔道的相对位置,预留张拉孔道及工作孔。
2. 构件装配的水平拼装缝采用 M35 水泥砂浆,砂浆厚度为 15 mm,便于调整构件水平标高,不使误差累积。
3. 安装构件的操作要领是:平、稳、准、实、通五大关键,即起吊要平;内外壁砂浆接缝要抹平;起吊、降落、松钩要稳;构件尺寸要准;孔道位置要准;中线准及预埋配件位置准;接缝砂浆要密实;构件孔道要畅通。
4. 张拉预应力的钢丝束分两种,一种是直径为 5 mm 的高强度钢丝,用 18φ5 锥形锚;另一种用 7φ4 mm 钢绞线,用 JM12-6 型锚具,采用一次张拉工艺。
5. 孔道压浆前先用高压水冲洗,采用纯水泥砂浆压浆,为了减少水泥浆的收缩及泌水性能,可掺入水泥重量(0.8~1.0)/10000 的矿粉。压浆最好由下而上压注,压浆分初压与复压,初压后,约停 1 h,待砂浆初凝后即进行复压,复压压力可取为 0.8~1.0 MPa,初压压力可小一点。

2.3 就地浇筑混凝土墩台的施工

就地浇筑的混凝土墩台施工有两个主要工序：一是制作与安装墩台模板，二是混凝土浇筑。

2.3.1 墩台模板

1. 墩台模板的基本要求

根据《公路桥涵施工技术规范》(JTG/T 3650-2020)的规定，模板的设计与施工应符合如下要求：

(1)具有必需的强度、刚度和稳定性，能可靠地承受施工过程中可能产生的各项荷载，保证结构物各部形状、尺寸准确；

(2)尽可能采用组合钢模板或大模板，以节约木材、提高模板的适应性和周转率；

(3)模板板面平整，接缝严密不漏浆；

(4)拆装容易，施工时操作方便，保证安全。

模板一般用木材、钢材或其他符合设计要求的材料制成。木模重量轻，便于加工成结构物所需要的尺寸和形状，但装拆时易损坏，重复使用少。对于大量或定型的混凝土结构物，则多采用钢模板。钢模板造价较高，但可重复多次使用，且拼装拆卸方便。

2. 墩台模板的构造类型

(1)拼装式模板：系用各种尺寸的标准模板利用销钉连接，并与拉杆、加劲构件等组成墩台所需形状的模板。如图2.7所示，将墩台表面划分为若干小块，尽量使每部分板扇尺寸相同，以便于周转使用。板扇高度通常与墩台分节灌注高度相同，一般可为3~6 m，宽度可为1~

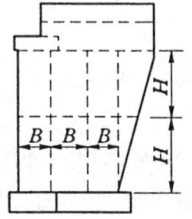
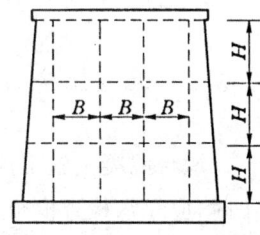

图 2.7 墩台模板划分示意图

2 m，具体视墩台尺寸和起吊条件而定。拼装式模板由于在厂内加工制造，因此板面平整、尺寸准确、体积小、重量轻、拆装容易、快速、运输方便，故应用广泛。

(2)整体吊装模板：系将墩台模板水平分成若干段，每段模板组成一个整体，在地面拼装后吊装就位(如图2.8所示)。分段高度可视起吊能力而定，一般可为2~4 m。整体吊装模板的优点：安装时间短，无需设施工接缝，加快施工进度，提高了施工质量；将拼装模板的高空作业改为平地操作，有利施工安全；模板刚性较强，可少设拉筋或不设拉筋，节约钢材；可利用模外框架作简易脚手架，不需另搭施工脚手架；结构简单，装拆方便，对建造较高的桥墩较为经济。

(3)组合型钢模板：系以各种长度、宽度及转角标准构件，用定型的连接件将钢模拼成结构用模板，具有体积小、重量轻、运输方便、装拆简单、接缝紧密等优点，适用于在地面拼装，整体吊装的结构。

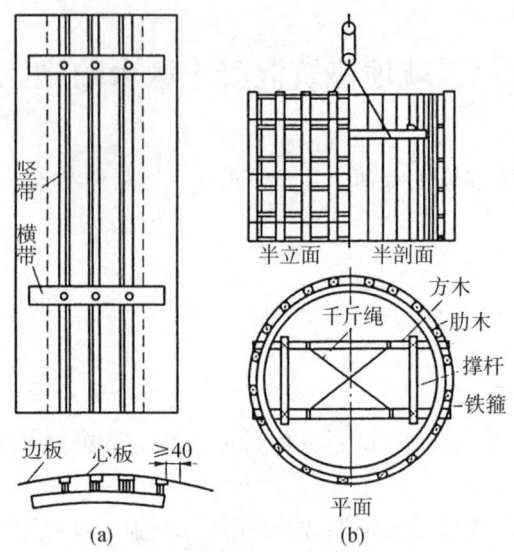

(a)拼装式钢模板；(b)整体式吊装模板
图2.8 圆形桥墩整体模板（尺寸单位：cm）

（4）滑动钢模板：适用于各种类型的桥墩。

各种模板在工程上的应用，可根据墩台高度、墩台型式、机具设备、施工期限等条件，因地制宜，合理选用。

模板安装前应对模板尺寸进行检查；安装时要坚实牢固，以免振捣混凝土时引起跑模漏浆，安装位置要符合结构设计要求。

2.3.2 混凝土浇筑的施工要点

墩台混凝土施工前，应将基础顶面冲洗干净，凿除表面浮浆，整修连接钢筋。灌筑混凝土时，应经常检查模板、钢筋及预埋件的位置和保护层的尺寸，确保位置正确，不发生变形。混凝土施工中，应切实保证混凝土的配合比、水灰比和坍落度等技术性能指标满足规范要求。

1. 混凝土的运送

墩台施工时，其混凝土从搅拌处至浇筑地的运输过程中，应采取措施使混凝土保持均匀性和和易性，不出现漏浆、失水、离析等现象，否则须在浇筑前进行二次搅拌。

2. 混凝土的灌筑速度

为保证灌筑质量，混凝土的配制、输送及灌筑的速度应满足：

$$v \geq Sh/t \tag{2-1}$$

式中，v—混凝土配料、输送及灌筑容许的最小速度$/m^3$；

S—灌筑的面积$/m^2$；

h—灌筑层的厚度；

t—所用水泥的初凝时间$/h$。

如混凝土的配制、输送及灌筑需时较长,则应采用下式计算:

$$v \geq Sh(t-t_0) \tag{2-2}$$

式中,t_0——混凝土配制、输送及灌筑所消费的时间/h。

混凝土灌筑层的厚度 h,可根据所使用的捣固方法按规定数值采用。

3. 混凝土浇筑

墩台是大体积圬工构筑物,为避免水化热过高,导致混凝土因内外温差引起裂缝,可采取如下措施:

(1)用改善骨料级配、降低水灰比、掺加混合材料与外加剂等方法减少水泥用量;
(2)采用 C3A、C3S 含量小,水化热低的水泥,如矿渣水泥、粉煤灰水泥、低标号水泥等;
(3)减小浇筑层厚度,加快混凝土散热速度;
(4)混凝土用料应避免日光曝晒,以降低初始温度,在混凝土内埋设冷却管通水冷却。

当浇筑的平面面积过大,不能在前层混凝土初凝前浇筑完成次层混凝土时,为保证结构的整体性,宜分块浇筑。

墩台钢筋的绑扎应和混凝土的灌筑配合进行。在配置第一层垂直钢筋时,应有不同的长度,同一断面的钢筋接头应符合施工规范的规定。水平钢筋的接头,也应内外、上下互相错开。钢筋保护层的净厚度,应符合设计要求。混凝土墩台的位置及外形尺寸允许偏差见表 2.1。

表 2.1 混凝土、钢筋混凝土基础及墩台允许偏差

mm

项次	项目		基础	承台	墩台身	柱式墩台	墩台帽
1	断面尺寸		±50	±30	±20		±20
2	垂直斜坡				2.2%H	2.3%H≤0	
3	底面标高		±50				
4	顶面标高		±30	±20	±10		±10
5	轴线偏位		25	15	10	10	10
6	预埋件位置				10		
7	相邻间距					±15	
8	平整度						
9	跨径	$L_0 \leq 60$ m			±20		
		$L_0 > 60$ m			±$L_0/3000$		
10	支座处顶面标高	简支梁					±10
		连续梁					±5
		双支座梁					±2

注:①表中 H 为结构高度;L_0 为标准跨径。

2.4 高桥墩的滑动模板施工

高桥墩在施工时所用的设备与一般桥墩所用的设备基本相同,但模板有所不同,一般有滑动模板、爬升模板、翻身模板三种,这些模板都是依附于已灌注的混凝土墩壁上,随着墩身的逐步增高而向上升高。目前滑动模板的高度已达百米。滑动模板施工的主要优点:施工进度快,在一般气温下,每昼夜平均进度可达 5～6 m;混凝土质量好,采用干硬性混凝土,机械振捣,连续作业,可提高墩台质量;节约木材和劳力,有资料统计表明,可节省劳动力30%,节约木材70%。滑动模板可用于直坡墩身,也可用于斜坡墩身,模板本身附带有内外吊篮、平台与拉杆等,以墩身为支架,墩身混凝土的浇筑随模板缓慢滑升连续不断地进行,故而安全可靠。以下将重点介绍滑动模板施工法。

2.4.1 滑动模板构造

滑动模板系将模板悬挂在工作平台的围圈上,沿着所施工的混凝土结构截面的周界组拼装配,并随着混凝土的浇筑由千斤顶带动向上滑升。由于桥墩类型、提升工具的类型不同,滑动模板的构造也稍有差异,但其主要部件与功能则大致相同,一般主要由工作平台、内外模板、混凝土平台、工作吊篮和提升设备等组成,如图 2.9 所示。

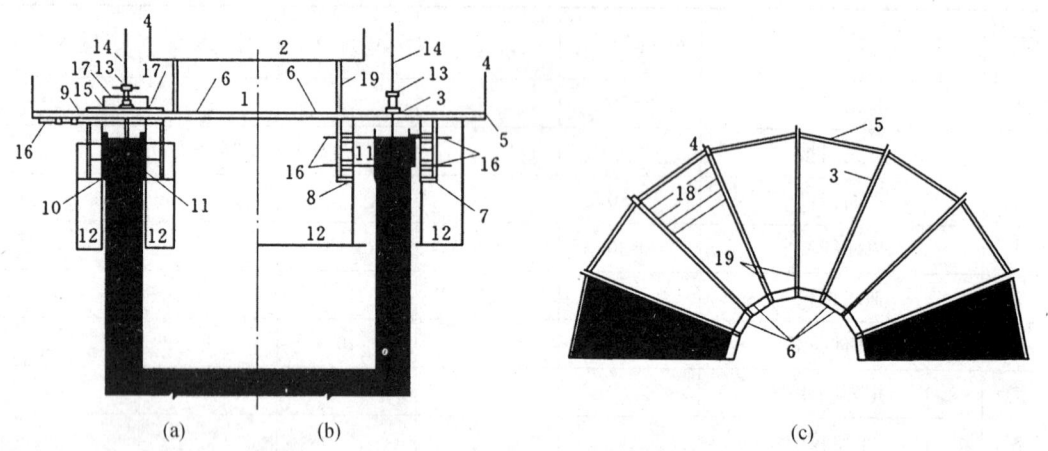

(a)等壁厚收坡滑模半剖面(螺杆千斤顶);(b)不等壁厚收坡滑模半剖面(液压千斤顶);(c)工作平台半平面
1—工作平台;2—混凝土平台;3—辐射梁;4—栏杆;5—外锅环;6—内锅环;7—外立柱;8—内立柱;9—滚轴;10—外模板;11—内模板;12—吊篮;13—千斤顶;14—顶杆;15—导管;16—收坡螺杆;17—顶架横梁;18—步板;19—混凝土平台柱
图 2.9 滑动模板构造示意

2.4.2 滑动模板提升工艺

滑动模板提升设备主要由提升千斤顶、支承顶杆及液压控制装置等几部分组成。其提升过程为：

1. 螺旋千斤顶提升步骤（如图 2.10 所示）

(1)转动手轮 2 使螺杆 3 旋转,使千斤顶顶座 4 及顶架上横梁 5 带动整个滑模徐徐上升。此时,上卡头 6、卡瓦 7、卡板 8 卡住顶杆,而下卡头 9、卡瓦 7、卡板 8 则沿顶杆向上滑行,当滑至与上下卡瓦接触或螺杆不能再旋转时,即完成二个行程的提升。

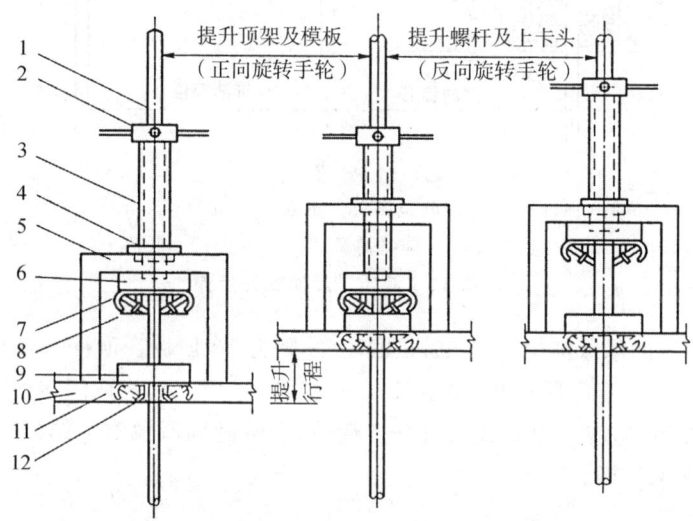

1—顶杆；2—手轮；3—螺杆；4—顶座；5—顶架上的横梁；6—上卡头；
7—卡瓦；8—卡板；9—下卡头；10—顶梁下横梁；11—下卡瓦；12—上卡瓦

图 2.10 螺旋千斤顶提升示意图

(2)向相反方向转动手轮,此时下卡头、卡瓦、卡板卡住顶杆 1,整个滑模处于静止状态,仅上卡头、卡瓦、卡板连同螺杆、手轮沿顶杆向上滑行,至上卡头与顶架上横梁接触或螺杆不能再旋转时为止,即完成整个循环。

2. 液压千斤顶提升步骤（如图 2.11 所示）

(1)进油提升:利用油泵将油压入缸盖 3 与活塞 5 间,在油压作用下,上卡头 6 立即卡紧顶杆 1,使活塞固定于顶杆上(图 a)。随着缸盖与活塞间进油量的增加,使缸盖连同缸筒 4、底座 9 及整个滑模结构一起上升,直至上、下卡头 8 顶紧时(图 b),提升暂停。此时,缸筒内排油弹簧完全处于压缩状态。

(2)排油归位:开通回油管路,解除油压,利用排油弹簧 7 推动下卡头使其与顶杆卡紧,同时推动上卡头将油排出缸筒,在千斤顶及整个滑模位置不变的情况下,使活塞回到进油前位置。至此,完成一个提升循环(图 c)。为了使各液压前千斤顶能协同一致地工作,应将油泵与各千斤顶用高压油管连通,由操作台统一集中控制。

提升时,滑模与平台上临时荷载全由支撑顶杆承受。顶杆多用 A3 与 A5 圆钢制作,直

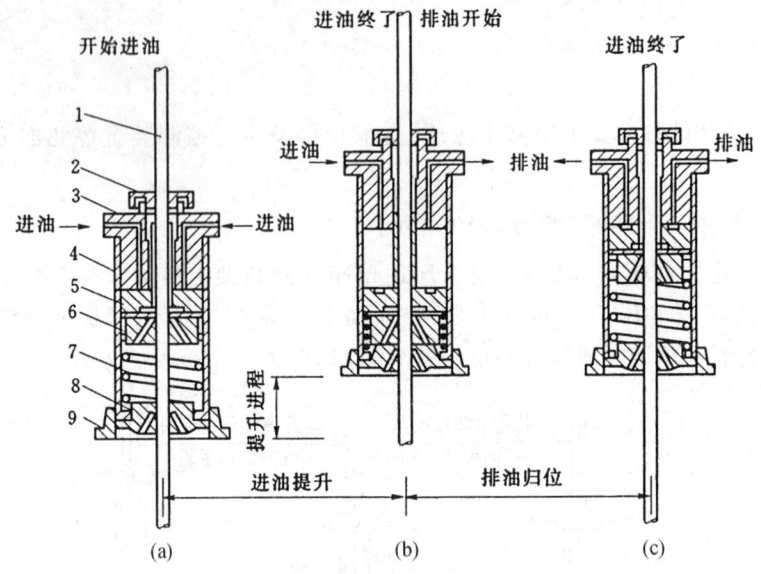

1—顶杆；2—行程调整帽；3—缸盖；4—缸筒；5—活塞；
6—上卡头；7—排油弹簧；8—下卡头；9—底座

图 2.11　液压千斤顶提升步骤

径 25 mm，A5 圆钢的承载能力约为 12.5 kN（A3 则为 10 kN）。顶杆一端埋置于墩台结构的混凝土中，一端穿过千斤顶心孔，每节长 2.0～4.0 m，用工具式或焊接连接。为了节约钢材，使支承顶杆能重复使用，可在顶杆外安上套管，套管随同滑模整个结构一起上升，待施工完毕后，可拔出支承顶杆。

2.4.3　滑模浇筑混凝土施工要点

1. 滑模组装

在墩位上就地进行组装时，安装步骤为：

(1) 在基础顶面搭枕木垛，定出桥墩中心线；

(2) 在枕木垛上先安装内钢环，并准确定位，再依次安装辐射梁、外钢环、立柱、千斤顶、模板等；

(3) 提升整个装置，撤去枕木垛，再将模板落下就位，随后安装余下的设施；内外吊架待模板滑升至一定高度，及时安装；模板在安装前，表面需涂润滑剂，以减少滑升时的摩阻力；组装完毕后，必须按设计要求及组装质量标准进行全面检查，并及时纠正偏差。

2. 浇筑混凝土

滑模宜浇筑低流动性或半干硬性混凝土，浇筑时应分层、分段对称地进行，分层厚度以 20～30 cm 为宜，浇筑后混凝土表面距模板上缘宜有不小于 10～15 cm 的距离。混凝土入模时，要均匀分布，应采用插入式振动器捣固，振捣时应避免触及钢筋及模板，振动器插入下一层混凝土的深度不得超过 5 cm；脱模时混凝土强度应为 0.2～0.5 MPa，以防在其自重压力下坍塌变形。为此，可根据气温、水泥强度等级经试验后掺入一定量的早强剂，以加速提升;脱模后 8 h 左右开始养生,用吊在下吊架上的环绕墩身的带小孔的水管来进行。养生水管一般设在距模板下缘 1.8~2.0 m 处效果较好。

3. 提升与收坡

整个桥墩浇筑过程可分为初次滑升、正常滑升和最后滑升三个阶段。从开始浇筑混凝土到模板首次试升为初次滑升阶段;初浇混凝土的高度一般为 60~70 cm,分三次浇筑,在底层混凝土强度达到 0.2~0.4 MPa 时即可试升。将所有千斤顶同时缓慢起升 5 cm,以观察底层混凝土的凝固情况。现场鉴定可用手指按刚脱模的混凝土表面,基本按不动,但留有指痕,砂浆不沾手,用指甲划过有痕,滑升时能耳闻"沙沙"的摩擦声,这表明混凝土已具有 0.2~0.5 MPa 的脱模强度,可以开始再缓慢提升 20 cm 左右。初升后,经全面检查设备,即可进入正常滑升阶段。即每浇筑一层混凝土,滑模提升一次,使每次浇筑的厚度与每次提升的高度基本一致。在正常气温条件下,提升时间不宜超过 1 h。最后滑升阶段是混凝土已经浇筑到需要高度,不再继续浇筑,但模板尚需继续滑升的阶段。浇完最后一层混凝土后,每隔 1~2 h 将模板提升 5~10 cm,滑动 2~3 次后即可避免混凝土与模板胶合。滑模提升时应做到垂直、均衡一致,顶架间高差不大于 20 mm,顶架横梁水平高差不大于 5 mm。并要求三班连续作业,不得随意停工。

随着模板的提升,应转动收坡螺杆,调整墩壁曲面的半径,使之符合设计要求的收坡坡度。

在整个施工过程中,由于工序的改变,或发生意外事故,使混凝土的浇筑工作停止较长时间时,即需要进行停工处理。例如,每隔半小时左右稍微提升模板一次,以免黏结;停工时在混凝土表面要插入短钢筋等,以加强新老混凝土的黏结;复工时还需将混凝土表面凿毛,并用水冲走残渣,湿润混凝土表面,浇筑一层厚度为 2~3 cm 的 1:1 水泥砂浆,然后再浇筑原配合比的混凝土,继续滑模施工。

爬升模板施工与滑动模板施工相似,不同的是支架通过千斤顶支承于预埋在墩壁中的预埋件上,待浇筑好的墩身混凝土达到一定强度后,将模板松开,千斤顶上顶,把支架连同模板升到新的位置,模板就位后,再继续浇筑墩身混凝土。如此往复循环,逐节爬升,每次升高约 2 m。

2.5 桥台附属工程施工

2.5.1 桥头锥坡施工

桥头锥坡属于桥梁的附属工程,直接影响桥梁台后填土和台后路堤的稳定性,应在施工中严格控制施工质量,确保桥梁的正常使用。桥头锥坡砌体工程应符合以下要求:

1. 石砌锥坡、护坡和河床铺砌层,必须在坡面或基面夯实、整平后,方可开始铺砌。
2. 片石护坡的外露面和坡顶、边口,应选用较大、较平整并经修凿的石块。
3. 浆砌片石护坡和河床铺砌,石块应相互咬接,砌缝宽度为 40~70 mm。浆砌卵石护坡和河床铺砌层,应采用栽砌法,砌块应互相咬接。
4. 干砌片石护坡及河床铺砌时,铺砌应紧密、稳定、表面平顺,但不得用小石块塞垫或找平。干砌卵石河床铺砌时,应采用栽砌法。用于防护急流冲刷的护坡、河床铺砌层,其石块尺寸不得小于有关规范的规定。

5. 铺砌层的砂砾垫层材料,粒径一般不宜大于 50 mm,含泥量不宜超过 5%,含砂量不宜超过 40%。垫层应与铺砌层配合铺筑,随铺随砌。

2.5.2 台后泄水盲沟施工要点

1. 泄水盲沟以片石、碎石或卵石等透水材料砌筑,并按要求坡度设置,沟底用黏土夯实。盲沟应建在下游方向,出口处应高出一般水位 0.2 m,平时无水的干河应高出地面 0.2 m;

2. 当桥台在挖方内横向无法排水时,泄水盲沟在平面上可在下游方向的锥体填土内折向桥台前端排出,在平面上呈 L 形。

2.5.3 导流建筑物施工要点

1. 导流建筑物应和路基、桥涵工程综合考虑施工,以避免在导流建筑物范围内取土、弃土破坏排水系统。

2. 砌筑用石料的抗压强度不得低于 20 MPa;砌筑用砂浆标号,在温和及寒冷地区不低于 M5,在严寒地区不低于 M7.5。

3. 导流建筑物的填土应达到最佳密度的 90% 以上,坡面砌石按照锥体护坡要求办理。若使用漂石时,应采用栽砌法铺砌;若采用混凝土板护面,板间砌缝为 10~20 mm,并用沥青麻筋填塞。

4. 抛石防护宜在枯水季节施工。石块应按大小不同规格掺杂抛投,但底部及迎水面宜用较大石块。水下边坡不宜陡于 1:1.5。顶面可预留 10%~20% 的沉落量。

5. 石笼防护基底应铺设垫层,使其大致平整。石笼外层应用较大石块填充,内层则可用较小石块码砌密实,装满石块后,用铁丝封口。石笼间应用铁丝连成整体。在水中安置石笼,可用脚手架或船只顺序投放,铺放整齐,笼与笼间的空隙应用石块填满。石笼的构造、形状及尺寸应根据水流及河床的实际情况确定。

复习思考题

2.1 涵洞施工前应注意哪些事项?
2.2 预制涵管运输过程中应注意哪些事项?
2.3 软土地区管涵地基应采取哪些技术措施?
2.4 叙述石砌墩台的砌筑顺序。
2.5 装配式柱式墩台施工有哪些注意事项?
2.6 简述就地灌注式钢筋混凝土墩台的施工要点。
2.7 试述滑模浇筑混凝土的施工工艺。
2.8 桥头锥坡砌体工程的基本要求有哪些?

第三章 混凝土及预应力钢筋混凝土构配件制作

教学要求：通过本章学习使学生掌握现浇和预制钢筋混凝土桥梁板施工的基本程序——模板制作、钢筋加工和混凝土浇筑，掌握预应力钢筋混凝土桥梁板制作的主要施工工艺——先张法和后张法。

3.1 钢筋混凝土和预制钢筋混凝土梁板的制作

钢筋混凝土桥梁按施工方法可分为就地浇筑（简称现浇）和预制安装两大类。预制安装法具有上下部结构。可平行施工、工期短、质量易于控制等特点，有利于组织文明生产，对于中、小跨径的简支梁桥普遍采用预制安装法。现浇法施工无需预制场地及大型吊运设备，梁体的主筋也不中断，对于大、中跨径的悬臂和连续体系梁桥常采用悬臂施工法。

3.1.1 模板

模板是混凝土浇筑中的临时性结构，对构件的制作十分重要，不仅控制构件尺寸的精度，也直接影响施工进度和混凝土的浇筑质量，而且还影响到施工安全。

1. 模板的基本要求

（1）模板应能保证结构物设计形状、尺寸及各部分相互位置的正确性；

（2）模板应具有足够的刚度、强度和稳定性，能可靠地承受在施工过程中可能产生的各项荷载；

（3）模板的构造和制作力求简单，拆装方便，周转率高；

（4）模板接缝应紧密，以保证混凝土在振捣器强烈振动下不致漏浆。

2. 模板的种类

（1）散拼木模板

木模板、木胶合板模板在桥梁工程上广泛应用，它由模板、肋木、立柱组成。这类模板一般为散装散拆式模板，也有的加工成基本元件，在现场进行拼装，拆除后亦可周转使用（如图 3.1 所示）。

（2）钢模

钢模是用钢板代替木模板，用角钢代替肋木和立柱。钢板厚度一般为 4 mm，角钢尺寸

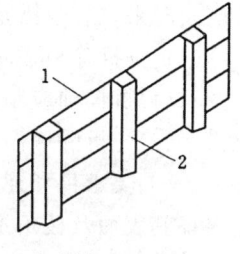

1—板条；2—肋木

图 3.1 木模板

应通过计算确定。大型钢模块件之间用螺栓或销连接。钢模的优点是周转次数多,成本低,且结实耐用,接缝严密,能经受强烈振捣,浇筑的构件表面光滑,所以目前钢模的采用日益增多。

(3)组合模板

组合模板由具有一定模数的若干类型的板块、角模、支撑和连接件组成,用它可以拼出多种尺寸和几何形状。施工时可以在现场直接组装,亦可以预拼装成大块模板或构件模板,用起重机吊运安装。组合模板的板块有全钢材制成(如图 3.2 所示),亦有用钢框与木(竹)胶合板面板复合制成的。

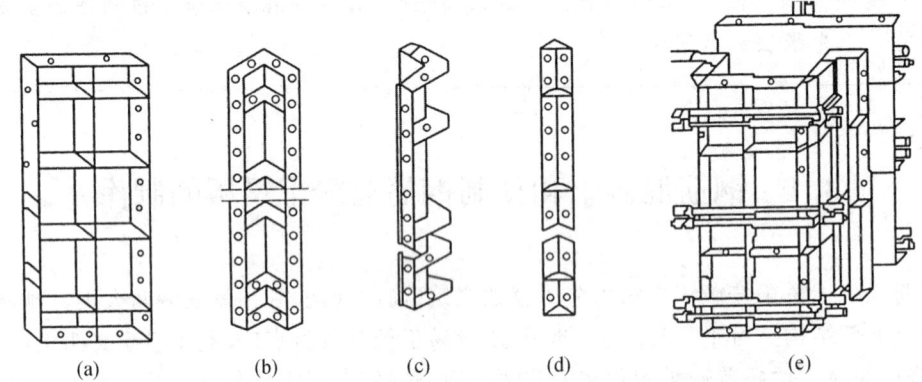

(a)平面模板;(b)阴角模板;(c)阳角模板;(d)连接角模板;(e)拼装成的附壁柱模板

图 3.2 组合钢模板

3. 模板施工

木模板的制作要严格控制各部分尺寸和形状。常用的接缝形式有平缝、搭接缝和企口缝等。平缝加工简单,只需将缝刨平即可,但易漏浆。嵌入硬木块的平缝,拼缝严密,费工料不多,常被采用。企口缝结合严密,但制作较困难,且耗用木料较多,只有在要求模板精度较高的情况下才采用。搭接缝具有平缝和企口缝的优点,也是常用接缝形式之一。模板在安装前应做好测量、定位工作,要考虑钢筋的安装和混凝土的浇筑以确定安装顺序。对木模板在浇筑混凝土前,应浇水湿润,但模板内不应有积水。固定在模板上的预埋件、预留孔和预留洞均不得遗漏,且应安装牢固。浇筑混凝土前,模板内的杂物应清理干净。

浇筑混凝土时,要注意观察模板变化,发现位移、鼓胀、下沉、漏浆、支撑松动等现象时,应及时采取有效措施。

现场拆除模板时,应遵守下列原则:

(1)拆模前应制定拆模程序、拆模方法及安全措施;

(2)先拆除侧面模板,再拆除承重模板;

(3)支承件和连接件应逐件拆卸,模板应逐块拆卸传递,侧模拆除时的混凝土强度应能保证其表面及棱角不受损伤;

(4)拆下的模板、支架和配件均应分类、分散堆放整齐,并及时清运。

3.1.2 钢筋工程

钢筋的种类很多,建筑工程中常用的钢筋按生产工艺可分为:热轧钢筋、冷拔钢丝、热处理钢筋、碳素钢丝,刻痕钢丝和钢绞线等。钢筋按化学成分可为:碳素钢钢筋和普通低合金钢钢筋。

钢筋加工工序多,包括钢筋调直、切断、除锈、弯制、焊接或绑扎成型等,而且钢筋的规格和型号尺寸也比较多。为保证钢筋的加工质量和布置需要,在浇筑混凝土后再也无法检查和纠正,故必须严格控制钢筋加工的质量。

1. 钢筋加工前的准备工作

钢筋应平直、无损伤,表面不得有裂纹、油污、颗粒状或片状老锈。进场时和使用前应全数检查钢筋的质量,当发现钢筋脆断,焊接性能不良或力学性能显著不正常等现象时,应对该批钢筋进行化学成分检验或其他专项检验,其质量必须符合现行有关国家标准的规定。

(1)钢筋调直

钢筋调直可利用冷拉进行。若冷拉只是为了调直,而不是为了提高钢筋的强度,则调直冷拉率为:Ⅰ级钢筋不宜大于4%,Ⅱ、Ⅲ级钢筋不宜大于1%。如所使用的钢筋无弯钩弯折要求时,调直冷拉可适当放宽,Ⅰ级钢筋不宜大于6%,Ⅱ、Ⅲ级钢筋不超过2%。对不准采用冷拉钢筋的结构,钢筋调直冷拉率不得大于1%。除利用冷拉调直外,粗钢筋还可采用锤直和板直的方法;直径为4~14 mm的钢筋可采用调直机进行调直。目前常用的钢筋调直机主要有GJ4-4/14(TQ4-14)和GJ6-4/8(JQ4-8)两种型号,它们具有钢筋除锈、调直和切断三项功能。

(2)钢筋除锈

为了保证钢筋与混凝土之间的握裹力,在钢筋使用前,应将其表面的油渍、漆污、铁锈等清除干净。钢筋的除锈,一是在钢筋冷拉或调直过程中除锈,这对大量钢筋除锈较为经济;二是采用电动除锈机除锈,对钢筋局部除锈较为方便;三是采用手工除锈(用钢丝刷、沙盘)、喷砂和酸洗除锈等。

(3)钢筋切断

钢筋下料时须按下料长度切断。钢筋剪切可采用钢筋切断机或手动切断器。后者一般只用于切断直径小于12 mm的钢筋;前者可切断40 mm的钢筋;大于40 mm的钢筋常用氧乙炔焰或电弧割切或锯断。钢筋的下料长度应力求准确,其允许偏差为+10 mm。

(4)钢筋下料

钢筋配料是根据构件配筋图,先绘出各种形状和规格的单根钢筋简图,并加以编号,然后分别计算钢筋的下料长度和根数,填写配料单,申请加工。

下料长度计算是配料计算中的关键。由于结构受力上的要求,大多数钢筋需在中间弯曲和两端弯成弯钩。钢筋弯曲时,其外壁伸长,内壁缩短,而中心线长度并不改变。但是简图尺寸或设计图中注明的尺寸不包括端头弯钩长度,它是根据构件尺寸、钢筋形状及保护层的厚度等按钢筋外皮尺寸进行计算的。显然钢筋外皮尺寸大于中心线长度,它们之间存在一个差值,我们称之为"量度差值"。因此钢筋的下料长度应为:

①直钢筋下料长度=构件长度-保护层厚度+端头弯钩增加长度(已包括量度差值);

②弯起直钢筋下料长度＝直段长度＋斜段长度－弯曲调整值＋端头弯钩增加长度；若钢筋有搭接,上述长度还要增加钢筋搭接长度。

③箍筋下料长度＝箍筋周长＋箍筋调整值。

钢筋的端头弯钩增加长度和弯曲调整值见表3.1,钢筋弯钩及弯曲见图3.3,箍筋调整值见表3.2。

表3.1 钢筋端头弯钩增加长度和弯曲调整值

弯曲类型	弯钩增加长度			弯曲调整值				
	180°	135°	90°	30°	45°	60°	90°	135°
调整长度	6.25d	5d	3.2d	0.35d	0.5d	0.85d	2d	2.5d

表3.2 箍筋调整值

mm

箍筋量度方法	箍筋直径			
	4～5	6	8	10～12
量外皮尺寸	40	50	60	70
量内皮尺寸	80	100	120	150～170

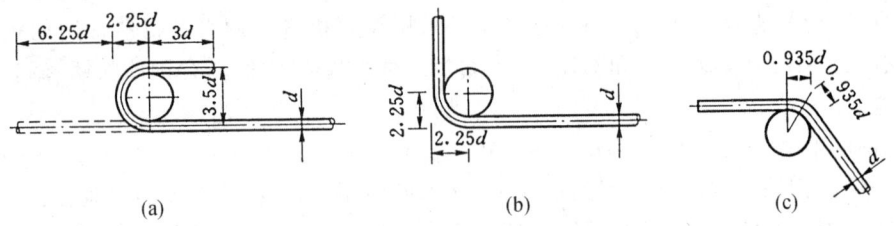

(a)半圆弯钩;(b)弯曲90℃;(c)弯曲45℃

图3.3 钢筋弯钩及弯曲示意图

2. 钢筋接长

钢筋接长的方式有焊接和铁丝绑扎搭接两种方式。采用焊接代替绑扎,可节约钢材、改善结构受力性能、提高工效、降低成本。钢筋焊接常用的方法有:对焊、点焊、电弧焊和电渣压力焊等。

(1)对焊。对焊是钢筋接触对焊的简称。对焊具有成本低、质量好、工效高、对各种钢筋均能适用的特点,因而得到普遍的应用。

对焊原理如图3.4所示,它是利用对焊机使两段钢筋接触,通过低电压强电流,把电能转化为热能,使钢筋加热到一定温度后,即施以轴向压力顶锻,使两根钢筋焊合在一起。钢筋对焊常用闪光焊。根据钢筋品种、直径和所用焊机合在一起。钢筋对

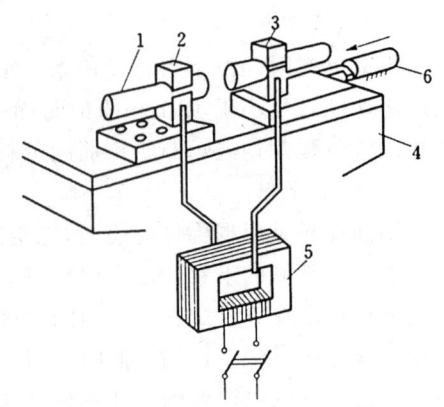

1—钢筋;2—固定电极;3—可动电极;
4—机座;5—变压器;6—动压力机构

图3.4 钢筋对焊原理

焊常用闪光焊。根据钢筋品种、直径和所用焊机功率不同,闪光焊的工艺又分连接闪光焊、预热闪光焊、闪光→预热→闪光焊和焊后进行通电热处理。

(2)点焊。在各种预制构件中,利用点焊机进行交叉钢筋焊接,使单根钢筋成型为各种网片、骨架,以代替人工绑扎,是实现生产机械化、提高工产、节约劳动力和材料(钢筋端部不需弯钩)、保证质量、降低成本的一种有效措施。而且采用焊接骨架和焊接网,可使钢筋在混凝土中能更好地锚固,可提高构件的刚度和抗裂性,其原理主要是在钢筋通电发热至一定温度后,加压使焊点金属焊合(如图 3.5 所示)。

(3)电弧焊。电弧焊的工作原理如图 3.6 所示,电焊时,电焊机送出低压的强电流,使焊条与焊件之间产生高温电流,将焊条与焊件金属熔化,凝固后形成一条焊缝。

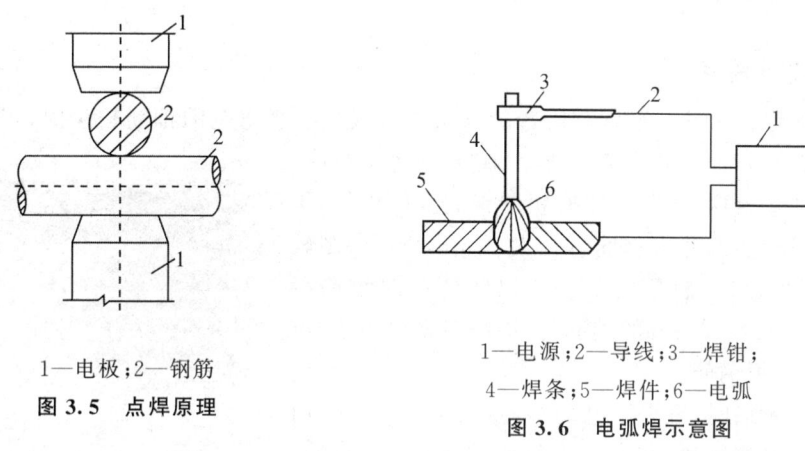

1—电极;2—钢筋
图 3.5 点焊原理

1—电源;2—导线;3—焊钳;
4—焊条;5—焊件;6—电弧
图 3.6 电弧焊示意图

电弧焊应用较广,如整体式钢筋混凝土结构中的钢筋接长、装配式钢筋接头、钢筋骨架焊接及钢筋与钢板的焊接等。

电弧焊包括帮条焊、搭接焊、坡口焊(也称剖口焊)、窄间隙焊等接头形式。此外,预埋件的钢板与钢筋的连接一般也采用电弧焊。

(4)电渣压力焊。电渣压力焊是利用电流通过渣池产生的电阻热将钢筋端部熔化,然后施加压力使钢筋焊合。主要用于现浇结构中异径差在 9 mm 内 14~40 的Ⅰ~Ⅲ级竖向或斜向(倾斜度在 4∶1 内)钢筋的接长。这种焊接方法操作简单、工作条件好、工效高、成本低,比电弧焊接头节电 80% 以上,比绑扎连接和帮条搭接节约钢筋 30%,可提高工效 6~10 倍。

(5)气压焊。气压焊是采用氧乙炔火焰或其他火焰对两钢筋对接处加热,使其达到塑性状态或熔化状态后加压完成的一种压焊方法。

(6)铁丝绑扎搭接。当没有条件采用焊接时,接头可采用铁丝绑扎搭接,绑扎应在钢筋搭接处的两端和中间至少三处用铁丝扎紧。其搭接长度见表 3.3。受拉区内Ⅰ级钢筋的接头的末端应做弯钩。

对轴心受拉构件的接头及直径大于 25 mm 的钢筋均应用焊接,不得采用绑扎接头;冷拔钢丝的接头只能采用绑扎,不得采用焊接接头;冷拉钢筋的焊接接头应在冷拉前焊接。

表 3.3 钢筋搭接长度表

混凝土标号	15 号		≥20 号	
受力情况 钢筋种类	受拉	受压	受拉	受压
Ⅰ级 5 号钢筋	35 d	25 d	30 d	20 d
Ⅱ级钢筋	40 d	30 d	35 d	25 d
Ⅲ级钢筋	45 d	35 d	40 d	30 d

注：①位于受拉区的搭接长度不应小于 250 mm，位于受压区的搭接长度不应小于 200 mm；
②d 为钢筋直径。

3. 钢筋弯制成形

钢筋应按设计尺寸和形状用冷弯的方法弯制成型。当弯制的钢筋较少时，可用人工弯筋器在成型台上弯制。人工弯筋器由板子与度盘组成，底盘固定于成型台两端，其上安有粗圆钢制成的板柱，板柱间净距应较弯曲的最大钢筋直径大 2 mm。当弯制较细钢筋时，应加以适当厚度的钢套，以防弯制时钢筋滑动。弯制直径 12～16 mm 的钢筋，使用深口横口板子，可一次弯制 2～3 根钢筋。

弯制大量钢筋时，宜采用电动弯筋机，图 3.7 为目前广泛采用的电动弯筋机，能弯制直径 6～40 mm 的钢筋，并可弯成各种角度。

图 3.7 电动弯筋机

弯制各种钢筋的第一根时，应反复修正，使其与设计尺寸和形状相符，并以此样件作标准，用以检查以后弯起的钢筋。对成型后的钢筋，其偏差不大于表 3.4 的规定。钢筋弯曲成型后，表面不得有裂纹、鳞落或断裂等现象。

表 3.4 加工钢筋的允许偏差

项次	偏差名称	允许偏差/mm
1	受力后钢筋顺长度 方向加工后的全长	+5 −10
2	弯起钢筋各部分尺寸	±20
3	箍筋螺旋各部分尺寸	±5

4. 钢筋的安装

在模板内安装钢筋之前，必须详细检查模板各部分的尺寸，检查模板有无歪斜、裂缝及变形等现象。所有变形尺寸不符之处和各板之间的松动都应在安装钢筋之前予以处理。

焊接成型的钢筋骨架，用一般起重设备吊入模板内即可。

对于绑扎钢筋的安装，应拟定安装顺序。一般的梁肋钢筋，先放箍筋，再安下排主筋，最后装上排钢筋。在钢筋安装工作中为了保证达到设计及构造要求，应注意下列几点：

(1)钢筋的接头应按规定要求错开布置;

(2)钢筋的交叉点,应用钢丝绑扎结实,必要时可用点焊焊牢;

(3)除设计有特殊要求外,梁中箍筋应与主筋垂直,箍筋弯钩的叠合处,在梁中应沿梁长方向置于上面并交错布置,在柱中应沿柱高方向交错布置;

(4)为保证混凝土保护层厚度,应在钢筋与混凝土间错开(0.7~1.0 m)设水泥浆垫块;

(5)为保证与固定钢筋间的横向净距,两排钢筋间可用混凝土分隔块或用短钢筋扎结固定。

3.1.3 混凝土工程

混凝土是指用水泥浆、沥青或合成树脂等作胶凝材料与砂、石料混合固结而成的材料的总称。而平常所说的混凝土主要指用水泥浆作为胶凝材料的混合硬化物。

混凝土的制作包括拌制、运输、灌注、振捣、养护与拆模等工序。混凝土工程质量的好坏,直接影响结构的承载能力、耐久性与整体性。因此施工中必须保证每一个工序的施工质量。

1. 混凝土浇筑前的准备工作

(1)检查原材料

①水泥。水泥进场必须有制造厂的水泥品质试验报告等合格证明文件。水泥进场后应按其品种、强度、证明文件以及出厂时间等情况分批进行检查验收,并对水泥进行复查试验。超过出厂日期三个月的水泥,应取样试验,并按其复验结果使用。对受过潮的水泥,硬块应筛除并进行试验,根据实际强度使用,一般不得用在结构工程中。已变质的水泥,不得使用。不同品种、强度等级和出厂日期的水泥应分别堆放,堆垛高度不宜超过 10 袋,离地、离墙 30 cm。做到先到先用,严禁混掺使用。

②砂子。混凝土用的砂子,应采用级配合理、质地坚硬、颗粒洁净、粒径小于 5 mm 的天然砂,砂中有害杂质含量不得超过规范规定(一般以江砂或山砂为好)。

③石子。混凝土用的石子有碎石和卵石两种,要求质地坚硬、有足够强度、表面洁净,针状、片状颗粒以及泥土、杂物等含量不得超过规范规定。粗骨料的最大粒径不得超过结构最小边尺寸的 1/4 和最小钢筋净距的 3/4;在两层或多层密布钢筋结构中,不得超过钢筋最小净距的 1/2;同时最大粒径不得超过 100 mm。

④水。水中不得含有妨碍水泥正常硬化的有害杂质,不得含有油脂、糖类和游离酸等。pH 值小于 5 的酸性水及含硫酸盐量(按 SO_4^{2-} 计)超过 0.27 kg/cm³ 的水不得使用,海水不得用于钢筋混凝土和预应力混凝土结构中。饮用水均可拌制混凝土。

(2)检查混凝土配合比

混凝土配合比设计必须满足强度、和易性、耐久性和经济的要求。根据设计的配合比及施工所采用的原材料,在与施工条件相同的情况下,拌和少量混凝土做试块试验,验证混凝土的强度及和易性。

上面所述的配合比均为理论配合比,其中砂、石均为干料,但在施工现场所用的材料均包含一定量的水。因此,在混凝土搅拌前,均需测定砂石的含水率,调整施工配合比。

(3)检查模板和支架

检查模板的尺寸和形状是否正确,接缝是否紧密,支架接头、螺栓、拉杆、撑木等是否牢靠,卸落设备是否符合要求;清除模板内的灰屑,并用水冲洗干净,模板内侧需涂刷隔离剂,以利脱模,若是木模还应洒水润湿。

(4)检查钢筋

检查钢筋的数量、尺寸、间距及保护层厚度是否符合设计要求;钢筋骨架绑扎是否牢固;预埋件和预留孔是否齐全,位置是否正确。

2. 混凝土拌和

(1)人工拌和

人工拌和混凝土是在铁板或在不渗水的拌和板上进行。拌和时先将每次拌和所需的砂料堆正中耙成浅沟,然后将水泥倒入沟中,干拌至颜色一致;再将石子倒入里面,加水拌和,反复湿拌若干次,使混合物颜色一致,石子与水泥砂浆无分离和不均匀现象为止。

(2)机械拌和

机械拌和混凝土是在搅拌机内进行。混凝土拌和前,应先测定砂石料的含水率,调整配合比,计算配料单。

混凝土混合料中的砂、石必须过磅,配料数量的允许偏差(以质量计)见表3.5。

拌和时,应先向鼓筒内注入用水量2/3,然后按先石子、次水泥、后砂子的上料顺序将混合料倒入鼓筒,最后将余下的1/3水量注入。投入搅拌机的第一盘混凝土材料应适量增加水泥、砂和水或减少石子,以覆盖搅拌筒的内壁而不降低拌和物所需的含浆量。拌和时间一般为3 min左右,以石子表面包满砂浆,混凝土颜色均匀为标准,不得有离析和泌水现象。

表3.5 配料数量允许偏差

材料类别	允许偏差/%	
	现场拌制	预制场或集中搅拌站拌制
水泥、混合材料	±2	±1
粗、细骨料	±3	±2
水、外加剂	±2	±1

在整个施工过程中,应注意搅拌机的搅拌速度与混凝土浇筑速度的密切配合,注意随时检查和校正混凝土的坍落度,严格控制水灰比,不得任意变更配合比。

3. 混凝土运输

(1)混凝土运输中应控制混凝土运至浇筑地点后不离析、不分层,组成成分不发生变化,并能保证施工所必需的稠度。

(2)对于集中搅拌或商品混凝土,由于输送距离较长且输送量较大,为了保证被输送的混凝土不产生初凝和离析等降质情况,常应用混凝土搅拌输送车、混凝土泵或混凝土泵车等专用输送机械。我国目前主要采用活塞泵,活塞泵多用液压驱动(如图3.8所示)。

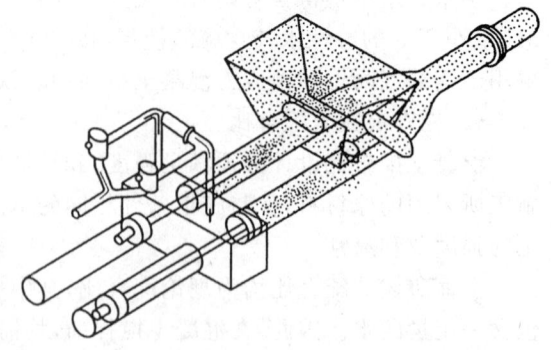

图3.8 液压活塞式混凝土泵

(3)对于采用分散搅拌或自设混凝土搅拌点的工地,由于输送距离短且需用量少,一般可采用手推车、机动翻斗车、井架运输机或提升机等通用输送机械。

(4)运输用的盛器应严密坚实,要求不漏浆、不吸水,并便于装卸拌和料。

(5)混凝土从拌和机内卸出,经运输、浇筑直至振捣完毕所需的运输时间不宜超过表3.6中的规定。

表3.6 混凝土拌和物运输时间限制

min

气温/℃	无搅拌设施运输	有搅拌设施运输
20～30	30	60
10～19	45	75
5～9	60	90

4. 混凝土浇筑

浇筑混凝土前,应检查和控制模板、钢筋、保护层和预埋件等的尺寸、规格、数量和位置。此外,还应检查模板支撑的稳定性以及接缝的密合情况。由于混凝土工程属于隐蔽工程,因而对混凝土量大的工程、重要工程或重点部位的浇筑,以及其他施工中的重大问题,均应随时填写施工记录。

(1)混凝土浇筑的允许间隙时间

混凝土浇筑应依照次序,逐层连续浇完,不得任意中断,并应在前层混凝土开始初凝前即将次层混凝土拌和物浇捣完毕。其允许间隙时间以混凝土还未初凝或振捣器尚能顺利插入为准。

(2)工作缝的处理

混凝土结构浇筑中,如因技术或组织上的原因停顿时间超过表3.7所规定的数值时,应事先确定在适当的位置设置施工缝。由于混凝土的抗拉强度约为其抗压强度的1/10,因而施工缝是结构中的薄弱环节,宜留在结构剪力较小而且施工方便的部位。

表3.7 浇筑混凝土允许间隙时间

混凝土入模温度/℃		20～30	10～19	5～9
允许间隙时间/h	普通水泥	1.5	2.0	2.5
	矿渣、火山灰质水泥	2.0	2.5	3.0

(3)混凝土浇筑时的分层厚度

为保证混凝土的浇筑质量,混凝土应分层浇筑,每层的厚度应根据拌和能力、运输距离、浇筑速度、气温及振捣器工作能力来决定,具体可参考表3.8取用。

(4)混凝土的自由倾落高度

浇筑混凝土时,混凝土拌和物由料斗、漏斗、混凝土输送管、运输车内卸出时,如自由倾落高度过大,由于粗骨料在重力作用下,克服黏着力后的下落动能大,下落速度较砂浆快,因而可能形成混凝土离析,一般应遵守下列规定:

①浇筑无筋或少筋混凝土时,混凝土拌和物的自由倾落高度不宜超过2 m;

②浇筑钢筋较密的混凝土时,自由倾落高度最好不超过 30 cm;

表 3.8 混凝土浇筑的厚度

项次	捣实混凝土的方法		浇筑层厚度/mm
1	插入式振动		振动器作用部分长度的 1.25 倍
2	表面振动		200
3	人工捣固	在基础或无筋混凝土和配筋稀疏结构中	250
		在梁、墙板、柱结构中	200
		在配筋密集的结构中	150
4	轻骨料混凝土	插入式振动	300
		表面振动(振动式)	200

③在溜槽串筒的出料口下面,混凝土堆积高度不宜超过 1 m。

(5)上部构造混凝土的浇筑

①简支梁混凝土的浇筑

浇筑上部构造混凝土可以采用水平分层浇筑法或斜层浇筑法。

整体式简支板梁混凝土的浇筑,宜不间断地一次浇筑完毕。务使整个上部构造浇筑完毕时,其最初浇筑的混凝土强度还不大,并仍有随同支架的沉陷而变形的可塑性。一般采用斜层浇筑法,从两端同时开始,向跨中将梁和行车道板一次浇筑完毕。

简支梁上部构造混凝土的浇筑也可用水平分层浇筑法,在所有钢筋绑扎安装之后,把上部构造分层一次浇筑完毕,浇筑时通过上部钢筋间的缝隙,从上面把混凝土浇入模板内并进行捣实。

②悬臂梁、连续梁混凝土的浇筑

混凝土浇筑顺序从跨中向两端墩台进行,在桥墩处(刚性支点)设接缝,待支架稳定后,浇接缝混凝土。

跨径较大的,并且在满布式支架上浇筑简支梁式上部构造,以及在基底刚性不同的支架上浇筑悬臂梁式、连续梁式上部构造,其浇筑方法要选用适当,应不使浇筑的混凝土因支架沉陷不均匀,而发生裂缝。因此必须按照下列方法之一进行浇筑:

a. 尽可能加速混凝土的浇筑速度,务使全梁的混凝土浇筑完毕时,其最初浇筑的混凝土的强度还不大,仍有随同支架的沉陷而变形的可塑性;

b. 浇筑前预先在支架上加以相当于全部混凝土重量的砂袋等,使其充分变形,浇筑时将预加的荷重逐渐撤去;

c. 将梁分成数段,按照适当的顺序分段浇筑。

(6)混凝土试件的制作

在浇筑混凝土时,应制作供结构或构件拆模、吊装、张拉、放张和强度合格评定用的试件。用于检查结构构件混凝土强度的试件,应在混凝土的浇筑地点随机抽取。取样与试件留置应符合下列规定:

①每拌制 100 盘且不超过 100 m³ 的同配合比的混凝土,取样不得少于一次;

②每工作班拌制的同一配合比的混凝土不足 100 盘时,取样不得少于一次;

③当一次连续浇筑超过 1000 m³,同一配合比的混凝土每 200 m³ 取样不得少于一次;

④每次取样应至少留置一组标准养护试件,同条件养护试件的留置组数应根据实际需要确定。

(7)混凝土的密实成型

混凝土拌和物密实成型的途径有三:一是借助于机械外力(如机械振动)来克服拌和物内部的剪应力而使之液化;二是在拌和物中适当多加水以提高其流动性,使之便于成型,成型后用分离法、真空作业法等将多余的水分和空气排出;三是在拌和物中掺入高效能减水剂,使其坍落度大大增加,可自流浇筑成型。第一种方法应用最为广泛,如图 3.9 为振动密实成型中常用的内部振动器、表面振动器、外部振动器和振动台等振动机械。

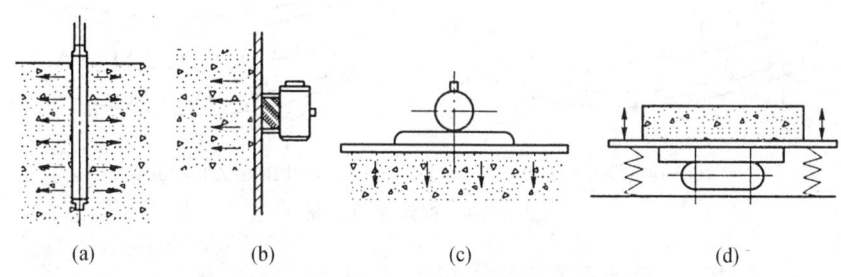

(a)内部振动器;(b)外部振动器;(c)表面振动器;(d)振动台

图 3.9 振动机械

5. 混凝土养护

混凝土的自然养护是指在平均气温高于 +5 ℃的条件下,于一定时间内用湿草袋覆盖和洒水养护,使混凝土表面保持湿润状态。此外,混凝土的自然养护也可采用塑料布覆盖养护,采用此法可防止混凝土中的水分蒸发,保持混凝土的湿润。混凝土自然养护的主要要求如下:

(1)对塑性混凝土,应在浇筑完毕后的 12 h 以内,对混凝土加以覆盖保湿和浇水;对干硬性混凝土,应在浇筑完毕后 1~2 h 以内,对混凝土加以覆盖保湿和浇水。

(2)混凝土的浇水养护时间:硅酸盐水泥、普通硅酸盐水泥或矿渣硅酸盐水泥拌制的混凝土不得少于 7 d,掺用缓凝型外加剂或有抗渗性要求的混凝土不得少于 14 d;

(3)浇水次数应能保持混凝土处于润湿状态,养护用水应与拌制用水相同;

(4)采用塑料布覆盖养护时,混凝土敞露的全部表面应覆盖严密,并应保持塑料布内有凝结水;

(5)混凝土强度达到 1.2 N/mm² 前,不得上人施工。

3.2 预应力钢筋混凝土梁板的制作

预应力混凝土是预应力钢筋混凝土的简称,此项技术在桥梁工程中得到普遍应用。

普通钢筋混凝土梁在受荷载时,发生弯曲;当再加荷时,发生裂缝直至破坏(如图 3.10a 所示)。而预应力的钢筋混凝土梁则不一样,它先在受拉区加一个压力(预应力),使梁产生反拱,当梁受荷载时,梁回复到平直状态;再增加荷载,则梁发生弯曲;继续增加荷载,直至梁产生裂缝破坏,如图 3.10b 所示。这就是预应力和非预应力混凝土构件的不同,前者构件早出现裂缝破坏,而后者构件不出现裂缝或推迟出现裂缝。施加预应力的方法有先张法和后张法。

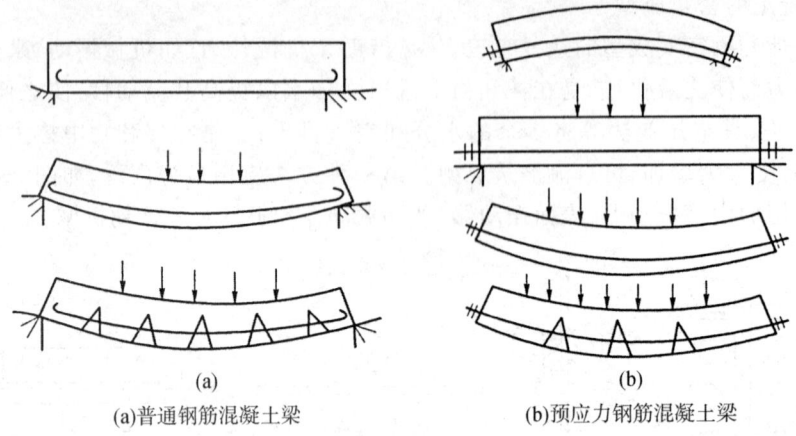

(a)普通钢筋混凝土梁　　(b)预应力钢筋混凝土梁

图 3.10　钢筋混凝土梁

预应力钢筋混凝土与普通钢筋混凝土相比,有以下优点:

(1)提高了构件的抗裂度和刚度;

(2)增加了结构及构件的耐久性;

(3)结构自重轻,能用于大跨度结构;

(4)节约大量钢材,降低成本。

3.2.1　预应力夹具和锚具

夹具和锚具都是张拉预应力钢筋时所用的工具。夹具是在预应力构件制作中夹住预应力筋进行张拉,构件制作完成后可以卸下重复使用;锚具是在预应力筋张拉完毕后将钢筋永远锚固在构件端部,防止预应力筋回缩(造成应力损失),不能卸下重复使用的一种张拉工具。

1. 夹具

(1)钢筋夹具

钢筋锚固多用螺母锚具、镦头锚和销片夹具等。张拉时可用连接器与螺母锚具连接,或用销片夹具等。

①钢筋镦头。直径 22 mm 以下的钢筋用对焊机熟热或冷镦,大直径钢筋可用压模加热锻打成型。镦过的钢筋需经过冷拉,以检验镦头处的强度。

②销片式夹具。销片式夹具由圆套筒和圆锥形销片组成(如图 3.11 所示),套筒内壁呈圆锥形,与销片锥度吻合,销片有两片式和三片式,钢筋就夹紧在销片的凹槽内。

先张法中夹具除应具备静载锚固性能外,夹具还应具备下列性能:在预应力夹具组装件达到实际破断拉力时,

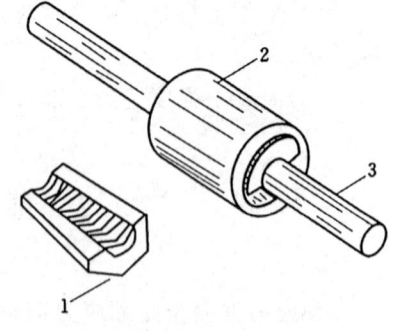

1—销片;2—套筒;3—预应力筋

图 3.11　两片式销片夹具

全部零件均不得出现裂缝和破坏；应有良好的自锚性能；应有良好的放松性能。需大力敲击才能松开的夹具，必须证明其对预应力筋的锚固无影响，且对操作人员安全不造成危险。

(2) 钢丝夹具

先张法中钢丝的夹具分两类：一类是将预应力筋锚固在台座或钢模上的锚固夹具；另一类是张拉时夹持预应力筋用的张拉夹具。两类夹具都可重复使用。图 3.12 是张拉夹具示意图。

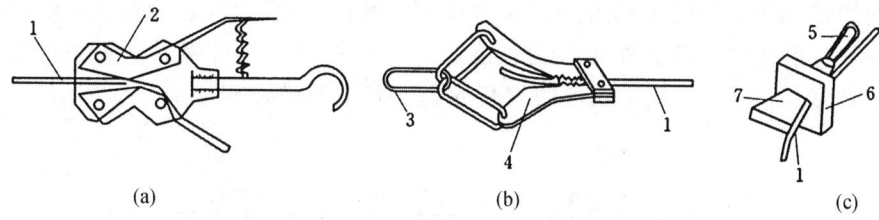

(a) 钳式；(b) 偏心式；(c) 锲形
1—钢丝；2—钳齿；3—拉钩；4—偏心齿条；5—拉环；6—锚板；7—锲块

图 3.12　钢丝的张拉夹具

2. 锚具

锚具是指在后张法结构或构件中，为保持预应力筋的拉力并将其传递到混凝土上所用的永久性锚固装置。常见的锚具按结构形式分类有如下几种：

(1) 镦头锚具

用于单根粗钢筋的镦头锚具一般直接在预应力筋端部热镦、冷镦或锻打成型。镦头锚具也适用于锚固多根数钢丝束。钢丝束镦头锚具分 A 型与 B 型。A 型由锚环与螺母组成，可用于张拉端；B 型为锚板，用于固定端，其构造见图 3.13。

镦头锚具的工作原理是将预应力筋穿过锚杯的蜂窝眼后，用专门的镦头机将钢筋或钢丝的端头镦粗，将镦粗头的预应力束直接锚固在锚杯上，待千斤顶拉杆旋入锚杯内螺纹后即可

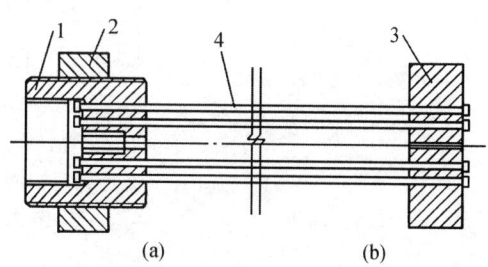

(a) 张拉端锚具(A 型)；(b) 固定端锚具(B 型)
1—锚环；2—螺母；3—锚板；4—钢丝束

图 3.13　钢丝束镦头锚具

进行张拉，当锚杯带动钢筋或钢丝伸长到设计值时，将锚圈沿锚杯外的螺纹旋紧顶在构件表面，于是锚圈通过支承垫板将预压力传到混凝土上。

镦头锚具的优点是操作简便迅速，不会出现锥形锚易发生的"滑丝"现象，故不发生相应的预应力损失。这种锚具的缺点是下料长度要求很精确，否则，在张拉时会因各钢丝受力不均匀而发生断丝现象。镦头锚具用 YC-60 千斤顶（穿心式千斤顶）或拉杆式千斤顶张拉。

(2) 锥形锚具（弗式锚）

锥形锚具由钢质锚环和锚塞组成（如图 3.14 所示），适用于锚固钢丝束，由 12～24 根直径为 5 mm 的碳素钢丝组成。锚环内孔的锥度应与锚塞的锥度一致。锚塞上刻有细齿槽，夹紧钢丝防止滑动。锥形锚

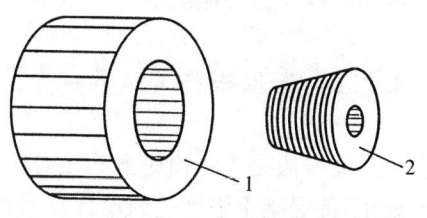

1—锚环；2—锚塞
图 3.14　锥形锚具

具的尺寸较小,便于分散布置。缺点是易产生单根滑丝现象,钢丝回缩量较大,所引起的应力损失亦大,并且滑丝后无法重复张拉和接长,应力损失很难补救。此外,钢丝锚固时呈辐射状态,弯折处受力较大。钢质锥形锚具一般用锥锚式千斤顶进行张拉。

(3)JM 型锚具

JM 型锚具为单孔夹片式锚具(如图 3.15 所示)。JM 型锚具由锚环和夹片组成。JM 型锚具性能好,锚固时钢筋束或钢绞线束被单根夹紧,不受直径误差的影响,且预应力筋是在呈直线状态下被张拉和锚固的,受力性能好。近年来,为适应小吨位高强钢丝束的锚固,还发展了锚固 6~7 根 $\varphi 5$ 碳素钢丝的 JM5-6 和 JM5-7 型锚具。

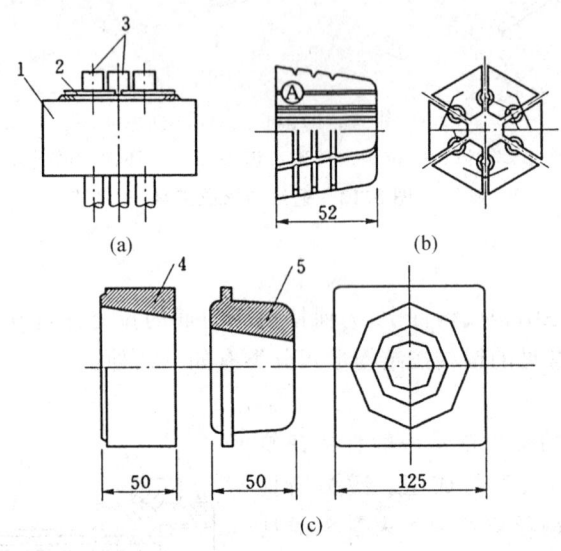

(a)JM 型锚具;(b)夹片;(c)锚环

1—锚环;2—夹片;3—钢筋束和钢绞线束;4—圆钳环;5—方锚环

图 3.15　JM 型锚具

(4)BM 型锚具

BM 型锚具是一种新型的夹片式扁形群锚,简称扁锚。它是由扁锚头、扁形垫板、扁形喇叭管及扁形管道等组成(如图 3.16 所示)。扁锚的优点是:张拉槽口扁小,可减小混凝土板厚,便于梁的预应力筋按实际需要切断后锚固,有利于减少钢材;钢绞线单根张拉,施工方便。这种锚具特别适合于空心板、低高度箱梁以及桥面横向预应力等张拉。

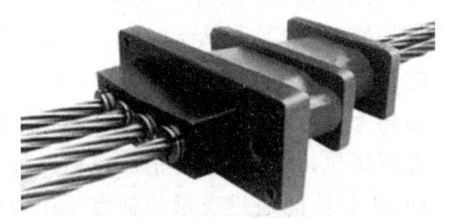

图 3.16　BM 形锚具

3.2.2　先张法施工工艺

先张法是先将预应力筋在台座上按设计要求的张拉控制预应力张拉,然后立模浇筑混凝土,待混凝土强度达到设计标号的 75% 后,放松预应力筋,由于钢筋的回缩,通过其与混凝土之间的黏结力,使混凝土得到预应力的一种施加混凝土预应力的方法。

先张法的优点：只需夹具，且可重复使用，它的锚固是依靠预应力筋与混凝土的黏结力自锚于混凝土中。该工艺构造简单，施工方便，成本低。先张法的缺点是，需要专门的张拉台座，一次性投资大，构件中的预应力筋只能直线配筋。适用于长 25 m 以内的预制构件。

先张法制作预应力混凝土构件的施工工艺流程如图 3.17 所示。

1. 张拉台座

用台座法生产预应力混凝土构件时，预应力筋锚固在台座横梁上，台座承受全部预应力的拉力，故台座应有足够的强度、刚度和稳定性，以避免台座变形、倾覆和滑移。台座由台面、横梁和承力结构等组成。根据承力结构和构造型式的不同可分为墩式台座、槽式台座。

（1）墩式台座

靠自重和土压力来平衡张拉力所产生的倾覆力矩，并靠土壤的反力和摩擦力抵抗水平位移。在地质条件良好、台座张拉线较长的情况下，采用墩式台座可节约大量的混凝土（如图 3.18 所示）。

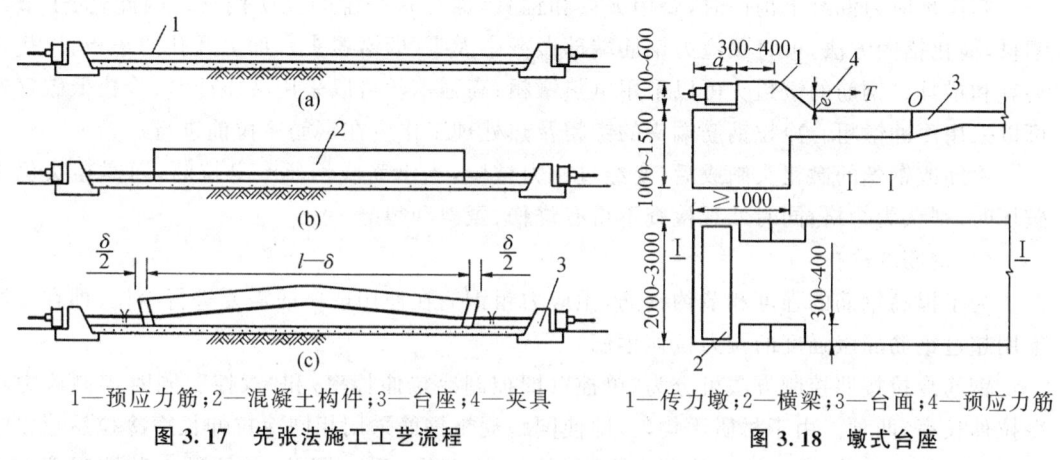

1—预应力筋；2—混凝土构件；3—台座；4—夹具

图 3.17 先张法施工工艺流程

1—传力墩；2—横梁；3—台面；4—预应力筋

图 3.18 墩式台座

（2）槽式台座

当场地条件较差、台座又不很长时，可采用槽式台座（如图 3.19 所示）。槽式台座与墩式台座的不同之处在于预应力筋张拉力是由承力框架承受而得到平衡。此承力框架可以是钢筋混凝土的，或是由横梁和压杆组成的钢结构。

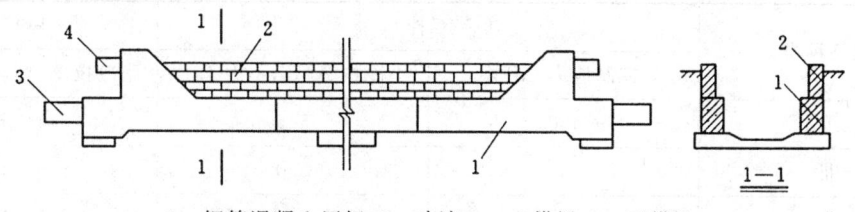

1—钢筋混凝土压杆；2—砖墙；3—上横梁；4—下横梁

图 3.19 槽式台座

2. 预应力钢筋的制作

预应力混凝土构件所用的预应力钢筋种类很多，有直径为 3～5 mm 的高强钢丝、钢绞线、冷拉Ⅲ、Ⅳ级钢筋等。下面介绍预应力钢筋的制作，它包括下料、对焊、镦粗、冷拉等工序。

(1) 钢筋的下料

预应力钢筋的下料长度,应通过计算。计算时应考虑构件或台座长度、锚夹具长度、千斤顶长度、焊接接头或墩头预留量、冷拉伸长值、弹性回缩值、张拉伸长值和外露长度等因素。

(2) 钢筋的对焊

预应力钢筋的接头必须在冷拉前采用对焊,以免冷拉钢筋高温回火后失去冷拉所提高的强度。

普通低合金钢筋的对焊工艺,多采用闪光对焊接。一般闪光对焊工艺有:闪光→预热→闪光焊,和闪光→预热→闪光焊加通电热处理。对焊后应进行热处理,以提高焊接质量。预应力筋有对焊接头时,宜将接头设置在受力较小处,在结构受拉区及在相当于预应力筋30 d长度(不小于50 cm)范围内,对焊接头的预应力筋截面面积不得超过钢筋总截面面积的25%。

(3) 镦粗

制作预应力混凝土构件时,要用夹具和锚具,需耗费一定的优质钢材。因此,为了节约钢材,简化锚固方法,可将预应力钢筋端部做一个大头(即镦粗头),加上开孔的垫板,以代替夹具和锚具。钢筋的镦粗头可以采用电热镦粗;高强钢丝可以采用液压冷镦;冷拔低碳钢丝可以采用冷冲镦粗。冷拉钢筋端头的镦粗及热处理工作应在钢筋冷拉前进行。

钢筋或钢丝的镦粗头制成后,要经过拉力试验,当钢筋或钢丝本身拉断,而镦粗头仍不破坏时,则认为合格;同时外观检查不得有烧伤、歪斜和裂缝。

(4) 钢筋的冷拉

为了提高钢筋的强度和节约钢筋,预应力粗钢筋在使用前一般需要进行冷拉(即在常温下用超过钢筋屈服强度的拉力拉伸钢筋)。

钢筋冷拉按照控制方法可分为"单控"(即控制冷拉伸长率)和"双控"(同时控制应力和冷拉伸长率)两种。由于材质不均匀,即使同一规格钢筋采用相同冷拉伸长率冷拉后建立的屈服强度并不一致;或在同一控制应力下,伸长率又不一致。因此,单按哪一种控制都不能保证质量,最好采用"双控"冷拉,既可保证质量,又可在设计上充分利用钢材强度。采用"双控"冷拉时,应以应力控制为主,伸长率控制为辅。只有在没有测力设备的情况下,才采用"单控冷拉"。钢筋冷拉和冷拉率不应超过表3.9的规定。

表3.9 冷拉钢筋的控制应力和冷拉率

钢筋种类	双控		单控
	控制应力/MPa	冷拉率/%,不大于	冷拉率/%,不大于
Ⅱ	450	5.5	3.5～5.5
Ⅲ	530	5.0	3.5～5.0
Ⅳ	750	4.0	2.5～4.0

对预应力钢筋进行冷拉,具有下列好处:

①钢筋冷拉后,可以提高屈服点,并能使它伸长。如预应力钢筋采用Ⅳ级钢筋,可使它的屈服点由原来的588 MPa提高到735 MPa,加上它的伸长,可以节省钢筋30%左右。

②由于有些钢筋不够均质,冷拉后,可以把强度高低不齐的钢筋达到强度比较一致,就

不会因个别段钢筋的屈服点较低而影响构件的质量。

③钢筋冷拉后,其韧性和塑性有所降低,可以减少变形,使钢筋与混凝土的变形比较接近,可以减少构件受拉部分混凝土的裂缝出现。

④可以考验对焊接头的质量(钢筋要求先对焊再冷拉)。

⑤盘元钢筋的冷拉过程,又是调直过程,减少了整直这一工序。

⑥钢筋在冷拉过程中,由于钢筋拉长,表面锈蚀自动脱落,可以减轻除锈工作。

(5)时效

冷拉后的钢筋,在一定的温度下给予适当的时间"休息",而不立即加载,从而使钢筋的屈服强度比冷拉完成时有所提高,钢材的这种性质称为"冷拉时效"。

"时效"有自然时效和人工时效两种。自然时效就是将冷拉后的钢筋在 25～30 ℃下放置 1～2 d；人工时效就是将冷拉后的钢筋在 100 ℃下恒温保持 2 h。

3. 预应力筋的张拉

先张法预应力钢筋、钢丝和钢绞线的张拉按预应力筋数量、间距和张拉力的大小,采用单根张拉和多根张拉。当采用多根张拉时,必须使它们的初始长度一致,张拉后应力才均匀。为此,在张拉前应调整初应力,初应力值一般为张拉控制应力值的 10%(即 10%σ_k)。

为了减少预应力筋的松弛损失,可采用超张拉的方法进行张拉。超张拉值为张拉控制应力值的 105%(即 105%σ_k)。先张法的张拉程序按表 3.10 进行。

表 3.10 先张法预应力筋张拉程序表

预应力筋种类	张拉程序
钢筋	持荷 5 min:0→初应力→105%σ_k→90%σ_k→σ_k(锚固)
钢绞线与钢丝	持荷 5 min:0→初应力→105%σ_k→0→σ_k(锚固)

4. 混凝土制作

预应力混凝土结构中所采用的混凝土应具有高强、轻质和高耐久性的性质。一般要求混凝土的强度等级不低于 C30。目前,我国在一些重要的预应力混凝土结构中,已开始采用 C50～C60 的高强混凝土,最高混凝土强度等级已达到 C80,并逐步向更高强度等级的混凝土发展。预应力混凝土构件制作的基本操作与现浇钢筋混凝土构件相仿,但还应注意以下几点：

(1)配置高强度等级的混凝土所采用的水泥必须符合设计要求；

(2)细骨料中泥土杂物的含量按其质量不得大于 2%,粗骨料针片状含量应小于 10%；

(3)粗骨料中含泥量、石粉及杂物按质量计不大于 1%,并在拌和前要水洗；

(4)粗骨料的孔隙率不宜超过 40%；

(5)水泥用量如无特殊要求,每立方混凝土用量应小于 500 kg；

(6)配置混凝土时,不得掺用对钢筋有腐蚀性的盐类为早强剂；

(7)在配置混凝土拌和物时,水泥及外掺剂的用量应准确到±1%,粗骨料、细骨料的用量应准确到 2%。

5. 预应力筋的放松

当混凝土强度达到设计规定的可放松强度后,可逐渐放松受拉的预应力筋,然后再切割每个梁的端部预应力筋。

预应力筋的放松速度不宜过快。当采用单根放松时,每根预应力筋严禁一次放完,以免最后放松的预应力筋自行崩断。常用的放松方法有以下两种:

(1)千斤顶放松

在台座固定端的承力支架和横梁之间,张拉前预先安放千斤顶。待混凝土达到规定的放松强度后,两个千斤顶同时回程,使拉紧的预应力筋徐徐回缩,张拉力被放松。图3.20是用液压千斤顶进行成组张拉的示意图。

(2)砂箱放松

以砂箱代替千斤顶。使用时从进砂口罐满烘干的砂子,加上压力压紧。待混凝土达到规定的放松强度后,打开出砂口,砂子即慢慢流出,放砂速度应均匀一致,预应力筋随之徐徐回缩,张拉力即被放松。当单根钢筋采用拧松螺母的方法放松时,宜先两侧后中间,分阶段、对称地进行(如图3.21所示)。

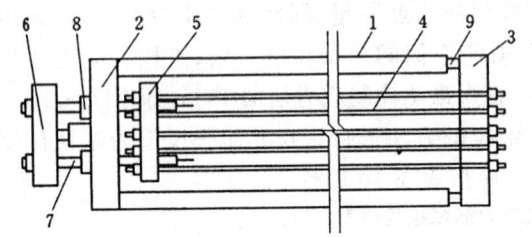

1—台模;2、3—前后横梁;4—钢筋;5、6—拉力架横梁;
7—大螺丝杆;8—油压千斤顶;9—放松装置

图3.20 液压千斤顶成组张拉

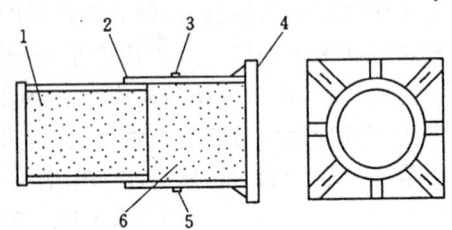

1—活塞;2—套箱;3—进砂口;
4—套箱底板;5—出砂口;6—砂

图3.21 砂籍构造图

3.2.3 后张法施工工艺

后张法是先制作留有预应力筋孔道的梁体,待混凝土达到设计强度的75%后,将预应力筋穿入孔道,并利用构件本身作为张拉台座张拉预应力筋并锚固,然后进行孔道压浆并浇筑封闭锚具的混凝土,混凝土因有锚具传递压力而得到预压应力的一种施加预应力的方法。

后张法的优点是:预应力筋直接在梁体上张拉,不需要专门台座;预应力筋可按设计要求配合弯矩和剪力变化布置成直线形或曲线形;适合于预制跨度大于25 m的简支梁或现场浇筑的桥梁上部结构。

后张法的缺点是:每一根预应力筋或每一束两头都需要加设锚具,在施工中还增加留孔、穿筋、灌浆和封锚等工序,工艺较复杂,成本高。

后张法施工的预应力钢筋混凝土结构一般可分为有黏结后张法预应力结构和无黏结后张法预应力结构。

1. 有黏结后张法预应力混凝土结构施工

有黏结后张法预应力的主要施工工序为:浇筑好混凝土构件,并在构件中预留孔道,待混凝土达到预期强度(一般不低于混凝土设计强度的75%)后,将预应力钢筋穿入孔道;利用构件本身作为受力台座进行张拉(一端锚固一端张拉或两端同时张拉),在张拉预应力钢筋的同时,使混凝土受到预压(如图 3.22 所示)。张拉完成后,在张拉端用锚具将预应力筋锚住;最后在孔道内灌浆使预应力钢筋和混凝土构成一个整体,形成有黏结后张法预应力结构。

有黏结后张法预应力施工不需要专门台座,便于在现场制作大型构件,适用于配直线及曲线预应力钢筋的构件。但其施工工艺较复杂、锚具消耗量大、成本较高。

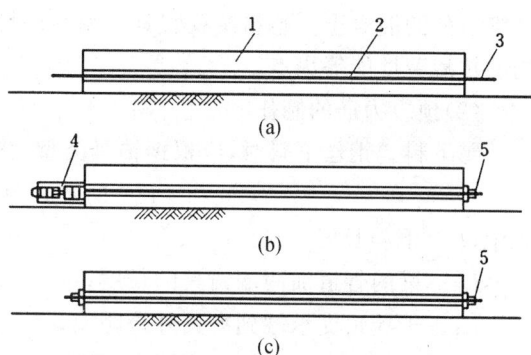

1—混凝土构件;2—预留孔道;3—预应力筋;
4—张拉千斤顶;5—锚具

图 3.22 有黏结后张法工艺流程

(1)构件的孔道留设

孔道留设是有黏结预应力后张法构件制作中的关键工作。孔道留设方法有钢管抽芯法、胶管抽芯法和预埋波纹管法。预埋波纹管法只用于曲线形孔道。在留设孔道的同时还要在设计规定位置留设灌浆孔。一般在构件两端和中间每隔 12 m 留一个直径 20 mm 的灌浆孔,并在构件两端各设一个排气孔。

①钢管抽芯法。

预先将钢管埋设在模板内孔道位置处,在混凝土浇筑过程中和浇筑之后,每间隔一定时间慢慢转动钢管,使之不与混凝土黏结,待混凝土初凝后、终凝前抽出钢管,即形成孔道。该法只可留设直线孔道。

钢管要平直,表面要光滑,安放位置要准确。一般用间距不大于 1 m 的钢筋井字架固定钢管位置。每根钢管的长度最好不超过 15 m,以便于旋转和抽管,较长构件则用两根钢管,中间用套管连接。钢管的旋转方向两端要相反。

恰当掌握抽管时间很重要,过早会坍孔,太晚则抽管困难。一般在初凝后、终凝前,以手指按压混凝土不粘浆又无明显印痕时为宜。为保证顺利抽管,混凝土的浇筑顺序要密切配合。

抽管顺序宜先上后下,抽管可用人工或卷扬机,抽管要边抽边转,速度均匀,与孔道成一直线。

②胶管抽芯法

胶管有布胶管和钢丝网胶管两种。用间距不大于 0.5 m 的钢筋井字架固定位置,浇筑混凝土前,胶管内充入压力为 $0.6 \sim 0.8$ N/mm^2 的压缩空气或压力水,此时胶管直径增大 3 mm 左右,待浇筑的混凝土初凝后,放出压缩空气或压力水,管径缩小而与混凝土脱离,便于抽出。后者质硬、具有一定弹性,留孔方法与钢管一样,只是浇筑混凝土后不需转动,由于其有一定弹性,抽管时在拉力作用下断面缩小易于拔出。采用胶管抽芯留孔,不仅可留直线孔道,而且可留曲线孔道。

③预埋波纹管法

波纹管为特制的带波纹的金属管,它与混凝土有良好的黏结力。波纹管预埋在构件中,浇筑混凝土后不再抽出,预埋时用间距不宜大于 0.8 m 的钢筋井字架固定。

塑料波纹管是前几年国外发展起来的一种新型制孔器。它采用的塑料为聚丙烯或高密度聚乙烯。管道外表面的螺旋肋与周围的混凝土具有较高的黏结力,从而能将预应力传递到管道外的混凝土。塑料波纹管具有耐腐蚀性能好、孔道摩擦损失小、可提高后张预应力结构的抗疲劳性能等优点。

(2)预应力筋的制作

①下料。钢丝下料时,应根据锚具类型、张拉设备条件确定。公式如下:

$$L=L_0+N(L_1+0.15\text{ m}) \tag{3-1}$$

式中,L—下料长度;

L_0—梁的管道加两端锚具的长度;

L_1—千斤顶支承端到夹具外缘距离;

N—张拉端数量(一端张拉或两端张拉)。

②编束。先用梳形板将其理顺,编孔成束。成束方法是先用梳丝板将其理顺,然后每隔1~1.5 m衬以弹簧衬圈将钢丝沿管均匀排列,并在各衬管处用22号铁丝缠绕20~30道。在露出梁端管道外的钢丝束内各加一个临时衬管,以便在安装千斤顶时,保持各根钢丝正确就位,不致彼此交错。当千斤顶对位后,立即将临时衬管拆除。

(3)预应力筋张拉

①张拉原则。对曲线预应力筋或长度大于等于25 m的直线预应力筋,应在构件两端同时张拉。如设备不足时,可先在一端张拉完毕后,再在另一端补足预应力值。无论在一端或两端同时张拉,均应避免张拉时构件截面呈过大的偏心受压状态。因此应对称于构件截面进行张拉,或先张拉靠近截面重心处的预应力筋,后张拉距离截面重心较远处的预应力筋。

②张拉程序。后张法预应力筋的张拉程序与配用的锚具形式有关,各种形式的锚具的张拉程序见表3.11。

表3.11 后张法张拉程序

预应力筋种类		张拉程序
钢筋、钢筋束		0→初应力→$1.05\sigma_m$(持荷2 min)→σ_m(锚固)
钢绞线束	对于夹片式等具有自锚性能的锚具	普通松弛力筋 0→初应力→$1.03\sigma_m$(锚固) 低级松弛力筋 0→初应力→σ_m(持荷2 min 锚固)
	其他锚具	0→初应力→$1.05\sigma_m$(持荷2 min)→σ_m(锚固)
精轧螺纹钢筋	直线配筋时	0→初应力→$1.05\sigma_m$(持荷2 min 锚固)
	曲线配筋时	0→初应力→σ_k持荷2 min 锚固
钢丝束	对于夹片式等具有自锚性能的锚具	普通松弛力筋 0→初应力→$1.03\sigma_k$(锚固) 低级松弛力筋 0→初应力→σ_k(持荷2 min 锚固)
	其他锚具	0→初应力→$1.05\sigma_k$(持荷2 min)→0→σ_k(锚固)

③操作方法。预应力筋张拉的操作方法与配用的锚具及千斤顶的类型有关。一般情况下,张拉精轧螺纹钢筋可配用特制螺帽、穿心式千斤顶(如图3.23所示);张拉钢丝束可配用锥形锚具、锥锚式千斤顶(如图3.24所示);张拉粗钢筋可配用螺丝端杆锚具、拉杆式千斤顶

(如图3.25所示);张拉钢绞线束可配用OVM锚、穿心式千斤顶。现以锥形锚具配锥锚式千斤顶为例,介绍其操作方法。

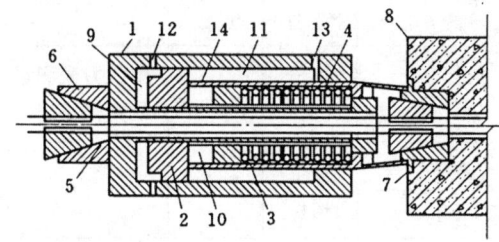

1—张拉油缸;2—顶压油缸;3—顶压活塞;4—弹簧;5—预应力筋;6—工具铺;7—锚环;8—构件;9—张拉工作油室;10—顶压工作油室;11—张拉回程油室;12—张拉缸油嘴;13—顶压缸油嘴;14—油孔

图3.23 YC60型千斤顶构造与工作原理

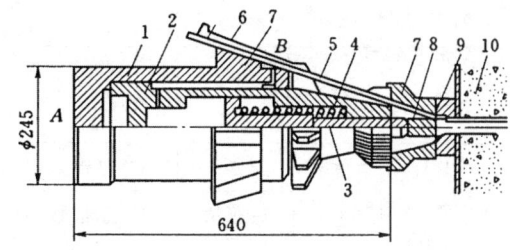

1—张拉油缸;2—顶压油缸(张拉活塞);3—顶压活塞;4—弹簧;5—预应力筋;6—楔块;7—对中套;8—锚塞;9—锚环;10—构件

图3.24 锥锚式千斤顶

a. 张拉前准备工作:用钢丝穿过锚环,随着放入锚塞将钢丝均匀分布在锚塞周围,用手锤轻敲锚塞,装上对中套,并将钢丝用楔块楔紧在千斤顶夹盘内。

b. 初始张拉:两端同时张拉至钢丝达到初应力(约为$10\%\sigma_k$)。由于钢丝在夹盘上未楔紧,此时钢丝发生滑移,从而

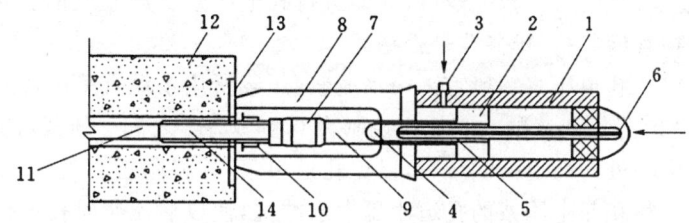

1—主油缸;2—主缸活塞;3—进油孔;4—回油缸;5—回油活塞;6—回油孔;7—连接器;8—传力架;9—拉杆;10—螺母;11—预应力筋;12—混凝土构件;13—预埋铁板;14—螺丝端杆

图3.25 拉杆式千斤顶张拉原理

调整钢丝长度。当钢丝滑移停止后,可打紧楔块,使钢丝牢固地固定在夹盘上。打紧楔块时,应分两次进行,第一次均匀地将每只楔块敲击两锤,第二次则重击每只楔块使钢丝卡紧,在两端补足张拉的初应力。在分丝盘沟槽处的钢丝上标出测量伸长量的起点标记。在夹盘前端的钢丝上也标出用以辨认是否滑丝的标记。

c. 正式张拉:两端轮流分级加载张拉,每级加载值为油压表读数5000 KPa的倍数,直至超张拉值。持荷5 min,以消除预应力筋的部分松弛损失。减载至控制张拉应力。测量钢丝长度。

d. 顶锚:当张拉到控制张拉应力后,此时钢丝伸长值若与计算伸长量相符合,即可进行顶压锚塞(顶锚力为控制张拉力的50%~55%)。顶压锚塞时先从一端开始,此时钢筋因内缩而发生预应力损失,应在另一端补足预应力损失,再进行另一端的顶锚。如果回缩量大于3 mm,将影响钢丝束最后建立的预应力值,必须重新张拉,以补回预应力损失。

预应力筋张拉允许偏差应符合表3.12的规定。

表 3.12 预应力筋张拉允许偏差

序号	项目		允许偏差/mm	检验频率		检验方法
				范围	点数	
1	张拉应力值		±5%	每根(束)	1	用压力表测量或查张拉记录
2	预应力筋断裂或滑脱数	先张法	5%总根数,且每米不大于2丝	每个构件	1	观察
		后张法	2%总根数,且每米不大于2丝			
3	每端滑移量		符合设计规定	每根(束)	1	用尺量
4	每端滑丝量		符合设计规定		1	
5	先张法预应力筋中心位移		5 mm	每个构件	1	

(4) 孔道压浆

预应力张拉完毕后,立即进行孔道压浆。压浆之前先用清水冲洗孔道,使之湿润,同时检查灌浆孔、排气孔是否畅通。

孔道压浆一般宜采用水泥浆,压浆所用水泥宜采用普通硅酸盐水泥,强度等级不宜低于425号。灰浆的水灰比应控制在0.4~0.45之间。压浆应先压下孔道,后压上孔道,并将集中一处的孔道一次压完,以免孔道串浆,并将附近孔道堵塞。如集中孔道无法一次压完,应先将相邻未压浆的孔道用压力水冲洗,使以后压浆时孔道畅通。曲线孔道由侧向压浆时,应由最低点的压浆孔压如水泥浆,并由最高点的排气孔排出空气和溢出水泥浆。

(5) 封锚

孔道压浆后应立即将锚头用混凝土封闭严密。封锚时应注意预埋筋的完整性。一般来说,封锚是混凝土构件的最后成型,应考虑构件的整体尺寸,封锚模具必须具有足够的刚度,同时安装要稳固。

2. 无黏结后张法预应力混凝土结构施工

无黏结预应力结构的主要施工工序为:将无黏结预应力筋准确定位,并与普通钢筋一起绑扎形成钢筋骨架,然后浇筑混凝土;待混凝土达到预期强度(一般不低于混凝土设计强度的75%)后进行张拉(一端锚固一端张拉或两端同时张拉)。张拉完成后,在张拉端用锚具将预应力筋锚住,形成无黏结预应力结构(如图3.26所示)。

无黏结预应力混凝土施工工艺的基本特点与有黏结后张法预应力混凝土比较相似,区别在于无黏结预应力的施工过程较为简单,它避免了预留孔道、穿预应力筋以及压力灌浆等施工工序,此外,无黏结预应力其预应力

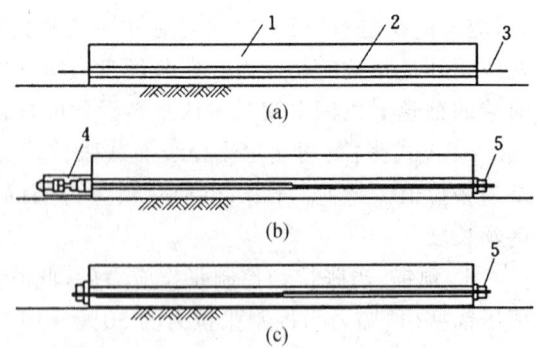

1—混凝土构件;2—普通钢筋;3—无黏结预应力筋;
4—张拉千斤顶;5—锚具

图 3.26 无黏结后张法工艺流程

的传递完全依靠构件两端的锚具,因此对锚具的要求要高得多。

(1)预应力筋铺设

无黏结预应力筋在平板结构中常常为双向曲线配置,因此其铺设顺序很重要。如钢丝束的铺设一般根据双向钢丝束交点的标高差,绘制钢丝束的铺设顺序图,钢丝束波峰低的底层钢丝束先行铺设,然后依次铺设波峰高的上层钢丝束,这样可以避免钢丝束之间的相互穿插。钢丝束铺设波峰的形成是用钢筋制成的"马凳"来架设。一般施工顺序是依次放置钢筋马凳,然后按顺序铺设钢丝束,钢丝束就位后,进行调整波峰高度及其水平位置,经检查无误后,用铅丝将无黏结预应力束与非预应力钢筋绑扎牢固,防止钢丝束在浇筑混凝土施工过程中位移。

(2)预应力筋张拉

无黏结预应力筋的张拉与普通后张法带有螺母锚具的有黏结预应力钢丝束后张法相似。张拉程序一般采用 $0 \rightarrow 103\% \sigma_k$ 进行锚固。由于无黏结预应力筋多为曲线配筋,故应采用两端同时张拉。无黏结预应力筋的张拉顺序,应根据其铺设顺序,先铺设的先张拉,后铺设的后张拉。

无黏结预应力筋一般长度大,有时又呈曲线形布置,如何减少其摩阻损失值是一个重要的问题。影响摩阻损失值的主要因素是润滑介质、包裹物和预应力筋截面形式。摩阻损失值,可用标准测力计或传感器等测力装置进行测定。施工时,为降低摩阻损失值,宜采用多次重复张拉工艺。

(3)锚头端部处理

无黏结预应力筋由于一般采用镦头锚具,锚头部位的外径比较大,因此,钢丝束两端应在构件上预留有一定长度的孔道,其直径略大于锚具的外径。钢丝束张拉锚固以后,其端部便留下孔道,并且该部分钢丝没有涂层,为此应加以处理保护预应力钢丝。

无黏结预应力筋锚头端部处理,目前常采用两种方法:第一种方法系在孔道中注入油脂并加以封闭,如图 3.27a 所示;第二种方法系在两端留设的孔道内注入环氧树脂水泥砂浆,其抗压强度不低于 35 MPa,灌浆的同时将锚头封闭,防止钢丝锈蚀,同时也起一定的锚固作用,如图 3.27b 所示。预留孔道中注入油脂或环氧树脂水泥砂浆后,用 C30 级的细石混凝土封闭锚头部位。

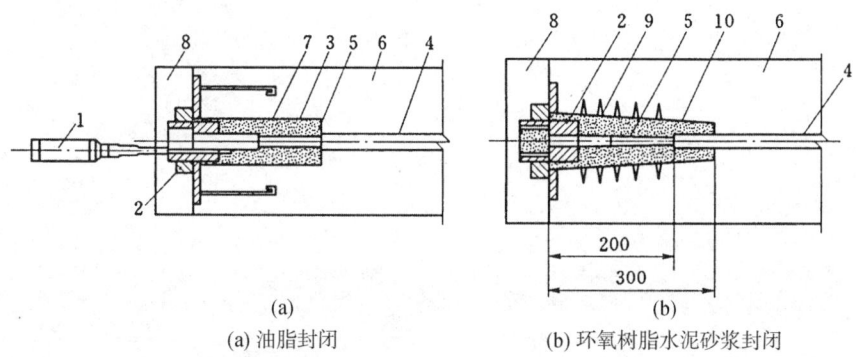

(a) 油脂封闭　　(b) 环氧树脂水泥砂浆封闭

1—油枪;2—锚具;3—端部孔道;4—有涂层的无黏结预应力筋;5—无涂层的端部钢丝;
6—构件;7—注入孔道的油脂;8—混凝土封闭;9—端部加固螺旋钢筋;10—环氧树脂水泥砂浆

图 3.27　锚头端部处理方法

复习思考题

3.1　桥梁混凝土结构施工中对模板的基本要求有哪些？
3.2　加工成型后的钢筋其允许偏差如何？
3.3　简述钢筋连接的种类及其各自施工要求。
3.4　混凝土浇筑前主要的检查项目有哪些？
3.5　混凝土运输的基本要求有哪些？
3.6　混凝土养护的基本要求有哪些？
3.7　预应力钢筋混凝土与普通钢筋混凝土的区别有哪些？
3.8　什么是锚具？其主要类型有哪些？其与夹具的主要区别在哪？
3.9　什么是先张法？其主要工序如何？
3.10　什么是后张法？其主要工序如何？

第四章 桥跨结构施工

教学要求：通过本章的学习，要求理解和掌握梁式桥、拱式桥、斜拉桥、悬索桥等主要桥梁的施工方法、特点和适用情况、技术要求与施工控制要点等。了解钢构桥施工，桥梁支座的类型、布置，桥面及附属工程的构造内容和构造方法等。

4.1 悬臂施工法

悬臂施工法也称为分段施工法。它是以桥墩为中心向两岸对称的、逐节悬臂接长的施工方法。悬臂施工法通常分为悬臂浇筑法和悬臂拼装法两种。

悬臂施工的特点：

(1) 预应力混凝土连续梁及悬臂梁桥采用悬臂施工时需进行体系转换，即在悬臂施工时，梁墩采取临时固结，结构为 T 形刚构，合龙前，撤销梁墩临时固结，结构呈悬臂梁受力状态，待结构合龙后形成连续梁体系。设计时应对施工状态进行配束验算。

(2) 桥跨间不需搭设支架，施工不影响桥下行车及通航。施工过程中，施工机具和人员等重力均全部由已建梁段承受，随着悬臂施工逐渐延伸，机具设备也逐步移至梁端，需用支架作支撑。所以悬臂施工法可应用于通航河流及跨线立交大跨径桥梁。

(3) 多孔桥跨结构可同时施工，使施工进度加快。

(4) 悬臂施工法充分利用预应力混凝土承受负弯矩能力强的特点，将跨中正弯矩转移为支点负弯矩，使桥梁跨越能力提高，并适合变截面桥梁的施工。

(5) 悬臂施工用的悬拼吊机或挂篮设备可重复使用，可减少施工费用，降低工程造价。

4.1.1 悬臂浇筑法

悬臂浇筑法(简称悬浇)采用移动式挂篮作为主要施工设备，以桥墩为中心，对称向两岸利用挂篮浇筑梁段混凝土，待混凝土达到要求强度后，张拉预应力束，再移动挂篮，进行下一阶段的施工。悬臂浇筑每个节段长度一般为 2~6 m，节段过长，将增加混凝土自重及挂篮结构重力，同时还要增加平衡重及挂篮后锚设施；节段过短，影响施工进度。所以施工时，应根据设备情况及工期，选择合适的节段长度。

1. 悬臂浇筑的分段及程序

悬臂浇筑法施工时，梁体一般要分四部分浇筑，如图 4.1 所示。Ⅰ 为墩顶梁段(0 号块)，Ⅱ 为由 0 号块两侧对称分段悬臂浇筑部分，Ⅲ 为边孔在支架上浇筑部分，Ⅳ 为主梁在跨中合龙段。主梁各部分的长度视主梁形式和跨径、挂篮的形式及施工周期而定。0号块一般为 5~10 m,悬浇分段一般为 3~5 m,支架现浇段一般为 2~3 个悬臂浇筑分段长,合龙段一般为 1~3 m。

(1)在墩顶托架上浇筑 0 号块,并实施墩梁临时固结系统。

(2)在 0 号块上安装悬臂挂篮,向两侧依次对称地分段浇筑主梁至合龙前段。

(3)在临时支架或梁端与边墩间的临时托架上支模浇筑现浇梁段。当现浇梁段较短时,可利用挂篮浇筑;当与现浇段相接的连接桥是采用顶推施工时,可将现浇梁段锚固在顶推梁前端施工,并顶推到位。此法无需现浇支撑,省料省工。

(4)主梁合龙段可在改装的简支挂篮托架上浇筑。

2. 墩顶梁段(0 号块)施工

墩顶 0 号块采用在托架上立模现浇,如图 4.2 所示,并在施工过程中设置临时梁墩锚固,使 0 号块能承受两侧悬臂施工时产生的不平衡力矩。

0 号块结构复杂,预埋件、钢筋、各向预应力钢束及其孔道、锚具密集交错,梁面有纵横坡度,端面与待浇段密切相连,务必精心施工。视其结构形式及高度,一般分为 2~3 层浇筑,先底板、再腹板、后顶板。

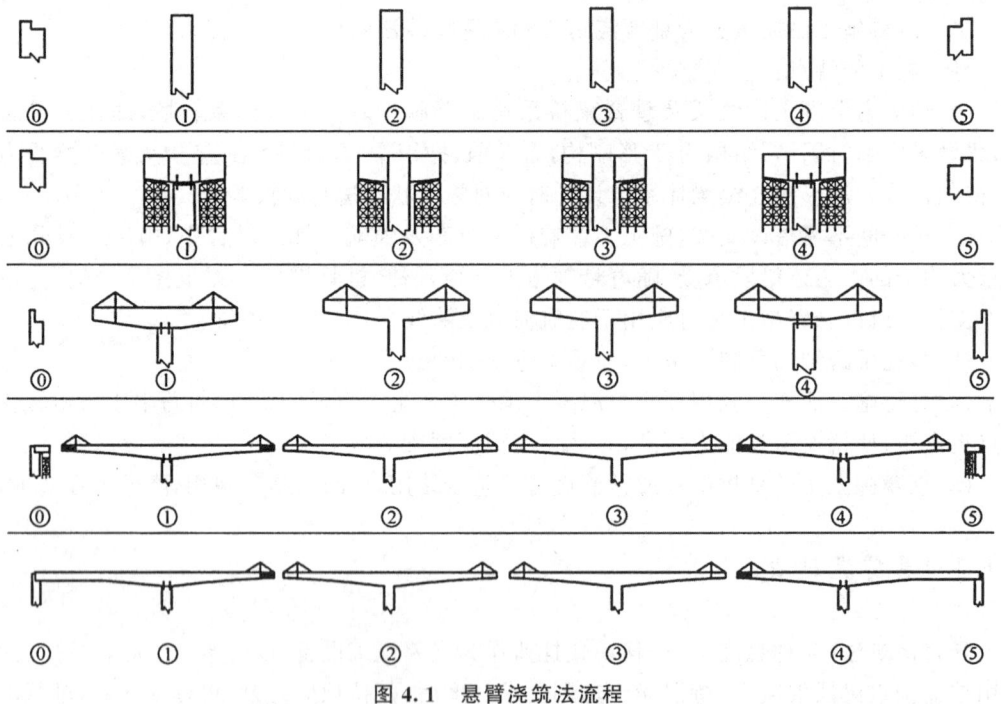

图 4.1 悬臂浇筑法流程

(1)施工程序

安装墩顶托架平台→浇筑支座垫石及临时支座→安装永久盆式橡胶支座→安装底、侧钢梁及降落木楔或千斤顶→安装底板部分堵头模板→托架平台试压→调整模板位置及标高→绑扎底板和腹板的伸入钢筋→安装底板上的竖向预应力管道和预应力筋→监理工程师验收→浇筑底板第一层混凝土→混凝土养护→绑扎腹板、横隔梁钢筋→安装腹板纵向、横隔梁横向预应力管道和预应力筋→安装全套模板→监理工程师验收→浇筑腹板横隔板→混凝土养护→拆除部分内模后安装顶板模板→安装顶板端模→绑扎顶板底层钢筋网及管道定位筋→安装顶板纵向预应力管道及横向预应力管道和预应力筋→安装顶板上层钢筋网→监理工程师验收→浇筑顶板混凝土→纵向胶管抽拔→管孔清理及混凝土养护→拆除顶、底板端模→两端混凝土连接面凿毛→混凝土强度达到设计要求强度后张拉竖、横向预应力筋→竖、横向预应力管道压浆→拆除内模、侧模和底模→拆除墩顶托架平台。

若墩梁刚性固结时,可省去第二、三步施工程序。

(2)施工托架

图4.2 托架上浇筑墩顶0号块

施工托架可根据承台形式、墩身高度和地形情况,分别支撑在承台、墩身或地面上。常用施工托架如图4.3~4.6所示,有扇形托架、高墩托架、墩顶预埋牛腿托架平台、临时墩及型钢结构支撑平台等。托架的顶面尺寸,视拼装挂篮的需要和拟浇筑段的长度而定,横桥间的宽度一般应比箱梁底板宽出1.5~2 m,以便设立箱梁边肋的外侧模板。

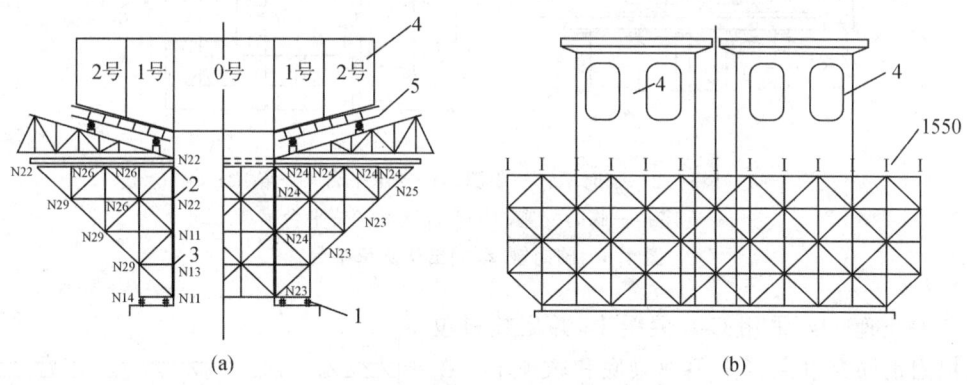

(a)顺桥向;(b)横桥向

1—φ18预埋螺检;2—预埋钢筋;3—硬木;4—箱梁;5—底模垫梁

图4.3 扇形托架

(3)支座

①支座垫石。垫石是永久支座的基石。由于支座安装平整度和对中精度要求高,因此垫石四角及平面高差应小于1 mm,为此垫石分两层浇筑。首层浇筑高程比设计高程低15 cm。第二层应利用带微调整平器的模板,控制浇筑高程比设计高程稍高,再利用整平器及精密水准仪量测,反复整平混凝土面。在安装支座前凿毛垫石,铺2~3 cm厚与墩身等强的砂浆,砂浆浇筑高程较设计高程略高3 mm,然后安放支座就位,用锤振击,使符合设计高程,偏差不得大于1 mm;水平位置偏差不得大于2 mm。

②临时支座。临时支座的作用是在施工阶段临时固结墩梁,其结构为T形刚构,能承受两侧悬臂施工时产生的不平衡力矩,并便于拆除和体系转换。

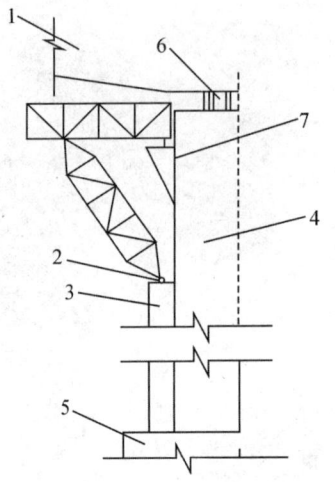
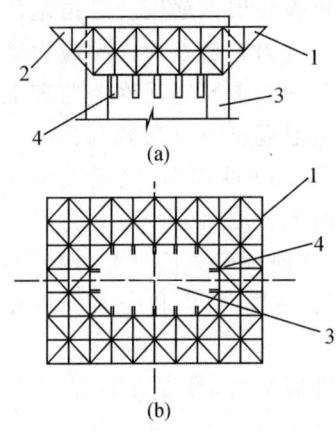

1—箱梁;2—圆柱形铰;3—承托槽钢;4—墩身;
5—承台;6—支座;7—预埋牛腿

图 4.4 高墩托架

1—万能杆件托架;2—平台面层结构;
3—桥墩;4—预埋牛腿支点

图 4.5 墩顶预埋牛腿托架平台

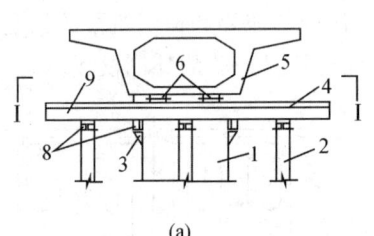
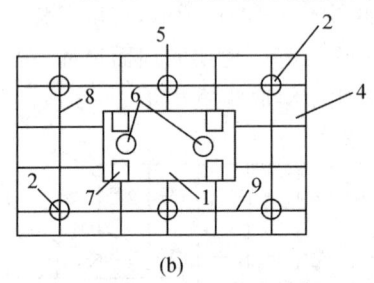

1—墩柱;2—临时墩;3—牛腿;4—支承平台;5—箱梁;
6—支座;7—临时支座;8—平台纵梁;9—平台横梁

图 4.6 临时墩、型钢结构支承平台

临时支座一般采用 C40 混凝土,并用塑料包裹的锚固钢筋穿过混凝土预埋梁底和墩顶中。在混凝土支座中层设有 10~20 cm 厚夹有电阻丝的硫黄砂浆层,便于拆除时加热熔化,或采用静态爆破等其他方法解除固结,布置如图 4.7 所示。

3. Ⅱ 梁段悬浇施工

(1)Ⅱ 梁段悬浇施工程序

施工程序如图 4.8 所示。挂篮是悬臂浇筑施工的主要机具,悬挂在已经张拉锚固的梁段上,它是一个能沿着轨道行走的活动脚手架,悬臂浇筑时的模板安装、钢筋绑扎、管道安装、混凝土浇筑、预应力张拉、压浆等工作均在挂篮上进行。当一个梁段的施工程序完成后,挂篮解除后锚,移至下一梁段施工。所以挂篮既是空间的施工设备,又是预应

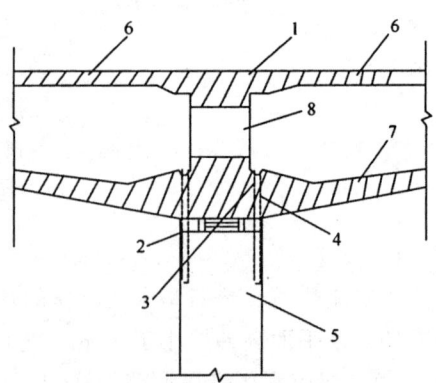

1—悬浇箱梁;2—临时锚固支座;3—支座垫石及永久支座;4—临时支座预埋临时锚固钢筋;5—桥墩;6—箱梁顶板;7—箱梁底板;8—通道

图 4.7 连续梁悬浇施工墩顶临时锚固支座

力筋未张拉前梁段的承重结构。

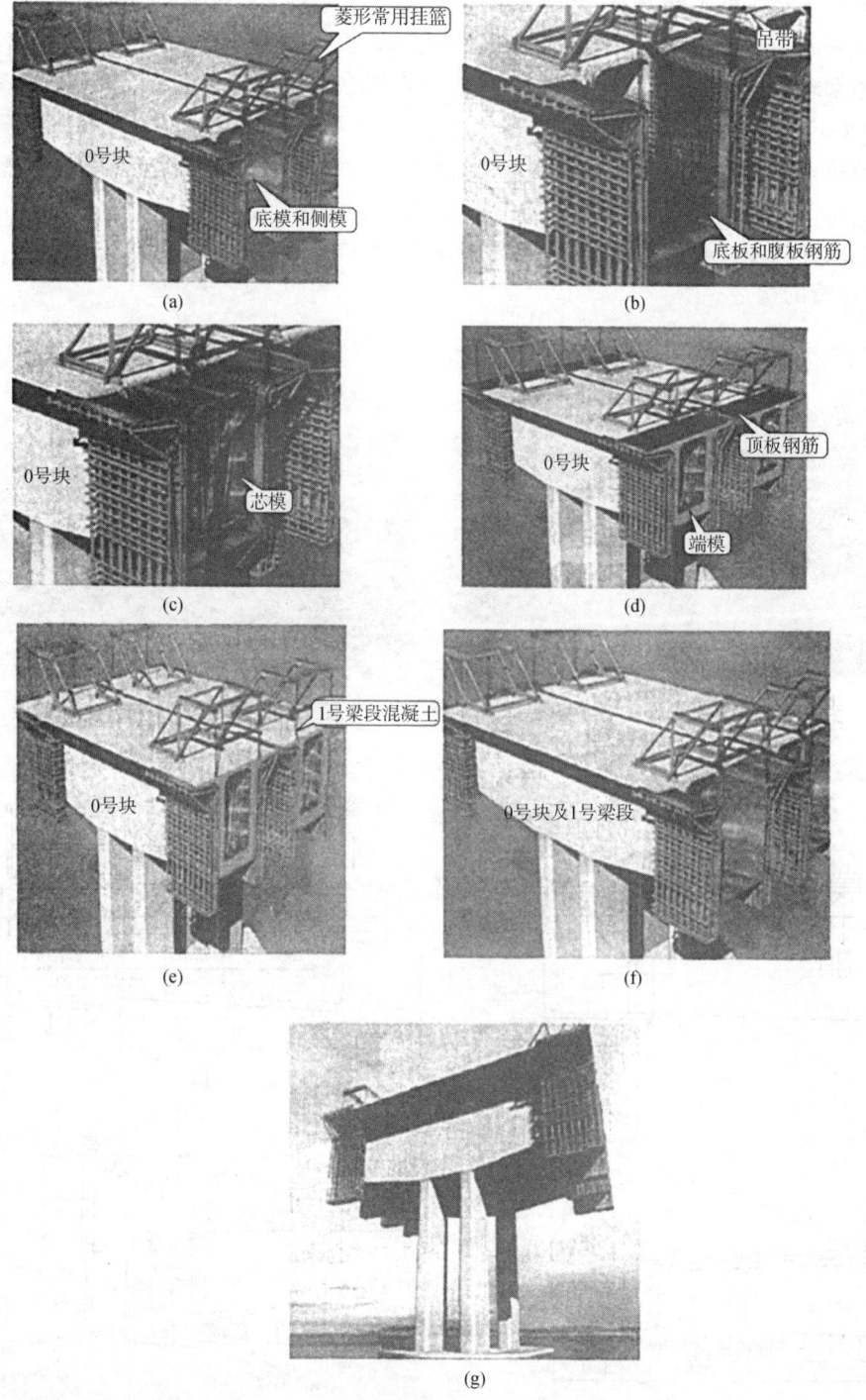

(a)拼装挂篮,安装底模和侧模;(b)绑扎底板和腹板钢筋,安装预应力管道;(c)安装芯模;(d)浇筑底板、腹板混凝土,绑扎顶板钢筋,安装预应力管道;(e)浇筑顶板、腹板混凝土,达到强度后,穿束、张拉、压浆;(f)挂篮从 0 号移至 1 号梁段,开始浇筑 2 号梁段;(g)重复上述步骤,逐节接长悬臂

图 4.8　Ⅱ 梁段悬浇施工程序

(2)挂篮的分类

随着施工技术的不断改进,挂篮已由过去的压重平衡式,发展成现在通用的自锚平衡式。自锚式施工挂篮结构的形式主要有桁架式和斜拉式两类,如图4.9、图4.10所示。

①桁架式。按构成形状的不同,可分为平行桁架式、平弦无平衡重式、弓弦式、菱形等多种,如图4.11所示。

②斜拉式。斜拉式挂篮也叫轻型挂篮,随着桥梁跨径越来越大,为了减轻挂篮自重,以达到减少施工阶段增加的临时钢丝束,在桁架式挂篮的基础上研制了斜拉式挂篮。

斜拉式挂篮主要有三角斜拉、预应力斜拉、体内斜拉等多种,如图4.12所示。

(3)挂篮的构造

图4.9 桁架式挂篮悬浇Ⅱ梁段图

图4.10 斜拉式挂篮悬浇Ⅱ梁段

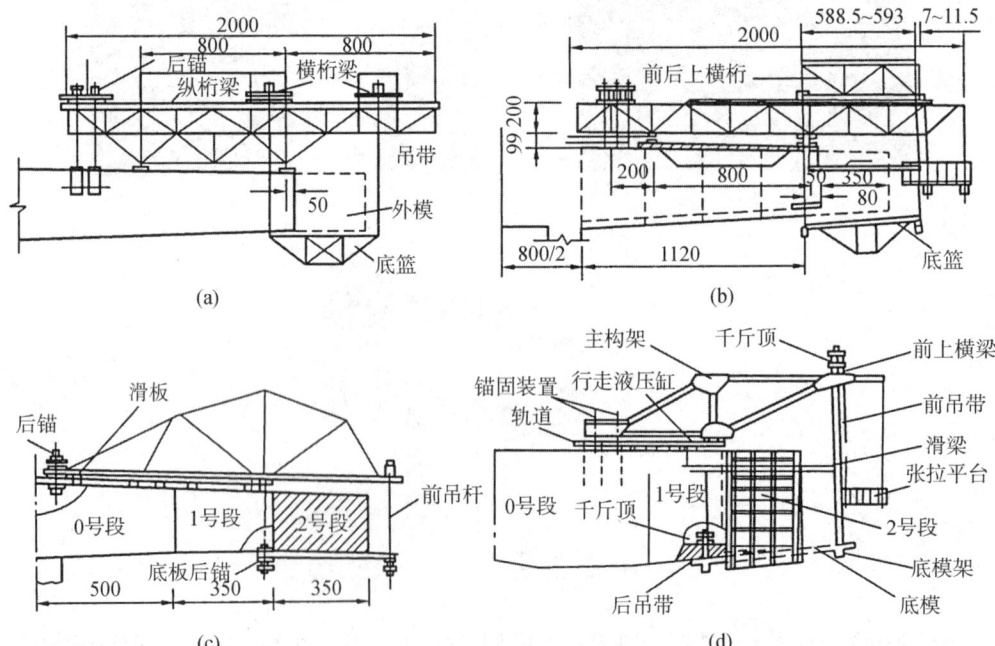

(a)平行桁架式挂篮;(b)常用平弦无平衡重挂篮;(c)常用弓弦式挂篮;(d)常用菱形式挂篮

图4.11 常用桁架式挂篮(尺寸单位:cm)

挂篮构造如图 4.13 所示。

①主纵、横桁梁。主纵、横桁梁是挂篮悬臂承重结构,可由万能杆件或贝雷桁架(或装配式公路钢桁架)组拼或型钢加工而成。

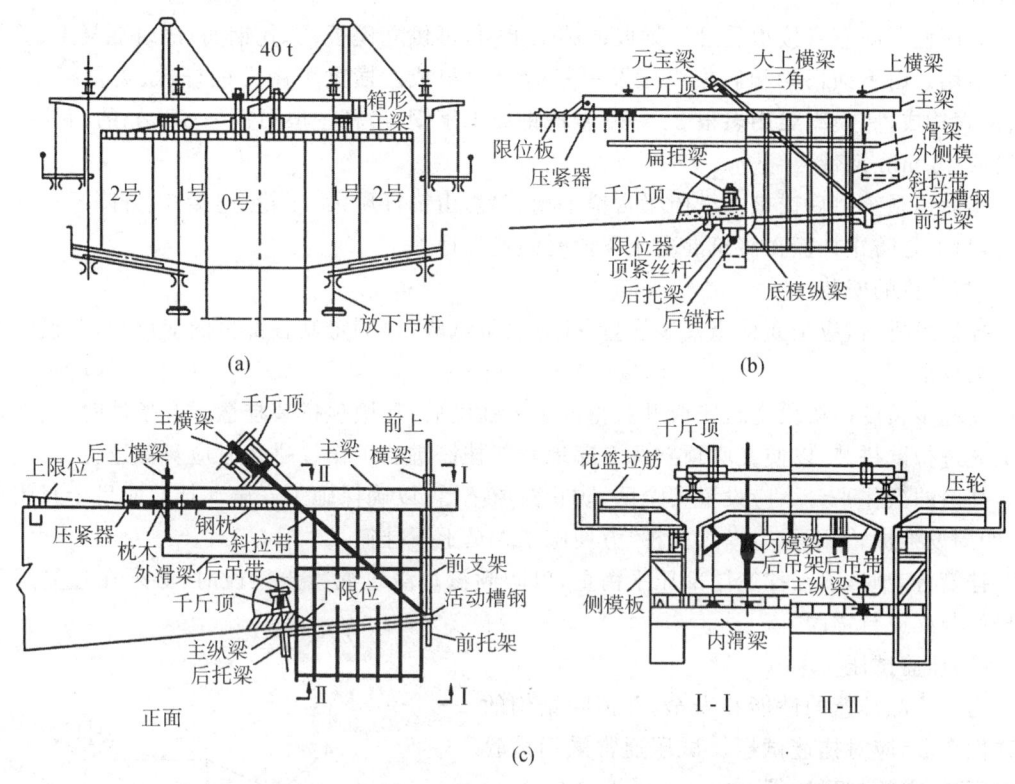

(a)三角组合式常用挂篮;(b)滑动斜拉式常用挂篮;(c)滑动斜拉式挂篮

图 4.12 常用斜拉式挂篮

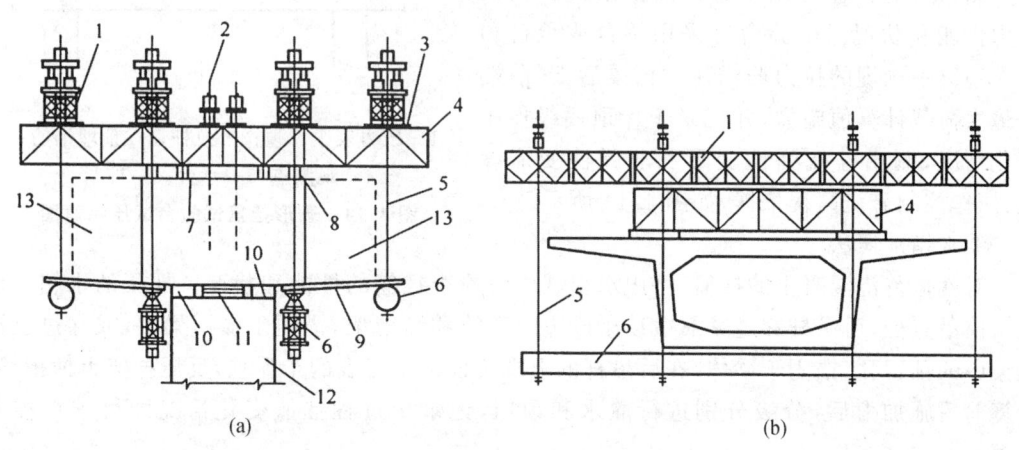

(a)挂篮施工纵断面;(b)挂篮施工正面

1—主横桁梁;2—后锚点;3—行走滑板;4—主纵桁梁;5—吊杆;6—底篮横梁(钢管);7—后支点;
8—前支点;9—底模;10—临时固定支座;11—永久支座;12—桥墩;13—待浇梁段

图 4.13 挂篮纵横桁梁系布置

②行走系统。行走系统包括支腿、滑道及拖移收紧设备。采用电动卷扬机牵引,通过圆棒滚动或在铺设的滑道上移动。滑道要求平整光滑,摩阻小,铺拆方便,能反复使用。目前大多采用上滑道覆一层不锈钢薄板,下滑道用槽钢,内设聚四氟乙烯板,行走方便、安全、稳定性好。

③底篮。底篮直接承受悬浇梁段的施工重力,可供立模板、绑扎钢筋、浇筑混凝土、养护等工序用。由下横桁梁和底模纵梁及吊杆(吊带)组成。横梁可用万能杆件、贝雷桁架、型钢、钢管构成,底模纵梁用多根24～30号槽钢或工字钢;吊杆一般可用$\varphi 32$ mm的精轧螺纹钢筋或16 min钢带。

④后锚系统。后锚是主纵桁梁自锚平衡装置,由锚杆压梁、压轮、连接杆、升降千斤顶等组成,目的是防止挂篮在浇筑混凝土梁段时倾覆失稳。

(4)挂篮的安装

挂篮组拼后,应全面检查安装质量,并做载重试验,以测定其各部位的变形量,并设法消除永久变形。

在起步长度内梁段浇筑完成并获得要求的强度后,在墩顶拼装挂篮。有条件时,应在地面上先进行试拼装,以便在墩顶熟练有序地开展挂篮拼装工作。拼装时应对称进行。

挂篮的操作平台下应设置安全网,防止对象坠落,以确保施工安全。挂篮应呈全封闭形式,四周设维护,上下应有专用扶梯,方便施工人员上下挂篮。

挂篮行走时,须在挂篮尾部压平衡重,以防倾覆。浇筑混凝土梁段时,必须在挂篮尾部将挂篮与梁进行锚固。

(5)挂篮试压

为了检测挂篮的性能和安全,并消除结构的非弹性变形,应对挂篮试压。试压通常采用试验台加压法、水箱加压法等。

①试压台加压法

新加工的挂篮可用试验台加压法检测桁架受力性能和状况。试验台可采用桥台或承台和在岸边梁中预埋的拉力筋锚住主桁梁后端,前端按最大荷载计算值施力,并记录千斤顶逐级加压变化情况,测出挂篮弹性变形和非弹性变形参数,用作控制悬浇高程依据,如图4.14所示。

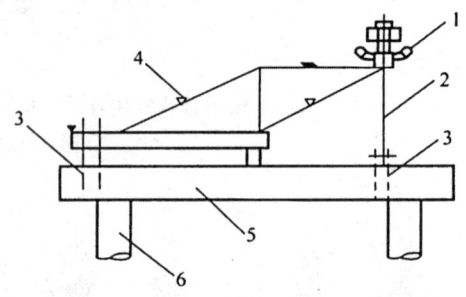

1—压力表千斤顶;2—拉杆;3—预埋钢筋;
4—观测点;5—承台;6—桩基

图4.14 菱形挂篮试验台试压示意图

②水箱加压法

对就位待浇混凝土的挂篮,可用水箱试压法检查挂篮的性能和状况。加压的水箱一般设于前吊点处,后吊杆穿过紧靠墩顶梁段边的底篮和纵桁架,锚固于横桁梁上,或穿过已浇箱梁中的预留孔,锚固于梁体,在后吊杆的上端装设带压力表的千斤顶,反压挂篮上横桁梁,计算前后施加力后,分级分别进行灌水和顶压,记录全过程挂篮变化情况即可求得控制数据。

(6)浇筑混凝土时消除挂篮变形的措施

每个悬浇段的混凝土一般可两次或三次浇筑完成(混凝土数量少的可采用一次浇筑完成)。为了使后浇混凝土不引起先浇混凝土的开裂,需要消除后浇混凝土引起挂篮的变形。

一般可采取如下的几种措施：

①箱梁混凝土一次浇筑法。箱梁混凝土的浇筑采用一次浇筑的方法，并在底板混凝土凝固前全部浇筑完毕。也就是要求挂篮的变形全部发生在混凝土塑性状态之间，避免裂缝的产生。但需在浇筑混凝土前预留准确的下沉量。

②水箱法。水箱法的布置如图4.15所示，浇筑混凝土前先在水箱中注入相当于混凝土质量的水，在混凝土浇筑过程中，逐步放水使挂篮的负荷和挠度基本不变。

③抬高挂篮的后支点法。浇筑混凝土前将模板前段设计高程抬高10～30 mm，预留第一次浇筑混凝土的下沉量，同时用螺旋式千斤顶顶起挂篮后支点，使之高于滑道或钢轨顶面（一般顶高约20～30 mm）。在浇筑第一次混凝土时千斤顶不动，浇筑混凝土质量使挂篮的下沉量与模板的抬高量相抵消。在浇筑第二次混凝土时，将千

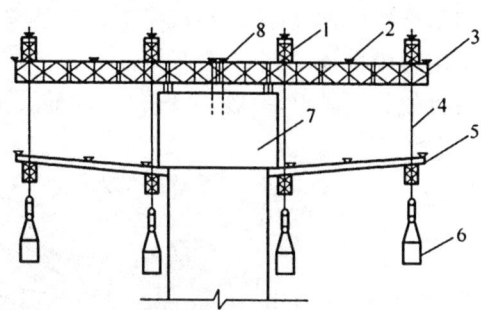

1—横桁梁；2—观测点；3—纵横梁；4—吊杆；
5—底篮；6—水箱；7—墩顶梁段；8—后锚固；

图4.15 挂篮水箱法试压示意

斤顶分次下沉，并随即收紧后锚系的螺栓，使挂篮后支点逐步贴近滑道面或轨道面。随着后支点的下降，以前支点为轴的挂篮前端必然上升一数值，此数值应正好与第二次混凝土质量使挂篮所产生的挠度相抵消，保证箱梁模板不发生下沉变形。此法所需设备很少，较水箱法简单，但需顶起量合适，顶起量应由实测确定。

斜拉式挂篮因其总变形小，一般可在浇筑混凝土前预留下沉量，不必在浇筑过程中进行调整。也可试用某桥的施工实践，挂篮底模承重横梁采用直径1～1.2 m加劲钢管，管内与水泵及泄水管连通，使加卸载控制灵活。在梁段混凝土浇筑过程中，逐渐泄水，保持挂篮的荷载和挠度基本不变。

4. 现浇Ⅲ梁段施工

Ⅲ梁段为边跨支架上的现浇部分，支架可在墩旁搭设临时墩支承平台，一般采用万能杆件、贝雷架等拼装，在其上分段浇筑。当与采用顶推法施工的连接桥相接时，可把Ⅲ梁段临时固结在顶推梁上，到位后再进行梁的联结。

5. Ⅳ梁段（合拢段）施工和连续梁施工的体系转换

连续梁的分段悬浇施工，常采用对称施工。全梁施工过程是从各墩顶0号段开始至该T构的完成，再将各T构拼接而形成整体连续梁，这种T构的拼接就是合龙。合龙是连续梁施工和体系转换的重要环节，合龙施工必须满足受力状态的设计要求和保持梁体线形，控制合龙段的施工误差。

利用连续梁成桥设计的负弯矩预应力筋为支承，是连续梁分段悬浇施工的受力特点。悬浇过程中各独立T构的梁体处于负弯矩受力状态，随着各T构的依次合龙，梁体也依次转化为成桥状态的正负弯矩交替分布形式，这一转化就是连续梁的体系转换。因此，连续梁悬浇施工的过程就是其应力体系转换的过程，也就是悬浇时实行支座临时固结、各T构的合龙、固结的适时解除、预应力的分配以及分批依次张拉的过程。

多跨连续梁合龙的原则是由边至中，即先合龙各边跨，再各次边跨，最后为中跨。

4.1.2 悬臂拼装法

悬臂拼装法(简称悬拼)是悬臂施工方法的一种,它是利用移动式悬拼吊机将预制梁段起吊至桥位,然后采用环氧树脂胶和预应力钢丝束连接成整体,其主要工序如图4.16所示。采用逐段拼装,一个节段张拉锚固后,再拼装下一节段。悬臂拼装的分段,主要取决于悬拼吊机的起重能力,一般节段长2~5 m。节段过长则自重大,需要悬拼吊机的起重能力大;节

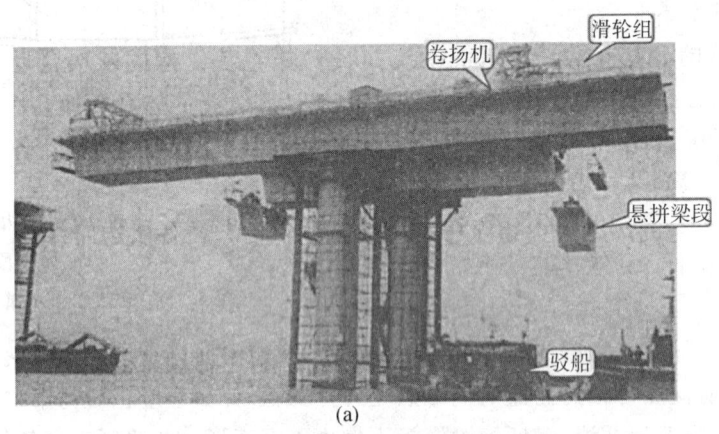

(a)驳船将梁段运至施工点吊装;(b)铰接缝处理;(c)在张拉平台上张拉钢筋

图4.16 利用移动式吊车悬拼施工

段过短则拼装接缝多,工期也延长。一般在悬臂根部,因截面积较大,节段长度采用比较短,以后向端部逐渐增长。悬拼适应于预制场地及运吊条件较好,特别是工程量大和工期较短的桥梁工程。

1. 悬拼特点

悬拼和悬浇均利用悬臂原理逐段完成全联梁体的施工,悬浇以挂篮为支承逐段现浇,悬拼以吊机逐段完成梁体拼装。因此,悬拼和悬浇与支架现浇等施工方法相比较,除有许多共同优点外,悬拼还有以下特点:

(1)进度快

悬浇一节段梁在天气好时需要1周时间;而采用悬拼法,梁体的预制可与桥梁下部构造施工同时进行,平行作业缩短了建桥的工期。

(2)制梁条件好,混凝土质量高

悬拼法将大跨度梁化整为零,预制场或工厂化的梁段预制生产利于整体施工的质量控制。

(3)收缩和徐变小

预制梁段的混凝土龄期比悬浇成梁的长,从而减少悬拼成梁后混凝土的收缩和徐变。

(4)线形好

梁段预制采用长线法,长线法是在按梁底曲线制作的固定底模上分段浇筑混凝土的方法,能保证梁底线形。

悬拼施工的主要工序为梁段预制、运输、吊拼、悬拼梁体体系转换、合龙。

2. 块件预制

箱梁块件通常采用长线浇筑或短线浇筑的预制方法。桁架梁段则采用卧式预制方法。

(1)长线预制

长线预制是在工厂或施工现场按桥梁底缘曲线制作固定的底座,在底座上安装底模进行块件预制工作。形成梁底缘的底座有多种方法,它可以利用预制场的地形堆筑土胎,经加固夯实后,铺砂石层并在其上做混凝土底板;盛产石料的地区可用石砌成所需的梁底缘形状;地质情况较差的预制场,常采用打短桩基础,之后搭设排架形成梁底曲线。排架可用木材或型钢。图4.17所示为预应力混凝土T形刚构桥的一例箱梁预制台座的构造。

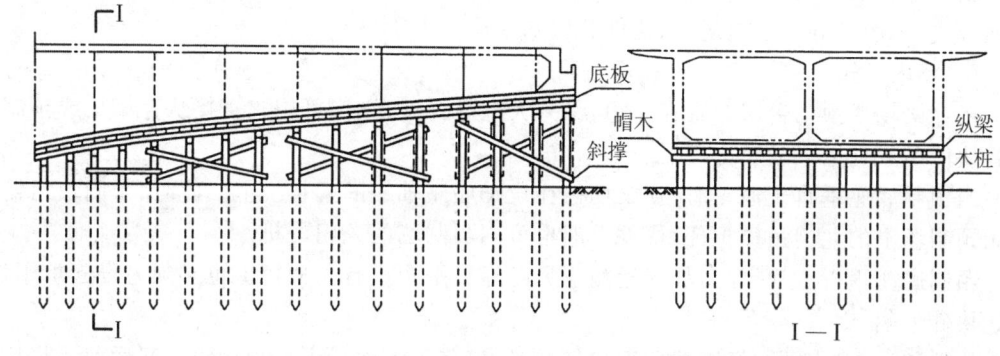

图 4.17 长线法预制箱梁块件的台座

箱梁节段的预制在底板上进行。模板常采用钢模,每段一块,以便于装拆使用。为加快施工进度,保证节段之间密贴,常先浇筑奇数节段,然后利用奇数节段混凝土的端面弥合浇筑偶数节段。也可以采用分阶段的预制方法。当节段混凝土强度达到设计强度的70%以上后,可吊出预制场地。

(2) 短线预制

短线预制箱梁块件的施工,是由可调整外部及内部模板的台车与端模架来完成,如图4.18所示。第一节段混凝土浇筑完成后,在其相对位置上安装下一段模板,并利用第一节段的端面作为第二节段的端模完成混凝土的浇筑工作。

短线预制适合工厂节段预制,设备可周转使用,每条生产线平均5 d可生产四块,但每段的尺寸和相对位置的调整要复杂一些。

桁架梁的预制节段,常采用卧式预制。卧式预制,要有一个较大的地坪。地坪的高低要经过测量,并有足够的强度,不致产生不均匀沉陷。对相同的节段还可以在已预制完成的节段上安装模板进行叠制,两层构件间常用塑料布或涂机

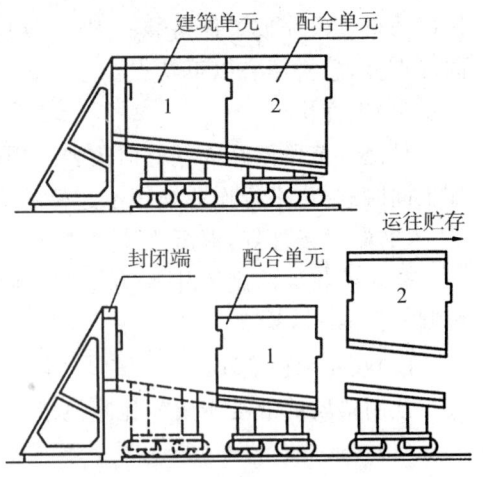

图 4.18 短线预制的施工方法

油等方法分隔。桁架梁预制节段的起吊、翻身工作要求操作细致,并注意选择吊点和吊装机具。

无论是箱梁或桁架构件的预制,都要求相邻构件之间接触密贴,故必须以前面浇筑块件的端面作为后来浇筑构件的端模,同时必须采用隔离剂(薄膜、废机油、皂类等)使块件出坑时互相容易从接缝处脱离。

3. 定位器和孔道形成器

设定位器的目的是使预制梁块在拼装时能准确而迅速地安装就位。有的定位器不仅能起到固定位置的作用,而且能承受剪力。这种定位装置称为抗剪楔或防滑楔。

块件预制时除注意预埋定位器装置外,尚须注意按正确位置预埋孔道形成器和吊点装置(吊环或竖向预应力粗钢筋)等。

箱梁块自预制底座上出坑后,一般先存放于存梁场。拼装时块件由存梁场至桥位处的运输方式,一般可分为场内运输、块件装船和浮运三个阶段。

(1) 场内运输

当存梁场或预制台座布置在岸边,又有大型悬臂浮吊时,可用它直接从存梁场或预制台座将块件吊放到运梁驳船上浮运。

当预制底座垂直于河岸时,存梁场往往设于底座轴线的延长线上。此时,预制块运输一般由预制场上的龙门吊机担任,块件上船也可用预制场的龙门吊机。

预制底座平行于河岸时,场内运输应另备运梁平车进行。栈桥上也必须另设起重用机,供运块件上船。

块件的运输,当预制场与栈桥距离较远时,应首先考虑采用平车运输。起运前要将块件安放平稳。底面坡度不同的块件要使用不同厚度的楔形木来调整。块件用带有花篮螺栓的

缆索保险。

当采用无转向架的运梁平车时,运输轨道不能设平曲线。纵坡一般应为平坡。当地形条件受限制时,最大纵坡也不得大于1%,下坡运行时,平车后部要用钢丝绳牵引保险,不得溜放。节段的起吊应该配有起重扁担。每块箱梁四个吊点,使用两个横扁担用两个吊钩起吊。如用一个主钩以人字千斤顶起吊时,还必须配一根纵向扁担,以平衡水平分力。

(2)块件装船

块件装船在专用码头上进行。码头的主要设施是施工栈桥和块件装船吊机。栈桥的长度应保证在最低施工水位时驳船能进港起运。栈桥的高度要考虑在最高施工水位时栈桥主梁不应被水淹。栈桥宽度要考虑到运梁驳船两侧与栈桥之间需要有不少于0.5 m的安全距离。栈桥起重机的起重能力和主要尺寸(净高和跨度)应与预制场上的吊机相同。

(3)浮运

浮运船只应根据块件重量和高度来选择。可采用铁驳船、坚固的木趸船、水泥驳船或用浮箱装配。为了保证浮运安全,应设法降低浮运重心。开口舱面的船应尽量将块件置于船舱底板。必须置放在甲板面上时,要在舱内压重。

块件的支垫应按底面坡度用碎石子堆成满铺支垫或加设三角形垫木,以保证块件安放平稳。块件一般较大,还需以缆索将块件系紧固定。

4. 悬拼方法

预制块件的悬臂拼装可根据现场布置和设备条件采用不同的方法来实现。当靠岸边的桥跨不高且可在陆地或便桥上施工时,可采用自行式吊车、门式吊车来拼装。对于各个桥孔,也可采用水上浮吊进行安装。如果桥墩很高,或水流湍急而不便在陆上、水上施工时,可利用各种吊机进行高空悬拼施工。

(1)悬臂吊机拼装法

悬臂吊机由纵向主桁架、横向起重桁架、锚固装置、平衡重、起重系、行走系和工作吊篮等部分组成,如图4.19所示。

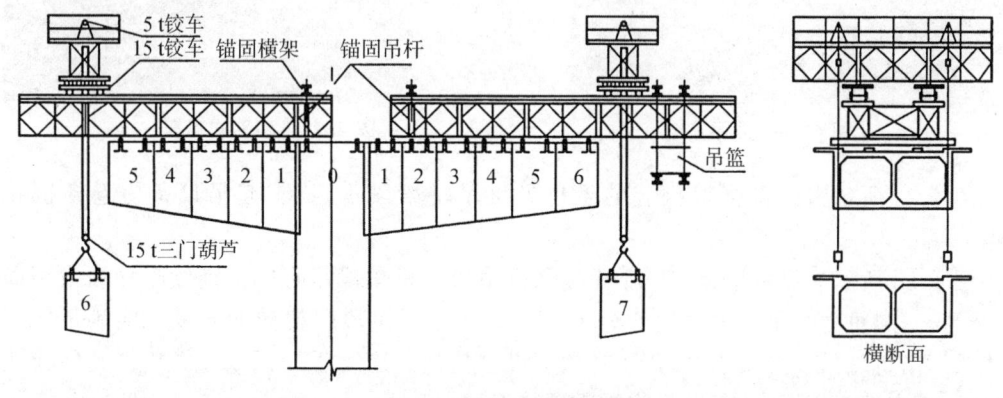

图 4.19 悬臂吊机构造

纵向主桁为吊机的主要承重结构,可由贝雷片、万能杆件、大型型钢等拼制。一般由若干桁片构成两组,用横向联结系连成整体,前后用两根横梁支承。

横向起重桁是供安装起重卷扬机直接起吊箱梁块件之用的构件。纵向主桁的外荷载就是通过横向起重桁传递给它的。横向起重桁支承在轨道平车上,轨道平车搁置于铺设在纵向主桁上弦的轨道上。起重卷扬机安置在横向起重桁上弦。

设置锚固装置和平衡重的目的是防止主桁架在起吊块件时倾覆翻转,保持其稳定状态。对于拼装墩柱附近块件的双悬臂吊机,可用锚固横梁及吊杆将吊机锚固于零号块上,对称起吊箱梁块件,不需要设置平衡重。单悬臂吊机起吊块件时,也可不设平衡重而将吊机锚固在块件吊环上或竖向预应力筋的螺栓端杆上。

起重系一般由电动卷扬机、吊梁扁担及滑车组等组成。起重系的作用是将由驳船浮运到桥位处的块件,提升到拼装高度以备拼装。滑车组要根据起吊块件的重量来选用。

吊机的整体纵移可采用钢管滚筒,在木走板上滚移,由电动卷扬机牵引。牵引绳通过转向滑车系于纵向主桁前支点的牵引钩上。横向起重桁架的行走采用轨道平车,用捯链滑车牵引。

(2)浮吊悬拼

浮吊如图 4.20 所示,重型起重机械装配在船舶上,全套设备在水上作业就位方便,40 m 的吊高范围内起重力大,辅助设备少,相应的施工速度快,但台班费用较高。一个对称干接悬拼的工作面,一天可完成 2~4 段的吊拼。

连续千斤顶或卷扬机滑轮组吊拼时,均需架设悬臂起重桁架,其上安装起重设备,驳船将待拼梁段运至施工点吊拼。

悬臂起重机桁架多采用贝雷架、万能杆件及型钢等拼配制作,由承重梁、横梁、锚固装置、起吊装置、行走系统和张拉平台等部分组成。

图 4.21 所示为移动式吊车,外形似挂篮。

图 4.20 浮吊

图 4.21 移动式吊车

图 4.22 所示为贝雷桁架拼装的悬拼吊机吊拼梁段示意图,起吊设备为卷扬机和滑轮组。

图 4.23 所示为贝雷桁架连续千斤顶悬拼吊机吊拼梁段示意图。连续千斤顶占用面积小、质量轻,自重力与吊重力之比约为 1∶100。当 0 号梁段顺桥向的长度不能满足起步长度或采用吊机悬吊 1 号梁段时,需要在墩侧设立托架。连续千斤顶或卷扬机滑轮组作业设备简单,适应性强。图 4.24 所示为梁段吊装正面示意图。

(3)缆索起重机(缆吊)悬拼

缆吊无需考虑桥位状况,且吊运结合,机动灵活,作业的空间大,在一定设计范围内缆吊几乎可以负责全桥从下部到上部,从此岸到彼岸的施工作业,因此缆吊的利用率和工作效率很高。其缺点是一次性设备投资大,设计跨度和起吊重力有限,一般起吊重力不宜大于 500 kN,

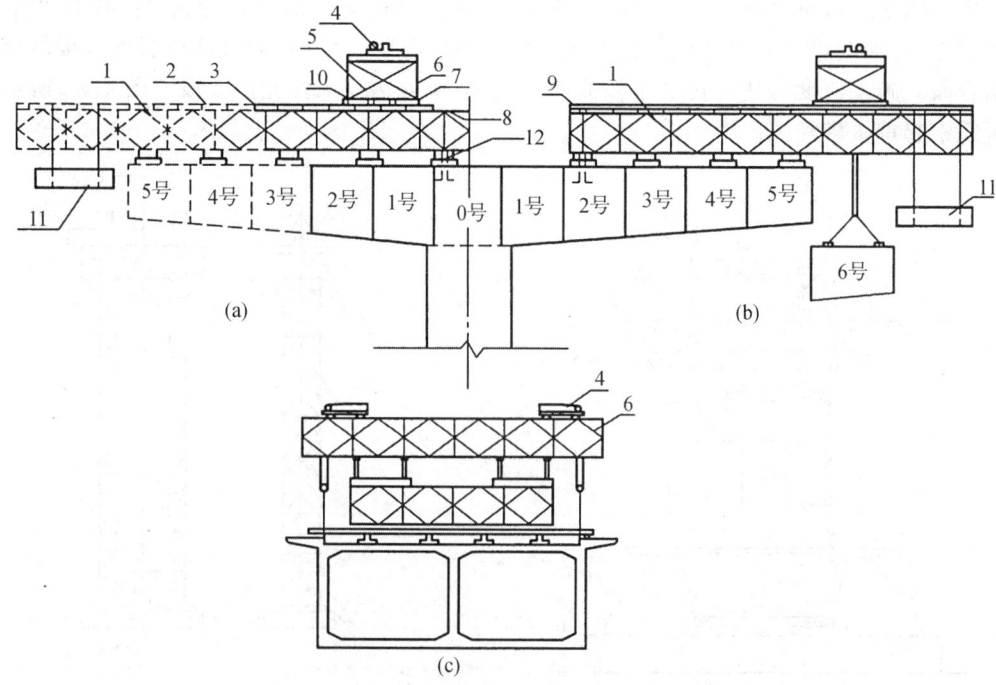

(a)吊拼1~5号梁段立面；(b)吊拼6~9号梁段立面；(c)侧面

1—吊机桁梁；2—钢轨；3—枕木；4—卷扬机；5—撑架；6—横向桁梁；7—平车；8—锚固吊环；9—工字钢；10—平车之间用角钢联结成整体；11—工作吊篮；12—锚杆

图 4.22　贝雷桁架拼装的悬拼吊机吊拼梁段示意图

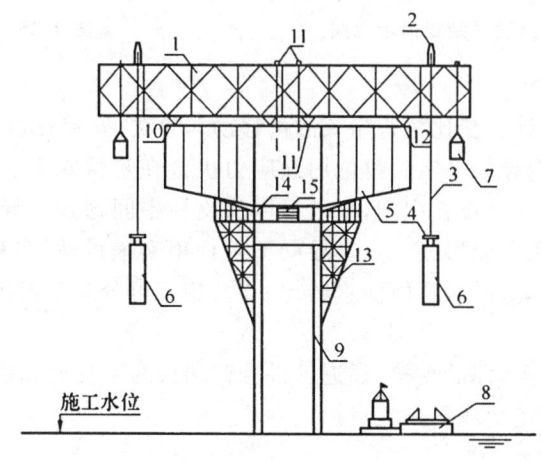

1—贝雷纵梁；2—ZLD-100 连续千斤顶；3—起重索；4—起重连续器；5—已安装定位梁段；6—待吊安装梁段；7—工作吊篮；8—运梁驳船；9—桥墩；10—前支点；11—锚筋；12—前支点；13—托架；14—临时支座；15—支座

图 4.23　贝雷桁架连续千斤顶悬拼吊机吊拼梁段示意图

而一般混凝土预制梁段的重力多于 500 kN，目前我国使用缆吊悬拼连续梁都是有两个独立单箱单室并列组合的桥型，为了充分利用缆吊的空间特性，特将预制场及存梁布设在缆吊作用面内。缆吊进行拼合作业时增加风缆和临时捌链,以控制梁段就位的精度。缆机运吊结合的优势,大大缩短了采用其他吊运方式所需的转运时间,可以将梁段从预制场直接吊至悬拼结合面。施工速度可达日拼2个作业面4段,甚至可达3个作业面6段。图4.25所示为某桥缆索起重机塔柱图。

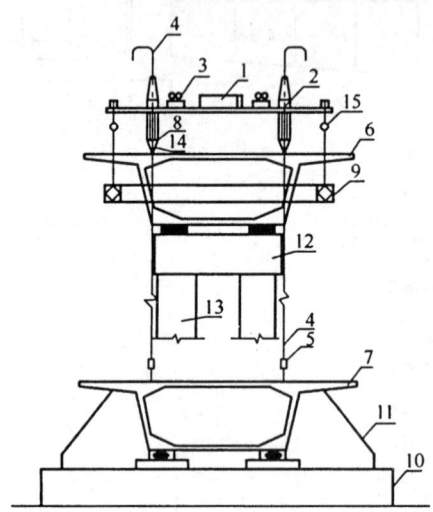

1—提吊中心控制台;2—ZLD-100连续千斤顶;3—油泵;4—9×φ15钢绞线;5—起重连接器;6—已安装定位梁段;7—待吊安装梁段;8—贝雷主桁梁;9—贝雷梁组合工作吊篮;10—运梁段船只;11—梁段稳定风缆;12—墩帽;13—双柱式桥墩;14—悬梁前支点;15—升降钢链

图4.24 梁段吊装正面示意图

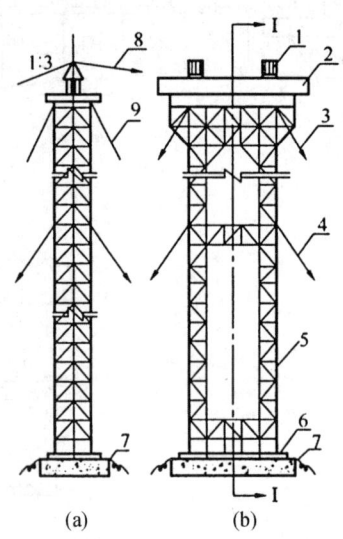

(a)Ⅰ—Ⅰ剖面图;(b)正面图
1—索鞍;2—型钢;3—八字风缆;4—八字风缆;5—万能杆件墩柱;6—铰接;7—基础;8—主索;9—风缆;

图4.25 缆索起重机塔柱图

(4)移动式导梁悬拼

这种施工方法需设计一套比桥跨略长的可移动式导梁,安装在悬拼的工作位置,梁段沿已拼梁面运抵导梁旁,由导梁吊运到拼位用预应力拼合在悬臂端上。导梁设有两对固定支架,一对在导梁后面,另一对设在中间,梁段可以从支柱中间通过。导梁前端有一个活动支柱,使导梁在下一个桥墩上能形成支点。导梁下弦杆用来铺设轨道以支承运梁平车。平车可使梁段水平和垂直移动,同时还能使它转动90°。施工可分三阶段进行,如图4.26所示。

①吊装墩顶梁段

导梁放在三个支点上,即后支架,靠近已拼悬臂端头的中支架和借助临时支柱而与装在下一桥前方的前支柱相接形成第三支点。

②导梁前移

通过后支架的滚轮滚动和前支架的滑轮装置,使导梁向前移动。

③吊装其他梁段

拼装其他梁段时,导梁由后支架和中间支架支承。中间支架锚固在墩顶梁段上,后支架锚固在已建成的悬臂梁端。

4. 梁段的拼装施工

(1)支座临时固结或设置临时支架

为了确保连续梁分段悬拼施工的平衡和稳定,常与悬浇方法相同,需要临时固结成T构。当临时固结支座不能满足悬拼要求时,一般考虑在墩两侧或一侧加临时支架。悬拼完成,T构合龙(合龙要点与悬浇相同),即可恢复原状,拆除支架。

(2)梁段拼装程序

梁段拼接缝有湿接、铰接两种形式,不同的施工阶段和不同部位常采用不同的接缝形式。

①湿接缝拼装梁段。

湿接缝是在相邻梁段间浇筑一段10～20 cm宽的混凝土作为接头的连接缝,用以调整随后梁段(基准梁段)的位置,使准确地控制其后续梁段的安装精度。

1号梁段是紧邻0号梁段两侧的第一个节段,也是悬拼T构的基准梁段,是全跨安装质

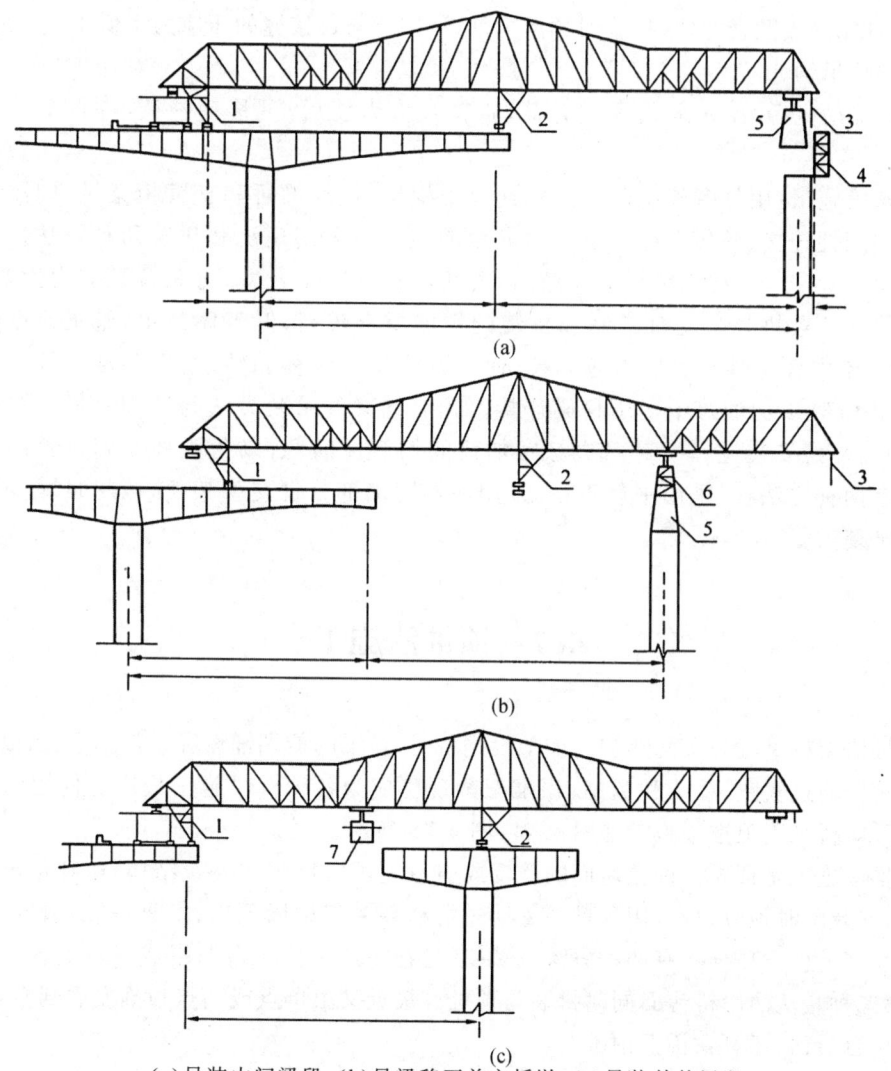

(a)吊装中间梁段;(b)导梁移至前方桥墩;(c)吊装其他梁段
1—后支架;2—中支架;3—临时前支架;4—支柱;5—墩顶梁段;6—临时支架;7—移梁段小车

图4.26 移动式导梁悬拼梁段示意图

量的关键,一般采用湿接缝连接。

1号梁段安装的允许偏差见表4.1。

表4.1　1号梁段安装的允许偏差

高程	中线	平面位置长度	扭转高差	转角高差
±1	±1	1	1	0.5/m

②铰接缝拼装梁段。

铰接缝是在梁段接触面上涂一层约0.8 mm厚的环氧树脂加水泥薄层而形成。它在施工中起润滑作用,使接缝密贴,在凝固后提高结构的抗剪能力、整体刚度和不透水性。

梁段吊上并基本定位后(此时接缝宽约为10~15 cm),先将临时预应力筋穿入,安好连接器,再开始涂胶及合龙,张拉临时预应力筋,使固化前铰接缝的压应力不低于0.3 MPa,这时可以解除吊钩。

③拆除吊机后,穿入永久预应力筋,张拉预应力筋后,可移动挂篮,进行下一段梁的吊装。

合龙段施工:用悬臂施工法建造的连续刚构桥、连续梁桥和悬臂桁架拱,则需在跨中将悬臂端刚性连接、整体合龙。这时合龙段的施工常采用现浇和拼装两种方法。现浇合龙段预留1.5~2 m,在主梁标高调整后,现场浇筑混凝土合龙,再张拉预应力索筋,将梁连成整体。节段拼装合龙对预制和拼装的精度要求较高,但工序简单,施工速度快。箱梁T构在跨中合龙时初期常用剪力铰,使悬臂能相对位移和转动,但挠度连续。现在箱梁T构和桁架T构的跨中多用挂梁连接。预制挂梁的吊装方法与装配式简支梁的安装相同,但需注意安装过程中对两边悬臂加荷的均衡性问题,以免墩柱受到过大的不均衡力矩。有两种方法:①采用平衡重;②采用两悬臂端部分批交替架梁,以尽量减少墩柱所受的不平衡力矩。

4.2　顶推法施工

顶推法架桥早就为人们熟知。如架设钢桥时,在梁的前端铺设导梁作脚手架,以此拖拉架设桥跨。通过实践、总结和提高,顶推架梁现已成为各种桥梁施工最广泛使用的方法之一。连续梁桥采用顶推法施工如图4.27、图4.28所示。

顶推法施工是预先在桥台后面的路堤或引道上逐段拼装或浇筑结构,达到预定的设计强度后,安装临时预应力索,用顶推装置通过滑移装备将梁段顶出;安放一段,顶推一段,直至桥跨全部就位。顶推法有两种方法,第一种是在河岸一侧桥台路堤或引道上逐段拼装和顶推,第二种是从两岸桥台面同时拼装与顶推。最近又由单点或两点顶推发展到多点顶推,不仅在桥台后面,还可在桥上顶推。

1. 顶推施工大致有如下特点

(1)在城市大型桥梁和立交桥建设中广泛采用。无需搭设脚手架,不影响市内交通或拆迁过多的建筑物,有利于大型机具交叉流水作业,行人安全,对环境污染程度减少。

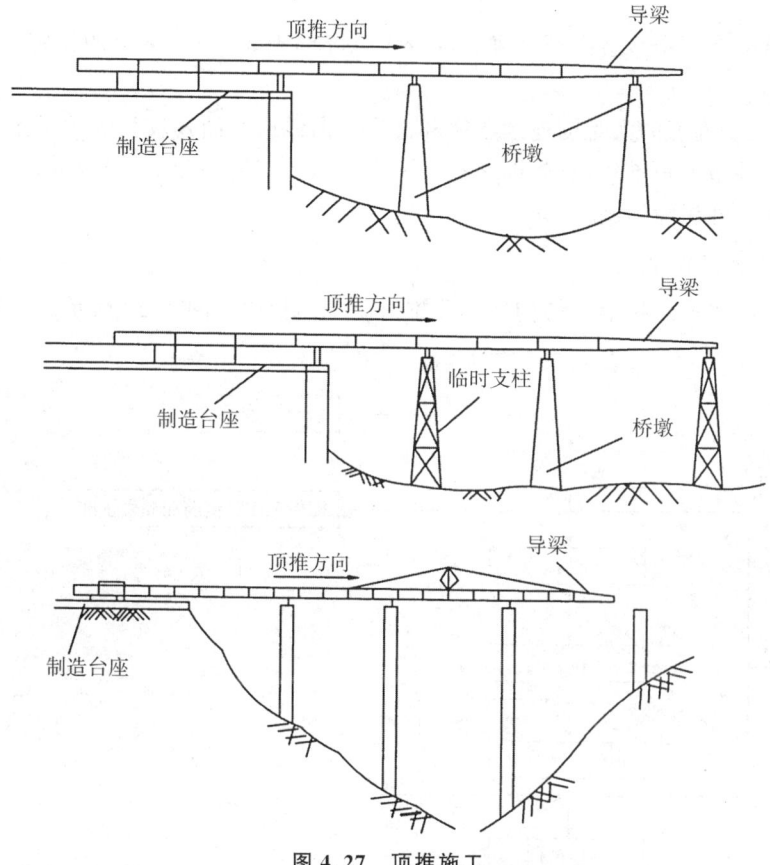

图 4.27 顶推施工

(2)主要以千斤顶为动力,采用新型的滑移材料和设备。在台后路堤上分段制造和顶推梁体,使梁在已建成的墩台顶或辅助的临时支墩上滑移就位。桥跨的制作可与墩台基础平行施工,能加快施工进度,可做到工厂化、机械化施工。因其以较小的设备架设较重的桥梁,无需大型起吊设备,没有高空作业;施工平稳,安全可靠,架梁作业简单,因而节约了劳力,减轻劳动强度。由于

图 4.28 预应力混凝土连接梁顶推安装

顶推工作是有步骤、有规律地周期性循环,有节奏地进行,能使在城镇住房密集区内架桥时减少公害,降低工程费用。

(3)由于桥跨块件在台后制作和拼装,使施工精确、设备和人力集中,减小了操作场地工作面、投资和管理环节,缩短了运输距离。预制时,以前一块件端面为模板,一块贴着一块,这样灌注混凝土时减少了拼缝,质量能得到保证。

(4)顶推法在某些方面受到限制:工作面最多只有两个,使推进速度受到限制;若将箱梁截面分几段组成时,必须待全桥就位后才能完成。

拆除临时预应力力索,安装永久性或临时力筋束转换成永久力筋束等施工方法较为

困难。

特大长桥的多墩中常会出现个别基础较大沉降的现象,而在墩上的桥跨需配置较多的临时预应力筋。

对变坡度、变高度的大跨度连续梁桥和夹有平曲线或竖曲线较长的桥均无法适应。

在高的柔性墩上顶推较困难,即使在每一个高墩上安装一套千斤顶,也要对其稳定性采取临时性或永久性保障措施。

2. 顶推法施工程序

预应力混凝土连续桥上部结构采用顶推法施工的程序如图4.29所示。

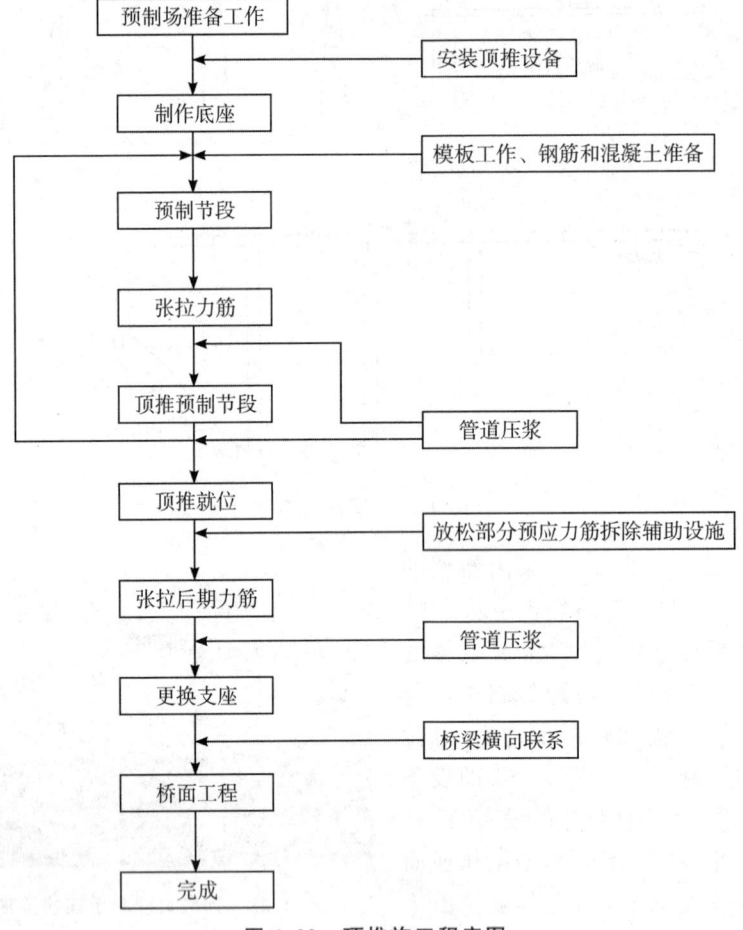

图4.29 顶推施工程序图

4.2.1 梁段预制

1. 预制场布置

顶推法的制梁有两种方法:一种是在梁轴线的预制场上连续预制逐段顶推;另一种是在工厂制成预制块件,运送桥位连接后进行顶推,在这种情况下,必须根据运输条件决定节段的长度(一般不超过 5 m)和重量,同时增加了接头工作,需要起重、运输设备,因此,以现场预制为宜。

主梁节段预制完成后,要将节段向前顶推,空出预制台座继续浇筑下一节段。对于顶出的梁段,要求顶后无高程变化,梁的尾端不能产生转角。因此,在到达主跨之前要设置过渡孔。

预制场地包括:预制台座和从预制台座到标准顶推跨之间的过渡孔。

预制场地一般设在桥台后面的引桥或者引道上。长 500 m 左右的桥,通常只设一端预制场。较长的桥梁,或者中间跨为不同结构时,也可在桥两端设预制场地,相向顶推。

预制场地布置应综合考虑以下因素:

(1)梁体顶推过程的抗倾覆安全度。为此,整个预制场地内滑道支承墩宜作小间距布置,使梁段在预制场地范围内逐步顶推过渡到标准跨。

(2)尽量将预制场地向前靠,充分利用设计的永久墩台的基础和墩身,少占引桥或引道位置,减小顶推工作量,避免顶推到最后时,梁的尾端出现长悬臂。

(3)预制台座、滑道支承墩均应牢固可靠,局部沉降不宜大于 5 mm,防止在浇筑和顶推梁体时发生沉陷现象,影响成型构件的拼装和梁体的顶推。

(4)预制场地其他设施的平面布置,例如拼装导梁的场地,设备材料的运输,起吊设备的安装,混凝土拌和站的位置以及普通钢筋、预应力筋的下料、制作、安装场地。

2. 确定分段长度

主梁节段的长度划分主要考虑:段间的连接处不要设在连续梁受力最大的支点与跨中截面,同时要考虑制作加工容易度,尽量减少分段,缩短工期,因此一般每段长 10~30 m。同时根据连续梁反弯点的位置,连续梁的顶推节段长度应使每跨梁不多于 2 个接缝。

3. 梁段预制

模板由底模、侧模和内模组成。一般来说,采用顶推法施工多选用等截面,模板多次周转使用。因此宜使用钢模板,以保证预制梁尺寸的准确性。

预制方案有两种:

(1)在梁轴线的预制台座上分段预制,逐段顶推。预制一般采用两次浇筑法,先浇筑梁的底板、腹板混凝土,然后立顶模,浇筑顶板混凝土。

(2)在箱梁的预制台座分底板段和箱梁段两段设置,先预制底板段(第一段把导梁的下弦预埋在底板前端),待底板段混凝土的强度达到设计强度的 80% 后,将底板顶推至箱梁位置就位,同时将第二段底板和第一段箱梁交错施工,以此循环进行,缩短箱梁预制的施工周期。

4.2.2 梁段顶推

1. 顶推方法的选择

(1)单点顶推

全桥纵向只设一个或一组顶推装置,顶推装置通常集中设置在梁段预制场附近的桥台或桥墩上,而在前方各墩上设置滑移支承。

按顶推装置分为两种：水平—竖直千斤顶法、拉杆千斤顶法。

①水平—竖直千斤顶法

水平千斤顶与竖直千斤顶联合使用，施工程序为顶梁、推移、落下竖直千斤顶和收回千斤顶的活塞杆，如图 4.30 所示。顶推时，升起竖直千斤顶活塞，使临时支承卸载，开动水平千斤顶去顶推竖直千斤顶，由于竖直千斤顶下面设有滑道，千斤顶的上端装有一块橡胶板，即竖直千斤顶在前进过程中带动梁体向前移动。当水平千斤顶达到最大行程时，降下竖直千斤顶活塞，使梁体落在临时支撑上，收回水平千斤顶活塞，带动竖直千斤顶后移，回到原来位置，如此反复不断地将梁顶推到设计位置。

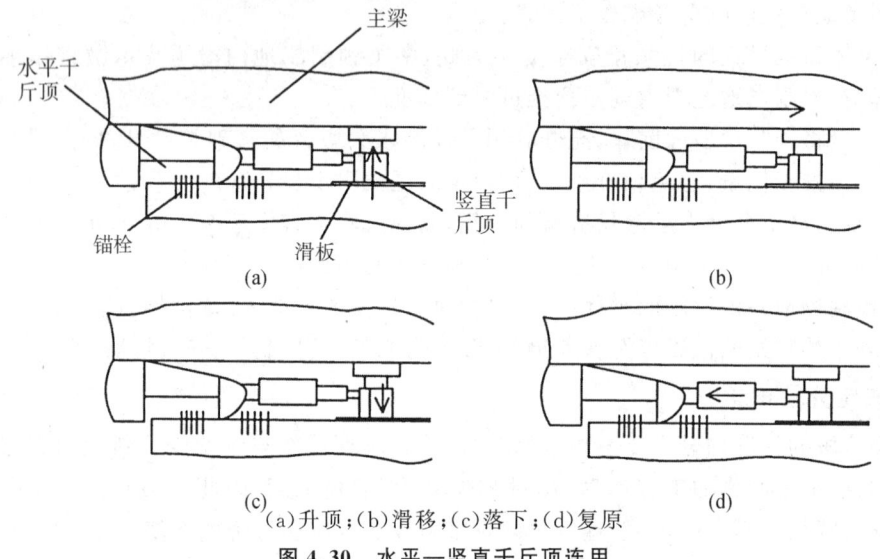

(a)升顶；(b)滑移；(c)落下；(d)复原

图 4.30 水平—竖直千斤顶连用

②拉杆千斤顶法

将水平液压千斤顶布置在桥台前端，底座紧靠桥台，由楔形夹具固定在梁底板或侧壁，锚固设备的拉杆与千斤顶连接，通过千斤顶的牵引作用，带动梁体向前移动。千斤顶回程时，固定在油缸上的刚性拉杆便从楔形夹具上松开，在锚头中滑动，随后重复下一循环，如图 4.31 所示。

滑移支承设在前墩顶的混凝土垫块上(如图 4.31 所示)，垫块上放置光滑的不锈钢板或镀铬钢板形成滑道，组合的聚四氟乙烯滑块由聚四氟乙烯表层和带有钢板夹层的橡胶块组成，外形尺寸有 420 mm×420 mm、200 mm×400 mm、500 mm×200 mm 等数种，厚度有 21 mm、31 mm、40 mm 等多种。顶推时，滑块在前方滑出，通过在滑道后方不断喂入滑块，使梁身前移时始终支承在滑块上。

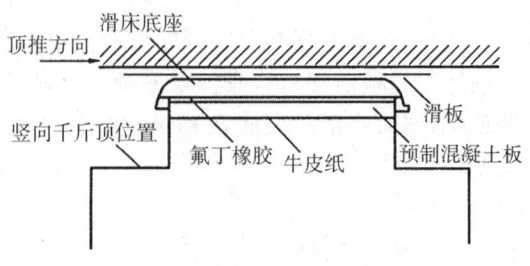

图 4.31 顶推使用的滑道装置

(2)多点顶推

在每个墩台上均设置一对小吨位的水平千斤顶，将集中顶推力分散到各墩上，并在各墩及临时墩上设置滑移支承。所有顶推千斤顶通过控制室统一控制其出力等级，同步进行。

由于利用了水平千斤顶,传给墩顶的反力平衡了梁体滑移时在桥墩产生的摩阻力,从而使桥墩在顶推过程中承受很小的水平力,因此在柔性墩上可以采用多点顶推施工。多点顶推通常采用拉杆式顶推装置,它在每个墩位上设置一对液压穿心式水平千斤顶。千斤顶中穿过的拉杆采用高强螺纹钢筋,拉杆的前端通过锥形楔块固定在活塞插头部,后端有特制的拉锚器、锚定板等连接器与箱梁连接,水平千斤顶固定在墩顶的台座上。当用水平千斤顶施顶时,将拉杆拉出一个顶程,即带动箱梁前进,收回千斤顶活塞后,锥形楔块又在新的位置上将拉杆固定在活塞杆的头部,如图4.32所示。

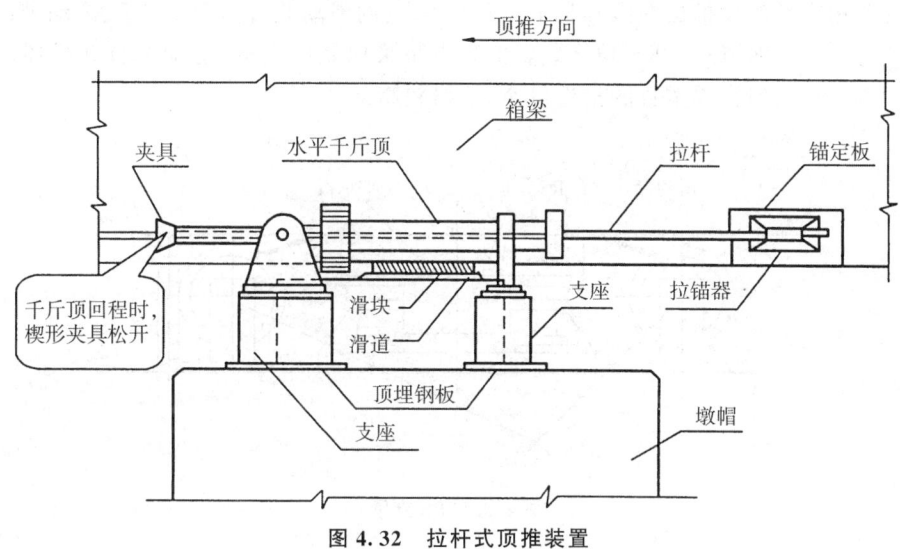

图 4.32 拉杆式顶推装置

多点顶推法也称 SSY 顶推法,除采用拉杆式顶推系统外也可用水平千斤顶与竖直千斤顶联合作业。

多点顶推法与简单顶推法比较,可以免用大规模的顶推设备,并能有效的控制顶推梁的偏移,顶推时桥墩承受的水平推力小,便于结构采用柔性墩。在顶推弯桥时,由于各墩均匀施加顶力,能顺利施工。在顶推时如遇桥墩发生不均匀沉降,只要局部调整滑板高度即可正常施工。采用拉杆式顶推系统,免去了在每一循环顶推中用竖直千斤顶将梁顶起和使水平千斤顶复位的操作,简化了工艺流程,加快了顶梁速度。但多点顶推所需的设备较多,操作要求也比较高。

多联桥的顶推,可以分联顶推,通联就位,也可连在一起顶推。两联间的结合面可用牛皮纸或塑料布隔离层隔开,也可采用隔离剂隔开。当多联一并顶推时,多联顶推就位后,可根据具体情况设计解联、落梁及形成伸缩缝的施工方案,如两联顶推,第二联就位后解联,然后第一联再向前顶推就位,形成两联间的伸缩缝。

此外,顶推法施工还可分为单向顶推和双向顶推法施工。双向顶推需要在两岸同时预制,因此要有两个预制场、两套设备,施工费用高。双向顶推常用于连续梁中孔跨径较大而不宜设置临时墩的三跨桥梁。此外,在 $L>600$ m 时,为缩短工期也可采用双向顶推施工。

2. 支承系统

(1)设置临时滑动支承顶推

顶推施工的滑道是在墩上临时设置的,由光滑的不锈钢板与组合的聚四氟乙烯滑块组成,用于滑移梁体支承作用,待主梁顶推就位后,更换正式支座。在主梁就位后,拆除顶推设备,同时进行张拉后期预应力束和管道压浆工作,待管道水泥浆达到设计强度后,用数只大吨位竖直千斤顶同步将一联主梁顶起,拆除滑道及滑道底座混凝土垫块,安放正式支座。

(2)使用与永久支座合一的滑动支承顶推

采用施工临时滑动支承与竣工后永久支座组合兼用的支承构造进行顶推。它将竣工后的永久支座安置在墩顶的设计位置上,施工时通过改造作为顶推滑道,主梁就位后,恢复为永久支座状态,它不需拆除临时滑动支承,也不需要采用大吨位千斤顶进行顶梁作业。

上述兼用支承的顶推法在国外称 RS 施工法,它的滑动装置由 RS 支承、滑动带、卷绕装置等组成,如图 4.33 所示。RS 顶推装置的特点是采用兼用支承,滑动带自动循环,因而操作工艺简单、省工,但支承本身的构造复杂,价格较高。

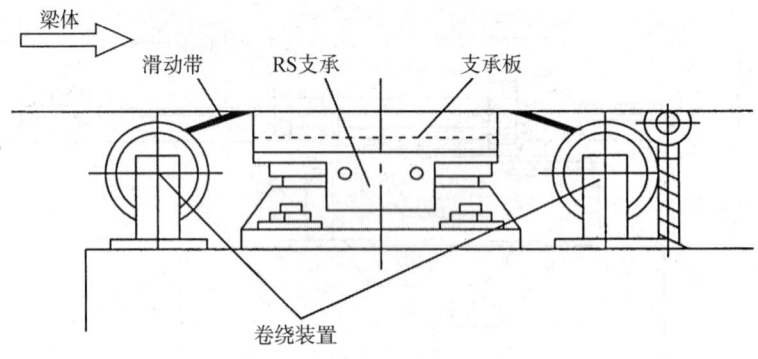

图 4.33 RS 支承

4.2.3 导梁和临时墩

为减小顶推过程中梁的受力,一般可采取的方法有:顶推前端使用导梁;在架设孔跨中设置临时墩;导梁和临时墩并用;两端同时顶推至跨中合龙;在梁上设拉索加劲体系。

1. 导梁

导梁设置在主梁的前端,为等截面或变截面的钢桁架梁或钢板梁,主梁前端装有预埋件与钢导梁拴接。导梁在外形上,底缘与箱梁底应在同一平面上,前端底缘呈向上圆弧形,以便于顶推时顺利通过桥墩。

导梁设置的长度一般为顶推跨径的 0.6~0.7 倍,导梁的刚度为主梁的 1/15~1/9,过大或过小都将增加主梁顶推时的内力。为减轻自重,最好采用从根部至前端为变刚度的或分段变刚度的导梁。

(1)导梁的分类

①钢板导梁。顶推跨径较大时,为了尽量减少导梁本身的挠度变形,宜采用刚度大的专用钢导梁。但一次性投资大,运输不方便,完工后无其他用途。

专用导梁多为变截面工字形实腹钢板梁,如图 4.34 所示,它由主梁和联系杆件组成。主梁的片数与箱梁腹板相对应,为了便于运输,纵向分成了多块,用拼接板和精制螺栓拼成整体,主梁的材料一般为 16 mn 钢板。导梁一般由专业厂家制作,运输到工地拼装成型。

②钢桁架导梁。对于顶推跨径不大或桥横向又分成多个小箱顶推的桥梁,一般可用贝

雷桁架、万能杆件或六四军用桁架拼装成钢桁架梁,以便周转使用。

(2)导梁和主梁端部的连接

一般是先在主梁端的顶板、底板内预埋厚钢板或型钢伸出梁端,再与拼装成型后的导梁连接,埋入长度由计算决定,一般不宜小于导梁高度。为了防止主梁端部接头混凝土在承受最大正、负弯矩时,产生过大拉应力而产生裂缝,必须在接头附近施加预应力。

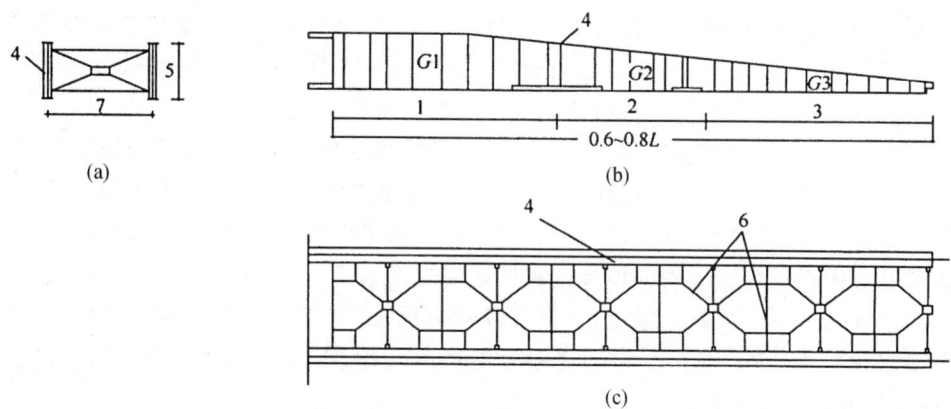

(a)剖面图;(b)钢导梁侧面图;(c)钢导梁平面图

1—第一节;2—第二节;3—第三节;4—导梁主桁;5—箱梁高;
6—钢管(型钢)横撑杆;7—主桁宽;$G1,G2,G3$—相应各节重力;L—跨径

图 4.34　钢导梁示意图

2. 临时墩

当梁的设计跨径大于 50 m 时,宜考虑设置临时墩。使用临时墩要增加桥梁的施工费用,但是可以节省上部结构材料用量,需要从桥梁分跨、通航要求、桥墩高度、水深、地质条件等方面作综合技术经济比较。

临时墩应能承受顶推时最大竖直荷载和最大水平摩阻力引发的变形。墩基可用打入桩、混凝土浅基础或钻孔灌注桩,墩身尽可能设计为能重复使用的构件。一般采用装配式空心钢筋混凝土柱或钢管柱,前者与后者比较,荷重和温度变化产生的形变小,但后者安装和拆除快,回收利用率高。

为加强临时墩的抗推能力,可以用斜拉索或水平拉索锚于永久墩下部或墩帽,如图 4.35 所示。临时墩上一般仅设滑道,而不设顶推装置。

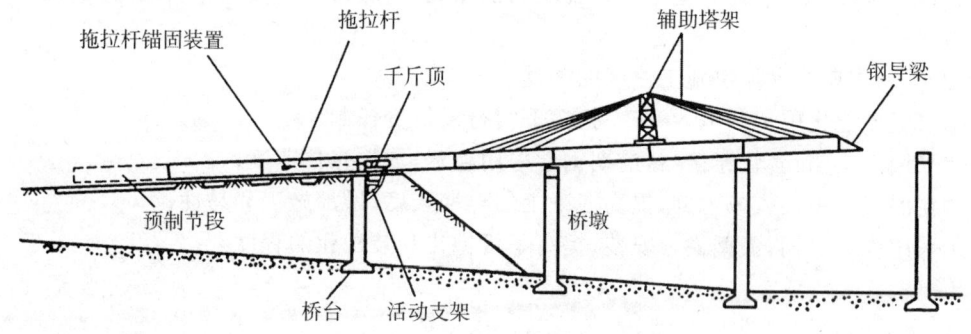

图 4.35　用拉索加劲的顶推法施工

4.2.4 顶推施工中注意的问题

1. 确定分段长度和预制场布置

顶推法的制梁有两种方法,一种是在梁轴线的预制场上连续预制逐段顶推。另一种是在工厂制成预制块件,运送到桥位连接后进行顶推,在这种情况下,必须根据运输条件决定节段的长度(一般不超过 5 m)和重量,同时增加了接头工作,需要大型起重、运输设备,因此,以现场预制为宜。

预制场是预制箱梁和顶推过渡的场地,预制场的场地包括主梁节段的浇制平台和模板、钢筋和钢索的加工场地,混凝土搅拌站以及砂、石、水泥的堆放和运输路线用地。预制场一般设在桥台后,长度需要有预制节段长的三倍以上,如果路堤已先做好,可以把钢筋加工、材料堆放场地安排得更合理一些。顶推过渡场地需要布置千斤顶和滑移装置,因此它又是主梁顶推的过渡孔。主梁预制完成后,要将节段向前顶推,空出浇筑平台继续浇制,对于顶出的梁段要求顶推后无高程变化,梁的尾端不能产生转角,因此在到达主跨之前要设置过渡孔,并通过计算确定分孔和长度。

2. 节段的预制工作

节段的预制对桥梁施工质量和施工速度起决定作用。由于预制工作固定在一个位置上进行周期性生产,所以完全可以仿照工厂预制桥梁的条件设临时厂房、吊车,使施工不受气候影响,减轻劳动强度,提高工效。

(1)模板工作——保证预制质量的关键

箱梁模板由底模、侧模和内模组成。一般来说,采用顶推法施工多选用等截面梁,可以多次周转使用。因此宜使用钢模板,以保证预制梁尺寸的准确性。

底模板安置在预制平台上,平台的平强度必须严格控制,因为顶推时的微小高差就会引起梁内力的变化,而且梁底不平整将直接影响顶推工作。通常预制平台要有一个整体的框架基础,要求总下沉量不超过 5 mm,其上是型钢及钢板制作的底模和在腹板位置的底模滑道,在底模和基础之间设置卸落设备,由于要求底模的重量要大于底模与梁底混凝土的黏结力,当千斤顶及木楔的卸落设备放下时,底模能自动脱模,将节段落在滑道上。

节段预制的模板构造与施工方法有关,一种方法是节段在预制场浇筑完成后,张拉预应力筋并顶推出预制场;另一种是在预制场先完成底板浇筑,张拉部分预应力筋后即顶推出预制场,而箱梁的腹板、顶板的施工是在过渡孔上完成,或底板和腹板第一次预制,顶板部分第二次预制。

(2)预制周期——加快施工速度的关键

①组织专业化施工队伍,在统一指挥下实行岗位责任制;

②采用镦头锚、套管连接器,前期钢索采用直索,加快张拉速度;

③在混凝土中加入减水剂,提高混凝土的早期强度,增加施工和易性;

④采用强大振捣,大型模板安装,提高了机械化和装配化的程度。

4.3 逐孔施工法

逐孔施工法从施工技术方面可分为三种类型：

1. 用临时支承组拼预制节段逐孔施工。它是将每一桥跨分成若干节段，预制完成后在临时支承上逐孔组拼施工。

2. 采用整孔吊装或分段吊装逐孔施工。这种施工方法是早期连续梁桥采用逐孔施工的唯一方法，近年来，由于起重能力增强，使桥梁的预制构件向大型化方向发展，从而更能体现逐孔施工速度快的特点。可用于混凝土连续梁和钢连续梁桥的施工中。

3. 使用移动支架逐孔现浇施工。此法亦称移动模架法，它是在可移动的支架、模板上完成一孔桥梁的全部工序，即模板工程、钢筋工程、浇筑混凝土和张拉预应力筋等工序，待混凝土有足够强度后，张拉预应力筋，移动支架、模板，进行下一孔梁的施工。由于此法是在桥位上现浇施工，可免去大型运输和吊装设备，使桥梁整体性好；同时它具有在桥梁预制厂的生产特点，可提高机械设备的利用率和生产效率。

4.3.1 用临时支撑组拼预制节段逐孔施工

用临时支承组拼预制节段逐孔施工，对于多跨长桥，在缺乏较大能力的起重设备时，可将每跨梁分成若干段，在预制场生产；架设时采用一套支承梁临时承担组拼节段的自重，并在支承梁上张拉预应力筋，并将安装跨的梁与施工完成的桥梁结构按照设计的要求联结，完成安装跨的架梁工作。之后，移动临时支承梁，进行下一桥跨的施工。

1. 节段划分

采用节段组拼逐孔施工的桥梁，为了便于组拼，通常组拼的梁跨在桥墩处接头，即每次组拼长度为桥梁的跨径。

在组拼长度内，可根据起重能力沿桥梁纵向划分节段。对于 10～12 m 宽的桥，采用单箱截面的桥梁，分节段时在横向不再分隔。节段长一般取 4～6 m，每跨内的节段通常可分两种类型。

2. 桥墩顶节段

由于桥墩节段要与前一跨连接，需要张拉钢索或钢索接长，为此对墩顶节段构造有一定要求；此外，在墩顶处桥梁的负弯矩较大，梁的截面还要符合受力要求。

3. 标准节段

除两端桥墩顶节段外，其余节段均可采用标准节段，以简化施工。

节段的腹板设有齿键，顶板和底板设有企口缝，使接缝剪应力传递均匀，并便于拼装就位。前一跨墩顶节段与安装跨第一节段间可以设置就地浇筑混凝土封闭接缝，用以调整安装跨第一节段的准确程度，但也可不设。封闭接缝宽 15～20 cm，拼装时由混凝土垫块调整。在施加初预应力后用混凝土封填，这样可调整节段拼装和节段预制的误差。但施工周期要长些，采用节段拼合可加快拼装速度，但对预制和组拼施工精度要求较高。

4.3.2 整孔吊装与分段吊装逐孔施工

整孔吊装和分段吊装需要先在工厂或现场预制整孔梁或分段梁,再进行逐孔架设施工。由于预制梁或预制段较长,需要在预制时先进行第一次预应力索的张拉,拼装就位后进行二次张拉。因此,在施工过程中需要进行体系转换,吊装的机具有桁式吊、浮吊、龙门起重机、汽车吊等多种,可根据起吊重量、桥梁所在的位置以及现有设备和掌握机具的熟练程度等因素选用。图4.36所示为使用桁式吊逐孔架设的施工方案。

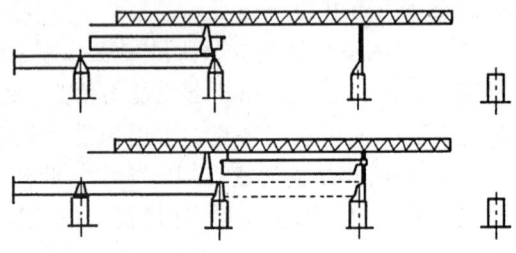

图 4.36 使用桁式吊逐孔架设施工

整孔吊装和分段吊装施工与装配式桥的预制与安装类同,逐孔吊装施工应注意以下几个问题:

1. 采用分段组装逐孔施工的接头位置可以设在桥墩处,也可设在梁的 L/5 附近,前者多为由简支梁逐孔施工连接成连续梁桥;后者多为悬臂梁转换为连续梁。在接头位置处可设有 0.5~0.6 m 现浇混凝土接缝,当混凝土达到足够强度后张拉预应力筋完成连续。

2. 桥的横向是否分隔主要根据起重能力和截面形式确定。当桥梁较宽,起重能力有限的情况下,可以采用 T 梁或工字梁截面,分片架设之后再进行横向整体化。为了加强桥梁的横向刚度,常采用梁间翼缘板有 0.5 m 宽的现浇接头。采用大型浮吊横向整体吊装将会简化施工和加快安装速度。

3. 对于先简支后连续的施工方法,通常在简支梁架设时使用临时支座,待连接和张拉后期钢索完成连续时拆除临时支座,放置永久支座,为使临时支座便于卸落,可在橡胶支座与混凝土垫块之间设置一层硫黄砂浆。

4. 在梁的反弯点附近设置接头,在有可能的情况下,可在临时支架上进行接头。结构各截面的恒载内力根据各施工阶段进行内力叠加计算。

4.3.3 使用移动支架逐孔现浇施工

逐孔现浇施工与在支架上现场浇筑施工的不同点在于逐孔现浇施工仅在一路梁上设置支架,当预应力筋张拉结束后移动支架,再进行下一路逐孔施工,而在支架上现浇施工通常需在连续梁的一联桥跨上布设支架连续施工,因此前者在施工过程中有结构的体系转换问题,混凝土徐变对结构产生次内力。

对中小路径连续梁桥或建造在陆地上的桥梁结构,可以使用落地式或梁式移动支架,如图 4.37 所示。梁式支架的承重梁支承在锚固于桥墩的横梁上,也可支承在已施工完成的梁体上,现浇施工的接头最好设在弯矩较小的部位,常取离桥墩 L/5 处。

逐孔就地浇筑施工需要一定数量的支架,但比起在支架上现场浇筑施工所需的支架数量要少得多,而且周转次数多,利用效率高。逐孔现浇的施工速度也比在支架上现浇快,但相对预制梁段组拼逐孔施工时间要长些,同时后支点位于桥梁的悬臂端处,现浇孔施工重量

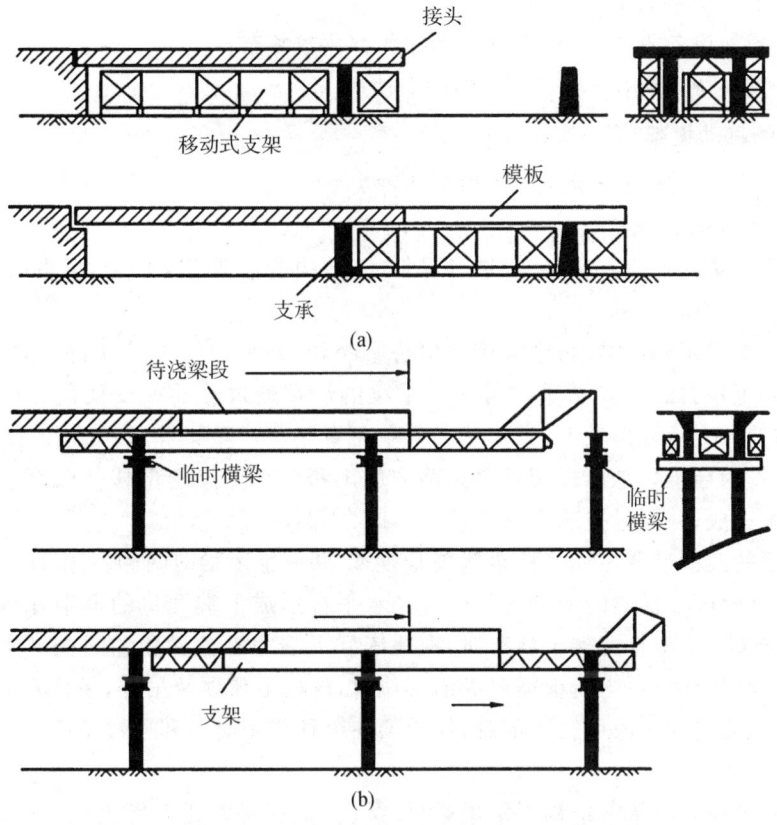

(a)落地式支架；(b)梁式支架

图 4.37 使用移动支架逐孔现浇施工

对已完成桥跨将产生较大的施工弯矩，特别是在已完成桥跨的混凝土龄期还很短的情况下。

采用落地式或轨道移动式支架逐孔施工，可用于预应力混凝土连续梁桥，也可在钢筋混凝土连续梁桥上使用，每跨梁施工周期约两周，支架的移动较方便，但在河中架设较为困难。

移动模架法适用在多跨长桥，桥梁路径可达 30～50 m，使用一套设备可多次移动周转使用。为适应这类桥梁的快速施工，要求有严密的施工组织和管理，利用机械化的支架和模板在桥位上逐孔完成梁跨全部混凝土及预应力工艺。

常用的移动模架可分为移动悬吊模架与支承式活动模架两种类型。

当桥墩较高，桥跨较长或桥下净空受到约束时，可以采用非落地支承的移动模架逐孔现浇施工，这种施工方法近年来发展较快，由于它的机械化、自动化程度较高，给施工带来较好的经济效益，称为移动模架法。

1. 移动模架法的施工特点

(1)移动模架法不需要设置地面支架，不影响通航或桥下交通，施工安全、可靠；

(2)有良好的施工环境，保证施工质量，一套模架可多次周转使用，具有可在类似预制场生产的优点；

(3)机械化、自动化程度高，节省劳力，降低劳动强度，缩短工期；

(4)通常每一施工梁段的长度取用一跨的跨长，接头的位置一般选在桥梁受力较小的地

方,即离支点 L/5 处附近;

(5)移动模架设备投资大,施工准备和操作都比较复杂;

(6)此法宜在桥梁跨径小于 50 m 的桥上使用。

2. 常用的移动模架

分为移动悬吊模架与支承式活动模架两种类型。

(1)移动悬吊模架施工

移动悬吊模架的形式有很多,构造各异,其基本构造包括三个部分:承重梁、肋骨状横梁和移动支承。

承重梁通常采用钢箱梁,长度大于两倍桥梁跨径,是承担施工设备自重力、模板系统重力和现浇混凝土重力的主要承重构件。承重梁的后端通过移动式支架落在已完成的梁段上,承重梁的前方支承在桥墩上,工作状态呈单悬臂梁。承重梁除起承重作用外,在一跨梁施工完成后,作为导梁将悬吊模架纵移到前方施工跨。承重梁的位移及内部运输由数组千斤顶或起重机完成,并通过控制室操作。

在承重梁的两侧悬臂出许多横梁覆盖全桥宽,并由承重梁向两侧各用 2～3 组钢束拉住横梁,以增加其刚度。横梁的两端各用竖杆和水平杆形成下端开口的框架并将主梁包在其中。当模板支架处于浇筑混凝土状态时,模板依靠下端的悬臂梁和锚固在横梁上的吊杆定位,并用千斤顶固定模板;当模板需要纵向移位时,放松千斤顶及吊杆,模板安放在下端悬臂梁上,并转动该梁前端一段可转动部分,使模架在纵移状态时顺利通过桥墩。

(2)支承式活动模架施工

支承式活动模架的基本结构由承重梁、导梁、台车和桥墩托架等组成,它采用两根承重梁,分别设置在箱形梁的两侧,承重梁用来支撑模板和承受施工荷载,承重梁的长度要大于桥梁的跨径,浇筑混凝土时承重梁支撑在桥墩托架上。导梁主要用于移动承重梁和活动模架,因此需要大于两倍桥梁跨径的长度。当一跨桥梁施工完成进行脱模卸架后,由前方台车(在导梁上移动)和后方台车(在已完成的梁上移动),沿纵向将承重梁的活动模架运送到下一跨,承重梁就位后,导梁再向前移动并支承在前墩上,如图 4.38 所示。

图 4.38 支承式活动模架施工

4.4 预制安装施工法

预制梁(板)的安装是预制装配式混凝土梁桥施工中的关键性工序,应结合施工现场条件、工程规模、桥梁跨径、工期条件、架设安装的机械设备条件等具体情况,从安全可靠、经济简单和加快施工速度等为原则,合理选择架梁的方法。

对于简支梁(板)的安装设计,一般包括起吊、纵移、横移、落梁(板)就位等工序,从架设的工艺来分,有陆地架梁、浮吊架梁和利用安装导梁、塔架、缆索的高空架梁法等方法。《公路施工手册—桥涵》(上、下册)详细介绍了预制梁安装的十几种方法,可供参考,这里简要介绍几种常用的架梁方法。

必须注意的是,预制梁(板)的安装既是高空作业,又需用复杂的机具设备,施工中必须确保施工人员的安全,杜绝工程事故。因此,无论采用何种施工方法,施工前均应详细、具体地研究安装方案,对各承力部分的设备和杆件进行受力分析和计算,采取周密的安全措施,严格执行操作规程,加强施工管理和安全教育,确保安全、迅速地进行架梁工作。同时,安装前应将支座安装就位。

4.4.1 陆地架梁法

1. 移动式支架架梁法

此法是在架设孔的地面上,顺桥轴线方向铺设轨道,其上设置可移动支架,预制梁的前端搭在支架上,通过移动支架将梁移运到要求的位置后,再用龙门架或人字扒杆吊装;或者在桥墩上设枕木垛,用千斤顶卸下,再将梁横移就位(如图4.39所示)。

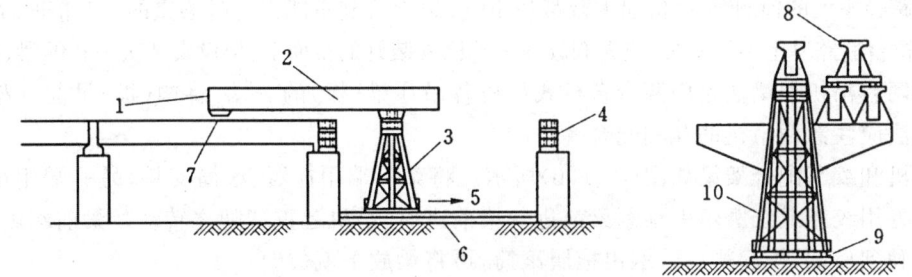

1—后拉绳;2—预制梁;3—移动式支架;4—枕木垛;5—拉绳;
6—轨道;7—平车;8—临时搁置的梁(支架拆除后再架设);9—平车;10—移动式支架

图 4.39 移动式支架架设法

利用移动支架架设,设备较简单,但可安装重型的预制梁;无动力设备时,可使用手摇卷扬机或绞磨移动支架进行架设。但不宜在桥孔下有水及地基过于松软的情况下使用,一般也不适宜桥墩过高的场合,因为这时为保证架设安全,支架必须高大,因而此种架设方法不够经济。

2. 摆动式支架架梁法

本法是将预制梁(板)沿路基牵引到桥台上并稍悬出一段,悬出距离根据梁的截面尺寸和配筋确定。从桥孔中心河床上悬出的梁(板)端底下设置人字扒杆或木支架,如图4.40所示。前方用牵引绞车牵引梁(板)端,此时支架随之摆动而到对岸。

为防止摆动过快,应在梁(板)的后端用制动绞车牵引制动。

摆动式支架架梁法较适宜于桥梁高跨比稍大的场合。当河中有水时也可用此法架梁,

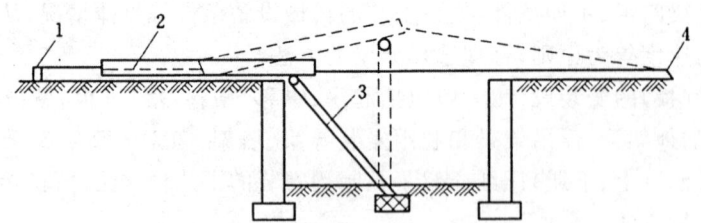

1—制动绞车;2—预制梁;3—支架;4—牵引绞车
图 4.40 摆动式支架架设法

但需在水中设一个简单小墩,以供立置木支架用。

3. 自行式吊机架梁法

由于大型的自行式吊机的逐渐普及,且自行式吊机本身有动力、架设迅速、可缩短工期,不需要架设桥梁用的临时动力设备、不必进行任何架设设备的准备工作、不需要如其他方法架梁时所具备的技术工种,因此,一般中小跨径的预制梁(板)的架设安装越来越多地采用自行式吊机。

自行式吊机架梁可以采用一台吊机架设、两台吊机架设、吊机和绞车配合架设等方法。

当预制梁重力不大,而吊机又有相当的起重能力,河床坚实无水或少水,允许吊机行驶、停搁时,可用一台吊机架设安装。这时应注意钢丝绳与梁面的夹角不能太小,一般以 45°~60°为宜,否则应使用起重梁(扁担梁)。用一台自行式吊机架梁如图 4.41(a)所示。

对跨径不大的预制梁,吊机起重臂跨径 10 m 以上且起重能力超过梁重的 1.5 倍时,吊机可搁放在桥台后路基上架设安装,或先搁放在一孔已安装好的桥面上,架设安装次一孔的梁(板)。

用两台吊机架梁法是用两台自行式吊机各吊住梁(板)的一端,将梁(板)吊起并架设安装。此法应注意两吊机的互相配合。

吊机和绞车配合架梁如图 4.41(b)所示。将梁一端用拖履、滚筒支垫,另一端用吊机吊起。前方用绞车或绞磨牵引预制梁前进。梁前进时,吊机起重臂随之转动。梁前端就位后,吊机行驶到后端,提起梁后端取出拖履滚筒,再将梁放下就位。

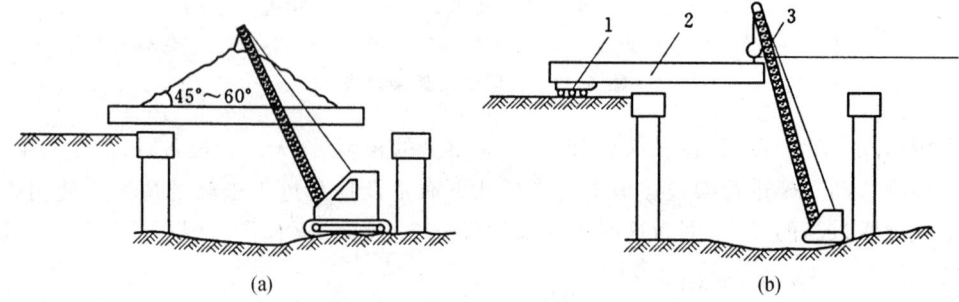

(a)一台自行式吊机架设法;(b)吊机与绞车配合架设法
1—拖履滚筒;2—预制梁;3—吊机起重臂;4—绞车或绞盘
图 4.41 自行式吊机架设法

4. 跨墩或墩侧龙门架架梁法

本法是以胶轮平板拖车、轨道平车或跨墩龙门架将预制梁运送到桥孔,然后用跨墩龙门架或墩侧高低脚龙门架将梁吊起,再横移到梁设计位置后落梁,如此就位完成架梁工作。

搁置龙门架脚的轨道基础要按承受最大反力时能保持安全的原则进行加固处理。河滩上如有浅水,可在水中填筑临时路堤,水稍深时可考虑修建临时便桥,在便桥上铺设轨道。同时,还应与其他架设方法进行技术经济比较,以决定取舍。

用本法架梁的优点是架设安装速度较快,河滩无水时也较经济,而且架设时不需要特别复杂的技术工艺,所需作业人员较少。但龙门吊机的设备费用一般较高,尤其是在高桥墩的情况时。

跨墩龙门架的架梁程序如图4.42(a)所示。预制梁可由轨道平车运送至桥孔,如两台龙门架吊机自行且能达到同步运行时,也可利用跨墩龙门架将梁吊着运送到桥孔,再吊起横移落梁就位。

墩侧高低脚龙门架如图4.42(b)所示,其架设程序与跨墩龙门架基本相同。但预制梁必须用轨道平车或胶轮平车拖运至桥孔。一孔各片梁安装完毕后,将1号墩的龙门架拆除运送到4号墩安装使用,以后如此循环使用。为了加快预制梁吊起横移就位速度,可准备三台高低脚龙门架,设置在1、2、4号墩侧。待第一跨各梁安装完毕,即可安装第二跨,与此同时,将1号墩龙门架运送到4号墩安装。这种高低脚龙门架较跨墩龙门架可减少一条轨道,一条腿的高度也可降低,但增加运、拆、装龙门架的工作量,并需要多准备一台龙门架。

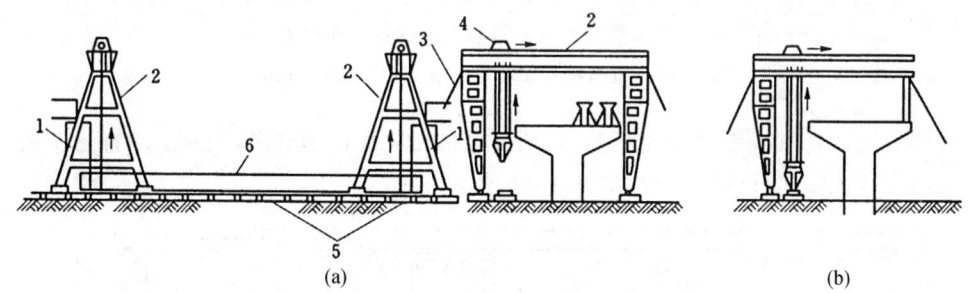

(a)跨墩龙门架架设;(b)墩侧高低脚龙门架架设
1—桥墩;2—龙门架吊机(自行式);3—风缆;4—横移行车;5—轨道;6—预制梁
图4.42 跨墩龙门架架设法

4.4.2 浮运架梁法

浮运架梁法是将预制梁用各种方法移装到浮船上,并浮运到架设孔后就位安装。该方法施工速度快,高空作业少,吊装能力强,是大跨多孔河道桥梁的有效施工方法。采用浮吊架设要配备运输驳船,岸边设置临时码头,同时在浮吊架设时应有牢固锚碇,且要注意施工安全。

浮运架梁法主要采用如下两种方法。

1. 预制梁装船浮运至架设孔再起吊安装就位

装梁上船一般采用引道栈桥码头,用龙门架吊着预制梁上船,如图4.43所示。

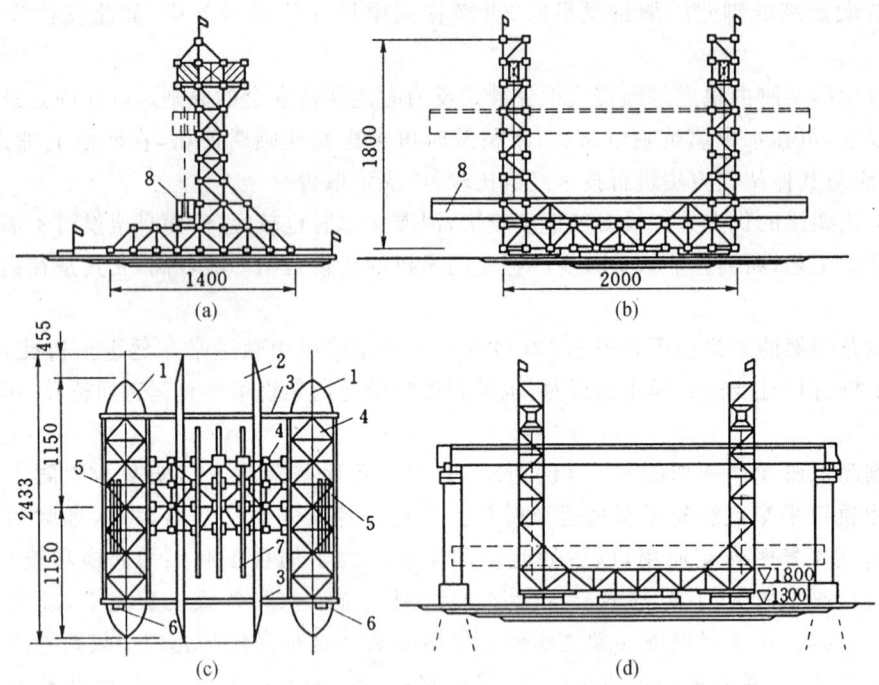

(a)侧面;(b)正面;(c)平面;(d)墩位安装

1—19 t 浮桥船;2—80 t 铁驳船;3—联结 36 号工字钢;4—万能杆件;5—吊点位置;
6—5 t 卷扬机;7—56 号工字钢;8—预制梁

图 4.43 预制梁装船浮运架设法(尺寸单位:cm)

相同方法沿桥轴线拖拉浮船至对岸,预制梁也相应拖拉至对岸,当梁前端抵达安装位置后用龙门架或人字扒杆安装就位,如图 4.44 所示。

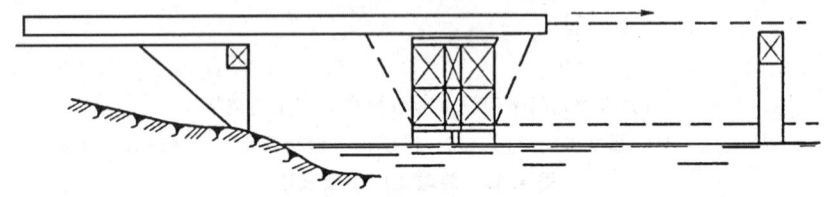

图 4.44 浮船支架拖拉架设法

2. 浮船支架拖拉架梁法

此法是将预制梁的一端纵向拖拉滚移到岸边的浮船支架上,再用如移动式支架架梁法。若装载预制梁的船本身无起吊设施,可用另外的浮吊吊装就位,或用装设在墩顶的起吊设施吊装就位。

4.4.3 高空架梁法

1. 联合架桥机架梁

此法适用于架设安装 40 m 以下的多孔桥梁;其优点是完全不设桥下支架,不受水深流急影响,架设过程中不影响桥下通航、通车。预制梁的纵移、起吊、横移、就位都较方便。其缺点是架设设备用钢量较多但可周转使用。

联合架桥机由两套门式吊机、一个托架、一根两跨长的钢导梁三部分组成(如图 4.45 所示)。钢导梁由贝雷装配、梁顶面铺设的运梁平车、托架行走的轨道、门式吊机和工字梁组成,并在上下翼缘处及接头的地方用钢板加固。门式吊机顶横梁上设有吊梁用的行走小车。为了不影响架梁的净空位置,其立柱做成拐脚式(俗称拐脚龙门架)。门式吊机的横梁高程,由两根预制梁叠起的高度加平车及起吊设备高确定。蝴蝶架是专门用来托运门式吊机转移的,它由角钢组成,如图 4.45 所示,整个蝴蝶架放在平车上,可沿导梁顶面轨道行走。

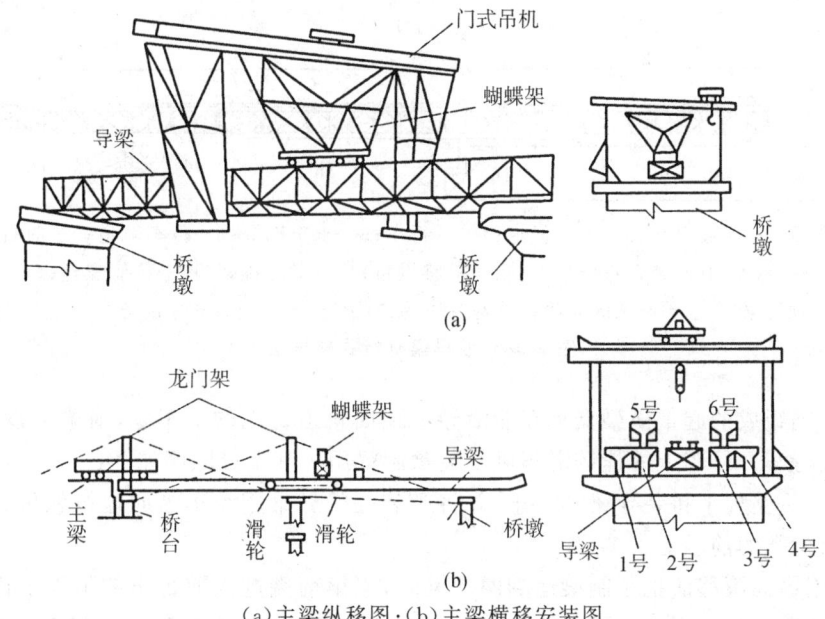

(a)主梁纵移图;(b)主梁横移安装图
图 4.45 联合架桥机架梁法

联合架桥机架梁顺序如下:
(1)在桥头拼装钢导梁,梁顶铺设钢轨,并用绞车纵向拖拉导梁就位;
(2)拼装蝴蝶架和门式吊机,用蝴蝶架将两个门式吊机移运至架梁孔的桥墩(台)上;
(3)由平车轨道运送预制梁至架梁孔位,将导梁两侧可以安装的预制梁用两个门式吊机吊起,横移并落梁就位,如图 4.45 中 1、2、3、4 号梁;
(4)将导梁所占位置的预制梁临时安放在已架设好的梁上,如图 4.45 中的 5、6 号梁;
(5)用绞车纵向拖拉导梁至下一孔后,将临时安放的梁由门式吊机架设就位,完成一孔梁的架设工作,并用电焊将各梁联结起来;
(6)在已架设的梁上铺接钢轨,再用蝴蝶架顺序将两个门式吊机托起并运至前一孔的桥墩上。

如此反复,直至将各孔梁全部架设好为止。

2. 双导梁穿行式架梁法

本法是在架设孔间设置两组导梁,导梁上安设配有悬吊预制梁设备的轨道平车和起重行车或移动式龙门吊机,将预制梁在双导梁内吊着运到规定位置后,再落梁、横移就位。横移时可将两组导梁吊着预制梁整体横移,也可将导梁设在桥面宽度以外,预制梁在龙门吊机上横移,导梁不横移,这比第一种横移方法安全。

双导梁穿行式架梁法的优点与联合架桥机法相同,适用于墩高、水深的情况下架设多孔中小跨径的装配式梁桥。也可架设跨径较大、较重的预制梁,我国用这类型的吊机架设了梁长 51 m,重 1410 kN 的预应力混凝土 T 形梁桥。

两组分离布置的导梁可用公路装配式钢桥桁节、万能杆件设备或其他特制的钢桁节拼装而成。两组导梁内侧净距应大于待安装的预制梁宽度。导梁顶面铺设轨道,供起重行车吊梁行走。导梁设三个支点,前端可伸缩的支承设在架桥孔前方墩桥上,如图 4.46 所示。

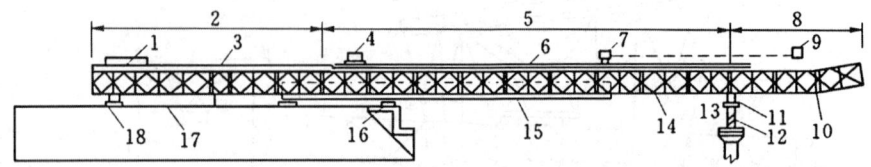

1—平衡压重;2—平衡部分;3—人行便道;4—后行车;5—承重部分;6—行车轨道;7—前行车;8—引导部分;9—绞车;10—装置特殊接头;11—横移设备;12—墩上排架;13—花篮螺丝;14—钢桁架导梁;15—预制梁;16—预制梁纵向滚移设备;17—纵向滚道;18—支点横移设备

图 4.46 双导梁穿行式架梁法

两根型钢组成的起重横梁支承在能沿导梁顶面轨道行走的平车上,横梁上设有带复式滑车的起重行车。行车上的挂链滑车供吊装预制梁用。其架设顺序如下:

(1)在桥头路堤上拼装导梁和行车,并将拼装好的导梁用绞车纵向拖拉就位,使可伸缩支脚承在架梁孔的前墩上;

(2)先用纵向滚移法把预制梁运到两导梁间,当梁前端进入前行车的吊点下面时,将预制梁前端稍稍吊起,前方起重横梁吊起,继续运梁前进至安装位置后,固定起重横梁;

(3)用横梁上的起重行车将梁落在横向滚移设备上,并用斜撑住以防倾倒,然后在墩顶横移落梁就位(除一片中梁处);

(4)用以上步骤并直接用起重行车架设中梁。

如用龙门吊机吊着预制梁横移,其方法同联合架桥机架梁。此法预制梁的安装顺序是先安装两个边梁,再安装中间各梁。全孔各梁安装完毕并符合要求后,将各梁横向焊接联系,然后在梁顶铺设移运导梁的轨道,将导梁推向前进,安装下一孔。

重复上述工序,直至全桥架梁完毕。

3. 自行式吊车桥上架梁法

在预制梁跨径不大,质量较轻且梁能运抵桥头引道上时,可直接用自行式伸臂吊车(汽车吊或履带吊)来架梁。但是,对于架桥孔的主梁,当横向尚未联成整体时,必须核算吊车通行和架梁工作时的承载能力。此种架梁方法简单方便,几乎不需要任何辅助设备,如图 4.47 所示。

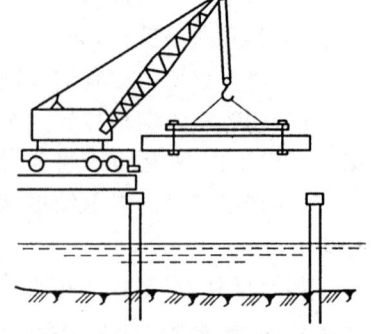

图 4.47 自行式吊车桥上架梁法

4. 扒杆纵向"钓鱼"架梁法

此法是用立在安装孔墩台上的两副人字扒杆,配合运梁设备,以绞车互相牵吊,在梁下无支架、导梁支托的情况下,把梁悬空吊过桥孔,再横移落梁、就位安装的架梁法。其架梁示意图如图4.48所示。

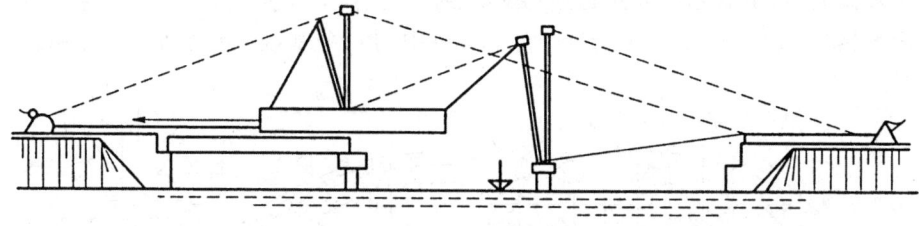

图4.48 扒杆纵向"钓鱼"架梁法

用此法架梁时,必须以预制梁的质量和墩台间跨径为基础,在竖立扒杆、放倒扒杆、转移扒杆或架梁或吊着梁进行横移等各个工作阶段,对扒杆、牵引绳、控制绳、卷扬机、锚碇和其他附属零件进行受力分析和应力计算,以确保设备的安全。还须对各阶段的操作安全性进行检查。

本法不受架设孔墩台高度和桥孔下地基、河流水文等条件影响;不需要导梁、龙门吊机等重型吊装设备而可架设30~40 m以下跨径的桥梁;扒杆的安装移动简单,梁在吊着状态时横移容易,且也较安全,故总的架设速度快。但本法需要技术熟练的起重工,且不宜用于不能设置缆索锚碇和梁上方有障碍物处。

预制梁、板的安装方法除了上述的几种方法之外,还有穿巷式架桥机架设法、支架便桥架设法等,无论要采用哪种方法都要因地制宜,结合工程的实际情况,选择一种经济上可行,质量上保证,并且施工安全的方法。

4.5 拱桥施工

拱桥的施工方法可分为有支架施工和无支架施工两类。

有支架施工是在桥位上搭设拱架,在拱架上砌筑拱圈石或立模浇筑混凝土,待砂浆或混凝土强度达到后,再卸落拱架的方法。主要用于中小跨径的石拱桥、混凝土预制块拱桥和就地浇筑的混凝土拱桥。

无支架施工是指不搭设拱架的各种施工方法的总称,其施工方法包括:钢管混凝土法、劲性骨架法、缆索吊装法、悬臂法和转体施工法。主要用于大跨径拱桥、不便于搭设拱架或搭设拱架有困难的拱桥施工。

4.5.1 有支架施工

1. 拱架的类型及预拱度设置

(1)拱架

拱架按结构分为支柱式、撑架式、扇形、桁式、组合式拱架等;按材料分为木拱架、钢拱架、竹拱架和土牛拱胎。

①支柱式木拱架[如图4.49(a)所示]。其支柱间距小,结构简单且稳定性好,适用于干岸河滩和流速小、不受洪水威胁、无通航的河道上使用。

②撑架式木拱桥[如图4.49(b)所示]。其结构较为复杂,但支点间距可较大,当较大跨径且桥墩较高时,可节省木材并可适应通航。

③扇形拱架[如图4.49(c)所示]。它是从桥中的一个基础上设置斜杆,并用横木联成

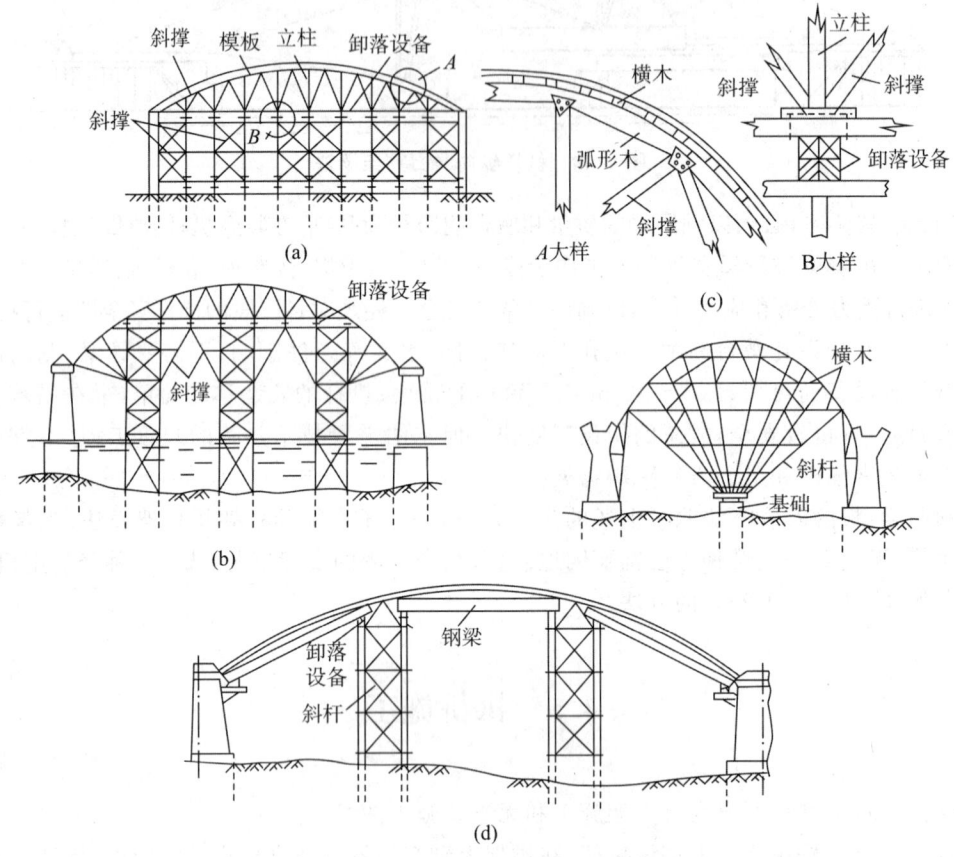

图4.49 常用木、钢木拱架的一般构造图

整体的扇形,用以支承砌筑的施工荷载。扇形拱桥比撑架式拱桥更加复杂,但支点间距可以比撑架式拱桥更大些,尤宜在拱度很大时采用。

④钢木组合拱架[如图4.49(d)所示]。它是在木支架上用钢梁代替木斜梁,可以加大支架的间距,减少材料用量。在钢梁上可设置变高的横木形成拱度,并用以支承模板。也可用钢桁梁或贝雷梁与钢管脚手架组拼钢组合拱架。

⑤钢桁式拱架。通常用常备拼接式桁架拼成拱形拱架,即拱架分为标准节段,拱顶段、拱脚段和连接杆等部分,并用钢销或螺栓连接而成(如图4.50所示)。为使拱架能适应施工载荷产生的变形,一般拱架采用三铰拱。拱架在横向上可由若干组拱片组成,拱片数量依桥梁跨径、荷载大小和桥宽而定,各组间用横向联结系联成整体。

（2）预拱度

对于拱式结构，预拱度的设置比梁式桥更为重要，这是由于拱桥的拱轴线变化将大大影响到结构的受力性能，故需予以高度重视。拱桥施工时，拱架的预拱度主要考虑以下几个方面：

①拱圈自重及 1/2 汽车荷载产生的拱顶弹性下沉；

②拱圈由于温度降低与混凝土收缩产生的拱顶弹性下沉；

③墩台水平位移产生的拱顶下沉；

④拱架在承重后的弹性及非弹性变形，以及梁式及拱式拱架的跨中挠度；

⑤拱架基础受载后的非弹性压缩。

拱架在拱顶处的总预拱度，可根据实际情况进行组合计算。

设置预拱度时，拱顶处应按总预拱度设置，拱脚处为零，其余各点可按拱轴线坐标高度比例或按二次抛物线分配（如图 4.51 所示）。按二次抛物线分配时的计算公式如下：

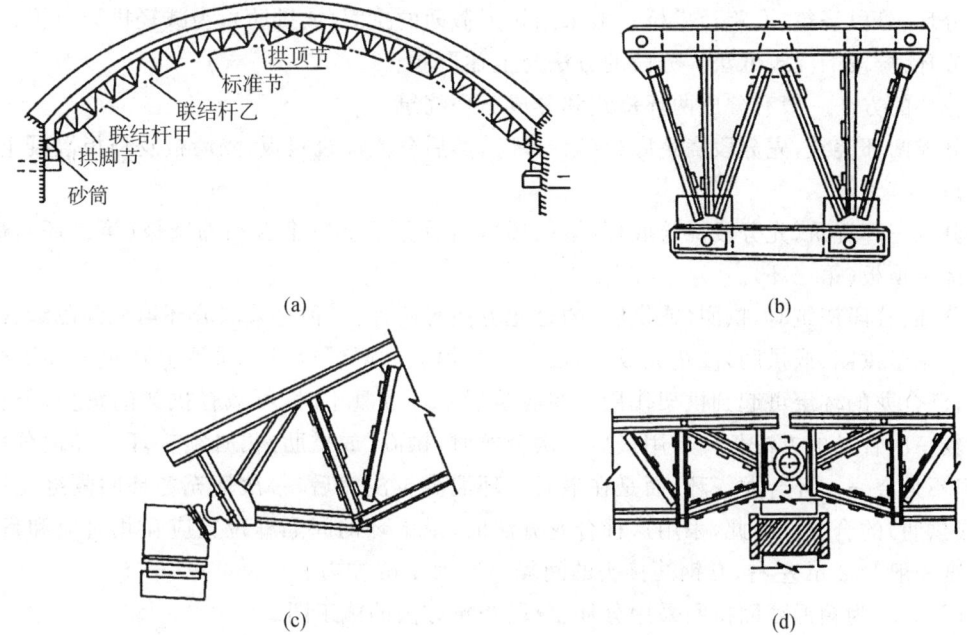

(a)常备拼装式；(b)标准节；(c)拱脚节；(d)拱顶节

图 4.50　常备拼装式桁架形拱架

$$\delta_x = \delta\left(1 - \frac{4x^2}{L^2}\right) \quad (4\text{-}1)$$

式中，δ_x——任意点（距离为 x）的预加高度；

δ——拱顶总预拱度；

L——拱圈计算跨径；

x——跨中至任意点的水平距离。

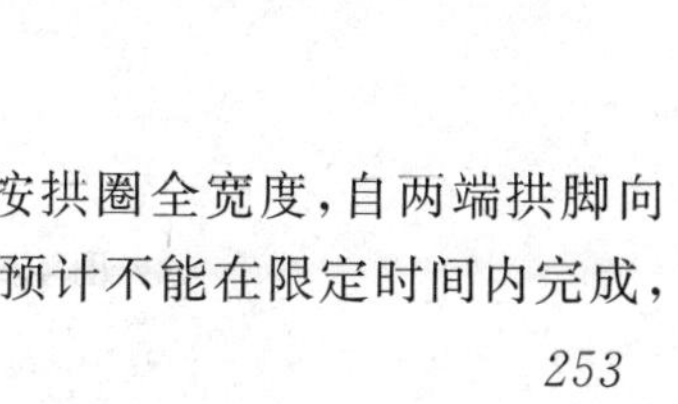

图 4.51　施工预拱度计算图

2. 钢筋混凝土拱圈浇筑

（1）拱圈（或拱肋）的浇筑

①连续浇筑。跨径小于 16 m 的拱圈（或拱肋）混凝土，应按拱圈全宽度，自两端拱脚向拱顶对称地连续浇筑，并在拱脚处混凝土初凝前全部完成。如预计不能在限定时间内完成，

则须在拱脚处预留一个隔缝,并最后浇筑隔缝混凝土。

②分段浇筑。跨径大等于 16 m 的拱圈(或拱肋),为避免拱架变形而产生裂缝以及减小混凝土的收缩应力,应采用分段浇筑的施工方法。分段长度一般为 6~15 m。分段位置确定的原则应使拱架受力对称、均匀,并使拱架变形小。因此,在拱架支点、节点处,拱顶、拱脚等处,一般宜设置分段点并适当预留间隔缝。间隔缝的宽度一般为 50~100 cm,以便于施工操作和钢筋连接。为缩短拱圈合龙和拱架拆除的时间,间隔缝内的混凝土强度可采用比拱圈高一个等级的半干硬性混凝土。各段的接缝面应与拱轴线垂直。

分段浇筑应对称于拱顶进行,使拱架变形保持对称均匀并尽可能小。填充间隔缝混凝土,应由两拱脚向拱顶对称进行。拱顶及两拱脚间隔缝应在最后封拱时浇筑。间隔缝混凝土应在拱圈分段混凝土强度达到 70% 设计强度后进行,封拱合龙温度应符合设计要求,如设计无规定时,一般宜在接近当地的年平均温度或在 5~15 ℃ 之间进行。

分环、分段浇筑,大跨径拱桥一般采用箱形截面的拱圈(或拱肋),为减轻拱架负担,一般采取分环、分段的浇筑方法。分段的方法与上述形同。

分环的方法一般有分成两环浇筑和分成三环浇筑:

分成两环浇筑,先分段浇筑底板(第一环),然后分段浇筑腹板、隔墙板及顶板混凝土(第二环);

分成三环浇筑,先分段浇筑底板(第一环),然后分段浇筑腹板和隔墙板(第二环),最后分段浇筑顶板(第三环)。

分环、分段浇筑时,拱圈(或拱肋)的合龙方法有两种:一种是采取分环填充间隔缝合龙;另一种是全拱圈(或拱肋)浇筑完成后,最后一次填充间隔缝合龙。采取分环填充间隔缝合龙时,已合龙的环层可起到拱架作用。在浇筑后一环混凝土时,可减轻拱架的负担,但施工工期较一次合龙的方法长。采用最后一次合龙时,拱圈(或拱肋)仍必须一环一环地分段浇筑,但不是浇完一环合龙一环,而是在最后一环混凝土浇完后,一次填充各环间隔缝完成拱圈(或拱肋)的合龙。因此,采用这种合龙方法时,上下环的间隔缝位置应互相对应和贯通,其宽度一般为 2 m 左右,有钢筋接头的间隔一般为 4 m 左右。

图 4.52 为箱形截面拱圈采用分环、分段浇筑方法的施工图。

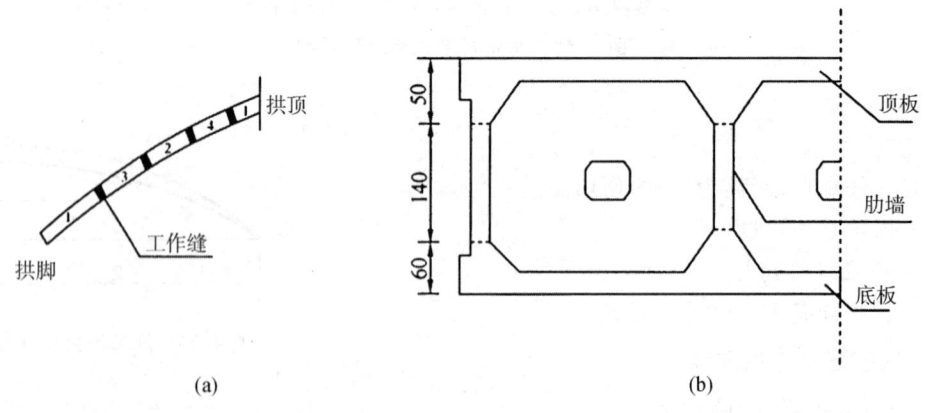

(a)分段法;(b)分环法

图 4.52　箱形拱圈分环、分段浇筑(尺寸单位:cm)

(2) 拱圈(或拱肋)钢筋的绑扎

拱脚钢筋预埋,钢筋混凝土无铰拱拱圈(或拱肋)的主钢筋一般需伸入墩台内,因此在浇筑墩台混凝土时,应按设计要求的位置和深度将钢筋端头预埋入混凝土中。

钢筋接头的位置,为适应拱圈(或拱肋)在浇筑过程中的变形,拱圈(或拱肋)的主钢筋或钢筋骨架一般不使用通长钢筋,而在适当位置的间隔缝中设置钢筋接头,且最后浇筑的间隔缝必须设钢筋接头。

钢筋绑扎顺序,分环浇筑拱圈(或拱肋)时,钢筋可分环绑扎。分环绑扎时各种预埋钢筋应予临时固定,并在浇筑混凝土前进行检查和校正。

4.5.2 无支架施工

无支架施工的方法主要有两大类。

第一种实质上就是靠体内支架进行施工,包括钢管混凝土和劲性骨架法。钢管混凝土是在薄壁圆形钢管内填充混凝土,形成"骨包肉"的结构;而劲性骨架法是在劲性骨架上,系吊篮逐段浇筑混凝土,形成"肉包骨"的结构。以上两种桥型的钢管或型钢既是拱圈的组成部分,又是施工时的临时拱架,其最大跨度可能达到甚至超过斜拉桥。

第二种是靠机械设备完成架设,包括缆索吊装法、转体施工法和悬臂施工法。缆索吊装法是通过设置吊运天线来完成预制拱圈节段的纵向与竖向运输,从而完成拱圈的拼装;转体施工法是在两岸现浇半拱,然后绕拱座作水平或竖直转动合龙成拱;悬臂施工法是自拱脚开始采用悬臂浇筑或拼装逐渐形成拱圈至拱顶合龙成拱,对拱圈合龙前的悬臂状态则用斜拉索进行挂扣。

1. 钢管混凝土拱桥

采用钢管混凝土修建大跨径拱桥可以简化施工。该法首先采用转体施工或无支架缆索吊装钢管拱圈,然后在钢管内填充混凝土,待混凝土达到设计强度后即形成最终结构,避免了大量的高空施工作业。钢管混凝土拱桥施工的关键是钢管拱圈加工(特别是焊接和钢管表面防护)、管内混凝土的浇筑以及施工监控等。

(1) 钢管混凝土的优、缺点

钢管混凝土是在薄壁圆形钢管内填充混凝土而形成的一种复合材料,它一方面借助内填混凝土增强钢管壁的稳定性,同时又利用钢管对核心混凝土的套箍作用,使核心混凝土处于三向受压状态,从而使其具有更高的抗压强度和抗变形能力。钢管混凝土本质上属于套箍混凝土,因此,除具有一般套箍混凝土的强度高、塑性好、质量轻、耐疲劳、耐冲击的优点外,尚具有以下几方面的独特优点:

①钢管本身就是耐侧压的模板,因而浇筑混凝土时,可省去支撑、拆模等工序,并可适应先进的泵送混凝土工艺。

②钢管本身就是钢筋,它兼有纵向钢筋和横向箍筋的作用,既能受压,又能受拉。

③钢管本身又是劲性承重骨架,在施工阶段可起劲性骨架的作用,在使用阶段又是主要的承重结构,因此可以节省脚手架,缩短工期,降低工程造价。

④在受压构件中采用钢管混凝土,可大幅度节省材料。理论分析和工程实践都表明,钢管混凝土与钢结构相比,在保持结构自重和承载力相同的条件下,可节省钢材约50%,焊接

工作量显著减少;与普通钢筋混凝土相比,在保持钢材用量相当和承载能力相同的条件下,可减少构件横截面积约50%,混凝土和水泥用量以及构件自重也相应减少一半。

⑤钢管混凝土具有刚度大、承载能力大、质量轻等优点,这些优点与桥梁转体施工工艺相结合,可以解决转体质量大和转体结构强度、刚度的矛盾。据计算,对跨度为500 m的钢管混凝土拱桥采用无平衡重转体施工,所需的扣索拉力和锚碇系统受力为4000 kN,刚好与跨度为200 m的钢筋混凝土箱形拱桥——涪陵乌江大桥相当。

钢管混凝土的缺点:一是钢管一旦膨胀,混凝土将脱空;二是泵送混凝土的密实性难以保证;三是钢管表面防锈维护费用高;四是钢管的制造、安装技术要求较高。

(2)钢管混凝土拱桥的构造

钢管混凝土拱桥由钢管混凝土拱肋、立柱或吊杆、横撑、行车道系、下部构造等组成。钢管混凝土拱肋是主要的承重结构,它承受桥上的全部荷载,并将荷载传递给墩台和基础。

①拱肋横截面形式

按钢管的根数及布置方式,通常分为单肢型、双肢哑铃型、四肢格构型、三角格构型和集束型,如图5.53所示。

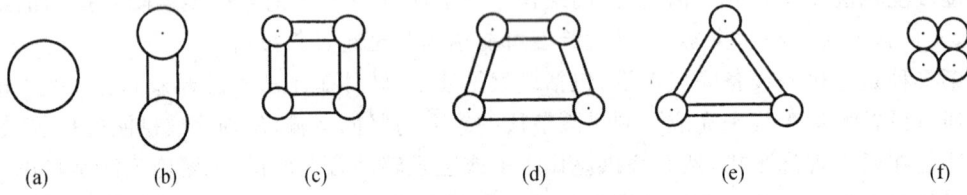

图4.53 拱肋横截面形式

单肢型。断面构造简单,如图4.53(a)所示,受力明确,但跨径过大,相应要求增大钢管直径和壁厚,对钢管制作和混凝土浇筑不太方便,适用于跨径80 m以内的小跨径拱桥。

双肢哑铃型。如图4.53(b)所示,由上下两个钢管通过缀板连接而成,抗压刚度大,由于承压面距中心轴较远,因此纵向抗弯刚度大,占用桥面空间少,是一种理想的断面形式。缀板内混凝土既可以填充,也可以不填充,一般应予填充,以增大承压面积。其缺点是侧向刚度相对较小,因此桥面以上必须设置风撑,以确保横向稳定,适用于跨径80~120 m的拱桥。

四肢格构型。根据钢管的布置方式,又分为四肢矩形格构型和四肢梯形格构型,如图4.53(c)、(d)所示,由弦杆、腹杆和横联组成,是大跨径钢管拱桥常用的一种形式。

三角格构型。断面纵向刚度大,横向刚度也大,适合于无风支撑钢管混凝土拱桥,如图4.53(e)所示。

集束型。将钢管桁架改成集束钢管,钢管间采用螺栓、电焊以及钢板箍连成整体形成拱肋,与钢管桁架相比可节省腹杆,但纵向刚度减弱,如图4.53(f)所示。

②钢管

钢管直径及壁厚尺寸将直接影响结构的强度,考虑到防腐等要求,壁厚不宜小于12 mm。钢管与混凝土面积之比称为含钢率,其值不宜小于5%,否则不能发挥钢管混凝土弦杆的套箍作用;但也不宜大于10%,以免耗用过多的钢材,造成浪费。

钢管应采用16 mn钢、15 mn钢或A3钢。钢管混凝土拱所用钢管直径大,一般采用钢板卷制焊接管,其中对桁式钢管拱中直径较小的腹杆、横联管可直接采用无缝钢管。

上、下弦杆管及管内要填充混凝土的腹杆管,管内需除锈(喷砂),管外需除锈与防护;对管内不充填混凝土的腹杆管,需对管内壁除锈并按要求进行防护,目前一般采用热喷涂防护。

③横撑

横撑主要设置在拱顶、拱脚、拱肋与桥面系交接处,横撑的主要作用是将钢管混凝土拱肋联结成整体,确保结构稳定。

钢管混凝土拱肋的横撑多采用钢管桁架,钢管可以是空心的,也可以内填混凝土,做成钢管混凝土横撑。

横撑在拱脚段多做成桁式 K 形撑(如图 4.54 所示)或 X 形撑,以获得更好的稳定性,在桥面系以上则多采用直撑、K 形撑或 H 形撑。

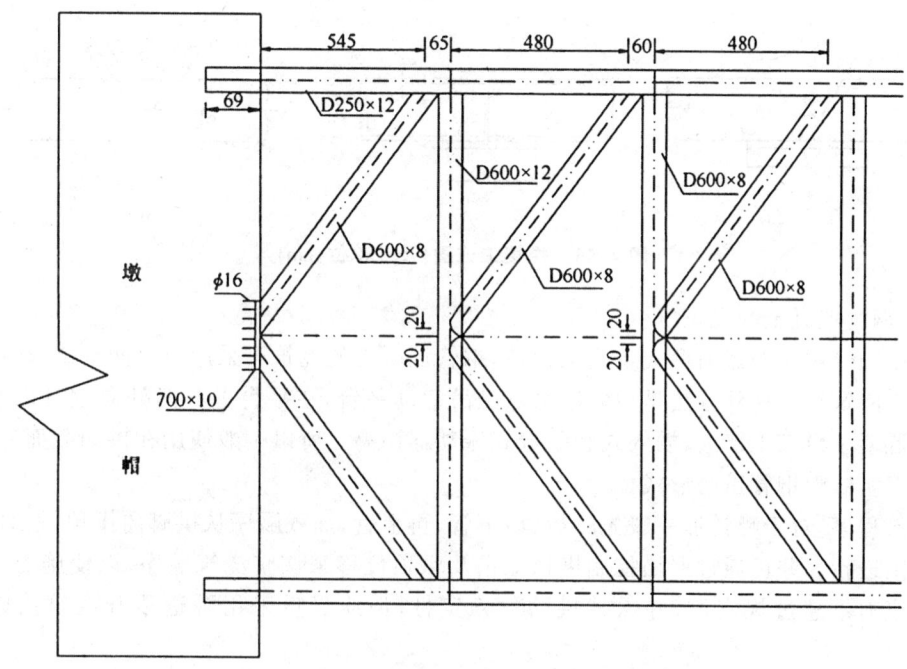

图 4.54 K 形撑构造图(尺寸单位:cm;钢管单位:mm)

④吊杆

中、下承式钢管混凝土拱桥需设置吊杆。锚固在拱肋上的吊杆锚具,为避免直接暴露在大气中,常设置在拱肋弦杆内或缀板处,如图 5.55 所示。

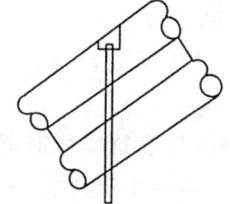 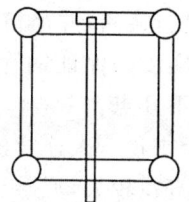 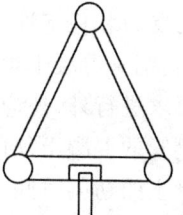

图 4.55 拱肋上的吊杆锚具布置

吊杆可采用平行钢绞线或平行钢丝束,外套无缝钢管或热挤聚乙烯层防护。

(3)焊接

钢管的对接焊,为确保焊接质量,对焊接一般采用有衬焊,即在管内接缝处设置附加衬管,其宽度为 20 mm,厚度为 3 mm,衬管与被焊钢管内壁间应留有 0.5 mm膨胀间隙。也可采用无衬管全熔透对接焊接。对接焊接坡口如图 4.56(a)所示。

钢管的搭接焊,搭接焊的最小互搭量应是所连较薄管件壁厚的 5 倍,且不小于 25 mm,如图 4.56(b)所示。

弦杆与腹杆连接焊,对桁构式管拱,其钢管弦杆与腹杆的连接可通过直接焊接完成。由于腹杆端面为一复杂的空间曲面,切割精度控制较难,施工时应注意确保接缝和坡口(单坡口)宽度一致,腹杆壁厚不宜大于弦杆管壁厚度,腹杆不得穿入弦杆。腹杆和弦杆连接的偏心距 e 的绝对值不得大于 1/4 弦杆直径,腹杆间的距离 a 应大于 50 mm,如图 4.56(c)所示。

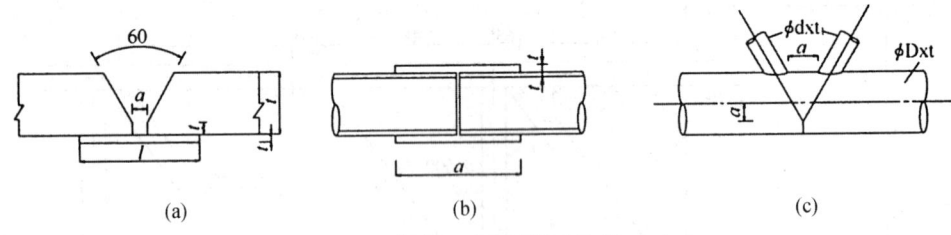

图 4.56 焊接工艺图(尺寸单位:cm)

(4)钢管混凝土的浇筑

根据钢管拱肋的截面形式及施工设备,钢管混凝土的浇筑可采用以下两种浇筑方法。

人工浇筑法。这种方法是用索道吊点悬吊活动平台,在平台上分两处向钢管内灌注混凝土。混凝土由人工铲进,插入式和附着式振动器振捣。所以一般使用在拱肋截面为单管、哑铃型等实体形钢管拱肋形式。

浇筑程序:对于哑铃形一般先腹板、后下管、再上管,加载顺序从拱脚向拱顶,按对称、均衡的原则进行。并可通过严格控制拱顶上帽及墩顶位移来调整浇筑顺序,以使施工中钢管拱肋的应力不超过规定值,并保持拱肋的稳定性,但应尽量采用泵送顶升浇筑法以保证质量。

泵送顶升浇筑法。这种方法适用于桁架式钢管拱肋内混凝土的浇筑,也可用于单管、哑铃型等实体形拱肋截面的混凝土浇筑。

一般输送泵设于两岸拱脚,对称泵送混凝土。在钢管上应每隔一定距离设气孔,以减少管内空气压力,泵送之前,应先用压力水冲洗钢管内壁,再用水泥砂浆通过,然后连续泵送混凝土。用泵送顶升浇筑管内混凝土,一般应按设计规定的浇筑顺序进行,如设计无规定,应以有利于拱肋受力和稳定性为原则进行浇筑,并严格控制拱肋变位。

注意事项:钢管混凝土填充的密实度是保证钢管混凝土拱桥承载能力的关键。施工中除应按设计要求进行外,还应注意以下几点:

①每根钢管的混凝土须由拱脚至拱顶一次连续浇筑完成,且浇筑完成时间不宜超过第一盘入管混凝土的初凝时间,当钢管直径较大,混凝土初凝时间内不能浇完一根钢管时,可设隔板把钢管分为 3 段或 5 段,分段灌注。隔板钢板厚度应大于 1.5 倍钢管壁厚。下一段开口应紧靠隔板,使两段混凝土通过隔板严密结合。隔板周边应与钢管内壁焊接。

②浇筑入口应设在浇筑段根部,应从两拱脚向拱顶对称浇筑。用顶升法浇筑时,严禁从中部或顶部抛灌。

③浇筑混凝土的前进方向,应每隔30 m左右设一个排气孔,有助于排出空气,加强管内混凝土的密实度。

④桁式钢管拱肋混凝土的浇筑顺序,一般为先下管、后上管或上、下管和相邻的混凝土浇筑按一定程序交错进行,或按设计要求进行。

⑤因浇筑管道较小,要求混凝土有较高的和易性,为减小混凝土凝结时收缩,施工时应加入适量的减水剂和微膨胀剂,并注意振捣密实。

⑥管内混凝土的配合比及外掺剂等,应通过设计、实验来确定。施工中须严格管理,以确保钢管混凝土的质量。

⑦钢管拱肋混凝土全部浇筑完后,可用敲听声法、超声波测试法等方法检查管内混凝土密实度、与管壁的黏结性能及完好性,并可用多次压浆法使之密实。

图4.57所示为桁式钢管拱肋采用泵送顶升法施工。

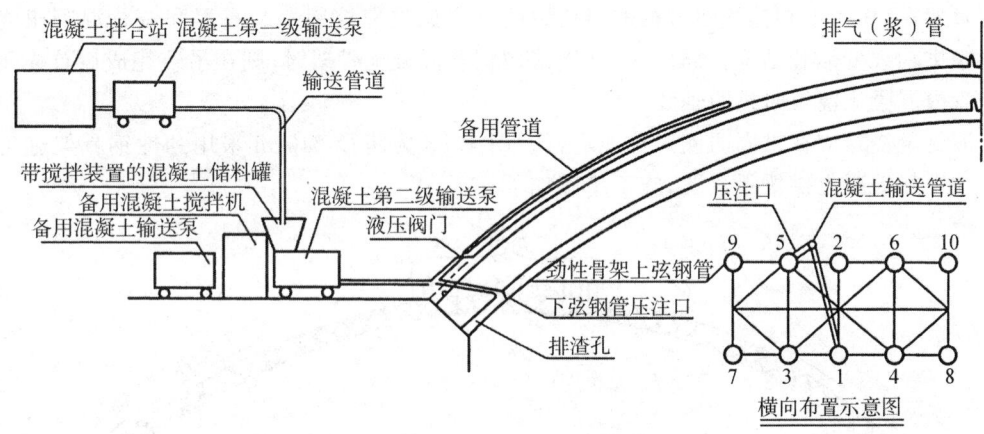

图4.57 泵送顶升法浇筑桁式钢管混凝土

2. 劲性骨架法

劲性骨架法是特大(>200 m)跨径拱桥的施工方法之一,其实质上就是一种体内支架法,即先采用无支架缆索吊装或转体架设拱形劲性骨架,然后围绕骨架浇筑混凝土,把骨架作为混凝土的钢筋骨架,不再拆卸收回,因此又叫埋入式钢拱架。劲性骨架在施工阶段起支架和承重结构之用,成桥后作为受力筋埋置在混凝土内,与外包混凝土一起共同承受荷载。该法的特点是混凝土浇筑全部在空中进行,工序复杂,工期长,需特别注意施工过程中结构的变形与应力监控。

劲性骨架法包括:劲性钢骨架法和钢管混凝土劲性骨架法,前者的劲性骨架由型钢构成,后者由钢筋混凝土构成。

劲性骨架一般采用拱形桁架结构,由上弦杆、下弦杆、竖杆、斜腹杆等组成。

上弦杆和下弦杆是拱形桁架的主要受力构件,可以采用型钢,也可以采用钢管,当钢管内填充混凝土后,即成为钢管混凝土拱形桁架,钢管混凝土拱形桁架具有刚度大,用钢量省的特点。

竖杆和斜腹杆可以采用钢管混凝土或型钢。钢管混凝土刚度大,但需要浇筑管内混凝土,给施工带来困难;采用型钢,节点容易处理,可以省去向腹杆内浇筑混凝土的工序,而且混凝土的包裹效果好。

(1)劲性钢骨架法

此法先将拱圈的全部受力钢筋按设计形状和尺寸制成,采用无支架缆索吊装或转体安装就位,合龙形成钢骨架,然后用系吊在钢骨架上的吊篮逐段浇筑混凝土,当钢骨架全部由混凝土包裹后,就形成钢筋混凝土拱圈(或拱肋)。

用这种方法施工的钢骨架,不但须满足拱圈的要求,而且在施工中还起临时拱架的作用,因此须有一定的刚性。一般选用劲性钢材如角钢、槽钢、钢管等作为拱圈的受力钢筋。且施工时最好按设计的拱圈混凝土重力对钢筋骨架进行预压,以防止钢筋骨架在浇筑混凝土时产生变形,破坏已浇筑完的混凝土与钢骨架的结合。早期的预压方法是水箱调载法,该法是在骨架吊装成拱后,在拱顶部位设置多个水箱,在拱圈混凝土的浇筑过程中,根据预先计算的加载重向水箱内注水,把拱轴线变形和截面应力控制在设计允许范围内。由于水箱设备较复杂,操作也较麻烦,近两年又出现了千斤顶斜拉扣挂调载法,该法巧妙地利用缆索吊装骨架拱时,用于扣挂骨架节段的斜拉索的索力调整来控制吊装高程和调整混凝土浇筑过程中拱轴线变形和结构各部位应力(当采用钢管混凝土骨架时,则在吊装完成后首先用于调整管内混凝土浇筑时拱肋轴线变形)。

混凝土浇筑应在拱圈两侧对称地进行。图 4.58 为跨径 240 m 采用劲性钢骨架施工的中承式钢筋混凝土拱桥示意图,施工步骤如下:

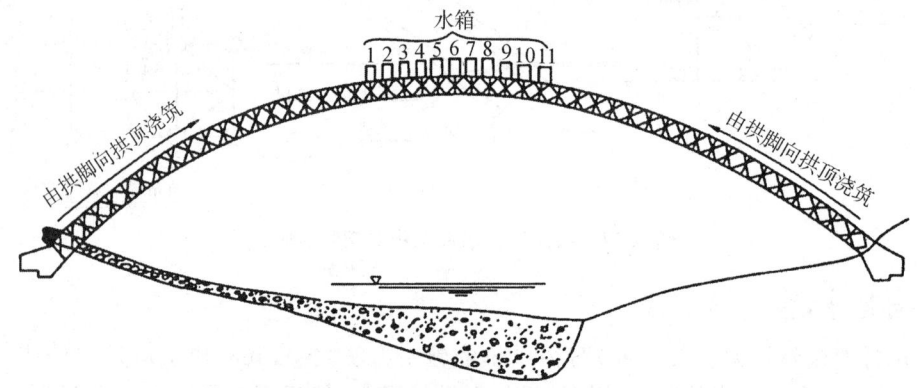

图 4.58 用劲性钢骨架及水箱调载施工的中承式钢筋混凝土拱桥

①借助缆索吊车和悬臂架设法安装拱肋的钢骨架;
②安装横向剪刀撑的劲性钢骨架;
③在中部布置 8 个蓄水后重力为 120 kN 的水箱;
④在劲性骨架上安装箱肋底板、腹板、顶板的受力钢筋和分布钢筋网;
⑤采用混凝土泵由拱脚向拱顶分环对称平衡地浇筑混凝土,将钢骨架和分布钢筋包裹在混凝土中。

(2)钢管混凝土劲性骨架法

钢管混凝土用在拱桥上有两种形式:一是直接用作主拱结构,即钢管混凝土拱桥;二是利用钢管混凝土作为劲性骨架。

钢管混凝土劲性骨架采用不同形状(如单管形、哑铃形、矩形、三角形或集束形)的钢管,或者以无缝钢管作弦杆,以槽钢、角钢等作为腹杆组成空间桁架结构,先分段制作成钢骨架,然后吊装合龙成拱,再利用钢骨架作支架,浇筑钢管内混凝土,待钢管内混凝土达到一定强度后,形成钢管混凝土劲性骨架,然后在其上悬挂模板,按一定的浇筑程序分环、分段浇筑拱圈混凝土,直至形成设计的拱圈截面。

先浇的混凝土凝结成形后,可作为承重结构的一部分,与劲性骨架共同承受后浇各部分混凝土的重力;同时,钢管中混凝土也参与钢骨架共同承受钢骨架外包混凝土的重力,从而降低了钢骨架的用钢量,减少了钢骨架的变形。故利用钢管混凝土作为劲性骨架浇筑拱圈的方法比劲性钢骨架法更具优越性。

3. 转体施工法

转体施工法适用于各类单孔拱桥的施工,其基本原理是:将拱圈或整个上部结构分为两个半跨,分别在河流两岸利用地形或简单支架现浇或预制装配半拱,然后利用动力装置将其两半跨拱体转动至桥轴线位置(或设计高程)合龙成拱。拱桥转体施工法依据其转动方位的不同分为平面转体、竖向转体和平竖结合转体三种。采用转体法施工拱桥的特点是:结构合理,受力明确,节省施工用材,减少安装架设工序,变复杂的、技术性强的水上高空作业为岸边陆上作业,施工速度快。不但施工安全、质量可靠,而且不影响通航,可减少施工费用和机具设备,造价低。转体施工是具有良好技术经济效益的拱桥施工方法之一。

(1)平面转体

平面转体施工就是按照拱桥设计高程先在两岸边预制半拱,当结构混凝土达到设计强度后,借助设置于桥台底部的转动设备和动力装置,在水平面内将其转动至桥位中线处合龙成拱。由于是平面转动,因此,半拱的预制高程要准确。通常需要在岸边适当位置先做模架,模架可以是简单支架,也可以做成土牛胎模。

平面转体分为有平衡重转体和无平衡重转体两种。

有平衡重转体时以桥台背墙作为平衡重和拱体转体拉杆(或拉索)及上转盘(拱座)组成平衡转动体系,其重心位置通过转盘中心。平衡重大小由转动半拱的重力大小决定。由于平衡重过大不经济,所以采用本法施工的拱桥跨径不宜过大,一般适用于跨径 100 m 以内的整体转体。有平衡重转体施工的特点是转体质量大,施工的关键是转体。要把成百上千吨的拱体结构顺利、稳妥地转到设计位置,主要依靠以下措施实现:正确的转体设计;制作灵活可靠的转体装置,并布设牵引驱动系统。

①转体装置分类

使用的转体装置有两种,都是通过转体实践考验,行之有效的。

聚四氟乙烯滑板环道转体,利用四氟材料摩擦系数特别小的物理特性,使转体成为可能。根据试验资料,四氟板之间的静摩擦系数为 0.035~0.055,动摩擦系数为 0.025~0.032;四氟板与不锈钢板或镀铬钢板之间的摩擦系数比四氟板间的摩擦系数要小,一般静摩擦系数为 0.032~0.051,动摩擦系数为 0.021~0.032,而且随着正压力的增大而减小,其构造如图 4.59(a)所示。

球面转轴铺以滚轮转体,转体装置是用混凝土球缺面铰作为轴心承受转动体系重力,四周设保险滚轮(或千斤顶),转体设计时要求转动体系的重心落在轴心上。这种装置一方面由于铰顶面涂了二硫化钼(或黄油四氟粉)润滑剂,减少了牵引阻力(根据几座桥实测,动摩擦系数为 0.06),另一方面由于牵引转盘直径比球铰的直径大许多倍,而且又用了牵引增力滑轮组,因而转体也是十分方便可靠的,其构造如图4.59(b)所示。

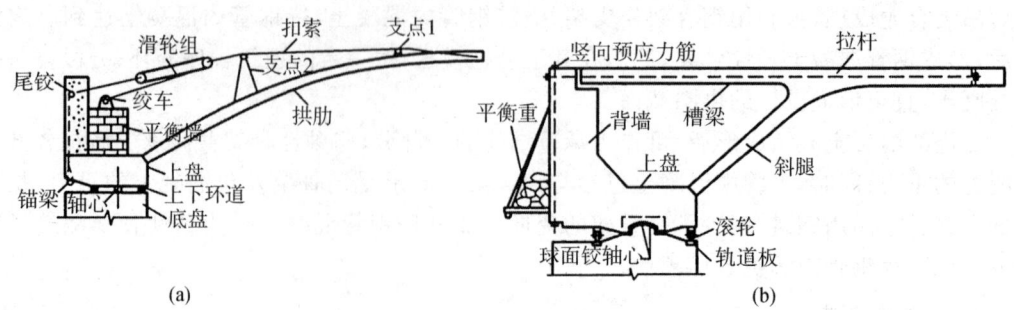

(a)聚四氟乙烯滑板环道转体;(b)球面转轴铺以滚轮转体
图4.59 转动体系构造

②牵引驱动系统

通常由卷扬机(绞车)、捌链、滑轮组、普通千斤顶等机具组成。近来又出现了采用自动连续顶推系统作为转体动力设备的实例,其特点是:转体连续同步、匀速、平稳,一次到位,结构紧凑,占地少,施工方便,如图4.60所示。

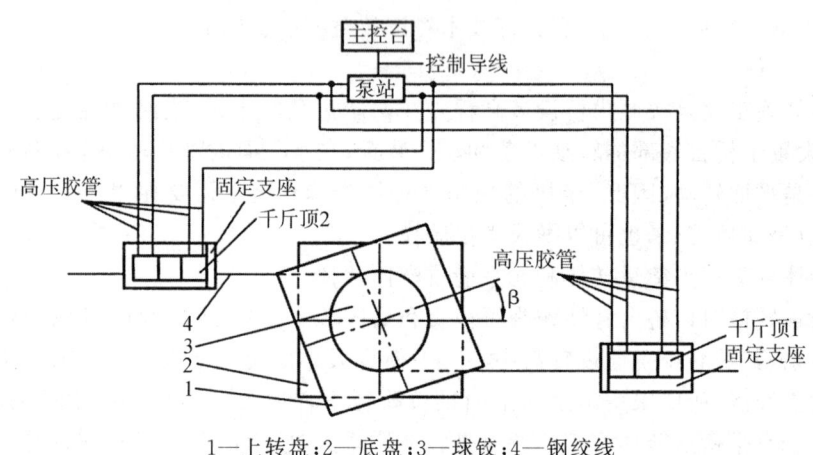

1—上转盘;2—底盘;3—球铰;4—钢绞线
图4.60 转体动力装置

③转动体系的构造

转动体系主要由底盘、上转盘、锚扣系统、背墙、拱体构造、拉杆(或拉索)等组成。底盘与上转盘都是桥台基础的一部分,底盘固定,上转盘与转体形成整体并可在底盘上旋转,从而实现拱体转动。

a.底盘与上转盘

聚四氟乙烯滑板环道。由设在底盘和上转盘间的轴心和环形滑道组成,如图4.61所示。

环形滑道是一个直径7～8 m的圆形混凝土滑道,宽0.5 m,上、下滑道高度约0.5 m。下环道混凝土表面既平整又粗糙,以利铺放80 mm宽的环形四氟板,上环道底面嵌设宽100 mm的镀铬钢板。最后用扇形预制板把轴帽和上环道连成一体,并浇上转盘混凝土,这就形成了一个可以在转轴和环道上灵活转动的上转盘。

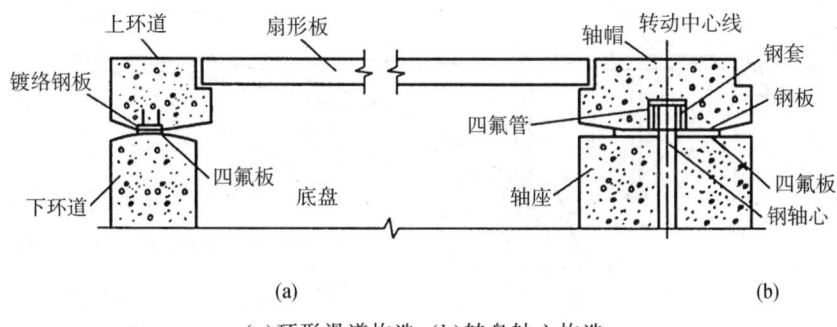

(a)环形滑道构造；(b)转盘轴心构造

图 4.61 聚四氟乙烯滑板环道

转盘轴心由混凝土轴座、钢轴心和轴帽等组成。轴座是一个直径 1 m 左右的 C25～C50 钢筋混凝土矮墩，它不但对钢轴心起着定位作用，而且支承上转盘部分重力。合金钢轴心直径 0.1 m、长 0.8 m，下端 0.6 m 固定在混凝土轴座内，上端露出 0.2 m 车光镀铬，外套 10 mm 厚的聚四氟乙烯管。在轴座顶面铺四氟板，在四氟板上放置直径为 0.6 m 的不锈钢板，再套上外钢套。钢套顶端封固，下缘与钢板焊牢，浇筑混凝土轴帽，凝固脱模后轴帽即可绕钢轴心旋转自如。

这种装置平稳、可靠、承载力大，转动体系的重心与下转盘轴心可以允许有一定数量的偏心值，适用于转体重力大、转动体系重心高的结构。

球面铰铺以轨道板和钢滚轮（或移动千斤顶）。这是一种以铰为轴心承重的转动装置。它的特点是整个转动体系的重心必须落在轴心铰上，球面铰既起定位作用，又承受全部转体重力，钢滚轮（或移动千斤顶）只起稳定保险作用。

球面铰可以分为半球形钢筋混凝土铰、球缺形钢筋混凝土铰、球缺形钢铰。前两种由于直径较大，故能承受较大的转体重力。

b. 锚扣系统

设置锚扣系统的目的是把支承在支架、环道或滚轮上的拱体与上转盘、背墙全部联结成一个转动体系并脱离其周边支承，形成一个支承在转动轴心或铰上的悬空平衡体。

锚扣系统可分为外锚扣和内锚扣系统。外锚扣系统是在接近拱顶截面处设置横梁，上系扣索，以承受半拱水平力，适用于箱（肋）拱、钢管混凝土拱等；而内锚扣系统是以结构本身或在其杆件内部穿入拉杆作为扣杆，适用于桁架拱、刚构拱等。

采用有平衡重转体施工修建拱桥，转动体系中的平衡重一般选用桥台背墙。但随着桥梁跨径的增大，需要的平衡重力急剧增加，不但桥台不需如此巨大坞工，而且转体重力太大也增加了转体的困难程度。

无平衡重转体施工是以两岸山体岩石锚洞作为锚碇来平衡半跨拱体悬臂状态所产生的水平拉力，借助拱脚处立柱下端转盘和上端转轴使拱体作平面转动。由于取消了平衡重，可大大减轻转动体系重力和坞工数量。本法适用于地质条件好的 V 形河床上的大跨径拱转体施工。

无平衡重转体施工是把有平衡重转体施工的拱圈扣索锚在两岸岩体中，从而节省了庞大的平衡重。锚碇拉力是由尾索预加应力传给引桥桥面板（或平撑、斜撑），以压力的形式储备，桥面板的压力随着拱箱转体的角度变化而变化，当转到位时达到最小。

无平衡重转体施工具有锚固、转动、位控三大体系，其一般构造如图 4.62 所示。

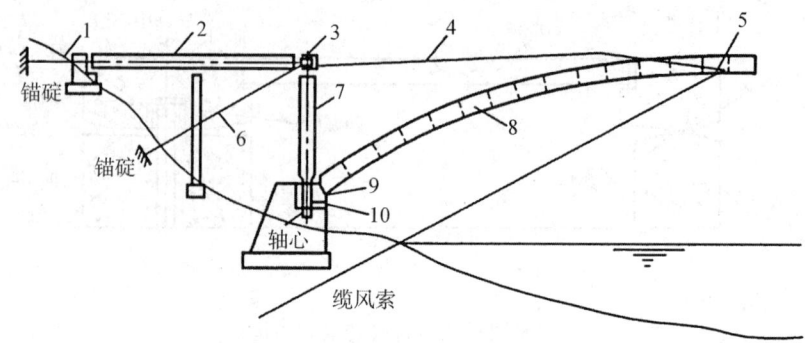

1—轴向尾索;2—轴平衡;3—上转轴;4—扣索;5—扣点;
6—斜尾索;7—墩上立柱;8—拱肋;9—下转轴;10—环道

图 4.62 无平衡重转体施工体系

锚固体系。由锚碇、尾索、平撑、锚梁(或锚块)及立柱组成。锚碇设在引道或边坡岩石中,锚梁(或锚块)支承于立柱上,两个方向的平撑及尾索形成三角稳定体,使锚块和上转轴为一确定的固定点。拱箱转至任意角度,由锚固体系平衡拱箱扣索力。

转动体系。由上转动构造、下转动构造、拱箱及扣索组成。上转动构造由埋入锚梁(或锚块)中的轴套、转轴和环套组成,扣索一端与环套连接,另一端与拱箱顶端连接。转轴的轴套与环套间均可转动。下转动构造由下转盘、下环道与下转轴组成。拱箱通过拱座铰支承在转盘上,马蹄形的转盘中部卡套在下转轴上,并支承在下环道上,转盘下设有安装了许多聚四氟乙烯蘑菇头(千岛走板),转盘的走板可在下环道上沿下转轴作弧形滑动,转盘与转轴的接触面涂有黄油四氟粉,以利于拱箱转动。扣索常采用Ⅳ级 $\varphi32$ mm 精轧螺纹钢筋,扣索将拱箱顶部与上转轴联结,从而构成转动体系。在拱箱顶端张拉扣索,拱箱即可离架转动。

位控体系。由系在拱箱顶端扣点的缆风索与无级调速自控卷扬机、光电测角装置、控制台组成,用以控制在转动过程中转动体的转动速度和位置。

(2)竖向转体

竖向转体施工就是在桥台处先竖向或在桥台前俯卧预制半拱,然后在桥位平面内绕拱脚将其转动合龙成拱。

根据河道情况、桥位地形和自然环境等方面的条件和要求,竖向转体施工有以下两种方式:

①竖直向上预制半拱,然后向下转动成拱。其特点是施工占地少,预制可采用滑模施工,工期短,造价低。需注意的是在预制过程中应尽量保持半拱轴线垂直,以减少新浇混凝土重力对尚未凝结混凝土产生的弯矩,并在浇筑一定高度后加设水平拉杆,以避免因拱形曲率影响而产生较大的弯矩和变形。

②在桥面以下俯卧预制半拱,然后向上转动成拱。

竖向转体的转动体系由转动铰、提升体系(动、定滑车组,牵引绳)、锚固体系(锚索、锚碇)等组成。

(3)平竖结合转体

由于受到河岸地形条件的限制,拱桥采用转体施工时,可能遇到既不能按设计高程处预制半拱,也不可能在桥位竖平面内预制半拱的情况(如在平原区的中承式拱桥)。此时,拱体只能在适当位置预制后既需平转、又需竖转才能就位。这种平竖结合转体基本方法与前述相似,但其转轴构造较为复杂。

3. 悬臂施工法

悬臂施工是一种特大跨径拱桥的施工方法,包括悬臂浇筑和悬臂拼装两种施工方法。

(1)悬臂浇筑

①塔架、斜拉索及挂篮浇筑拱圈

此法是在拱桥墩、台处设立临时塔架,用斜拉索(或斜拉粗钢筋)将拱圈(或拱肋)用挂篮浇筑一段系吊一段,从拱脚开始,逐段向拱顶悬臂浇筑,直到拱顶合龙。塔架的高度和受力应按拱的跨径、矢跨比等确定。斜拉索可用预应力钢筋或钢束,其面积及长度由所系吊的拱段长度和位置确定。用设在已浇完的拱段上的悬臂挂篮逐段悬臂浇筑拱圈(或拱肋)混凝土,整个拱圈混凝土的浇筑工作应从两拱脚开始,对称地进行,最后在拱顶合龙。图 4.63 为塔架、斜拉索及挂篮浇筑拱圈的施工示意图。

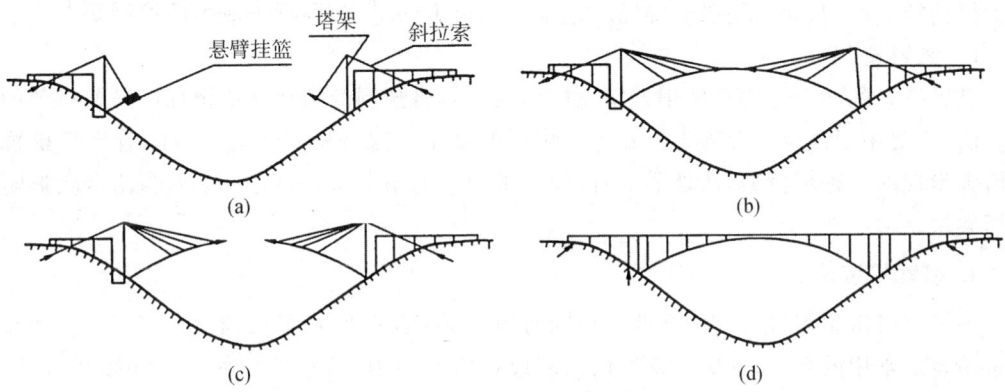

图 4.63 塔架、斜拉索及挂篮浇筑拱圈示意图

②斜吊式悬臂浇筑拱圈

此法为借助于专用挂篮,结合使用斜吊钢筋将拱圈、拱上立柱和预应力混凝土桥面板等齐头并进地、边浇筑边构成桁架的悬臂浇筑方法。施工时,用预应力钢筋临时作为桁架的斜吊杆和桥面板的临时明索,将桁架锚固在后面的桥台(或桥墩)上。斜吊杆的力通过布置在桥面板上的临时明索传至岸边地锚上(也可用岸边桥墩作地锚)。

图 4.64(a)所示为在边孔完成后,在桥面板上设置临时明索,在吊架上浇筑第一段拱圈。待此段混凝土达到要求强度后,在其上设置临时预应力明索,并撤去吊架,直接系吊于斜吊杆上,然后在其前端安装悬臂挂篮。

图 4.64(b)所示为用挂篮逐段悬臂浇筑拱圈。当挂篮通过拱上立柱 P_2 位置后,须立即浇筑立柱 P_2 及 P_1 至 P_2 间桥面板,然后用挂篮继续向前悬臂浇筑,直至通过下一个立柱 P_3 位置后,再安装 P_1 至 P_2 间桥面板的临时明索及斜吊杆 T_2,并浇筑立柱 P_3 及 P_2 至 P_3 间的桥面板。每当挂篮前进一步,必须将桥面板明索收紧一次。这样,一面用斜吊钢筋构成桁架,一面向前悬臂浇筑,直至拱顶附近,撤去挂篮,再用吊架浇筑拱顶合龙混凝土。

当拱圈为箱形截面时,每段拱圈施工应按箱形截面拱圈的施工程序进行浇筑。

为加快施工进度,拱上桥面板混凝土宜用活动支架逐孔浇筑。

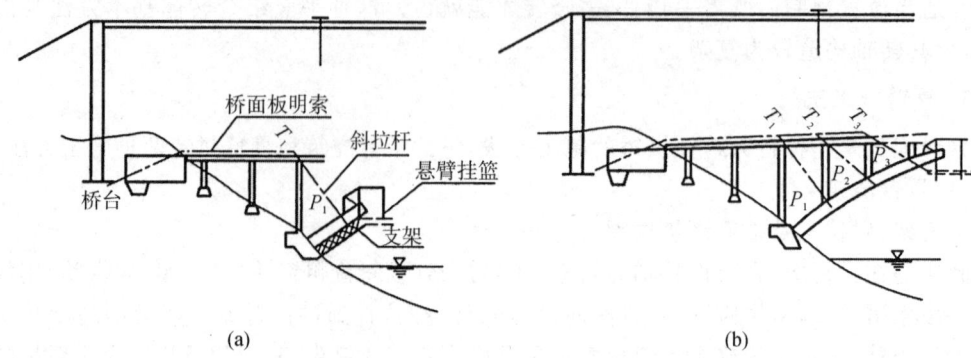

图 4.64 塔架、斜拉索及挂篮浇筑拱圈施工程序

采用该方法建造大跨径拱桥时,个别的施工误差对整体工程质量的影响很大。因此,对施工测量、材料规格和强度、混凝土浇筑等必须进行严格检查和控制。尤其应重视斜吊预应力钢筋的拉力控制、斜吊钢筋的锚固和地锚地基反力的稳定、混凝土应力的控制等。

(2)悬臂拼装

悬臂拼装的施工方法是采用人字桅杆作为吊具将预制的桁片或单根杆件悬臂拼装的施工方法,主要用于预应力混凝土桁式组合拱桥的施工。这种桥型是近年来随着桁架拱桥跨径增大出现的一种新桥型,从外形上看,像是带斜杆的箱形拱,又像上、下弦为闭合箱形断面的桁架拱。

4. 缆索吊装法

为了节省拱架用材,使上、下部结构同时施工,缩短工期,可采用预制装配施工。无支架缆索吊装是常用的方法,其优点是所用吊装设备跨越能力大,水平和垂直运输灵活,适应性强,施工方便、安全。它不仅可用于单跨大、中型拱桥施工,在修建特大跨径或连续多孔的拱桥时更能显示其优越性。通过长期的实践,该法已得到了很大发展,并积累了丰富的经验。目前,缆索的最大单跨跨径已达 500 m 以上,并由单跨缆索发展到双跨连续缆索,其最大单跨跨径已达 400 m 以上,吊装质量也达到 75 t,能够顺利地吊装跨径达 160 m 分段预制的箱形拱桥。缆索架桥设备也逐渐配套、完善,并已成套生产。

在采用缆索吊装的拱桥上,为了充分发挥缆索的作用,拱上建筑也应尽量采用预制装配构件,这样就能提高桥梁工业化施工的水平,并有利于加快桥梁建设的速度。

拱桥缆索吊装施工内容包括:拱肋(箱)的预制、移运和主拱圈的吊装、拱上建筑的砌筑和桥面结构的施工等主要工序。

(1)缆索吊装设备

缆索吊装设备适用于高差较大的垂直吊装和架空纵向运输,吊运量在几吨至几十吨范围内变化,纵向运距为几米至几百米。缆索吊装设备包括:主索、天线滑车、起重索、起重及牵引绞车、主索地锚、塔架、风缆、扣索、扣索排架、扣索地锚、扣索绞车等。

(2)缆索吊装方法

拱桥的构件一般在河滩上或桥头岸边预制和预拼后,送至缆索下面,由起重车起吊牵引至预定位置安装,如图 4.65(a)所示。为了使端段基肋(拱箱、拱肋或桁架拱片)在合龙前保持一定位置,在其上用扣索临时系住后才能松开吊索,如图 4.65(b)所示。吊装应自一桥孔的两端向中间对称进行,如图 4.65(c)、(d)所示。其最后一节构件吊装就位,并将各接头位置调整到规定高程以后,才能放松吊索,从而合龙,如图 4.65(f)所示,最后再将所有扣索撤去。

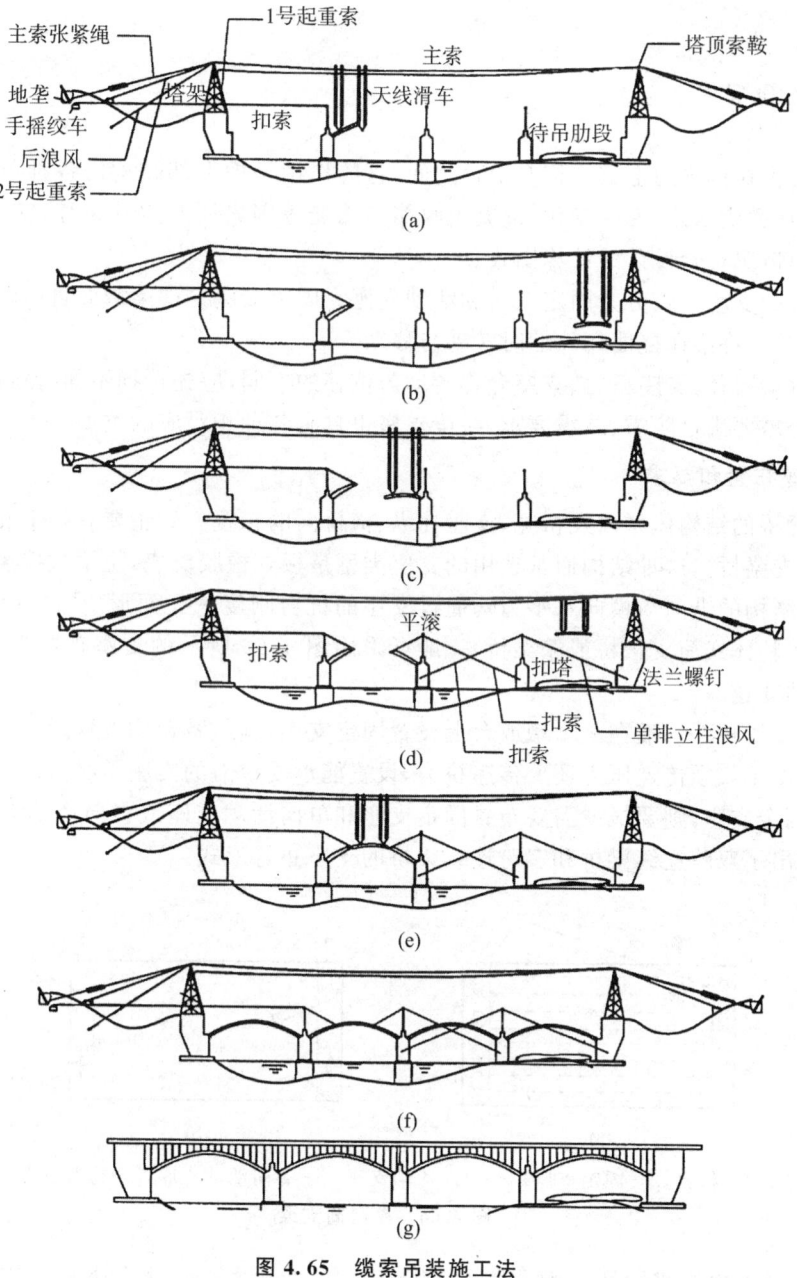

图 4.65 缆索吊装施工法

4.6 桥面及附属工程

4.6.1 支座安装

支座设置在桥梁的上部结构与墩台之间,它的作用是把上部结构的各种荷载传递到墩台上,并能够适应活载、温度变化、混凝土收缩与徐变等因素所产生的位移,使上、下部结构的实际受力情况符合设计的计算图式。

梁式桥的支座一般分为固定支座和活动支座。固定支座允许梁截面自由转动而不能移动,活动支座允许梁在挠曲和伸缩时转动与移动。

针对桥梁跨径、支座反力、支座允许转动与位移的不同,应先选择不同材料作为支座;根据支座是否需要满足防震、减震要求,桥梁支座也具有各种相对应的类型。

1. 支座布置和要求

根据梁桥的结构体系以及桥宽,支座在纵、横桥向的布置方式主要有如下几种:

(1)简支梁桥。这种结构通常选用的支座类型是板式橡胶支座,主梁直接搁置于橡胶支座上,主梁结构的纵向与横向水平力均通过支座的抗剪刚度承受而形成"浮动结构"的支承体系。对于整体式简支板桥或箱梁桥,一般可采用图4.66所示的支座布置方式,以满足结构纵横向的变位。

(2)连续梁桥。一般在一个墩或台上设置固定支座,其他墩台均设置活动支座。在某些情况下,支座不仅须传递压力还要传递拉力,设置能承受拉力的支座是必需的。如果在梁体下布置有两个支座,则要根据需要布置固定支座和单向活动支座或多向活动支座,图4.67、图4.68示出了双跨连续梁桥和多跨连续梁桥的支座布置形式。

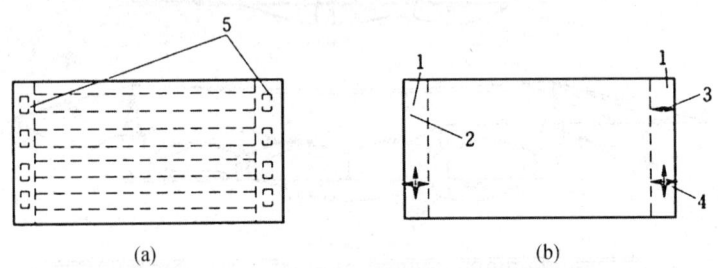

1—桥台;2—固定支座;3—单向活动支座;4—多向活动支座;5—橡胶支座

图 4.66 单跨简支梁

(3)悬臂梁桥的锚固孔一侧设置固定支座,另一侧设置活动支座。在锚固孔与挂孔结合的牛腿处设置支座,其设置方式一般与简支梁桥相同,有时也可在挂孔上均设置固定支座。

在斜桥的支座布置中须注意使支座位移的方向平行于行车道中心线。在弯桥上,可根据结构朝一固定点沿径向位移的概念或结构沿曲线半径的切线方向定向位移的概念确定。

其支座布置如图 4.69 所示。

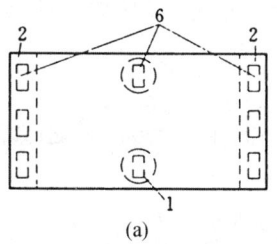
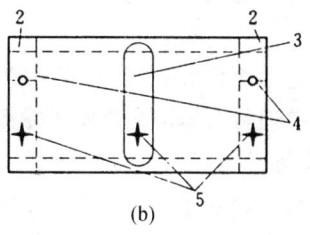

1—柱式墩；2—桥台；3—固定支座；4—单向活动支座；5—多向活动支座；6—橡胶支座

图 4.67 双跨连续梁桥

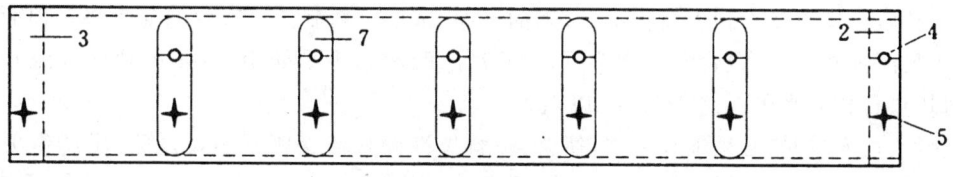

图 4.68 多跨连续梁桥

(注：标识涵义见图 4.2；所示出的支座都只能在同一个方向转动；上部构造固定于地基可靠的桥墩上。)

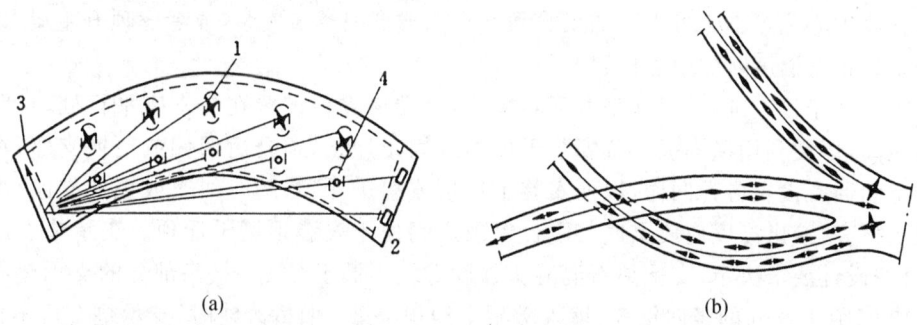

(a)所有支座都朝固定支座方向设置；(b)所有支座都沿曲线的切线方向设置

图 4.69 连续弯桥的支座布置示意图

桥梁的使用效果与支座能否准确地发挥其功能有着密切的关系，因此在安放支座时，必须使上部结构的支点位置与下部结构的支座中线对中。但绝对的对中是很难做到的，故要注意使偏心在允许范围内，才不致影响支座的正常工作。

2. 支座安装的施工要点

(1)板式橡胶支座

板式橡胶支座的安装是保证支座正常使用的关键。橡胶支座应水平安装。由于施工等原因倾斜安装时，则坡度最大不能超过 2%，在选择支座时，仅须考虑由于支座倾斜安装而产生的剪切变形所需要的橡胶层厚度。

支座必须考虑更换、拆除和安装的方便。任何情况下不允许两个或两个以上支座沿梁中心线在同一支承点处一个接一个安装，也不允许把不同尺寸的支座并排安装。

要求支座安装位置准确、支承垫石水平，每根梁端的支座尽可能受力均匀，不得出现个别支座脱空现象,以免支座受力后产生滑移及脱落等情况。对大跨径桥梁或弯、斜、坡桥等,必须在支座与所支承的结构之间设置必要的横向限位设施,以使梁体的横向移动控制在容许限度以内。

就具体安装施工而言,应做到如下几点:

①安装前应按现行《公路桥梁板式橡胶支座》(JT/T 4-2004)对支座本身进行检查、验收,所用的橡胶支座必须有产品合格证书。

②梁底支承部位要求平整、水平。支承部位相对水平误差不大于 0.5 mm。中、小跨度混凝土梁梁端未设支承钢板者,梁底支承面施工时应注意平整,或局部设置钢模底板;对标准设计中梁端有支承钢板者,要求钢板位置准确、水平。钢板本身必须平整,板厚不得小于 8 mm。

③桥墩台支承垫石顶面高程准确,表面平整、清洁。新制桥梁墩台的支承垫石顶面应使用水平尺测量找平;旧墩台帽支承垫石顶面应仔细校核,不平处用 1:4 干硬性水泥砂浆找平,每块垫石相对水平误差在 1 mm 以内。

④梁、板安放时,必须细致稳妥,使梁、板就位准确且与支座密贴,勿使支座产生剪切变形;就位不准时,必须将梁板吊起重放,不得用撬杠移动梁、板。

⑤当桥梁设有纵、横坡时,支座安装必须严格按设计规定办理。

⑥支座的安装最好能在气温略低于全年平均气温的季节里进行,以保证支座在低温或高温时偏离中心位置不致过大。如果必须在高温或低温季节安装,要考虑顶升主梁,以便将支座调整到正常温度时的中心位置。

⑦为了便于检查维修,通常采取下列措施:梁端横隔板设置在与支座平行处,且距梁底有一定距离,以便利用横隔板位置安装千斤顶或扁千斤顶,顶升后纠偏或更换支座;在支座旁边的空间通常设置各种凹槽,以便安装千斤顶或扁千斤顶,随时纠正或更换支座;支座垫石可适当接高,接出高度应使梁底与墩台帽顶之间便于安装顶梁千斤顶。支承垫石的平面尺寸,宜按设计要求决定,支承垫石混凝土强度等级不低于 C25。接高部分的支承垫石中应配有 $\varphi 12$ 间距 15 cm 的竖向钢筋,埋入墩帽中约 40 cm。旧桥改建时,支承垫石可不接高。

(2)聚四氟乙烯滑板式橡胶支座

除按照普通板式橡胶支座安装方法安装外,在安装时还应注意以下几点:

①墩台上设置的支承垫石,其高程应考虑预埋的支座下钢板的厚度,或在支承垫石上预留一定深度的凹槽,将支座下钢板用环氧树脂砂浆黏结于凹槽内。

②在支座下钢板上及聚四氟乙烯滑板式橡胶支座上标出支座位置中心线,两者中心线应重合放置,为防止施工中移位,应设置临时固定设施。

③梁底预埋的支座上钢板应与四氟乙烯滑板式支座紧密接触,将不锈钢板嵌入梁底上钢板内,或直接用不锈钢螺钉固定在上钢板上。安装支座时,不锈钢板和四氟板表面均应清洁干净,并在四氟板表面涂上硅脂油,落梁时要求平稳、准确、无振动,梁与支座密贴,不得脱空。

④梁与支座安装就位后,拆除支座的临时固定装置,安装支座的防尘围护装置。

(3)盆式橡胶支座

①盆式橡胶支座面积较大,在浇筑墩台混凝土时,必须有特殊措施,使支座下面的混凝土能浇筑密实。

②盆式橡胶支座的两个主要部分:聚四氟乙烯板与不锈钢板的滑动面和密封在钢盆内的橡胶块,两者都不能有污物和损伤,否则将降低使用寿命,增大摩擦系数。

③盆式橡胶支座的预埋钢垫板必须埋置密实,垫板与支座之间平整密贴,支座四周的间隙量不能超过 0.4 mm,支座的轴线偏差不能超过 2 mm。

④支座安装前,应将支座的各相对滑动面和其他部分用丙酮或酒精擦拭干净,擦净后在四氟板的储油槽内注满硅脂润滑剂,注意保洁。

⑤支座的顶板和底板可用焊接或锚固螺栓拴接在梁体底面和墩台顶面的预埋钢板上。采用焊接方法时,应注意不要烧坏混凝土;采用螺栓锚固时,须用环氧树脂砂浆将地脚螺栓埋置在混凝土内,其外露螺杆的高度不得大于螺母的厚度。上下支座安装顺序为:先将上座板固定在梁上,而后根据其位置确定底盆在墩台上的位置,最后予以固定。

⑥安装支座的高程应符合设计要求,平面纵横两个方向应水平,支座承压≤5000 kN 时,其四角高差不得大于 1 mm;支座承压>5000 kN 时,其四角高差不得大于 2 mm。

⑦安装固定支座时,其上下各个部件纵轴线必须对正;安装纵向活动支座时,上下各部件纵轴线必须对正,横轴线应根据安装时的温度与年平均的最高、最低温差,由计算确定其错位的距离;支座上下导向块必须平行,最大偏差的交叉角不得大于 5°。

⑧在桥梁施工期间,混凝土由于自身的收缩和徐变以及预应力和温差引起的变形会产生位移,因此,要在安装活动支座时,对上下板预留偏移量,变形方向要与桥纵轴线一致,保证成桥后的支座位置符合设计要求。

(4)球形钢支座

①支座出厂时,应由厂家将支座调平,并拧紧连接螺栓,防止支座在运输和安装过程中发生转动和倾覆。支座可按设计需要预设转角和位移,由施工单位在订货前提出预设转角和位移量的要求,生产厂家在装配时预先调整好。

②支座安装前,施工单位要开箱检查支座及配件的相关资料;开箱后不得任意转动连接螺栓和拆卸支座部件。

③当支座安装采用螺栓拴接时,在下支座板四周用钢楔块调整支座水平,并使下支座底板面高出桥墩顶面 20~50 mm。找出支座纵、横桥向的中心位置,使之符合设计要求。用环氧砂浆灌注地脚螺栓和支座底面垫层。

④当支座安装采用焊接连接时,应先将支座准确定位后,采取对称间断焊接的方法,将上、下支座板与梁体及墩台预埋钢板焊接,焊接时应防止烧伤支座和混凝土。

⑤支座安装高度应符合设计要求,保证支座平面的水平及平整,支座支承平面四角高差不得大于 2 mm。

⑥在梁体安装完毕后或现浇混凝土梁体形成整体并达到设计强度后,在张拉梁体预应力之前,应拆除上、下支座的连接钢板,以防止其约束梁体的正常转动。

⑦拆除上、下支座的连接钢板后,检查支座的外观有无破损现象,并及时安装支座的外防尘罩。

⑧支座在使用一年以后,应进行质量检查,清除支座周围的杂物和灰尘,并用棉丝仔细擦去不锈钢表面的灰尘。

4.6.2 伸缩装置

1. 梳形钢板伸缩装置

(1)采用梳形钢板伸缩装置安装时的间隙,应按安装时的梁体温度决定,一般可按下式计算:

$$\Delta_1 = l - l_1 + l_2 \tag{4-2}$$

式中,Δ_1——安装时的梳形板间隙/mm;

l——梁的总伸缩量/mm;

l_1——施工时梁的伸长量(应考虑混凝土干燥收缩引起的收缩量,预应力混凝土梁还应考虑混凝土徐变引起的收缩量/mm);

l_2——富余量/mm。

(2)梳形钢板伸缩装置所用钢材的力学性能应符合有关规定。

(3)应设置橡胶封缝条防水。

2. 橡胶伸缩装置

(1)采用橡胶伸缩装置时,材料的规格、性能应符合设计要求。根据桥梁跨径大小或连续梁(包括桥面连续的简支梁)的每联长度,可分别选用纯橡胶式、板式、组合式橡胶伸缩装置。对于板式橡胶伸缩装置,应有成品解剖检验证明,以检测生产过程中钢板和角钢等预埋位置是否按照设计图样位置安放准确。

安装时,应根据气温高低,对橡胶伸缩体进行必要的预压缩。伸缩装置应在工厂组装,并按照施工单位提供施工安装温度定位,固定后出厂,若施工安装时温度有变化,一定要重新调整定位后安装就位。气温在5℃以下时,不得进行橡胶伸缩装置施工。

(2)采用后嵌式橡胶伸缩体时,应在桥面混凝土干燥收缩完成且徐变也大部完成后再进行安装。

(3)伸缩装置安装时应注意下列事项:

①检查桥面板端部预留空间尺寸、钢筋,注意不受损伤,若为沥青混凝土桥面铺装,宜采用后开槽工艺安装伸缩缝,以提高与桥面的顺适度。

②根据安装时的环境温度计算橡胶板伸缩装置的模板宽度与螺栓间距。将准备好的加强钢筋与螺栓焊接就位,嗣后浇筑混凝土与养护。

③将混凝土表面清洁后,涂防水胶黏材料。利用调正压缩的工具,将伸缩装置安装就位。向伸缩装置螺栓孔内灌注防蚀剂后,注意及时盖好盖帽。

3. 模数式伸缩装置

(1)伸缩装置由异形钢梁与单元橡胶密封带组合而成的称为模数式伸缩装置。它适用于伸缩量为80~1200 mm的桥梁工程。

(2)伸缩装置中所用异形钢梁沿长度方向的直线度应满足1.5 mm/m,全长应满足10 mm/10 m的要求。伸缩装置钢构件外观应光洁、平整,不允许变形扭曲。

(3)伸缩装置必须在工厂进行组装。组装钢构件应进行有效的防护处理。吊装位置应用明显颜色标明。出厂时应附有效的产品质量合格证明文件。

(4)伸缩装置在运输中应避免阳光直接曝晒,雨淋雪浸,并应保持清洁,防止变形,且不能与其他物质相接触,注意防火。

(5)伸缩装置施工安装时应注意以下事项:

①要按照设计核对预留槽尺寸,预埋锚固筋若不符合设计要求,必须首先处理,满足设计要求后方可安装伸缩装置。

②伸缩装置安装之前,应按照安装时的气温调整安装时的定位值,用专用卡具将其固定。

③安装时,伸缩装置的中心线与桥梁中心线重合,并使其顶面标高与设计标高相吻合,按桥面横坡定位、焊接。

④浇筑混凝土前将间隙填塞,防止浇筑混凝土时把间隙堵死,影响伸缩,并防止混凝土渗入模数式伸缩装置位移控制箱内,也不允许将混凝土溅填在密封橡胶带缝中及表面上。如果出现此现象,应立即清除,然后进行正常养护。

⑤待伸缩装置两侧混凝土强度满足设计要求后,方可开放交通。

4. 弹塑体材料填充式伸缩装置

(1)伸缩体由高黏弹塑性材料和碎石结合而成的称为填充式伸缩装置。它适用于伸缩量小于 50 mm 的中、小跨径桥梁工程。适应温度为 −25~60 ℃。应按设计要求设置。

(2)弹塑体材料物理性能应符合有关规定,产品应附有效的合格证书。弹塑体材料加热熔化温度应按要求严格控制。主层石料压碎值不大于 30%,扁平及细长石料含量少于 15%~20%,石料使用前应清洗干净。其加热温度控制在石料含量少于 15%~20%,石料使用前应清洗干净。其加热温度控制为 100~150 ℃。

(3)风力大于 3 级、气温低于 10 ℃ 及有雨时不宜施工。

(4)施工可采用分段分层浇灌铺筑法,亦可采用分段分层拌和铺筑法。

5. 复合改性沥青填充式伸缩装置

(1)伸缩体由复合改性沥青及碎石混合而成。适用于伸缩量小于 50 mm 的中、小跨径桥梁工程,适用温度:−30~70 ℃。应按设计要求设置。

(2)复合改性沥青应符合产品有关规定,其加热熔化温度要控制在 170 ℃ 以内。

粗石料(14~19 mm)和细石料(6~10 mm)应满足下列要求:

强度>100 MPa;

相对密度:2.6~3.2;

磨耗值(L.A)<30;

磨光值(P.S.V)>42;

压碎值(A.C.V)<20;

扁平细长颗粒含量<15%。

(3)嵌入桥梁伸缩缝空隙中的 T 形钢板厚度 3~5 mm,长度约为 1 m 左右。

4.6.3 桥面防水与排水

1. 防水卷材防水层

(1)防水卷材防水层施工,包括垫层、隔水层及保护层三部分。

(2)垫层根据桥面横坡作成三角形。当厚度超过 5 cm 时,宜用小石料混凝土铺筑;厚度在 5 cm 以下时,可用 1∶3 或 1∶4 水泥砂浆抹平。水泥砂浆厚度不宜小于 2 cm。垫层表面须抹平、压实,不得有毛刺。

(3)隔水层:隔水层可采用 1～2 层防水卷材及 1～3 层胶黏剂(防水卷材可用石油沥青油毡、玻璃纤维防水布或无纺布),在混凝土垫层养护 6～8 d 后,使混凝土表面干燥即可涂刷胶黏剂(胶黏剂可选石油沥青材料或沥青环氧胶)。

(4)涂刷胶黏剂时,应在不低于+5 ℃下进行,沥青胶涂抹厚度为 1.5～2.0 mm,工作温度不低于 150 ℃,各种卷材应在涂刷沥青胶后趁热沿桥横向铺设,搭接不少于 10 cm,为防止褶皱不平,铺设卷材时应用滚轴滚压服贴。

(5)为防止桥面水流入隔水层下面,在靠人行道处,隔水层应穿过缘石下面并在缘石内侧垂直向上弯起 10 cm 左右。

(6)在隔水卷材上面,铺筑一层混凝土或钢筋混凝土,以此作为隔水层的保护层,该层铺筑时,应与桥梁高程及横纵坡的设计要求相符,表面必须平整、毛糙。

2. 防水涂料防水层

(1)在箱形梁顶面,用防水涂料作防水层时,要求在浇筑箱梁顶面混凝土时,应严格控制高程,纵、横坡应符合设计要求,混凝土表面应平整。面层混凝土养护达到设计要求强度后,用钢丝刷将表面浮浆及油污刷去,再用高压水冲洗桥面,待桥面干燥后,于面层上刷一层防水涂料,一般可用环氧沥青漆或树脂集油,以此作为桥面防水层。

①环氧沥青漆是以环氧树脂与经过炼制的煤焦油沥青混合而成为成分甲,以乙二胺乙醇液(50%)为成分乙。将成分甲与成分乙按 100∶4.2 的质量比混合搅匀,静置 0.5～2 h 后使用。配好的漆液应在 12 h 内用完。

②树脂胶油的成分为环氧树脂∶煤焦油∶间苯二胺=100∶100∶12(质量比)。

防水涂料应在气温 10 ℃以上配制,须使涂料有合适的稠度与黏结强度。如气温在 10 ℃以下时,胶浆黏稠影响施工,可用丙酮或汽油作稀释剂,但其掺量不超过树脂重量的 15%,否则黏结强度将降低。

胶浆涂层厚度为 1～2 mm,每平方米的胶浆用量约为 0.8 kg。

(2)为了保护防水层在施工和运营中完整无损,在涂层以上应铺设 4 cm 以上厚的钢丝网水泥砂浆保护层,铺筑时应用平面振捣器逐点振实,并用抹子找平,但不应抹光。

在砂浆层达到预计强度后,可做桥面铺装层,再铺筑沥青混凝土或铺筑水泥混凝土。

3. 水密性混凝土桥面

(1)防水混凝土防水层多与桥面铺装层同为一层,主要是混凝土配比要求水密性,如果桥面不作沥青混凝土铺装层,则还应考虑到桥面混凝土的耐磨与防滑。

(2)桥面混凝土的铺装注意事项有以下几点:

①将所有梁与梁之间的缝隙全部堵好,缝隙宽者下面吊板。

②桥台或桥墩上梁端与胸墙或梁端头之间的缝隙,除按连续板做法以外者,均须用软料堵严,不得使石子或砂浆进入。

③在桥中线处测出桥面装梁后的纵断面,除在桥中及两桥台设测点外,最远每隔 2 m 测一点。

④根据设计桥梁纵坡,计算相应点应浇筑混凝土的厚度,最好堆设面积 10 cm 见方的砂浆堆(注意砂浆强度应与桥面铺装层相同)。

⑤再按纵断面上不同点高程,根据设计横断面坡度,也按每 2 m 一点计算该点的高程,亦可按堆砂浆堆的方法控制浇混凝土高程。如果桥面宽度允许,夯板长度适宜,则可在相应的纵断面点的两便道附近设一相应高度的砂浆堆,以控制夯板一端的高程。

⑥按上述各点浇筑混凝土,使用平板振捣器振实并进行抹面、拉毛。抹面时应严格控制高程。

4. 桥面排水设施

(1)桥面泄水管设置的位置、数量和材料应符合设计图样要求,一般情况下,泄水管应伸出结构物底面 10~15 cm。

(2)桥面泄水管口应低于周围的桥面铺装层。泄水管道应远离照明线路及其他电气线路,如有十字交叉情况时,应保证泄水管道不漏水。

4.6.4 桥面铺装

1. 沥青混凝土桥面铺装

(1)沥青混凝土铺装前应对桥面进行检查,桥面应平整、粗糙、干燥、整洁。桥面横坡应符合要求,不符合时应予处理。铺筑前应洒布黏层沥青,石油沥青洒布量为 0.3~0.5 L/m²。

(2)沥青混凝土的配合比设计、铺筑、碾压等施工程序,应符合现行《公路沥青路面施工技术规范》(JTG F40-2004)的有关规定。

(3)为保护桥面防水层,宜先铺保护层。保护层采用 AC-5 型沥青混凝土,厚 1 cm,人工铺洒均匀,用 6 t 轻碾慢速摆平。

(4)桥面沥青铺装宜采用双层式,底层采用高温稳定性较好的 AC-2-I 中粒式、热拌密实型沥青混合料,表层采用防滑面层,总厚度宜在 6~10 cm 之间,表层厚度不宜小于 2.5 cm。

(5)沥青混凝土桥面施工宜采用轮胎压路机和钢轮轻型压路机配合作业。

2. 水泥混凝土桥面铺装

(1)水泥混凝土桥面铺装的厚度应符合设计规定,其使用材料、铺装层结构、混凝土强度、防水层设置等均应符合设计要求。

(2)必须在横向连接钢板焊接工作完成后,才可进行桥面铺装工作,以免后焊的钢板引起桥面水泥混凝土在接缝处发生裂纹。

(3)浇筑桥面水泥混凝土前使预制桥面板表面粗糙,清洗干净,按设计要求铺设纵向接缝钢筋网或桥面钢筋网,然后浇筑。

(4)水泥混凝土桥面铺装如设计为防水混凝土,施工时应按照有关规定办理。

(5)水泥混凝土桥面铺装,其做面应采取防滑措施,做面宜分两次进行,第二次抹平后,沿横坡方向拉毛或采用机具压槽,拉毛和压槽深度应为 1~2 mm。

(6)钢纤维水泥混凝土桥面铺装,宜符合现行中国工程建设标准化协会标准《纤维混凝土结构技术规程》(CECS 38-2004)的规定。

4.6.5 人行道及栏杆板的安装

1. 人行道板安装

(1)人行道构件必须与主梁横向连接,同时应铺垫 M20 的水泥砂浆,人行道面应有横向坡度,以使雨水排向车道。

(2)人行道板必须在人行道梁与主梁锚固后方可安装;如无人行道横梁时,人行道板应按由里向外的顺序铺设。

(3)在安装有人行道梁的人行道结构时,应对人行道梁的焊接认真检查,必须达到设计或一般规范规定的焊缝长度与厚度,以保证施工安全。

(4)铺装人行道板,应注意使纵梁接头与人行道板的接缝应在同一断面上,人行道抹面时,纵梁接头处的人行道面应沿纵梁接头方向刻缝。

2. 栏杆安装

(1)栏杆块件必须在人行道板铺装完毕后安装,安装前放线必须精确,其内容包括底脚线、柱顶高程与柱顶线及栏杆分挡位置。如栏杆与人行道施工前后流水作业,必须有统一的测量工作,在每隔固定距离施放线位固定点,以保证栏杆柱、栏杆的线位与人行道及全桥纵横坡度、高度相适应。

(2)除另有规定外,栏杆线及坡度不受桥面的几何外形的影响。栏杆柱和缘石都应保持铅直。

(3)在安装栏杆或安装栏杆柱时,在桥面伸缩缝处及纵梁接头处,桥台处均须作特殊处理,以免因桥梁伸缩或桥头沉陷使栏杆发生不规则的裂缝,影响美观或使用。

(4)栏杆安装的线型和坡度应符合设计规定,外观应流畅平顺,并应连接牢固。

(5)各种栏杆组合件都应验收合格后方可使用。

(6)栏杆安装时桥梁上部结构浇筑时的支架应松脱和卸落。

(7)栏杆安装宜采用 50 m 为单元,安装一段调整一段,如有条件,各种扶手安装长度(包括现浇)应更长,以便于调整,保持顺直。

(8)栏杆安装允许偏差见表 4.2。

表 4.2 栏杆安装允许偏差

序号	项目		允许偏差/mm
1	直顺度	地袱	≤5
		扶手	≤3
2	垂直度(全高)	栏杆柱	≤3
		栏心柱	≤5
3	相邻地袱高差		≤3
4	相邻扶手高差		≤1

复习思考题

4.1 简述悬臂浇筑的施工程序。
4.2 简述挂篮的分类及构造。
4.3 简述梁段的预制方法方法及特点。
4.4 按起重机吊装的方式不同,悬拼可以分为哪几种?
4.5 悬拼施工时,合龙段施工有何特点?
4.6 悬拼施工时,为控制和纠正安装误差,可采取哪些措施?
4.7 悬拼施工的施工控制包含哪些内容?
4.8 简述顶推施工的特点。
4.9 简述顶推施工程序。
4.10 顶推施工法按水平力施加位置和顶推装置的不同分为哪几种?
4.11 采用逐孔吊装施工应注意哪些问题?
4.12 简述移动模架法的施工特点。
4.13 简述梁式桥几种较常用的吊装方法和特点如何?
4.14 双导梁穿行式架梁法原理是什么?描述其吊装过程。
4.15 拱桥的施工方法有哪两大类?各适用于什么情况?
4.16 拱架按使用材料不同可分为哪几种?特点如何?
4.17 拱架的卸落设备有哪些?拱架的架设或斜落顺序如何?
4.18 拱圈或拱肋混凝土的浇筑方法有哪几种?
4.19 简述劲性骨架法的施工要点。
4.20 板式橡胶支座的安装施工要点主要有哪些?
4.21 拱肋的接头形式有哪些?

第五章 悬索桥施工

教学要求：通过本章的学习，使学生了解悬索桥的结构形式和构造；掌握悬索桥的施工工序，锚碇、索塔、主缆施工的关键工艺步骤，加劲梁的架设工艺步骤等。

5.1 悬索桥简介

5.1.1 悬索桥的构造

悬索桥也称吊桥，它主要由主缆、锚碇、索塔、加劲梁、吊索组成，如图 5.1 所示。具有特点的细部构造还有：主索鞍、散索鞍、索夹等。

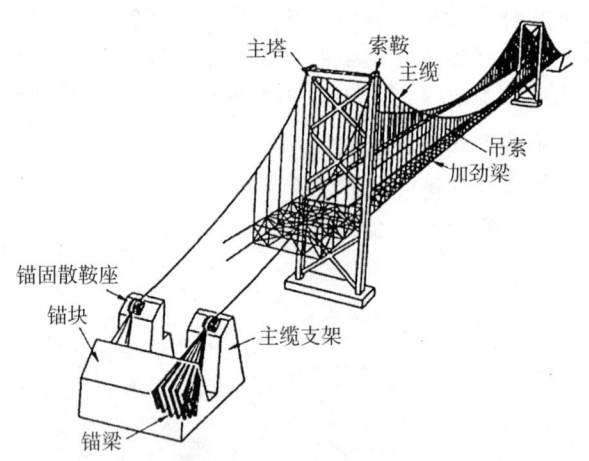

图 5.1 悬索桥示意图

主缆是通过塔顶鞍座悬挂在主塔上锚固于两端锚固体中的柔性承重结构，可由钢丝绳组成，也可用平行钢丝组成。大跨度悬索桥的主缆普遍使用平行钢丝式，平行钢丝可采用预制平行索股法（PPWS 法）或空中纺丝法（AS 法）架设。

锚碇是锚固主缆的结构，主缆的丝股通过散索鞍分散开来锚于其中。根据不同的地质情况可修成不同形式的锚碇，如重力锚、隧道锚等。

索塔是支承主缆的结构。主缆通过主索鞍跨于其上。根据具体情况可用不同的材料修建，国内多为钢筋混凝土塔，而国外钢塔较多。

加劲梁是供汽车通行的结构。根据桥上的通车需要及所需刚度可选用不同的结构形式,如桁架式加劲梁、扁平箱形加劲梁等。

吊索通过索夹把加劲梁悬挂于主缆上。

大跨径悬索桥的结构形式,可根据吊索和加劲梁形式的不同分为以下几种:

(1)竖直吊索,并以钢桁架作加劲梁,如图 5.2 所示。

(2)采用三角形布置的斜吊索,以扁平流线型钢箱梁作加劲梁,如图 5.3 所示。

(3)前两者的混合式,即采用竖直吊索和斜吊索,流线型钢箱梁作加劲梁。

(4)除了有一般悬索桥的缆索体系外,还设有若干加强用的斜拉索,如图 5.4 所示。

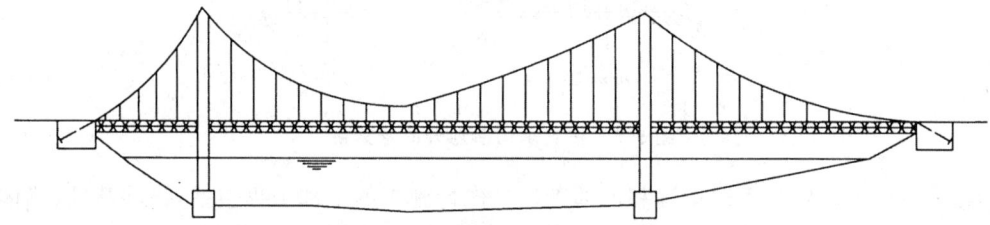

图 5.2 竖直吊索桁架式加劲梁的悬索桥

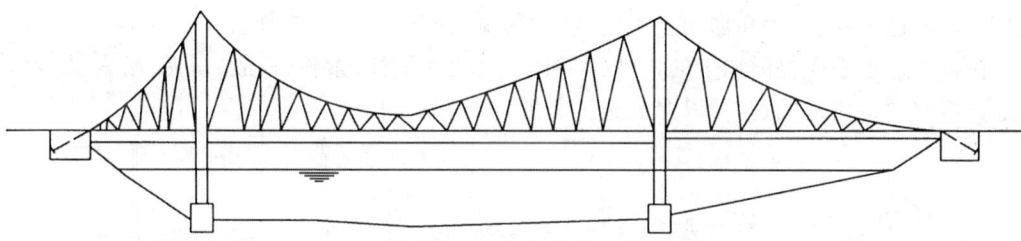

图 5.3 斜吊索钢箱加劲梁的悬索桥

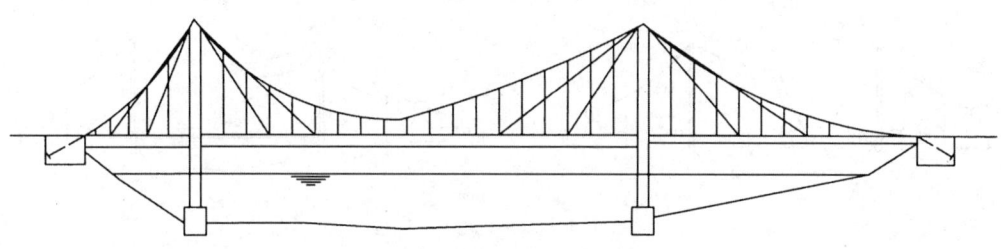

图 5.4 带斜拉索的悬索桥

无论采用上述何种结构形式,如果按加劲梁的支承构造区分,又可分为单跨两铰加劲梁悬索桥、三跨两铰加劲梁悬索桥及三跨连续加劲梁悬索桥,如图 5.5 所示。

不同结构形式的悬索桥在施工方法上也有一定的差异,本教材主要介绍采用竖直吊杆的大跨径悬索桥的施工方法。

5.1.2 悬索桥的施工程序

施工单位到现场作进一步调查,合理布置施工场地;根据架设地点的地形条件、气象条件、作业环境及国内外的技术成果确定施工方案,完成施工设计。

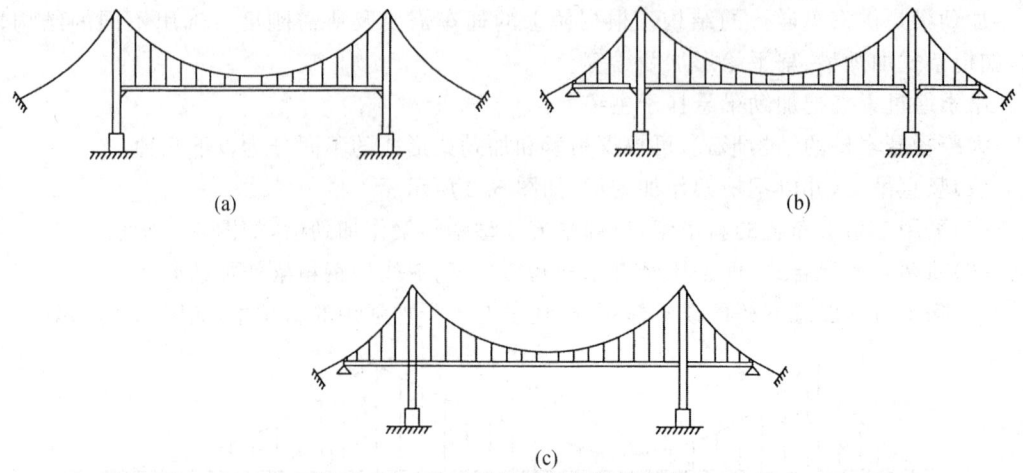

图 5.5 按支承构造划分的悬索桥

悬索桥施工一般分下部工程和上部工程。先行施工的下部工程包括：锚碇基础、锚体和塔柱基础，其施工工序如图 5.6 所示。在下部工程施工的同时，要做好上部工程的施工准备，其中包括施工工艺设计、施工设备购置或制造、悬索桥构件加工等。上部工程施工一般分为主塔工程、主缆工程和加劲梁工程施工，其施工顺序如图 5.7 所示。

在施工过程中要提前加工的构件（如钢塔、锚架和锚杆、索鞍、索股、索夹、吊索、加劲梁）一定要提前加工完整检查好，以保证施工工期。

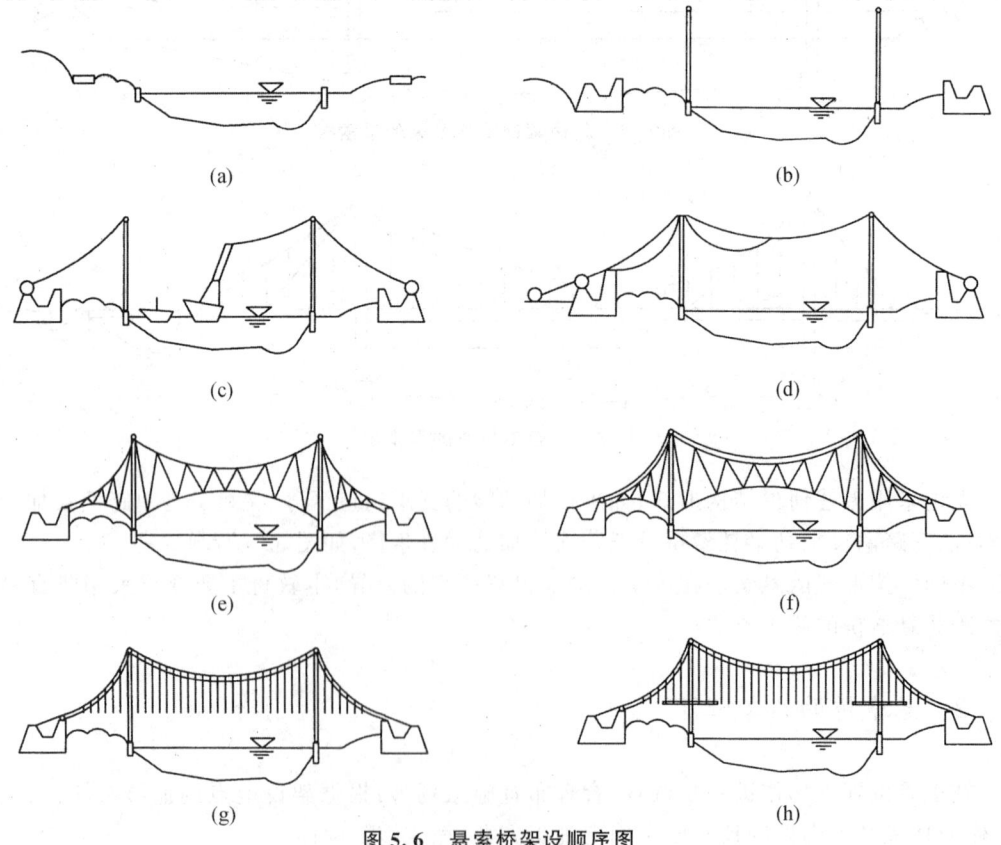

图 5.6 悬索桥架设顺序图

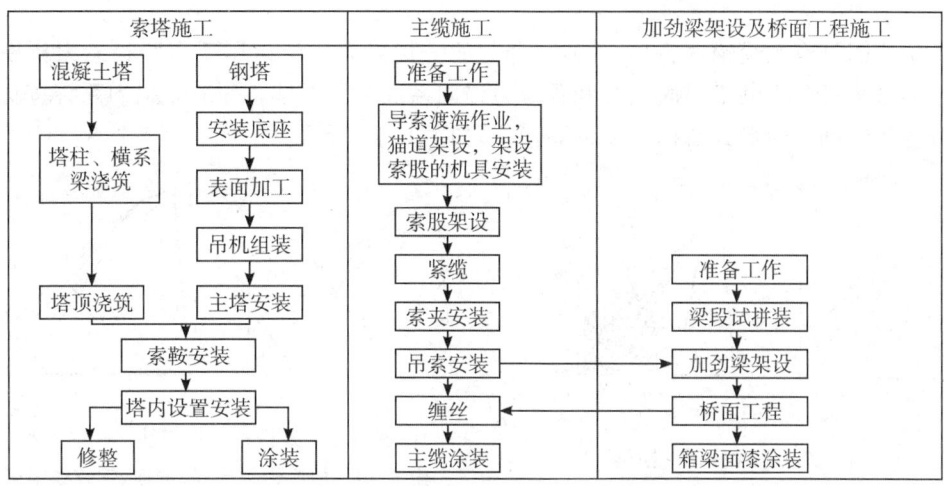

图 5.7 悬索桥上部工程施工顺序图

5.2 锚碇施工

5.2.1 锚碇的形式

锚碇是对锚块基础(有扩大基础、地下连续墙、沉井基础、桩基础等多种形式)、锚块、主缆锚固系统及防护结构等的总称。它是固定主缆的端头,防止其走动的巨大构件。悬索桥主缆两端的锚固方式有地锚与自锚两种形式。绝大部分悬索桥是地锚。地锚分为重力式(如图 5.8(a)所示)和隧洞式(或岩洞式)(如图 5.8(b)所示)两种。

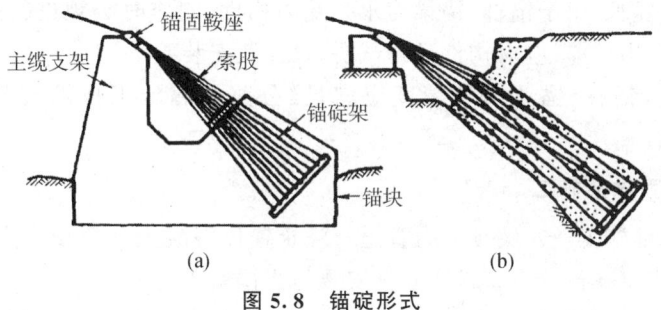

图 5.8 锚碇形式

5.2.2 主缆锚固

1. 锚固体系的结构类型

根据主缆在锚块中的锚固位置可分为后锚式和前锚式。前锚式就是索股锚头在锚块前锚固,通过锚固系统将缆力作用到锚体;后锚式是将索股直接穿过锚块,锚固于锚块后面,如

图 5.9 所示。

前锚式因具有主缆锚固容易、检修保养方便等优点而广泛运用于大跨径悬索桥中。前锚式锚固系统又分为型钢锚固系统和预应力锚固系统两种类型。预应力锚固系统按材料不同可分为粗钢筋锚固形式与钢绞线锚固形式,如图 5.10 所示。

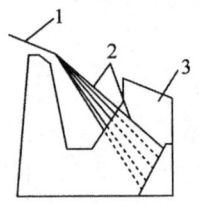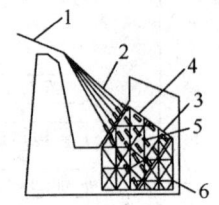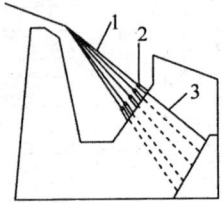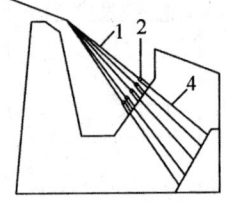

1—主缆;2—索股;3—锚块;
4—锚支架;5—锚杆;6—锚梁

图 5.9 主缆锚固(前锚、后锚)

1—索股;2—螺杆;3—粗钢筋;4—钢绞线

图 5.10 预应力锚固(粗钢筋、钢绞线锚固)

2. 型钢锚固系统施工

型钢锚固系统主要由锚架和支架组成。锚架包括锚杆、前锚梁、拉杆、后锚梁等,是主要传力构件。支架是安放锚杆、锚梁并使之精确定位的支撑构件。

施工程序:锚杆、锚梁等工厂制造→现场拼装锚支架→安装后锚梁→安装锚杆与锚支架→安装前锚梁→精确调整位置→浇筑锚体混凝土。

施工要求:

(1)所有构件安装均应按照钢结构施工规范要求进行。

(2)锚支架是将散件运到现场拼装而成的,也可将若干杆件先拼装成片,再逐片安装。锚杆由下至上逐层安装,每安装完一层需拼装相应的支架与托架后才能安装另一层锚杆。

(3)由于锚杆与锚梁质量较大,应加大锚支架及锚梁托架的刚度,以防止支架变形,避免影响锚杆位置。

(4)构件质量要求,由于锚杆、锚梁为永久受力构件,制作时必须进行除锈、表面涂装和焊接件探伤工作。出厂前,应对构件进行试拼,以保证安装质量。

(5)安装精度,锚杆、锚梁安装精度应满足《公路桥涵施工技术规范》(JTG/T 3650-2020)的规定要求。

3. 预应力锚固体系施工

施工程序:基础施工→安装预应力管道→浇筑锚体混凝土→穿预应力筋→安装锚固连接器→预应力筋张拉→预应力管道压浆→安装与张拉索股。

施工要求:预应力张拉与压浆工艺,应严格按设计与施工规范要求进行。前锚面的预应力锚头应安装防护帽,并向帽内注入保护性油脂。构件应进行探伤检查,运输及堆放过程中应避免构件受损。

5.2.3 锚碇体施工

由于悬索桥锚碇属于大体积混凝土构件,尤其是重力式锚碇,其体积十分庞大。在施工阶段水泥会产生大量水化热,引起体积变形及变形不均,产生温度应力及收缩应力,易使混凝土产生裂缝,并影响其质量,因此,水化热的控制是锚碇混凝土施工的关键。

1. 大体积混凝土的温度控制

水化热越大,混凝土的温升越高,致使混凝土的温度应力增大,从而使混凝土产生裂缝。降低混凝土温升主要有以下措施:

(1)选用低水化热品种的水泥

一般来说,矿渣水泥、火山灰水泥、粉煤灰水泥等具有较低的水化热,施工宜尽量采用。对于普通硅酸盐水泥,应经过水化热试验后才能选用。

(2)减少水泥用量

使用粉煤灰作为外加剂,可代替部分水泥,以减少水泥的用量,且混凝土的后期强度仍有较大的增长。其粉煤灰的用量一般为水泥用量的15%～20%。亦可使用缓凝型的外加剂以延缓水化热峰值产生的时间,有利于减少混凝土的最高温升。对于低强度等级的混凝土,掺加一定量的片石亦是减少水泥用量的有效办法。

(3)降低混凝土的入仓温度

不要使用刚出厂的高温水泥,也可采用冷却水作为混凝土的拌合用水,以达到直接对混凝土降温的效果。对砂、石料,应防止日光直照,可采用搭遮阳棚和淋水降温的方法。

(4)在混凝土结构中布置U形管采用冷水循环降低混凝土的温度。

2. 大体积混凝土施工

(1)施工要求

大体积混凝土应分层施工,每层厚度一般为1～2 m。浇筑能力越大,降温措施越充分,则分层厚度可适当大一些。分层浇筑时,要求后一层混凝土必须在前一层未初凝前加以覆盖,以防止出现施工裂缝。亦可采用预留湿接缝法浇筑混凝土,各块分别浇筑,分别冷却至稳定温度,最后在槽缝内浇筑微膨胀混凝土。

(2)养护及保温

混凝土浇筑完并终凝后要覆盖麻袋、草垫等,并洒水保持表面湿润,一方面是对混凝土进行养护,另一方面是为了减少混凝土表面与内部的温差。可覆盖塑料布等保温材料对混凝土进行保温,通过内散外保的方法使混凝土整体上均匀降温。并对混凝土内部最高温度、相邻两层及相邻两块之间的温差进行监测。

5.3 索塔与主缆施工

5.3.1 索塔的形式

索塔有钢筋混凝土塔和钢塔两种类型。钢筋混凝土塔一般为门式刚架结构,由两个箱形空心塔柱和横系梁组成。

钢塔的结构形式较多,常见的有桁架式、刚架式和混合式,如图5.11所示。钢塔塔柱的截面形式如图 5.12 所示。

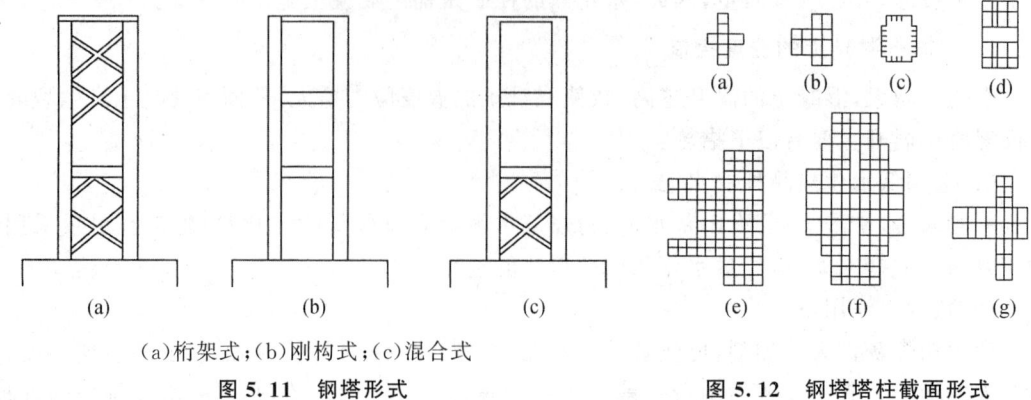

(a)桁架式；(b)刚构式；(c)混合式

图 5.11　钢塔形式　　　　　　　　　图 5.12　钢塔塔柱截面形式

5.3.2　混凝土塔柱施工

悬索桥混凝土塔柱施工工艺与斜拉桥塔身基本相同。

塔身施工的模板主要有滑模、爬模和翻模三大类型。塔柱竖向主钢筋的接长可采用冷压管连接、电渣焊、气压焊等方法。混凝土应采用泵送或吊罐浇筑。当施工至塔顶时，应注意预埋索鞍钢框架支座螺栓和塔顶吊架、施工猫道的预埋件。

5.3.3　钢塔施工

根据索塔的规模、结构形式和架桥地点的地理环境以及经济性等，钢索塔的施工可选用浮吊、塔吊和爬升式吊机三种有代表性的施工架设方法。

1. 浮吊法

浮吊法是将索塔整体一次性起吊的大体积架设方法。该施工方法的特点是可显著缩短工期，但由于浮吊的起重能力和起吊高度有限，因而使用时以 80 m 以下高度的索塔为宜。

2. 塔吊法

塔吊法是在索塔旁边安装与索塔完全独立的塔吊进行索塔架设。由于索塔上不安装施工用的机械设备，因而施工方便，施工精度易于控制，但是塔吊及其基础费用较高。

3. 爬升式吊机法

这种方法是先在已架设部分的塔柱上安装导轨，使用可沿导轨爬升的吊机进行索塔架设。爬升式吊机施工顺序如图 5.13 所示。

这种方法由于爬升式吊机安装在索塔柱上，因此对索塔柱铅垂度的控制需要较高的技术，但吊机本身较轻，又可用于其他桥梁的施工，因此，现已成为大跨度悬索桥索塔架设的主要方法。

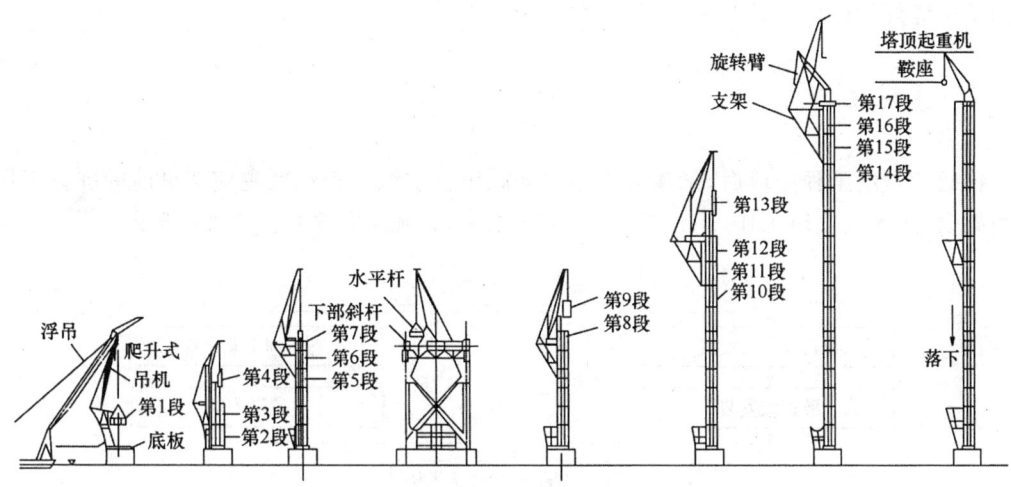

图 5.13 爬升式吊机施工法的施工顺序

5.3.4 主索鞍施工

1. 主索鞍施工程序

(1) 安装塔顶门架

按照鞍体质量设计吊装支架及配置起重设备。支架可选用贝雷架、型钢或其他构件拼装,固定在塔顶混凝土中的预埋件上。起重设备一般采用卷扬机、滑轮组。当构件吊至塔顶时,以捯链牵引横移到塔顶就位。近年来,国内外开始采用液压提升装置作为起重设备,即在横联梁上安装一台连续提升的穿心式千斤顶,以钢绞线代替起重钢丝绳。液压提升设备具有轻便、安全等优点。

(2) 钢框架安装

钢框架是主索鞍的基础,要求平整、稳定,一般在索塔柱顶层混凝土浇筑前预埋数个支座,以螺栓调整支座面高程至误差小于 2 mm。然后将钢框架吊放在支座上,并精确调整平面位置后固定,再浇筑混凝土,使之与塔顶结为一体。

(3) 吊装上下支承板

首先检查钢框架顶面高程,符合设计要求后清理表面和四周的销孔,然后开始吊装下支承板。下支承板就位后,销孔和钢框架对齐销接。在下支承板表面涂油处理后安装上支承板。

(4) 吊装鞍体

因鞍体质量较大,吊装时应认真谨慎,吊装过程中须体现稳、慢、轻的要求,并注意不得碰撞。鞍体入座后用销钉定位,要求底面密贴,四周缝隙用黄油填塞。

2. 主索鞍施工要求

(1) 吊架及所有吊具要经过验算,符合起重要求。

(2) 吊装过程中须由专人指挥,中途要防止扭转、摆动及碰撞。

(3) 所有构件接触面销孔系精加工表面,必须清理干净,不得留有砂粒、纸屑等,并在四周两层接缝处涂以黄油,以防水汽侵入而锈蚀构件。

5.3.5 主缆施工

锚碇和索塔工程完成后,紧接着就是主缆施工。主缆工程包括主缆架设前的准备工作、主缆架设、防护及收尾工作,工程难度大,工序繁多,其施工程序如图5.14所示。

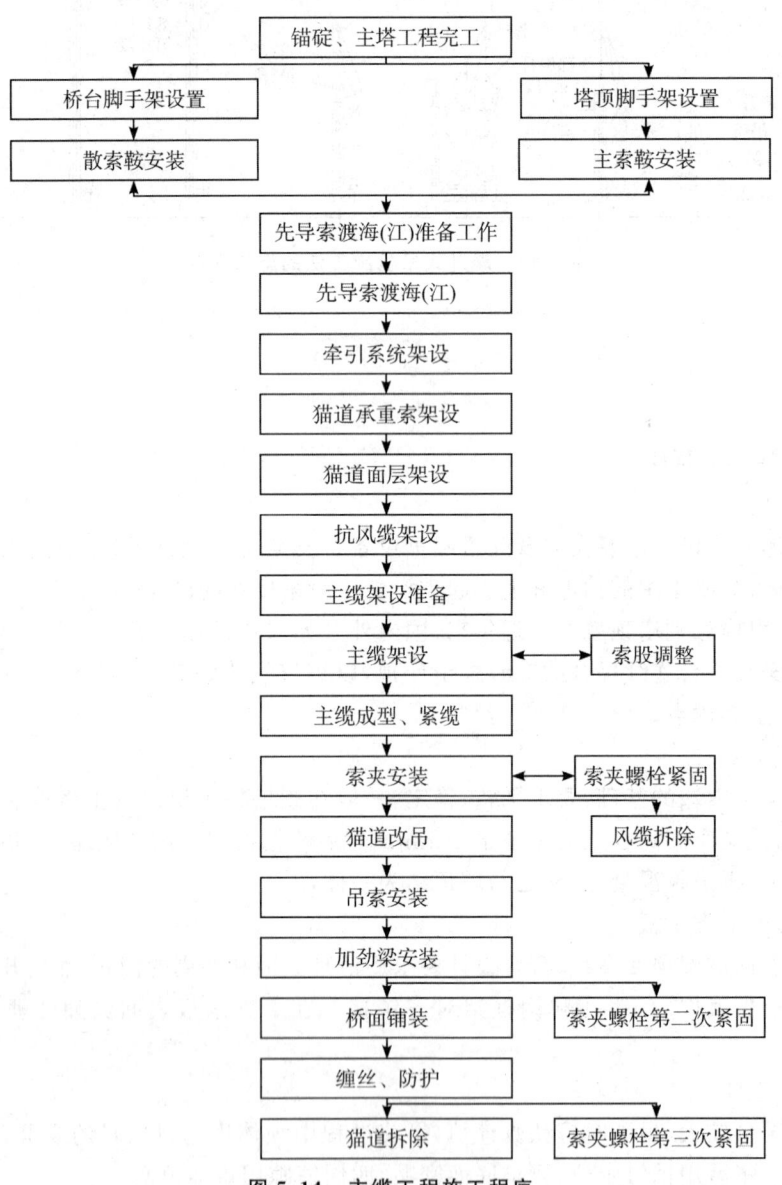

图5.14 主缆工程施工程序

1. 牵引系统的形成

牵引系统是架于两锚碇之间,跨越索塔的用于空中拽拉的牵引设备,主要承担猫道架设、主缆架设以及部分牵引吊运工作。常用的有循环式和往复式两种。

(1)循环式牵引

把牵引索的两端插接起来,形成环状无极索,通过一台驱动装置和必要的支承滚筒做循环运动。包括大循环和小循环,大循环一般是水平设置,供上下游索股架设使用,如图 5.15 所示。小循环一般是分别在上下游按竖直设置,如图 5.16 所示。

循环式牵引系统的牵引索是靠驱动装置滚筒以摩擦方式驱动,牵引速度连续性好,但牵引力小。适用于 AS 法主缆架设和悬索桥跨径较小时的 PS 法索股架设。

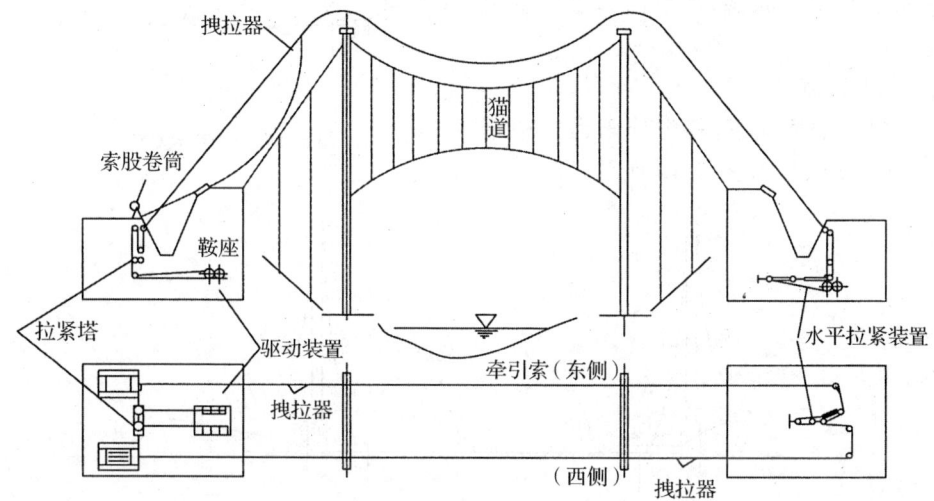

图 5.15 大循环牵引

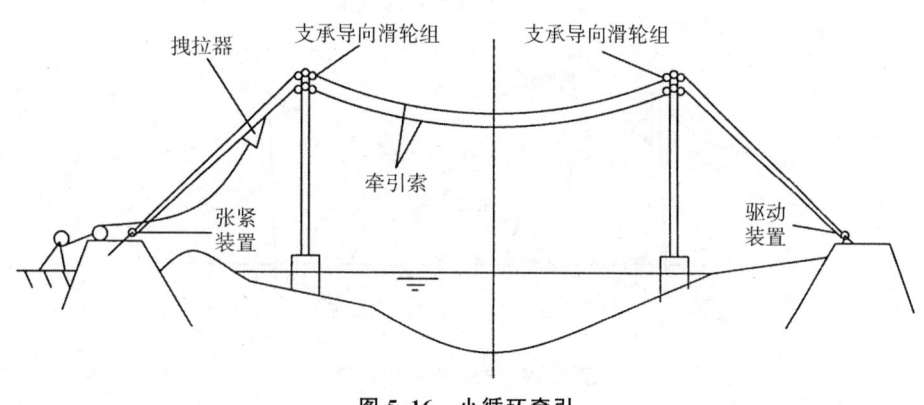

图 5.16 小循环牵引

(2)往复式牵引

牵引索的两端分别卷入主、副卷扬机,一端用于卷绳进行牵引,另一端用于放绳,使牵引索做往复运动。往复式牵引系统是把钢丝绳直接卷在卷扬机上,其牵引力的调节容易实现,跨径大的悬索桥索股架设需要较大的牵引力时可采用往复式牵引系统。

2. 牵引系统的架设

其架设是以简单经济,并尽量少占用航道为原则。通常的方法是先将比牵引索细的先导索渡海,再利用先导索将牵引索由空中架设。先导索渡海(江)的方法有水下过渡法、水面过渡法与空中过渡法几种。

(1)水下过渡法

先导索的前端跨过桥顶由牵引船牵着直接过水的方法,如图5.17所示。

(2)水面过渡法

渡海的先导索上按适当间距系上浮子,使其在水上呈漂浮状态,然后由牵引船牵引渡海的方法,如图5.18所示。

(3)空中过渡法

在不封航的情况下,将先导索由空中牵引过海(江)的方法,如图5.19所示。

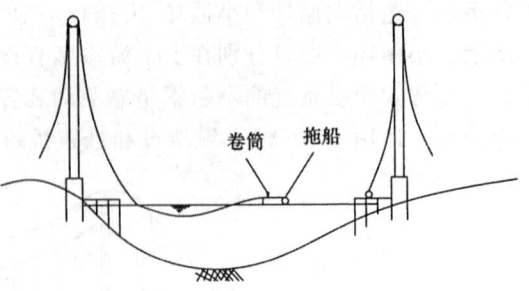

图5.17 先导索水下过渡

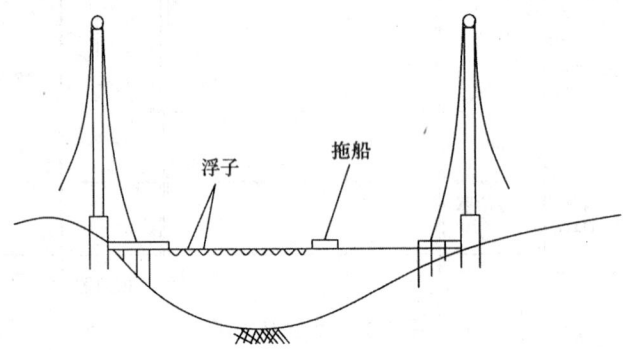

图5.18 先导索水面过渡

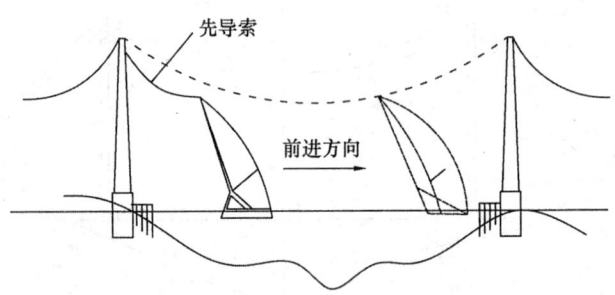

图5.19 先导索空中过渡

3. 主缆缠丝和防腐

主缆缠丝和防腐应在桥面铺装完成后进行,这是主缆施工中的最后一道重要工序。

(1)涂不干腻子:主缆表面的灰尘、油污和水分等污物清理干净后,用小泥铲将不干腻子均匀地涂抹在主缆表面上,干膜厚度3 mm。

(2)主缆缠丝:采用缠丝机,缠丝材料选用4 mm的软质镀锌钢丝。在不干腻子施工完成后2 h即可对主缆进行缠丝作业。缠丝总体方向宜由高处向低处进行,而两个索夹之间则应从低到高进行,以保证缠丝的密实程度。缠丝始端嵌入索夹内不少于2圈,并加固结焊。缠丝终端嵌入索夹端部槽内并予以固结焊,以免松弛。缠丝后用小泥铲除去表面多余的腻子。

（3）主缆防腐：主缆缠丝结束后，清理缠丝表面腻子，然后用富锌底漆涂刷2道。为确保主缆防腐效果，采用北航生产的硫化橡胶作为防腐的面漆。

5.3.6 猫道

猫道系统一般由猫道承重索、猫道面层、栏杆及扶手、横向天桥、抗风系统、门架系统及锚固调节装置组成。猫道是供主缆架设，索缆、索夹安装，吊索以及主缆防护用的空中作业脚手架。

猫道架设的主要施工流程为：先导索过江→形成牵引系统→架设承重索→铺设猫道面层→安装横向天桥→调整猫道线形→架设抗风缆等。

天津富民桥主桥为单塔空间缆索结构自锚式悬索桥，混凝土塔高约58 m，如图5.20所示。猫道系统设置在主塔与主跨锚碇以及主塔与边跨锚碇之间，主要由承重索、调节装置、猫道面、栏杆、扶手、滚筒等组成。根据该桥桥型特点和施工需要，猫道分两段布置：自锚式锚碇到主塔段，主塔到重力式锚碇段。其边跨主缆间距较小，仅为1.3 m，因此该边跨猫道合二为一，设置在两根主缆正下方，如图5.21所示。

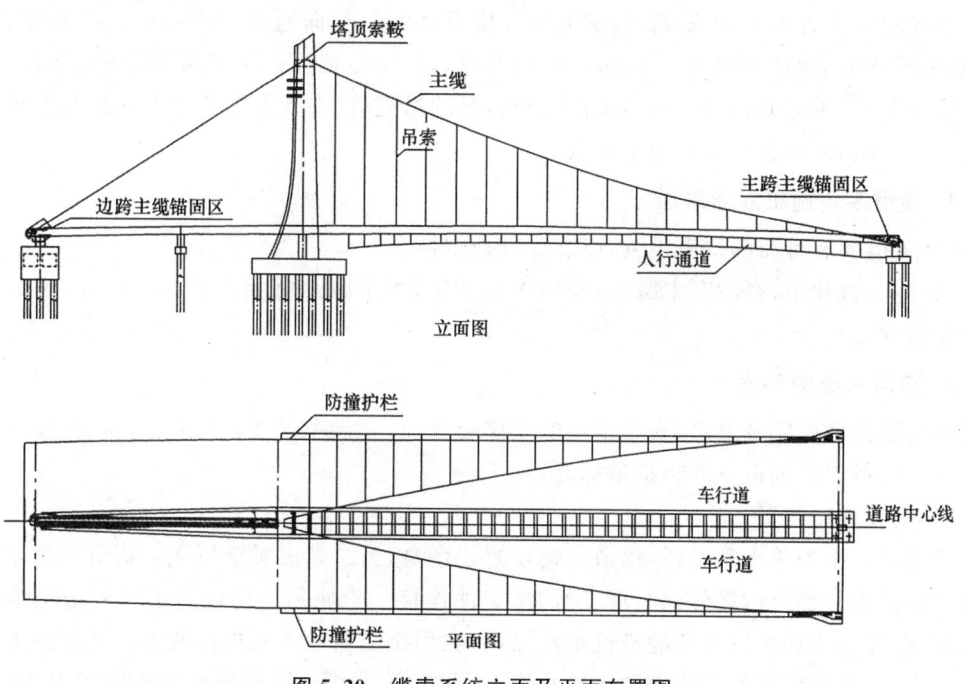

图5.20 缆索系统立面及平面布置图

通过强度验算，选用8×26SW+IWR－28（光面）的钢丝绳作为承重索，其破断应力为1670 MPa，最小破断拉力为453 kN。每幅主跨猫道选用4根8×26SW+@IWR－28（光面）钢丝绳作承重索，每幅边跨猫道则由6根8×26SW+IWR－28（光面）钢丝绳作承重索，承重索分别锚固于塔端、桥面的预埋件上，分两跨断开布置，成"人"字形架设。从工作空间和经济指标上考虑，确定主跨猫道面宽为2.2 m，边跨猫道面宽为3.2 m。猫道面层到架设

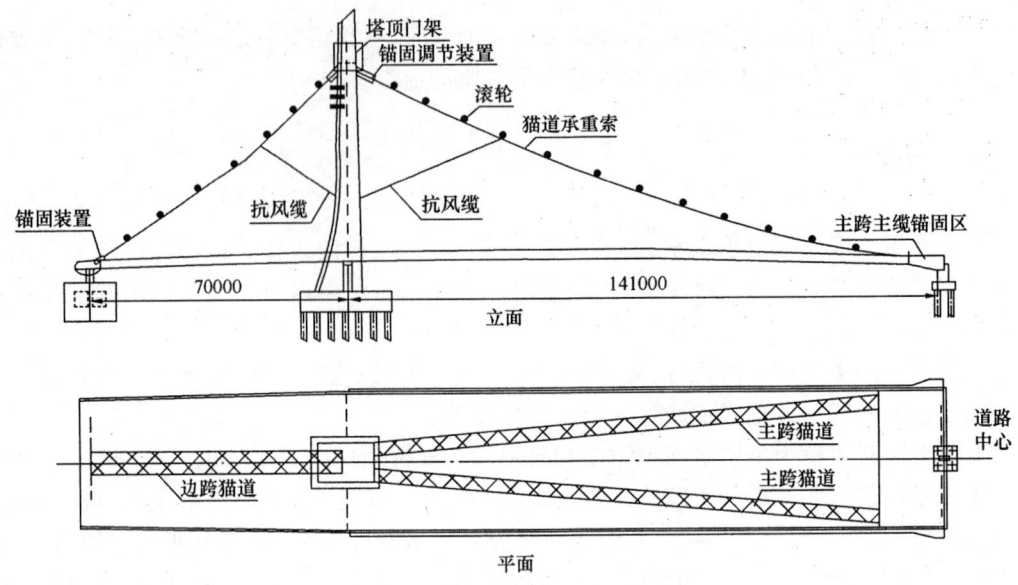

图 5.21 猫道的立面和平面示意图

的主缆底面距离为 1.3～1.5 m,猫道上设置横梁、面层、横向通道、扶手绳、栏杆立柱、安全网等,为保证猫道的抗风稳定,主、边跨猫道都设置抗风缆装置。为了主缆索股的架设、索夹及吊索的安装、主缆的整形以及小型机具和料具的吊运等,在上下游各架设一组相互独立的工作索道,分别设置在两根主缆正上方。

1. 猫道系统施工注意事项

(1)猫道要有可靠的抗风设施,以确保其稳定性。

(2)施工过程中,要注意主跨、边跨的作业平衡,尽量减少对主塔的变形影响,确保主缆的架设质量。

2. 猫道系统的架设

猫道架设的顺序及方法:安装索道的连接装置(包括调节装置)→导向索的安装→承重索架设→猫道面层铺设→调整猫道标高。

(1)安装连接装置

天津富民桥为单塔悬索桥,猫道一端设置于塔身,另一端设置于桥面。猫道承重索的连接横梁通过精轧螺纹钢筋分别与塔、梁的预埋件连接。为使猫道适应施工过程中主缆线形的变化,保证人员和机械设备能进行正常操作,利用捯链对承重索进行调节。考虑到施工便利等因素,其调节装置设在桥面的连接装置上,调节器一端与桥面预埋的锚固支架相连,另一端与承重索相连。调整猫道线形时,在桥面用捯链预紧后通过调整承重索的长度来实现。

(2)导向索的安装

先将承重索的导向索钢丝绳 6×19—12.5 从桥面牵引至塔顶,并形成牵引循环索,利用循环索将猫道承重索牵引至塔顶。

(3)承重索架设

在主塔附近设置放索盘,前端由夹索器夹持引向索塔,与塔顶的连接装置相连。利用已架好的循环索,牵引猫道承重索,按上、下游对称的方法进行架设。根据计算值每架设一根调整一根索垂度,并注意观测塔顶的偏移情况。待承重索全部架设完成后,利用两侧桥面端的调节装置对各承重索进行二次调整,使每幅猫道的承重索达到设计垂度。

(4)猫道面层的铺设与调整

猫道的面层采用两层钢丝网铺设在承重索上,利用索道的牵引小车将钢丝网自桥面向主塔顶铺设。待钢丝网拽拉至塔顶后,从两端向跨中拧紧U形螺栓,然后安装扶手绳、栏杆立柱、钢丝网、护栏等。猫道安装完成后,测量垂度,利用锚固端的调节装置反复进行调整,直到符合要求为止。

猫道上设置起重索道:为了主缆索股的架设、索夹及吊索的安装、主缆的整形以及小型机具和料具的吊运等,在上下游各架设一组相互独立的工作索道,索道分别设置在两根主缆之上,根据该桥特点和施工需要,每幅索道分两段布置——自锚式锚碇到主塔段、主塔到重力式锚碇段。考虑到索道吊装件的重量较重,索道设置在较高的主缆位置之上。索道由设置在索塔顶部的塔架、导向承重索、牵引循环索、锚碇、驱动系统、行走小车、缆风系统等组成。每一组索道承重索由2根 $8\times26SW+IWR-28$(光面)钢丝绳组成,间距为50 cm。

3. 猫道系统的调整

(1)主索鞍出口处辅助猫道架设

猫道上端连接主塔预埋件,索鞍在安装后高出猫道很多,主缆索股架设通过主索鞍时,会提前脱离滚轮,容易引起散丝、扭转现象。在主索鞍出口处,需要增加一段辅助猫道,上端通过辅助装置连接到主索鞍中间肋板上,下端用U形栓连接到猫道上。辅助猫道设置有滚轮,使主缆索股从主跨平顺跨越主索鞍架设到边跨猫道。同时,采用门架拽拉法配合悬索天车作为牵引系统进行主缆索股架设。

(2)猫道倾斜调整

当主缆由平面索向空间索作体系转换时,猫道将与吊索干涉,并且向横桥向的内侧倾斜。由于主缆在平面和立面上呈抛物线形,故此时的猫道平面成折线形,而体系转换完后,还有主缆防护、螺栓复拧等工序。调整猫道线形,保护吊索、保证猫道施工平台功能是空间悬索主缆桥不同于传统悬索桥的一个新课题。针对天津富民桥,猫道倾斜通过调节猫道 $\varphi16$ 钢丝绳来修正,如图5.22所示。为防止钢丝绳绕索夹转动,保证钢丝绳在索夹上绕3圈以上,借助索夹上的吊装孔安装一个止动块。

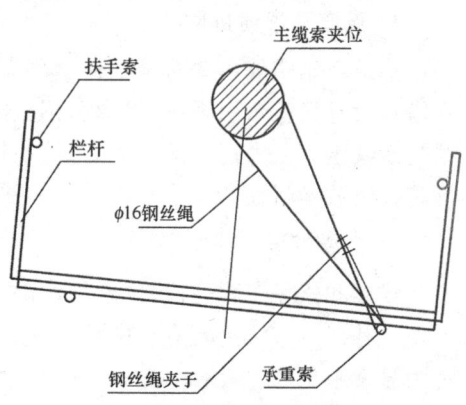

图5.22 猫道倾斜调整示意图

(3)猫道线形调整

空间缆索结构悬索桥猫道的架设施工,不仅要考虑钢丝绳的强度、主缆缠丝及紧缆的工作空间,还要考虑缆索水平变位引起猫道的线形调整及猫道调整后的吊索位置及工作空间,因此猫道的线形变换与调整是施工的关键技术之一。猫道的线形调整就是将猫道的线形与主缆的线形的调整变化同步,以保证后期工序的顺利进行。由于空间缆索结构的主缆的线形无论是立面还是平面其线形都为抛物线,要将猫道的线形调整为与主缆线形一致,作用于猫道的外力只能由主缆提供,同时要尽可能地减少调整猫道所产生的作用力影响到主缆的线形。

为了减少调整猫道对主缆的线形的影响,猫道系统转换时,采用如下方法进行调节:一是在施工工序中要求猫道的调整与主缆的线形变化同步,过快会因主缆的线形变化使猫道的钢丝绳产生张力而直接影响主缆线形的变化,而过慢会使钢丝绳直接作用于吊杆上,不仅影响吊杆力的调节,还因主缆的变化使钢丝绳产生张力直接影响主缆线形的变化;二是在施工结构上采用一种刚性支架结构与柔性钢丝绳固定相结合的方式来调整猫道的线形,安装时刚性支架结构与柔性钢丝绳固定两种相互错开,同时每段之间的猫道钢丝绳须处于自由悬吊状态。刚性支架由数根12号的槽钢焊接而成,其上端与索夹高强螺栓连接,下端与猫道承重钢丝绳相连接,中间的斜槽钢的安置角度视吊索调索后索夹的转动角度而定。其具体的操作过程为:先将吊索安装好,然后在吊索调索时用钢丝绳将猫道挂在主缆上,钢丝绳一方面将猫道向上提,保证安装后猫道钢丝绳不产生拉紧力,另一方面将猫道随主缆做横向移动,初次调索完成后将刚性支架焊接牢固,当下一根吊索调索时便直接采用钢丝绳来固定猫道,如此交替地安装完成所有索夹位置,如图5.23所示。

图5.23 猫道与主缆索夹连接

比较而言,有刚性支架存在的猫道调整方式更平稳、更可靠,结合钢丝绳来固定猫道,既节约了施工成本,又提高了工作效率。

4. 猫道及索道拆除

猫道及索道等主缆防腐工作全部完成后进行拆除。用整体拆除法将猫道拆除,拆除时在塔顶设卷扬机牵引系统,将牵引钢丝绳与绑扎承重索的锚箱连接并上提,当连接装置上的精轧螺纹钢不受力后拆除锚固螺母,使锚固调节装置与承重索完全脱离,然后开动卷扬机缓慢将猫道放至桥面。

5. 主缆架设

锚碇和索塔工程完成,主索鞍和散索鞍安装就位,牵引系统建立后,便可进行主缆架设工作。其架设方法主要有空中纺丝法(AS法)和预制平行索股法(PS法)两种。图5.24所示为悬索施工顺序,图5.25所示为悬索安装施工工艺流程。

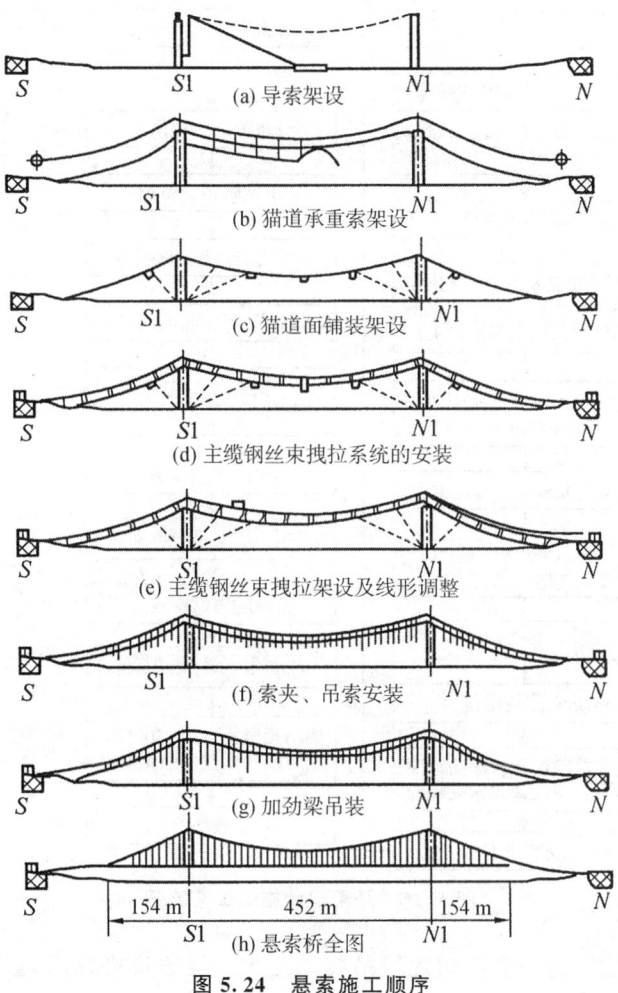

图 5.24 悬索施工顺序

5.4 加劲梁施工

5.4.1 加劲梁的特点

加劲梁的主要功能是提供桥面和防止桥面发生过大的挠曲变形和扭曲变形。桥面上的活载及加劲梁的恒载通过吊索和索夹传至主缆。加劲梁是受横向水平力的主要构件。

悬索桥加劲梁大多采用钢结构,沿桥纵向等高度,一般采用桁架梁或钢箱梁。钢桁梁在双层桥面的适应性方面具有优越性,钢箱加劲梁建筑高度小,自重较桁架梁轻,用钢量省,结构抗风性能好,因此用得比较广泛。

加劲梁架设的主要工具是缆载起重机。架设顺序可以从主跨跨中开始,向桥塔方向逐段吊装;也可以从桥塔开始,向主跨跨中及边跨岸边前进。

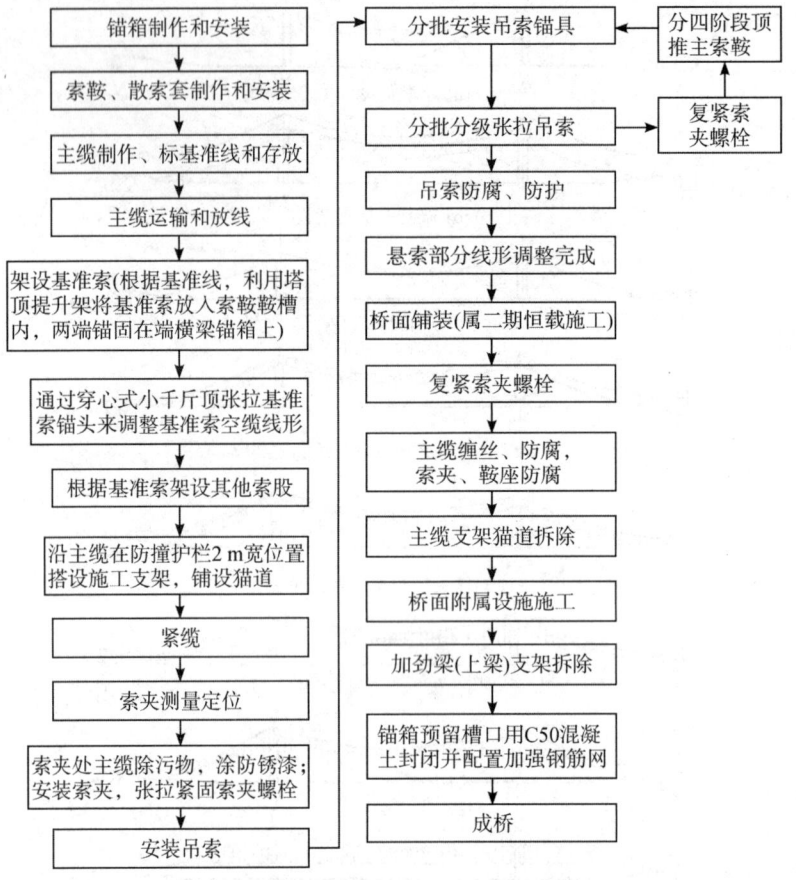

图 5.25　悬索安装施工工艺流程

从桥塔开始向主跨跨中和岸边逐段吊装。在每一梁段拼好以后,立即将其与对应的吊索相连,使其自重由吊索传给主缆。对于三跨悬索桥而言,一般需要四台缆载起重机,分别从两塔各向两个方向前进。图 5.26 为汕头海湾大桥加劲梁吊装图,首先将预制段从预制场纵、横移下海,用铁驳浮运到主跨主缆下定位,用锚固在主缆索夹上的 800 kN 缆载吊机垂直起吊安装。每安装一梁段之后,吊机向前移 6 m,锚固到下一对索夹上,做下一梁段的吊装准备。吊装时,采用四点吊装法。当加劲梁的重力逐渐作用到主缆上时,主缆将产生较大的位移,改变原来悬链线的形状,所以在吊装过程中,上缘一般都顶紧而下缘张开,直至全部吊装完毕下缘才闭合。如果强制使下缘过早闭合,结构或其连接件有可能因强度不够而破坏。待一部分梁段到位,主缆线形也比较接近最终线形时,再将这一部分梁段下缘强制闭合,当然必须通过施工控制确认此时闭合是结构和其连接件都能够承受的。

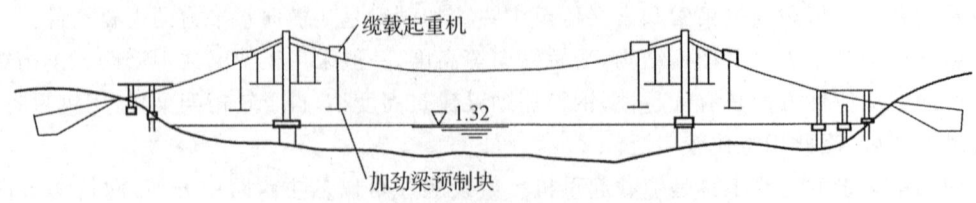

图 5.26　汕头海湾大桥吊装加劲梁

如果边跨较长,为避免塔顶产生过大的纵向位移,应从两岸向桥塔方向同时吊装边跨梁段,如图 5.27 所示。这种吊装次序的优点是:在架设桥塔附近的加劲梁段时,主缆线形已非常接近最终几何形状,此时将桥塔附近的索夹夹紧,主缆的永久性角位最小。虎门大桥(边跨无加劲梁)主跨 39 个梁段,其吊装次序就是先吊跨中段,再从跨中对称向两桥塔前进,直至合龙。

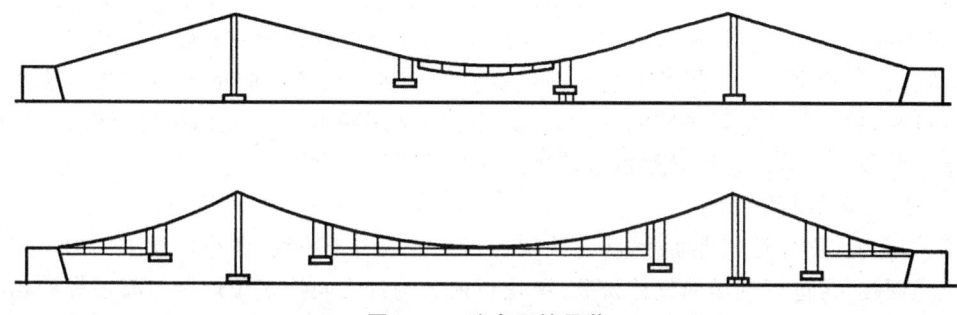

图 5.27 跨中开始吊装

5.4.2 钢桁加劲梁施工

北盘江大桥主桥主梁采用钢桁加劲梁施工,如图 5.28 所示。加劲梁通过吊索与主缆相连,吊索标准间距为 7 m,钢桁梁高 5 m,宽 28 m,由主桁架、横梁和上下平面纵向连接系等组成。桥面系为正交异性钢桥面板,桥面板高度为 80 cm。

钢桁梁及桥面板均采用缆索吊机进行吊装作业,先吊装钢桁梁,吊装完毕后再安装桥面板。总体吊装顺序从跨中开始,先吊装跨中节段,然后自跨中向两塔方向对称吊装。钢桁梁全桥共 45 个吊装节段,跨中节段长 19.08 m,标准节段为 14 m,端节段为 13.46 m,最大吊装重量为 136 t。桥面板全桥共 45 个吊装节段,跨中段为 15.4 m,标准节段为 14 m,端节段为 10.2 m,最大吊重 109 t。

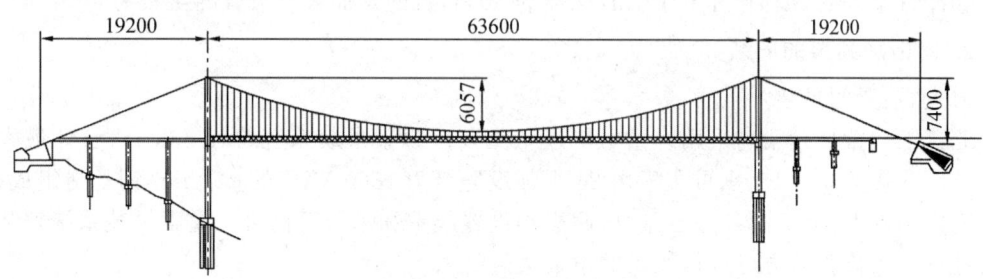

图 5.28 北盘江大桥布置图

1. 加劲梁的拼装及运输

由于受地形及运输条件的限制,北盘江大桥钢桁梁及桥面板吊装节段除跨中段钢桁梁在西岸主塔前沿空地上进行拼装外,其余节段均在两岸引桥路基上进行现场拼装。拼装完成后利用运梁平车进行拼装节段运输。由于钢桁梁及桥面板横向宽度为 28 m,远大于路基宽度,在拼装时按拼装节段旋转 90°后的方向进行,拼装完成后通过运梁平车上的液压旋转装置将钢桁梁节段旋转 90°至安装方向后运输至起吊平台,进入吊装工作阶段。

(1)钢桁梁的拼装

钢桁梁的拼装在两岸引桥端路基上进行,各杆件在工厂加工完成后运至工地现场进行拼装,各杆件之间均采用高强螺栓连接。在两岸引桥路基上设置钢桁梁拼装场,浇筑混凝土墩做拼装台座,在混凝土台座上进行钢桁梁的拼装。钢桁梁杆件拼装顺序:主桁下弦杆→横梁下弦杆→下平联→横梁腹杆→主桁腹杆→主桁上弦杆→横梁上弦杆→上平联。在拼装时,先采用冲钉与普通螺栓进行各构件之间的定位,全部杆件拼装完成后进行几何外观测量检测,符合设计标准及规范后才能进行高强螺栓的连接。台座上的钢桁梁拼装为单个吊装梁段的拼装,单个吊装节段拼装完成并检验合格后,利用两台 80 t 龙门吊进行转运存放,再进行下一节段的拼装。钢桁梁梁段拼装顺序与吊装顺序一致。

(2)桥面板的拼装

桥面板为正交异性钢桥面板,将每块桥面板划分成若干小块,各小块在工厂加工完成后运至工地现场,再进行现场的整体拼装,单块板内各构件之间均采用焊接与高强螺栓相结合的组合连接形式。拼装完成后采用与钢桁梁节段运输相同的方法将桥面板运送至起吊平台进行吊装。

(3)高强螺栓安装

北盘江大桥钢桁梁杆件之间的连接以及桥面板板块之间连接均采用高强螺栓进行,全桥共 56 万套型号各异的高强螺栓连接副。在进行高强螺栓安装之前采用冲钉以及普通螺栓进行各构件之间的定位,待每个拼装节段整体拼装完成并满足设计规范要求后再进行高强螺栓的安装。

对于每一个连接接头,先用临时螺栓或冲钉定位,为防止损伤螺纹引起扭矩系数的变化,严禁将高强螺栓作为临时螺栓使用。对于一个接头来说,临时螺栓或冲钉的数量原则上应根据该接头可能承担的荷载计算确定,并应符合下列规则:

①不得少于安装螺栓总数的 1/3,以防止构件偏移;

②不得少于两颗螺栓;

③冲钉穿入的数量不宜多于临时螺栓的 30%,目的是加大对板叠的压紧力。

2. 钢桁加劲梁的安装

(1)加劲梁的吊装

北盘江大桥加劲梁均采用缆索吊机进行安装。缆索吊装系统跨径 636 m,设计最大吊重 160 t,重载垂度 1/15,承重主索由 24 根强度等级为 1860 MPa 的 φ52 mm 钢丝绳组成,锚固在两岸锚碇上,上下游各一台跑车,两岸均设置起重和牵引卷扬机。缆索吊装系统安装完毕后进行试吊检验后方可进行梁段的吊装。

在两岸主塔前沿(靠跨中方向)搭设起吊工作平台,除跨中段钢桁梁外的其余所有梁段均在此平台上进行起吊。起吊平台由贝雷桁架组成,前端支撑在 1 号吊索上。

运梁平车将吊装梁段运至起吊工作平台后,将吊装梁段扣挂在缆索吊机的吊架上并进行吊装。为保证吊装的安全,在起吊时设置后浪风索,待吊装梁段完全吊起并自由悬空稳定后松开后浪风索,启动牵引卷扬机将梁段吊装到位进行安装。

钢桁梁吊装顺序由跨中开始,然后由跨中向两塔对称吊装。钢桁梁端节段吊装时,需先拆除起吊平台,然后进行梁段的安装,并预先设置好临时支座,临时支座需保证主梁因温差引起的纵向伸缩位移。至此,完成整个钢桁梁的吊装工作。

桥面板吊装方法与钢桁梁一致。

(2)钢桁梁吊装时的连接

钢桁梁安装时,由于其主缆线形还未达到成桥状态,且主缆线形因荷载的变化会产生局部变形,主梁线形在吊装过程中不断变化,为便于钢桁梁的安装,并提高主梁整体横向稳定性,在钢桁梁上弦接头处设置固定铰,如图5.29所示,下弦不连接。

吊装期间,为控制桥塔的不平衡受力和索塔偏移量,在梁段吊装过程中,根据监测索塔偏移情况,分次对塔顶主索鞍实施顶推,确保塔的受力安全。

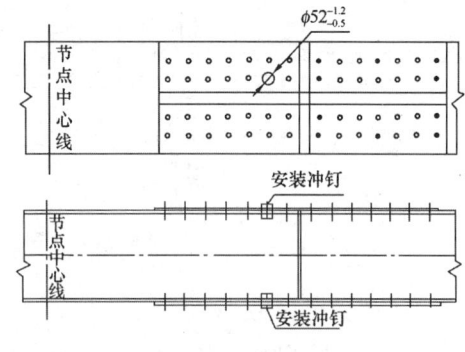

图 5.29　固定铰设置示意图

(3)钢桁梁标高控制

加劲梁标高的控制,直接关系到成桥后桥面线形是否符合设计要求,是施工控制的主要目标之一。

要控制好加劲梁标高,首先在空缆完成后,将全桥吊杆与主缆相交点作为控制点,分别测出上下游每根吊杆所在位置的主缆线形,根据主缆线形实测数据由实时反馈分析系统精确确定吊杆的无应力下料长度。另外,在加劲梁吊装阶段,对每节段已吊装加劲梁上下游及两端标高进行实测,测量的时间也最好放在次日凌晨日出前1 h,根据实测结果,对相应的参数进行识别和修正,并同时观测两主塔塔顶向跨中的位移偏量,根据塔顶位移偏量确定顶推时间和顶推量,且随时根据实测塔顶位移偏移量对实测加劲梁标高进行修正,确保每一节段加劲梁吊装标高符合设计及施工规范要求。

5.4.3　钢筋混凝土加劲梁施工

自锚式悬索桥加劲梁由纵梁、横梁、端横梁及现浇钢筋混凝土桥面板等组成,结构布置如图5.30所示。现以飞凤大桥施工为例(如图5.31所示),对施工要点进行阐述。

钢筋混凝土加劲梁总体施工顺序为:先端横梁,后纵梁,再横梁和桥面板。

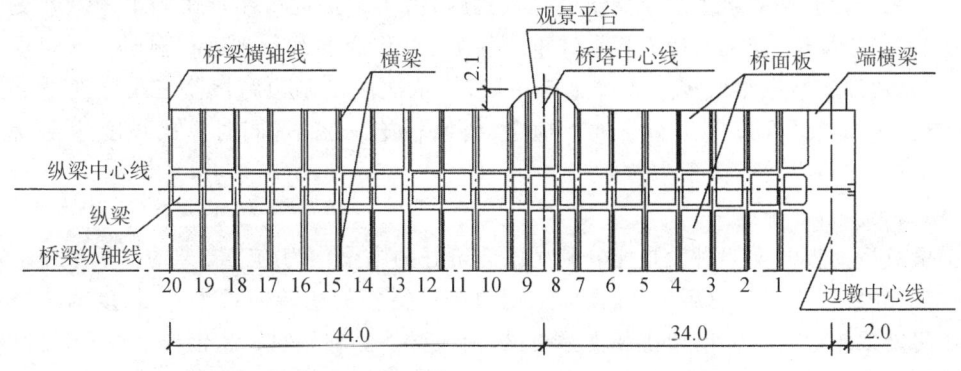

图 5.30　钢筋混凝土加劲梁1/4平面结构布置(尺寸单位:m)

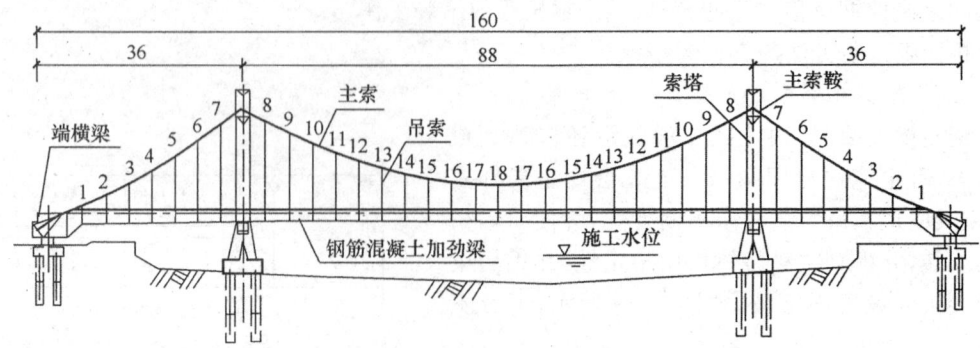

图 5.31 飞凤大桥立面示意图(尺寸单位:m)

1. 端横梁施工

端横梁属大体积混凝土,在其体内预埋主缆锚箱。施工时,要严格按大体积混凝土的要求进行施工,并确保锚箱位置的准确。为避免地基变形而造成端横梁在靠近墩身处发生斜向裂纹,须确保混凝土在初凝时间内灌注完毕。混凝土达到设计强度的90%以上后,张拉端横梁竖向预应力束。

2. 纵梁、横梁及桥面板施工

纵梁、横梁及桥面板实际上是一个整体结构的不同受力部位。纵梁是指不含翼缘板的箱体,横梁是指两纵梁外侧的T形挑梁及两纵梁内侧之间的T形梁,桥面板是指纵梁与横梁之间现浇22 cm厚的实心混凝土板。

根据现场施工条件、人力机具投入及混凝土梁结构受力特点,将160 m长纵梁以两索塔为分界点分成中跨及两边跨三段,并在两索塔处各预留8.0 m长的龙口,分3次独立施工后选定合龙温度进行合龙;同时将横梁及桥面板按桥纵轴线方向顺序分成7次施工,前6次均为6道横梁及对应桥面板,最后1次为剩余的3道横梁及对应桥面板。

(1)纵梁施工

根据桥位处地质水文情况及航道方面要求,纵梁采用梁柱式支架法现浇施工。全桥支架对应施工梁段的划分,同样以两主塔为界分成三段。梁部采用贝雷桁架;水中采用55 cm预应力钢筋混凝土管桩基础;陆上采用明挖基础;在主墩承台处,采用700 mm、壁厚10 mm的钢管桩作支墩。

管桩采用两艘小船组拼的小型柴油打桩机施打,支架搭设采用浮吊施工。纵梁支架搭设完毕后,采用纵梁、横梁及桥面板累计重量的120%作为加载荷重进行预压。支架预压完毕后,在其顶面安装纵梁底模。先施工跨中段,后依次施工两边跨段。三段分别施工完毕后,选定在夜间最低温度时进行合龙。横梁、桥面板施工完毕,同时纵梁强度达到设计的90%以上后,张拉纵梁纵向预应力束。

(2)横梁及桥面板施工

横梁及桥面板的支架搭设是充分利用已浇筑好的纵梁作为施工支架的支承平台。纵梁上、下游对称位置浇筑完成后,在其顶面采用双排贝雷桁架拼装通长吊梁,长度为33 m;两纵梁中间处采用双排贝雷桁架拼装支撑横梁,两纵梁外侧利用2I45型钢作吊模梁,支撑横梁及吊模梁利用 $\varphi 32$ mm精轧螺纹钢筋通过2[20型钢扁担梁与贝雷吊梁相连。横梁支架布置如图 5.32 所示。

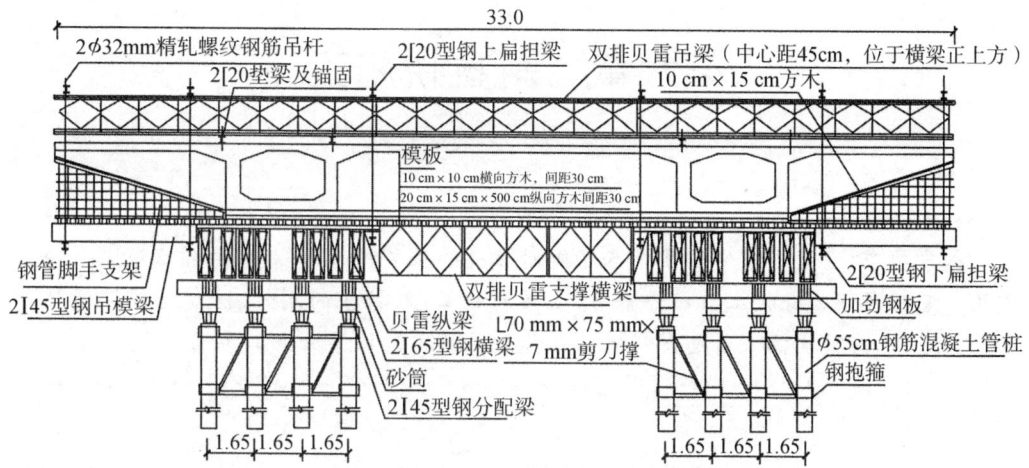

图 5.32 横梁现浇支架示意图(尺寸单位：m)

相邻位置混凝土施工时，先浇筑横梁，后浇筑桥面板，均采用 C50 泵送混凝土。横梁施工时要确保吊索锚垫板及钢导管的预埋位置准确。强度达到设计的 90% 以上后，张拉横梁预应力束(含压浆、封端)。

复习思考题

5.1 简述悬索桥的组成和施工程序。
5.2 简述型钢锚碇的施工要点和质量要求。
5.3 简述锚碇大体积混凝土施工的温度控制。
5.4 简述索塔的形式和施工方法。
5.5 简述主索鞍的施工程序。
5.6 简述主缆架设的施工要点。
5.7 简述加劲梁架设的方法和施工要点。
5.8 简述加劲梁架设的安全措施。

第六章 斜拉桥施工

教学要求：通过本章学习使学生了解斜拉桥的基本构造，斜拉桥的组成及各部分的作用。掌握预应力混凝土斜拉桥索塔、主梁的施工，斜拉索的制作、防护与安装方法以及施工顺序；悬臂浇注法与悬臂拼装法制作主梁的施工程序及施工要求。

6.1 斜拉桥简介

6.1.1 斜拉桥

斜拉桥是一种组合体系，主要由索塔、主梁、斜拉索三部分组成。斜拉桥也称为斜张桥或牵索桥，它是以通过或固定于桥塔（索塔）并锚固于桥面系的斜向拉索作为上部结构主要承重构件的一种新结构。斜拉桥是预应力混凝土结构，其斜缆拉力的水平分力对主梁起着轴向预施应力的作用，可借以增强主梁的抗裂性能，使桥面处于预应力工作状态，可省高强钢材的用量，因而是一种理想的适应大跨径桥梁和更有效地利用结构材料的新桥型，如图6.1所示。

图 6.1 斜拉桥（一）

斜拉桥与吊桥不同。斜拉桥主梁上的荷载由斜索直接传至塔柱，而悬索桥是通过吊杆沿悬索传给塔柱。吊桥的悬索通常锚固在两端桥台上，加劲梁不承受轴向力，而斜拉桥的主梁由荷载作用除产生剪力和弯矩外，尚承受巨大的轴向力。

斜拉桥的主要优点是跨越能力大。具有建筑高度低、安全、通航好、造型美观、省材料、造价低、养护方便、能限制噪声的优点,并可以利用斜缆进行悬臂拼装,采用无支架施工。该桥型广泛用于修建大跨度公路桥、城市桥梁、铁路桥及立交桥、跨线桥和人行桥等。

6.1.2 斜拉桥布置形式

斜拉桥独具墩塔、斜拉索、主梁三要素,是区别于其他结构形式桥梁的主要构件。由于三者的不同类型及其相互结合,形成多种各具特点的桥型。斜拉桥最典型的孔跨布置形式有双塔三跨式与独塔双跨式,如图 6.2 所示。无论是双塔三跨式还是独塔双跨式,在边跨内如有需要,都可以设置辅助用的中间墩。

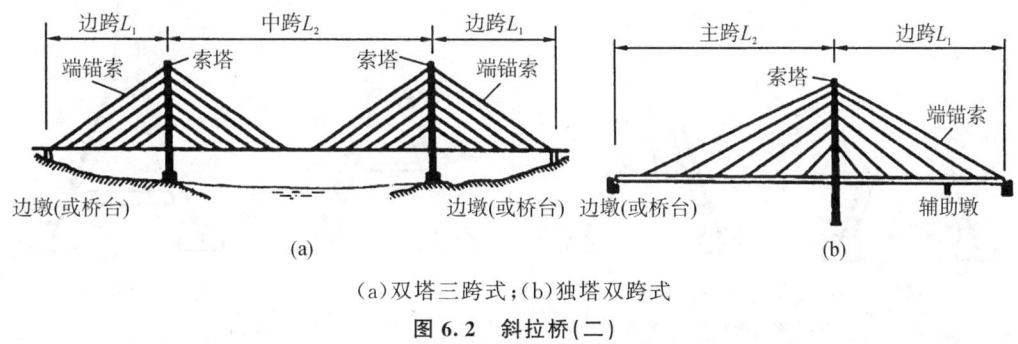

(a)双塔三跨式;(b)独塔双跨式

图 6.2 斜拉桥(二)

6.2 索塔及主梁施工

6.2.1 索塔施工

1. 索塔的构造

塔柱是索塔的主要构件,塔柱之间设有横梁或其他连接构件,如图 6.3 所示。塔顶横梁及竖直塔柱之间的中间横梁是非承重横梁,只承受自身重力引起的内力。设有主梁支座的

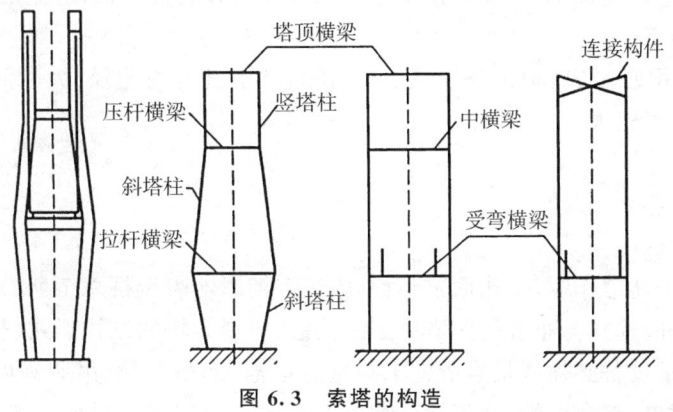

图 6.3 索塔的构造

受弯横梁、竖塔柱与斜塔柱相交点处的压杆横梁及反向斜塔柱相交点处的拉杆横梁是承重横梁,除承受自身重力作用外,还承受其他轴向力和弯矩。在设计横梁时,务必要区分对待。所有的塔柱、横梁作为索塔面内的组成构件共同参与抵抗风力、地震力及偏心荷载。

2. 索塔施工

(1)索塔施工顺序

混凝土斜拉桥可先施工墩、塔,然后施工主梁和安装拉索,也可索塔、拉索、主梁三者同时并进。典型的塔墩固结混凝土索塔的施工可按图6.4所示的施工顺序进行。

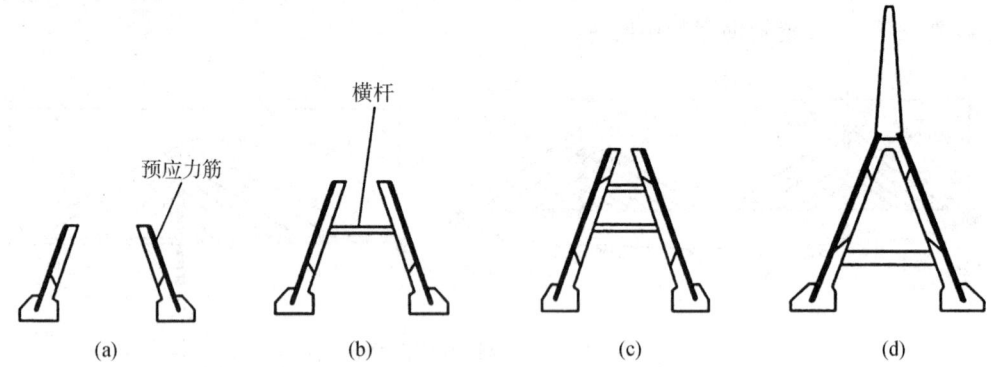

(a)施工阶段1;(b)施工阶段2;(c)施工阶段3;(d)施工完成后

图6.4 混凝土索塔的施工顺序

(2)塔柱的施工

塔柱混凝土施工一般采用就地浇筑的方法,模板和脚手平台的做法常用支架法、滑模法、爬模法或大型模板构件法等。

为保证塔柱混凝土的浇筑达到一定的精度,必须控制模板的变形,特别是当塔柱为倾斜的内倾或外倾布置时,应考虑每隔一定高度在塔柱内设受压支架(塔柱内倾)或受拉拉条(塔柱外侧),以保证斜塔柱的受力、变形和稳定性。另外,应保证斜拉索锚固点预埋件位置的精度,特别在高空作业条件下,施工有一定的难度,为此,可将锚固各斜拉索用的预埋件,事先在地面或工厂内组装成一个整体的骨架,然后整体吊装预埋,这样可确保斜拉索锚固位置的精度。施工中除了应保证各部位的几何尺寸正确之外,还应进行索塔局部测量系统的控制,并与全桥总体测量系统接轨,以便根据实际施工情况及时进行调整,避免误差累计过大。

(3)横梁的施工

一般横梁采用支架法就地浇筑混凝土,但在高空中进行大跨径、大断面、高等级预应力混凝土的施工,难度较大。

6.2.2 起重设备的选择

索塔施工属于高空作业,工作面狭小,其施工工期影响着全桥总工期。在制定索塔施工方案时,起重设备的选择与布置是索塔施工的关键,应视索塔的结构形式、规模、桥位地形等条件而定。其起重设备必须满足索塔施工的垂直运输、起吊荷载、吊装高度、起吊范围的要求,且操作安装简单、安全可靠,并需综合考虑经济效益等因素。目前一般采用塔吊辅以人货两用电梯的施工方法。索塔铅直时,可采用爬升式起重机,在规模不大的直塔结构中,也可采用万能杆件或贝雷桁架等通用杆件配备卷扬机,或采用满堂支架配备卷扬机等起重方法。为方便施工,所需材料、设备、模板等的起重控制吨位,宜采用附着式自生塔吊,起重力可达 100 kN 以上,起重高度可达 100 m 以上,图 6.5 所示为一附着式自升塔吊的结构图。

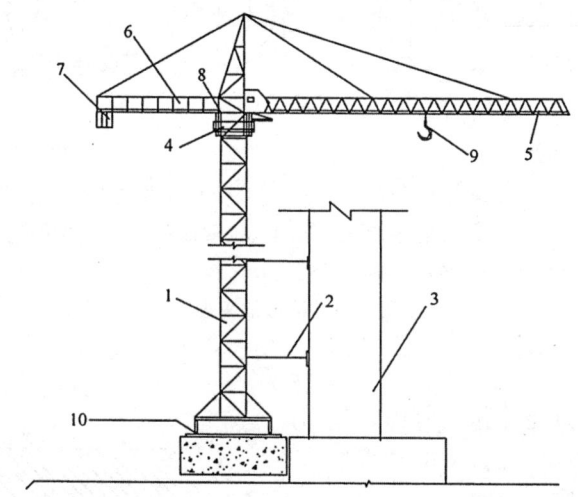

1—塔吊塔身;2—塔吊附着;3—斜位桥塔柱;4—吊架;5—起重臂;
6—平衡臂;7—配重;8—旋转机构;9—吊钩;10—塔吊基座

图 6.5　附着式自升塔吊的结构

6.2.3　拉索锚固区塔柱的施工

拉索锚固区的施工,应根据不同的锚固形式来选择合理的方案。国内所建的斜拉桥,索塔多为混凝土塔,拉索在塔顶部的锚固形式主要有:交叉锚固型、钢梁锚固型、箱形锚固型、固定锚固型、铸钢索鞍,分别如图 6.6、图 6.7、图 6.8、图 6.9 所示。固定锚固型与铸钢索鞍两种锚固形式较少使用。

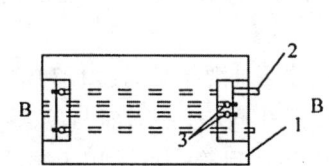　　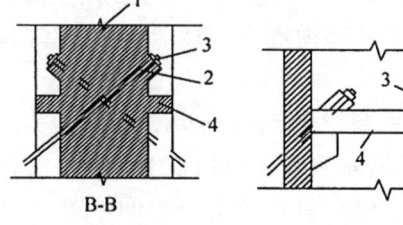

1—塔柱;2—拉索;3—锚具;4—横隔质　　1—塔柱;2—拉索;3—锚具;4—钢横梁
　　图 6.6　交叉锚固型　　　　　　　　　**图 6.7　钢梁锚固型**

1. 交叉锚固型塔柱的施工

适用范围:中小跨度的斜拉桥。
施工程序:立劲性骨架→钢筋绑扎→拉索套筒的制作与定位→立模→浇筑混凝土及

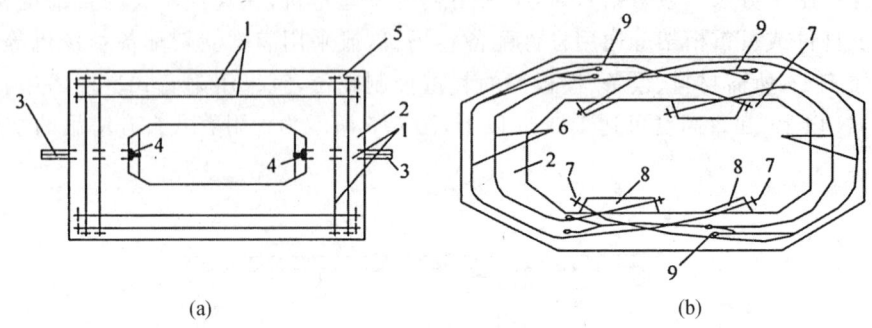

(a)塔身直线预应力平面示意图;(b)塔身环向预应力平面示意图
1—直线预应力筋;2—塔体;3—拉索;4—拉索锚具;5—直线预应力锚具;
6—塔身环向预应力筋;7—螺母锚固端;8—锚头混凝土;9—埋臂锚固

图 6.8　箱形锚固型

养护。

(1)立劲性骨架:为便于施工时固定钢筋、拉索锚箱定位及调模之用,一般在索塔锚固段中设有劲性骨架。劲性骨架分现场加工和预制拼装两种施工方式。底节预埋段和变幅段施工因与现场高程有关,常现场加工;而其余标准段用预制拼装既可加快进度,又可保证质量。

(2)钢筋绑扎:一般采用场外预制、现场绑扎的方式进行,主筋连接分焊接和挤压套筒两种方法,焊接和绑扎应满足《公路桥涵施工技术规范》(JTG/T 3650-2020)的要求。施工时,首先对钢筋端部的弯折、扭曲作矫正或切割处理,清理其表面杂物,每

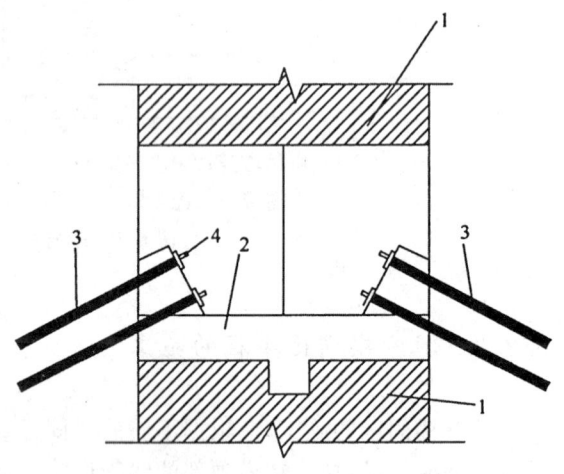

1—塔柱;2—钢横梁;3—拉索;4—锚具
图 6.9　固定锚固型

根钢筋在车间将套筒压接一端,另一端运到塔上现场压接。挤压时,压膜应对准套筒及压痕作标记,从套筒中央向端头压接。应对准套筒及压痕作标记,从套筒中央逐道向端头压接。

(3)拉索套筒的制作与定位:其精度要求较高,一般预先按设计要求准备锚板和钢管,然后下料,修理角度,将钢管焊接在锚板上。要求钢管与锚板圆孔同心,锚定面与钢管垂直。拉索套筒的定位:包括套筒上、下口的空间位置,套筒倾斜度和高程等。可采用天顶法或空间坐标法测量。

钢筋和套筒的安装并不是截然分开的两个施工步骤,一般情况下,当主筋定位后,就要安装套筒,这是施工时必须要注意的问题。

(4)立模:关系到锚固段混凝土浇筑质量,装模时应注意使拉索套筒的下口贴合紧密,以消除模板接头间的不平整现象。调模时应注意保护套筒,不宜采用装有套筒的劲性骨架调模,以免造成套筒移位,然后,紧固连接螺杆,固定模板。

(5)混凝土浇筑与养护。

2. 拉索钢梁锚固形式的施工

大跨径斜拉桥多采用对称拉索锚固,其方法之一是采用拉索钢横梁锚固构造。

施工程序:立劲性骨架→钢筋绑扎→套筒安装→套筒定位→装外侧模→浇筑混凝土→横梁安装。

钢横梁加工与安装,拉索锚固钢横梁,应按桥梁钢结构的加工要求在加工厂完成,并经严格验收合格后方可出厂。在施工组织设计中,选择塔吊的起重高度和起重能力应考虑钢横梁的要求。

当钢横梁太重时,主塔的垂直起吊能力不能适应时,应将分部件用高强螺栓连接,现场组拼安装,但需事先在加工厂预拼装合格。由于主塔柱空心断面尺寸有限,设施多,空间紧凑,同时支承钢横梁的塔壁混凝土牛腿占据一定的空间,安装不便,因此在施工前应仔细研究各细部尺寸及安装方法,并与塔柱施工相协调。

3. 预应力箱形锚固法的施工

施工程序:立劲性骨架→钢筋绑扎→套筒安装→套筒定位→安装预应力管道及钢束→模板安装→混凝土的浇筑与养护→施加预应力→压浆。

施工平面布置的预应力分为体内有黏结预应力束和体外预应力束,一般采用体内预应力束。

管道安装:预应力管道安装时,其设置的高程和位置要通过测量定位确定,也可依靠已定位的劲性骨架来固定管道位置。由于塔柱为承压结构,故要切实保证管道不漏浆,绝不允许"开仓",浇筑混凝土时要特别注意保护管道,严格检查。施工时,严禁电焊、氧割等作业所产生的焊渣与预应力筋接触,以免造成预应力筋损伤,导致张拉时断裂。

预应力张拉,由于施工场地小,除采用较小的高压油泵和更轻便的千斤顶外,还要对张拉端口处的预埋件进行认真处理,使张拉有足够的空间位置,以保证机具设备的运用自如,防止施工不便带来的损失,施加预应力时以延伸量和张拉吨位双控。

6.2.4 索塔施工质量要求

(1)索塔的索道孔及锚箱位置以及锚箱锚固面与水平面的交角均应控制准确,锚板与孔道必须互相垂直,符合设计要求。

(2)分段浇筑时,段与段之间不得有错台,新旧混凝土接缝表面必须凿毛,以便新旧混凝土接合良好。

(3)混凝土强度不得低于设计强度。

(4)塔柱倾斜率不得大于 $H/2500$,且不大于 30 mm(H 为桥面上塔高);轴线允许偏位:±10 mm;断面尺寸允许偏差:±20 mm;塔顶高程允许偏差:±10 mm;斜拉索锚具轴线允许偏差:±5 mm。

(5)塔柱全部预应力束布置准确,轴线偏位不得大于 10 mm,张拉要求双控,以延伸量为主,延伸量误差应控制在 $-5\% \sim +10\%$ 以内,在测定延伸量时,应扣除非弹性因素引起的延伸量。

(6) 张拉同一截面的钢丝不得小于1%。
(7) 要求混凝土表面平整、线形顺直。
(8) 混凝土蜂窝麻面不该超过该面面积的0.5%,深度不超过10 mm。
(9) 锚箱混凝土不得有蜂窝。

6.2.5 斜拉桥主梁施工方法

1. 顶推法施工

顶推法施工时需在跨间设置若干临时支墩,顶推过程中主梁反复承受正、负弯矩。该法较适用于桥下净空较低、修建临时支墩造价不大、支墩不影响桥下交通、抗压和抗拉能力相同、能承受反复弯矩的钢斜拉桥主梁的施工。对混凝土斜拉桥主梁而言,由于拉索水平分力能对主梁提供预应力,如在拉索张拉前顶推主梁,临时支墩间距又超过主梁负担自重弯矩能力时,为满足施工需要,需设置临时预应力束,造价较高。

2. 平转法施工

平转法施工是将上部构造分别在两岸或一岸顺河流方向的矮支架上现浇,并在岸上完成所有的安装工序(落架、张拉、调索)等,然后以墩、塔为圆心,整体旋转到桥位合龙。平转法适用于桥址地形平坦、墩身矮和结构系适合整体转动的中小跨径斜拉桥。我国四川马尔康地区金川桥是一座跨径为68 m+37 m,采用塔、梁、墩固体体系的钢筋混凝土独塔斜拉桥,塔高25 m,中跨为空心箱梁,边跨是实心箱梁。该桥是采用平转法施工的。

3. 支架法施工

支架法施工是在支架上现浇、在临时支墩间设托架或劲性骨架现浇、在临时支墩上架设预制梁段等几种施工方法。其优点是施工最简单方便,能确保结构满足设计线形,且适用于桥下净空低、搭设支架不影响桥下交通的情况。

4. 悬臂法施工

悬臂法施工是可以在支架上修建边跨,然后中跨采用悬臂拼装法和悬臂施工的单悬臂法;也可以是对称平衡方式的双悬臂法。悬臂施工法分为悬臂拼装法和悬臂浇筑法两种。悬臂拼装法,一般是先在塔柱区现浇一段放置起吊设备的起始梁段,然后用各种起吊设备从塔柱两侧依次对称安装节段,使悬臂不断伸长直至合龙;悬臂浇筑法,是从塔柱两侧用挂篮对称逐段就地浇筑混凝土。我国大部分混凝土斜拉桥主梁都采用悬臂浇筑法施工。

6.3 斜拉索施工

6.3.1 斜拉索的施工

斜拉桥斜拉索的施工技术包括制索、运索、穿索、张拉及调索等。

常用的斜拉索锚具有:热铸锚、墩头锚、冷铸墩头和夹片群锚,如图6.10所示。

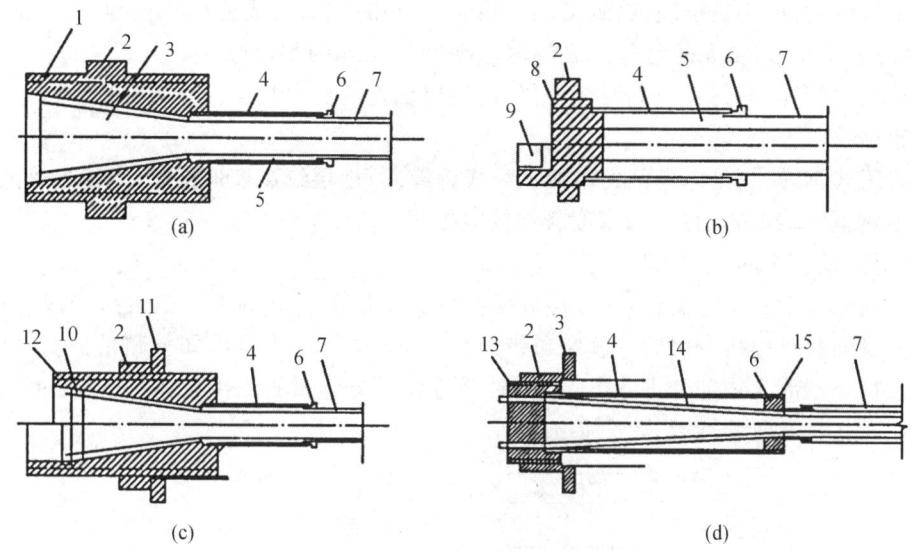

(a)热铸锚;(b)墩头锚;(c)冷铸锚;(d)夹片锚

1—锚环;2—螺母;3—热铸合金;4—连接筒;5—密封料;6—密封环;
7—塑料护套;8—固定端锚板;9—长拉端锚板;10—定位板;
11—索孔垫板;12—固定端锚环;13—群锚锚板;14—钢绞线;15—约束圈

图 6.10　不同类型锚具

1. 斜拉索的制作

(1)斜拉索的类型

斜拉索的截面形式如图 6.11 所示。

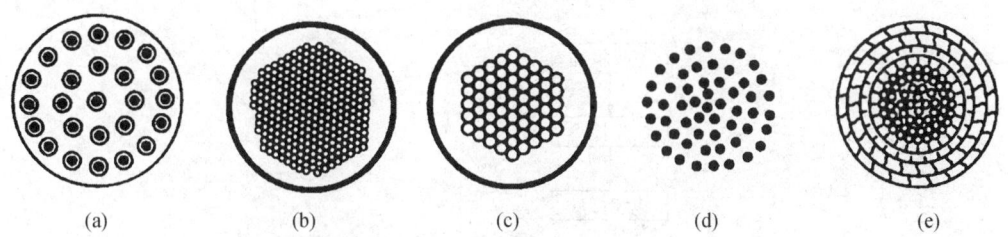

(a)钢筋索;(b)钢丝索;(c)钢绞线索;(d)单股钢绞线;(e)封闭式钢缆

图 6.11　斜拉索的截面形式

拉索按材料和制作方式的不同可分:平行钢筋索、平行钢丝索、平行或半平行钢绞线索、单股钢绞缆和封闭钢缆几种。

①平行钢筋索:由若干根直径为 10~16 mm 的钢筋组成,其强度不低于 1470 MPa,但在大跨度斜拉桥中有接头会影响其抗疲劳强度,故使用较少。

②钢丝索:近年来运用较多的一种拉索。该拉索易于挠曲,便于长途运输,应用十分广泛。公路桥梁中使用的钢丝索应符合《斜拉桥热挤聚乙烯高强钢丝拉索技术条件》(GB/T 18365-2001)的要求。可采用镀锌或不镀锌的 $\varphi 5$ mm 或 $\varphi 7$ mm 的预应力钢丝,其标准强度不低于 1570 MPa。

③钢绞线索:由钢绞线组成,通常由 7 根 $\varphi 5$ mm 的钢丝组成公称直径为 15 mm 的钢丝股,同时也有 7 根 $\varphi 4$ mm 的钢丝组成公称直接为 12 mm 的钢丝股。

④单股钢绞缆:其材料与钢绞线相似,但逐层钢丝的捻向相反。其柔性好,可盘条运输,但刚度较小。

⑤封闭式钢缆:它是以较细的单股钢绞线为缆芯,逐层绞裹楔形钢丝,当接近外层时,再绞裹 Z 形钢丝。表面密封性好,密度较钢绞线提高 20%。

(2)斜拉索制作的工艺流程

制作成品拉索的工艺流程:钢丝经放线托盘放出粗下料→编束→钢束扭绞成型→下料齐头→分段抽验→焊接牵引钩→缠绕包带→热挤 PE 护套→水槽冷却→测量护套厚度及偏差→精下料→端部入锚部分去除 PE 套→锚板穿丝→分丝镦头→冷装铸锚→锚头养护固化→出厂检验→打盘包装待运,如图 6.12 所示。

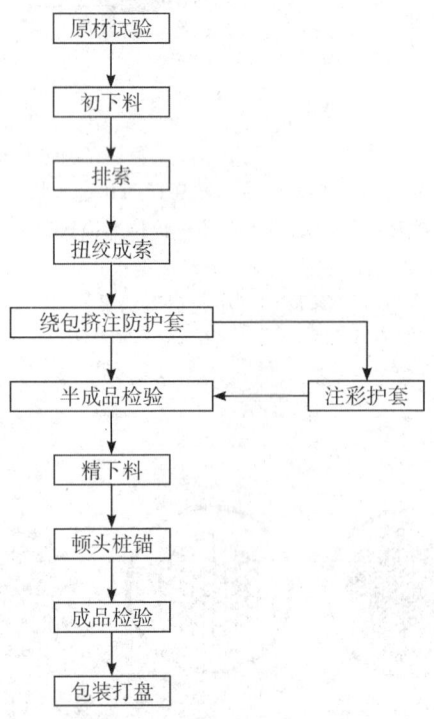

图 6.12 制索工艺流程图

(3)钢索下料长度计算

先确定每一根拉索的长度基数 L_0,它是该拉索上下两个索孔出口处锚板中心的空间距离。对这一基数进行若干修正即可得到下料长度 L。

①对于使用拉锚式锚具的拉索,需要修正的有:

ΔL_e——弹性拉伸修正;

ΔL_f——拉索垂度修正;

ΔL_{ML}——张拉端锚具位置修正;

ΔL_{MD}——固定端锚具位置修正。

弹性拉伸量和垂直修正值分别按下式计算:

$$\Delta L_\mathrm{e}=L_0\frac{\sigma}{E} \tag{6-1}$$

$$\Delta L_\mathrm{f}=\frac{\omega^2 L_\mathrm{X}^2 L_0}{24T^2} \tag{6-2}$$

式中，σ—拉索设计应力；

E—拉索的弹性模量；

T—拉索设计索力；

L_0—拉索长度基数；

L_X—L_0 的水平投影长；

ω—拉索每单位长度重力。

锚具的位置修正量 ΔL_ML 及 ΔL_MD 取决于该型锚具的构造尺寸和锚具的最终设定位置。以冷铸锚具为例，张拉端锚具的最终位置可设定螺母定位于锚杯的前 1/3 处，固定端可设定螺母定位于锚杯的正中。根据锚具制作厂商提供的锚具构造尺寸，就可推算出索钢丝端头与锚板平面间的距离，要考虑锚板的厚度 L_D，对于镦头锚，每一个镦头需要的钢丝长度为 $1.5d$（d 为钢丝直径），如图 6.13 所示。

最后得拉索下料长度 L，即

$\Delta L=L_0-\Delta L_\mathrm{e}+\Delta L_\mathrm{f}+\Delta L_\mathrm{ML}+\Delta L_\mathrm{MD}+2L_\mathrm{D}+2d$

②对于使用拉丝式锚具的拉索，要加上满足张拉千斤顶工作所需的拉索操作长度 ΔL_J

$L=L_0-\Delta L_\mathrm{e}+\Delta L_\mathrm{f}+\Delta L_\mathrm{ML}+\Delta L_\mathrm{MD}+2L_\mathrm{D}+2d+\Delta L_\mathrm{J}$

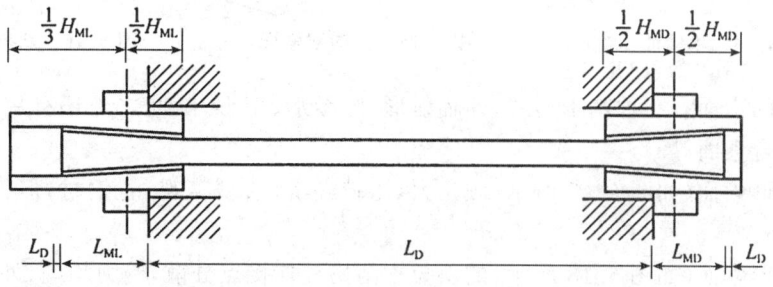

图 6.13 钢丝下料长度计算

如工厂落料时的温度和桥梁设计中取定标准温度不一致，则在落料时还应加温度修正。如采用应力下料，则要考虑应力下料修正。

拉锚式拉索的长度要求相当严格。通常，对于短索，要求其误差不大于 30 mm；对于长索，则不大于索长的 0.03%。对于重要的桥梁，也可以根据具体情况，制定更高的标准。

拉丝是拉索的长度误差要求稍宽，但要掌握宁长毋短的原则。

对于大跨和特大跨的斜拉桥，拉索的制作宜和挂索协调进行。要时刻注意上一阶段挂锁的情况，根据反馈的信息，对下一阶段拉索的长度作出是否需要调整的决定。

(4) 斜拉索的技术要求

钢丝成束后同心左向扭绞，最外层钢丝的扭绞角为 2°～4°其相应捻距为 (40～60)D；绕包层右旋，每圈搭接不小于带跨的 1/3。较细的钢索采用单层绕包。对于 211φ7 mm 以上规格钢丝索可以采用双层绕包；精下料应在钢丝索展平伸直的状态下用 50 m 标准钢尺丈量，精确至毫米。下料切割断面应垂直于钢丝轴线，偏斜≤2°；对于每一副冷铸锚还应制备混合填料试件1组,试件强度在常温下应达到147 MPa;成品拉索在受荷前必须进行预张拉;在出厂前必须进行抗拉弹性模量试验、静载试验及动载试验。

2. 斜拉索的布置及索面形式

斜拉索是斜拉桥的主要承重部分,应采用高强钢材做成。斜拉索在空间的布置形式,是斜拉桥很重要的直观形象,主要有下列几种:

(1)单索面

如图6.14所示。该索面对主梁不起抗扭作用,锚固在桥面中央,不利于桥面利用,跨径不宜过大,但施工简便,造型美观。

(2)竖向双索面

如图6.15所示。该索面对主梁有抗扭作用,安全性高,桥面利用率高,大小跨径都适宜,但施工难度较大。

(3)斜向双索面

如图6.16所示。该索面对主梁有抗扭作用,安全性高,桥面利用率高,大小跨径均适宜,但斜索零乱,且施工难度大。

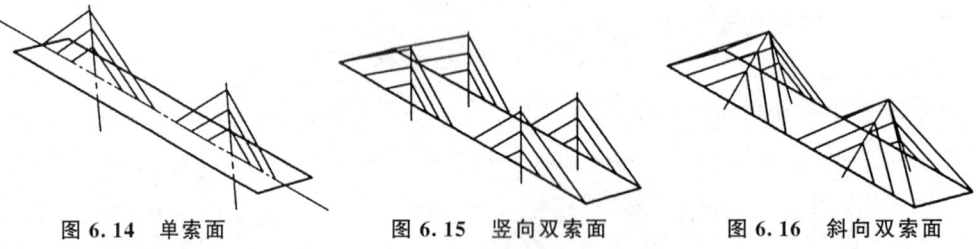

图6.14 单索面　　　　图6.15 竖向双索面　　　　图6.16 斜向双索面

斜拉索的索面有三种基本形式,即辐射形、竖琴形、扇形,除此之外还有星形索面、分叉形索面及混合索面等。

①辐射形索面(如图6.17所示)倾角大,比较经济,造型美观,省钢材,但斜索集中于塔顶,构造复杂。

②竖琴形索面(如图6.18所示)的斜拉索与塔柱连接点分散,受力均匀,外形简洁美观,应用较广,但造价高,施工工序较多。

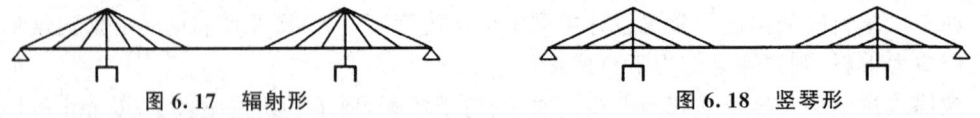

图6.17 辐射形　　　　图6.18 竖琴形

③扇形索面(如图6.19所示)的特点介于上述两者之间,近年来大跨径斜拉桥常用此种形式。

④星形索面(如图6.20所示)梁上受力集中,倾角小,锚固复杂,采用较少。

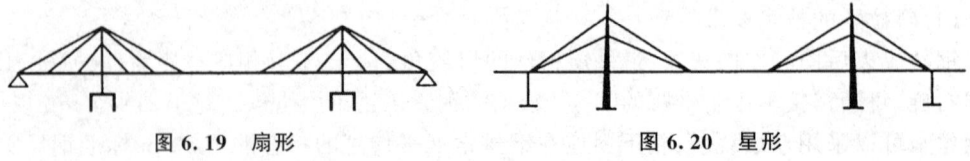

图6.19 扇形　　　　图6.20 星形

⑤分叉形索面(如图 6.21 所示)梁上受力均匀,塔上受力集中,不宜斜索安装,采用得较少。

⑥混合索面(如图 6.22 所示)施工难度较大,多用于特殊环境。

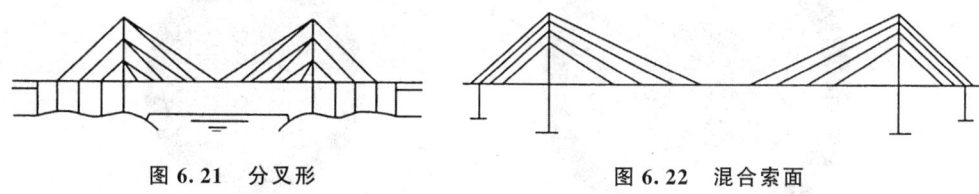

图 6.21 分叉形　　　　　　　　　图 6.22 混合索面

6.3.2 斜拉索的防护

斜拉索是斜拉桥的主要受力构件,其防护质量决定整个桥梁的安全和使用寿命。斜拉桥的拉索全部布置在梁体外部,且处于高应力状态,对锈蚀比较敏感,而锈蚀是斜拉索劣化的起因。锈蚀产生后,将直接影响钢丝的疲劳抗力,因此拉索防护有着十分重要的意义。

1. 按所用材料的不同分类

其防护方法有:封闭索护防、塑料罩套护防、套管压浆法、预应力混凝土索套防护及直接挤压护套法。

2. 按设置时间的不同分类

(1)临时防护

钢丝或钢绞线从出厂到开始作用防护的一段时间内所需要的防护称为临时防护。其防护时间一般约为 1~3 年,若在这段时间内,钢丝或钢绞线不做临时防护,则可能在永久防护之前即已锈蚀。

(2)永久防护

要求:从拉索钢材下料到桥梁建成长期使用期间,应做永久防护。永久防护应满足防锈蚀,耐日光暴晒,耐老化,耐高温,涂层坚韧,材料易得,价格低廉,生产工艺简洁,制作、运输及安装方便,易于更换等要求。

类型:内防护与外防护。

内防护:直接防护拉索锈蚀的防护。其所用材料一般有沥青砂、防锈脂、黄油聚乙烯塑料泡沫和水泥浆等。

外防护:保护内防护材料不致流出并对内防护起抗老化作用。一般采用 PE 套管,如图 6.23 所示。

(3)防护注意事项

在斜拉索运输、存放过程中注意卷盘和展开时,应控制其温度,以防止破裂;若 PE 管在运输及吊运时不慎损伤,应及时修补并加强防腐;在拖索、牵引、锚固、张拉及调整各工序中,应避免碰伤、刮伤斜拉索。

总之,拉索防护绝大多数是在生产制作过程中完成的,与生产材料、工艺以及生产标准、管道等密切相关,故要做好拉索的防护工作,就必须严格控制好生产的各个环节、工序,以确保拉索的质量。

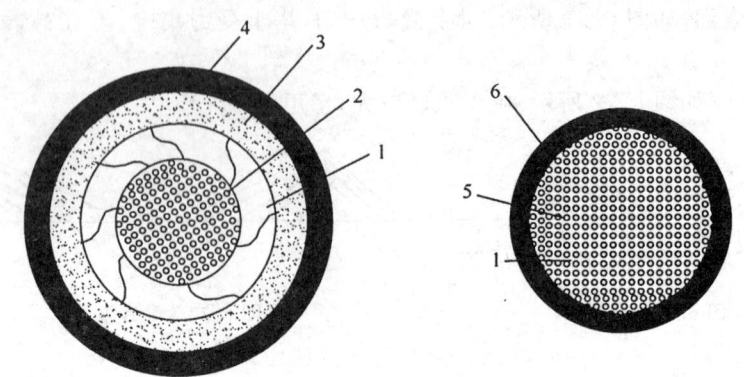

1—高强钢丝;2—钢丝缠绕;3—水泥浆;4—PE 套管;5—防锈油;6—PE 热挤塑套

图 6.23　PE 套管

6.3.3　斜拉索的安装

1. 放索及索的移动

（1）放索

立式索盘放索：设置一个立式支架，在索盘轴孔内穿上圆轴，徐徐转动索盘将索放出，如图 6.24 所示。

水平转盘放索：对于自身成盘的索，则需设置一水平转盘，将索放在转盘上，边转动边将索放出，如图 6.25 所示。

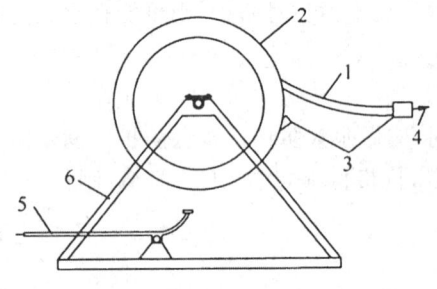
1—拉索;2—索盘;3—锚头;
4—卷扬机牵引;5—制动;6—支架
图 6.24　立式索盘放索

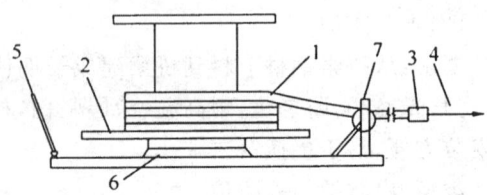
1—拉索;2—索盘;3—锚头;4—卷扬机牵引;
5—制动;6—托盘;7—导向滚轮
图 6.25　水平转盘放索

（2）索的移动

在放索及安索过程中，为了防止在移动过程中损坏拉索的防护层或损伤索股，应采取以下措施。

若盘索是利用驳船运来，放索可将盘索吊到桥面进行，并在梁上放置吊装设备；也可以在船上进行，并在梁端设置转向装置，如图 6.26 所示。

对于现浇梁，其转向装置应设在施工挂篮上；若是拼装结构，则设在主梁上。

滚筒法：在桥面设置一条滚筒带，当索放出后，沿滚筒运动，如图 6.27 所示。

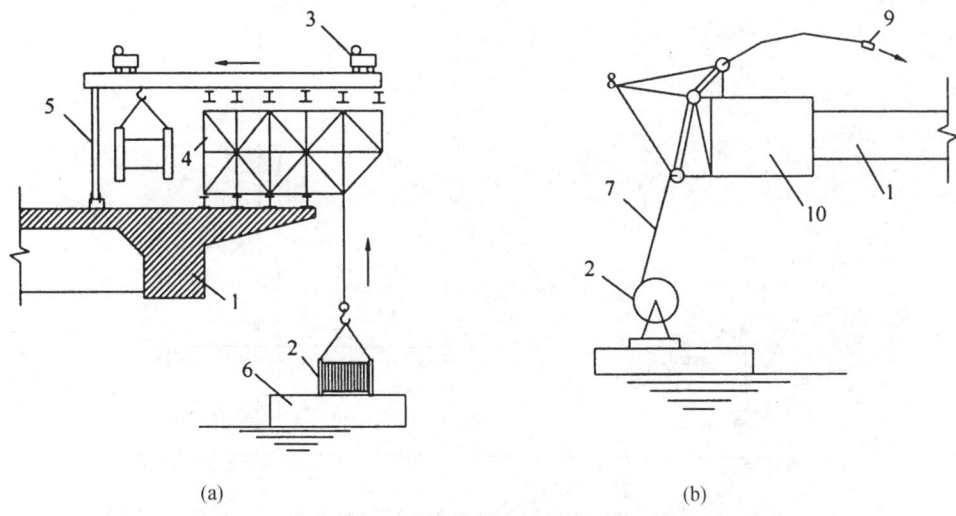

1—主梁;2—索盘;3—起重平车;4—万能杆件导向;5—锚固杆;
6—运索船;7—待安装拉索;8—转向轮;9—锚头;10—挂篮支架
图 6.26 索盘提升与转向装置

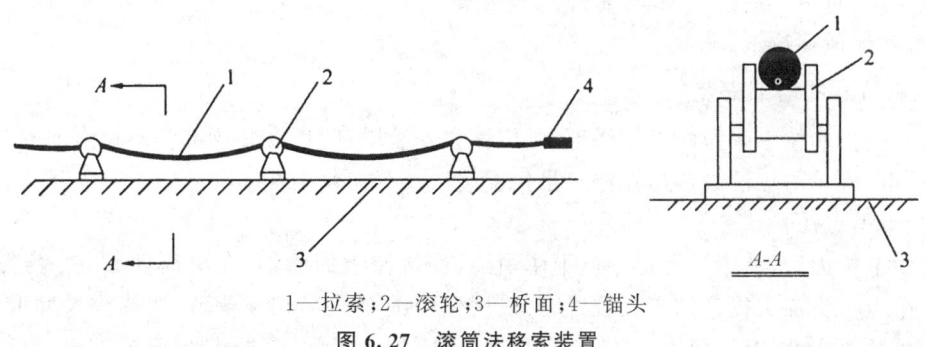

1—拉索;2—滚轮;3—桥面;4—锚头
图 6.27 滚筒法移索装置

移动平车法:当斜拉索上桥后,每隔一段距离垫一个平车,由平车载索移动,如图 6.28 所示。

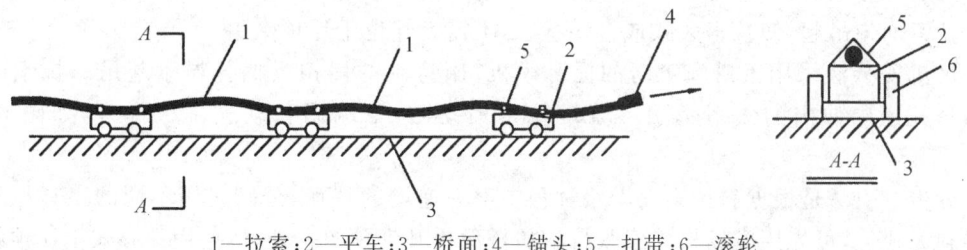

1—拉索;2—平车;3—桥面;4—锚头;5—扣带;6—滚轮
图 6.28 平车法移索装置

导索法:在索塔上部安装一根斜向工作悬索,当斜拉索上桥后,前段栓上牵引索,每隔一段距离放置一个吊点,使拉索移动,如图 6.29 所示。这种方法能省去大型的牵索设备,能安装成卷的斜拉索。

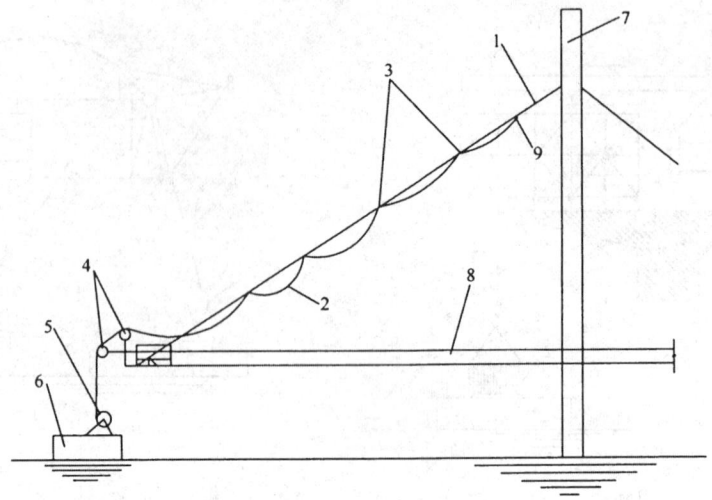

1—导索；2—待安装拉索；3—导索支轮；4—转向轮；5—索盘；
6—运索船；7—索塔；8—主梁；9—牵引

图 6.29 导索法安装拉索装置

垫层法：对于一些索径小、自重轻的斜拉索，可在梁面放索线上铺设麻袋、草袋等柔软的垫层，可就地拖移拉索。

2. 斜拉索的塔部安装

若斜拉桥的拉索张拉端设于塔部，则应该先安装塔部，后安装梁部。斜拉索的安装法主要有：吊点法(单吊点法与多吊点法)、吊机安装法及分布牵引法。

(1)单吊点法

拉索上桥面后，从索塔孔道中放下牵引绳，连接拉索的前端，在离锚具下方一定距离处设一个吊点。当锚头提升到锁孔位置时，采用牵引绳与吊绳相互调节，使锚头尺寸准确，牵引至索塔孔道内就位后，穿入锚头固定，如图 6.30 所示。该方法简便，安装迅速，一般适于较柔软的短拉索。

(2)多吊点法

见前述导索法，只要将导索法中的牵引索从预穿锁孔中引出即可。吊点分散、弯折小，可使拉索均匀吊起，使拉索大致成直线状态，不需大吨位千斤顶牵引。

吊机安装法采用索塔施工时的提升吊机，用特制的扁担梁捆扎拉索起吊。拉索前端由索塔孔道内伸出的索引牵引入索塔拉索锚孔内，下端用移动式吊机提升，如图 6.31 所示。

分步牵引法是根据斜拉索在安装过程中索力递增的特点，分别采用不同的工具将拉索安装到大吨位，可先用卷扬机将索张拉端从桥面提升到预留孔外，然后用穿心式千斤顶将其引至张拉锚固面，如图 6.32 所示。

分步牵引法的特点是牵引功率大，辅助施工少，桥面无附加荷载，施工方便。施工时在各种挂索过程中，各种构件连接处较多，如锚头与拉杆、牵引头的连接，滑轮与塔柱拉索的连接等，任何一处发生问题，都会发生事故。在施工过程中，应特别注意各处连接的可靠性。

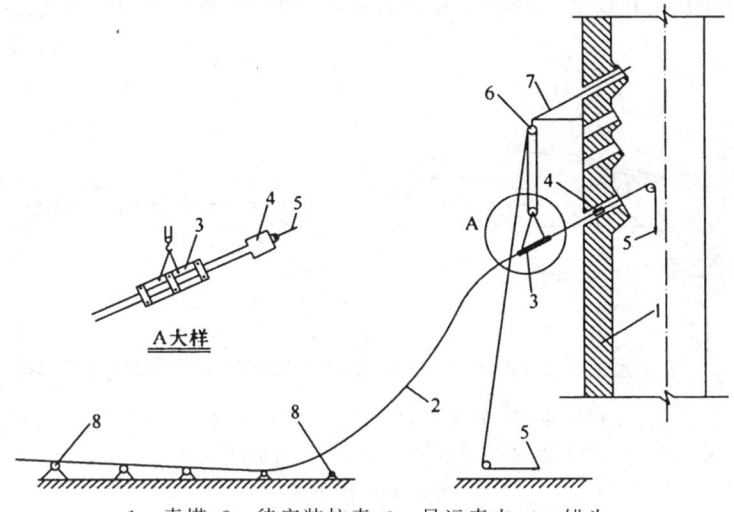

1—索塔；2—待安装拉索；3—吊运索夹；4—锚头；
5—卷扬机牵引；6—滑轮；7—索孔吊架；8—滚轮

图 6.30 单吊点法安装拉索装置

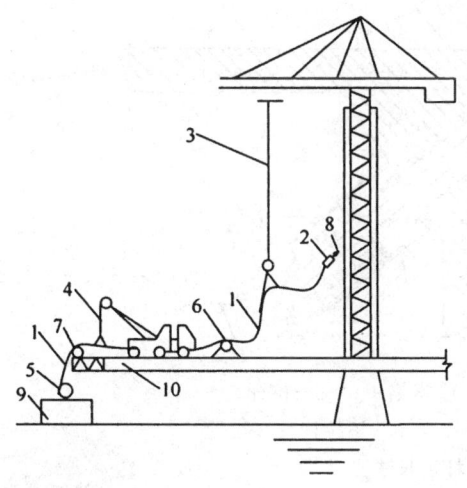

1—待安装拉索；2—锚头；3—塔吊起重索；
4—吊车；5—索盘；6—滑轮；7—转向轮；
8—牵引；9—运索船；10—主梁

图 6.31 吊机安装法装置

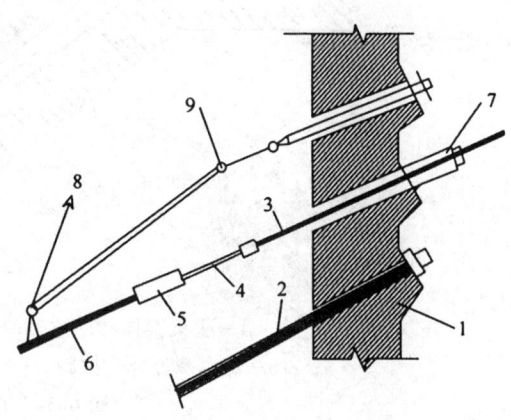

1—索塔；2—已安装拉索；3—钢绞线；
4—刚性拉杆；5—拉索锚头；6—待安装拉索；
7—千斤顶；8—卷扬机牵引；9—滑轮

图 6.32 拉索分步牵引法

3. 斜拉索的梁部安装

斜拉索的梁部安装方法主要有：吊杆法和拉杆接长法。

吊点法是在梁上设置转向滑轮，牵引绳从套筒中伸出，用吊机将索吊起后，随锚头逐渐的牵入套筒，缓缓放下吊钩，向套筒口平移，直至将锚头穿入套筒内，如图 6.33 所示。

对于梁部为张拉端的安装，采用拉杆接长法较为简单，施工时先加工长度为 50 cm 左右的短拉杆，与主拉杆连接，使其总长度超过套筒加千斤顶的长度，利用千斤顶多次运动，逐渐将张拉端拉出锚固面,并逐渐拆除多余短拉杆,安装锚固螺母,如图 6.34 所示。

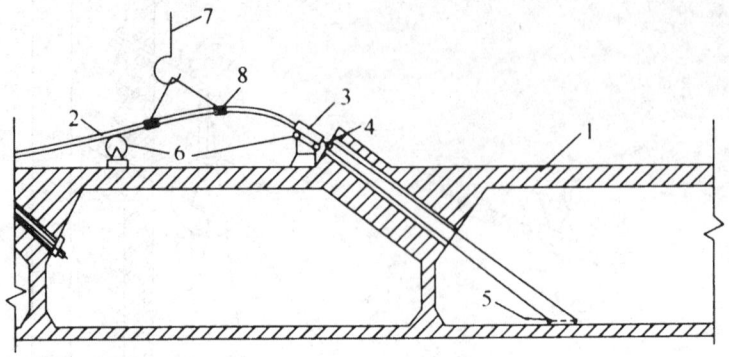

1—主梁梁体;2—待安装拉索;3—拉索锚头;4—牵索滑轮;
5—卷扬机牵引;6—滚轮;7—吊机;8—索夹

图 6.33　吊点法

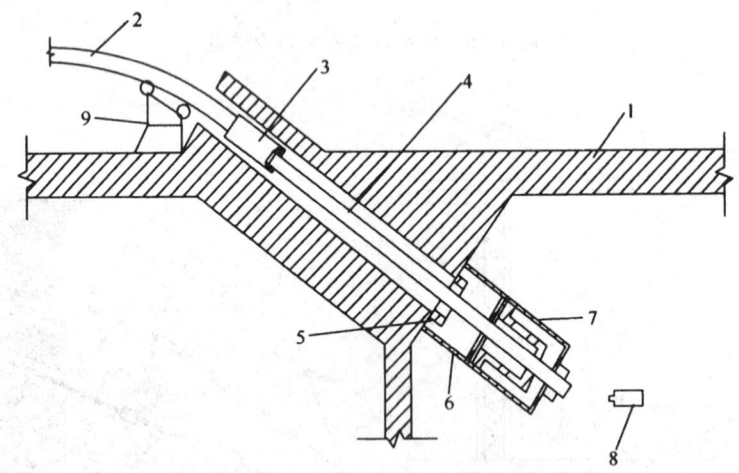

1—主梁梁体;2—拉索;3—拉索锚头;4—长拉杆;
5—组合螺母;6—撑脚;7—千斤顶;8—短拉杆;9—滚轮

图 6.34　拉杆接长法

4. 拉索的张拉

拉索的张拉是拉索完成挂索施工后导入一定的拉力,使拉索开始受拉而参与工作。通过对拉索的张拉,可以对索力和桥面高程进行调整,这是斜拉桥施工的关键。

张拉位置选择在索塔一侧还是主梁一侧,应根据千斤顶所需的张拉空间和移动空间等决定。为减少塔与梁承受的不平衡力矩且方便施工,应尽量采用索塔两侧平衡、对称、同步张拉或相差一个数量吨位差的张拉施工方法。必要时,可考虑单边张拉,但须经过仔细的计算。拉索的张拉一般包括悬臂架设时最外一根拉索的初次张拉、内侧紧邻一根拉索的二次张拉,在张拉过程中要通过张拉拉索对索力进行调整,并且准确控制索力。对于长索的非线性影响,大伸长量及相应的各种因素的影响,在施工中应充分考虑,并采取有效的技术措施。

(1)拉索张拉的方法

①用千斤顶直接张拉:在拉索的主梁端或索塔端的锚固点处安装千斤顶直接张拉拉索。此方法简单直接,但需在索塔内或主梁上有足够的千斤顶张拉空间。国内几乎都采用液压千斤顶直接张拉拉索这种施工工艺。

②用临时钢索将主梁前端拉起:依靠主梁伸出前端的临时钢索,将主梁吊起,然后锚固拉索,再放松临时钢索使拉索中产生拉力。此法不需大规模的机具设备;但仅靠临时钢索时不能满足主梁前端所需的上移量,需补充拉索索力,所以此法一般较少采用。

③在支架上将主梁前端向上顶起同②,仅仅由上拉改为向上顶。此法适用于主梁可用支架来架设的斜拉桥。

(2)索力测量的方法

①千斤顶油压表。拉索用液压千斤顶张拉时,千斤顶油缸中的液压与张拉力有直接关系,只要测定油缸中的液压就可求出索力。在使用前,油压表需精确标定,求得压力表的力和张拉力之间的关系。此法测定索力的精度可达1%～2%。由液压换算索力简单方便,此法是施工过程中控制索力最实用的一种方法。

②测力传感器原理是:拉索张拉时,千斤顶的张拉力是由连接杆传到拉索锚具上的,如果将一个穿心式测力传感器套在连接杆上,则张拉拉索时,传感器在受压后输出电信号,可在配套的二次仪表上读出张拉力。此法测定索力的精度可达0.5%～1.0%,是规范推荐采用的测定索力的方法,但是测力传感器的价格较高。

③频率振动法原理是根据拉索索力和振动频率之间的关系求得索力。对于跨径较小的斜拉桥,预先进行实索标定来求得索力和频率之间的关系,然后用人工激振的方法测得拉索频率,从而求出索力。

复习思考题

6.1 简述斜拉桥的特点。
6.2 简述斜拉桥典型的孔跨布置形式。
6.3 简述预应力箱形锚固的施工程序。
6.4 简述斜拉桥索塔施工质量要求。
6.5 斜拉索塔部安装方法有哪些?
6.6 简述斜拉索制作的工艺流程。
6.7 简述斜拉索的防护措施。

第三篇　管道工程施工技术

　　市政管道工程是市政工程的重要组成部分,它犹如人体内的"血管"和"神经",日夜担负着传送信息和输送能量的任务,是城市赖以生存和发展的物质基础,是城市的生命线。

　　市政管道的种类很多,按其功能主要分为:给水管道、排水管道、燃气管道、热力管道、电力电缆和电信电缆六大类。

　　各类市政管道由于其功能不同,使得其在材料及配件要求、安装工艺和技术标准方面有较大的差异。然而,市政管道工程均为线型工程,在土石方、混凝土工程及附属构筑物施工方面又有许多共性。因此,本篇主要对各类管线的作用、组成、布置方法,管道附件及附属构筑物的类型和构造,管材的种类及每种管材的优缺点,管道的开槽和不开槽施工,附属构筑物施工,阀件安装,市政管道维护管理等内容进行阐述。

第一章 市政管道工程概述

教学要求：通过本章的学习，使学生了解给水、排水管道系统的组成和类型，掌握给水排水管线的布置要求和布置方法；了解给排水管材及附件的类型、特点，掌握其选用方法；了解给排水管道附属构筑物的类型及构造；了解其他市政管线工程的组成和布置。

1.1 给水管道工程

1.1.1 给水管道系统的组成

给水系统由取水、水质处理、输水和配水等设施以一定的方式组合而成的。它的主要任务是从水源取水，对水质进行处理，将符合要求的水质输送和分配到各用户，满足用户对水质、水压、水量的要求。给水系统一般由取水构筑物、水处理构筑物、泵站、输水管道、配水管网、调节构筑物组成，如图1.1、图1.2所示。

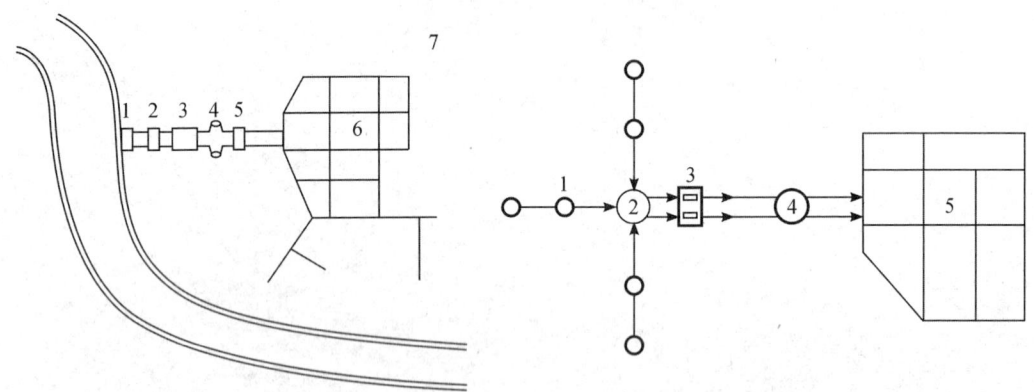

1—取水构筑物；2——级泵站；3—水处理构筑物；
4—清水池；5—二级泵站；6—管网；7—调节构筑物

图1.1 地表水源的给水系统

1—管井群；2—集水池；3—泵站；
4—水塔；5—管网

图1.2 地下水源的给水系统

(1)取水构筑物。从选定的水源(如江河、湖泊、深层地下水等)取水。

(2)水处理构筑物。对水源的水质进行处理，以期达到用水水质标准。这些构筑物一般集中布置在水厂范围内。

(3)泵站。泵站是输配水系统的加压设施,有供水泵站和加压泵站两种形式。供水泵站一般位于水厂内部,将清水池中的水加压送入输水管网;加压泵站则对远离水厂的供水区或地形较高的区域进行加压。

(4)输水管道。输水管道是指从水源到城市水厂或者从城市水厂到相距较远管网的管道,输水管道在整个给水系统中是很重要的。

(5)配水管网。配水管网是指分布在整个供水区域内的配水管道网络。其功能是将来自于较集中点(如输水管渠的末端或贮水设施等)的水量分配输送到整个供水区域,使用户从近处接管用水。配水管网由主干管、干管、支管、连接管、分配管等构成。配水管网中还需要安装消火栓、阀门(闸阀、排气阀、泄水阀等)和检测仪表(压力、流量、水质检测等)等附属设施,以保证消防供水和满足生产调度、故障处理、维护保养等管理需要。输水管道和配水管网构成给水管道工程。

(6)调节构筑物。它包括水压调节设施(如泵站、减压阀)和水量调节设施(如水塔、高位水池、清水池等)。

1.1.2 给水管网系统的类型

1. 统一给水管网系统

统一给水管网系统是用同一系统供应生活、生产、消防等各种用水,绝大多数城市采用这一系统。该系统适用于地形起伏不大,用户较集中,且各用户对水质、水压要求相差不大的城镇和工业企业的给水工程。如图 1-1、图 1-2 均为统一给水系统。

2. 分系统给水管网系统

因给水区域内各用户对水质、水压的要求差别较大,或地形高差较大,或功能分区比较明显,且用水量较大时,可根据需要采用几个相互独立工作的给水管网系统分别供水。分系统给水管网系统可以分为:分质给水管网系统和分压给水管网系统。

(1)分质给水管网系统

因用户对水质的要求不同而分成两个或两个以上系统,分别供给各类用户,称分质给水管网系统。分质给水系统可以是同一水源,在同一水厂中经过不同的工艺和流程处理后,由彼此独立的水泵、输水管和管网,将不同水质的水供给各类用户,如图 1-3 实线所示。该系统的主要特点是城市水厂的规模可缩小,特别是可以节约大量的药剂费用和动力费用,但管道设备多,管理较复杂;分质给水系统也可以是不同水源,例如地表水经过简单沉淀后,供工业生产用水,如图 1.3 中虚线所示。

(2)分压给水管网系统

用户对水压的要求不同而分成两个或两个以上系统,分别供给各类用户,称为分压给水管网系统。分压给水管网系统是将符合要求的水质由同一泵站内不同扬程的水泵分别通过高压、低压输水管网送到不同用户,如图 1.4。该系统的主要特点是动力费用低,可避免采用同一管网系统满足高压区要求时,引起低压区水压的浪费,使用和维护方便并且管网系统漏水损失少。但需要增加低压管道和设备,管理较复杂。

3. 不同输水方式的管网系统

根据水源地和给水区的地形情况,可采用不同的输水方式向用户供水。

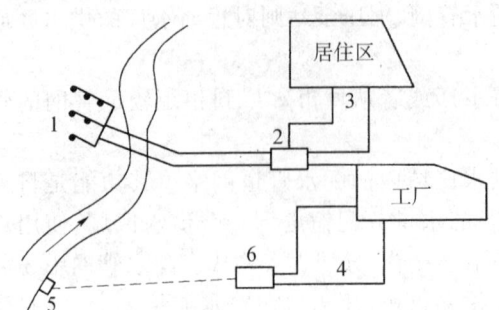
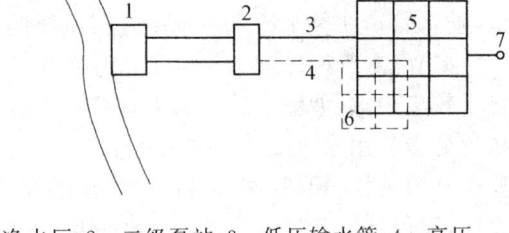

1—管井；2—泵站；3—生活用水管网；4—生产用水管网；5—取水构筑物；6—工业用水处理构筑物

图 1.3　分质给水管网系统

1—净水厂；2—二级泵站；3—低压输水管；4—高压输水管；5—低压管网；6—高压管网；7—水塔

图 1.4　分压给水管网系统

(1)重力输水管网系统

清水池中的水依靠自身重力，经重力输水管送入水厂，经处理后送至用户使用。该系统适用于水源地地形高于给水区，并且高差可以保证以经济的造价输送所需要水量的情况。该系统无动力消耗，管理方便，费用低。当地形高差很大时为降低供水压力，可在中途设置减压水池，形成多级重力输水系统，如图 1.5。

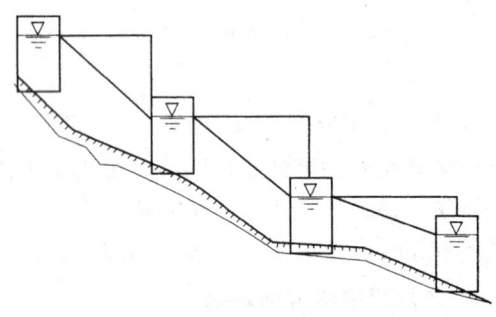

图 1.5　重力输水管网系统

(2)压力输水系统

当水源地地形低于给水区或水源地与给水区的地形高差不能保证用经济的造价输送所需要水量时，可采用压力输水系统，如图 1.6。该系统的特点是需要消耗大量的动力。

在现代大型输水管道系统中应用较为广泛的是重力—压力相结合的多级输水方式。该系统的特点是充分利用地形特点，节约成本。如图 1.7 所示，上坡 1—2 段、3—4 段，分别用泵站 1、3 加压输水，下坡 2—3 段利用高位水池重力输水。

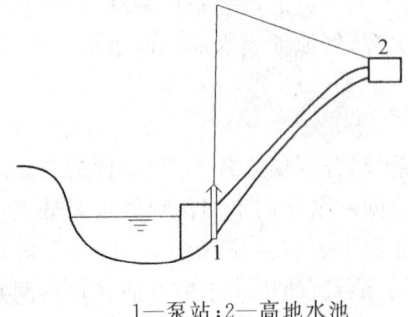
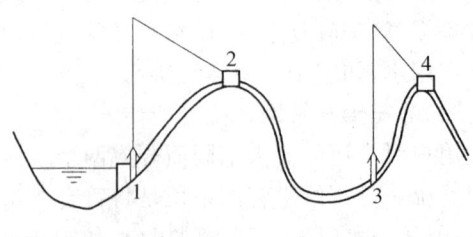

1—泵站；2—高地水池

图 1.6　压力输水系统

1、3—泵站；2、4—高位水池

图 1.7　重力和水泵加压相结合的输水方式

1.1.3 给水管网的布置

1. 布置原则

给水管网的布置应满足以下要求：

(1)按照城市规划平面图布置管网,远近期结合,布置时应考虑给水系统分期建设的可能性,并留有充分发展的余地。

(2)管线应均匀地分布在整个给水区域内,保证用户有足够的水量和水压。

(3)力求以最短距离敷设管线,尽量不穿或少穿障碍物,以降低管网造价和供水能量费用。

(4)管线布置必须保证供水安全可靠,当发生事故时,尽量不间断供水或尽可能缩小断水范围。

(5)尽量减少拆迁、少占农田、便于管道施工和运行维护。

2. 布置形式

尽管给水管网布置受上述原则和影响因素的制约,其形状各种各样,但不外乎两种基本形式:树状管网和环状管网,如图1.8、图1.9所示。

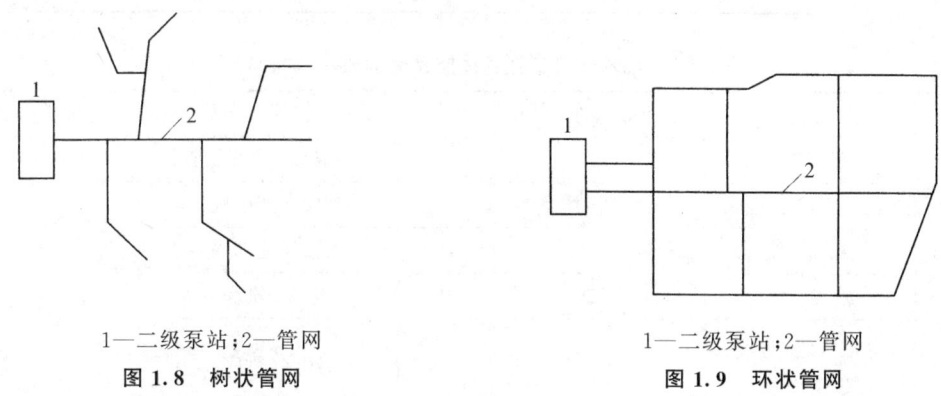

1—二级泵站；2—管网　　　　　　　　1—二级泵站；2—管网
图 1.8　树状管网　　　　　　　　　　图 1.9　环状管网

从水厂泵站或水塔到用户的管线布置类似树枝状,成为树状管网。树状管网的特点是管网布置简单,投资少。当管网中任一段管线损坏时,则该管段以后的管线就会断水,故供水可靠性差。另外在管网末端,因水量很小,水流缓慢,甚至停滞不动,因此水质容易变坏。

环状管网是管道相互连接成环状。当管网中某一段管线损坏时,可以关闭附近的阀门使其与其他的管段隔开,进行检修,水还可从另外管线供应下游用户,断水地区可以减小,从而提高供水可靠性。此外环状网还可以大大减轻水锤作用产生的危害。但环状网管线长,造价明显比树状管网高。一般在城市建设初期可采用树状管网,以后随着给水事业的发展逐步形成环状管网。现代的城市给排水管网多数是将树状管网和环状管网结合起来。在城市中心地区,布置成环状管网,在郊区则以树状管网形式向四周延伸。

3. 配水管网的布置要求

管网布置必须保证配水管网主干管的方向应与配水主要流向一致。配水管网的干管靠近大用户沿城市的主要干道敷设,以减少配水支管的数量。城镇生活饮用水的管网严禁与非生活饮用水的管网连接,应采取有效的安全隔断措施。在同一供水区内可布置若干条平行的干管,其间距可根据街区情况,采用 500~800 m。连接管用于配水干管间的连接,以形成环状管网,保证在干管发生故障关闭事故管段时,能及时通过连接管重新分配流量,从而缩小断水范围,提高供水可靠性。连接管一般沿城市次要干道敷设,其间距可采用 800~1 000 m。

管线在道路下的平面位置和标高,应符合城市地下管线综合设计的要求,给水管线与建筑物、铁路以及其他管道的水平净距应参照《城市工程管线综合规划规范》(GB 50289-2016)确定,如表 1.1。自地表向下的排列顺序宜为电力管线、热力管线、给水管线、雨水排水管线、污水排水管线,最小垂直净距见表 1.2。

表 1.1 给水管线与其他管线及其他建筑物之间最小水平净距

m

名称	建筑物	污水雨水排水管	燃气管 低压 B	燃气管 中压 A	燃气管 中压 B	燃气管 高压 A	热力管 直埋	电力电缆 地沟	电缆电信 直埋	电缆电信 缆沟	乔木	灌木	通讯及照明 <10 kV	高压铁塔基础边 ≤35 kV	高压铁塔基础边 >35 kV	道路侧石边缘	铁路钢轨(或坡脚)
D≤200	1.0	1.0	0.5	1.0	1.5	1.5	0.5	1.0	1.5	0.5	3.0	1.5	5.0				
D>200	1.0	1.5															

表 1.2 配水管与工程管线交叉时的最小垂直净距

序号	工程管线名称	最小垂直净距/m	序号	工程管线名称	最小垂直净距/m
1	配水管线	0.15	6	电力管线:直埋及管沟	0.15
2	污、雨水排水管线	0.40	7	沟渠(基础底)	0.5
3	热力管线	0.15	8	涵洞(基础底)	0.15
4	燃气管线	0.15	9	电车(轨底)	1.0
5	电信管线:直埋 管沟	0.50 0.15	10	铁路(轨底)	1.0

1.1.4 给水管材

1. 给水管材选用的基本要求

给水管材由给水管道、配件和附件组成。按照水管工作条件,其性能应满足下列要求:

(1)有足够的强度,可以承受各种内外荷载。

(2)水密性好,它是保证管网有效而经济地工作的重要条件。如因管线的水密性差以至经常漏水,无疑会增加管理费用和导致经济上的损失。同时,管网漏水严重时也会冲刷地层而引起严重事故。

(3)水管内部光滑,以减少水头损失。

(4)价格较低,使用年限较长,并且有较高的抗腐蚀能力。

除此之外,水管接口应施工简便,工作可靠。给水管管材的选择除上述条件外,还取决于给水管承受的水压、埋管条件、管材供应情况等。

2. 给水管材的类型

(1)铸铁管

铸铁管按材质可分为灰铸铁管和球墨铸铁管。

灰铸铁管与钢管相比,铸铁管抗腐蚀性能较好,经久耐用,价格低。但质地较脆,抗冲击和抗震能力较差,重量较大,一般为同规格钢管质量的1.5~2.5倍,且经常发生接口漏水,水管断裂和爆管事故,给生产带来很大损失。

球墨铸铁管的主要成分石墨为球状结构。它具有铸铁管的许多优点,并且机械性能高,强度是铸铁管的多倍,抗腐蚀性能远高于钢管,质量较轻,很少发生爆管、渗水、漏水现象,因此是输水管道理想的管材。目前我国球墨铸铁管的产量低,产品规格少。

铸铁管接口有两种形式:承插式(图1.10)和法兰式(图1.11)。水管接头应紧密不漏水且稍带柔性,特别是沿管线的土质不均匀而有可能发生沉陷时。

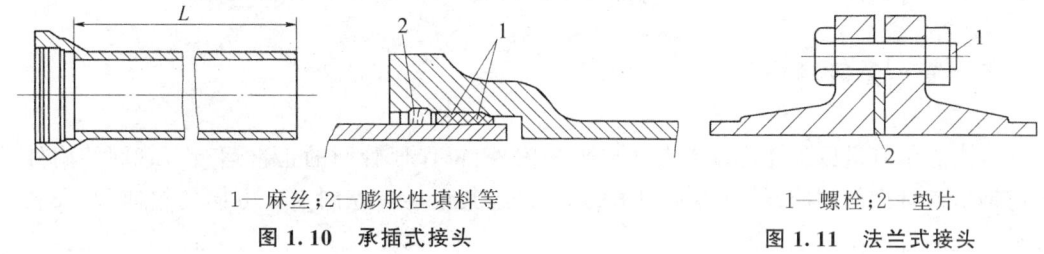

1—麻丝;2—膨胀性填料等
图 1.10 承插式接头

1—螺栓;2—垫片
图 1.11 法兰式接头

承插式接口适用于室外埋地管线,安装时将插口插入承口内,两口之间的环形空隙用接头材料填实。接口时施工麻烦,劳动强度大。接口材料分两层,内层采用油麻丝或胶圈,外层采用石棉水泥、自应力水泥砂浆等。目前很多单位采用膨胀性填料接口,利用材料的膨胀性密封接口。承插式铸铁管采用橡胶圈接口时,安装时无需敲打接口,因而减轻劳动强度,加快了施工进度。

法兰式接口接头紧密,检修方便。但施工要求较高,接口管必须严格对准,为使接口不漏水,在两法兰盘之间嵌以3~5 mm厚的橡胶垫片,再用螺栓上紧。由于螺栓易锈蚀,不适用于埋地管线,一般用于水塔进出水管、泵房、净水厂、车间内部等与设备明装或地沟内的管线。

球墨铸铁管采用T型划入式胶圈柔性接口,也可采用法兰接口,施工安装方便,可加快施工进度,缩短工期,接口的水密性好,有适应地基变形的能力,抗震效果好。

(2)钢管

钢管分普通无缝钢管和焊接钢管两种。焊接钢管又分直缝钢管和螺旋卷焊钢管。钢管的特点是自重轻、强度高、耐高压、耐振动。但承受外荷载的稳定性差,耐腐蚀性差,管壁内外均需有防腐措施,而且造价高。通常适用于管径大和水压高以及地质、地形条件限制或穿越铁路、河谷和地震地区。市政给水管道中常用的普通钢管工作压力不超过1.0 MPa,管径为DN100~DN2200,有效长度为4~10 m。

(3)预应力和自应力钢筋混凝土管

预应力混凝土管是配有纵向和环向缠绕预应力钢筋的混凝土管。其管径一般为400~

2000 mm,管长 5 m,工作压力可达 0.4~1.2 MPa。

用自应力水泥制成的钢筋混凝土管叫自应力钢筋混凝土管。自应力水泥由矾土水泥、石膏、高标号水泥配置而成,在一定条件下,产生晶体转变,水泥自身体积膨胀。膨胀时,带着钢筋一起膨胀,张拉钢筋使之产生自应力,所以很少应用于重要管道。自应力钢筋混凝土管的管径一般为 100~800 mm,管长 3~4 m,工作压力可达 0.4~1.0 MPa。

预应力和自应力钢筋混凝土管均有良好的抗渗性和抗裂性,不需内外防腐,施工安装方便,输水能力强,价格便宜。但自重大,质地脆,所以装卸和搬运时严禁抛掷和碰撞。施工时管沟底必须平整,覆土必须夯实。

(4)塑料管

塑料管具有强度高、表面光滑、不易结垢、水力性能好、耐腐蚀、重量轻、加工及接口方便、施工费用低等优点,但质脆、膨胀系数较大、易老化。用作长距离管道时,需考虑温度补偿措施,例如伸缩节和活络接口。

塑料管有多种,常用的塑料管有硬聚氯乙烯管(UPVC 管)、聚乙烯管(PE)、聚丙烯管(PP)等。其中以 UPVC 管的力学性能和阻燃性能好,价格较低,因此应用广泛。

1.1.5 给水管网附件

给水除了管道以外还应设置各种必要的附件,以保证管网的正常运行。管网的附件主要有调节流量用的阀门、供应消防用水的消火栓,其他还有控制水流方向的单向阀、安装在管线高处的排气阀和安全阀等。

(1)阀门

阀门用来调节管线中的流量和水压。阀门的口径一般与水管的直径相同,当管径较大时,阀门的口径为管径的 0.8 倍。

阀门的布置要数量少而且调度灵活。承接消火栓的水管上要安装阀门,主要管线和次要管线交接处的阀门常设在次要管线上。干管上的阀门间距一般为 500~1000 m。

阀门内的闸板有楔式(如图 1.12)和平行式(如图 1.13)两种,根据阀门使用时阀杆是否上下移动,可分为明杆和暗杆两种。明杆是阀门启闭时,阀杆随之升降,因此易于掌握阀门启闭程度,适宜于安装在泵站内。暗杆适用于安装和操作地位受到限制之处。

蝶阀的作用和一般阀门相同,但结构简单,开启方便,旋转 90 度就可全开或全关。可用在中、低压管线上,例如水处理构筑物和泵站内。

输配水管道上的阀门宜采用暗杆,也可以采用蝶阀。一般采用手动操作,直径较大时可以采用电动。

(2)消火栓

消火栓分地上式和地下式两种。前者适用于气温较高地区,后者适用于气温较低地区。

消火栓均设在给水管网的配水管线上,与配水管线的连接有直通式和旁通式两种方式。直通式是直接从配水干管上接出消火栓,旁通式是从配水干管上接出支管后再接消火栓。旁通式应在支管上安装阀门,以利安装、检修。

消火栓的间距不应大于 120 m,消火栓的接管直径不小于 DN100,每个消火栓的流量为 10~15 L/s,地上式消火栓尽可能设在交叉口和醒目处。消火栓按规定应距建筑物不小于

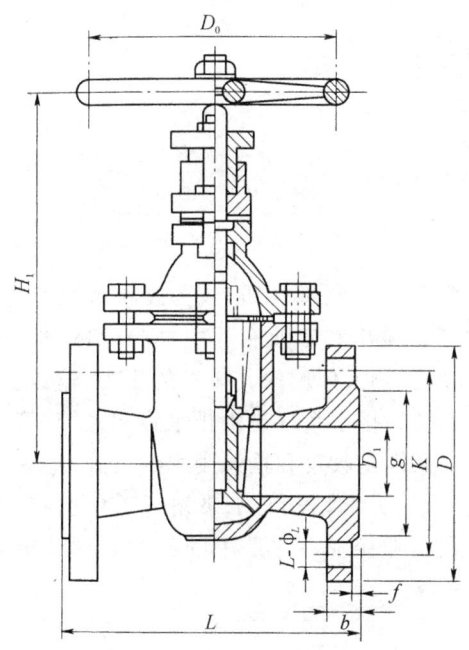
图 1.12　法兰式暗杆楔式闸阀

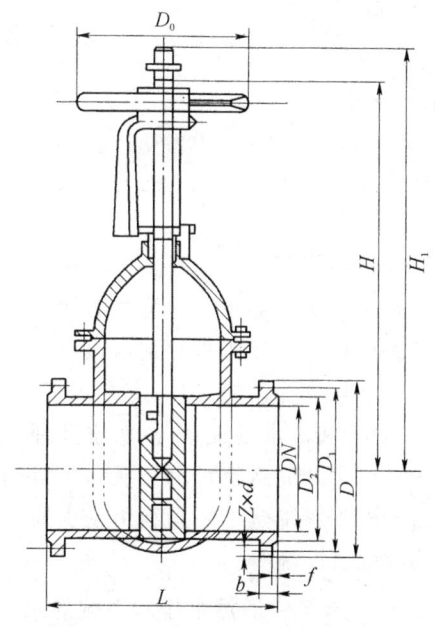
图 1.13　Z44T-10 平行式双闸板

5 m,距车行道不大于 2 m,以便消防车上水,并不妨碍交通,一般设在人行道边。地下式消火栓安装在阀门井内,不影响交通,但使用不及地上方便。

(3)排气阀和泄水阀

管道在长距离输水时经常会积存空气,这既减小了过水断面积,又增大了水流阻力,同时还会产生气蚀作用,因此应及时将管道的气体排除。排气阀就是用来排除管道中气体的设备,一般设置在压力管道的隆起部分,平时排除管内积存的空气,而在管道检修、放空时进入空气,保持排水畅通,同时在产生水锤时可以使空气自动进入,避免产生负压。

排气阀适用于工作压力<1.0 MPa 的管道。排气阀必须设置检修阀门,定期检修,经常养护,使进气、排气灵活。排气阀应垂直安装,安装处环境清洁,满足保温和防冻要求。

在管线的最低点须安装泄水阀,它和排水管相连,以排除水管中沉淀物以及检修时放空水管内的存水。泄水阀和排水管的直径由所需放空时间决定。放空时间可按一定工作水头下孔口出流公式计算。

(4)止回阀

止回阀又称单向阀,如图 1.14。它是限制压力管道中的水流只能朝一个方向流动的阀门。阀门的闸板可绕轴旋转。当水流方向相反时,闸板因自重和水压作用而自动关闭。

止回阀一般安装在水压大于 196 kPa 的泵站出水管上,防止因突然断电或其他事故时水倒流。止回阀一般有旋启式止回阀、缓闭式止回阀和液压式缓冲止回阀等。

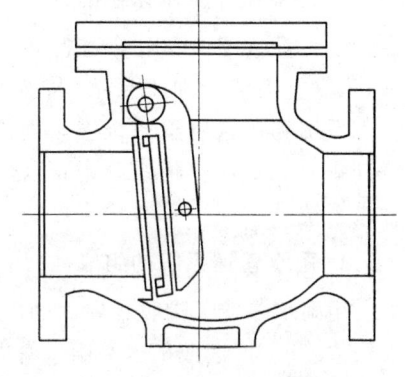
图 1.14　旋启式止回阀

1.2 排水管道工程

1.2.1 排水管网系统的组成

水在使用过程中受到不同程度的污染,改变了化学成分与物理性质,成为废水或污水。污水按照来源的不同分为生活污水、工业废水和降水。在城市和工业企业中,应有组织地、及时地排除上述废水和雨水,否则可能污染和破坏环境,影响人体健康。排水的收集、输送、处理和排放等设施,以一定方式组合成的总体称排水系统。排水系统是由排水管网系统(管道系统)和污水处理系统(污水处理厂)组成。排水管网系统是收集和输送废水的设施,把废水从产生处输送至污水厂或出水口,它包括排水设备、检查井、管渠、污水泵站等工程设施。污水处理系统是处理和利用废水的设施,它包括城市及工业企业污水厂中的各种处理构筑物及除害设施等。

1. 城市生活污水排水系统的组成

城市生活污水排水系统包括室内污水管道系统和室外污水管道系统。

室内污水管道系统的作用是将收集的生活污水,通过水封管、支管、竖管和出户管等室内管道系统流至室外居住小区污水管道中。

室外管道系统包括居住小区污水管道系统和街道污水管道系统。居住小区污水管道系统主要任务是收集小区内各建筑物排出的污水,并将其输送到街道污水管道系统中。它分为接户管、小区支管、小区干管。其中接户管是接纳各建筑物排出的污水并将其送入到小区支管;小区支管是布置在小区内与接户管连接的污水管道并将污水送到小区干管。小区干管接纳若干小区支管流来的污水。

街道污水管道系统主要是将接收的各居住小区的污水,依靠重力流或加设泵站将污水输送到污水处理厂,经处理后排放或利用。一般由城市支管、干管、主干管等组成,图1.15。支管承受小区干管流来的污水;干管汇集输送支管流来的污水;主干管是汇集输送由两个或两个以上干管流来的污水管道。

2. 工业废水排水系统的组成

在工业企业中,用管道将各车间及其他排水对象所排出的不同性质的废水收集起来,依靠重力流或加压泵站,将废水送至污水处理厂。工业废水排水系统包括车间内部管道系统和厂区管道系统。车间内部管道系统主要收集各生产设备排出的工业废水,并将其排放到厂区管道系统中;厂区管道系统是用来收集并输送各车间排出的工业废水的管道系统。

3. 雨水管道系统的组成

用雨水斗或天沟收集屋面的雨水,用雨水口收集地面的雨水。地面的雨水经雨水口流入居住小区、厂区或街道的雨水管渠系统。雨水排水系统由建筑物的雨水管道系统和设备,居住小区或工厂雨水管渠系统,街道雨水管渠系统,排洪沟,出水口等部分组成。

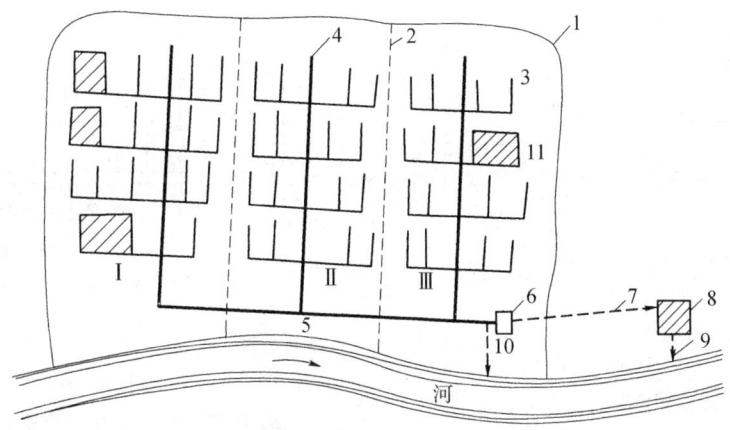

图 1.15　市政污水管道系统

Ⅰ、Ⅱ、Ⅲ—排水流域

1—城市边界；2—排水流域分界线；3—支管；4—干管；5—主干管；6—总泵站；
7—压力管道；8—城市污水厂；9—出水口；10—事故排出口；11—工厂

1.2.2　排水系统的体制

城市和工业企业通常有生活污水、工业废水和雨水。这些污水可采用一个管渠系统、两个或两个以上各自独立的管渠系统来排除。污水的这种不同排除方式所形成的排水系统称排水系统的体制。排水系统的体制一般分为合流制和分流制两种类型，具体选择时，应考虑多方面因素。如：城市和工业企业规划、当地降雨情况、排放标准、原有排水设施、污水处理和利用情况、地形和水体、环境保护、工程投资、维护管理等方面。

(1) 合流制排水系统

利用同一个管渠收集生活污水、工业废水和雨水的排水方式称河流制排水系统。最早出现的是直排式合流制排水系统，如图(1.16)。排水管渠系统的布置分若干个排出口，将未经过处理的混合污水直接排入水体，污染危害大，一般不宜采用。

在直排式合流制排水系统的基础上，形成一种新的合流制排水系统。这种系统是在临河岸边建造一条截流干管，同时在合流干管与截留干管相交前或相交处设置溢流井，并在截流干管下游设置污水厂，成为截流式合流制排水系统，如图(1.17)。晴天时管道中只输送旱流污水，经污水处理厂处理后排放。雨天时降雨初期，旱流污水和雨水被送至污水厂，随着降雨量的增加雨水径流也增加。混合污水的流量超过截流干管的输水能力后，就有部分混合污水经溢流井溢出，直接排入水体。该系统在旧城市的排水系统改造中比较简单易行，节省投资，并降低污染物质的排放，在国内外排水系统改造时经常使用。

(2) 分流制排水系统

分流制排水系统是将生活污水、工业废水和雨水采用两套或两套以上的排水管渠系统进行污水的收集和排放。根据雨水排除方式的不同，分流制排水系统又分为完全分流制和不完全分流制两种排水系统。完全分流制是将城市的生活污水和工业废水用一条管道排

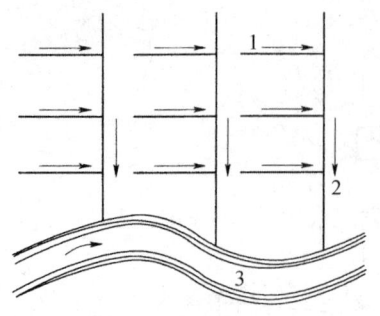

1—合流支管；2—合流干管；3—河流

图 1.16　直排式合流制排水系统

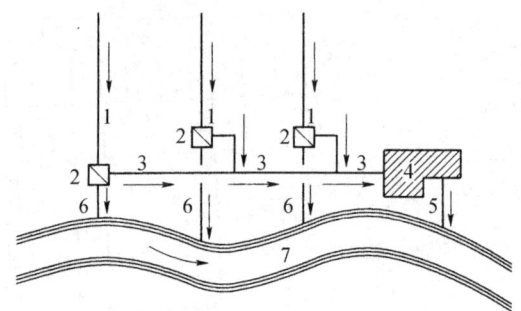

1—合流干管；2—溢流井；3—截流主干管；4—污水处理厂；5—出水口；6—溢流管；7—河流

图 1.17　截流式合流制排水系统

除，而雨水用另一条管道来排除的排水方式，如图 1.18。不完全分流制排水系统是暂时不设置雨水管渠系统，雨水沿道路两边沟槽排入天然水体，如图 1.19。这种情况使用于新建的城镇在建设初期，待城市发展后将其改造成完全分流制。

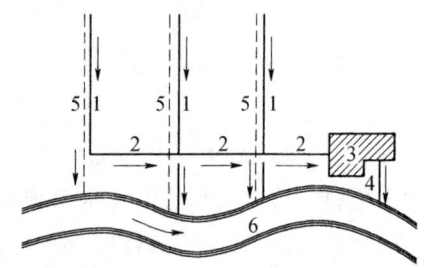

1—污水干管；2—污水主干管；3—污水厂；
4—出水口；5—雨水干管；6—河流

图 1.18　完全分流制排水系统

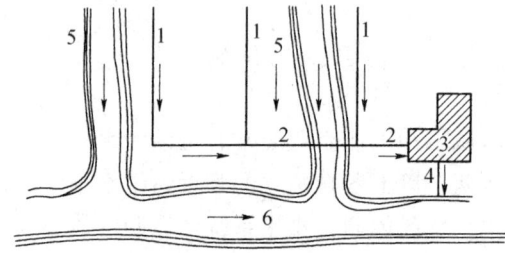

1—污水管道；2—污水主干管；3—污水厂；
4—出水口；5—原有渠道；6—河流

图 1.19　不完全分流制排水系统

1.2.3　排水管网系统的布置

1. 正交布置和截流式布置

正交布置是在地势向水体有适当倾斜的地区，各排水流域的干管可以最短距离沿与水体垂直相交的方向布置，如图 1.20(1)。正交布置具有干管长度短、管径小、排放流速快的特点。但正交布置的污水未经处理就直接排放，故在现代城市中这种布置一般仅适用于排除雨水。随着市政管道的发展，在正交布置的基础上出现了一种新的布置形式—截流式布置。这种布置是在正交布置基础上沿河岸再敷设主干管，并将各干管的污水截流送到污水厂，如图 1.20(2)。截流式布置可以减轻水体污染、改善和保护环境。

2. 平行式布置

在地势向河流方向有较大倾斜的地区，可使干管与等高线及河道基本平行，主干管与等高线及河道成一定倾斜敷设,这种布置称平行式布置,如图 1.20(3)。平行式布置可以避免因干管坡度及管内流速过大,使管道受到严重冲刷。

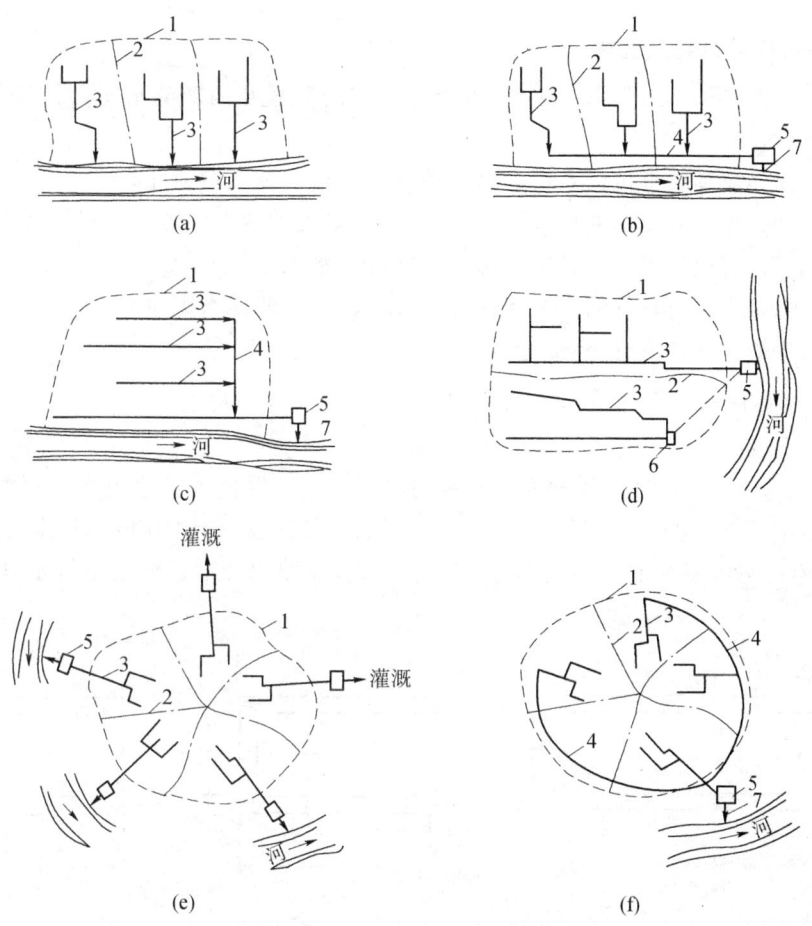

(a)正交式;(b)截流式;(c)平行式;(d)分区式;(e)分散式;(f)环绕式
1—城市边界;2—排水流域分界线;3—干管;4—主干管;5—污水厂;6—污水泵站;7—出水口
图 1.20 排水系统的布置形式

3. 分区布置

分区布置是在高地区和低地区分别敷设独立的管道系统。高地区的污水靠重力流向污水厂,低地区的污水依靠水泵抽送到高地区干管或污水厂,如图 1.20(4)。这种布置适用于地势相差较大的地区。它的优点是能充分利用地形优势,节省能源。

4. 分散布置

分散布置如图 1.20(5)。这种布置形式适用于城市周围有河流,或城市中央部分地势高、地势向周围倾斜的地区。这种布置的特点是干管长度短、管径小、管道埋深浅、便于污水灌溉,但污水厂和泵站的数量增多。

5. 环绕式布置

在分散式基础上沿四周布置主干管,将各干管的污水截流送往污水厂,如图 1.20(6)。

1.2.4 排水管渠材料

1. 对排水管渠材料的要求

(1)排水管渠必须具有足够的强度,以承受外部的荷载和内部的水压,以保证在运输和施工过程中不损坏。

(2)排水管渠应具有抵抗污水中杂质的冲刷和磨损以及抗腐蚀性能。

(3)排水管渠应具有良好的抗渗性,以防止污水渗出和地下水渗入。若污水从管渠中渗出则污染地下水;若地下水深入管渠则影响正常的排水工作。

(4)排水管渠应具有良好的水力条件,减少水头阻力,使排水畅通。

(5)排水管渠应就地取材,降低造价,减少投资。

2. 常用排水管渠

(1)混凝土管

以混凝土为主要材料制成的圆形管材称为混凝土管。混凝土管适用于排除雨水、污水。可在专门的工厂预制,也可以现场浇制。混凝土管的直径一般小于 450 mm,长度一般为 1 m。

混凝土管的管径通常有承插式、企口式、平口式,如图(1.21)。混凝土排水管的规格见表 1.3。

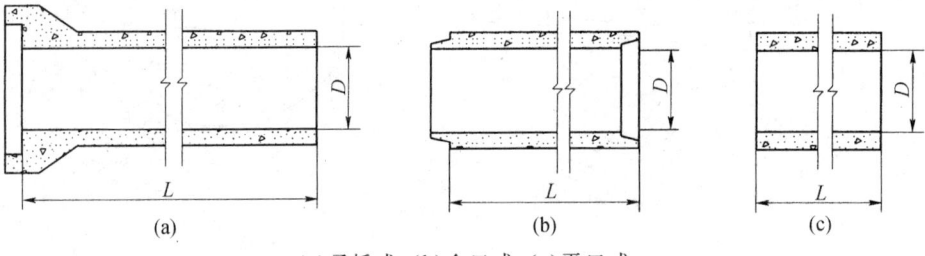

(a)承插式;(b)企口式;(c)平口式
图 1.21 混凝土管

表 1.3 混凝土排水管的规格

序号	公称内径 /mm	最小管长 /mm	管最小壁厚 /mm	外压试验/kg/m²	
				安全荷载	破坏荷载
1	200	1000	27	1000	1200
2	250	1000	33	1200	1500
3	300	1000	40	1500	1800
4	350	1000	50	1900	2200
5	400	1000	60	2300	2700
6	450	1000	67	2700	3200

(2)钢筋混凝土管

为了增强管道强度,在混凝土中加入了钢筋制成钢筋混凝土管。钢筋混凝土管适用于当管道埋深较大或敷设在土质条件不良地段。当管径大于 500 mm 时常采用钢筋混凝土管。钢筋混凝土管分为轻型钢筋混凝土管和重型钢筋混凝土管。其技术条件和标准见表 1.4 和表 1.5。

表 1.4 轻型钢筋混凝土排水管道规格

公称内径/mm	管体尺寸		套 环			外压试验		
	最小管长/mm	最小壁厚/mm	填缝宽度/mm	最小管长/mm	最小壁厚/mm	安全荷载/kg/m²	裂缝荷载/kg/m²	破坏荷载/kg/m²
200	2000	27	15	150	27	1200	1500	2000
300	2000	30	15	150	30	1100	1400	1800
350	2000	33	15	150	33	1100	1500	2100
400	2000	35	15	150	35	1100	1800	2400
450	2000	40	15	200	40	1200	1900	2500
500	2000	42	15	200	42	1200	2000	2900
600	2000	50	15	200	50	1500	2100	3200
700	2000	55	15	200	55	1500	2300	3800
800	2000	65	15	200	65	1800	2700	4400
900	2000	70	15	200	70	1900	2900	4800
1000	2000	75	18	250	75	2000	3300	5900
1100	2000	85	18	250	85	2300	3500	6300
1200	2000	90	18	250	90	2400	3800	6900
1350	2000	100	18	250	100	2600	4400	8000
1500	2000	115	22	250	115	3100	4900	9000
1650	2000	125	22	250	125	3300	5400	9900
1800	2000	140	22	250	140	3800	6100	11100

混凝土管和钢筋混凝土管的主要优点是原料充足,造价低。可预制和现场浇制故制造工艺简便,但管节较短、接头较多、大口径管自重大、抗酸碱腐蚀能力差。

(3)陶土管

陶土管是用塑性耐火黏土制坯,经高温煅烧制成的。为了防止在煅烧过程中产生裂缝,在其中按一定比例加入耐火黏土和石英砂。根据需要可制成无釉、单面釉、双面釉陶土管。

陶土管一般制成圆形断面,有承压式和平口式两种,如图 1.22。陶土管管径一般不超过 600 mm,管长在 0.8~1.0 m 左右。陶土管的特点是耐酸碱,抗腐蚀性能强,但质脆宜碎,强度低不能承受内压,管接短,接口多。

(4)金属管

金属管一般使用于外荷载很大或对渗漏要求特别高的场合,如排水泵站的进出水管、穿越铁路、河道的倒虹管或靠近给水管道和房屋基础时。常用的金属管有铸铁管和钢管。

表 1.5　重型钢筋混凝土排水管道规格

公称内径 /mm	管体尺寸		套环			外压试验		
	最小管长 /mm	最小壁厚 /mm	填缝宽度 /mm	最小管长 /mm	最小壁厚 /mm	安全荷载 /(kg/m²)	裂缝荷载 /(kg/m²)	破坏荷载 /(kg/m²)
300	200	58	15	150	60	3400	3600	4000
350	200	60	15	150	65	3400	3600	4400
400	200	65	15	150	67	3400	3800	4900
450	200	67	15	200	75	3400	4000	5200
500	200	75	15	200	80	3400	4200	6100
650	200	80	15	200	90	3400	4300	6300
750	200	90	15	200	95	3600	5000	8200
850	200	95	15	200	100	3600	5500	9100
950	200	100	18	250	110	3600	6100	11200
1050	200	110	18	250	125	4000	6600	12100
1350	200	125	18	250	175	4100	8400	13200
1550	200	175	18	250	60	6700	10400	18700

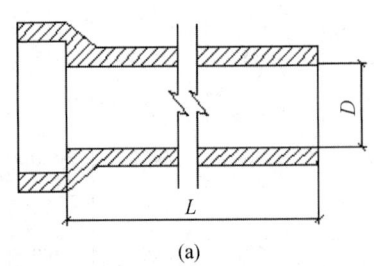
(a)

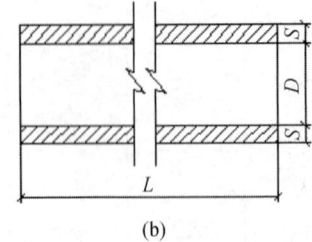
(b)

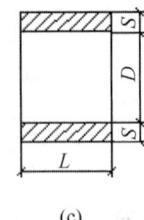
(c)

(a)承插管；(b)直管；(c)管箍

图 1.22　陶土管

铸铁管的特点是经久耐用，有较强的耐腐蚀性，但质地较脆，抗弯抗折性能差，重量较大。钢管的特点是能耐高压、耐振动、重量较轻、单管的长度大、接口方便，但耐腐蚀性差，采用钢管时必须涂刷耐腐蚀性的涂料并注意绝缘。

(5)其他管材

随着新型建筑材料的不断研究，用于排水管道的材料也不断增加。如玻璃纤维混凝土管、加筋的热固性树脂管、离心混凝土管、聚氯乙烯塑胶硬质管、PVC管、铝合金 UPVC 复合排水管等。

以上是常用的管材，在选择管材时，应在满足技术要求的前提下，尽可能就地取材，采用当地易于自制、便于供应和运输方便的材料，以使运输及施工总费用降至最低。

3. 排水管渠系统上的构筑物

为了保证有效地排除污水，在排水系统上除了设置管渠以外还需要设置其他一些必要的构筑物。如雨水口、连接暗井、溢流井、检查井、倒虹管等。

(1)雨水口、连接暗井、溢流井

雨水口是雨水管渠或河流管渠上收集雨水的构筑物。地面及街道路面的雨水口通过雨水连接管流入排水管渠。

雨水口一般设置在交叉路口、路侧边沟的一定距离处以及没有道路边石的低洼地处。道路上雨水口的间距一般为20～50 m,当道路坡度大于0.02时,雨水口的间距可大于50 m,雨水口的深度一般不宜大于1 m。并可以在路面较差、菜市场等地方可设置沉泥井,如图1.23。

雨水口的构造包括进水箅、井筒和连接管三部分组成,如图1.24。井筒可用砖砌或钢筋混凝土预制,也可以采用预制的混凝土管。

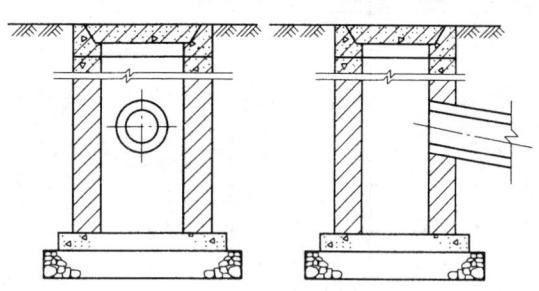

图1.23 有沉泥井的雨水口

雨水口由连接管和街道排水管渠的检查井连接。连接管的最小管径为200 mm,坡度一般为0.01,长度一般不超过25 m,同一个连接管上的雨水口一般不超过3个。当排水管径大于800 mm时,可在连接管与排水管连接处不设检查井,而设连接暗井,如图1.25。

溢流井是截流干管上最重要的构筑物。通常在合流管渠与截流干管的交汇处设置溢流井,分别为截流槽式、溢流堰式和跳跃堰式,如图1.26。

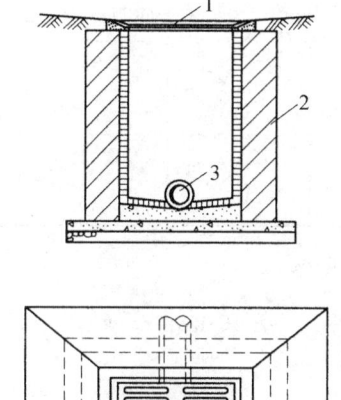

1—进水箅;2—井筒;3—连接管

图1.24 平箅雨水口

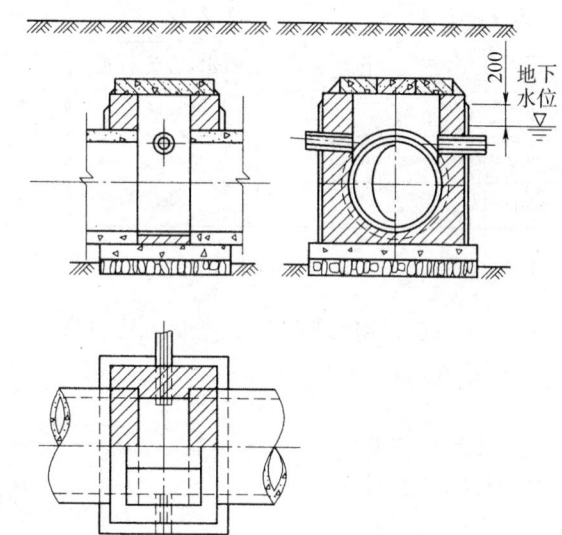

图1.25 连接暗井

(2)检查井

为了便于对排水管渠系统作定期检查、维修、清通和连接上、下游管道,必须设置检查井。通常设在管渠交汇、转弯、管渠尺寸或坡度改变、跌水等处以及相隔一定距离的直线管

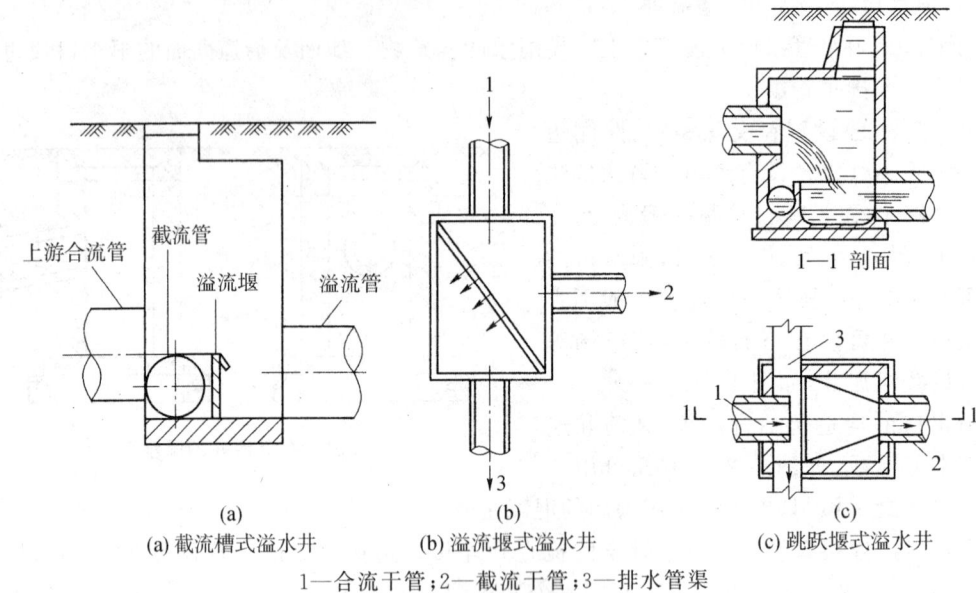

(a) 截流槽式溢水井　　　(b) 溢流堰式溢水井　　　(c) 跳跃堰式溢水井

1—合流干管；2—截流干管；3—排水管渠

图 1.26　溢流井

渠段上。检查井在直线管渠段上的最大间距，一般按表 1.6 采用。

表 1.6　检查井最大间距

管径或暗渠	最大间距/m		管径或暗渠	最大间距/m	
净高/mm	污水管道	雨水(合流管道)	净高/mm	污水管道	雨水(合流管道)
200～400	30	40	1100～1500	90	100
500～700	50	60	>1500	100	120
800～1000	70	80			

注：①管径或暗渠净高大于 2000 mm 时，检查井的最大间距可适当增大。

检查井一般采用圆形，大型管渠的检查井也有矩形和扇形。检查井由三部分组成：井底、井身、井盖，如图 1.27。

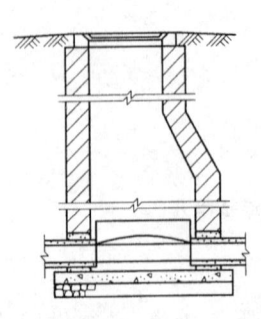 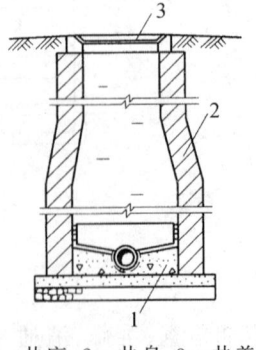 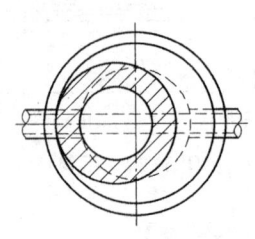

1—井底；2—井身；3—井盖

图 1.27　检查井

检查井的井底一般采用低标号的混凝土,基础采用碎石、卵石、碎砖夯实或低标号混凝土。为使水流流过检查井时阻力较小,井底宜设半圆形或弧形流槽,两侧为直壁。污水管道的检查井流槽顶与上、下游管道的管顶向平,或与 0.85 倍大管管径处相平,雨水管渠和合流管渠的检查井流槽顶可与 0.5 倍大管管径处相平。流槽两侧到检查井壁间的底板应有一定宽度,一般不小于 20 cm,以便养护人员下井时立足,并应有 0.02～0.05 的坡度坡向流槽,以防检查井积水时淤泥沉积。在管渠转弯或几条管渠交汇处,流槽中心线的弯曲半径应按转角大小和管径大小确定,但不得小于大管的管径,目的是使水流通顺。检查井底各种流槽的平面形式如图 1.28。

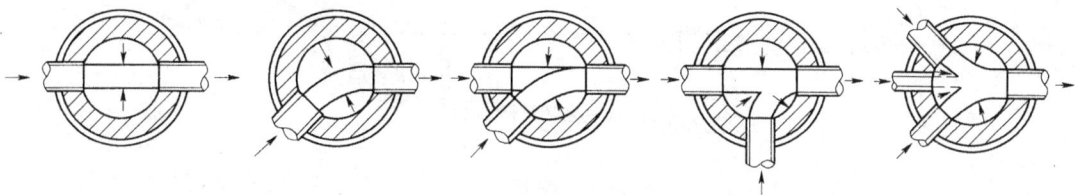

图 1.28 检查井底流槽的形式

井身的构造与是否需要工人下井有密切关系。不需要下人的浅井,一般为直壁筒形,井径一般为 500～700 mm,对于经常要检修的检查井其井口大于 800 mm 为宜。

检查井的井盖一般为圆形,直径采用 0.65～0.70 m,可采用铸铁或钢筋混凝土材料,在车行道上一般采用铸铁,在人行道或绿化地带可采用钢筋混凝土。为防止雨水流入,盖顶略高出地面,如图 1.29。

检查井有三种特殊形式:跌水井、水封井、换气井。当检查井内衔接的上下游管渠的管底标高跌落差大于 1 m 时,为消减水流速度,防止床刷,在检查井内应有消能措施,这种检查井叫跌水井。跌水井的形式有竖管式和溢流堰式。当管径直径小于或等于 400 mm 时,采用竖管式跌落井。竖管式跌水井的一次允

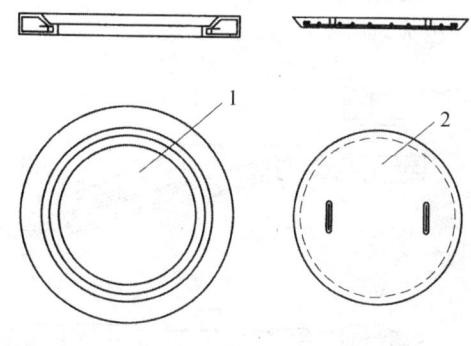

1—井盖;2—盖座
图 1.29 轻型钢筋混凝土井盖及盖座

许跌落高度随管径大小不同而异;当直径大于 400 mm 时,采用溢流堰式跌水井。溢流堰式跌水井跌水水头高度、跌水方式及井身长度应通过有关水力计算来确定。

当检查井内具有水封设施,可以隔绝易爆、易燃气体进入排水管渠,使排水管渠在进入可能遇火的场地时不致引起爆炸或火灾,这种检查井叫水封井。水封井的位置应该设在产生上述废水的生产装置、贮罐区、原料贮运场地、成品仓库、容器洗涤车间等的废水排出口处及适当距离的干管上。水封井不宜设在车行道和行人多的地段,并应适当远离产生明火的场地。水封井的深度一般采用 0.25 m。井上宜设通风管,井底宜设沉泥槽。

换气井是一种设有通风管的检查井,如图 1.30。由于污水中的有机物常在管道中沉积而厌氧发酵,产生甲烷、硫化氢、二氧化碳等气体,如与一定体积的空气混合,在点火条件下将产生爆炸,甚至引起火灾。为防止此类事件发生,同时为了保证检修排水管渠时工作人员

能安全地进行操作,有时在街道排水管的检查井上设置通风管,使有害气体在住宅竖管的抽风作用下,随空气沿庭院管道、出户管及竖管排入大气中。

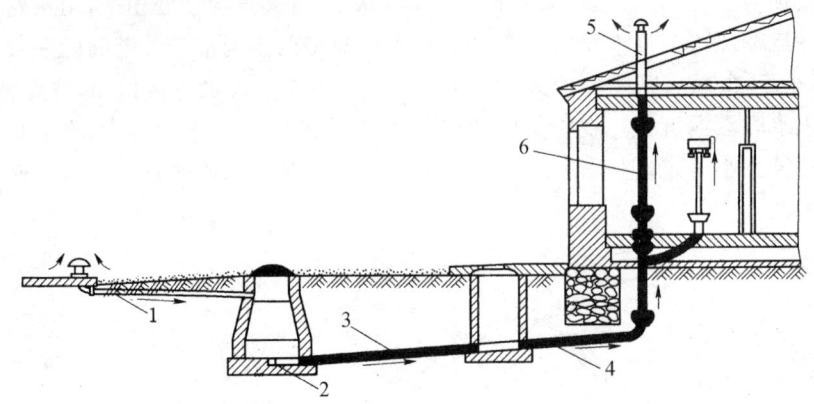

1—通风管;2—街道排水管;3—庭院管;4—出户管;5—透气管;6—竖管

图 1.30 换气井

(3)倒虹管

排水管道遇到障碍物,如穿过河道、铁路等地下设施时,管道不能按原有坡度埋设,而是以下凹的折线方式从障碍物下通过,这种管道称倒虹管。倒虹管由进水井、管道及出水井三部分组成,如图 1.31。

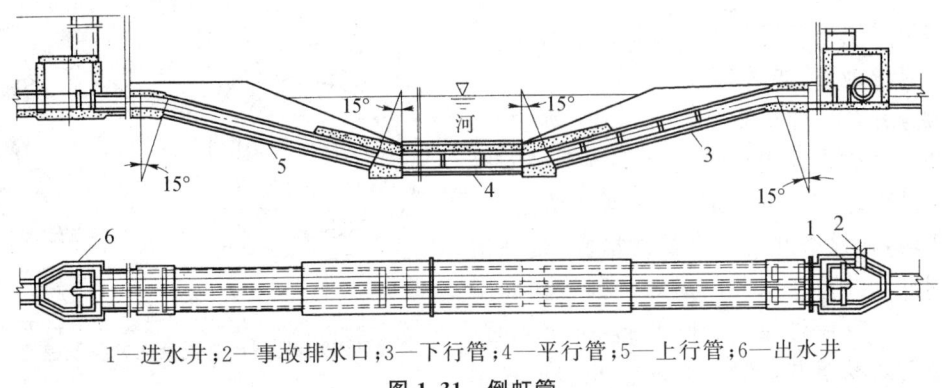

1—进水井;2—事故排水口;3—下行管;4—平行管;5—上行管;6—出水井

图 1.31 倒虹管

1.3 其他市政管线工程

1.3.1 燃气管道系统

1. 燃气管道系统的组成

燃气包括天然气、人工燃气和液化石油气。燃气经长距离输气系统输送到燃气分配站

（也称作燃气门站），在燃气分配站将燃气压力降至城市燃气供应系统所需的压力后，由城市燃气管网系统输送分配到各用户使用。因此，城市燃气管网系统是指自气源厂或城市门站到用户引入管的室外燃气管道。现代化的城市燃气输配系统一般由燃气管网、燃气分配站、调压站、储配站、监控与调度中心、维护管理中心组成，如图1.32所示。

城市燃气管网系统根据所采用的压力级制的不同，可分为一级系统、两级系统、三级系统和多级系统四种。

一级系统仅用低压管网来输送和分配燃气，一般适用于小城镇的燃气供应系统。

两级系统由低压和中压B或低压和中压A两级管网组成，如图1.33、图1.34所示。

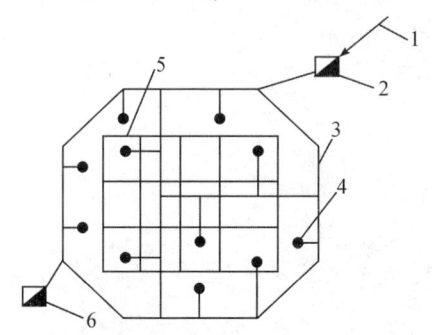

1—长输管线；2—城市燃气门站及高压罐站；
3—中压管网；4—中低压调压站；
5—低压管网；6—低压储气罐站

图 1.32　一级管网系统

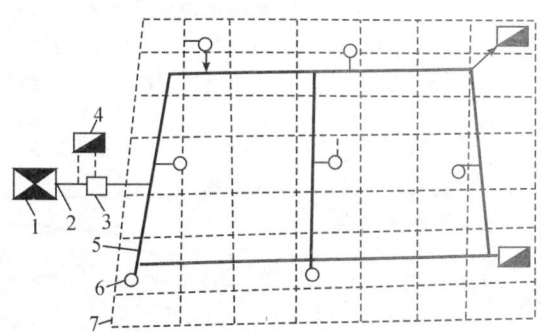

1—气源厂；2—低压管道；3—压气站；
4—低压储气站；5—中压B管网；
6—区域调压站；7—低压管网

图 1.33　低压—中压B两级管网系统

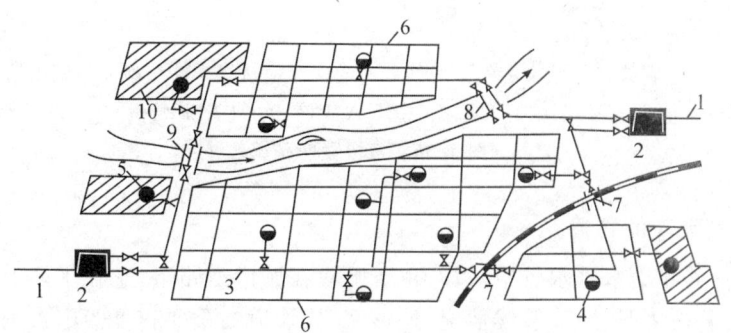

1—长输管线；2—城市燃气分配站；3—中压A管网；4—区域调压站；5—专用调压站；6—低压管网；
7—穿越铁路的套管敷设；8—过河倒虹管道；9—沿桥敷设的架空管道；10—工厂

图 1.34　低压—中压A两级管网系统

三级系统由低压、中压和高压三级管网组成，如图1.35所示。

多级系统由低压、中压B、中压A和高压B，甚至高压A的管网组成，如图1.36所示。

选择城市燃气管网系统时，应综合考虑城市规划、气源情况、原有城市燃气供应设施、不同类型的用户用气要求、城市地形和障碍物情况、地下管线情况等因素，通过技术经济比较，选用经济合理的最佳方案。

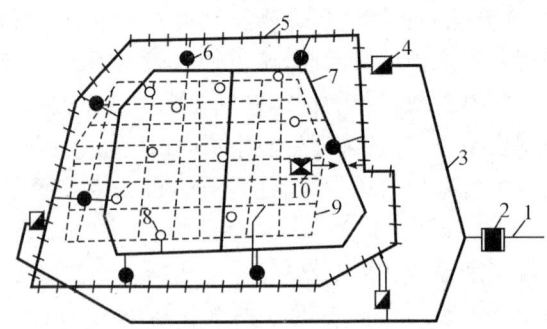

1—长输管线;2—城市燃气分配站;3—郊区高压管道;4—储气站;5—高压管网;6—高、中压调压站;
7—中压管网;8—中、低压调压站;9—低压管网;10—煤制气

图 1.35　三级管网系统

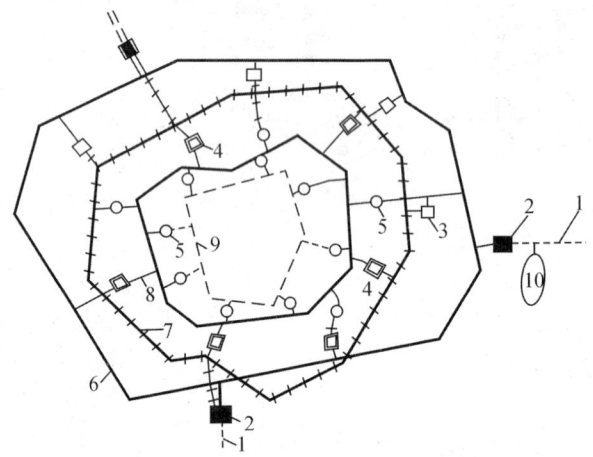

1—长输管线;2—城市燃气分配站;3—调压计量站;4—储气站;5—调压站;
6—高压 A 管网;7—高压 B 管网;8—中压 A 管网;9—中压 B 管网;10—地下储气库

图 1.36　多级管网系统

2. 城市燃气管道的布置

城市燃气管道和给水排水管道一样,也要敷设在城市道路下,它在平面上的布置要根据管道内的压力、道路情况、地下管线情况、地形情况、管道的重要程度等因素确定。

高、中压输气管网的主要作用是输气,并通过调压站向低压管网配气。因此,高压输气管网宜布置在城市边缘或市内有足够埋管安全距离的地带,并应成环,以提高输气的可靠性。中压输气管网应布置在城市用气区便于与低压环网连接的规划道路下,并形成环网,以提高输气和配气的安全可靠性。但中压管网应尽量避免沿车辆来往频繁或闹市区的道路敷设,以免造成施工和维护管理困难。在管网建设初期,根据实际情况,高、中压管网可布置成半环形或枝状网,并与规划环网有机联系,随着城市建设的发展再将半环形或枝状网改造成环状网。

低压管网的主要作用是直接向各类用户配气,根据用户的实际情况,低压管网除以环状网为主体布置外,还允许枝状网并存。低压管道应按规划道路定线,与道路轴线或建筑物的前沿平行,沿道路的一侧敷设,在有轨电车通行的道路下,当道路宽度大于 20 m 时应双侧敷设。低压管网中,输气的压力低,沿程压力降的允许值也较低,因此低压环网的每环边长不宜太长,一般控制在 300~600 m 之间。

1.3.2 热力管网系统

1. 热力管网系统的组成

市政热力管网系统是将热媒从热源输送分配到各热用户的管道所组成的系统,它包括输送热媒的管道、沿线管道附件和附属建筑物,在大型热力管网中,有时还包括中继泵站或控制分配站。

根据输送的热媒的不同,市政热力管网一般有蒸汽管网和热水管网两种形式。在蒸汽管网中,凝结水一般不回收,所以为单根管道。在热水管网中,一般为两根管道,一根为供水管,另一根为回水管。不管是蒸汽管网还是热水管网,根据管道在管网中的作用,均可分为供热主干管、支干管和用户支管三种。

2. 热力管网的布置与敷设

热力管网应在城市规划的指导下进行布置,主干管要尽量布置在热负荷集中区,力求短直,尽可能减少阀门和附件的数量。通常情况下应沿道路一侧平行于道路中心线敷设,地上敷设时不应影响城市美观和交通。

同给水管网一样,热力管网为压力流,其平面布置也有环状网和枝状网两种布置形式,如图 1.37 所示。

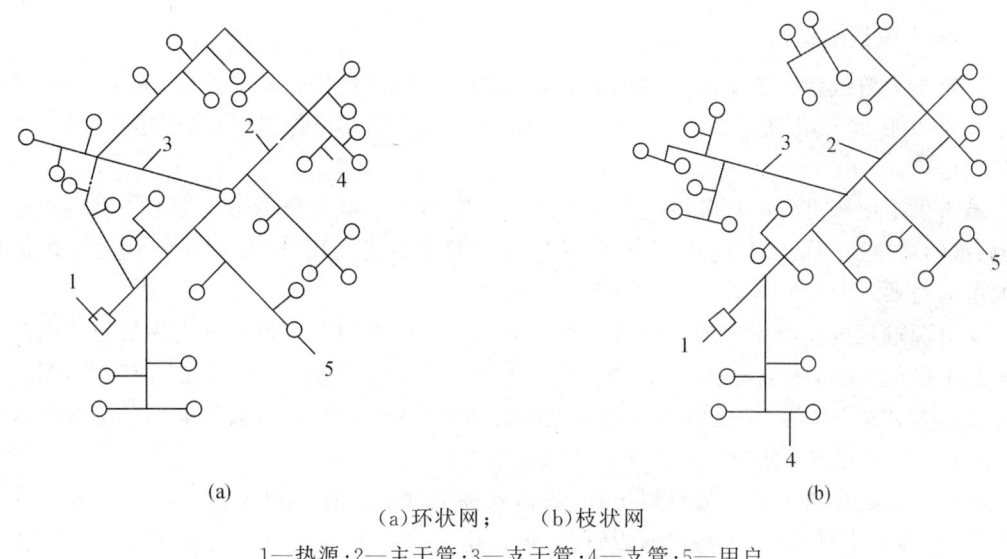

(a)环状网; (b)枝状网
1—热源;2—主干管;3—支干管;4—支管;5—用户
图 1.37 热力管网平面布置

枝状管网布置简单,管径随距热源距离的增大而逐渐减小;管道用量少,投资少,运行管理方便。但当管网某处发生故障时,故障点以后的用户将停止供热。由于建筑物具有一定的蓄热能力,迅速消除故障后可使建筑物室温不致大幅度降低,因此一般情况下枝状网可满足用户要求。在枝状管网中,为了缩小事故时的影响范围和迅速消除故障,在主干管与支干管的连接处以及支干管与用户支管的连接处均应设阀门。

环状管网仅指主干管布置成环,而支干管和用户支管仍为枝状网。其主要优点是供热可靠性大,但其投资大,运行管理复杂,要求有较高的自动控制措施。因此,枝状管网是热力管网普遍采用的方式。

热力管道的敷设分地上敷设和地下敷设两种类型,地上敷设是指管道敷设在地面以上的独立支架或建筑物的墙壁上。根据支架高度的不同,一般有低支架敷设、中支架敷设、高支架敷设三种形式。低支架敷设时,管道保温结构底距地面净高为 0.5~1.0 m,它是最经济的敷设方式;中支架敷设时,管道保温结构底距地面净高为 2.0~4.0 m,它适用于人行道和非机动车辆通行地段;高支架敷设时,管道保温结构底距地面净高为 4.0 m 以上,它适用于供热管道跨越道路、铁路或其他障碍物的情况,该方式投资大,应尽量少用。地上敷设的优点是构造简单、维修方便、不受地下水和其他管线的影响。但占地面积多、热损失大、美观性差。因此多用于厂区和市郊。

地下敷设是热力管网广泛采用的方式,分地沟敷设和直埋敷设两种形式。地沟敷设时,地沟是敷设管道的围护构筑物,用以承受土压力和地面荷载并防止地下水的侵入;直埋敷设适用于热媒温度小于 150 ℃ 的供热管道,常用于热水供热系统,直埋敷设管道采用"预制保温管",它将钢管、保温层和保护层紧密地粘成一体,使其具有足够的机械强度和良好的防腐防水性能,具有很好的发展前途。地下敷设的优点是不影响市容和交通,因此市政热力管网经常采用地下敷设。

1.3.3 电力管线和电信管线的构造

1. 电力管线的构造

市政电力管线包括电源和电网两部分,其用电负荷主要包括:住宅照明、公共建筑照明、城市道路照明、电气化交通用电、给水排水设备用电及生活用电器具、标语美术照明、小型电动机用电等。

城市供电电源有发电厂和变电所两种类型。变压变电所又分为降压变电所和升压变电所,城市的变电所一般都是降压变电所,从区域电网中引进高压线,将高压转化为低压供城市的电力需要。

从电源输送电能给用户的输电线路称为电网。城市电网是城市范围内为城市供电的各级电压电网的总称,一般分为高压、中压、低压三种网络。标准的高压级别有 35 kV、110 kV、154 kV、220 kV 等;中压电网的标准电压有 3 kV、6 kV、10 kV;低压电网的标准电压有 380 V 和 220 V 两种,应与用户用电器具的电压相同。

城市电网的连线方式一般有树干式、放射式和混合式三种。树干式是各用电设备共用一条供电线路,优点是导线用量少,投资低,但供电可靠性低。放射式是各用电设备均从电源以单独的线路供电,优点是供电可靠性高,但导线用量多,投资高。混合式是放射式和树干式并存的一种布置方式。

城市电网沿道路一侧敷设,有导线架空敷设和电缆埋地敷设两种方式。

(1)导线架空敷设

架空配电线路是用电杆将导线悬空架设,直接向用户供电的电力线路。主要由基础、电杆、横担、导线、拉线、绝缘子及金具等组成。一般根据电压等级分为 1 kV 及以下的低压架空配电线路和 1 kV 以上的高压架空配电线路两种。

①基础的作用主要是防止电杆在垂直荷载、水平荷载及事故荷载的作用下，产生上拔、下压、甚至倾倒现象。

②电杆多为锥形，用来安装横担、绝缘子和架设导线。城市中一般采用钢筋混凝土杆，在线路的特殊位置也可采用金属杆。根据电杆在线路中的作用和所处的位置，可将电杆分为直线杆、耐张杆、转角杆、终端杆、分支杆和跨越杆六种基本形式。

③导线是输送电能的导体，应具有一定的机械强度和耐腐蚀性能，以抵抗风、雨、雪和其他荷载的作用以及空气中化学杂质的侵蚀。架空配电线路常用裸铜绞线(TJ)、裸铝绞线(LJ)、钢芯铝绞线(LGJ)和铝合金线(HLJ)，低压架空配电线路也可采用绝缘导线。高压线路在电杆上为三角排列，线间水平距离为 1.4 m；低压线路在电杆上为水平排列，线间水平距离为 0.4 m。

④横担装在电杆的上端，用来安装绝缘子、固定开关设备及避雷器等，一般采用铁横担或陶瓷横担。陶瓷横担可同时起到横担和绝缘子的作用，因此又称为瓷横担绝缘子，它具有较高的绝缘水平，在断线时能自动转动，不致因一处断线而扩大事故范围。

(2)电缆线路

电缆线路和架空线路的作用完全相同，但与架空线路相比具有不用杆塔、占地少、整齐美观、传输性能稳定、安全可靠等优点，在城市电网中使用较多。

①电力电缆一般由导电线芯、绝缘层及保护层三部分组成。

导电线芯用来传导电流，一般由具有高导电率的铜或铝制成。为了方便制造和应用，线芯截面分为 2.5 mm^2～800 mm^2 等 20 个标称等级。

绝缘层用来隔离导电线芯，使线芯间有可靠的绝缘，保证电能沿线芯传输，一般采用橡皮、聚氯乙烯、聚乙烯、交联聚乙烯等材料。10 kV 及以下的电力线路一般采用塑料绝缘层，橡皮绝缘多用于 500 V 及以下的电力线路中。

保护层用来使绝缘层密封不受潮，并免受外界损伤，分内护层和外护层两部分。内护层用来保护电缆的绝缘层，一般有铅套、铝套、橡套、聚氯乙烯护套和聚乙烯护套等。外护层用来保护内护层，包括铠装层和外被层。

②电缆埋地敷设有直埋敷设和电缆沟敷设两种方式。

直埋敷设施工简单、投资少、散热条件好，应优先考虑采用。电缆埋深不应小于 0.7 m，上下各铺 100 mm 厚的软土或砂土，上盖保护板。应敷设于冻土层下，不得在其他管道上面或下面平行敷设，电缆在沟内应波状放置，预留 1.5% 的长度以免冷缩受拉。无铠装电缆引出地面时，高度 1.8 m 以下部分应穿钢管或加保护罩，以免受机械损伤。电缆应与其他管道设施保持规定的距离，在腐蚀性土壤或有地电流的地段，电缆不宜直接埋地，如必须埋地敷设，宜选用塑料护套电缆或防腐电缆。埋地电力电缆应设标志桩，要求与埋地电信电缆相同。

电缆沟敷设是将电缆置于沟内，一般用于不宜直埋的地段。电缆沟的盖板应高出地面 100 mm，以减少地面水流入沟内。当妨碍交通和排水时，宜采用有覆盖层的电缆沟，盖板顶低于地面 300 mm。电缆沟内应考虑分段排水措施，每 50 m 设一集水井，沟底有不小于 0.5% 的坡度坡向集水井。沟盖板一般采用钢筋混凝土板，每块重量不超过 50 kg，以两人能抬起为宜。电缆沟检查井(人孔)的最大间距一般为 100 m。

电缆沟进户处应设防火隔墙,在引出端、终端、中间接头和走向有变化处均应挂标示牌,注明电缆规格、型号、回路及用途,以便维修。

2. 电信管线的构造

电信线路包括明线和电缆两种。明线线路就是架设在电杆上的金属线对;电缆可以架空也可以埋设在地下,一般大城市的电缆都埋入地下,以免影响市容。铠装电缆可直接埋入地下,铅包电缆或光缆要穿管埋设。

电信线路不管是架空还是埋地敷设,一般应避开易使线路损伤、毁坏的地段,宜布置在人行道或慢车道上(下),尽量减少与其他管线和障碍物的交叉跨越。

对架空明线而言,电信线(弱电)与电力线(强电)应分杆架设,分别布置在道路两侧。

架空线路的拉线应符合下列规定:

(1)本地电话网线路:

①线路偏转角小于 30°时,拉线与吊线的规格相同;

②线路偏转角在 30°~60°时,拉线采用比吊线规格大一级的钢绞线;

③线路偏转角大于 60°时,应设顶头拉线;

④线路长杆档应设顶头拉线;

⑤顶头拉线采用比吊线规格大一级的钢绞线。

(2)长途光缆线路:

①终端杆拉线应比吊线程式大一级。

②角杆拉线,角深小于 13 m 时,拉线同吊线程式;角深大于 13 m 时,拉线应比吊线程式大一级。

③中间杆当两侧线路负荷不同时,应设顶头拉线,拉线程式应与拉力较大一侧的吊线程式相同。

④抗风杆和防凌杆的侧面与顺向拉线均应与吊线程式相同。

⑤假终结、长杆档拉线程式与吊线程式相同。

对直埋电缆而言,一般在用户较固定、电缆条数不多、架空困难又不宜敷设管道的地段采用。直埋电缆应敷设在冰冻层下,最小埋设深度在市区内为 0.7 m,在郊区为 1.2 m。

为便于日后维修,直埋电缆应在适当地方埋设标志,如电缆线路附近有永久性的建筑物或构筑物,则可利用其墙角或其他特定部位作为电缆标志,测量出与直埋电缆的相关距离,标注在竣工图纸上;否则,应制作混凝土或石材的标志桩,将标志桩埋于电缆线路附近,记录标志桩到电缆路的相关距离。标志桩有长桩和短桩之分,长桩的边长为 15 mm,高度为 150 mm,用于土质松软地段,埋深 100 mm,外露 50 mm;短桩的边长为 12 mm,高度为 100 mm,用于一般地段,埋深 60 mm,外露 40 mm。标志桩一般埋于下列地点:

①电缆的接续点、转弯点、分支点、盘留处或与其他管线交叉处;

②电缆附近地形复杂,有可能被挖掘的场所;

③电缆穿越铁路、城市道路、电车轨道等障碍物处;

④直线电缆每隔 200~300 m 处。

电缆管道是埋设在地面下用于穿放通信电缆的管道,一般在城市道路定型、主干电缆多的情况下采用。常用水泥管块,特殊地段(如公路、铁路、水沟、引上线)使用钢管、石棉水泥管或塑料管。

复习思考题

1.1　什么是给水系统？它由哪些部分组成？
1.2　什么是给水管道工程？其主要任务是什么？
1.3　如何区分输水管道和配水管网？
1.4　给水管网的布置原则是什么？其布置形式主要有哪些？
1.5　配水管网的布置要求有哪些？
1.6　常用的给水管材有哪些？各有什么优缺点？
1.7　常用的给水管配件和附件各有哪些？其主要作用是什么？
1.8　给水管道的构造包括哪几部分？其构造要求有哪些？
1.9　支墩的作用是什么？其设置条件如何？
1.10　给水管道施工图的识读内容有哪些？
1.11　什么是排水系统的体制？常用的排水体制有哪几种形式？各有什么优缺点？
1.12　怎样选择排水体制？
1.13　什么是排水系统？它的组成内容有哪些？
1.14　污水管道系统和雨水管道系统的组成内容各有哪些？
1.15　排水管道系统的布置形式有哪些？各有什么优缺点？
1.16　排水管道的布置原则是什么？其布置要求有哪些？
1.17　常用的排水管材有哪些？各有什么优缺点？
1.18　排水管道的构造包括哪几部分？其构造要求有哪些？
1.19　检查井的作用是什么？其设置要求有哪些？
1.20　雨水口的作用是什么？其设置要求有哪些？
1.21　排水管道施工图的识读内容有哪些？
1.22　燃气管道系统由哪些内容组成？其布置形式有哪些？
1.23　电信管线和电力管线的构造要求各有哪些？其敷设要求各有哪些？

第二章 市政管道开槽施工

教学要求:本章主要介绍市政给水排水管道开槽施工工艺中的施工降排水、沟槽开挖、沟槽支撑、管道的铺设与安装、沟槽回填及工程验收等内容。通过学习要求掌握:沟槽的开挖断面的确定、开挖方法的选择;施工降排水的方法、设计及施工;沟槽支撑的种类及支设方法;给水排水管道的下管、稳管及不同材料管道的安装技术;管道铺设的质量控制与检查,包括外观、接口检查、压力试验与严密性试验;沟槽回填各部分密实度要求及检验方法,夯实制度及机具选择;工程验收的内容等。

2.1 施工降排水

2.1.1 明沟排水

明沟排水包括地面截水和坑内排水。

1. 地面截水

排除地表水和雨水,最简单的方法是在施工现场及基坑或沟槽周围筑堤截水。通常利用挖出的土沿四周或迎水一侧、二侧筑 0.5～0.8 m 高的土堤。

施工时,应尽量保留、利用天然排水沟道,并进行必要的疏通。若无天然沟道,则在场地四周挖排水明沟排水,以拦截附近地面水,并注意与已有建筑物保持一定安全距离。

2. 坑内排水

在开挖不深或水量不大的基坑或沟槽时,通常采用坑内排水的方法。

坑(槽)开挖时,为排除渗入坑(槽)的地下水和流入坑(槽)内的地面水,一般可采用明沟排水。当基坑或沟槽开挖过程中遇到地下水或地表水时,在基坑的四周或迎水一侧、两侧,或在基坑中部设置排水明沟,在四角或每隔 30～40 m,设一个集水井,使地下水汇流集于集水井内,再用水泵将地下水排除至基坑外。如图 2.1 所示。

排水沟、集水井应设置在管道基础轮廓线以外,排水沟边缘应离坡脚不小于 0.3 m。排水沟的断面尺寸,应根据地下水量及沟槽的大小来决定,一般断面不小于 0.3 m×0.3 m,沟底设有的 1%～5% 纵向坡度,且坡向集水井。

集水井一般设在沟槽一侧或设在低洼处,以减少集水井土方开挖量。集水井直径或边长,一般为 0.7～0.8 m,一般开挖过程中集水井底始终低于排水沟底 0.5～1.0 m,或低于

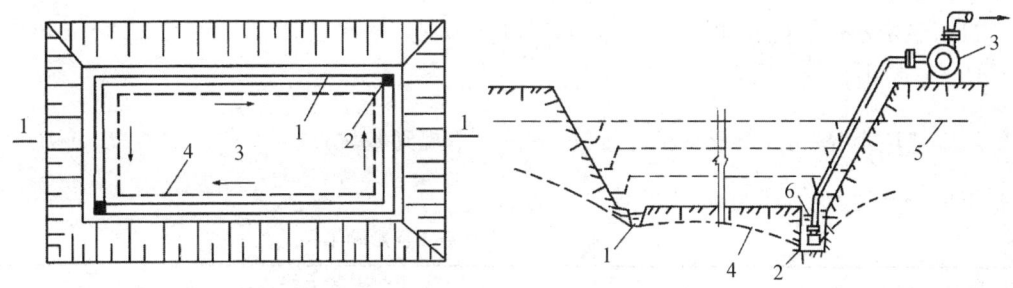

1—排水明沟；2—集水井；3—离心式水泵
4—构筑物基础边线；5—原地下水位；6—降低后地下水位

图 2.1 明沟排水方法

抽水泵的进水阀高度。当基坑或沟槽挖至设计标高后，集水井底应低于基坑或沟槽底 1～2 m。并在井底铺垫约 0.3 m 厚的卵石或碎石组成滤水层，以免抽水时将泥沙抽出，并防止井底的土被扰动。井壁应用木板、铁笼、混凝土滤水管等简易支撑加固。

排水沟、进水口需要经常疏通，集水井需要经常清除井底的积泥，保持必要的存水深度以保证水泵的正常工作。集水井排水常用的水泵有离心泵、潜水泥浆泵、活塞泵和隔膜泵。

明沟排水是一种常用的简易的降水方法，适用于除细砂、粉砂之外的各种土质。

如果基坑较深或开挖土层有多种土层组成，中部夹有透水性强的砂类土层时，为防止上层地下水冲刷基坑下部边坡，造成塌方，可设置分层明沟排水，即在基坑边坡上设置 2～3 层明沟及相应的集水井，分层阻截并排除上部土层中的地下水（图 2.2）

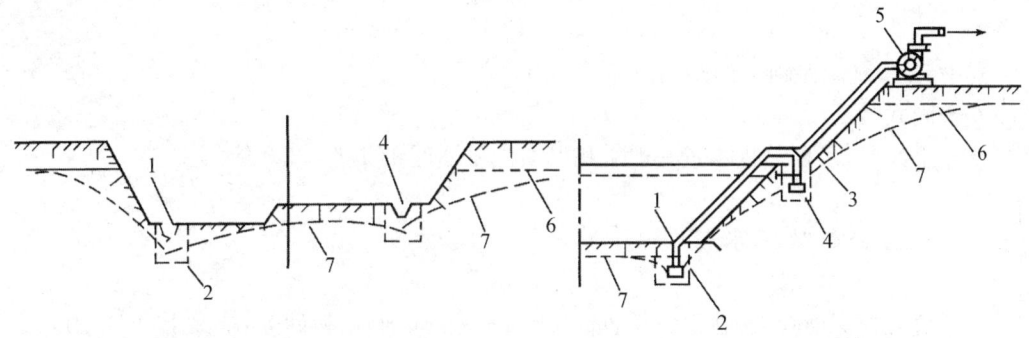

1—底层排水沟；2—底层集水井；3—二层排水沟；4—二层集水井；
5—水泵；6—原地下水位；7—降低后地下水位线

图 2.2 分层明沟排水法

3. 涌水量计算

为了合理选择水泵型号，应对总涌水量进行计算。

(1) 干河床

$$Q=\frac{1.36KH^2}{\lg(R+r_0)-\lg r_0} \tag{2-1}$$

式中，Q——基坑总涌水量$/m^3/d$；

K——渗透系数/(m/d),见表 2.1;

H——稳定水位至坑底的深度/m;当基底以下为深厚透水层时,H 值可增加 3~4 m;

R——影响半径/m,见表 2.1;

r_0——基坑半径/m。矩形基坑,$r_0=u\dfrac{L+B}{4}$;不规则基坑,$r_0=\sqrt{\dfrac{F}{\pi}}$。其中 L 与 B 分别为基坑的长与宽,F 为基坑面积;u 值见表 2.2。

表 2.1 各种岩层的渗透系数及影响半径

岩层成分	渗透系数/(m/d)	影响半径/m
裂隙多的岩层	>60	>500
碎石、卵石类地层,纯净无细沙粒混杂均匀的粗沙和中砂石	>60	200~600
稍有裂隙的岩层	20~60	150~250
碎石、卵石类地层、混有大量细砂粒物质	20~60	100~200
不均匀的粗粒、中粒和细砂粒	5~20	80~150

表 2.2 u 值

B/L	0.1	0.2	0.3	0.4	0.5	0.6
U	1.0	1.0	1.12	1.16	1.18	1.18

(2)基坑近河

$$Q=\dfrac{1.36KH^2}{\lg\dfrac{2D}{r_0}} \tag{2-2}$$

式中,D——基坑距河边的距离/m;

其余同式(2-1)。

选择水泵时,水泵总排水量一般采用基坑总涌水量的 1.5~2.0 倍。

2.1.2 人工降低地下水位

当基坑开挖深度较大,地下水位较高、土质较差(如细砂、粉砂等)情况下,可采用人工降低地下水位的方法。

人工降低地下水位排水就是在基坑周围或一侧的埋入深于基底的井点滤水管或管井,以总管连接抽水,使地下水位下降后低于基坑底,以便于在干燥状态下挖土、敷设管道,这不但防止流砂现象和增加边坡稳定,而且便于施工。

人工降低地下水位一般有轻型井点、喷射井点、电渗井点、管井井点、深井井点等方法。本节主要阐述轻型井点降低地下水位。各类井点适用范围见表 2.3。

1. 轻型井点

轻型井点系统适用于在粉砂、细砂、中砂、粗砂等土层中降低地下水位。轻型井点降水效果显著,应用广泛,并有成套设备可选用。

表2.3　各种井点的适用范围

井点类型	参透系数/m/d	降低水位深度/m	井点类型	参透系数/m/d	降低水位深度/m
单层轻型井点	0.1～50	3～6	电渗井点	<0.1	视选用井点确定
多层轻型井点	0.1～50	6～12	管井井点	20～200	视选用井点确定
喷射井点	0.1～20	8～20	深井井点	10～250	>15

(1)轻型井点的组成

轻型井点由滤水管、井点管、弯联管、总管和抽水设备所组成,如图2.3所示。

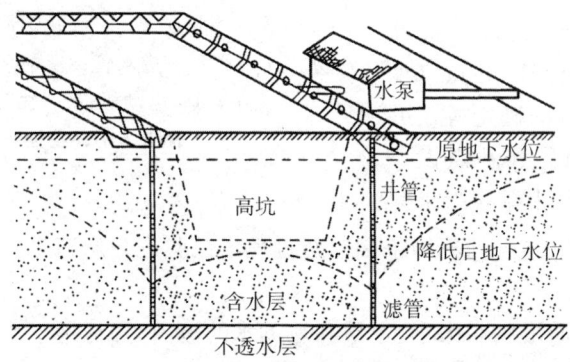

图2.3　轻型井点法降低地下水位全貌图

①滤水管。滤水管是轻型井点的进水设备,埋设在含水层中,由直径38～55 mm,长1～2 m的镀锌钢管制成,管壁上钻有直径12～18 mm,呈梅花状布置的孔,外包粗、细两层滤网。为避免滤孔淤塞,在管壁与滤水网间用塑料管或铁丝绕成螺旋状隔开,滤网外面再围一层粗铁丝保护层,也有用棕代替滤水网包裹滤水管。滤网下端配有堵头,上端与井点管相连。图2.4为滤水管构造。

②井点管。井点管一般采用镀锌钢管制成,管壁上不设孔眼,直径与滤水管相同,其长度一般6～9 m,井点管与滤水管间用管箍连接。井点管上端用弯联管和总管相连。

③弯联管。弯联管用塑料管、橡胶管或钢管制成,并装设阀门,以便检修井点。

④总管。总管一般采用直径为100～150 mm的钢管分节连接,每节长为4～6 m,在总管的管壁上开孔焊有直径与井点管相同的短管,用于弯联管与井点管的连接。间距一般为0.8～1.6 m,总管间采用法兰连接。

⑤抽水设备。轻型井点通常采用真空泵抽水设备或射流泵,也可采用自引式抽水设备。真空泵抽水设备是由真空泵、离心泵和水气分离器(集水箱)等组成,其工作原理如图

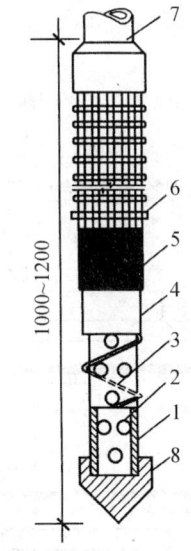

1—钢管;2—滤孔;3—塑料管;4细滤网;
5—粗滤网;6—井点管;7—铸铁堵头

图2.4　滤水管构造

2.5 所示。抽水时先开真空泵,将水气分离器内部抽成一定程度真空,使土层中的水分和空气受真空吸力作用被吸进水气分离器。当进入水气分离器内的水达到一定高度后开启离心泵,水从离心泵中排出,空气积聚在上部由真空泵排除。其水位降落深度为 5.5~6.5 m。

(2)轻型井点设计

轻型井点的设计包括:平面布置,高程布置,涌水量计算,井点管的数量、间距和抽水设备的确定等。井点计算由于受水文地质和井点设备等诸多因素的影响,所计算的结果只

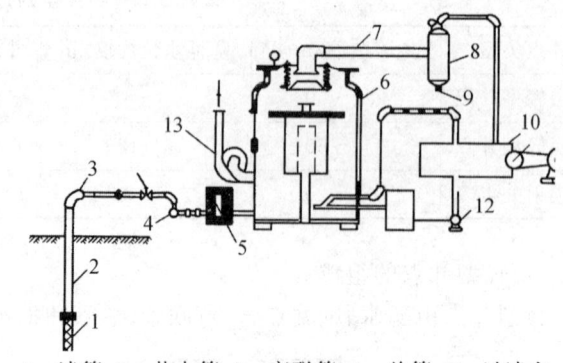

1—滤管;2—井点管;3—弯联管;4—总管;5—过滤室;
6—水气分离器;7—进水管;8—副水气分离器;9—放水口;
10—真空泵;11—电动机;12—循环水泵;13—离心水泵

图 2.5 真空抽水设备

是近似数值,对重要工程,其计算结果必须经过现场试验进行修正。

①平面布置

根据基坑(槽)平面形状与大小、土质和地下水的流向,降低地下水位的深度等要求进行布置。当沟槽宽小于 2.5 m,降水深小于 4.5 m,可采用单排线状井点,布置在地下水流的上游一侧,如图 2.6(a)所示;当基坑或沟槽宽度大于 6 m,或土质不良,渗透系数较大时,可采用双排线状井点,如图 2.6(b)所示,当基坑面积较大时,应用 U 形或环形井点如图 2.6(c、d)所示。

a. 井点应布置在坑(槽)上口边缘外 1.0~1.5 m,布置过近,影响施工进行,而且可能使空气从坑(槽)壁进入井点系统,使抽水系统真空破坏,影响正常运行。

b. 抽水设备布置在总管的一端或中部,水泵进水管的轴线尽量与地下水位接近,常与

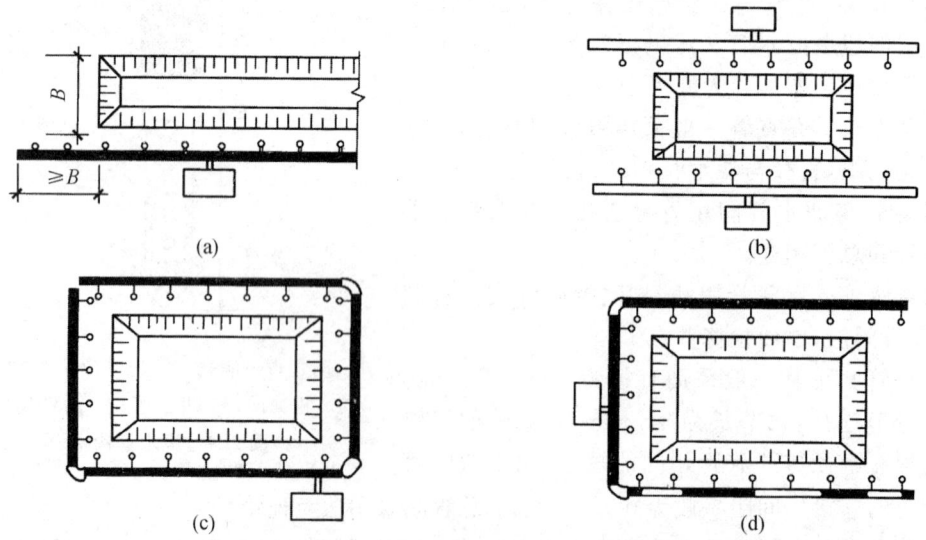

(a)单排布置;(b)双排布置;(c)环形布置;(d)U 形布置

图 2.6 轻型井点的平面布置

总管在同一标高上,水泵轴线不低于原地下水位以上0.5~0.8 m。

c. 为了解降水范围内的水位降落情况,应设置一定数量的观察井,观察井的位置及数量视现场的实际情况而定,一般设在基坑中心、总管末端、局部挖深处等位置。

②高程布置

井点管的埋设深度应根据降水深度、储水层所在位置、集水总管的高程等决定,但必须将滤管埋入储水层内,并且比所挖基坑或沟槽底深0.9~1.2 m。集水总管标高应尽量接近地下水位线并沿抽水水流方向有0.25%~0.5%的上仰坡度,水泵轴心与总管齐平。

井点管埋深可按下式计算,如图2.7所示。

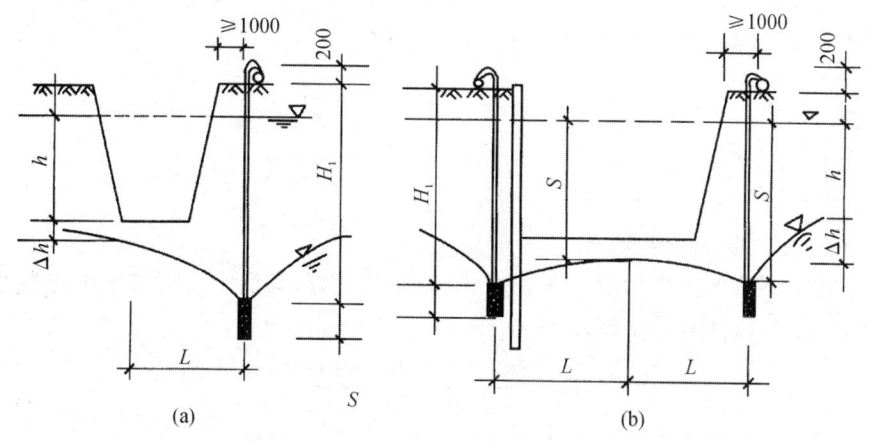

(a)单排井点;(b)双排U形成环状布置

图 2.7 高程布置计算

$$H' = H_1 + \Delta h + iL + l \tag{2-3}$$

H'—井点管埋设深度/m;

H_1—井点管埋设面至基坑底面的距离/m;

Δh—降水后地下水位至基坑底面的安全距离/m;

i—水力坡度,与土层渗透系数、地下水流量等有关,环状或双排井点可取1/10~1/15,单排线状井点取1/4,环状井点外取1/8~1/10;

L—井点管至最不利点(沟槽内底边缘或基坑中心)的水平距离/m;

l—滤水管长度/m。

井点露出地面高度,一般取0.2~0.3 m。

轻型井点的降水深度以不超过6 m为宜。如求出的H值大于6 m,首先应考虑降低井点管和抽水设备的埋置面,如仍达不到降水深度的要求,可采用二级井点或多级井点,如图2.8所示。根据施工经验,两级井点降水深度递减0.5 m左右,布置平台宽度一般为1.0~1.5 m。

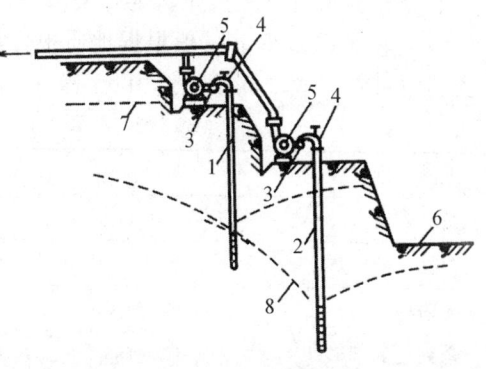

1—第一级井点;2—第二级井点;
3—集水总管;4—连接管;5—水泵;6—基坑;
7—原地下水位;8—降低后地下水位

图 2.8 二级轻型井点降水示意

③总涌水量计算

井点涌水量采用裘布依公式近似地按单井涌水量算出。工程实际中,井点系统是各单井之间相互干扰的井群,井点系统的涌水量显然较数量相等互不干扰的单井的各井涌水量总和小。工程上为应用方便,按单井涌水量作为整个井群的总涌水量,而"单井"的直径按井群各个井点所环围面积的直径计算。由于轻型井点的各井点间距较小,可以将多个井点所封闭的环围面积当作一口井,即以假想环围面积的半径代替单井井径。

无压完整井的涌水量如下式:

$$Q = \frac{1.366K(2H-s)s}{\lg R - \lg x_0} \tag{2-4}$$

式中,Q—井点系统总涌水量/m³/d;

K—渗透系数/m;

s—水位降深/m;

H—含水层厚度/m;

R—影响半径/m;

x_0—井点系统的假想半径/m。

由于工程上遇到的大多为潜水非完整井,为简化计算,其涌水量可按无压完整井公式计算,但式中的 H 应换成有效带深度 H_0。即

$$Q = \frac{1.366K(2H_0-s)s}{\lg R - \lg x_0} \tag{2-5}$$

式中,H_0—有效带深度/m,可根据表2.4确定。

表2.4 H_0 值

$\dfrac{s'}{s'+l}$	H_0	$\dfrac{s'}{s'+l}$	H_0
0.2	1.3($s'+l$)	0.5	1.7($s'+l$)
0.3	1.5($s'+l$)	0.8	1.85($s'+l$)

计算涌水量时应预先确定有关参数。

a. 渗透系数 K。一般根据地质报告提供的数值或以现场抽水试验取得较为可靠,若无资料时可参见表2.5数值选用。

表2.5 土的渗透系数 K 值

土的类别	K/m/d	土的类别	K/m/d
粉质黏土	<0.1	含黏土的粗砂及纯中砂	35~50
含黏土的粉砂	0.5~1.0	纯中砂	60~75
纯粉砂	1.5~5.0	粗砂夹砾石	50~100
含黏土的细砂	10~15	砾石	100~200
含黏土的中砂及细砂	20~25		

b. 影响半径 R。确定影响半径常用三种方法:①直接观察;②用经验公式计算;③经验数据。以上三种方法中,直接观察是精确的方法。通常单井的影响半径比井点系统的影响

半径小。所以,根据单井抽水试验确定影响半径是偏于安全的。

用经验公式计算影响半径:

$$完整井:R=1.95s\sqrt{HK} \tag{2-6}$$

$$非完整井:R=1.95s\sqrt{H_0K} \tag{2-7}$$

c. 环围面积的半径 x_0 确定。井点所封闭的环围面积为非圆形时,用假想半径确定 x_0。当井点所围的面积为近似正方形或不规则多边形时,假想半径为:

$$x_0=\sqrt{\frac{F}{\pi}} \tag{2-8}$$

式中, x_0——假想半径/m;

F——井点所环围的面积/m^2。

当井点所环围的面积为矩形时,假想半径为:

$$x_0=a(L+B)/4 \tag{2-9}$$

式中, L——环围井点的总长度/m;

B——环围井点的总宽度/m;

a——与长宽比相关的系数,参见表2.6。

表 2.6 a 值

B/L	0	0.2	0.4	0.6~1.0
a	1.0	1.12	1.16	1.18

④井点数量和井点间距计算

a. 井点数量

$$n=1.1Q/q \tag{2-10}$$

式中, n——井点根数;

Q——井点系统总用水量/m^3/d;

q——单个井点的涌水量/m^3/d。$q=65\pi dl\sqrt[3]{K}$(d 为滤水管直径/m)。

b. 井点间距

$$D=L_1/(n-1) \tag{2-11}$$

式中, L_1——总管长度/m,对矩形基坑的环形井点,$L_1=2(L+B)$;双排井点,$L_1=2L$等。D 值求出后要取整数,并应符合总管接头的间距。

⑤确定抽水设备

常用抽水设备有真空泵(干式、湿式)、离心泵等,一般按涌水量、渗透系数、井点数量与间距来确定。水泵流量应按 1.1~1.2 倍涌水量计算。

(3)轻型井点施工、运行及拆除

轻型井点系统的安装顺序是:测量定位;敷设集水总管;冲孔;沉放井点管;填滤料;用弯联管将井点管与集水总管相连;安装抽水设备;试抽。

为了充分利用抽吸能力,总管的布置标高宜接近地下水位线(可事先挖槽),与水泵轴心标高平行或略高。井点管的埋设是一项关键工作,可直接将井点管用高压水冲沉,或用冲水管冲孔,再将井点管沉入孔中,也可用带套管的水冲法或振动水冲法沉管。一般采用冲管冲孔法,分为冲孔和埋管两个过程,见图 2.9 所示。

冲孔时,先将高压水泵用高压胶管与冲管相连,用起重设备将冲管吊起并对准插在井点的位置上,然后开动高压水泵,高压水(0.6～1.2 MPa)经冲管头部的三个喷水小孔,以急速的射流冲刷土壤。冲刷时,冲水管应作左右转动,将土松动,冲管则边冲边沉,逐渐形成空洞。冲孔直径一般为 300 mm,以保证周围有一定的厚度的砂滤层;冲孔深度宜比滤管底标高深 0.5 m 左右,以防冲管拔出时,部分土颗粒沉于底部而触及滤管底部。井点冲成后,立即拔出冲管,插入井点管,并在井点管与孔壁之间迅速填灌砂滤层,以防孔壁坍塌。砂滤层的填灌质量直接影响到轻型井点的顺利抽水,一般选用净粗砂,填灌均匀,并填灌到距滤水管顶 1～1.5 m。井点填砂后,在地面以下 0.5～1.0 m 的深度内,应用黏土分层封口填实至与地面平,以防漏气。

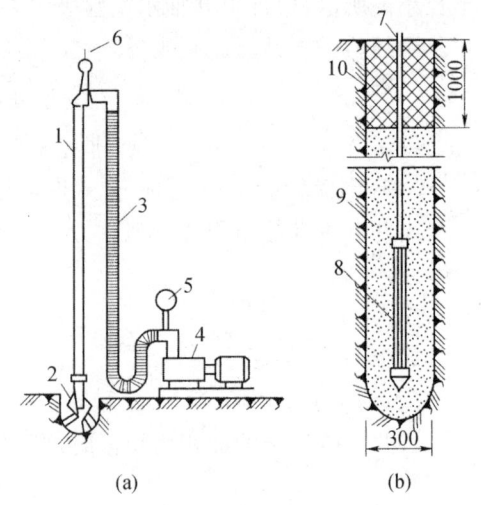

1—冲管;2—冲嘴;3—胶皮管;4—高压水泵;
5—压力表;6—起重机吊钩;7—井点管;
8—滤管;9—填砂;10—黏土封口

图 2.9 井点管的埋设

井点管埋设完毕,应接通总管与抽水设备进行试抽,检查有无漏气、淤塞等异常现象。轻型井点使用时,应保证连续不断地抽水,并准备双电源或自备发电机。

井点系统使用过程中,应继续观察出水情况,判断是否正常。井点正常出水规律是"先大后小,先浊后清",并应随时做好降水记录。

井点系统使用过程中,应经常观测系统的真空度,一般不应低于 55.3～66.7 kPa,若出现管路漏气,水中含砂较多等现象时,应及早检查,排除故障,保证井点系统的正常运行。

坑(槽)内的施工过程全部完毕并在回填土后,方可拆除井点系统,拆除工作是在抽水设备停止工作后进行,井管常用起重机或吊链将井管拔出。当井管拔出困难时,可用高压水进行冲刷后再拔。拆除后的滤水管、井管等应及时进行保养检修,存放于指定地点,以备下次使用。井孔应用砂或土填塞,应保证填土的最大干密度满足要求。

2. 喷射井点

工程上,当坑(槽)开挖较深,降水深度大于 6.0 m 时,由于施工现场条件约束,又不能使用多层轻型井点时,可采用喷射井点降水。降水深度可达 8～12 m。在渗透系数为 320 m/d 的砂土中应用本法最为有效,渗透系数为 0.1～3 m/d 的粉砂、淤泥质土中效果也较显著。

(1)喷射井点系统组成及工作原理

根据工作介质不同,喷射井点分为喷气井点和喷水井点两种。其设备主要由喷射井管、高压水泵(或空气压缩机)及进水排水管路组成,见图 2.10。喷射井管有内管和外管,在内管下端设有喷射器与滤管相连。高压水(0.7～0.8 MPa)经外管与内管之间的环形空间,并经喷射器侧孔流向喷嘴,由于喷嘴处截面突然缩小,压力水以很高的流速喷入混合室,使该室压力下降,造成一定的真空度。此时,地下水被吸入混合室与高压水汇合,流经扩散管,由于截面扩大,水流速度相应减小,使水的压力逐渐升高,沿内管上升经排水总管排出。高压水泵宜采用流量 50～80 m³/h 的多级高压水泵,每套约能带动 20～30 根井管。

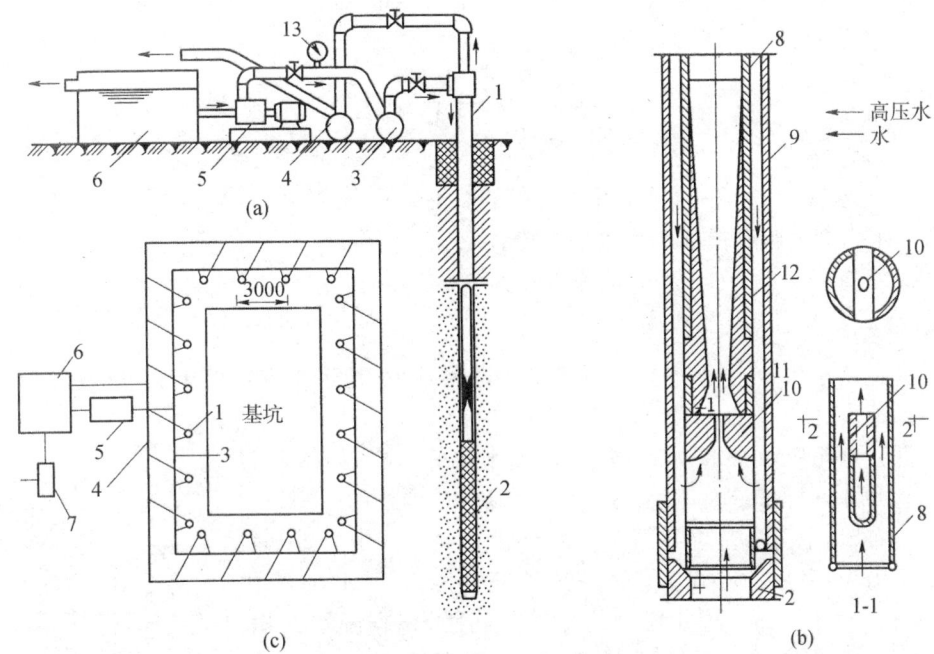

1—喷射井点;2—滤管;3—进水总管;4—排水总管;5—高压水泵;6—集水池;
7—水泵;8—内管;9—外管;10—喷嘴;11—混合室;12—扩散管;13—压力表

图 2.10 喷射井点设备及平面布置简图

(2)喷射井点布置

喷射井点的平面布置,当基坑宽小于 10 m 时,井点可作单排布置;当大于 10 m 时,可作双排布置;当基坑面积较大时,宜采用环形布置,见图 2.10。井点距一般采用 1.5～3 m。

喷射井点高程布置及管路布置方法和要求与轻型井点基本相同。

(3)喷射井点的施工与使用

喷射井点的施工顺序为:安装水泵及进水管路;敷设进水总管和回水总管;沉设井点管并灌填砂滤料,接通进水总管后及时进行单根井点试抽、检验;全部井点管沉设完毕后,接通回水总管,全面试抽,检查整个降水系统的运转状况及降水效果。然后让工作水循环进行正式工作。

进、回水总管同每根井点管的连接均需安装阀门,以便调节使用和防止不抽水发生回水倒灌。井点管路接头应安装严密。

喷射井点一般是将内外管和滤管组装在一起后沉设到井孔内的。井点管组装时,必须保证喷嘴与混合室中心向一致;组装后,每根井点管应在地面作泵水试验和真空度测定。地面测定真空度不宜小于 93.3 kPa。

沉设井点管前,应先挖井点坑和排泥坑,井点坑直径应大于冲孔直径。冲孔直径为 400～600 mm,冲孔深度比滤管底深不小于 1 m。井点管的孔壁及管口封闭做法与轻型井点一样。

开泵时,压力要小于 0.3 MPa,以后再逐渐达到设计压力。抽水时如发现井管周围有泛砂冒水现象,应立即关闭井点管进行检修。工作水应保持清洁,试抽两天后应更换清水,以减轻工作水对喷嘴及水泵叶轮等的磨损。

(4) 喷射井点的计算

喷射井点的涌水量计算及确定井点管数量与间距,抽水设备等均与轻型井点计算相同,水泵工作水需用压力按下式计算:

$$P=\frac{P_0}{A} \tag{2-12}$$

式中,P—水泵工作水压力/m;

P_0—扬水高度/m,即水箱至井管底部的总高度;

A—水高度与喷嘴前面工作水头之比。

混合室直径一般为 14 mm,喷嘴直径为 5～7 mm。

3. 管井井点

管井适用于中砂、粗砂、砾砂、砾石等渗透系数大、地下水丰富的土、砂层或轻型井点不易解决的地方。

管井井点系统由滤水井管、吸水管、抽水机等组成,如图 2.11 所示。管井井点排水量大,降水深,可以沿基坑或沟槽的一侧或两侧作直线布置,也可沿基坑外围四周呈环状布设。井中心距基坑边缘的距离为:采用冲击式钻孔用泥浆护壁时为 0.5～1 m;采用套管法时不小于 3 m。管井埋设的深度与间距,根据降水面积、深度及含水层的渗透系数等而定,最大埋深可达 10 m 以上,间距 10～50 m。

井管的埋设可采用冲击钻或螺旋钻,泥浆或套管护壁。钻孔直径应比滤水管外径大 150～250 mm。井管下沉前应进行清孔,并保持滤网的畅通;滤水管放于孔中心,用圆木堵塞管口。孔壁与井管间用 3～15 mm 砾石填充作过滤层,地面下 0.5 m 以内用黏土填充夯实。高度不小于 2 m。

管井井点抽水过程中应经常对抽水机械的电机、传动轴、电流、电压等作检查,对管井内水位下降和流量进行观测和记录。

管井使用完毕,采用人工拔杆,用钢丝绳导链将管口套紧慢慢拔出,洗净后供再次使用,所留孔洞用砾砂回填夯实。

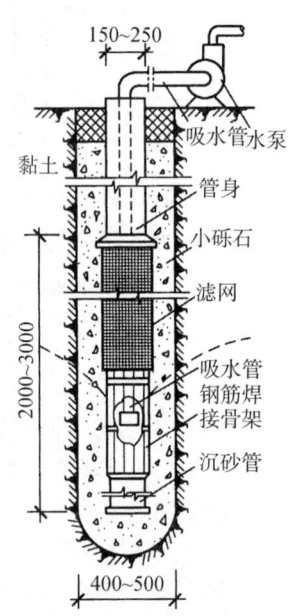

图 2.11 管井井点构造

除上述介绍的几种人工降低地下水位的方法外,还有电渗井点、深井井点。这里就不一一介绍了。

2.2 沟槽开挖

2.2.1 施工准备

1. 编制施工方案

沟槽开挖时,施工单位应根据施工现场的地形、地貌及其他设施情况,在了解施工现场的地质及水文地质资料的基础上,结合工程所在地的材料、水电、交通及机械供应情况,编制施工设计方案。

2. 施工现场准备

施工现场准备主要是场地清理与平整工作、施工排水、管线的定位与放线工作。

开挖沟槽时,在管道沿线进行测量和施工放线,建立临时水准点和管道轴线控制桩,而且要求开槽铺设管道沿线临时水准点每 200 m 不宜少于 1 个;临时水准点、管道轴线控制桩、高程桩,应经复核方可使用,并经常校核。

2.2.2 沟槽断面形式

沟槽断面形式有直槽、梯形槽、混合槽和联合槽等,如图 2.12 所示。

正确地选择沟槽断面形式,可以为管道施工创造良好的作业条件,在保证工程质量和施工安全的前提下,减少土方开挖量,降低工程造价,加快施工速度。要使沟槽断面形式选择合理,应综合考虑土的种类、地下水情况、管道断面尺寸、埋深和施工环境等因素。

沟槽底宽由下式确定:

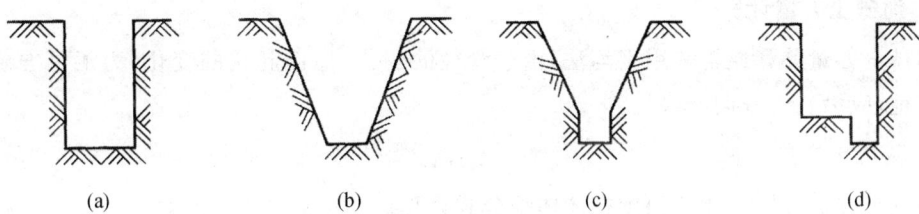

(a)直槽;(b)梯形槽;(c)混合槽;(d)联合槽

图 2.12 沟槽断面形式

$$W = B + 2b \quad (2\text{-}13)$$

式中,W—沟槽底宽/m;
B—基础结构宽度/m;
b—工作面宽度/m。

沟槽上口宽度由下式计算:

$$S = W + 2nH \quad (2\text{-}14)$$

式中,S—沟槽上口的宽度/m;
n—沟槽壁边坡率;见表 2.7 的规定;
H—沟槽开挖深度/m。

表 2.7 梯形槽的边坡

土的类别	人工开挖	机械开挖	
		在槽底开挖	在槽边上开挖
一、二类土	1∶0.5	1∶0.33	1∶0.75
三类土	1∶0.33	1∶0.25	1∶0.67
四类土	1∶0.25	1∶0.10	1∶0.33

沟槽底部每侧工作面宽度 b 决定于管道断面尺寸和施工方法,见表2.8。沟槽开挖深度按管道设计断面确定。

表2.8 沟槽底部每侧工作面宽度

mm

管道结构宽度	沟槽底部每侧工作面宽度		管道结构宽度	沟槽底部每侧工作面宽度	
	非金属管道	金属管道或砖沟		非金属管道	金属管道或砖沟
200~500	400	300	1100~1500	600	600
600~1000	500	400	1600~3000	800	800

注:①沟底有排水沟时工作面应适当加宽,有外防水的砖沟或混凝土沟时,每侧工作面宽度宜取800 mm。

2.2.3 沟槽及基坑土方量计算

1. 沟槽土方量计算

沟槽土方量计算通常采用平均法,由于管径的变化、地面起伏的变化,为了更准确地计算土方量,应沿长度方向分段计算。

2. 基坑土方量计算

基坑土方量可按立体几何中柱体体积公式计算。

2.2.4 沟槽及基坑的土方开挖

1. 土方开挖的一般原则

(1)合理确定开挖顺序。应结合现场的水文、地质条件,合理确定开挖顺序,并保证土方开挖按顺序进行。如相邻沟槽和基坑开挖时,应遵循先深后浅或同时进行的施工顺序。

(2)土方开挖不得超挖。采用机械挖土时,可在设计标高以上留20 cm土层不挖,待人工清理。即使采用人工挖土也不得超挖。如果挖好后不能及时进行下一工序,可在基底标高以上留15 cm土层不挖,待下一工序开始前再挖除。

(3)人工开挖时应保证沟槽槽壁稳定,一般槽边上缘至弃土坡脚的距离应不小于0.8~1.5 m,堆土高度不应超过1.5 m。

(4)采用机械开挖沟槽时,应由专人负责掌握挖槽断面尺寸和标高。施工机械离槽边上缘应有一定的安全距离。

(5)软土、膨胀土地区开挖土方或进入季节性施工时,应遵照有关规定。

2. 开挖方法

(1)沟槽放线

沟槽开挖前,应建立临时水准点并加以核对、测设管道中心线、沟槽边线及附属构筑物位置。临时水准点一般设在固定建筑物上,且不受施工影响,并妥善保护,使用前要校测。沟槽边线测设好后,用白灰放线,以作为开槽的依据。根据测设的中心线,在沟槽两端埋设固定的中线桩,以作为控制管道平面位置的依据。

(2)开挖方法及机械化施工方案选择

土方开挖方法分为人工开挖和机械开挖两种方法。为了减轻繁重的体力劳动,加快施工速度,提高劳动生产率,应尽量采用机械开挖。

沟槽、基坑开挖常用的施工机械有单斗挖土机和多斗挖土机两种,机械开挖适用于一～三类土。单斗挖土机在沟槽或基坑开挖施工中应用广泛。按其工作装置不同,分为正铲、反铲、拉铲和抓铲等,按其操纵机构的不同,分为机械式和液压式两类。

开挖沟槽应优先考虑采用单斗反铲挖土机,并根据管沟情况,采取沟端开挖或沟侧开挖。大型基坑施工常采用正铲挖土机挖土,自卸汽车运土;当基坑有地下水时,可先用正铲挖土机开挖地下水位以上的土,再用反铲、拉铲或抓铲开挖地下水位以下的土。

机械开挖前,应对司机详细交底,主要指挖槽断面(深度、边坡、宽度)的尺寸、堆土位置、地下其他构筑物具体位置及施工要求,并制定安全措施后,方可进行施工。

3. 开挖质量标准

(1)不扰动天然地基或地基处理符合设计要求。
(2)槽壁平整,边坡坡度符合施工设计规定。
(3)沟槽中心每侧净宽不应小于管道沟槽底部开挖宽度的一半。
(4)槽底高程允许偏差:+0、−50 mm。

4. 地基处理

市政管道及其附属构筑物的荷载均作用在地基土上,由此可引起地基土的沉降,当沉降量在允许范围内,管道和构筑物才能稳定安全,否则就会失去稳定或遭到破坏。因此,在市政管道的施工中,要根据地基土的承载力情况,必要时对地基进行处理。

地基处理的目的是:改善土的力学性能、提高抗剪强度、降低软弱土的压缩性、减少基础的沉降、消除或减少湿陷性黄土的湿陷性和膨胀土的胀缩性。

常见的地基处理方法有以下四类:

(1)换土垫层

换土垫层是一种直接置换地基持力层软弱土的处理方法。施工时将基底下一定深度的软弱土层挖除,分层回填砂、石、灰土等材料,并加以夯实振密。换土垫层是一种较简易的浅层地基处理方法,在管道施工中应用广泛,目前常用的方法有素土垫层、砂和砂石垫层、灰土垫层。

素土垫层的土料,不得使用淤泥、耕土、冻土、垃圾、膨胀土以及有机物含量大于8%的土作为填料。

砂和砂石垫层所需材料,宜采用颗粒级配良好,质地坚硬的中砂、粗砂、砾石、卵石和碎石,材料的含泥量不应超过5%。若采用细砂,宜掺入按设计规定数量的卵石或碎石,最大粒径不宜大于50 mm。

灰土垫层适用于处理湿陷性黄土,可消除1～3 m厚黄土的湿陷性。灰土的土料宜采用地基槽中挖出的土,不得含有有机杂质,使用前应过筛,粒径不得大于15 mm。用作灰土的熟石灰应在使用前一天浇水将生石灰熟化并过筛,粒径不得大于5 mm,不得夹有未熟化的生石灰块。灰土的配合比宜采用3∶7或2∶8,密实度不小于95%。该种方法施工简单、取材方便、费用较低。

(2)碾压与夯实

碾压法是采用压路机、推土机、羊足碾或其他压实机械来压实松散土,常用于大面积填土的压实和杂填土地基的处理,也可用于沟槽地基的处理。碾压的效果主要取决于压实机械的压实能量和被压实土的含水量。应根据碾压机械的压实能量和碾压土的含水量,确定合适的虚铺厚度和碾压遍数。

夯实法是利用起重机械将夯锤提到一定高度,然后使锤自由下落,重复夯击以加固地基。重锤采用钢筋混凝土块、铸铁块或铸钢块,锤重一般为14.7 kN～29.4 kN,锤底直径一般为1.13～1.15 m。重锤夯实施工前,应进行试夯,确定夯实制度,其内容包括锤重、夯锤底面直径、落点形式、落距及夯击遍数。在市政管道工程施工中,该法使用较少。

(3)挤密桩

挤密桩是通过振动或锤击沉管等方式在沟槽底成孔、在孔内灌注砂、石灰、灰土或其他材料,并加以振实加密等过程而形成的,一般有挤密砂石桩和生石灰桩。

挤密砂石桩用于处理松散砂土、填土以及塑性指数不高的黏性土。对于饱和黏土由于其透水性低,挤密效果不明显。此外,还可起到消除可液化土层(饱和砂土、粉土)的振动液化作用。

生石灰桩适用于处理地下水位以下的饱和黏性土、粉土、松散粉细砂、杂填土以及饱和黄土等地基。

(4)注浆液加固

浆液加固法是指利用水泥浆液、黏土浆液或其他化学浆液,采用压力灌入、高压喷射或深层搅拌的方法,使浆液与土颗粒胶结起来,以改善地基土的物理力学性质的地基处理方法。该法在管道施工中使用较少。

2.3　沟槽支撑

2.3.1　支撑的目的及要求

支撑的目的是为防止施工过程中土壁坍塌,为安全施工创造条件。支撑是由木材或钢材做成的临时性挡土结构,一般情况下,当土质较差、地下水位较高、沟槽和基坑较深而又必须挖成直槽时,均应支设支撑。支设支撑既可减少挖方量、施工占地面积小,又可保证施工的安全,但增加了材料消耗,有时还影响后续工序操作。

支设支撑的要求:

(1)牢固可靠,支撑材料的质地和尺寸合格。

(2) 在保证安全可靠的前提下,尽可能节约材料。
(3) 方便支设和拆除,不影响后续工序的操作。

2.3.2 支撑的种类及其使用的条件

在施工中应根据土质、地下水情况、沟槽或基坑深度、开挖方法、地面荷载等因素确定是否支设支撑。

支撑的形式分为水平支撑、垂直支撑和板桩支撑,开挖较大基坑时还采用锚碇式支撑。

水平和垂直支撑由撑板、横梁或纵梁、横撑组成。

水平支撑的撑板水平设置,根据撑板之间有无间距又分为断续式水平支撑、连续式水平支撑和井字水平支撑三种。

垂直支撑的撑板垂直设置,各撑板间密接铺设。撑板可在开槽过程中边开槽边支撑,回填时边回填边拔出。

1. 断续式水平支撑(图 2.13):适用于土质较好、地下水含量较小的黏性土及挖土深度小于 3.0 m 的沟槽或基坑。

2. 连续式水平支撑:适用于土质较差及挖土深度在 3~5 m 的沟槽或基坑。

3. 井字支撑:它是断续式水平支撑的特例。一般适用于沟槽的局部加固,如地面上有建筑或有其他管线距沟槽较近时。

4. 垂直支撑(图 2.14):它适用于土质较差、有地下水,且挖土深度较大的情况。这种方法在支撑和拆撑操作时较为安全。

5. 板桩撑(图 2.15):板桩撑分为钢板撑、木板撑和钢筋混凝土桩等数种。板桩撑是在沟槽土方开挖前就将板桩打入槽底以下一定深度,适用于宽度较窄、深度较浅的沟槽。其优点是土方开挖及后续工序不受影响,施工条件良好。

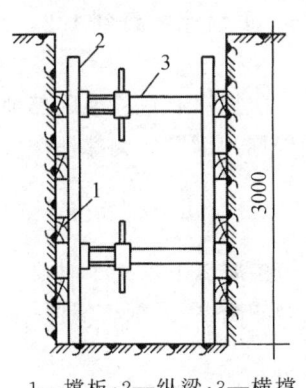
1—撑板;2—纵梁;3—横撑
图 2.13　断续式水平支撑

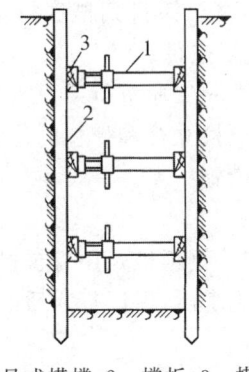
1—工具式横撑;2—撑板;3—横梁
图 2.14　垂直支撑

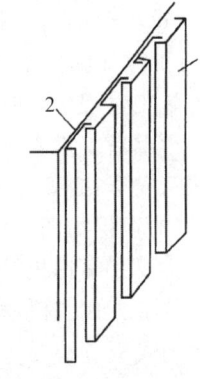
图 2.15　板桩撑

6. 锚碇式支撑(图 2.16):适用于面积大、深度大的基坑。在开挖较大基坑或使用机械挖土,而不能安装撑杠时,可改用锚旋式支撑。

2.3.3 支撑的材料要求

支撑的材料的尺寸应满足设计的要求,施工时常根据经验确定。

1. 木撑板。一般木撑板长 2~4 m,宽度为 20~30 cm,厚 5 cm。
2. 横梁。截面尺寸为 10 cm×15 cm~20 cm×20 cm。
3. 纵梁。截面尺寸为 10 cm×15 cm~20 cm×20 cm。
4. 横撑。采用 10 cm×10 cm~15 cm×15 cm 的方木或采用直径大于 10 cm 的圆木。为支撑方便尽可能采用工具式撑杠。

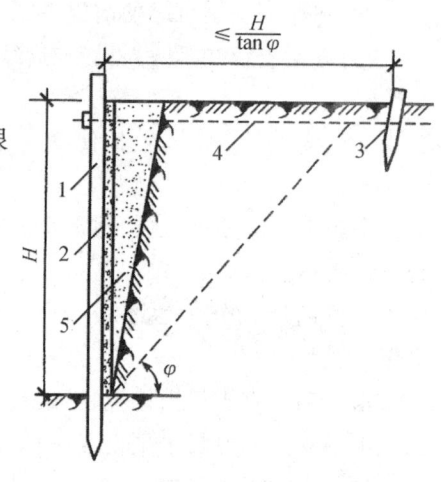

1—柱桩;2—挡土板;3—锚桩;4—拉杆;
5—回填土;φ—土的摩擦角

图 2.16 锚碇式支撑

2.3.4 支撑的支设和拆除

1. 支撑的支设

(1)横撑的支设

挖槽到一定深度或接近地下水位时,开始支设,然后逐层开挖逐层支设。支设程序一般为:首先校核沟槽断面是否符合要求,然后用铁锹将槽壁找平,按要求将撑板紧贴于槽壁上,再将立柱紧贴在撑板上,继而将撑杠支设在立柱上。若采用木撑杠,应用木楔、扒钉将撑杠固定于立柱上,下面钉一木托防止撑杠下滑。横撑必须横平竖直,支设牢固。

(2)竖撑的支设

竖撑支设时:先在沟槽两侧将撑板垂直打入土中,然后开始挖土。根据土质,每挖深 500~600 mm,将撑板下锤一次,直至锤打到槽底排水沟底为止。下锤撑板每到 1.2~1.5 m,再加撑杠和横梁一道,如此反复进行。

施工过程中,如原支撑妨碍下一工序进行或原支撑不稳定、一次拆撑有危险或因其他原因必须重新支设支撑时,均需要更换立柱和撑杠的位置,这一过程称为倒撑。倒撑操作应特别注意安全,必要时须制订安全措施。

(3)板桩撑的支设

主要介绍钢板桩的施工过程。钢板桩是用打桩机将其打入沟槽底以下。施工时要正确选择打桩方式、打桩机械和划分流水段,保证打入后的板桩有足够的刚度,且板桩墙面平直,对封闭式板桩墙要封闭合拢。

打桩机具设备,主要包括桩锤、桩架及动力装置三部分。桩锤的作用是对桩施加冲击力,将桩打入土中。桩架的作用是支持桩身和将桩锤吊到打桩位置,引导桩的方向,保证桩锤按要求的方向锤击。动力装置为起动桩锤用的动力设施。

钢板桩打设的工艺为:钢板桩矫正→安装围图支架→钢板桩打设→检查修正。

钢板桩矫正是打设前对所打设的钢板桩进行修整矫正,保证钢板桩在打设前外形平直。

围图支架的作用是保证钢板桩垂直打入和打入后的钢板桩墙面平直。

钢板桩打设时,先用吊车将钢板桩吊至插桩点处进行插桩,插桩时锁口要对准,每插入一块即套上桩帽轻轻加以锤击。在打桩过程中,为保证钢板桩的垂直度,用两台经纬仪在两个方向加以控制;为防止锁口中心线平面位移,可在打桩进行方向的钢板桩锁口处设卡板,以阻止板桩位移。同时,在围图上预先标出每块板桩的位置,以便随时检查校正。

钢板桩应分几次打入,开始打设的前两块板桩,要确保方向和位置准确,从而起样板导向作用,一般每打入 1 m 即测量校正 1 次。对位置和方向有偏差的钢板桩,要及时采取措施进行纠正,确保支设质量。

当钢板桩内的土方开挖后,应在沟槽内设撑杠,以保证钢板桩的可靠性。

(4)支设支撑的注意事项

①支撑应随沟槽的开挖及时支设,雨季施工不得空槽过夜;
②槽壁要平整,撑板要均匀地紧贴于槽壁;
③撑板、立柱、撑杠必须相互贴紧、固定牢固;
④施工中尽量不倒撑或少倒撑;
⑤糟朽、劈裂的木料不得作为支撑材料。

2. 支撑的拆除

沟槽内工作全部完成后,应将支撑拆除。拆除时必须注意安全,边回填土边拆除。拆除支撑前应检查槽壁及沟槽两侧地面有无裂缝,建筑物、构筑物有无沉降,支撑有无位移、松动等情况,应准确判断拆除支撑可能产生的后果。

拆除横撑时,先松动最下一层的撑杠,抽出最下一层撑板,然后回填土,回填完毕后再拆除上一层撑板,依次将撑板全部拆除,最后将立柱拔出。

竖撑拆除时,先回填土至最下层撑杠底面,松动最下一层的撑杠,拆除最下一层的横梁,然后回填土。回填至上一层撑杠底面时,再拆除上一层的撑杠和横梁,依次将撑杠和横梁全部拆除后,最后用吊车或导链拔出撑板。

板桩撑的拆除与竖撑基本相同。

拆除支撑时应注意以下事项:

①采用明沟排水的沟槽,应由两座集水井的分水岭向两端延伸拆除;
②多层支撑的沟槽,应按自下而上的顺序逐层拆除,待下层拆撑还土之后,再拆上层支撑;
③遇撑板和立柱较长时,可在倒撑或还土后拆除;
④一次拆除支撑有危险时,应考虑倒撑;
⑤钢板桩拔除后应及时回填桩孔,并采取措施保证回填密实度。

沟槽挖到一定深度时,开始支设支撑。先校核一下沟槽开挖断面是否符合要求宽度,然后用铁锹将槽壁找平,按要求将撑板紧贴于槽壁上,再将纵梁或横梁紧贴撑板,继而将横撑支设在纵梁或横梁上,若采用木撑板时,使用木模、扒钉将撑板固定于纵梁或横梁上,下边钉一木托防止横撑下滑。支设施工中一定要保证横平竖直,支设牢固可靠。

施工中,如原支撑妨碍下一工序施工时、原支撑不稳定时、一次拆撑有危险时或因其他原因必须重新安设支撑时,需要更换纵梁和横撑位置,这一过程称为倒撑,倒撑操作应特别注意安全,施工前必须先制定好安全措施。

2.4 管道的铺设与安装

管道的铺设与安装应在沟槽施工验槽后进行,其主要任务是按照设计意图把管道定位并安装在要求的平面位置、高程上。

管道铺设时的基线桩及辅助基线桩、水准基点桩的测量,应在沟槽施工后按设计图纸坐标进行复核测量,对给水排水管道及附属构筑物的中心桩及各部位置进行施工放样,同时做好护桩。

2.4.1 下管与稳管

管道铺设前,首先应检查管道沟槽开挖深度、沟槽断面、沟槽边坡、堆土位置是否符合规定,检查管道地基处理情况。

1. 下管

管子经过检验、修补后,运至沟槽边。按设计进行排管,核对管节、管件位置无误后,方可下管。下管方法有人工下管和机械下管两种方法。

(1)人工下管

①贯绳法:适用于管径 300 mm 以下的混凝土管、缸瓦管。用一端带有铁钩的绳子钩住管子一端,绳子另一端由人工徐徐放松直至将管子放入槽底。

②压绳下管法:压绳下管法是人工下管法中最常用的一种方法。适用于中、小型管子,方法灵活,可用于分散下管。压绳下管法包括人工撬棍压绳下管法和立管压绳下管法等,如图 2.17 所示。

除上述方法外,还有塔架下管法、溜管法等。

(2)机械下管

1—大绳;2—撬棍(a)、立管(b)

图 2.17 压绳下管法

机械下管速度快、安全,并且可以减轻工人的劳动强度,劳动效率高,所以有条件尽可能采用机械下管法。机械下管视管子重量选择起重机械,常用汽车式或履带式起重机械下管。

2. 稳管

稳管包括管子对中和对高程两个环节，两者同时进行。压力流管道铺设的高程和平面位置的精度都可低些。通常情况下，铺设承插式管节时，承口朝向介质流来的方向。

稳管工序是决定管道施工质量的重要环节，必须保证管道的中心线与高程的准确性。允许偏差值应按《给水排水管道工程施工及验收规范》(GB 50268-2008)规定执行。

2.4.2 排水管道的安装与铺设

室外排水管道通常采用非金属管材。常用的有混凝土管、钢筋混凝土管及陶土管等。排水管道是重力流管道，施工中对管道的中心与高程控制要求较高。

1. 安管(稳管)

排水管道安装(稳管)就是使管道轴线和高程与设计的相一致。管道轴线控制常用坡度板法和边线法，高程控制采用在坡度板上钉高程钉来控制管道坡度。

在沟槽上口，每隔 10 m～15 m 埋设一块横跨沟槽的木板，该木板即为坡度板。变坡点、管道转向及检查井处必须设置。在坡度板上找到管道中心位置并钉中心钉，用 20 mm 左右的铅丝拉一根通长的中心线，用垂球将中心线移至槽底，如图 2.18 所示。

中心线法是当坡度板上的中心垂线与管道水平尺中心刻度对准时，管道即为对中了，如图 2.19 所示。边线法对中就是将坡度板上的定位钉钉在管道外皮的垂直面上。操作时，只要管道向左或向右一移动，管道的外皮恰好碰到两坡度板间定位钉连线的垂线（或边桩之间的连线）即可，如图 2.20 所示。

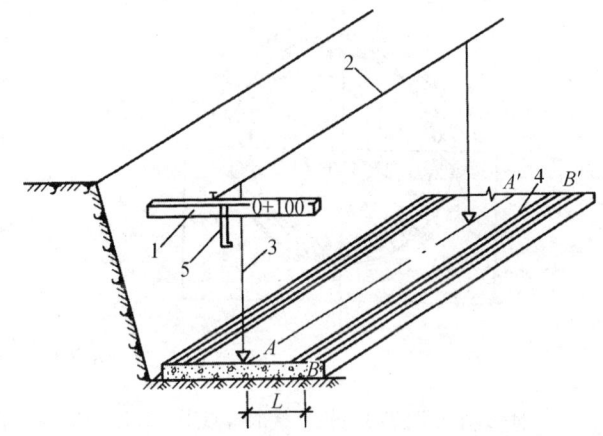

1—坡度板；2—中心线；3—中心垂线；
4—管道基础；5—高程

图 2.18 基础定位

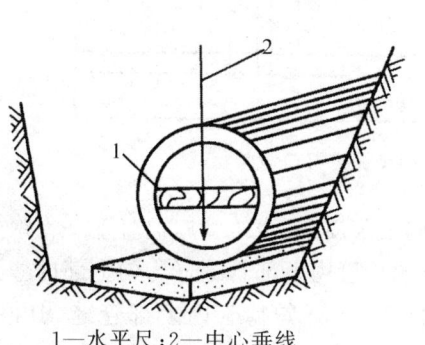

1—水平尺；2—中心垂线

图 2.19 中心线对中法

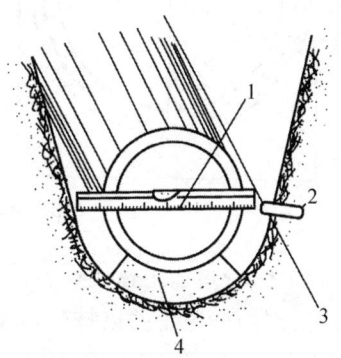

1—水平尺；2—边桩；3—边线；4—砂垫弧基

图 2.20 边线法

2. 接口

混凝土管的规格为DN100～600,长为1 m;钢筋混凝土管的规格为DN300～2400,长为2 m。管口形式有承插口、平口、圆弧口、企口几种。根据管道接口弹性不同,可分为刚性接口和柔性接口两大类。

(1)刚性接口

刚性接口有水泥砂浆抹带接口和钢丝网水泥砂浆抹带接口两种。

水泥砂浆抹带接口,如图2.21所示。一般在地基较好、管径较小时采用。其施工程序为:浇筑管座混凝土→勾捻管座部分管内缝→管带与管外皮及基础结合处凿毛清洗→管座上部内缝支垫托→抹带→勾捻管座以上内缝→接口养护。

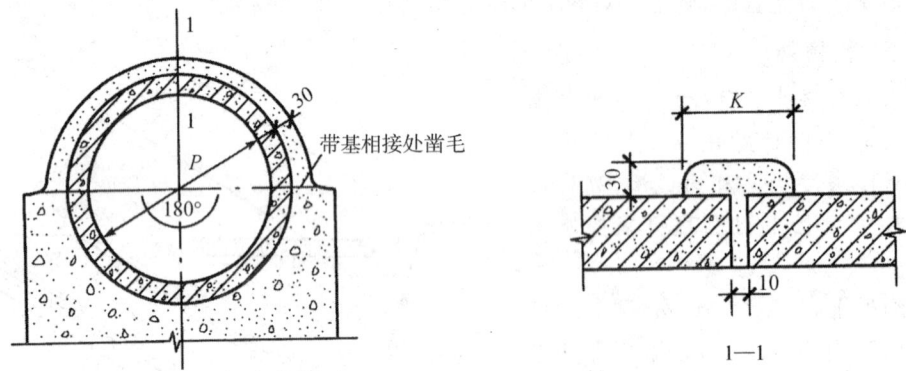

图2.21 水泥砂浆抹带接口

钢丝网水泥砂浆抹带接口,如图2.22所示。由于在抹带层内埋置20号10 mm×10 mm方格的钢丝网,因此接口强度高于水泥砂浆抹带接口。

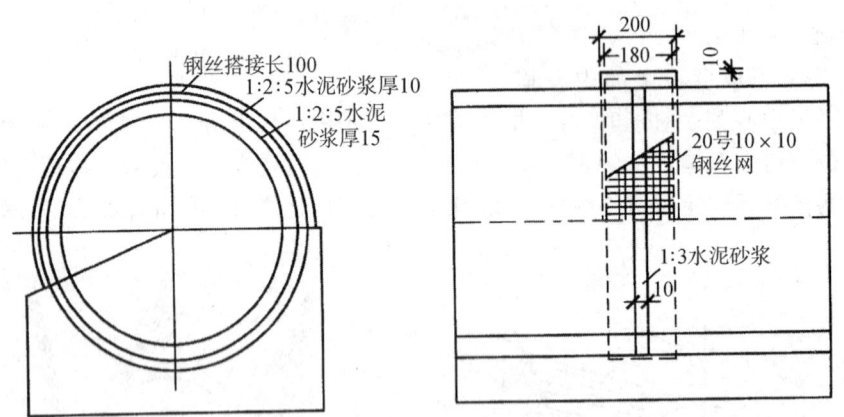

图2.22 钢丝网水泥砂浆抹带接口

施工程序:管口凿毛清洗(管径≤500 mm者刷去浆皮)→浇筑管座混凝土→将钢丝网片插入管座的对口砂浆中并以抹带砂浆补充肩角→勾捻管内下部管缝→为勾上部内缝支托架→抹带(素灰、打底、安钢丝网片、抹上层、赶压、拆模等)→勾捻管内上部管缝→内外管口养护。

(2)柔性接口

柔性接口根据管道端部形式,其接口形式有沥青麻布(玻璃布)柔性接口、沥青砂浆柔性接口、承插管沥青油膏柔性接口、塑料止水带接口等。

沥青麻布(玻璃布)柔性接口适用于无地下水、地基不均匀沉降不严重的平口或企口排水管道。接口时,先清刷管口,并在管口上刷冷底子油,热涂沥青,作四油三布,并用钢丝将沥青麻布或沥青玻璃布绑扎,最后捻管内缝(1:3水泥砂浆)。

沥青砂浆柔性接口(图2.23所示)与沥青麻布(玻璃布)柔性接口相同,但不用麻布(玻璃布),成本降低。沥青砂浆重量配合比为石油沥青:石棉粉:砂=1:0.67:0.69。施工工序:管口凿毛及清理→管缝填塞油麻、刷冷底子油→支设灌口模具→浇灌沥青砂浆→拆模→捻内缝。

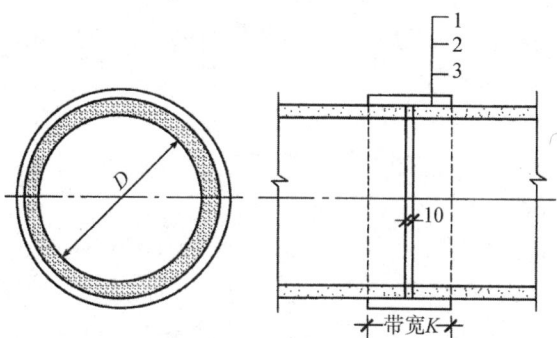

1—沥青砂浆;2—石棉沥青;3—沥青砂浆
图2.23 沥青砂浆柔性接口

2.4.3 压力管道安装与铺设

1. 给水铸铁管

(1)承插刚性接口

承插式刚性接口一般由嵌缝材料和密封填料组成,嵌缝材料常用麻和橡胶圈,密封填料有石棉水泥、膨胀水泥砂浆、铅等。其组成为:麻—石棉水泥、麻—膨胀水泥砂浆、麻—铅、胶圈—石棉水泥、胶圈—膨胀水泥砂浆等。见图2.24所示。

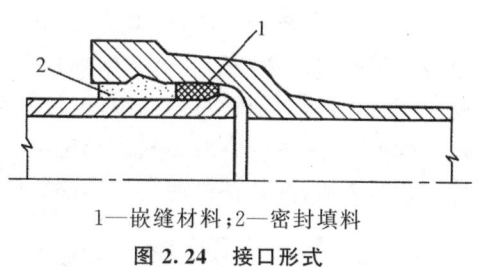

1—嵌缝材料;2—密封填料
图2.24 接口形式

①麻及其填塞:麻经5%石油沥青与95%汽油混合溶液浸泡处理,干燥后即为油麻,油麻最适合作铸铁管承插接口的嵌缝填料。麻的作用主要是防止外层散状接口填料漏入管内,如图2.25所示。

②胶圈及填塞:填打油麻劳动强度大,技术要求高,而且油麻使用一定时间后会腐烂,影响水质。胶圈具有弹性,水密性好,当承口和插口产生一定量的相对轴向位移或角位移时,也不会渗水。因此,胶圈是取代油麻作为承插式刚性接口理想的内层填料。普通铸铁管承插接口用的圆形胶圈,外观不应有气孔、裂缝、重皮、老化等缺陷。胶圈的物理性能应符合现行国家标准或行业标准的要求。

③石棉水泥及其填打:石棉水泥作为普通铸铁管的填料,具有抗压强度较高、材料来源广、成本低的优点。但石棉水泥接口抗弯曲应力或冲击应力的能力很差。接口需经较长时间养护才能通水,且打口劳动强度大,操作水平要求高。石棉应选用机选4F级温石棉。水泥应采用32.5级普通硅酸盐水泥,不允许使用过期或结块的水泥。

④膨胀水泥砂浆及其填塞:膨胀水泥砂浆接口与石棉水泥接口比较,抗压强度远高于石

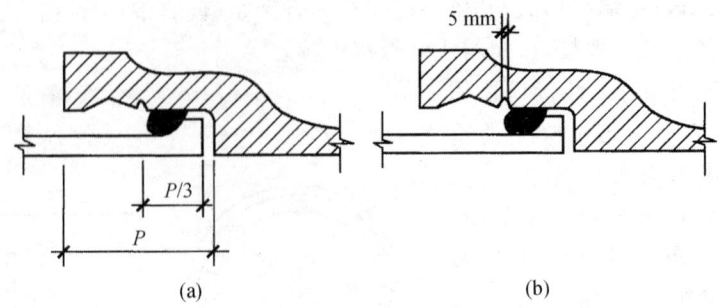

(a)石棉水泥接口；(b)青铅接口

图 2.25 填麻深度

棉水泥接口，因此是取代石棉水泥接口的理想填料。膨胀水泥填料接口刚度大，在地震烈度6度以上、土质松软、管道穿越重载车辆行驶的公路时不宜采用。

⑤铅接口及其操作：由于铅的来源少、成本高，现在已基本上被石棉水泥或膨胀水泥所代替。但铅接口具有较好的抗振、抗弯性能，接口的地震破坏率远较石棉水泥接口低。铅接口通水性好，接口操作完毕即可通水；损坏时容易修理。施工程序为：安设灌铅卡箍→熔铅→运送铅溶液→灌铅→拆除卡箍。

(2)承插式柔性接口

承插式刚性接口，抗应变能力差，受外力作用容易产生填料碎裂与管内流体外渗等事故，尤其在软弱地基地带和强震区，接口破碎率高。此时，采用柔性接口则较为有利。

①楔形橡胶圈接口

如图 2.26 所示，承口内壁为斜槽形，插口端部加工成坡形，安装时在承口斜槽内嵌入起密封作用的楔形橡胶圈。由于斜形槽的限制作用，橡胶圈在水压作用下与管壁压紧，具有自密性，使接口对于承插口的椭圆度、尺寸公差、插口轴向相对位移及角位移具有一定的适应性。施工程序：下管→清理承口和胶圈→上胶圈→清理插口外表面及刷润滑剂→接口→检查。实践表明，此种接口的抗震性能良好，而且可以提高施工速度，减轻劳动强度。

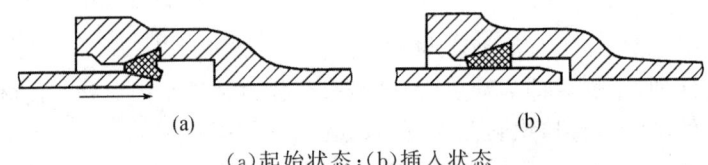

(a)起始状态；(b)插入状态

图 2.26 承插口楔形橡胶圈接口

②其他形式橡胶圈接口（图 2.27）

螺栓压盖形安装与拆修方便，但配件多，造价高；中缺形是插入式接口，接口仅需一个胶圈，操作简单，但承口制作尺寸要求较高；角唇形的承口可以固定安装胶圈，但胶圈耗量较大，造价较高；圆形具有胶圈耗量小，造价低的特点，但仅适用于离心铸铁管。

2. 钢管

钢管自重轻、强度高、抗应变性能优于铸铁管、硬聚氯乙烯管及预应力钢筋混凝土管，接口方便、耐压程度高、水力条件好，但钢管的耐腐蚀能力差，必须作防腐处理。钢管主要采用

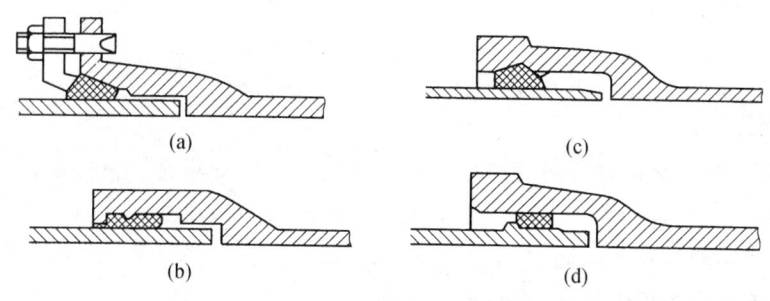

(a)螺栓压盖形；(b)中缺形；(c)角唇形；(d)圆形

图 2.27　其他橡胶圈接口形式

焊接和法兰连接。

焊接口通常采用气焊、手工电弧焊等。

在现场多采用手工电弧焊，为提高管口的焊接强度，应根据管壁厚度采用平口（壁厚 δ 小于 6 mm）、V 形（壁厚 $\delta=6\sim12$ mm）、X 形（壁厚 δ 大于 12 mm）等焊缝。

焊缝质量要进行外观检查和内部检查。外观缺陷主要有焊缝形状不正、咬边、焊瘤弧坑、裂缝等；内部缺陷有未焊透、加渣、气孔等，通过油渗检查，一般每个管口均应检查。

由于钢管的耐腐性差，现已越来越多地被衬里（衬塑料、衬橡胶、衬玻璃钢、衬玄武石）钢管所代替。

3. 预应力钢筋混凝土管

预应力钢筋混凝土管接口形式多为承插式柔性接口，其施工程序为：排管→下管→清理管膛、管口→清理胶圈→初步对口找正→顶管接口→检查中线、高程→用探尺检查胶圈位置→锁管→部分回填→水压试验合格→全部回填。

顶管接口常用的安装方法：

(1) 导链（手拉葫芦）拉入法。在已安装稳固的管子上拴住钢丝绳，在待拉入管子承口处架上后背横梁，用钢丝绳和吊链连好绷紧对正，两侧同步拉吊链，将已套好胶圈的插口经撞口后拉入承口中，注意随时校正胶圈位置。如图 2.28 所示。

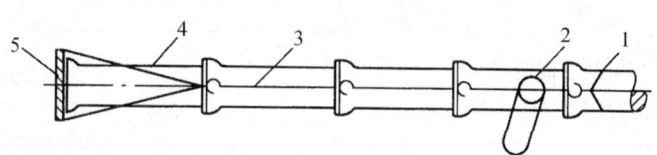

1—后背钢丝绳；2—手拉葫芦；3—拉杆；
4—带安装管；5—横铁

图 2.28　手拉葫芦安装法

(2) 牵引机拉入法。安好后背方木、滑轮和钢丝绳，启动牵引机械或卷扬机将对好胶圈的插口拉入承口中，随拉随调整胶圈，使之较为准确。

(3) 多功能快速接管机安管由北京市政设计研究院研制的 DKJ 多功能快速接管机进行管道接口作业，并具有自动对口、纠偏功能，操作简便。

此外，还有千斤顶小车拉杆法及撬杠顶进法等顶管接口的施工方法。

另外，近年来塑料管作为市政管道地下铺设越来越多，有关塑料管的施工要求应参考相应的塑料管的施工技术规程。

2.4.4 管道压力试验及严密性试验

验收压力管道时必须对管道、接口、阀门、配件、伸缩器及其他附属构筑物仔细进行外观检查,复测管道的纵断面,并按设计要求检查管道的放气和排水条件。地下管道必须在管基检查合格、管身两侧及其上部回填不小于 0.5 m、接口部分尚敞露时,进行初次试压。全部回填土,完成该管段各项工作后,进行末次试压。

压力管道工作压力大于或等于 0.1 MPa 时,应进行压力管道的强度及严密性试验;当管道压力小于 0.1 MPa 时,除设计另有规定时,应进行无压力管道严密性试验。

试压管段的长度不宜大于 1 km,非金属管段不宜超过 500 m。地下钢管或铸铁管,在冬季或缺水情况下,可用空气进行压力试验,但均须有防护措施。

1. 压力管道的水压试验

压力管道水压试验包括强度试验(又称落压试验)和严密性试验(又称渗水量试验)。试压前管段两端要封以试压堵板,堵板应有足够的强度,试压过程中与管身接头处不能漏水。试压管道两端应设试压后背,后背应有足够的强度来满足试压需要。可用天然土壁作试压后背,也可用已安装好的管道作试压后背。

管道试压前应排除管内空气,灌水进行浸润,试验管段灌满水后,应在不大于工作压力条件充分浸泡不低于 24 小时后进行试压。试验压力按表 2.9 确定。

表 2.9 压力管道水压试验压力值

管材种类	工作压力 P/MPa	试验压力 P/MPa
普通铸铁管及球墨铸铁管	$P<0.5$	$2P$
	$P\geq0.5$	$P+0.5$
预应力钢筋混凝土管与自应力钢筋混凝土管	$P<0.6$	$1.5P$
	$P\geq0.6$	$P+0.3$
给水硬聚氯乙烯管	P	强度试验 $1.5P$;严密试验 $0.5P$
现浇或预制钢筋混凝土管渠	$P\geq0.1$	$1.5P$
水下管道	P	$2P$
钢管	P	$P+0.5$ 且不小于 0.9

(1)落压试验法

在已充水的管道上用手摇泵向管内充水,待升至试验压力后,停止加压,观察表压下降情况。如 10 min 压力降不大于 0.05 MPa,且管道及附件无损坏,将试验压力降至工作压力,恒压 2 h,进行外观检查,无漏水现象表明试验合格。落压试验装置见图 2.29。

(2)渗水量试验法

将管段压力升至试验压力后,记录表压降低 0.1 MPa 所需的时间 T_1(min),然后再重新加压至试验压力,从放水阀放水,并记录表压下降 0.1 MPa 所需的时间 T_2(min)和此间放出的水量 W。按下式计算渗水率:$q=W/(T_1-T_2)(L)$,式中 L 为试验管段长度(km)。渗水量试验示意见图 2.30。

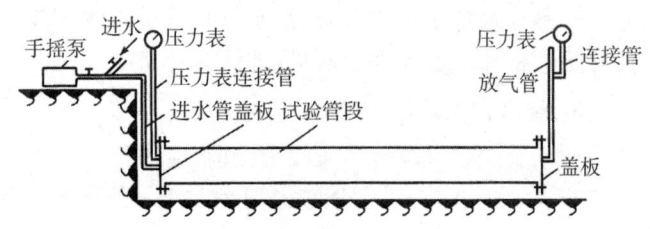

图 2.29 落压试验设备布置示意

若 q 值小于或等于《给水排水管道工程施工及验收规范》(GB 50268-2008)中压力管道严密性试验允许渗水量,即认为合格。

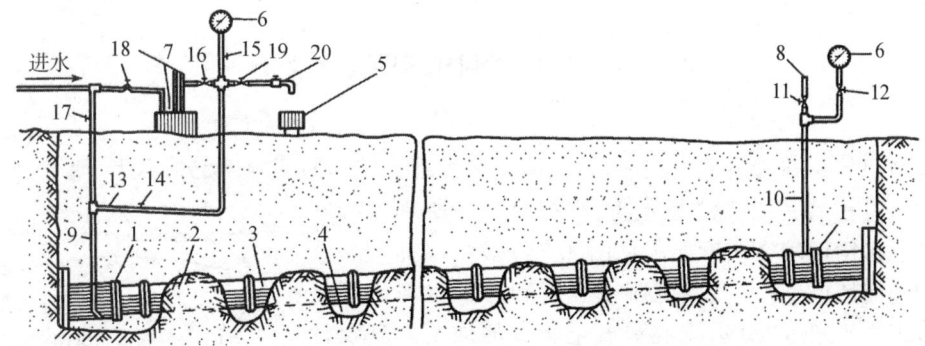

1—封闭端;2—回填土;3—试验管道;4—工作坑;5—水筒;6—压力表;7—手摇泵;8—放气口;9—水管;10、13—压力表连接管;11、12、14、15、16、17、18、19—闸门;20—龙头

图 2.30 渗水量试验设备布置示意

2. 无压管道严密性试验

污水、雨污水合流及湿陷土、膨胀土地区的雨水管道,回填土前应采用闭水法进行严密性试验。试验管段应按井距分隔,长度不宜大于 1 km,带井试验。

试验管段应符合:管道及检查井外观质量已验收合格;管道未回填且沟槽内无积水;全部预留孔应封堵坚固,不得渗水;管道两端堵板承载力经核算应大于水压力的合力。

闭水试验应符合:试验段上游设计水头不超过管顶内壁时,试验水头应以试验段上游管顶内壁加 2 m 计;当上游设计水头超过管顶内壁时,试验水头应以上游设计水头加 2 m 计;当计算出的试验水头小于 10 m,但已超过上游检

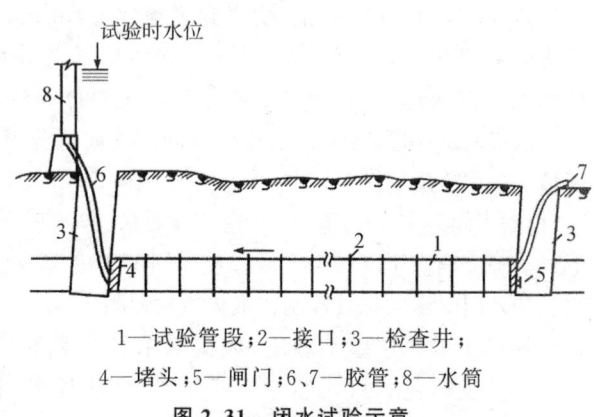

1—试验管段;2—接口;3—检查井;4—堵头;5—闸门;6、7—胶管;8—水筒

图 2.31 闭水试验示意

查井井口时,试验水头应以上游检查井井口高度为准。无压管道闭水试验装置见图 2.31。

试验管段灌满水后浸泡时间不小于 24 h。当试验水头达到规定水头时,开始计时,观测管道的渗水量,观测时间不少于 30 min,期间应不断向试验管段补水,以保持试验水头恒

定。实测渗水量小于或等于《给水排水管道工程施工及验收规范》(GB 50268-2008)中无压力管道严密性试验允许渗水量,即认为合格。

3. 给水管道冲洗与消毒

给水管道在试验合格验收交接前,应进行一次通水冲洗和消毒,冲洗流量应大于设计流量或流速大于 1.5 m/s。冲洗应连续进行,当排水的色、透明度与入口处目测一致时,即为合格。生活饮用水管冲洗后,用含 20~30 mg/L 游离氯的水,灌洗消毒,含氯水留置 24 h 以上。消毒后再用饮用水冲洗,直至水质管理部门取样化验合格为止。冲洗时应注意保护管道系统内仪表,防止堵塞或损坏。

2.5 沟槽回填

沟槽回填是在管道铺设完成,并检验合格后进行的。回填施工包括返土、摊平、夯实、检查等施工过程。其中关键是夯实,应符合设计所规定密实度要求。沟槽回填密实度要求见图 2.32 所示。

沟槽回填前,管道基础混凝土强度和抹带水泥砂浆接口强度不应小于 5 MPa,现浇混凝土管渠的强度达到设计规定,砖沟或管渠顶板应装好盖板。

沟槽回填土夯实通常采用人工夯实和机械夯实两种方法。管顶 50 cm 以下部分返土的夯实,应采用人工轻夯,夯击力不应过大,防止损坏管壁与接口。

管顶 50 cm 以上部分返土的夯实,应采用机械夯实。常用的夯实机械有蛙式打夯机、内燃打夯机、履带式打夯机、压路机等。

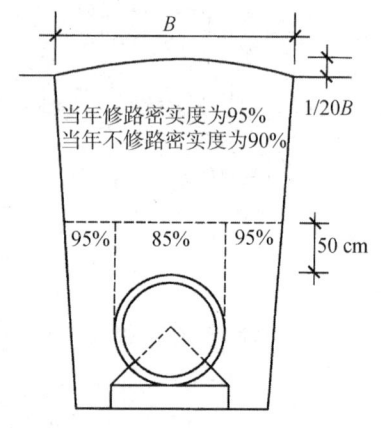

图 2.32 沟槽回填土密实度要求

返土一般用沟槽原土,槽底到管顶以上 50 cm 范围内,不得含有机物、冻土以及大于 50 mm 的砖、石等硬块。冬季回填时,管顶以上 50 mm 范围以外可均匀掺入冻土,其数量不得超过填土总体积的 15%,且冻块尺寸不得超过 100 mm。

沟槽回填顺序,应按沟槽排水方向由高向低分层进行。回填应采用分层回填,分层夯实。在施工时,应建立回填制度,根据不同的夯实机具、土质、密实度要求、夯击遍数、走夯形式等确定返土厚度和夯实后厚度。回填土的含水量宜按土类和采用的压实工具控制在最佳含水量附近。

回填土的每层虚铺厚度,应按采用的压实工具和要求的压实度确定。对一般的压实工具,铺土厚度可参考表 2.10 的数值采用。

表 2.10 回填土每层虚铺厚度

压实工具	虚铺厚度/cm
木夯、铁夯	≤20
蛙式夯、火力夯	20~25
压路机	20~30
振动压路机	≤40

每层的压实遍数,应按要求的压实度、压实工具、虚铺厚度和含水量,经现场试验确定。

每层土夯实后,应检测密实度。测定方法有环刀法和贯入法。

2.6 工程验收

工程验收制度是检验工程质量必不可少的一道程序,也是保证工程质量的一项重要措施。如质量不符合规定时,可在验收中发现和处理,并避免影响使用和增加维修费用,为此,必须严格执行工程验收制度。

管道工程施工应经过竣工验收合格后,方可投入使用。隐蔽工程应经过中间验收合格后,方可进入下一工序,当隐蔽工程全部验收合格后,方可回填沟槽。

市政给水排水管道的验收应按照国家颁发的《给水排水管道工程施工及验收规范》(GB 50268-2008)、《工业金属管道工程施工规范》(GB 50235-2010)、《埋地硬聚氯乙烯给水管道工程技术规程》(CECS17:2000)进行施工及验收。

隐蔽工程验收时,应填写中间验收记录表,其格式见表 2.11 所示。

表 2.11 中间验收记录表

工程名称		工程项目		
建设单位		施工单位		
验收日期	年 月 日			
验收内容				
质量情况及验收意见				
参加单位及人员	监理单位	建设单位	设计单位	施工单位

隐蔽工程验收时,应对以下几方面进行检查验收:
(1)管道地基和基础;
(2)管道位置与高程;
(3)管道的结构和断面尺寸;
(4)管道的接口、变形缝及防腐层;
(5)管道及附属构筑物防水层;
(6)地下管道交叉的处理。

工程竣工后,施工单位应提交下列资料:
(1)施工竣工图及设计文件;
(2)管道及构筑物的位置及高程的测量记录;
(3)主要材料、制品和设备的出厂合格证或试验记录;
(4)混凝土、砂浆、防腐、防水及焊接检验记录;
(5)中间验收记录及有关资料;
(6)管道的试压记录、闭水试验记录;
(7)回填土压实度的检验记录;
(8)工程质量检验评定记录;

(9)工程质量事故处理记录;

(10)给水管道的冲洗及消毒记录。

竣工验收时,应核实竣工验收资料,并进行复验与外观检查。对管道的位置及高程、管道及附属构筑物的断面尺寸、给水管道配件安装的位置和数量、给水管道的冲洗与消毒、外观等做出鉴定,并填写竣工验收鉴定书,其格式见表2.12。

表2.12 竣工验收鉴定书

工程名称			工程项目		
建设单位			施工单位		
开工日期	年 月 日		竣工日期	年 月 日	
验收日期	年 月 日				
验收内容					
复验质量情况					
鉴定结果及验收意见					
参加单位及人员	监理单位	建设单位	设计单位	施工单位	管理或使用单位

复习思考题

2.1 明沟排水由哪些部分组成?其适用条件是什么?

2.2 明沟排水的排水沟有哪些技术要求?绘图说明其开挖方法?

2.3 轻型井点由哪些部分组成?适用条件如何?怎样进行轻型井点系统的设计?

2.4 喷射井点降水系统的工作原理是什么?

2.5 沟槽土方开挖常用的机械有哪些?各有什么特点?

2.6 沟槽断面有哪几种形式?选择断面形式时应考虑哪些因素?

2.7 什么情况下沟槽开挖需要加设支撑?支撑结构应满足哪些要求?

2.8 支撑有哪些种类?其适用条件是什么?

2.9 沟槽土方回填的注意事项有哪些?其质量要求是什么?

2.10 市政管道工程开槽施工包括哪些工序?

2.11 人工下管的方法有哪些?机械下管时应注意哪些问题?

2.12 简述稳管的方法?

2.13 承插式铸铁管的接口方法有哪些?其适用条件各是什么?如何施工?

2.14 简述球墨铸铁管的性能、适用条件和接口施工方法?

2.15 排水管道常用的接口方式有哪些?

2.16 水压试验设备由哪几部分组成?

2.17 试述室外排水管道闭水试验的方法。

2.18 试述室外给水管道水压试验的方法。

2.19 试述室外给水管道的冲洗、消毒方法。

第三章 市政管道不开槽施工

教学要求：通过本章学习，要求了解室外不开槽施工在管道工程施工中的优点；掌握掘进顶管法的工作坑的形式、主要的工具设备及施工中要注意的问题；掌握管道误差的校正方法；了解掘进的几种方法；了解挤压土顶管和管道牵引不开槽铺设的施工方法；了解浅埋暗挖法和盖挖逆作法的施工工艺；了解盾构施工的类别、准备工作、掘进和衬砌方法，掌握盾构施工的主要构造和施工工艺。

敷设市政管道，一般采用开槽方法。开槽施工时要开挖大量土方，并要有临时存放场地，以便安好管道后进行回填。这种施工方法污染环境，占地面积大、阻碍交通，给工农业生产和人们日常生活带来极大不便。而不开槽施工可以避免以上问题。

不开槽施工的适用范围很广，一般遇到下列情况时就可采用：

(1) 管道穿越铁路、公路、河流或建筑物时。

(2) 街道狭窄，两侧建筑物多时。

(3) 在交通量大的市区街道施工，管道既不能改线又不能断绝交通时。

(4) 现场条件复杂，与地面工程交叉作业，相互干扰，易发生危险时。

(5) 管道覆土较深，开槽土方量大，并需要支撑时。

影响不开槽施工的因素包括：地质、管道埋深、管道种类、管材及接口、管径大小、管节长度、施工环境、工期等，其中主要因素是地质和管节长度。

与开槽施工比较，不开槽施工具有如下特征：

(1) 施工面由线缩成点，占地面积少；施工面移入地下，不影响交通，不污染环境。

(2) 穿越铁路、公路、河流、建筑物等障碍物时可减少沿线的拆迁，节省资金与时间，降低工程造价。

(3) 施工中不破坏现有的管线及构筑物；不影响其正常使用。

(4) 大量减少土方的挖填量。一般开槽施工要浇筑混凝土基础，而不开槽施工是利用管底下边的天然土作地基，可节省管道的全部混凝土基础。

(5) 降低工程造价。不开槽施工较开槽施工可降低40%左右的费用。

但是，这项技术也存在以下一些问题：

(1) 土质不良或管顶超挖过多时，竣工后地面下沉，路表裂缝，需要采用灌浆处理。

(2) 必须要有详细的工程地质和水文地质勘探资料，否则，将出现不易克服的困难。

(3) 遇到复杂的地质情况时(如松散的砂砾层、地下水位以下的粉土)，则施工困难、工程造价提高。

因此，不开槽施工前，应详细勘察施工场地的工程地质、水文地质和地下障碍物等情况。

不开槽施工一般适用于非岩性土层。在岩石层、含水层施工或遇坚硬地下障碍物，都需有相应的附加措施。

地下给水排水管道不开槽施工方法有很多种,主要分为掘进顶管、挤压土顶管,盾构掘进衬砌成型管道或管廊。采用哪种方法,取决于管道用途、管径、土质条件、管长等因素。

用不开槽施工方法敷设的给水排水管道种类有:钢管、钢筋混凝土管及预制或现浇的钢筋混凝土管沟(渠、廊)等。采用较多的管道种类还是各种圆形钢管、钢筋混凝土管、玻璃钢管。

3.1 掘进顶管法

掘进顶管施工操作程序如图 3.1 所示。先在管道一端挖工作坑,再按照设计管线的位置和坡度,在工作坑底修筑基础、设置导轨,将管安放在导轨上。顶进前,在管前端挖土,后面用千斤顶将管逐节顶入,反复操作,直至顶至设计长度为止。千斤顶支承于后背,后背支承于后座墙上。

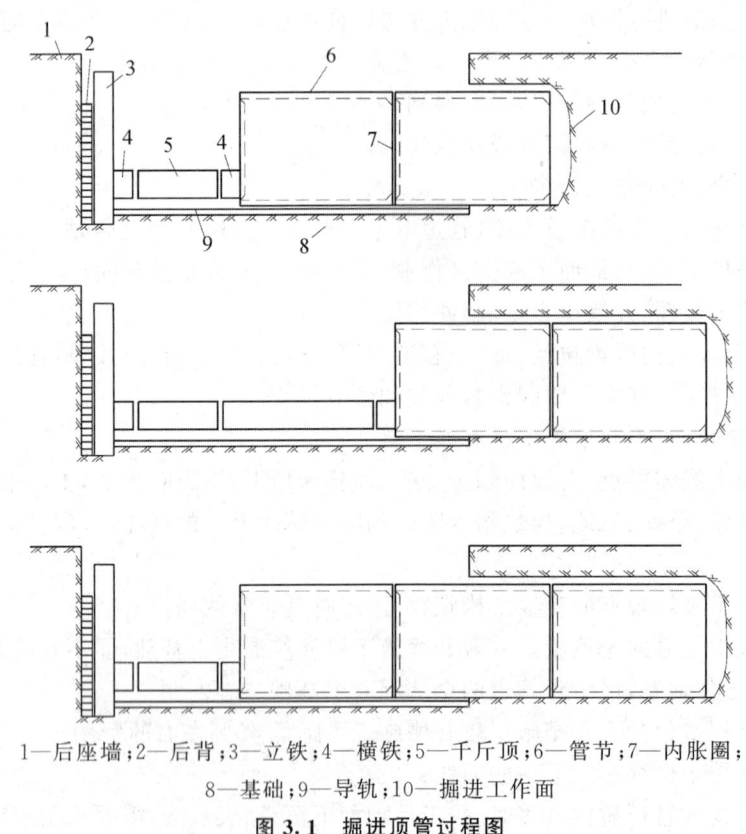

1—后座墙;2—后背;3—立铁;4—横铁;5—千斤顶;6—管节;7—内胀圈;
8—基础;9—导轨;10—掘进工作面

图 3.1 掘进顶管过程图

3.1.1 人工掘进顶管

人工掘进顶管又称普通顶管,是目前较为普遍的顶管方法。管前用人工挖土,设备简单,能适应不同的土质,但工效较低。

1. 工作坑及其选择

(1)工作坑位置选择。顶管工作坑是顶管施工时在现场设置的临时性设施,工作坑内包括后背、导轨和基础等。工作坑是人、机械、材料较集中的活动场所,因此,工作坑的选择应考虑一下原则:①尽量选择在管线上的附属构筑物位置上,如闸门井、检查井处;②有可利用的坑壁原状土作为后背;③单向顶进时工作坑宜设置在管线下游。

(2)工作坑种类。按照工作坑的使用功能,有单向坑、双向坑、多向坑、转向坑、交汇坑。

单向坑的特点是管道只超一个方向顶进,工作坑利用率低,只适用于穿越障碍物。双向坑的特点是在工作坑内定完一个方向管道后,调过头来利用顶入的管道作后背,再顶进相对方向的管道,工作坑利用率高,适用于直线式长距离顶进。多向坑,一般用于管道拐弯处,或支管接入干管处,在一个工作坑内,向二至三个方向顶进,工作坑利用率高。转向坑类似于多向坑。交汇坑是在其他两个工作坑内。从两个相对方向向交汇坑顶进,在交汇坑内对口相接。交汇坑适用于顶进距离长,或一端顶进出现过大食物是使用,但工作坑利用率低,一般情况下不使用。

(3)工作坑尺寸。工作坑的尺寸是指工作坑底的平面尺寸,它与管径大小、管节长度、覆土深度、顶进形式、施工方法有关,并受土质、地下水等条件影响,还要考虑各种设备布置位置、操作空间、工期长短、垂直运输条件等多种因素。

工作坑底的长度如图 3.2 所示,其计算公式为

$$L=a+b+c+d+e+2f+g \tag{3-1}$$

式中,L—工作坑底的长度/m;

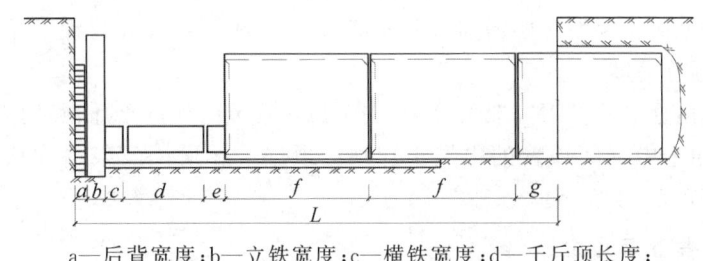

a—后背宽度;b—立铁宽度;c—横铁宽度;d—千斤顶长度;
e—顺铁长度;f—单节管长度;g—已顶入管节的余长

图 3.2 工作坑底的长度

工作坑底的长度也可以用下式估算

$$L \approx d+2.5 \tag{3-2}$$

工作坑的底宽 W 和高度 H 如图 3.3 所示。

工作坑底的宽度计算公式为

$$W=D+2B+2b \tag{3-3}$$

式中,W—工作坑底的宽度/m;

D—顶进管节管径/m;

B—工作坑内稳好管节后两侧的工作空间/m;

b—支撑材料的厚度,一般为 0.1～0.15 m。

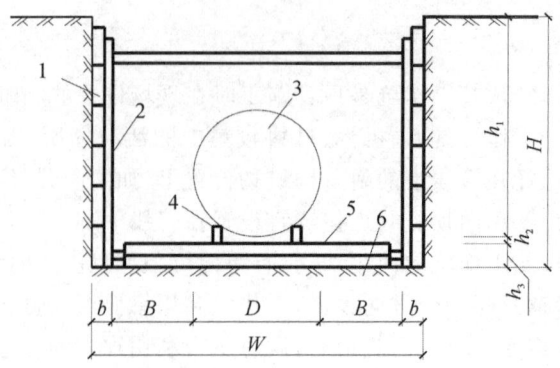

1—撑板；2—支撑立木；3—管节；4—导轨；5—基础；6—管节
图 3.3 工作坑的底宽和高度

工作坑底的高度计算公式为

$$H = h_1 + h_2 + h_3 \tag{3-4}$$

式中，H——顶进坑地面至坑底的深度/m；

h_1——地面至管道底部外援的深度/m；

h_2——管道外援底部至导轨底面的高度/m；

h_3——基础及其垫层的厚度/m。

2. 顶进设备

顶进设备种类很多，一般采用液压千斤顶。液压千斤顶的构造形式分活塞式和柱塞式两种。为了减少缸体长度而又要增加行程长度，宜采用多行程和长行程千斤顶，以减少搬放顶铁时间，提高顶管速度。

按千斤顶在顶管中的作用一般可分为：用于顶进管节的顶进千斤顶；用于校正管节位置的矫正千斤顶；用于中继间顶管的中继千斤顶。顶进千斤顶一般采用的顶力为 $(2\sim4)\times10^3$ kN。顶程为 $0.5\sim4.0$ m。

3. 管前人工挖土与运土

(1)挖土。顶进管节的方向和高程的控制，主要取决于挖土操作。工作面上挖土不单影响顶进效率，更重要的是影响质量控制。对工作面挖土操作的要求：

根据工作面土质及地下水位高低来决定挖土的方法；必须在操作规程规定的范围内超挖；不得扰动管底地基土；及时顶进和测量，及时将管前挖出的土运出管外。人工每次掘进深度，一般等于千斤顶的行程。土质松散或有流砂时，为了保证安全和便于施工，可设管檐或工具管。施工时，先将管檐或工具管顶入土中，工人在管檐或工具管内挖土。

(2)运土。从工作面挖下来的土，通过管内水平运输和工作坑的垂直提升送至地面。除保留一部分土方用作工作坑的回填外，其余都要运走弃掉。管内水平运输可用卷扬机牵引或电动、内燃的运土小车在管内进行有轨或无轨运土，也可用带式运输机运土。土运到工作坑后，由地面装置的卷扬机、门式起重机或其他垂直运输机械吊运到工作坑外运走。

3.1.2 机械掘进顶管

顶管施工用人工挖土劳动强度大、工作效率低,而且操作环境恶劣,影响工人健康,管端机械掘进可避免以上缺点。

机械掘进与人工掘进的工作坑布置基本相同,不同处主要是:机械掘进中,管端挖土与运土均采用机械替代人工。

1. 螺旋掘进机

螺旋掘进机(图 3.4)主要用于管径小于 800 mm 的顶管。管按设计方向和坡度放在导向架上,管前由旋转切削式钻头切土,并由螺旋输送机运土。螺旋式水平钻机安装方便,但是顶进过程中易产生较大的下沉误差。而且,误差产生后不易纠正,故适用于短距离顶进;一般最大顶进长度为 70~80 m。

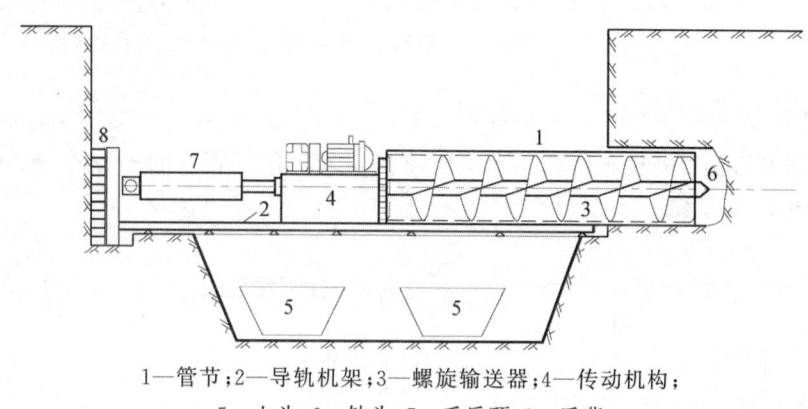

1—管节;2—导轨机架;3—螺旋输送器;4—传动机构;
5—土斗;6—钻头;7—千斤顶;8—后背
图 3.4 螺旋掘进机

800 mm 以下的小口径钢管顶进方法有很多种,如真空法顶进。这种方法适用于于直径为 200~300 mm 管在松散土层内的顶进,如松散砂土、砂黏土、淤泥土、软黏土等,顶距一般为 20~30 m。

2. "机械手"掘进机

"机械手"掘进机(图 3.5)的特点是在任何一种工具管的外壳内,安装一台小型挖掘机,便成为一台机械挖掘式工具管。该机械挖掘式工具管的管端一般是敞开的,便于挖掘和排除障碍。挖掘臂就像一支"机械手",可以绕竖轴转动,挖掘臂分为内外两节,可以前后伸缩,操作起来非常方便,而且开挖面无死角。挖掘下来的弃土由皮带运输机或螺旋输送机向外运输,并装上小车,运送至地面。

当施工的管道直径大于 DN1400 时,"机械手"掘进机配备的挖掘工具也可以是移动式的,在同一的底盘上,既可以安装挖掘机械(图 3.5(a)),又可以安装掏槽机械(图 3.5(b)),可以根据施工地层的不同,来合理选择挖掘工具,从而得到较好的挖掘效果。

"机械手"掘进机可以应用于无地下水或水量不大能明排的土层,如黏性土、砂性土、砂砾层、杂填土。可以应用于中、大管径。顶距一般为 300~1000 m。

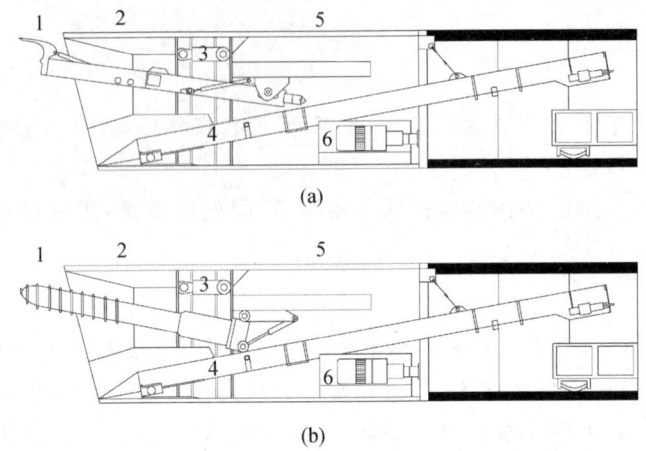

1—挖掘装置；2—工具管；3—导向油缸；4—输土装置；5—盾尾；6—电动机

图 3.5　"机械手"掘进机

3. 水力掘进机

水力掘进机(图 3.6)是利用高压水枪射流将切入工作管管口的土冲碎,水和土混合成泥浆状态输送出工作坑。

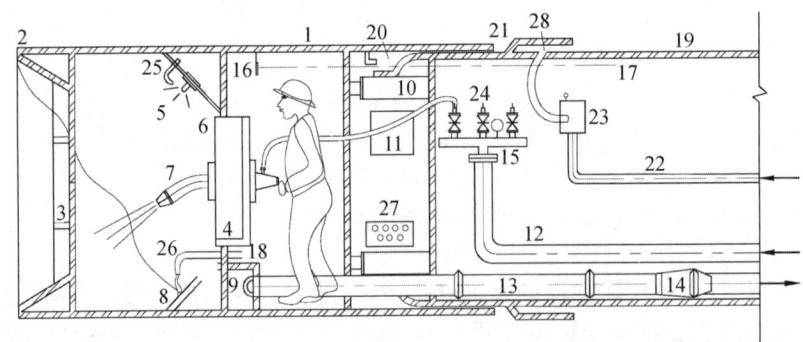

1—工具管；2—刃脚；3—隔板；4—密封门；5—灯；6—观察窗；7—水枪；8—粗栅；9—细栅；10—校正千斤顶；11—液压泵；12—供水管；13—输浆管；14—水力吸泥机；15—分配阀；16—激光接收靶；17—激光束；18—清理箱；19—工作管；20—止水胶带；21—止水胶圈；22—泥浆管；23—分浆罐；24—压力表；25—冲洗喷头；26—冲刷喷头；27—信号台；28—泥浆孔

图 3.6　水力顶进机头结构

水力掘进的特点是机械化水平较高、施工进度快、工程造价低,适合于在高地下水位的弱土层、流砂层或穿越水下(河底、海底)饱和土层。

水力掘进法仅限于钢管,因钢管焊接口密封性好。另外,水力破土和水力运土时的泥浆排放有污染河道、造成淤泥沉积的问题,因而限制了其使用范围。

4. 全断面掘进机

(1)全断面挖掘机(图 3.7)　全断面挖掘机主要用于 800 mm 以上大管内,是顶进机械中最常见的形式。挖掘机由电动机通过减速机构直接带动主轴,主轴上装有切削盘或切削臂,根据不同土质安装不同形式的刀齿于盘面或臂杆上,由主轴带动刀盘或刀臂旋转切土,再由提升环的铲斗将土铲起、提升、倾卸于带运输机上运走。典型的伞式掘进机的结构一般有工具管、切削机构、驱动机构、动力设施、装卸机构及校正机构组成。伞式挖掘机适用于黏土、亚黏土、亚砂土和砂土中钻进,不适合弱土层或含水土层内钻进。

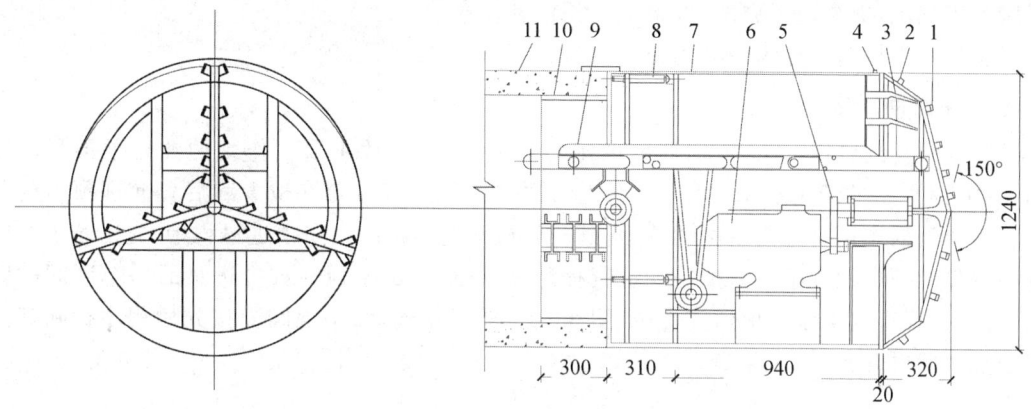

1—刀齿;2—刀架;3—刮泥板;4—超挖齿;5—齿轮变速器;6—电动机;
7—工具管;8—千斤顶;9—带运输机;10—文撑环;11—顶进管

图 3.7 全断面掘进机

3.1.3 管节顶进时的连接

顶进时的管节连接,分永久性连接和临时性连接,钢管采取永久性的焊接。永久性连接顶进过程中,导致管子的整体顶进长度越长,管道位置偏移越小;但一旦产生顶进位置误差积累,校正较困难。所以,整体焊接钢管的开始顶进阶段,应随时进行测量,避免积累误差。

钢筋混凝土管采用钢板卷制的整体式内套环临时连接,在水平直径以上的套环与管壁间楔入木楔,如图 3.8 所示。两管间设置柔性材料,如油麻、油毡,以防止管端顶裂。

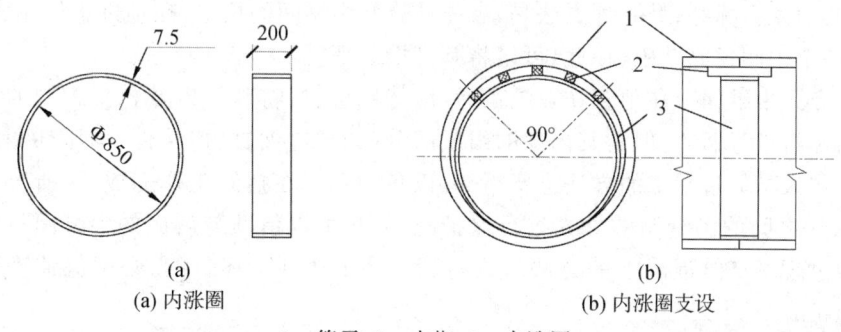

(a) 内涨圈 (b) 内涨圈支设
1—管子;2—木楔;3—内涨圈
图 3.8 钢内套环临时连接

由于临时接口的非密封性,故不能用于未降水的高地下水位的含水层内顶进,顶进工作完毕后,拆除内套环,再进行永久性接口连接。

3.1.4 延长顶进技术

在最佳施工条件下,普通顶管法的一次顶进长度为百米左右。当铺设长距离管线时,为了减少工作坑,提高施工进度,可采取延长顶进技术。

延长顶进技术可分为中继间顶进,泥浆套顶进和蜡覆顶进。

1. 中继间顶进

距离较长的管道,因管道四周的摩阻力愈来愈大,单凭主顶工作站的油缸顶推是不够的,一方面主站的顶力有限,另一方面主站顶推力受到管道允许顶力和后背允许顶力的制约。中继间的作用是分散主站的顶力,延长管道顶进的距离。在顶进过程中,先由若干个中继间按先后顺序把管子向前推进油缸行程距离以后,再由主顶油缸推进最后一个区间的管道,直到把管道从工作坑顶到接受坑(图 3.9)。管子接通后,中继间需按先后程序拆除其内部油缸以后再合龙。

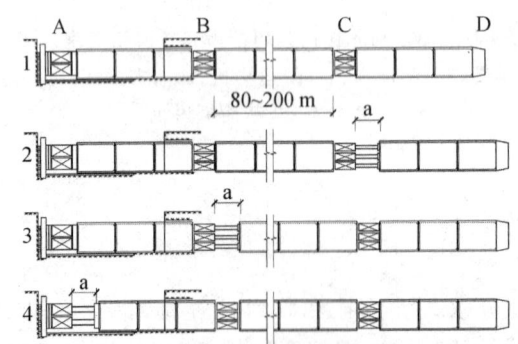

A:主顶工作站　B、C:中继间　D:切削工具管　⊠:顶进油缸

图 3.9　中继间工作原理

施工结束后,中继间可以分为两种类型

(1)回收式中继间　回收式中继站的适用管径 DN>500 mm,顶进工作结束后,可以通过管线将其顶入目标井;另一种方法是,事先计算好中继间的位置,在顶进工作完成后,使其正好位于一个中间过渡井中,在此,可以将其打捞上来。

(2)丢弃式中继间　在顶管作业结束后,前特殊管、后特殊管以及包括钢制的外壳都留在地层中,不再进行回收,但是其内部的组成部分(如推进油缸、连接件、均压环和液压管线等)将有工作人员通过手工的方法进行拆卸,以备他用。在拆卸工作完成后,所留下的位于前、后特殊管之间的由钢制的外壳进行保护的区间,可以借助与后面的中继间将其合拢封闭,或者通过现场浇筑混凝土的方法形成衬砌。为了达到上述目的,必须保证管道的内径 DN≥800 mm。

中继间的特点是:顶力大为减少,操作更机动;可按顶力大小自由选择,分段接力顶进。但它也存在设备较复杂、加工成本高、操作不便、工效降低等不足。

2. 泥浆套顶进

在管壁与坑壁间注入触变泥浆,形成泥浆套,可减少管壁与土壁之间的摩擦阻力,一次顶进长度可较非泥浆套增加 2~3 倍。长距离顶管时,经常采用中继间－泥浆套顶进。

触变泥浆作为顶管施工中主要的润滑材料,使用的历史较久,泥浆在输送和灌注过程中应具有良好的流动性、可泵性和一定的承载力,经过一定的固结时间,产生强度。

触变泥浆主要组成是膨润土、水和掺合剂。膨润土是粒径小于 2 μm,主要矿物成分是 Si—Al—Si(硅—铝—硅)的微晶高岭土。膨润土的密度为 0.83×100 ~ 1.13×100 kg/m³。

对膨润土的要求为:①膨润倍数一般要大于 6,膨润倍数越大,造浆率越大,制浆成本越低;②要有稳定的胶质价,保证泥浆有一定的稠度,不致因重力作用而使颗粒沉淀。

为提高泥浆的某些性能而需加入掺合剂。常用的掺合剂有:

(1)碳酸钠　碳酸钠可提高泥浆的稠度,但泥浆对碱的敏感性很强,加入量的多少,应事先做模拟试验确定,一般为膨润土质量的 2%~4%。

(2)羟甲基纤维素　羟甲基纤维素能提高泥浆的稳定性,防止细土粒相互吸附而凝聚。掺入量为膨润土质量的 2%~3%。

(3)腐殖酸盐　腐殖酸盐是一种降低泥浆黏度和静切力的外掺剂。掺入量占膨润土质量的 1%~2%。

(4)铁铬木质素磺酸盐的作用与腐殖酸盐相同。

在铁路或重要建筑物下顶进时,地面不允许产生沉降,需要采取自凝泥浆。自凝泥浆除具有良好的润滑性和造壁性外,还应具有后期固化后有一定强度并达到加大承载效果的性能。

自凝泥浆的外掺剂主要有:

(1)氢氧化钙与膨润土中的二氧化硅起化学作用生成组成水泥主要成分的硅酸三钙,经过水化作用而固结,固结强度可达 0.5~0.6 MPa。氢氧化钙用量为膨润土质量的 20%。

(2)工业六糖是一种缓凝剂,掺入量为膨润土质量的 1%。在 20℃时,可使泥浆在 1~1.5 个月内不致凝固。

(3)松香酸钠　泥浆内掺入 1%膨润土质量的松香酸钠可提高泥浆的流动性。

触变泥浆在泥浆拌制机内采取机械或压缩空气伴制;拌制均匀后的泥浆储于泥浆池;经泵加压,通过输浆管输送到前工具管的泥浆封闭环,经由封闭环上开设的注浆孔注入坑壁与管壁间孔隙,形成泥浆套,如图 3.10 所示。

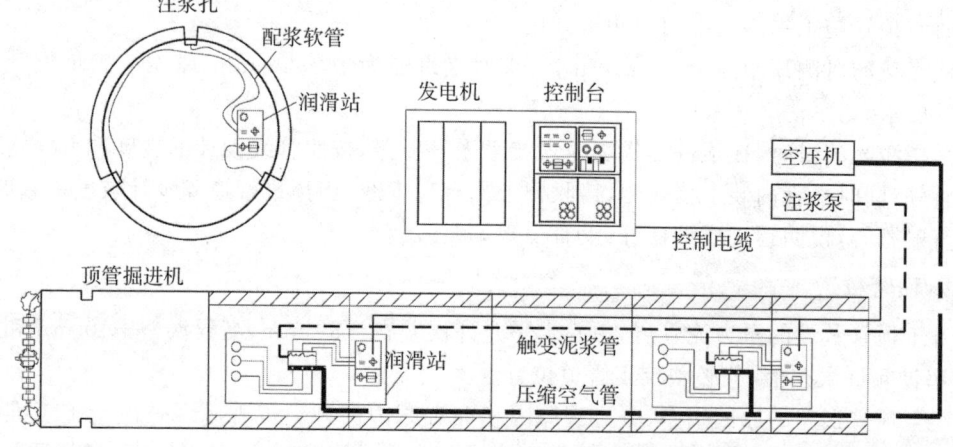

图 3.10　注浆装置和润滑系统示意图

为了在管外壁形成泥浆层,管前挖土直径要大于首节管节的外径,以便灌注泥浆。泥浆套的厚度由工具管的尺寸而定,一般厚度为 15~20 mm。第一组注浆孔要靠近顶管机的工具管,为防止灌浆后泥浆自刃脚处溢入管内,一般离刃脚 4~5 m 处设注浆孔。为了保证整个管道周壁泥浆层均匀,实际施工中,注浆孔一般一组三个,均匀排布在管道周围。为了弥补第一组注浆孔的不足并补充流失的泥浆量,第二组注浆孔应该设置在距离 15~20 m 处,此后每隔 30~40 m 设置注浆孔,以保证泥浆充满管线外壁。

泥浆注入压力根据输送距离确定,一般采用 0.1~0.15 MPa。输浆管路采用 DW50~70 的钢管,每节长度与顶进管节长度相等或为顶进管长的两倍。管路采取法兰连接。

3. 蜡覆顶进

蜡覆顶进也是延长顶距技术之一。蜡覆是用喷灯在管外壁熔蜡覆盖。蜡覆既减少了管顶进中的摩擦力,又提高了管表面的平整度。该方法一般可减少 20% 的摩擦阻力;且设备简单,操作方便。但熔蜡散布不均匀时,会导致新的"粗糙",减阻效果降低。

3.1.5 顶管测量和误差校正

顶管施工时,为了使管节按规定的方向前进,在顶进前要求按设计的高程和方向精确地安装导轨、修筑后背及布置顶铁。这些工作要通过测量来保证规定的精度。

在顶进过程中必须不断观测管节前进的轨迹,检查首节管是否符合设计规定的位置。

当发现前端管节前进的方向或高程偏离原设计位置后,要及时采取措施迫使管节恢复原位再继续顶进。这种操作过程,称为管道校正。

1. 顶管测量

(1)普通测量

普通测量分为中心水平测量和高程测量。中心水平测量是用经纬仪测量或垂线检查。高程测量是用水准仪在工作坑内测量。上述方法测量并不精确。由于观察所需时间长,影响施工进度,测量是定时间隔进行,易造成误差累积,目前已很少使用。

(2)激光测量

激光测量是采用激光经纬仪和激光水准仪进行顶管中心和高程测量的先进测量方法,属于目前顶管施工中广泛应用的测量方法。

激光法的可测顶距为 100~200 m,光束射点直径为 10~20 mm,基本能满足顶管测量精度的要求。

采用激光测量时,在顶进工作坑内安装激光发射器,按照管线设计的坡度和方向将发射器调整好;同时在管内装上接收靶,接收靶上刻有尺度线,当顶进管道和设计坡度一致时,激光点直射靶心,说明顶进质量良好,没有出现偏差。

2. 顶管校正

对于顶管敷设的重力流管道,中心水平允许误差在 ±30 mm,高程误差 +10 mm 和 −20 mm,超过允许误差值,就必须校正管道位置。

产生顶管误差的原因很多,分主观原因和客观原因两种。主观原因是由于施工准备工作中设备加工、安装、操作不当产生的误差。其中由于管前端坑道开挖形状不正确是管道误差产生的重要原因。客观原因是土层内土质的不同所造成的。如在坚实土体内顶进时,管节容易产生向上误差,反之在松散土层顶进时,又易出现向下误差。一般地,主观原因在事先加以重视,并采取严格的检查措施,是完全可以防止的。事先无法预知的客观原因,应在顶进前作好地质分析,多估计一些可能出现的土层变化,并准备好相应采取的措施。

(1)普通校正法

①挖土校正。采用在不同部位增减挖土量的方法,以达到校正的目的,即管偏向一侧,则该侧少挖些土,另一侧多挖些土,顶进时管就偏向空隙大的一侧而使误差校正。这种方法消除误差的效果比较缓慢,适用于误差值不大于 10 mm 的范围。挖土校正多用于土质较好的黏性土,或用于地下水位以上的砂土中。

②强制校正。采用强制措施造成局部阻力,迫使管子向正确方向偏移。可支设斜撑校正,如图 3.11 所示。下陷的管段可用图 3.12a 所示方法校正。错口的管端可用图 3.12b 所示方法校正。

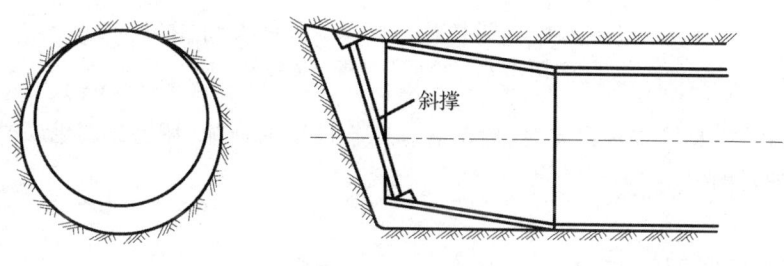

图 3.11 斜撑校正

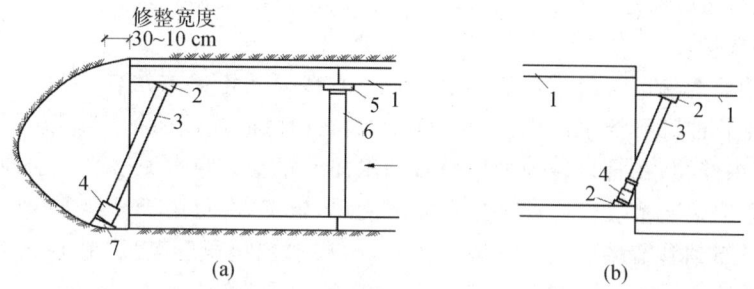

1—管子;2—楔子;3—支柱;4—校正千斤顶;5—木楔;6—内涨圈;7—垫板

图 3.12 下陷校正与错口纠正

如果需要消除永久性高程误差,可采取图 3.13 所示方法。先在管道的弯折段和正常段之间用千斤顶顶离 20～30 cm 距离,并用硬木撑住。前段用普通校正法将首节管校正到正确位置,后段管经过前段弯折处时,采用多挖土或卵石填高的方法把管节调整至正确位置后再顶进。

(2)工具管校正

校正工具管是顶管施工的一项专用设备。根据不同管径采用不同直径的校正工具管。校正工具管主要由工具管、刃脚、校正千斤顶、后管等部分组成,如图 3.14 所示。

校正千斤顶按管内周向均匀布设,一端与工具管连接,另一端与后管连接。工具管与后管之间留有 10～15 mm 的间隙。

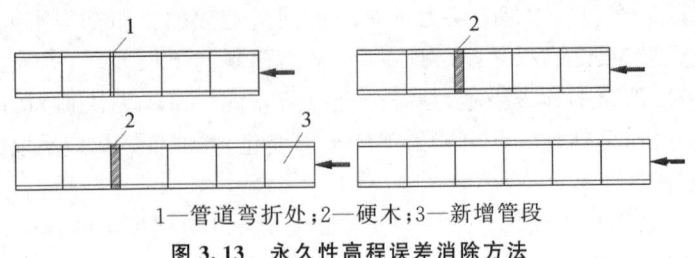

1—管道弯折处；2—硬木；3—新增管段

图 3.13 永久性高程误差消除方法

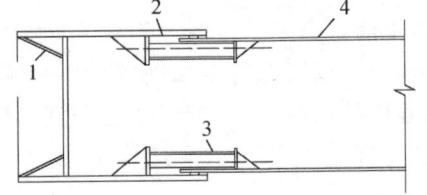

1—刃脚；2—工具管；3—校正千斤顶；4—后管

图 3.14 校正工具管设备组成

当发现首节工具管位置误差时，启动各方向千斤顶的伸缩，调整工具管刃脚的走向，从而达到校正的目的。

3.1.6 掘进顶管的内接口

管顶进完毕，将临时连接拆除，进行内接口。接口方法根据现场施工条件、管道使用要求、管口形式等选择。

平接口是钢筋混凝土管最常用的接口形式。平接口的连接方法较多。图 3.15 所示为平口钢筋混凝土管油麻石棉水泥内接口。施工时，在内涨圈连接前把麻辫填入两管口之间。顶进完毕，拆除内涨圈，在管口缝隙处填打石棉水泥或填塞膨胀水泥砂浆。这种内接口防渗性较好。还可采取油毡垫接口。此种接口方法简单，施工方便，用于无地下水处。油毡垫可以使顶力均匀分布到管节端面上。一般采用 3～4 层油毡垫于管节间，在顶进中越压越紧。顶管完毕后在两管间用水泥砂浆钩内缝。

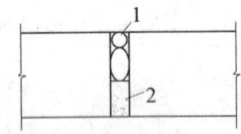

1—麻辫或塑料或绑扎绳；2—石棉水泥

图 3.15 平口钢筋混凝土管石棉水泥内接口

企口钢筋混凝土管的接口有油麻石棉水泥或膨胀水泥内接口，如图 3.16a 所示，管壁外侧油毡为缓压层。还有一种聚氯乙烯胶泥膨胀水泥砂浆内接口，这种接口的抗渗性优于前一种，如图 3.16b 所示。此外，还可采取麻辫沥青冷油膏接口。该接口施工方便，管接口具有一定的柔性，利于顶进中校正方向和高程，密封效果较好。

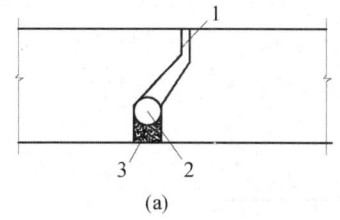 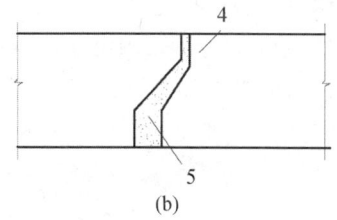

1—油毡；2—油麻；3—石棉水泥或膨胀砂浆；4—聚氯乙烯胶泥；5—膨胀水泥砂浆

图 3.16　企口钢筋混凝土管内接口

3.2　挤压土顶管和管道牵引不开槽铺设

3.2.1　挤压土顶管

挤压土顶管一般分为两种：出土挤压顶管和不出土挤压顶管。

1. 挤压土顶管的优点及适用条件

(1) 挤压土顶管的优点

不同于普通顶管，挤压土顶管由于不用人工挖土装土，甚至顶管中不出土，使顶进、挖土、装土三道工序连成一个整体，劳动生产率显著提高。

因为土是被挤到工具管内的，因此管壁四周无超挖现象，只要工具管开始入土时将高程和方向控制好了则管节前进的方向稳定；不易左右摆动，所以施工质量比较稳定。

采用挤压土顶管还有设备简单、操作简易的优点，故易于推广。

(2) 挤压土顶管的适用条件

挤压土顶管技术的应用主要取决于土质，其次为覆土深度、顶进距离、施工环境等。

① 土质条件。含水量较大的黏性土、各种软土、淤泥，由于孔隙较大又具有可塑性，故适于挤压土顶管。

② 覆土深度。覆土深度最少应保证为顶入管道直径的 2.5 倍。覆土过浅可能造成地面变形隆起。

③ 顶进距离。挤压土时在同样条件下比掘进顶管方法顶力要大些。因此，顶进距离不宜过长。

④ 施工环境。挤压土顶管技术的应用受地面建筑物及地下埋设物的影响。一般距地下构筑物或埋设物的最小间距不小于 1.5 m，且不能用于穿越重要的地面建筑物。

2. 出土挤压顶管

出土挤压顶管适用于大口径管的顶进。

(1) 挤压土顶管设备

主要设备为带有挤压口的工具管，此外是割土和运土工具。

① 工具管。挤压工具管与机械掘进所使用的工具管外形结构大致相同，不同者为挤压

工具管内部设有挤压口,如图 3.17 所示。工具管切口直径大于挤压口直径,两者呈偏心布置。工具管切口中心与挤压口中心的间距 δ 如图 3.18 所示。偏心距增大,使被挤压土柱与管底的间距增大,便于土柱装载。所以,合理而正确地确定挤压口的尺寸是采用出土挤压顶管的关键。

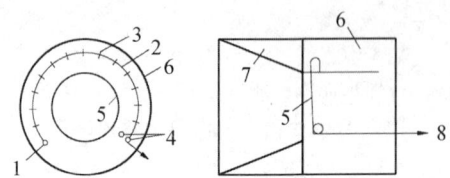

1—钢丝绳固定点;2—钢丝绳;3—R 形卡子;
4—定滑轮;5—挤压口;6—工具管;7—刃角;8—钢丝绳与卷扬机连接

图 3.17 挤压工具管

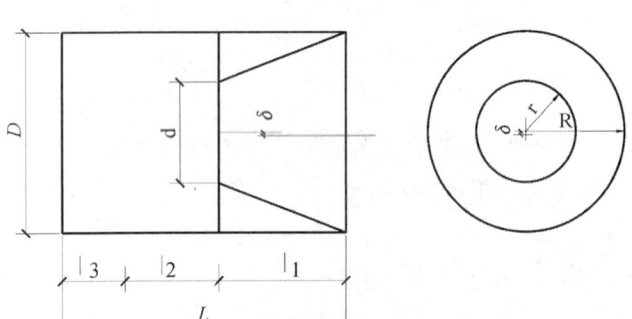

图 3.18 挤压切土工具管尺寸

挤压口的尺寸与土的物理力学性质,工具管管径以及顶进速度有关。挤压口的开口率一般取 50%,当管径较大(DN>2000 mm)时,开口率可在 50% 以下。

为了校正顶进位置,可在工具管内设置千斤顶。因此,工具管由三部分组成:切土渐缩部分 L_1、卸土部分 L_2、校正千斤顶部分 L_3。

为了保证校正的灵活性,应正确确定机动系数 R 值。L_1 取决于土的压缩性和切口渐缩段斜板的机械强度;L_2 取决于挤压口直径、土密度和运土斗车荷重;L_3 取决于校正千斤顶的长度。综合考虑这些因素,就可确定工具管的尺寸。

工具管一般采用 10~20 mm 厚的钢板卷焊而成。要求工具管的椭圆度不大于 3 mm,挤压口的椭圆度不大于 1 mm,挤压口中心位置的公差不大于 3 mm。其圆心必须落于工具管断面的纵轴线上。刃脚必须保持一定的刚度。焊接刃脚时坡口一定要用砂轮打光。

②割土工具。切割的方法较为简单。如图 3.17 所示,先用 R 形的卡子将钢丝绳固定在挤压口的里面,沿着挤压口围成将近一圈。挤压口下端将钢丝头固定,并在刃角后 50 mm 的地方沿着挤压口将钢丝绳固定,每隔 200 mm 左右夹上一个卡子。钢丝绳另一端靠两个直径 80 mm 的定滑轮,将钢丝绳拉到卷扬机上缠好。当卷扬机卷紧钢丝绳时,钢丝绳的固定端不动,绳由上端向下将挤压在工具管内的土柱割断。

③运土工具。挤压成型的土柱经割断后,落于特制的弧形运土斗车输送至工作坑,然后

用地面起重设备将斗车吊出工作坑运走。

(2)挤压工艺

施工顺序:安管→顶进→输土→测量。

①安管与普通顶管法施工相同。

②顶进。顶进前的准备工作与普通顶管法施工基本相同,只是增加了一项斗车的固定工作。应事先将割土的钢丝绳用卡子夹好,固定在挤压口周围,将斗车推送到挤压口的前面对好挤压口;再将斗车两侧的螺杆与工具管上的螺杆连接,插上销钉。紧固螺栓,将车身固定。将槽钢式钢轨铺至管外即可顶进。顶进时应连续顶进,直到土柱装满斗车为止。顶力中心布置在 $2/5D$ 处,较一般顶管法($1/4-1/5D$)稍高,以防止工具管抬头。顶进完毕,即可开动工作坑内的卷扬机,牵引钢丝绳将土柱割断装于斗车。

③输土斗车装满土后,松开紧固螺栓,拔出插销使斗车与工具管分离,再将钢丝绳挂在斗车的牵引环上,即可开动卷扬机将斗车拉到工作坑,再由地面起重设备将斗车吊至地面。

④测量采用激光测量导向,能保证上下左右的误差在 10~20 mm 以内。

3. 不出土挤压顶管

不出土挤压顶管,大多在小口径管顶进时采用。顶管时,利用千斤顶将管子直接顶入土内,管周围的土被挤密。采用不出土挤压顶管的条件,主要取决于土质,最好是天然含水量的黏性土,其次是粉土;砂砾土则不能顶进。管材以钢管为主,也可用于铸铁管。管径一般要小于 300 mm,管径越小效果越好。

不出土挤压顶管的主要设备是挤密土层的管尖和挤压切土的管帽,如图 3.19 所示。

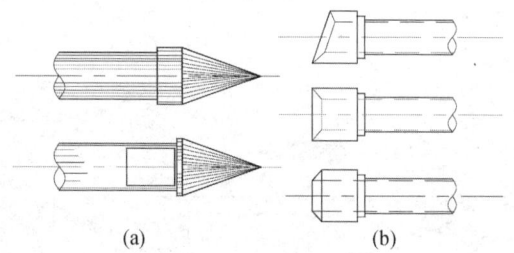

图 3.19 管尖和管帽

在管节最前端装上管尖后如图 3.19(a)所示,顶进时,土不能挤入管内。在管节最前端装上管帽,如图 3.19(b)所示,顶进时,管前端土被挤入管帽内,当挤进长度到 4~6 倍管径时,由于土与管壁间的摩阻力超过了挤压力,土就不再挤入管帽内,而在管前形成一个坚硬的土塞。继续顶进时以坚硬的土塞为顶尖,管前进时土顶尖挤压前面的土,土沿管壁挤入邻近土的空隙内,使管壁周围形成密实挤压层、挤压层和原状土层三种密实度不同的土层。

3.2.2 管道牵引施工简介

一般顶管施工时,管节前进是靠后背主压千斤顶的顶推;而管道牵引则是依靠前面工作坑的千斤顶。通过两个工作坑的钢索,将管节逐节拉入土内,这种不开槽的施工方法称为管道牵引。牵引设备有水平钻孔机、张拉千斤顶、钢索、锚具等。

牵引管道施工时,先在埋管段前方修建两座工作坑,在工作坑间用水平钻机钻成略大于穿过钢丝绳直径的通孔。在后方工作坑内安管、挖土、出土等操作与普通顶管法相同,但不需要后背设施。在前方工作坑内安装张拉千斤顶,通过张拉千斤顶牵引钢丝绳拉着管节前进,直到将全部管节牵引入土达到设计要求为止,图3.20。

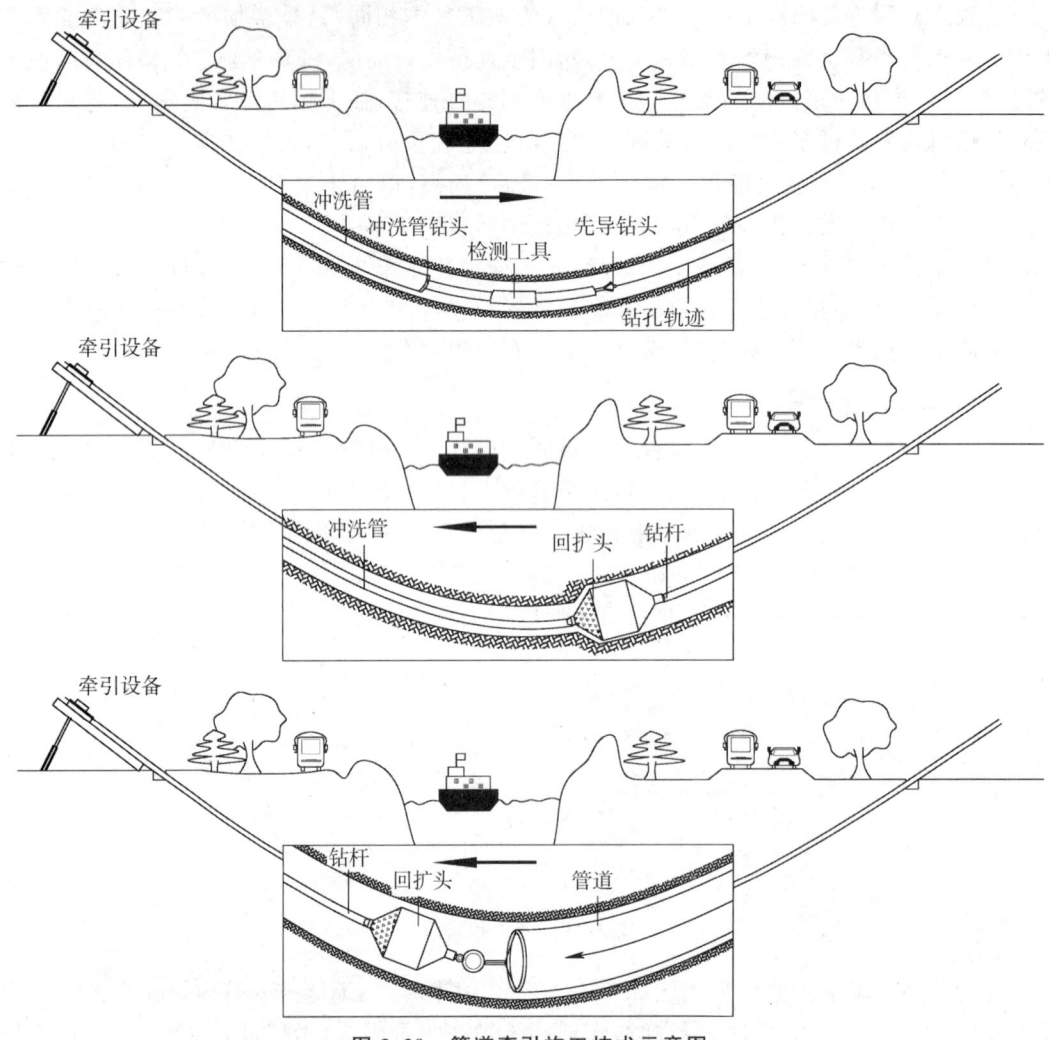

图 3.20 管道牵引施工技术示意图

管道牵引可分为:普通牵引、贯入牵引、顶进牵引、挤压牵引。

(1)普通牵引

此种方法与普通顶管法相似,只是将普通顶管法的后方顶进改为在前方用钢丝绳牵引。普通牵引适用直径大于800 mm的钢筋混凝土管、短距离穿越障碍物的钢管管道敷设。在地下水位以上的黏性土、粉细砂土内均能采用。

(2)贯入牵引

在土内牵引盾头式工具管前进,并在工具管后面不断焊接薄壁钢管随同前进,待钢管全部牵引完毕再挖去管内土。贯入牵引只能用于淤泥、饱和轻亚黏土、粉土类软土,并且只适用于钢管。钢管壁薄体轻有利于贯入土内。管节最小直径为800 mm,以便进入管内挖土。

牵引距离一般为 40～50 m,最多不超过 60 m。

(3)顶进牵引

顶进牵引是在前方工作坑牵引导向的盾头,而在后方工作坑顶入管节的方法。这种方法与盾顶法相似,不同者只是盾头不是用千斤顶顶进,而是在前坑用张拉千斤顶牵引。顶进牵引适用于黏土、砂土,尤其是较坚硬的土质最适合。牵引管径不小于 800 mm。主要用于钢筋混凝土管的敷设,与覆土度关系不大。顶进牵引是牵引和顶进技术的综合,它利用牵引技术保证管道敷位置的精确度。同时减少主压千斤顶的负担,从而延长了顶进距离。

(4)挤压牵引

在前面工作坑内牵引锥式刃脚,在刃脚后面不断焊接加长钢管,靠刃脚将管子周围土层挤压而不需出土。挤压牵引适用于天然含水量黏性土、粉土和砂土。管径最大不超过 400 mm,管顶覆土厚度一般不小于 5 倍牵引管子外径,以免地面隆起。牵引距离不大于 40 m,否则牵引力过大不安全。常用管材为钢管,接口为焊接。

3.3 盾构法施工

盾构是地下掘进和衬砌的施工设备,广泛应用于铁路隧道、地下铁道、地下隧道、水下隧道、水工隧洞、城市地下综合管廊、地下给排水管沟的修建工程。

3.3.1 盾构的组成及工作原理

盾构为一钢制壳体,称盾构壳体,主要由三部分组成,按掘进方向:前部为切削环,中部为支承环,尾部为衬砌环,如图 3.21 所示。切削环作为保护罩,在环内安装挖土设备,或工人在切削环内挖土和出土。切削环还可对工作面起支撑作用。支承环内安装有液压千斤顶等推进机构。在衬砌环内设有衬砌机构,可进行砌块衬砌。当砌完一环砌块后,以已砌好的砌块作后背,由支承环内的千斤顶顶进盾构本身,开始下一循环的挖土和衬砌,如图 3.22 所示。

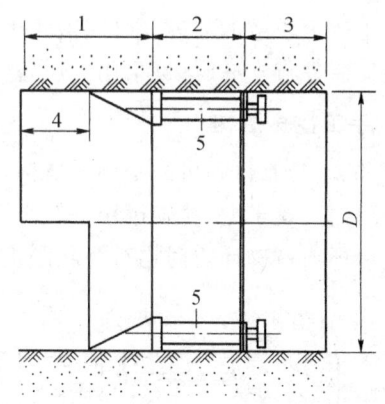

1—切削环;2—支撑环;3—衬砌环;
4—盾檐;5—千斤顶;D—盾构直径

图 3.21 盾构构造示意图

盾构施工时,由盾构千斤顶将盾构推进。在同一土层内所需施工顶力为一常值,向一个方向掘进长度不受顶力大小的限制,铺设单位长度管沟所需要的顶力较掘进顶管要少。盾构施工不需要坚实的后背,长距离掘进也不需要泥浆泵、中继间等附加设施。

盾构断面可以做成任何形状,采用最多的为圆形断面。安装不同的掘进机构,盾构可在岩层、砂卵石层、密实砂层、黏土层、流砂层和淤泥层中掘进。由于盾构的机动性,也可以开

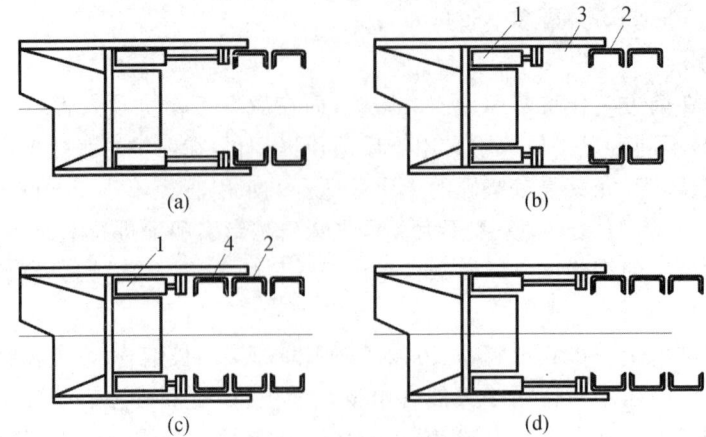

1—盾构千斤顶；2—砌块；3—千斤顶复位后预留空位；4—新铺砌块

图 3.22 盾构施工过程

挖曲线走向的隧道。

3.3.2 盾构的形式及特点

确定盾构形式时，要考虑到掘进地段的土质、施工段长度、地面情况、隧道形状、隧道用途、工期等因素。

根据挖掘形式，可分为手工挖掘盾构、半机械盾构和机械化盾构。根据切削环与工作面的关系，可分为开放式或密闭式。当土质较差，应在工作面上进行全断面或部分断面的支撑。当土质为松散的粉砂、细砂、液化土等，为了保持工作面稳定，应采用密闭式盾构。当需要对工作面进行支撑时，可采用气压盾构或泥水压力盾构。

1. 手工挖掘盾构

图 3.23 为有衬砌机的手掘式盾构，由外壳、作业部分、顶进部分和衬砌机等组成，工人在切削环内开挖土方，衬砌机用于对水平直径以上部分进行砌块补砌。切削环与支承环之间和支承环与衬砌环之间均有环状隔板，以固定千斤顶。这种盾构设有导向板，但当误差已

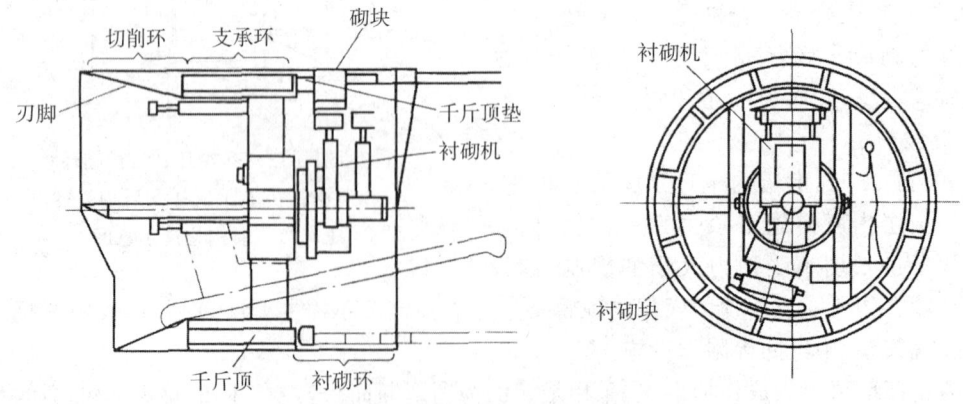

图 3.23 有衬砌机的手挖式盾构

经产生后,导向板会妨碍误差的纠正。

手掘盾构的优点是:盾构结构和设备位置简单,较大直径盾构的平台隔板可提高盾构的刚性,由于开挖面是开放的,操作人员可直接观察掘进过程中土质的情况,地下障碍物容易处理。容易做到在需要方向起挖,便于盾构斜偏。但是,手掘盾构的工人劳动强度大,在松散土层内施工开挖面容易坍方。含水土层内需要采用降水措施。为了防止松散土层或含水土层对施工的影响,也可采用气压人工掘进盾构。在地层条件较好的断面掘进时,手掘盾构仍被广泛采用。

2. 机械、半机械盾构

半机械盾构是用反铲挖土机或螺旋切削机代替人工掘进。当盾构直径大于 5 m 时,也可设工作平台,分层开挖。半机械化盾构的也适宜于较好土层的掘进。这种盾构的制造费较机械化盾构低得多,又可减轻工人劳动强度。

机械化盾构的种类很多,旋转切削刀盘由液压或电力机械带动,可作正、反双向转动切削。大刀盘可分为刀架间有封板和无封板两种。前者可支撑开挖面,后者只宜在地质条件较好情况下掘进。

3. 密闭式盾构

密闭式盾构又称挤压式盾构,如图 3.24 所示,是在盾构的开挖面上用钢制胸板密闭。按工作面分有全断面密闭和非全断面密闭。全断面密闭盾构又称闭腔挤压盾构,由于采用不出土挤压土层掘进,可能导致地面隆起,因此,一般只适用于高液化黏土层掘进,如海底和深水河底淤泥层中掘进。开孔放土的非全断面密闭的局部挤压盾构,如出土控制较好,可在建筑物下掘进。但出土一般较难控制,从而导致对地层扰动和地形变化,因此,也不宜在建筑物下面或毗邻地段施工。

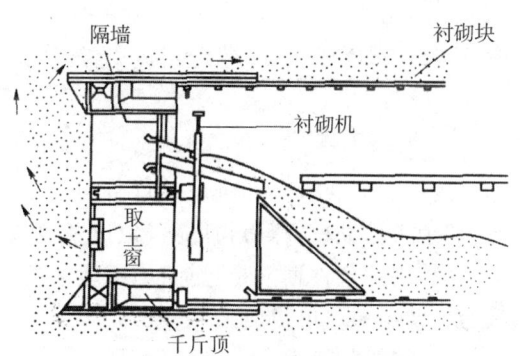

图 3.24 密闭式盾构

密闭式盾构在饱和弱土层内掘进时,在盾构正面胸板上可开设用于纠偏和减少顶力的进土孔,进土孔大小可用闸门或闸门千斤顶调节。掘进时,调整进土孔位置及进土孔开口大小来调节掘进方向和顶力大小。

在饱和较弱土层中掘进,还可采用网格式盾构。盾构开挖用钢板隔成很多小开口格栅,掘进时,开挖面土层被切成条状土体格入切削环内,落入底部提土转盘内,经提升由刮板运输机运出。这种盾构的特点是半封闭掘进,对土体的挤压作用较小,因而引起的地层变形也较小。此外,当盾构停止掘进时,地层的正面主动土压力与网格周边的摩擦力相等,从而使开挖面稳定,防止正面坍塌。

闭腔机械化盾构又分为气压盾构、局部气压盾构、泥水加压盾构和土压平衡盾构等。

气压盾构是借压缩空气对饱和软弱土层的工作面加以支撑,全部气压盾构施工是在整个沟渠施工段内增加气压,局部气压盾构是在开放式盾构的切削环与支承环之间设置气压舱,把切削环与支撑环隔绝,使开挖面与切削环形成一个密封舱,在切削环内形成一定压力,支撑工作面。采用局部气压盾构,施工人员可不在高压空气中操作,消除了压缩空气对施工人员的危害。当工人在切削环与支承环之间进出时,经过气压舱升压降压。但是局部气压盾构会在松散地层、盾构的非气压部分、盾壳与土层间隙、砌块缝隙以及密封舱的出土口等处漏气,影响使用。

泥水加压盾构是在盾构切削环的密封舱内通入泥水(泥浆),用泥水压力支撑工作面,进行全断面机械化切削,掘下的土方经刀盘和旋转搅拌器与工作泥水混合,由输泥管输出,并由泥浆泵提升到地面。泥水加压盾构对土质种类的适应性很强。但是,在高透水性的粗砂、砂砾层内,也可能发生开挖面崩坍或泥水逸出等事故。此外,如掘进过程中遇到障碍物也较难清除。

土压平衡式盾构,又称削土密闭盾构或泥土加压盾构。在切削环与支承环之间设密封隔板,切削环形成一个密闭舱。在工作面被切削的土方中掺入一种特殊的具有流动性和不透水性的外加剂,经过搅拌混合,使被切削土方具有流动性和不透水性,填满切削环密闭舱及长角形螺旋输送器。盾构向前掘进,对混合土方加压,从而使混合土方传递压力而支撑工作面。

盾构形式和种类十分繁多,应该根据具体的施工条件设计或选用。

3.3.3 盾构施工的勘察和准备工作

1. 勘察工作

为了安全、迅速、经济地进行盾构施工,应该在盾构施工前进行勘察工作。勘察的内容有:用地条件勘察、障碍物勘察、地形及地质勘察等。

(1)用地条件勘察是包括:施工地区的情况;工作坑、仓库、料场的占地可能性;道路条件和运输情况,水、电供应条件等。

(2)障碍物勘察包括:地上和地下障碍物的调查。

(3)地形及地质勘察的内容包括:地形、地层柱状图、土质、地下水等。

然后,根据勘察结果,编制盾构施工方案。

2. 施工的准备工作

盾构施工的准备工作包括:测量定线、工作坑开挖、衬砌块准备、盾构机的组装和试运转、降低地下水位和土层加固等。

测量定线有工作坑上测量和工作坑下测量。工作坑上测量包括:导线测量和水准测量、确定工作坑的中心线和地面高程,设置中心线桩和水准点。工作坑下测量是从地面基点向坑内引入中心线和水准点,测量方法和顶管工作坑的测量方法相同。

工作坑可用大开槽方法建成。根据情况,也可用沉井或连续壁修建如果需要在工作坑内拼装盾构,工作坑面积应保证拼装的要求。

砌块在混凝土预制构件厂或施工现场准备。衬砌块环应在坑上地面预装配。

盾构在含水层内掘进,如果不采用水力开挖,应在施工前降低地下水位或冻结加固。降水可用井点系统。盾构在弱土层内掘进,如果不采用气压盾构或泥水加压盾构,应在施工前采用药液或冻结加固方法加固土层。

3.3.4 盾构的下放与始顶

盾构开始顶进时的工作坑内称起点井。施工完毕,盾构从地下取出,也需开挖工作坑,称终点井。如果盾构的掘进长度很长,开设中间井以减少土方和材料的地下运输距离。起点井和中间井间距以及各中间井间距,取 150～300 mm。

盾构从起点井进入土层时,起点井壁挖口土方很易坍塌,应对土层局部进行加固,如图 3.25 所示。

整体盾构可用起重设备下放到起点井,类似顶管施工时下管。大直径盾构难以进行整体搬运时,可在现场组装。如果难以将盾构从地面运入坑内,则需要在工作坑内装配。

盾构安放在导轨上顶进。盾构自起点井开始至其完全没入土中前这一段距离,借另外的千斤顶顶进,如图 3.26 所示。

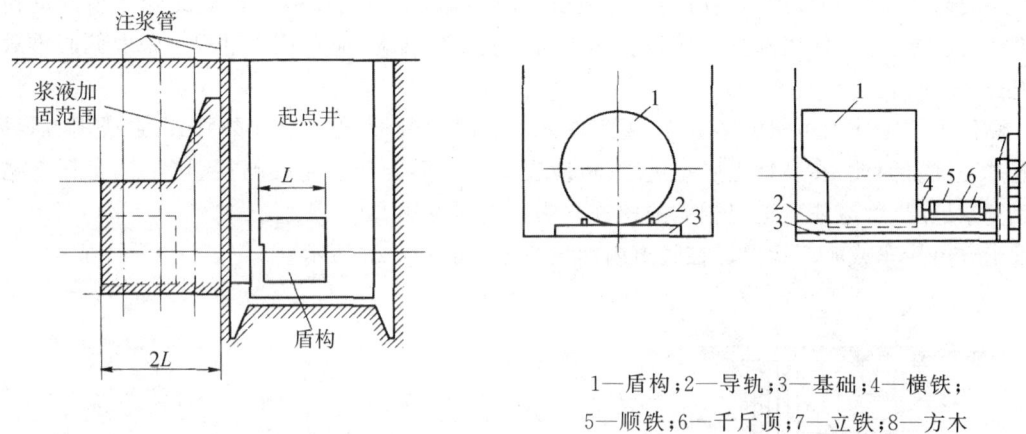

1—盾构;2—导轨;3—基础;4—横铁;
5—顺铁;6—千斤顶;7—立铁;8—方木

图 3.25 起点井土壁的局部加固　　图 3.26 盾构在导轨上始顶

盾构千斤顶以已砌好的砌块环作为支承结构推进盾构。在一般情况下,砌块环长度约需 30～50 m,才足以支承盾构千斤顶。在此之前,应设立临时支承结构。通常做法是:盾构已经没入土中后,在起点井后背与盾构衬砌环内,各设置一个其外径和内径均与砌块环的外径与内径相同的圆形木环。在两木环之间干砌半圆形的砌块环,而在木环水平直径以上用圆木支撑,如图 3.27 所示,作为始顶段的盾构千斤顶的支承结构。随着盾构的推进,第一圈永久性砌块环用黏结料紧贴木材砌筑。

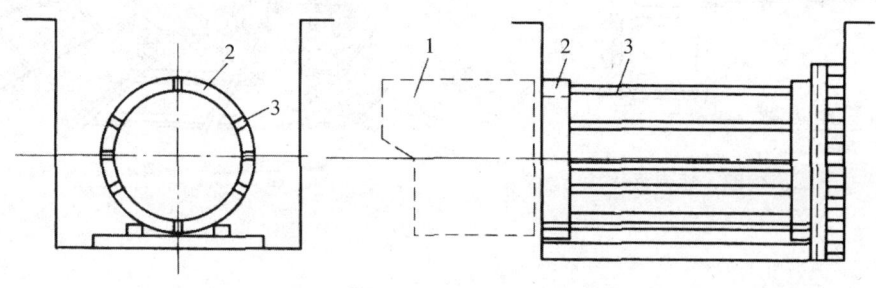

1—盾构;2—木环;3—撑杆
图 3.27 始顶段盾构千斤顶支撑结构

3.3.5 盾构掘进的挖土及顶进

盾构掘进挖土是在切削环保护罩内进行,挖土应依次进行到全部挖掘面,工作面挖成锅底形,一次挖深一般等于砌块的宽度。为了保证坑道形状正确,减少与砌块间的空隙,贴进盾壳的土应由切环切下,厚度约 10～15 cm。在工作面不能直立的松散土层中掘进时,先将盾构刃脚切入工作面,然后工人在保护罩切削环内挖土。当盾构刃脚难于先切入工作面,如砂砾石层,可以先挖后顶,但必须严格控制每次掘进的纵深。局部挖掘应从顶部开始,局部挖出的工作面应支设支撑,见图 3.28 所示。

盾构顶进应在砌块衬砌后立即进行。盾构顶进时,应保证工作面稳定不被破坏。顶进速度常为 50 mm/min。顶进过程中一般应对工作面支撑、挤紧。顶进时,千斤顶实际最大顶力不能使砌块等后都结构遭到破坏。弯道、变坡掘进和校正误差时,应使用部分千斤顶顶进。还要防止误差和转动。当盾构穿越地段土质不匀,即使估计可能在全部千斤顶开动情况不产生误差,也应使用部分千斤顶。如盾构可能发生转动,应在顶进过程中采取偏心堆载措施。

黏性土的工作面虽然能够直立,但工作面停放时间过长,土面会向外胀鼓,造成坍方,导致地基下沉。因此,在黏性土层掘进时,也应支撑。在砂土与黏土交错层、壤土与岩石交错层等复杂地层,都应注意选定相应的挖掘方法和支撑方法。

土方由斗车或矿车运出。在隧道内铺设轨道,如图 3.29 所示。

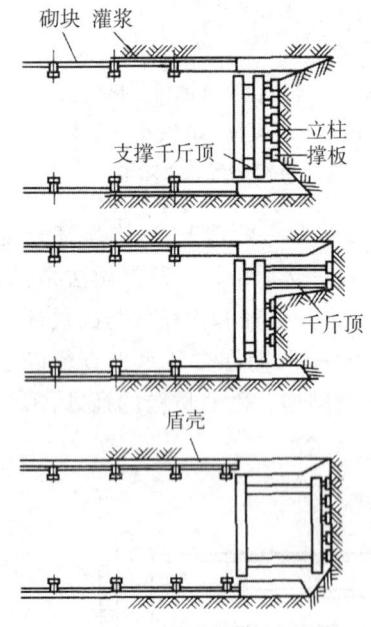

图 3.28 手挖盾构的工作面支撑

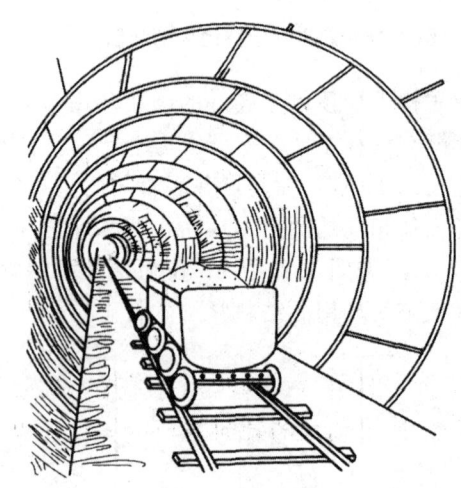

图 3.29 盾构内运土

3.3.6 盾构的砌块及衬砌方法

盾构顶进后,新的开挖断面应及时进行衬砌。衬砌的目的是:砌体作为盾构千斤顶的后背,承受顶力,掘进施工过程中作为支撑;盾构施工结束后作为永久性承载结构。

通常采用钢筋混凝土或预应力钢筋混凝土砌块。砌块形状有矩形、梯形、中缺形等。矩形砌块如图 3.30 所示,根据施工条件和盾构直径,确定每环的分割数。矩形砌块形状简单,容易砌筑,产生误差时容易纠正,但整体性差。梯形砌块的衬砌环的整体性较矩形砌块为好。为了提高砌块环的整体性,可采用图 3.31 所示的中缺形砌块,但安装技术水平要求高,而且产生误差后不易调整。砌块的连接有平口和企口两种。企口接缝防水性好,但拼装不易。

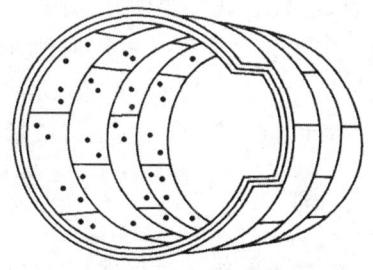

图 3.30 矩形砌块

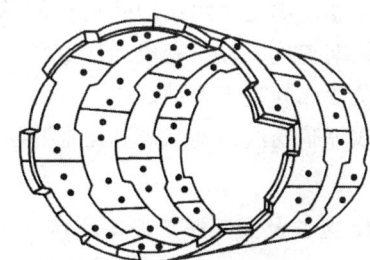

图 3.31 中缺形砌块

砌块用黏结剂连接。黏结剂要有足够的黏着力,良好的不透水性、涂抹容易,砌筑后黏接料不易流失,连接厚度不致因千斤顶顶压而过多地减薄,并且成本低廉。常用黏结剂有沥青胶或环氧胶泥等。

为了提高砌块的整圆度和强度,可采用如图 3.32 所示的彼此间有螺栓连接的砌块。螺栓不仅将一环中相邻两砌块连接,而且也将相邻两环砌块连接。为了提高单块刚性,砌块最好带肋。每环砌块的肋数不应小于盾构的千斤顶数。

衬砌后还要用水泥砂浆灌入砌块外壁与土壁间留有的空隙,故一部分砌块应有灌注孔。通常,每隔 3~5 环有一灌注孔环,此环上设有 4~10 个灌注孔,灌注孔直径不小于 36 mm,填灌的

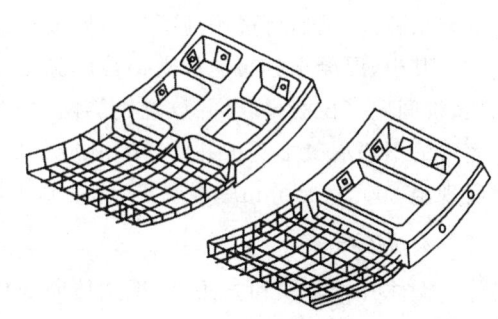

图 3.32 螺栓连接的砌体

材料有水泥砂浆、细石混凝土、水泥净浆等。这种填充空隙的作业称为"缝隙填灌"。

灌浆作业应该在盾尾土方未坍以前进行。灌入顺序是自下而上,左右列称地进行,以防止砌块环周的孔隙宽度不均匀。浆料灌入量应为计算孔隙量的 130~150%。灌浆时应防止料浆漏入盾构内,为此,在盾尾与砌块外皮间应作止水。

砌块砌筑和缝隙填灌合称为盾构的一次衬砌。

二次衬砌按隧道使用要求而定,在一次衬砌质量完全合格的情况下进行。二次衬砌采用浇灌细石混凝土,或采用喷射混凝土。在给水排水工程中,当隧道作为管廊时,应在隧道内修建管架。

3.4 其他暗挖法简介

3.4.1 浅埋暗挖法

浅埋暗挖法是一种在离地表很近的地下进行各种类型地下洞室暗挖施工的方法。在明挖法、盾构法不适应的条件下,如北京长安街下的地铁修建工程,浅埋暗挖法显示了巨大的优越性。

浅埋暗挖法施工步骤是:先将钢管打入地层,然后注入水泥或化学浆液,使地层加固;开挖面土体支护是采用浅埋暗挖法的基本条件;地层加固后,进行短进尺洞体开挖;随后即作洞体初期支护;最后,完成二次支护。若遇有地下水,则增加了施工难度。采用何种方法降水和防渗成为施工关键。

浅埋暗挖法的施工需利用监控测量获得的信息进行指导,这对施工的安全与质量都是重要的。

1. 竖井及竖井井壁施工方法

竖井的作用如同顶管法施工的工作坑,它作为浅埋暗挖法临时施工过程进、出口以及建成后永久性地下管线检查井、热力管线井室、地下通道进、出口等用途。

竖井的开挖应根据土层的性质、地下水位高低、竖井深浅以及周围施工环境等因素,选择适宜的竖井井壁施工方法。

竖井内尽量减少或少用横向加固支撑,致使竖井井壁所承受压力增大,这就要求井壁刚度要求较高,因而可选用地下连续墙或喷射混凝土分布逆作支护法进行施工。

其中,混凝土分布逆作支护法的施工要点:是按一定间距排布工字钢桩群为井壁支撑骨架,桩间用横拉筋焊联,并放置钢筋网片,然后向工字钢喷射一定厚度的混凝土,而形成一个完整的钢筋混凝土支护井壁。竖井应分层施工直至井底。井底设一定间距工字钢底撑,然后现浇 300~400 mm 厚混凝土,作为施工期间临时底板。

2. 洞体开挖

洞体开挖步骤和方法,要视洞体断面尺寸大小,土质情况,确定每一循环掘进长度,一般控制在 0.5~1.0 m 范围内。为了防止工作面土壁失稳滑坡,每一循环掘进均保留核心土,其平均高度为 1.5 m,长度 1.5~2.0 m。洞体断面大,净空高,掘进是应采用"微台阶",台阶长度为洞高 0.8 倍左右,一般掌握 3.0~4.0 m 以内。

在洞体开挖中为了确保安全,及时封闭整环钢框架,减少地表沉降。若开挖断面大,可分为上、下两个开挖台阶,每一循环掘进长度定为 0.5~0.6 m,下台阶没开挖 0.6 m,则应支护钢架整圈封闭一次。

3. 初期支护

洞体边开挖边支护,初期支护是二次衬砌作业前保证土体稳定,抑制土层变形和地表沉降的最重要环节。一般初期支护除采用钢筋格网拱架、钢筋网喷射混凝土以外,还根据现场特点采用有针对性的技术措施。

无注浆钢筋超前锚杆 锚杆可采用Φ22螺纹钢筋,长度一般为2.0~2.5 m,环向排列,其间距视土壤情况确定,一般为0.2~0.4 m,排列至拱脚处为止。锚杆每一循环掘进打入一次。可用风动凿岩机打入拱顶上部,钢锚杆末端要焊接在拱架上。此法适用于拱顶土壤较好情况下,是防止坍塌的一种有效措施。

注浆小导管 当拱顶土层较差,需要注浆加固时,利用导管代替锚杆。导管可采用直径为32 mm钢管,长度为3~7 m,环向排列间距为0.3 m,仰角7°~12°。导管管壁设有出浆孔,呈梅花状分布。导管可用风动冲击钻机或水平钻机成孔,然后推入空内。

喷射混凝土 喷射混凝土是借助喷射机械,利用压缩空气或其他动力,将按一定配合比的拌和料,通过管道输送并以高速喷射到受喷面上凝结硬化而成的一种混凝土。

根据喷射混凝土拌和料的搅拌和运输方式,喷射方式一般分为干式和湿式两种。常采用干式。

干式喷射是依靠喷射机压送干拌和料,在喷射处加水。在国外应用较为普遍,它的主要优点是设备简单,输送距离长,速凝剂可在进入喷射机前加入。

湿式喷射是用喷射机压送湿拌和料(加入拌和水),在喷嘴处加入速凝剂。它的主要优点是拌和均匀,水灰比能准确控制,混凝土质量容易保证,而且粉尘少,回弹较少。但设备较干喷机复杂,速凝剂加入也较困难。

回填注浆 在暗挖法施工中,在初期支护的拱顶上部,由于喷射混凝土与土层为密贴,拱顶下沉形成空隙,为防止地面下沉,采用水泥浆液回填注浆。这样不仅挤密拱顶的土体,而且加强了土体与初期支护的整体性,有效防止地面的沉降。

注浆设备可采用灰浆搅拌机和柱塞式灰浆泵,根据地层覆盖条件确定注浆压力,一般为50~200 kPa范围内。

4. 二次衬砌

完成初期支护施工后,需进行洞体二次衬砌,二次衬砌采用现浇筑钢筋混凝土结构。混凝土强度选用C20以上,坍落度为18~20 cm高流动混凝土。采用墙体和拱顶分步浇筑方案,即先浇侧墙,后浇拱顶,拱顶部分采用压力式浇筑混凝土。

浅埋暗挖法既可作为独立的施工方法,也可以与其他施工方法综合使用,如天安门西站、王府井站、东单站则是用浅埋暗挖法与盖挖法相结合的方法修建的。目前浅埋暗挖法已有自己全套设计、施工理论,作为一种方法已被国内外所采用。

3.4.2 盖挖逆作法

盖挖逆作法可作为市区修建地下人行通道,地铁车站等工程的施工方法。其施工程序(图3.33)概括为:开挖路面及土槽至顶板底面标高处,制作土模、两端防水,绑扎顶板钢筋,浇筑顶板混凝土,重做路面,恢复交通,开挖竖井,转入地下暗挖导洞、喷锚支护侧壁,分段浇筑L形墙基及侧墙,开挖核心土体,浇筑底板混凝土,装修等过程。

盖挖法结构要采取防水措施,如顶板可采用阳离子乳化沥青胶乳冷涂工艺;底板和侧墙可在找平层上,用PPE-3聚合乙烯卷材热熔黏结工艺。除防水层外,还可以采用补偿收缩混凝土方法,减少了干缩、温度引起的施工裂缝,从而提高了混凝土自身的抗渗性能。

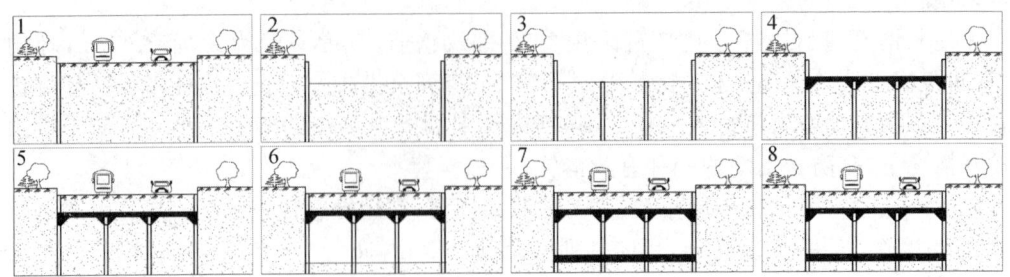

1—边桩施工；2—破路面挖土；3—中间柱施工；4—顶板施工；5—路面恢复通车；
6—开挖地下空间；7—地下空间底板施工；8—地下空间侧墙施工

图 3.33 盖挖逆作法施工过程

3.4.3 管棚法

管棚法与盖挖逆作法主要不同点是不需要破坏路面，不影响地面交通。在管棚的保护下，可安全地进行施工。

管棚法的施工程序为：开挖工作竖井，水平钻孔，安设管棚钢管，向管内注入砂浆，按次序暗挖管棚下土体，立钢框架并喷射混凝土作为初期支护，绑扎钢筋，支设模板，浇注混凝土衬砌，拆除支撑进行装修等过程。

管棚法施工特点：

1. 管棚施工

管棚设置是管棚法施工的关键工序，它可分为三个步骤。

(1)钻机安装就位　当工作竖井挖至安装水平钻机需要深度，并完成井壁支护，即可搭设施工操作平台，安装钻机。

(2)钻孔插管　按井壁上标定的钻孔位置依次钻孔和插管。管棚钢管直径 $\Phi 115$ 或 $\Phi 113 \times 3.5$ 无缝钢管。钢管表面钻孔，孔径为 10 mm，孔距 200 mm。

(3)注浆加固　管棚钢管埋设完毕后，管口封上注浆堵头，再往管内注水泥浆，并充满管体。注入压力可控制在 0.05～0.10 MPa。

2. 通道开挖

当通道开挖断面大，为了施工安全，可将开挖面分成几个开挖区域，每个区域又分上下两个开挖台阶。

每一开挖循环长度为 0.5～0.6 m，下台阶每开挖 0.6 m，支护钢架整体封闭一次。在开挖区域上台阶工作面时要留部分核心土，以稳定开挖面土体。下台阶工作面也应留有一定的坡度，防止滑坡。

除上述两点以外，其余各工序与盖挖逆作法基本相同。

复习思考题

3.1 试述地下给排水管道不开槽施工的特点及其适用范围。
3.2 地下给水排水管道不开槽施工的方法有哪几种?各有何特点?
3.3 人工掘进顶管的工作坑如何选择?
3.4 人工掘进顶管工作坑分为几种?各适合什么条件?
3.5 试述掘进顶管工作坑的施工方法。
3.6 掘进顶管常用哪些工作坑基础?各适合哪些场合?
3.7 掘进顶管工作坑内导轨的作用是什么?如何选择?
3.8 简述掘进顶管后背墙的要求和形式。
3.9 人工掘进顶管时,对管前挖土有何要求?
3.10 掘进顶管时,有哪些挖土与运土方式?各自特点如何?
3.11 试述延长顶管方法与特点。
3.12 掘进顶管中,管道测量的目的是什么?有哪些测量方法?其特点如何?
3.13 掘进顶管的质量要求有哪些?
3.14 掘进顶管施工中,出现管道误差的原因是什么?如何防止?
3.15 掘进顶管中,若出现管道误差,可采取哪些方法进行校正?
3.16 掘进顶管常采取哪些内接口?各适合什么条件?
3.17 试述挤密土顶管的特点及其适用条件。
3.18 出土挤压顶管施工的特点及其适用条件是什么?
3.19 简述不出土挤压施工的特点及其适用条件。
3.20 试述管道牵引不开槽施工的特点及其适用条件。
3.21 管道牵引不开槽施工可分为哪几种?各适合什么条件?
3.22 盾构法施工的特点是什么?适用于哪些场合?
3.23 盾构由哪几部分组成?各部分有何作用?

第四章 附属构筑物施工及管道维护

教学要求：通过本章的学习，使学生掌握检查井、雨水口和阀门井的施工工艺；了解支墩和阀件安装的施工工艺；了解室外给水管道、排水管道、地下燃气管道、热力管道、通信管线和电力电缆的维护方法。

4.1 附属构筑物施工及阀件安装

4.1.1 检查井施工

检查井一般分为现浇钢筋混凝土、砖砌、石砌、混凝土或钢筋混凝土预制拼装等结构形式，其中以砖（或石）砌检查井居多。

1. 施工工艺

(1) 砌筑检查井施工

①检查井基础施工。在开槽时应计算好检查井的位置，挖出足够的肥槽。浇筑管道混凝土平基时，应将检查井基础宽度一次浇够，不能采用先浇筑管道平基，再加宽的办法做井基。

②排水管道检查井内的流槽及井壁应同时进行浇筑，当采用砌块砌筑时，表面应用水泥砂浆分层压实抹光，流槽与上、下游管道接顺。

③砌筑时管口应与井内壁平齐，必要时可伸入井内，但不宜超过 30 mm。不准将截断管端放入井内；预留管的管口应封堵严密，并便于拆除。

④检查井的井壁厚度常为 240 mm，用水泥砂浆砌筑。圆形砖砌检查井采用全丁式砌筑，收口时，如四面收口则每次收进不超过 30 mm；如为三面收口则每次收进不超过 50 mm。矩形砖砌检查井采用一顺一丁式砌筑。检查井内的踏步应随砌随安，安装前应刷防锈漆，砌筑时水泥砂浆埋固，在砂浆未凝固前不得踩踏。

⑤检查井内壁应用原浆勾缝，有抹面要求时，内壁用水泥砂浆抹面并分层压实，外壁用水泥砂浆搓缝严实。抹面和搓缝高度应高出原地下水位以上 0.5 m。

⑥井盖安装前，井室最上一皮砖必须是丁砖，其上用 1∶2 水泥砂浆座浆，厚度为 25 mm，然后安放盖座和井盖。

⑦检查井接入较大管径的混凝土管道时，应按规定砌砖券。管径大于 800 mm 时砖券高度为 240 mm；小于 800 mm 时砖券高度为 120 mm。砌砖券时应由两边向顶部合拢砌筑。

⑧有闭水试验要求的检查井,应在闭水试验合格后再回填土。
⑨砌筑井室应符合下列要求:
a. 砌筑井壁应位置准确、砂浆饱满、灰缝平整、抹平压光,不得有通缝、裂缝等现象;
b. 井底流槽应平顺、圆滑、无杂物;
c. 井圈、井盖、踏步应安装稳固,位置准确;
d. 砂浆标号和配合比应符合设计要求。

(2) 预制检查井安装
①应根据设计的井位桩号和井内底标高,确定垫层顶面标高、井口标高及管内底标高等参数,作为安装的依据。
②按设计文件核对检查井构件的类型、编号、数量及构件的重量。
③垫层施工不得扰动井室地基,垫层厚度和顶面标高应符合设计规定,长度和宽度要比预制混凝土底板的长、宽各大 100 mm,夯实后用水平尺校平,必要时应预留沉降量。
④标示出预制底板、井筒等构件的吊装轴线,先用专用吊具将底板水平就位,并复核轴线及高程,底板轴线允许偏差±20 mm,高程允许偏差位±10 mm。底板安装合格后再安装井筒,安装前应清除底板上的灰尘和杂物,并按标示的轴线进行安装。井筒安装合格后再安装盖板。
⑤当底板、井筒与盖板安装就位后,再连接预埋连接件,并做好防腐。然后将边缝润湿,用 1:2 水泥砂浆填充密实,做成 45°抹角。当检查井预制件全部就位后,用 1:2 水泥砂浆对所有接缝进行里、外勾平缝。
⑥最后将底板与井筒、井筒与盖板的拼缝,用 1:2 水泥砂浆填满密实,抹角应光滑平整,水泥砂浆标号应符合设计要求。当检查井与刚性管道连接时,其环形间隙要均匀、砂浆应填满密实;与柔性管道连接时,胶圈应就位准确、压缩均匀。

(3) 现浇检查井施工
①按设计要求确定井位、井底标高、井顶标高、预留管的位置与尺寸。
②按要求支设模板。
③按要求拌制并浇筑混凝土。先浇底板混凝土、再浇井壁混凝土、最后浇顶板混凝土。混凝土应振捣密实,表面平整、光滑,不得有漏振、裂缝、蜂窝和麻面等缺陷;振捣完毕后进行养护,达到规定的强度后方可拆模。
④井壁与管道连接处应预留孔洞,不得现场开凿。
⑤井底基础应与管道基础同时浇筑。

2. 质量要求

检查井施工允许误差应符合表4.1的规定。

4.1.2 雨水口施工

1. 施工工艺

雨水口一般采用砖、石砌筑施工,砌筑工艺与检查井相同,要点如下:
(1) 按道路设计边线及支管位置,定出雨水口中心线桩,使雨水口的长边与道路边线重合(弯道部分除外)。

(2)根据雨水口的中心线桩挖槽,挖槽时应留出足够的肥槽,如雨水口位置有误差应以支管为准进行核对,平行于路边修正位置,并挖至设计深度。

(3)夯实槽底。有地下水时应排除并浇筑100 mm的细石混凝土基础;为松软土时应夯筑3:7灰土基础,然后砌筑井墙。

(4)砌筑井墙

①按井墙位置挂线,先干砌一层井墙,并校对方正。一般井墙内口为680 mm×380 mm时,对角线长779 mm;内口尺寸为680 mm×410 mm时,对角线794 mm;内口尺寸为680 mm×415 mm时,对角线长797 mm。

表4.1 检查井施工允许误差

mm

项　目			允许偏差	检验频率		检验方法
				范围	点数	
井深尺寸	长、宽		±20	每座	2	用尺量,长宽各计一点
	直径		±20	每座	2	用水准仪测量
井口高程	非路面		±20	每座	1	用水准仪测量
	路面		与道路规定一致	每座	1	用水准仪测量
井底高程	安管	$D \leq 1000$	±10	每座	1	用水准仪测量
		$D > 1000$	±15	每座	1	用水准仪测量
	顶管	$D < 1500$	+10,-20	每座	1	用水准仪测量
		$D \geq 1500$	+10,-40	每座	1	用水准仪测量
踏步安装	水平及竖直间距外露长度		±10	每座	1	用尺量,计偏差较大者
脚窝	高、宽、深		±10	每座	1	用尺量,计偏差较大者
流槽宽度			+10	每座	1	用尺量

注:①表中 D 为管径(mm)。

②砌筑井墙。雨水口井墙厚度一般为240 mm,用MIJ10砖和M10水泥砂浆按一顺一丁的形式组砌,随砌随刮平缝,每砌高300 mm应将墙外肥槽及时填土夯实。

③砌至雨水口连接管或支管处应满卧砂浆,砌砖已包满管道时应将管口周围用砂浆抹严抹平,不能有缝隙,管顶砌半圆砖券,管口应与井墙面平齐。当雨水连接管或支管与井墙必须斜交时,允许管口进入井墙20 mm,另一侧凸出20 mm,超过此限时必须调整雨水口位置。

④井口应与路面施工配合同时升高,当砌至设计标高后再安装雨水箅。雨水箅安装好后,应用木板或铁板盖住,以免在道路面层施工时,被压路机压坏。

⑤井底用C10细石混凝土抹出向雨水口连接管集水的泛水坡。

(5)安装井箅。井箅内侧应与道牙或路边成一条直线,满铺砂浆,找平坐稳,井箅顶与路面平齐或稍低,但不得凸出。现浇井箅时,模板支设应牢固、尺寸准确,浇筑后应立即养护。

2. 施工注意事项

(1)位置应符合设计要求,不得歪扭;
(2)井箅与井墙应吻合;
(3)井箅与道路边线相邻边的距离应相等;
(4)内壁抹面必须平整,不得起壳裂缝;
(5)井箅必须完整无损、安装平稳;
(6)井内严禁有垃圾等杂物,井周回填土必须密实;
(7)雨水口与检查井的连接应顺直、无错口;坡度应符合设计规定。

3. 质量要求

雨水口施工允许误差应符合表4.2的规定。

表 4.2 雨水口允许误差

顺序	项 目	允许偏差/mm	检验频率		检验方法
			范 围	点 数	
1	井圈与井壁吻合	10	每座	1	用尺量
2	井口高	0 −10	每座	1	与井周路面比
3	雨水与路边线平等位置	20	每座	1	用尺量
4	井内尺寸	+20 0	每座	1	用尺量

4.1.3 阀门井施工

1. 施工工艺

阀门井一般采用砖、石砌筑施工,砌筑工艺与检查井相同,要点如下:

(1)井底施工要点

①用C10混凝土浇筑底板,下铺150 mm厚碎石(或砾石)垫层,无论有无地下水,井底均应设置集水坑;

②管道穿过井壁或井底,须预留50~100 mm的环缝,用油麻填塞并捣实或用灰土填实,再用水泥砂浆抹面。

(2)井室的砌筑要点

①井室应在管道铺设完毕、阀门装好之后着手砌筑,阀门与井壁、井底的距离不得小于0.25 m;雨天砌筑井室,须在铺设管道时一并砌好,以防雨水汇入井室而堵塞管道。

②井壁厚度为240 mm,通常采用MU10砖、M5水泥砂浆砌筑,砌筑方法同检查井。

③砌筑井壁内外均需用1:2水泥砂浆抹面,厚20 mm,抹面高度应高于地下水最高水位0.5 m。

④爬梯通常采用Φ16钢筋制作,并防腐,水泥砂浆未达到设计强度的75%以前,切勿脚

踏爬梯。

⑤井盖应轻便、牢固、型号统一、标志明显;井盖上配备提盖与撬棍槽;当室外温度小于等于－21℃时,应设置为保温井口,增设木制保温井盖板。安装方法同检查井井盖。

⑥盖板顶面标高应与路面标高一致,误差不超过±50 mm,当在非铺装路面上时,井口须略高于路面,但不得超过 50 mm,并有 2% 的坡度做护坡。

2. 施工注意事项

(1)井壁的勾缝抹面和防渗层应符合质量要求;
(2)井壁同管道连接处应严密,不得漏水;
(3)阀门的启闭杆应与井口对中。

3. 质量要求

阀门井施工允许误差应符合表 4.3 的规定。

表 4.3 阀门井施工允许误差

项　　目		允许偏差/mm	检验频率		检验方法
			范　围	点　数	
井身尺寸	长、宽	±20	每座	2	用尺量,长宽各计一点
	直　径	±20	每座	2	用尺量
井盖高程	非路面	±20	每座	1	用水准仪测量
	路　面	与道路规定一致	每座	1	用水准仪测量
底高程	$D<1000$ mm	±10	每座	1	用水准仪测量
	$D>1000$ mm	±15	每座	1	用水准仪测量

4.1.4 支墩施工

1. 材料要求

支墩通常采用砖、石砌筑或用混凝土、钢筋混凝土现场浇筑,其材质要求如下:
(1)砖的强度等级不应低于 MU7.5;
(2)片石的强度等级不应低于 MU20;
(3)混凝土或钢筋混凝土的强度等级不应低于 C10;
(4)砌筑用水泥砂浆的强度等级不应低于 M5。

2. 支墩的施工

(1)平整夯实地基后,用 MU7.5 砖、M10 水泥砂浆进行砌筑。遇到地下水时,支墩底部应铺 100 mm 厚的卵石或碎石垫层。
(2)水平支墩后背土的最小厚度不应小于墩底到设计地面深度的 3 倍。
(3)支墩与后背的原状土应紧密靠紧,若采用砖砌支墩,原状土与支墩间的缝隙,应用砂浆填实。
(4)对水平支墩,为防止管件与支墩发生不均匀沉陷,应在支墩与管件间设置沉降缝,缝间垫一层油毡。

(5)为保证弯管与支墩的整体性,向下弯管的支墩,可将管件上箍连接,钢箍用钢筋引出,与支墩浇筑在一起,钢箍的钢筋应指向弯管的弯曲中心,钢筋露在支墩外面部分,应有不小于 50 mm 厚的 1∶3 水泥砂浆作保护层;向上弯管应嵌入支墩内,嵌进部分中心角不宜小于 135°。

(6)垂直向下弯管支墩内的直管段,应包玻璃布一层,缠草绳两层,再包玻璃布一层。

3. 支墩施工注意事项

(1)位置设置要准确,锚定要牢固;
(2)支墩应修筑在密实的土基或坚固的基础上;
(3)支墩应在管道接口做完、位置固定后再修筑;
(4)支墩修筑后,应加强养护、保证支墩的质量;
(5)在管径大于 700 mm 的管线上选用弯管,水平设置时,应避免使用 90°弯管,垂直设置时,应避免使用 45°弯管;
(6)支墩的尺寸一般随管道覆土厚度的增加而减小;
(7)必须在支墩达到设计强度后,才能进行管道水压试验,试压前,管顶的覆土厚度应大于 0.5 m;
(8)经试压支墩符合要求后,方可分层回填土,并夯实。

4.1.5　阀件安装

1. 安装要求

(1)阀件安装前应检查填料是否完好,压盖螺栓是否有足够的调节余量。
(2)法兰或螺纹连接的阀件应在关闭状态下进行安装。
(3)焊接阀件与管道连接焊缝的封底宜采用氩弧焊施焊,以保证其内部平整光洁。焊接时阀件不宜关闭,以防止过热变形。
(4)阀件安装前,应按设计核对型号,并根据介质流向确定其安装方向。
(5)水平管道上的阀件,其阀杆一般应安装在上半圆范围内。
(6)阀件传动杆(伸长杆)轴线的夹角不应大于 30°,有热位移的阀件,传动杆应有补偿措施。
(7)阀件的操作机构和传动装置应做必要的调整和固定,使其传动灵活,指示准确。
(8)安装铸铁、硅铁阀件时,须防止因强力连接或受力不均而引起损坏。
(9)安装高压阀件前,必须复核产品合格证。

2. 阀件安装

(1)水表的安装
①水表设置位置应尽量与主管道靠近,以减少进水管长度,并便于抄读、安拆,必要时应考虑防冻与卫生条件。
②注意水表安装方向,使进水方向与表上标志方向一致。旋翼式水表应水平安装,切勿垂直安装;螺翼式水表可水平、倾斜、垂直安装,但倾斜、垂直安装时,须保证水流流向自上

而下。

③为使水流稳定地流经水表,使其计量准确,表前阀门与水表之间的稳流段长度应大于或等于8~10倍管径。

④小口径水表在水表与阀门之间应装设活接头,以便于拆卸更换水表;大口径水表前后采用伸缩节相连,或者水表两侧法兰采用双层胶垫,以便于拆卸水表。

⑤大口径水表安装时应加旁通管,以便于当水表出现故障时,不影响通水。

(2)室外消火栓安装

①安装位置通常选定在交叉路口或醒目地点,距建筑物距离不小于5 m,距路边不大于2 m,地下式消火栓应在地面上明显标示,并保证栓口处接管方便。

②消火栓连接管管径应不小于100 mm。

③消火栓安装时,凡埋入土中的法兰接口均涂沥青冷底子油一道,热沥青两道,并用沥青麻布或塑料薄膜包严,以防锈蚀。

④寒冷地区应考虑防冻措施。

(3)安全阀安装

①安装方向应使管内水由阀盘底向上流出。

②安装弹簧式安全阀时,应调节螺母位置,使阀板在规定的工作压力下可以自动开启。

③安装杠杆式安全阀时,须保持杠杆水平,根据工作压力将重锤的重量与力臂调整好,并用罩盖住,以免重锤移动。

④安全阀应垂直安装,当发现倾斜时,应予纠正。

⑤在管道试运行时,应及时调校安全阀。

⑥安全阀的最终调整宜在系统上进行,开启压力和回座压力应符合设计规定,当设计无规定时,其开启压力为工作压力的1.05~1.15倍,回座压力应大于工作压力的0.9倍。调整时每个安全阀的启闭试验不得少于3次。安全阀经调整后,在工作压力下不得有泄漏。

(4)排气阀安装

①排气阀应设在管线的最高点处,一般管线隆起处均应设排气阀。

②在长距离输水管线上,每隔50~100 m应设置一个排气阀。

③排气阀应垂直安装,不得倾斜。

④地下管道的排气阀应安装在排气阀门井内,安装处应环境清洁,寒冷地区应采取保温措施。

⑤管道施工完毕试运行时,应对排气阀进行调校。

(5)排泥阀安装

①安装位置应有排除管内污物的场所。

②安装时应采用与排污水流成切线方向的排泥三通。

③安装完毕后应及时关闭排泥阀。

(6)泄水阀安装

①泄水阀应安装在管线最低处,用来放空管道及排除管内污水,一般常与排泥管合用。

②泄水阀放出的水,可直接排入附近水体;若条件不允许则设湿井,将水排入湿井内,再用水泵抽送到附近水体。

③安装完毕后应及时关闭泄水阀。

4.2 市政管道维护管理

市政管道工程施工完毕,经过一段时间的使用后,由于设计上的缺陷、工作条件和外界环境的变化、施工中存留的质量隐患、设备和材料的腐蚀老化等原因,会使管道系统的性能减退,丧失管道设施的功能,影响正常使用。因此,在使用过程中要对管道系统进行必要的维护管理,以保证其正常运行。

4.2.1 室外给水管道的维护

1. 常用的检漏方法

室外给水管道的维护与检修的主要内容是管道漏水问题,明设给水管道比较容易查出漏水部位,而埋地给水管道则不易查出。市政埋地给水管道出现明漏时,可根据一些迹象进行判断,如地面有水渗出;管道上部土泥泞或湿润;杂草生长比周围茂盛,冬天雪地有反常的融雪;用户水压突然降低;管道上部地面突然发生沉陷;排水管道内出现清水等。通过对上述现象的详细观察,就能判断出漏水点。市政埋地给水管道出现暗漏时,检查的手段主要是听漏法。

听漏法是通过漏水时产生声响的振动来确定漏水点,一般在夜间进行听漏,以免受其他噪声的干扰。常用的听漏工具有听漏器和电子检漏仪。

(1)听漏器的工作原理

当漏水冲击土壤或漏水从漏孔中喷出使管道本身发生振动时,其振动的频率传至地面,将听漏器放在地面上,通过共振由空气传至操作者耳中,即可听到漏水声,判断漏水点。

(2)电子检漏仪的工作原理

漏水声波由漏口处产生并通过管道向远处传播,同时也通过土壤从不同的方向传播到地面。电子检漏仪是专门探测管道泄漏噪声的仪器,其构造是一个简单的高频放大器,利用拾音器接收传到地面的声波振动信号,再把该振动信号通过放大系统以声音信号传至耳机及仪表中,从而可判断漏水点。

2. 常用的堵漏方法

查到漏水点后,可根据漏水原因、管道材质、管道连接方法,确定堵漏方法。常用的堵漏方法可分为承插口漏水的堵漏和管壁小孔漏水的堵漏。

(1)承插口漏水的堵漏方法

先把管内水压降至无压状态,然后将承口内的填料剔除再重新打口。如管内有水,应用快硬、早强的水泥填料(如氯化钙水泥和银粉水泥等)。对水泥接口的管道当承口局部漏水时,可不必把整个承口的水泥全部剔除,只需在漏水处局部修补即可。如青铅接口漏水,可重新打实接口或将部分青铅剔除,再用铅条填口打实。

(2)管壁小孔漏水的堵漏方法

管道由于腐蚀或砂眼造成的漏水,可采用管卡堵漏、丝堵堵漏、铅塞堵漏和焊接堵漏等方法。

管卡堵漏时,如水压较大应停水堵漏,如水压不大可带水堵漏。堵漏时将锥形硬木塞轻轻敲打进孔内堵塞漏水处,紧贴管外皮锯掉木塞外露部分,然后在漏水处垫上厚度为3 mm的橡胶板,用管卡将橡胶板卡紧即可。

丝堵堵漏时,以漏水点为中心钻一孔径稍大于漏水孔径的小孔,攻丝后用丝堵拧紧即可。

铅塞堵漏时,先用尖凿把漏水孔凿深,塞进铅块并用手锤轻打,直到不漏水为止。

焊接堵漏时,把管道降至无压状态后,将小孔焊实即可。

4.2.2 排水管道的维护

排水管道的维护的主要内容为管道堵漏和清淤。

排水管道漏水时,可根据漏水量的大小和管道的材质,采用打卡子或混凝土加固等方法进行维修,必要时应更换新管。

排水管道为重力流,发生淤积和堵塞的可能性非常大,常用的清淤方法有:

1. 水力清通法

将上游检查井临时封堵,上游管道憋水,下游管道排空,当上游检查井中水位提高到一定程度后突然松堵,借助水头将管道内淤积物冲至下游检查井中。为提高水冲效果,可借助"冲牛"进行水冲,必要时可采用水力冲洗车进行冲洗。

2. 竹劈清通法

当水力清通不能奏效时,可采用竹劈清通法。即将竹劈从上游检查井插入,从下游检查井抽出,将管道内淤物带出,如一根竹劈长度不够,可连接多根竹劈。

3. 机械清通法

当竹劈清通不能奏效时,可采用机械清通法。即在需清淤管段两端的检查井处支设绞车,用钢丝绳将管道专用清通工具从上游检查井放入,用绞车反复抽拉,使清通工具从下游检查井被抽出,从而将管道内淤物带出。根据管道堵塞程度的不同,可选择不同的清通工具进行清通。常用的清通工具有骨骼形松土器、弹簧刀式清通器、锚式清通器、钢丝刷、铁牛等。

清通后的污泥可用吸泥车等工具吸走,以保证排水管道畅通。我国目前常用的吸泥车主要有罱泥车、真空吸泥车、射流泵式吸泥车等,因排水管道中污泥的含水率相当高,现在一些城市已采用了泥水分离吸泥车。

4.2.3 地下燃气管道的维护

由于燃气是易燃、易爆、易使人中毒的气体,为确保燃气管道及其附件处于安全运行状态,必须对地下燃气管道进行周密的检查和维护。检查和维护的内容如下:

1. 燃气管道的检查:
(1)管道安全保护距离内不应有土壤塌陷、滑坡、下沉、人工取土、堆积垃圾或重物、管道裸露、深根植物及建(构)筑物等；

(2)管道沿线不应有燃气异味、水面冒泡、树草枯萎和积雪表面有黄斑等异常现象或燃气泄出声响等；

(3)施工单位应向城镇燃气主管部门申请现场安全监护，不应因其他工程施工而造成燃气管道的损坏、悬空等事故；

(4)不应有燃气管道附件损坏或丢失现象；

(5)应定期向周围单位和住户询问有无异常情况。发现问题，应及时上报并采取有效的处理措施。

2. 燃气管道检查应符合下列规定：

(1)泄漏检查可采用仪器检测或地面钻孔检查，可沿管道方向检测或从管道附近的阀门井、检查井或地沟等地下构筑物检测；

(2)对设有电保护装置的管道，应定期做测试检查；

(3)运行中的管道第一次出现腐蚀漏气点后，应对该管道选点检查其腐蚀情况，针对实际情况制定维护方案；管道使用 20 年后，应对其进行评估，确定继续使用年限，制定检测周期，并应加强巡视和泄漏检查。

3. 阀门的运行、维护应符合下列规定：

(1)阀门应定期检查，应无泄漏、损坏等现象，阀门井应无积水、塌陷，无影响阀门操作的堆积物等；

(2)阀门应定期进行启闭操作和维护保养(一般半年一次)；

(3)无法启动或关闭不严的阀门，应及时维修或更换。

4. 凝水器的运行、维护应符合下列规定：

(1)凝水器应定期排放积水，排放时不得空放燃气；在道路上作业时，应设作业标志。

(2)应定期检查凝水器护盖和排水装置，应无泄漏、腐蚀和堵塞情况，无妨碍排水作业的堆积物。

(3)凝水器排出的污水应收集处理，不得随意排放。

5. 补偿器接口应定期进行严密性检查及补偿量调整。

4.2.4 热力管道的维护

市政热力管道工程是城市建设的一项基础工程，保证热力管道良好运行，是涉及千家万户的供热采暖和工矿企业产品生产的大事情。因此，应采取有效的措施，做好热力管网的维护工作。

1. 热力管道的维护

(1)热力管道的维护

热力管道在运行期间通常不需要维护，只要保证管道的保温层和保护层完好即可，并要防止保温层受潮。

(2)热力管网中压力表的维护

热力管网中安装有压力表时，应经常进行维护并按时校验，保持压力表准确无误。热力管网的压力表一般只在需要测定管内压力时才与管内介质相通，测定完毕后应立即关闭压力表阀门,否则压力表长时间受到管内水、汽压力的作用,会引起弹簧或膜片松弛,使其失去准确性。

压力表也可测定管道内的堵塞情况。如果管段两端的压力表指示的压力相差过大,表明管内可能堵塞。压力表还可反映管网中是否存有空气,如果管网中有空气,压力表的指针会剧烈跳动。

(3)热力管网中阀门的维护

热力管网运行期间应做好阀门的维修工作,使阀门始终处于灵活状态。阀杆应定期进行润滑,填料的填装要松紧适度,密封面来回研磨,阀门外表面应经常清扫,保持清洁。

所有法兰连接部位都应保持严密,不得漏水、漏气、螺栓、螺母要齐全。管网运行期间最好用加有石墨粉的油脂涂抹螺栓的螺纹,以防止螺纹的腐蚀。

套筒式伸缩器的填料盒漏水时要用扳手用力均匀地拧紧所有螺栓上的螺母,压紧填料。但填料也不宜压得过紧,以免影响内筒的正常移动。

2. 热力管网的检修

(1)管道的检修

热力管网中的管道经过长时间运行后,管道内表面会出现磨损、结垢、腐蚀等现象;

管道外表面保护层脱落后会受到空气中氧的侵害;管道对口焊接的焊缝会出现裂纹;螺纹连接的填料会出现老化或变性以致破坏连接的严密性;法兰连接会出现拉紧螺栓的折断和螺栓、螺母的腐蚀;法兰连接中的垫片会出现陈旧变质或被热媒冲刷破坏而造成漏水、漏汽事故;有时,由于管内出现水击或冻结现象,某些管段会开裂破坏。根据损坏方式的不同,常用的检修方法有:

①磨损或腐蚀的检修

因磨损或腐蚀而使管壁已经减薄或穿孔的管段、管壁某部位已经开裂的管段、截面已被水垢封死的管段,检修中都应切除掉更换新管。新换管道应防腐刷油,并重新做保温层。

管道外壁腐蚀不严重时,应清理干净管外壁的腐蚀物,重新防腐刷油。

②结垢的检修

因结垢而使管内流通断面缩小但尚未堵死的管道,可用酸洗除垢的办法处理。酸洗时应用泵使酸溶液在管内循环,以缩短酸洗时间,取得更好的除垢效果。酸洗后再用碱溶液进行中和处理,然后用清水对管道进行彻底冲洗。酸洗时必须严格控制酸溶液的浓度,而且一定要加入缓蚀剂。

③管道连接的检修

管道螺纹连接中已老化变性的填料,法兰连接中已陈旧变质或被热媒冲刷损坏的垫片,均应进行更换。

垫片安装前应先用热水浸透,安装时,两面均应涂抹石墨粉和机油的混合物,或抹干的银色石墨粉,以便拆卸。但不能只抹铅油,否则垫片会粘在法兰密封面上很难拆掉。石棉橡胶垫片应用剪刀做成带柄状,以便安装时调整垫片位置。

法兰连接处损坏的螺栓、螺母要更新,丢失的应配齐。工作温度超过100 ℃管道上的法兰,其连接螺栓于安装前在螺纹上涂一层石墨粉和机油的混合物,以方便拆卸。

④裂纹的检修

管道出现裂纹时,应在裂纹两端钻孔,切除该段焊缝至露出管子金属,然后重新进行补焊。如果裂纹缺陷超过维修范围，应将焊口全部切除，然后另加短管重新焊接。

(2)管道保温层的检修

保温层在长期使用中受自然损坏或人为破坏后，应重新做保温层。如果只换个别管段的保温层，其保温材料和保温方式应尽量与原保温层一致。当需要更换大多数管道的保温层或重新更换整个管网的保温层时，应尽量采用最先进的保温材料进行技术更新，禁止再用混凝土、草绳和石棉绳等保温材料。更新后的保温层最好用铝皮或镀锌铁皮作保护层，不得再用水泥抹面作保护层。重新保温时，应先消除管道外壁的锈蚀和其他污物，然后涂刷防锈漆两遍。

如果采用涂抹法保温，只能在加热后的管道表面上涂抹。其方法是先抹 5 mm 厚较稀的保温材料，然后再抹较稠的，每层厚约 10~15 mm，等前一层干燥后再抹第二层。如管道公称直径超过 150 mm，应用铁丝骨架进行加固，并包直径为 0.8~1 mm、网孔尺寸为 50 mm×50 mm×100 mm 的镀锌铁丝网。

采用预制瓦保温时，拼缝应错开，缝隙不大于 5 mm，并填满水泥砂浆，然后用直径为 1.2 mm 的镀锌钢丝捆牢，每块瓦至少捆两道。

检修中要特别注意排除地表水和地下水，防止因水进入地沟和检查井内而破坏地下管道的保温层。

检修保温层时，除管道以外，凡表面温度超过 50℃的阀门和法兰等都必须采取保温措施。

(3)管道支承结构的检修

管道支承结构包括支架、吊架、托钩和卡箍等。这些支承结构在长期运行中的主要破坏形式是断裂、松动或脱落。

①断裂的检修

因本身的机械强度不够，在管道重力和热伸长推力的作用下破坏，或受到人为破坏，都可能引起断裂。

已经断裂的支承结构应拆除换新。拆除时应从建筑结构上连根拆下，不能拆下时应沿建筑结构表面切去。新支承结构必须经过强度核算，为了增加支承结构的强度，可采取添装支架、吊架、托钩或卡箍的办法，以缩小它们的间距。

②松动或脱落的检修

支承结构松动或脱落的原因，主要是在建筑结构上固定的强度不够，或者受到重力、热伸长推力作用后开始松动，并最终同建筑结构脱离。有时支撑的悬臂太长或斜支撑的斜臂强度不够，在管道重力所产生的弯矩作用下也会出现松动或脱落现象。松动或脱落的支架、吊架、托钩或卡箍应重新栽好并加固，最好是缩小它们的间距。

③重新安装管道支承结构时的注意事项

a. 支承结构所用型钢应当牢固地固定在建筑结构上，埋设在墙内者至少应深入墙体 240 mm，并应在型钢尾部加挡铁或将尾部向两边扳开，洞内填塞水泥砂浆；

b. 支承结构所用型钢在管道运行时不能产生影响正常运行的变形；

c. 活动支架不应妨碍管道热伸长时所产生的位移；

d. 固定支架上的管道要与支架型钢焊牢或用卡箍卡紧，不让管道与支架产生相对位移；

e. 没有热伸长的管道吊架拉杆应当铅垂安装,有热伸长的管道吊架拉杆应安装成倾斜于位移方向相反的一侧,倾斜的尺寸为该处管道位移的一半;

f. 支架安装好后应防腐刷油。

(4)伸缩器的检修

在设计尺寸正确,加工安装时不留隐患的情况下,方形或其他弯曲形伸缩器在运行中很少出现损坏现象,因而不用年年检修,一般每隔三、四年仔细检修一次即可。但套筒式伸缩器则不同,它运行中时时都在移动,容易损坏,所以每年都应定期安排人员进行检修。

套筒式伸缩器的内筒只要温度稍一发生变化就会改变自己的位置。由于受温度变化的影响,内筒在伸缩器外筒中前、后移动,使填料逐渐磨损,最后引起伸缩器漏水漏气。为了消除泄漏并使填料盒中的填料密实,每次都要拉紧填料压盖上的双头螺栓,而到停止运行时,压盖往往已被拉紧到了极点,导致螺栓、螺母的损坏。套筒式伸缩器常规检修的主要任务是:

①更换填料

更换已经磨损的填料时,先拧掉所有螺栓上的螺母,用专门工具逐一取出旧的填料。但旧填料在伸缩器运行期间早已被压得紧紧的,并且紧贴在外筒上,很不容易取出。为便于取出,最好在拆开填料盒(外筒和内筒的间隙)后往填料中喷洒少许煤油,这样就能比较方便地取出填料。除掉所有旧填料后,把伸缩器外筒上的填料残渣清理干净,然后把浸过油和石墨粉的新填料圈填装到填料盒中。填料圈要逐个填装,每个填料圈的切口应做成斜口,每层填料圈的切口位置要互相错开。每填好两层填料圈就用压盖把填料压一下,以保证填料盒的密封效果。填料装好一段时间后要拉紧压盖,然后取掉压盖再加填料,直到全部装满为止。

②处理腐蚀

检修中如发现伸缩器内筒已经腐蚀,就应当进行处理。内筒最常见的腐蚀部位是压盖下面的内筒外壁,因为它经常处于潮湿环境中。制作内筒时如果选用的管壁太薄,或加工时去掉的金属太多而导致筒壁减薄,在运行中只要受到腐蚀,就会很快使筒壁穿孔。内筒壁如已经腐蚀穿孔,就应重新加工制作。若虽遭受腐蚀但对强度尚无影响时,则应清除腐蚀物,把内筒外壁清理到露出金属光泽后再刷防锈漆。

③安装矫正

检修中如发现套筒式伸缩器安装不正,则应检查管路状况。这种现象很可能是安装伸缩器的管段下垂的结果,检查时要注意伸缩器两侧的支架是否出现故障。若是支架故障,就应当修理支架,并对伸缩器的安装进行矫正。

如果由于伸缩器的吸收能力不足而引起破坏,检修中应当核算伸缩器的能力,必要时应添装伸缩器。

4.2.5 通信管线、电力电缆的维护

1. 通信光缆的维护

光缆线路是整个光纤通信网的重要组成部分,加强光缆线路的维护是保障通信联络不中断的重要措施。维护中要贯彻预防为主的原则。值勤维护人员要加强责任感,认真学习

新知识，严格遵守各项规章制度，熟练掌握操作维护方法，熟悉线路及设备情况，及时发现和处理各种问题，努力提高值勤维护质量，确保线路通畅。

光缆线路维护工作的基本任务是保持设备的传输质量良好，预防并尽快排除障碍。

光缆线路的维护工作主要包括路面维修、充气维护、防雷、防蚀、防强电等。一般可分为日常维护与技术维护两大类。

日常维护工作由维护站担任，主要内容是定期巡回、特殊巡回、护线宣传、对外配合、清除光缆上易燃易爆等危险物品等。

技术维护由机务站光缆线路维护分队负责，主要内容是光缆线路的光电测试、金属护套对地绝缘测试及光缆障碍的判断测试；光缆线路的防雷、防蚀、防强电设施的维护和测试；防白蚁、鼠类危害的措施制定和实施等。

线路维护工作必须严格按操作程序进行，执行维护工作时，务必注意各项操作规定，防止发生人身伤害和仪表设备损坏事故。

(1) 架空光缆的维护

① 杆路维护

架空光缆杆路的维护质量标准是杆身牢固、杆基稳固、杆身正直、杆号清晰、拉线及地锚强度可靠。一般每年逐杆检修一次。

② 吊线检修

吊线检修包括检修吊线终结，吊线保护装置及吊线锈蚀情况，发现锈蚀应予更换。一般每隔 4~5 年检查一下吊线长度，若发现明显下垂时，应调整垂度，及时更换损坏的挂钩。

③ 光缆的下垂检修

观察外保护层有无异常情况，光缆明显下垂或外保护层发生异常时，应及时处理；检查杆上保护套安装是否牢靠，接头盒和预留箱安装是否牢固，有无锈蚀、损伤等，发现问题应及时处理。光缆外保护套的修复方法一般采用热缩包封或胶粘剂粘补。下垂的修复方法是更换损坏的挂钩。

④ 排除外力影响

应经常剪除影响光缆的树枝，清除光缆及吊线上的杂物。检查光缆吊线与电力线，广播线交越处的防护装置是否齐全、有效、符合规定要求；检查光缆与其他建筑物距离是否符合规定要求。

(2) 直埋光缆的维护

① 埋深要求

光缆埋深不得小于标准埋深的 2/3，否则应采取必要的保护措施。当光缆路面上新填永久性土方的厚度超过原光缆标准埋深的 1 m 以上时，应将光缆向上提升，并对光缆采取安全可靠的保护措施。

② 地面维护

地面维护应使光缆线路上无杂草丛生；无严重坑洼、挖掘、冲刷、光缆裸露等现象；规定间距内不得栽树，种竹等。

③ 标石的设置与维护

光缆路面的标石应位置准确，埋设正直，齐全完整，油漆相同，编号正确，字迹清楚，并符合相关工程设计要求。

(3) 管道光缆的维护

管道光缆维护的内容包括：长途干线光缆应有醒目标志；定期检查人孔内光缆托架是否完好；光缆外保护层是否腐蚀、损坏，定期清除人孔内光缆上的污垢；检查人孔内光缆走线是否合理；发现管道或人孔沉陷、损坏、井盖丢失等情况，应配合维护人员及时修复。

(4) 水底光缆的维护

水底光缆维护的内容包括：标志牌和指示灯的规格是否符合航道要求；水线区内禁止抛锚、捕鱼、炸鱼、挖沙；岸滩光缆易受洪水冲刷，应经常巡视，发现问题及时处理；光缆与河渠交越时应下落处理；光缆埋深，通航河不小于 1.5 m，不通航河不小于 1.2 m；水线端房应保持整洁、安全、禁止无关人员入内。

(5) 充气光缆的维护

由于光缆中大多含金属材料，为提高其长期可靠性，应对其进行必要的充气维护。

充气维护应注意：充入光缆的气体可以是空气或氮气，但必须达到一定干燥度（含水量小于 1.5 g/m。），且不得含灰尘或其他杂质；充气端气压不超过 150 kPa，平稳后气压值须保持在 50～70 kPa 之间；闭气段气压每天下降超过 10 kPa 时，属于大漏气，必须立即查找原因，并不断充气，直到修复为止。

2. 电力电缆的维护

为保证电力电缆的长期可靠性，应对其进行必要的维护。对于埋地敷设、敷设在隧道以及沿桥梁架设的电缆，至少每三个月应进行一次检查维护。

电力电缆在维修中应注意如下问题：

(1) 为防止在电缆线路上面取土损伤电缆，挖掘时必须有电缆专业人员在现场监护，并告知施工人员有关注意事项。

(2) 电缆线路发生故障后，必须立即进行修理，以免水分大量侵入，扩大损坏的范围。处理的步骤主要包括故障测寻、故障检查及原因分析、故障修理和修理后的试验等。

(3) 防止电缆腐蚀。当电缆线路上的土壤中含有损害铅（铝）包的化学物质时，应将该段电缆装入管道内，并用中性土壤作电缆的垫层及覆土，在电缆上涂抹沥青等；当发现土壤中有腐蚀电缆铅（铝）包的溶液时，应调查附近工厂排出的废水情况，并采取适当的改善措施和防护方法。

(4) 当沿电缆走向检查时，应及时补充丢失损坏的标示，更换损坏的盖板，填平凹坑。

复习思考题

4.1 简述检查井的施工要点。

4.2 简述雨水口的施工要点。

4.3 简述阀门井的施工要点。

4.4 简述支墩的设置要求及施工要点。

4.5 市政管道维护的内容有哪些？各如何维护？

参考文献

[1] 中华人民共和国行业标准.城镇道路工程施工与质量验收规范(CJJ 1-2008).北京:中国建筑工业出版社,2008.

[2] 中华人民共和国行业标准.城市桥梁工程质量检验评定标准(CJJ 2-2008).北京:中国建筑工业出版社,2008.

[3] 中华人民共和国行业标准.给水排水管道工程施工及验收规范(GB 50268-2008).北京:中国建筑工业出版社,2008.

[4] 中华人民共和国行业标准.城市道路路基工程施工及验收规范(CJJ 1-2008).北京:中国建筑工业出版社,2008.

[5] 中华人民共和国行业标准.公路桥涵施工技术规范(JTG/T 3650-2020).北京:人民交通出版社,2011.

[6] 中华人民共和国行业标准.公路沥青路面施工技术规范(JTG F40-2004).北京:人民交通出版社,2004.

[7] 中华人民共和国行业标准.公路水泥混凝土路面施工技术细则(JTG/T F30-2014).北京:人民交通出版社,2014.

[8] 中华人民共和国行业标准.公路工程技术标准(JTG B01-2014).北京:人民交通出版社,2014.

[9] 中华人民共和国行业标准.公路工程质量检验评定标准(JTG F80/1-2012).北京:人民交通出版社,2012.

[10] 中华人民共和国行业标准.公路沥青路面设计规范(JTG D50-2017).北京:人民交通出版社,2017.

[11] 吴伟民.市政工程施工技术.北京:中国水利水电出版社,2008.

[12] 姚笠晨.市政道路工程.北京:中国建筑工业出版社,2007.

[13] 李金海.城市道路工程施工技术.北京:中国标准出版社,2007.

[14] 文德云.路基路面施工技术.北京:人民交通出版社,2006.

[15] 杨云芳.城市道路工程施工监理.北京:人民交通出版社,2005.

[16] 张登良.沥青路面工程手册.北京:人民交通出版社,2003

[17] 傅智.水泥混凝土路面施工技术.上海:同济大学出版社,2004.

[18] 李宝昌,高世明.市政桥梁工程施工.北京:中国建筑工业出版社,2011.

[19] 魏红一.桥涵施工及组织管理(第二版).北京:人民交通出版社,2008.

[20] 桂业昆,邱式中编.桥梁施工专项技术手册.北京:人民交通出版社,2005.

[21] 王云江,刑鸿燕.桥梁施工技术.北京:中国建筑工业出版社,2003.

[22] 交通部第一公路工程公司.《公路施工手册—桥涵》(上、下册).北京:人民交通出版社,1985.

[23] 白建国,戴安全,吕宏德.市政管道工程施工.北京:中国建筑工业出版社,2007.
[24] 张奎.给水排水管道工程技术(第一版).北京:中国建筑工业出版社,2005.
[25] 龚利红.施工员一本通.北京:中国电力出版社,2008.